国家社会科学基金重大项目
山东大学经济学院学术文库

綦建红 等著

"一带一路"国家金融生态与中国海外投资效率研究

Study on Financial
Ecology and
China's Outward
Investment
Efficiency in Belt
and Road Countries

 上海三联书店

前　言

共建"一带一路"是中国对外开放的重大战略举措和经济外交的顶层设计,也是构建"双循环"新发展格局的重要抓手。在"一带一路"倡议的实施过程中,以海外直接投资为代表的资本跨区域流动扮演了重要角色,但是也面临海外投资效率不容乐观的难题,不仅关系到中国在全球范围内如何配置资源,也关系到"一带一路"倡议的未来走向。本书从沿线国家①金融支撑较弱这一最大的现实挑战出发,重点研究了"一带一路"沿线国家金融生态差异性和复杂性对中国海外投资效率的影响与对策建议。

为了实现研究目标,本书的总体写作思路为:现实状况与客观评价—指标构建与测度比较—从静态分析到动态演化—作用渠道与调节机制—五大政策模块的对策落地。

在"现实状况与客观评价"中,本书旨在提出重大现实问题,即通过测算中国在"一带一路"国家层面、产业层面和企业层面的海外投资效率,发现从国家层面看,中国在"一带一路"国家的海外投资效率总体呈

---

① 自"一带一路"倡议提出以来,越来越多的国家加入"一带一路"共建事业中,形成全球范围的互联互通,"沿线国家"的外延和内涵已不敷实际需要。2023 年 10 月第三届"一带一路"国际合作高峰论坛在北京举行,"一带一路"十年来的建设成果不断呈现。中国在统计参与"一带一路"建设国家数量时,不再使用"沿线国家"的提法,而是改称"共建国家"的概念,不仅折射出"一带一路"建设规模扩大的潮流,也对应了中国扩大对外开放和构建双循环格局的新局面。考虑到本书主要采用 2020 年之前"一带一路"的初期建设数据,故保留了"沿线国家"的提法。

上升趋势,但是仍然徘徊在低水平区间;从地区层面看,中国对东南亚、中亚、中东等板块的海外投资效率较高,但是对欧洲板块的海外投资效率普遍偏低;从产业层面看,中国对三大产业的海外投资效率迥然不同,其中能源业和制造业的海外投资效率近年来呈不断提高之势,而以银行业为代表的金融业在沿线国家的海外投资效率起伏较大;从企业层面看,中国企业的海外投资效率损失主要表现为海外投资不足,无论是海外投资不足的企业数量,还是海外投资不足的企业占比,均显著超过海外投资过度。上述结果为后文研究提出了"现实导向型问题"。

在"指标构建与测度比较"中,通过构建不同口径和维度的金融生态指标,旨在对"一带一路"国家的金融生态多样性进行测算和比较。首先,从金融主体、金融发展、金融结构、金融开放、金融稳定和金融竞争等维度出发,构建狭义金融生态指标,测算发现一半国家的金融生态指数为正,另一半国家的金融生态指数为负,"一带一路"国家金融生态多样化程度可见一斑。其次,从广义金融生态的内涵出发,建立包含4个维度的目标层、14个层面的准则层和48个变量的指标层,测算沿线国家广义金融生态多样性程度,测算结果表明,26个国家得分为正,26个国家得分为负,再次印证了"一带一路"国家金融生态多样化程度。最后,基于金融主体和金融环境两个层次之间的关系,进一步考察发现"一带一路"国家的金融主体多样性和金融环境多样性耦合协调度较高,同时模糊综合分析法的测度结果还表明,"一带一路"国家金融生态多样化程度整体较高,且测算结果分布复杂,金融生态差异趋于极端化。对"一带一路"国家金融生态多样性与差异化程度作出的多维测度和比较,为后文的实证检验提供了核心指标。

在"从静态分析到动态演化"中,考察"一带一路"金融生态多样性对中国海外投资效率的静态与动态影响。在静态分析中,无论采用狭义和广义金融生态,还是基于宏观和微观数据,实证结果均表明,"一带一路"国家的金融生态水平越差,越会显著抑制中国在沿线国家的海外投资规模,导致海外投资不足;相反,"一带一路"国家金融生态越完善,越能显著提升中国在沿线国家的海外投资效率。在动态分析中,分别从序贯投资、区位转移和银行追随的角度出发,重点考察"一带一路"金融生态多样性对中国企业海外投资效率的动态影响。结果发现,沿线国家金融生态越完善,越能显著提高序贯投资概率和增加序贯投资次数,有效缓解中国企业的海外投资不足;沿线国家金融生态的改善提高了其对中国企业的吸引力,可以显著抑制中国企业海外投资转移至其他沿线国家;中资商业银行在沿线国家布点不仅对中国企业海外投资效率具有促进作用,而且随着布点数量的增加,其促进作用增大,但是各布点对中国企业海外投资效率水平的改善程度呈减弱趋势。

在"作用渠道与调节机制"中,重点强调融资约束是"一带一路"国家金融生态影响中国企业海外投资效率的中介渠道;在此基础上,进一步考察对内政策和对外政策所扮演的调节性角色。其中,对内调节机制中,政府补贴机制可以部分缓解融资约束对中国企业海外投资效率的抑制作用,但是并未彻底消除该影响;良好的银企关系机制主要是通过提高企业信贷可得性(特别是长期信贷可得性)渠道,显著缓解中国企业的海外投资不足问题;以绿色"一带一路"倡议为代表的绿色金融机制,在助推环境友好型企业"走出去"的同时,也缓解了沿线国家金融生态对中国企业的融资约束。对外调节机制中,人民币国际化机制通过缓解融资约束和降低汇率风险,对中国企业海外投资不足的抑制作用显著;货币互换协议机制可以显著提高中国海外投资效率,且在资源寻求型投资、资本账户开放和营商环境完善的国家中愈发明显;自由贸易协定的缔结同样可以显著抑制中国企业的海外投资不足。这些内容既是对为什么会产生上述静态和动态影响的进一步回答,也为后文出台对策举措提供了事实和量化依据。

在"五大模块的对策提出"中,重点强调学术研究落地,提出解决现实重大问题的预警性措施、应对性措施、应急性措施、保障性措施和改善性措施。预警性措施方面,为了提醒中国海外投资者在沿线国家面临的金融生态多样性风险,构建中国在沿线国家的风险预警体系,寻求提升投资效率的理想数值区间,形成国家、产业和企业层面的预警信号灯。应对性措施方面,强调中国企业应提高海外投资决策过程的科学性,提高海外投资决策的动态序贯性,提高金融类企业与非金融类企业的互助性,促进二者海外投资效率的同步提升。应急性措施方面,新冠疫情等突发事件的暴发导致"一带一路"国家金融生态对中国海外投资效率的制约作用更加不容小觑,中国应当健全多元化融资体系,拓宽中国海外投资企业的融资渠道;加强金融创新,发挥绿色金融和普惠金融对海外投资的促进作用;充分利用 RCEP 这一"一带一路"沿线最大的制度化和机制化合作平台,促进海内外资金和项目的对接。保障性措施方面,中国政府在中长期内应牵头建立沿线金融服务平台,稳步推动人民币国际化进程,搭建多主体、多层次的融资通道,助力沿线国家的社会信用体系,确保符合条件的中国海外投资企业可以持续稳定地获得资金融通。改善性措施方面,中国政府积极与沿线国家"共建、共商、共享、共赢",通过合力构建融资机制、区域货币合作机制、常态化协调机制、双边或多边投资规则机制等途径,增强沿线国家的金融生态支撑力。

目 录

图表目录

第一章 导 言

第一节 研究背景与意义

2013 年 9—10 月,中国国家主席习近平提出共建"丝绸之路经济带"和"21 世纪海上丝绸之路"的重大倡议,携手东亚、东南亚、西亚、南亚、中亚、俄罗斯联邦、中东欧等多个国家和地区,共同构筑"一带一路"的伟大设想;2015 年,中国政府进一步发布《推动共建丝绸之路经济带和 21 世纪海上丝绸之路的愿景与行动》,倡导以政策沟通、设施联通、贸易畅通、资金融通、民心相通为主要内容,积极推动"一带一路"建设。共建"一带一路",是中国政府根据国际、地区和国内新形势,积极维护全球开放的贸易和经济体系,促进沿线各国共同发展而提出的战略构想,具有划时代的伟大意义。同时,"一带一路"倡议作为中国对外开放的重大战略举措(欧阳康,2018;Zhai,2018;Russel and Berger,2019),不仅有助于中国从全球视角配置资源和市场,促进国内产业结构升级,而且有助于构筑对外开放新格局,优化对外开放模式。

在"一带一路"倡议的推进过程中,以海外直接投资为代表的资本跨区域流动扮演了重要的角色(佟家栋,2017;吴福象和段巍,2017;吕越等,2019)。首先,"一带一路"国家拥有巨大的人口规模和经济体量,是国际贸易和跨境投资增长最快、发展潜力最大的地区之一,也是中国海外直接投资的理想区位之一。其次,"一带一路"国家多是欠发达国家和发展中国家,交通、能源等基础设施建设十分落后,同时资金和技术严重短缺,对资本的需求量很大。在这种情况下,无论是基础设施,还是产能合作,都需要通过海外直接投资来实现,从而有助于满足沿线国家的资金和技术需求,也有助于中国获得更广阔的投资市场,实现资源的优化配置和价值增值。最后,"一带一路"倡议为重构中国与沿线国家之间的新经济循环、扩大中国与沿线国家的合作范围搭建了全新平台,而在此平台上,中国在沿线国家不同产业的海外投资是构建新经济循环的重要抓手之一。正如习近平总书记 2014 年在亚太经合组织工商领导人峰会上所表示的,未来 10 年中国海外投资将达到 1.25 万亿美元,中国海外投资的崭新格局也将由此开启。

正是在此背景下,中国在"一带一路"国家的海外直接投资不断激增,步入高速增长时期。如图 1-1 所示,2013—2019 年中国对"一带一路"国家累计直接投资 1 186.5 亿美元,并设立境外企业超过 1 万家。其中,仅 2016 年,中国对"一带一路"国家的直接投资就达到 153.4 亿美元,较 2003 年增长 70 倍之多;2019 年,中国在"一带一路"国家的直接投资流量和存量进一步增至 186.9 亿美元和 1 794.7 亿美元,分别占同期中国海外直接投资流量和存量的 13.7% 和 8.2%。即使在 2020 年,跨境人员、资金、物资流动均受到一定冲击的背景下,中国对"一带一路"国家的非金融类直接投资仍然达到了 177.9 亿美元,占同期总额的 16.2%,较上年同期提升 2.6 个百分点。①具体到中国海外投资单笔超过 1 亿美元的超大项目来看,根据美国企业研究所和传统基金会编制的"中国全球投资追踪数据库"(China Global Investment Tracker,CGIT),截至 2020 年,在中国企业大约 3 530 笔、投资额高达 20 954.9 亿美元的海外投资记录中,在"一带一路"国家的海外投资额(7 625.7 亿美元)就占到了 1/3 以上。不仅如此,以新开发银行、亚洲基础设施投资银行(亚投行)为代表的多边金融机构和"丝路基金"、中国—中东欧

---

① 数据来源:中国商务部"走出去"公共服务平台。

投资合作基金等先后成立和开始运营;以国家开发银行、进出口银行、中国银行为代表的开发性、政策性和商业性金融机构也在不断加大贷款余额等。据初步统计,目前已建资金平台的资金量达到了 700 亿美元规模以上。①

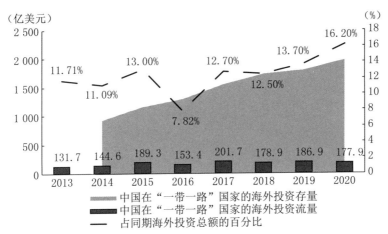

图 1-1　2013—2020 年中国在"一带一路"国家的海外直接投资额

数据来源:商务部历年发布的《中国对外直接投资统计公报》和"走出去"公共服务平台统计数据(http://fec.mofcom.gov.cn/article/fwydyl/tjsj)。

上述数据表明,中国在"一带一路"国家投入了巨额的资金,海外投资规模越是激增,海外投资效率就越需要倍加关注。这是因为,海外投资效率既关系到中国在全球范围内如何配置资源,也关系到中国海外投资的未来走向(Armstrong,2011;Fan et al.,2016)。与国内经营企业相比,海外投资企业不仅要面临融资约束、委托代理和信息不对称等内部不确定性因素,而且还要直面东道国更为复杂的"经济关""政治关""法律关""文化关"等一系列难关,并承担更高的进入成本(Helpman et al.,2004;Desbordes and Wei,2017)。因此,相比国内经营企业,海

① 专项基金成倍撬动丝路沿线投资[EB/OL].经济参考报.[2017-05-12]. http://www.jjckb.cn/2017-05/12/c_136275458.htm.

外投资企业的实际海外投资水平更易偏离最优值:或者海外投资过度,或者海外投资不足。无论出现哪种情况,都会遭受投资效率损失(Richardson,2006;刘慧龙等,2014;綦建红,2020)。

然而,已有研究运用国家层面的宏观数据发现,虽然中国对"一带一路"沿线国家的投资效率从趋势上已经出现正的时变效应,效率值逐步提升,但是依然不容乐观。一方面,整体投资效率仍然徘徊在较低水平,甚至在 2008—2014 年间还呈现出下降趋势(Fan et al.,2016;严佳佳等,2019;胡冰和王晓芳,2019a);另一方面,中国在"一带一路"各国的海外投资效率值不仅差异巨大,而且缺乏高投资效率国家(倪沙等,2016;李计广等,2016)。与已有研究不同,本书对中国海外投资效率的测算主要是基于企业层面的微观数据展开。即便如此,根据本书对 1 107 家中国企业海外投资效率值的测算结果,海外投资过度的样本为 393 起,平均偏离水平为 9%,最大偏离度甚至高达惊人的 246.9%;海外投资不足的样本达到 714 起,平均偏离水平为 4.7%,最大偏离度为 16.6%。可见,中国企业的海外投资效率损失及其巨大差异,应当引起足够的重视。

导致中国在"一带一路"国家海外投资效率不容乐观的原因是多方面的。尽管现有研究表明,海外投资效率会受到东道国市场规模、经济发展水平、政治环境、通信基础设施等多种因素的影响(Buckley et al.,2007;Kolstad and Wiig,2012;Yao et al.,2018;蒋冠宏和蒋殿春,2012;罗长远等,2018),但是反观现实,不得不承认金融支撑较弱是首当其冲的最大挑战。仅以对沿线国家的基础设施投资为例,"一带一路"沿线基础设施建设潜在资金需求至少 20 万亿美元(綦建红,2018),而目前全世界基础设施建设资金供给每年还不到需求量的 5%,投融资的供给远远无法满足需求。

在各种金融支撑中,来自东道国金融生态的影响尤其需要高度重视。这是因为,"一带一路"沿线国家多为新兴经济体和发展中国家,无论是广义金融生态,还是狭义金融生态,均较为薄弱;更为重要的是,集复杂性和差异性于一身的多样性特征在"一带一路"沿线国家表现得尤为明显。所谓复杂性,是指"一带一路"沿线国家的金融生态设计各异。例如,大部分亚洲国家的金融结构为"银行主导型",其特征是政府监管的商业银行占据主导地位,市场主体对金融机构的依赖程度过高;而少数国家选择了"市场主导型"的金融结构,不存在过度依赖金融机构等问题。所谓差异性,是指即使是同一金融生态要素,其差别亦巨大。仅以信贷风险为例,以新加坡为代表的部分国家金融机构资本充足,资产质量和抗风险能力较强,信贷风险较小;而以缅甸和柬埔寨为代表的部分国家主权信用级差跨度大,容易形成主权债务危机和银行危机之间的恶性循环(綦建红,2018)。[①]

由此可见,当"一带一路"不同国家的金融生态之间、金融生态与经济生态、金融生态与企业行为之间交互影响、交互制约时,其金融生态多样性对中国海外投资效率的影响显然不容小觑。在这种现实背景下,本书以中国海外投资效率不容乐观这一重大现实问题为导向,在"一带一路"倡议的背景下着重关注沿线国家的金融生态情况,考察"一带一路"国家金融生态多样性对中国海外投资效率的静态影响与动态演进,挖掘上述影响背后的作用机制,并从对内调节和对外调节的不同层面出发,重点探寻提升中国在"一带一路"国家海外投资效率的各项举措。

第二节 相关概念界定

一、金融生态

随着经济、金融和贸易的联系愈加紧密,金融生态作为一个仿生学

---

① 此为作者发表的报端观点,详见:綦建红.稳步推进"一带一路"国际金融合作[N].中国社会科学报,2018-12-12。

概念,逐渐被国内外学者所了解和接受,并在研究中作出了许多有益尝试与推进。纵观与金融生态的相关文献可以发现,国内外学者将金融与生态二者进行关联的研究不少,但是对这一概念具体内涵的表述存在很大差别。从国外学者的研究来看,基于金融生态内容的丰富性和广泛性,学者们更多的是针对金融生态系统的某一个特定部分,或是金融主体指标,或是金融环境指标,并不能全面反映整个金融生态系统的特点与层次。从国内学者的研究来看,在 2005 年之前,无论是"生态金融"还是"金融生态",普遍是指金融生态环境,着重于金融运行的外部环境;2005 年之后,随着研究的深入,更多的学者倾向于认为金融生态就是指金融生态系统,且多样性是金融生态的重要特征。

为了全面把握金融生态内容的丰富性,本书将分别从狭义和广义两方面来界定金融生态的概念。狭义金融生态仅指金融生态系统中反映东道国金融发展水平和结构的特定指标,包括金融主体、金融发展、金融结构、金融稳定、金融开放和金融竞争,如表 1-1 中"D2 金融状况"所示。广义的金融生态概念则是指由金融主体和金融环境共同组成的,金融主体之间、金融主体与金融环境之间互相影响、互相作用,共同形成的具有一定特征和功能的动态有机系统。因此,金融主体和金融环境均是整个金融生态系统不可分割、缺一不可的有机整体,其涵盖的指标范围更为广泛,本书将其设定为 4 个目标层、14 个准则层和 48 个指标层,具体见表 1-1。

表 1-1　广义金融生态的测度体系和指标

4 个维度 (目标层)	14 个层面 (准则层)	48 个指标 (指标层)
D1 经济基础	经济发展水平	GDP 增长率 人均 GDP 增长率 各国 GDP 占比 通货膨胀得分 资金平衡得分

4 个维度 （目标层）	14 个层面 （准则层）	48 个指标 （指标层）
D1 经济基础	产业结构优化	农业占比 制造业占比 服务业占比 技术水平
	可持续发展度	自然资源 基础设施 城市化率 教育和科技经费支出占比
	经济开放度	外贸依存度 外商直接投资增长率
D2 金融状况	金融发展	金融体系存款比 银行提供的私人信贷总额占 GDP 的比重 股票市值比率 股票市场总交易价值比率 债券市场融资比
	金融结构	金融深度 金融活力 金融效率
	金融主体	国内银行人均数量 银行资产占比 非银行资产占比
	金融稳定	银行不良贷款率 股票价格波动性
	金融开放	资本流入总体管制指数 直接投资流入管制指数 直接投资流动性限制指数 融资信贷流入管制指数 外资银行机构数量占比 外资银行机构资产占比
	金融竞争	金融机构资本利润率 ROE 金融机构资产利润率 ROA 银行集中度
D3 政府治理	政府干预	政府效用 政府消费占比 政局稳定性 经济自由度
	政府效率	外部冲突 税收占比或（人均）税收增长率

4 个维度 （目标层）	14 个层面 （准则层）	48 个指标 （指标层）
D4 法律规范	司法环境	法治和腐败控制 法律结构 言论自由度
	执法力度	军队作用 监管质量

二、"一带一路"沿线国家

随着"一带一路"倡议的不断推进，"共商、共享、共建、共赢"原则逐渐深入人心，越来越多的国家主动、自愿加入到沿线国家的行列之中。在 2013 年 9 月"一带一路"倡议提出时 65 个国家和地区加入的基础上，韩国（2015 年 10 月）、意大利（2019 年 3 月）等国也纷纷加盟。与此同时，国外研究机构也高度关注"一带一路"倡议的推进与发展，其对"一带一路"沿线国家的理解更为广义。

表 1-2 列示了 2013 年 9 月"一带一路"倡议提出时加入的 65 个国家和地区名单，同时也列示了欧洲智库 Brugel 理解的狭义和广义沿线国家的概念，从而有助于我们在阅读英文文献时去伪存真。除非特殊说明，本书在大多数事实描述和实证检验中，均采用的是 65 个国家和地区的沿线国家概念。与此同时，表 1-2 还给出了非"一带一路"沿线国家的名称，在后文运用双重差分模型时将有所涉及。

三、海外投资效率

海外投资，亦称对外投资，按照其投资方式可以分为对外直接投资、对外间接投资和对外灵活投资（綦建红，2016，2021）。为了明晰重点研究对象，本书仅将海外投资界定为"海外直接投资"，不包括信贷投资、证券投资等海外间接投资和海外灵活投资。除非特别说明，全文统一用海外投资来代表海外直接投资。

表 1-2 "一带一路"沿线和非"一带一路"沿线国家名单

"一带一路"沿线国家				非"一带一路"沿线国家					
ISO国家代码	中文名称	ISO国家代码	中文名称	ISO国家代码	中文名称	ISO国家代码	中文名称	ISO国家代码	中文名称
AFG★	阿富汗	LTU★	立陶宛	AGO	安哥拉	FRA	法国	NIC	尼加拉瓜
ALB★	阿尔巴尼亚	LVA★	拉脱维亚	ARG	阿根廷	GAB	加蓬	NLD	荷兰
ARE★	阿联酋	MDA★	摩尔多瓦	AUS	澳大利亚	GBR	德国	NOR	挪威
ARM★	亚美尼亚	MDV★	马尔代夫	AUT★	奥地利	GHA	加纳	NZL★	新西兰
AZE★	阿塞拜疆	MKD★	马其顿	BDI	布隆迪	GIN★	几内亚	PAN★	巴拿马
BGD★	孟加拉国	MMR★	缅甸	BEL	比利时	GMB	冈比亚	PER	秘鲁
BGR★	保加利亚	MNE★	黑山	BEN	贝宁	GTM	危地马拉	PRT	葡萄牙
BHR●	巴林	MNG★	蒙古国	BFA	布基纳法索	GUY★	圭亚那	PRY	巴拉圭
BIH★	波黑	MYS★	马来西亚	BLZ	伯利兹	HND	洪都拉斯	RWA★	卢旺达
BLR★	白俄罗斯	NPL★	尼泊尔	BOL★	玻利维亚	HTI	海地	SDN	苏丹
BRN★	文莱	OMN★	阿曼	BRA	巴西	IRL	爱尔兰	SEN★	塞内加尔
BTN●	不丹	PAK★	巴基斯坦	BWA	博茨瓦纳	ISL	冰岛	SLE	塞拉利昂
CYP★	塞浦路斯	PSE	巴勒斯坦	CAF	中非	ITA	意大利	SLV	萨尔瓦多
CZE★	捷克	PHL★	菲律宾	CAN	加拿大	JAM	牙买加	SSD	南苏丹
EGY★	埃及	POL★	波兰	CHE	瑞士	JPN	日本	SUR	苏里南
EST★	爱沙尼亚	QAT★	卡塔尔	CHL	智利	KEN★	肯尼亚	SWE	瑞典
GEO★	格鲁吉亚	ROU★	罗马尼亚	CIV	科特迪瓦	KOR★	韩国	SWZ	斯威士兰
GRC★	希腊	RUS★	俄罗斯	CMR	喀麦隆	LBR	利比里亚	TCD	乍得

"一带一路"沿线国家

ISO国家代码	中文名称	ISO国家代码	中文名称
HRV★	克罗地亚	SAU★	沙特阿拉伯
HUN★	匈牙利	SGP★	新加坡
IDN★	印度尼西亚	SRB★	塞尔维亚
IND●	印度	SVK★	斯洛伐克
IRN★	伊朗	SVN★	斯洛文尼亚
IRQ●	伊拉克	SYR★	叙利亚
ISR★	以色列	THA★	泰国
JOR★	约旦	TJK★	塔吉克斯坦
KAZ★	哈萨克斯坦	TKM●	土库曼斯坦
KGZ★	吉尔吉斯斯坦	TUR★	土耳其
KHM★	柬埔寨	UKR★	乌克兰
KWT★	科威特	UZB★	乌兹别克斯坦
LAO★	老挝	VNM★	越南
LBN★	黎巴嫩	YEM●	也门
LKA★	斯里兰卡		

非"一带一路"沿线国家

ISO国家代码	中文名称	ISO国家代码	中文名称	ISO国家代码	中文名称
COD	刚果（金）	LBY	利比亚	TGO	多哥
COG	刚果（布）	LSO	莱索托	TTO★	特立尼达和多巴哥
COL	哥伦比亚	LUX	卢森堡	TUN★	突尼斯
COM	科摩罗	MAR★	摩洛哥	TZA	坦桑尼亚
CRI	哥斯达黎加	MDG★	马达加斯加	UGA	乌干达
CUB	古巴	MEX	墨西哥	URY	乌拉圭
DEU	德国	MLI	马里	USA	美国
DJI	吉布提	MLT	马耳他	VEN	委内瑞拉
DNK	丹麦	MOZ	莫桑比克	ZAF★	南非
DOM	多米尼加	MRT	毛里塔尼亚	ZMB	赞比亚
DZA	阿尔及利亚	MUS	毛里求斯	ZWE	津巴布韦
ECU	厄瓜多尔	MWI	马拉维		
ESP	西班牙	NAM	纳米比亚		
ETH★	埃塞俄比亚	NER	尼日尔		
FIN	芬兰	NGA	尼日利亚		

注：★代表欧洲智库 Brugel 理解的狭义"一带一路"沿线国家概念，●代表其理解的广义"一带一路"国家概念。
资料来源：Garcia-Herrero and Xu(2019)。

海外投资效率,则是指一国的海外投资主体在给定条件下,最有效地利用其海外投资资源、以满足设定目标和需要的评价指标。也就是说,在现有各种投入水平下,海外投资主体受无效率因素(非随机扰动因素)影响导致其海外投资偏离最优水平的距离。如果实际海外投资水平达到最优值,则视为达到最优效率状态;反之,如果海外投资水平偏离最优值,或者海外投资过度,或者海外投资不足,均为非效率状态。

从经济学角度来看,"海外投资效率"强调的是资源配置效率,常用帕累托标准来衡量。当经济当事人各方的境况没有恶化,且稀缺的资源都得到合理而充分的利用,没有进一步优化的空间时,就达到了资源最优配置效率状态,也叫帕累托最优;而"海外投资绩效"是指投资主体在海外进行投资投入,并期望获取各项有效输出。二者的相同之处在于,都是对海外投资经济活动的评价,强调追求净收益的最大值;不同之处在于,与"海外投资绩效"主要看重资源投入能带来多少效益不同,"海外投资效率"更多的是评价投入的利用程度。因此,"海外投资效率"和"海外投资绩效"必须加以区分,以保证本书研究的针对性和严谨性。

第三节　研究思路与主要内容

一、研究框架

本书是在"一带一路"倡议实施和中国企业海外投资如火如荼的大背景下,研究"一带一路"国家金融生态多样化对中国海外投资效率的影响,总体上内含了"是什么""影响如何""为什么"和"怎么办"四大核心问题,其总体研究框架如图 1-2 所示:

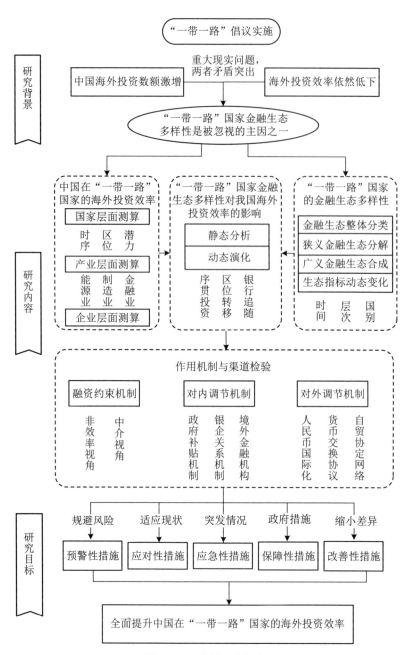

图1-2 本书的研究框架

"是什么"——本书首先要明确的两个最基本问题是如何界定与衡量"一带一路"国家的金融生态状况;如何全方位测度中国在"一带一路"国家的海外投资效率,这两个问题也是后面所有问题的基础。

"影响如何"——本书通过检验与分析,需要明确"一带一路"国家的金融生态多样化究竟对中国海外投资效率带来了哪些影响。这些影响既包括基于宏观和微观数据的静态影响,也包括基于序贯投资、区位转移和银行追随的动态影响。

"为什么"——针对上述影响,本书一方面需要探究为什么"一带一路"国家的金融生态会对中国海外投资效率产生上述影响,其作用渠道如何;另一方面从调节机制出发,考察对内政策机制和对外政策机制如何对沿线国家金融生态影响中国海外投资效率作出调节,从而以政策量化的方式为后文的政策落地提供更充分的事实依据。

"怎么办"——经济学研究需要"经世济民",真正落实到为社会提供合理的解决方案,故本书在上述结论的基础上,提出提高中国在"一带一路"国家海外投资效率的预警性措施、应对性措施、应急性措施、保障性措施和改善性措施,以期弥补"一带一路"国家金融生态多样化所带来的负面影响,协调和优化中国海外投资所依托的金融生态。

二、基本思路

本书以"一带一路"倡议为背景,从"一带一路"沿线国家的金融生态多样性角度来考察其对中国海外投资效率的影响,并据此给出政策建议。为实现此目标,本书的总体逻辑思路为:现实状况与客观评价—指标构建与测度比较—从静态分析到动态演化—作用渠道与调节机制检验—五大政策模块(预警性、应对性、应急性、保障性、改善性)的对策落地。

其中,"现实状况与客观评价"(第三至五章)旨在提出重大现实问题,即中国在"一带一路"国家的海外投资规模与效率在国家层面、产业层面和企业层面究竟如何。特别是在时间维度上,中国对沿线国家的海外投资效率在"一带一路"倡议实施后是否得以提高;在区位维度上,中国在不同地理板块的沿线国家,其海外投资效率是否存在差异;在潜力维度上,中国在各沿线国家的海外投资效率还有多大的提升空间,上述答案均为后文分析提出了"现实导向型问题"。

"指标构建与测度比较"(第六章)针对现实问题,主要完成三项工作:一是划分"一带一路"国家金融生态状况的类型,以期整体把握沿线国家的金融生态多样性状况;二是从狭义金融生态和广义金融生态两个层面分别定量测度,并采用模糊综合评价法构建金融生态多样性评价指标体系;三是结合具体测算结果,从时间、层次和国别视角分别对"一带一路"国家金融生态多样化程度作出测度和比较,从而为后文分析提供基础指标。

"从静态分析到动态演化"(第七至十章)分别从静态和动态两个视角对"一带一路"金融生态多样性对中国海外投资效率的影响进行检验,前者分别采用宏观和微观数据,重点分析"一带一路"金融生态对中国国家和企业层面海外投资效率的静态影响;后者分别从序贯投资、区位转移和银行追随的角度出发,重点研究金融生态多样性对企业层面海外投资效率的动态影响,从而达到了呼应上文、引领下文的"承上启下"作用。

"作用渠道与调节机制检验"(第十一至十三章)重点考察了"一带一路"国家金融生态多样性影响中国海外投资效率的作用渠道,并在此基础上进一步考察了政府补贴、银企关系和绿色金融的对内政策调节机制和人民币国际化、货币互换协议和自贸协定网络等对外政策调节机制。这些内容既是对为什么会产生上述静态和动态影响的进一步回答,也为后文出台对策举措提供了事实和量化依据。

"五大模块的对策提出"(第十四、十五章)是全文研究的落地点,提出解决现实重大问题的预警性措施、应对性措施、应急性措施、保障性措施和改善性措施。其中,前三者重点考虑在"一带一路"国家金融生态多样性特征短期内难以发生根本改变的既定事实下,如何在这一区域防范金融生态风险,提升海外投资效率;后两者则重点考虑政府如何出台保障性措施和改善性措施,优化中国海外投资者所依托的金融生态,从而保持中国在"一带一路"国家海外投资的稳定性和高效性。

三、主要内容

本书的研究对象是"一带一路"背景下的中国海外投资效率。由于本书是从"一带一路"国家金融生态多样性的视角切入的,因此研究重点就是"一带一路"国家金融生态多样性究竟如何影响、何以影响和何以调节中国的海外投资效率,并最终落脚于中国如何提高大量海外资金的投资效率,以应对"一带一路"国家复杂的金融环境,实现国际国内的协调发展。

1. 全方位厘清和评价中国在"一带一路"国家的海外投资效率现状

为了明确课题研究的重大现实问题,本书首先从五个层面全方位厘清中国在"一带一路"国家的海外投资效率现状。其一,采用随机前沿模型(SFA)和理查德森模型(Richardson,2006)等多种经典模型,科学测算中国在"一带一路"国家的海外投资效率均值;其二,采用时序比较分析和反事实的研究方法,比较"一带一路"倡议实施前后中国海外投资效率的变化,即"一带一路"倡议是否提升了中国的海外投资效率;其三,考察中国在"一带一路"不同地理板块的国家,其海外投资效率是否存在差异,以及在各个国家的海外投资效率潜力如何;其四,考察中国在"一带一路"国家投资的重点产业是否存在效率差别;其五,考虑不同所有权企业、不同规模企业在"一带一路"国家的投资效率是否存在差别。通过总结上述研究结论,客观评价中国在"一带一路"国家的海外投资现状,发现和提出重大问题,为本书的深入研究提供重要的数据基础和典型事实,同时也充分体现本书的重大现实意义。

2. 系统测度和评价"一带一路"国家的金融生态多样性水平

为了系统测度和评价"一带一路"国家的金融生态多样性程度,本书将按照如下四个步骤开展研究:

第一步,考虑到金融生态系统包括金融主体和金融环境,本书据此将"一带一路"国家的金融生态状况划分为四种类型:金融生态优先级、金融生态推荐级、金融生态保留级和金融生态不建议级,以期对这一区域的金融生态多样性有一个整体呈现和初步把握。

第二步,在金融生态系统中,金融主体是核心,金融环境是金融主体良好运行的重要依托,故本书将金融生态定义为狭义金融生态与广义金融生态,并从经济基础、金融状况、政府治理、法律规范4个维度出发,细分为14个层面的48个具体指标;在运用多成分分析法的同时,还进一步运用层次分析法对这些指标进行分层处理,并用熵值法确定指标权重,至此完成对"一带一路"国家金融生态多样性的测算。

第三步,用模糊综合评价法构建"一带一路"国家金融生态多样性评价指标体系。根据前两个步骤,得出的是"一带一路"各国的金融主体和金融环境评价指标和结果,而为了测度"一带一路"国家的金融生态多样性程度,则需要采取模糊综合评价法。同时,由于本书系统庞大、涉及因素纷繁复杂,且各因素之间还存在不同的层次,因此采用二级模糊综合评价法。

第四步,测算和比较"一带一路"国家金融生态多样性在时间、层次、国别上的动态变化。其中,时间上的动态变化,是对"一带一路"倡议提出前后沿线国家金融生态多样化程度进行对比分析,厘清金融生态多样化程度在不同时间段的表现和趋势;层次上的动态变化,是指采用耦合分析法,将金融主体和金融环境结合起来,对金融生态多样性在不同层次之间的协调性进行测度;国别层面上的横向比较,是对不同沿线国家之间的金融生态复杂性和差异性进行比较,更加准确理解"一带一路"国家的金融生态多样性。

3. 采取静态分析和动态演进的方法检验"一带一路"国家金融生态多样性对中国海外投资效率的影响

在考察"一带一路"国家金融生态多样性对中国海外投资效率的静态影响时,构建宏观国家层面和微观层面的企业—年度—东道国等不同维度的面板数据,并从狭义和广义金融生态的概念出发,分别采用宏观国别数据和微观企业数据,检验"一带一路"金融生态对中国海外投资效率的影响;在此基础上,引入机器学习的建模方法——随机森林模型这一决策树的变体形式,预测中国在沿线国家的海外投资效率是高还是低的可能性。

在检验"一带一路"国家金融生态多样性对中国海外投资效率的动态影响时,从序贯投资的角度看,"一带一路"国家金融生态多样性是否会导致中国企业在地理区位和进入模式方面发生序贯投资行为,而不同的序贯行为分别会对中国海外投资效率产生何种动态影响;从区位转移的角度看,"一带一路"国家金融生态多样性是否会引致中国海外投资的区位转移,特别是"顺金融生态"转移会对中国海外投资效率产生何种动态影响;从银行追随的角度看,"一带一路"国家金融生态多样性是否会影响中资商业银行在沿线国家的海外布局,并进一步影响中国非金融类企业的海外投资效率。

4. 进一步考察"一带一路"国家金融生态多样性对中国海外投资效率影响的作用渠道与调节机制

从作用渠道看,金融生态多样性对海外投资效率的影响主要是通过融资约束来体现的。为此,本书在梳理"一带一路"国家金融生态影响海外投资效率的理论机制基础上,一方面从非效率因素的角度出发,采用 SFA 模型考察融资约束作为效率损失项,如何影响中国企业的海外投资效率;另一方面从中介因素的角度出发,采用内生中介效应模型检验"一带一路"国家金融生态是如何通过融资约束,作用于中国企业的海外投资效率。换言之,囿于"一带一路"沿线国家的金融生态状况,中国企业往往会遭遇融资约束引致的效率瓶颈。

从对内政策调节看,中国企业可以寻求的解决路径主要有三,其调节效果需要加以检验。首先,考察政府补贴是否在一定程度上可以成为暂时性的缓解机制,并借助双边 SFA 模型说明该机制是否能够以正效应完全弥补融资约束的负效应;其次,建立国内新型银企关系,是否有助于缓解"一带一路"国家金融生态无法解决的中国企业融资约束问题;最后,考察除了借助国内银企关系,中国企业是否可以依托中资金融机构在沿线国家设立的海外分支机构,在东道国获取更多的融资可能。

从对外政策调节看,主要聚焦三项外部制度:一是人民币国际化程度的提高及其在沿线国家的空间布局,二是中国与"一带一路"国家多期货币互换协议的签署,三是中国与沿线国家自贸协定网络,并考察这些外部制度的持续优化是否会直接影响中国企业在沿线国家的海外投资效率,以及是否会对沿线国家金融生态影响下的中国海外投资效率产生良性调节作用。

5. 在厘清金融生态多样性影响海外投资效率的基础上,分别提出预警性措施、应对性措施、应急性措施、保障性措施和改善性措施五类对策

第一,在预警性措施方面,为了提醒中国海外投资者在"一带一路"国家所面临的金融生态多样性风险,本书从降低金融生态风险,提高海外投资效率的角度出发,分别从经济基础、金融状况、政府治理、法律规范四个层次构建中国在"一带一路"国家规避海外投资效率损失的风险预警体系,建立决策树、随机森林、人工神经网络等多种主流机器学习算法,对中国在"一带一路"国家的投资效率损失提出预警,并寻求提升投资效率的理想数值区间,形成国家、产业和企业层面的预警信号灯,为中国在"一带一路"国家的直接投资提供重要参考依据。

第二,在应对性措施方面,强调中国企业首先应提高海外投资决策过程的科学性,在"是否投资"—"如何投资"—"资金融通"—"资金配置"的每一个环节,均应当根据"一带一路"沿线国家的金融生态状况作出科学的决策;其次,中国企业应提高海外投资决策的动态序贯性,即根据"一带一路"沿线国家的金融生态变化及其既有项目的海外投资效率,在事前、事中、事后的不同阶段及时作出动态调整;最后,金融类企业与非金融类企业应提高海外投资的互助性,在"一带一路"多样化的金融生态条件下更应该合作互助,构建银企间合作网络,促进二者海外投资效率的共同提升。

第三,在应急性措施方面,新冠疫情等突发事件的暴发导致"一带一路"沿线国家金融生态对中国企业海外投资的制约作用更加不容小觑。因此,中国应当健全多主体多层次的融资体系,进一步拓宽中国海外投资企业融资渠道;考虑中国在"一带一路"的海外投资时更多地转向绿色、可持续、惠及民生的项目,应加强金融创新,发挥绿色金融和普惠金融对海外投资的促进作用;充分利用 RCEP 这一"一带一路"沿线最大的制度化和机制化的合作平台,搭建"一带一路"投融资平台,深入理解和利用 RCEP 中的金融服务附件,促进海内外资金和项目的对接。

第四,在保障性措施方面,增强"一带一路"区域金融支撑力并非一日之功,中国政府在中长期内应当牵头建立沿线金融服务平台,稳步推动人民币国际化进程,建立完善的融资体系,建立强大的沿线国家社会信用体系,确保符合条件的中国海外投资企业可以持续稳定地进行资金融通。

第五,在改善性措施方面,中国政府应当与沿线国家"共建、共商、共享、共赢",通过合力构建融资机制、区域货币合作机制、常态化协调机制、双边或多边投资规则机制等途径,增强沿线国家的区域金融支撑力,改善中长期区域金融生态状况。

第四节　主要研究方法

一、静态分析到动态分析不断推进

考虑到"一带一路"国家的金融生态多样性对中国海外投资效率的影响不是一成不变的，而是一个动态演化的过程，因此本书第七至十章将静态分析和动态演化有机结合起来。一方面，第七章从静态视角考察"一带一路"国家金融生态多样性对中国海外投资效率的影响及其异质性。另一方面，第八、九、十章从动态视角分析，分别考察了"一带一路"国家金融生态多样性如何影响中国企业是否在同一东道国、是否采用相同的进入模式进行序贯投资；考察在沿线国家金融生态多样性的影响下，海外投资企业是否会发生"顺金融生态"的区位转移；还考察了由于中资商业银行具有"追随客户"的动机，那么"一带一路"国家金融生态多样性是否会影响中资商业银行的海外布局，从而影响中国非金融类企业在同一区位的投资效率。在静态分析基础上开展的动态分析，使得课题的研究内容更加全面和完善，也使得课题的研究结论更具可信性。

二、规范分析和实证分析相互呼应

在回答"一带一路"国家金融生态多样性对中国海外投资效率产生何种影响的基础上，第十一、十二和十三章试图解释"为什么"会产生如此影响。首先，在梳理和总结经典理论、相关文献和典型事实的基础上，指出"一带一路"国家金融生态多样性对海外投资效率的影响主要是通过融资约束来发挥作用的，以规范分析的方式回答了"应该是什么"和"为什么"的问题。其次，本书采用双边 SFA 模型、面板固定效应、双重差分法等计量经济学方法，对"一带一路"国家金融生态多样性影响中国海外投资效率的作用渠道和调节机制进行实证检验，从而与规范分析相呼应,回答了"实际是什么"和"怎么办"的问题。最后,本书还在统计学的框架下,加入了机器学习的最新方法,在第十四章借助机器学习的各种模型对"一带一路"国家金融生态多样性影响海外投资效率的重要因素进行预警,回答了"将来有可能会怎样"的问题。

三、横向比较与纵向比较贯穿始终

本书将比较分析法贯穿课题始终。例如,第三至五章在测算中国在"一带一路"国家海外投资效率时,比较了"一带一路"倡议实施前后中国在沿线国家海外投资效率的变化,比较了中国在"一带一路"不同地理板块的海外投资效率差异性,还比较了不同产业、金融类企业与非金融类企业、不同所有权性质企业的海外投资效率差异性;第六章在测算"一带一路"国家金融生态多样性水平的基础上,从时间、层次和国别(不同东道国之间、投资国与东道国之间)的角度对其进行了纵向和横向比较;第七至十章在实证检验"一带一路"国家金融生态多样性影响中国海外投资效率时,还比较了不同沿线国家的异质性特征(如收入水平、地理区位、经济风险和国家风险等)和中国海外投资企业的异质性特征(如企业规模、所有权、进入模式、融资约束等)对上述结论的影响。

四、企业调查与实地访谈有机结合

在本书写作的过程中,还实地调查和走访了多家在"一带一路"投资的中国企业,包括海尔电器、潍柴动力、浪潮集团、蓝帆集团、新华医疗、南山集团、万华集团、即发集团、森麒麟轮胎等。通过面对面访谈和问卷调查,对中国企业在"一带一路"海外投资的融资状况和金融生态约束有了更多的现实了解。例如,在调研中很多企业反馈,囿于"一带一路"国家的金融生态状况较差,中国企业在沿线国家获得融资是十分困难的,当地金融机构或者不给予放贷,或者提高贷款利率。在这种情形下,"内保外贷"便成为中国海外投资企业获得银行信贷的重要方式,这一点不仅有助于洞察中国企业在沿线国家海外投资效率不容乐观的重要原因之一,而且有助于理解建立新型银企关系和设立境外金融机构之于提升中国企业海外投资效率的重要性。

第五节 本书创新之处

1. 全方位厘清中国在"一带一路"国家的海外投资效率

本书在明确区分"海外投资效率"和"海外投资绩效"的前提条件下,在采用 SFA 模型从宏观层面测度中国对"一带一路"国家整体海外投资效率的基础上,重点进行了两方面创新:

一方面,囿于商务部公布的《境外投资企业(机构)名录》并未披露企业具体的海外投资金额,已有研究或者基于中国—东道国层面数据从宏观上测度中国海外投资的整体效率,或者只能通过理查德森模型测算企业全部投资额的效率水平,无法专门剥离出海外投资效率(綦建红,2020)。与已有研究不同的是,本书使用 2010—2018 年 fDi Markets 全球绿地投资数据库(以下简称 fDi Markets)、Zephyr 全球并购数据库(以下简称 Zephyr)和国泰安数据库(以下简称 CSMAR)进行样本匹配和数据处理,结合异质性企业理论和引力模型对理查德森模型进行了拓展,首次实现了企业层面的海外投资效率测算。

另一方面,本书专门区分了中国对"一带一路"国家海外投资效率的产业差异性,即本书在考察非金融类时,专门区分了能源业、制造业和金融业三者在海外投资效率方面的不同;除了考察非金融类外,还特别考察了金融类海外投资效率,并且专门强调和检验了金融类海外投资效率对非金融类海外投资效率带来的动态影响。这样的研究不仅弥补了现有研究的空白,而且也更加贴近中国金融类投资"追随"非金融类投资、二者效率相互影响的现实状况。

2. 进一步完善对金融生态多样化的测度

本书提出,金融生态的概念理应是指由金融主体和金融环境共同组成的,金融主体之间、金融主体与金融环境之间互相影响、互相作用,共同所形成的具有一定特征和功能的动态有机系统。因此,金融主体和金融环境均是整个金融生态系统不可分割、缺一不可的有机整体,对金融生态多样性的理解和测度均需要从这两方面展开。

在此基础上,本书从狭义金融生态和广义金融生态两方面入手,构建了一个较为完整、符合现实的评价指标体系。在该体系的构建过程中,本书拟改变已有研究成果均局限于国内区域差异的情况,针对"一带一路"沿线国家金融生态更具差异、更为复杂的特性,对每个部分如何选取适合的具体指标、如何量化指标、如何测度多样性、如何构建评价体系等问题都作出了详细的讨论和解释,这也是对以往研究在整体思路和内容上的拓展。

3. 对金融生态多样性与海外投资效率关系的创新分析

考虑到已有文献鲜有涉及金融生态多样性这一重要影响因素,且尚无学者对金融生态多样性影响海外投资效率的作用机理和渠道作出明确的探讨,因此,本书考虑从这一研究视角出发,从"是什么""为什么"和"怎么办"三个角度来弥补这一研究领域的空白。

针对金融生态多样性影响海外投资效率中的"是什么"问题,本书在明确海外投资效率测度方法的基础上,不仅从国家、产业和企业层面区分了金融生态多样性对海外投资效率的影响,而且还分组检验了不同类别(能源业、制造业和金融业;不同所有权类型和不同进入模式企业)的影响;不仅检验了这一影响的静态效应,而且还从序贯投资、区位转移和银行追随考察了这一影响的动态特征,扩展了已有文献的研究广度。

针对金融生态多样性影响海外投资效率中的"为什么"问题,本书分别从非效率因素和中介因素的角度出发,将融资约束作为作用渠道考察了"一带一路"沿线国家的金融生态如何影响中国企业的融资约束进而对海外投资效率产生影响。换言之,囿于"一带一路"沿线国家的金融生态状况,中国企业往往会遭遇融资约束引致的效率瓶颈,从而能够更好地理解和把握"一带一路"国家金融生态多样性对中国海外投资效率影响的前因后果。

针对金融生态多样性影响海外投资效率中的"怎么办"问题,本书选择从对内调节和对外调节两方面入手。在对内调节方面,考察了政府补贴、银企关系和境外金融机构所发挥的调节机制;在对外调节方面,则考察了人民币国际化、货币互换协议和自贸协定网络等如何调节沿线国家对中国企业海外投资效率的影响。这些内容既是对上述"是什么"和"为什么"的进一步回答,也为本书最终提出五大类对策举措提供了事实和量化依据。

第二章　国内外文献综述

从已有研究成果看,与本书主题有关的文献脉络主要有四条:第一条是从金融生态的内容与变迁出发,研究了金融生态多样性的指标体系及其测度方法;第二条为脉络海外投资效率测度方法;第三条脉络在第二条的基础上分别从宏观和微观层面考察了海外投资效率的影响因素;第四条是金融主体、金融发展、金融结构、金融开放等多种金融生态因素对海外投资效率的影响判断及其作用机理。

第一节　金融生态多样性的内涵与测度

一、金融生态的内涵与变迁

国内外学者将金融和生态二者进行关联的研究不少,但是对这一概念具体内涵的表述存在很大区别。与生态金融等发展经济学的概念不同,金融生态作为一个完整的系统,是金融学与生态学紧密结合的仿生学概念。

1. 国外相关研究

金融生态最早是由生态系统的概念衍生而来(Tansley, 1935)。国外对金融生态概念的研究经历了三个阶段:

在第一阶段(初始阶段),金融生态最初发端于对金融体系或金融系统的研究。早在 20 世纪初,国外学者在考察金融发展与经济增长的关系时就对金融系统有所涉及,并普遍认为金融系统是一个能够通过金融市场和金融中介,借助金融工具把借方与贷方集中起来的体系(Schumpeter,1911;King and Levine,1993;Rajan and Zingales,1998,2001;Allen and Gale,2000)。这一时期的研究尽管提出了"金融系统"一词,但是更注重对货币、银行、信贷的探讨,并没有体现金融系统内部的联系。

在第二阶段(发展阶段),随着人们对生态环境问题的重视,部分学者从计量模型层面对金融系统和生态系统进行耦合分析,并对金融和生态进行协调研究(Johnson and Lux,2011;Polhill et al.,2016),但在本质上仍属于经济可持续发展的范畴。

在第三阶段(应用阶段),国外学者虽然没有在文献里明确使用"金融生态系统"一词,但是最新的研究实际上已经体现出金融生态系统的思想,并且在多个领域中加以运用。有的学者指出,金融市场和金融主体作为一个系统具有自我调节和自适应性(Nissan and Spratt,2009;Cliff and Northrop,2012;Helbing,2013;Meyssan,2015)。这样的观点不仅体现出生态系统的表现特征,而且也与金融生态系统的内涵具有一致性。有的学者还提出,包括金融设施在内的基础设施,作为海外投资的一个重要影响因素,已经成为一个类似生态系统的存在(Pandit et al.,2015;Grafe and Mieg,2019)。由此可见,越来越多的研究已经将生态系统理论运用到金融学之中(Johnson and Lux,2011;Lai,2016)。

2. 国内相关研究

国内最早将生态和金融结合在一起的学者是乔海曙(1999),认为金融生态实际上等同于金融生态环境;与之相类似,白钦先和崔晓峰(2001)提出的金融生态也偏向于此,认为金融生态环境主要反映了金融资源开发利用的程度和效率。金融生态被广泛熟知则是源于周小川(2005)的论述,他重点提到了法律制度在金融生态环境建设中的重要性。更重要的是,他指出金融生态不是金融机构的内部动作,而是金融运行的外部环境,包括法律制度、市场完善度、企业改革等外部基本条件。这些学者的论述为金融生态概念的完善和研究方向的深入奠定了扎实的基础。

学者普遍倾向于认为金融生态主要是指金融生态系统,且这一观点在 2005 年后得到了更多学者的认同与肯定。梅新(2002)认为,金融生态是由自然、人文、技术共同组成的有机系统;无独有偶,徐诺金(2005,2006)也认为金融生态是金融生态系统的简称,是各类金融主体与其依托的金融环境之间相互分工、相互合作而形成的动态系统。在此基础上,杨子强(2005)将金融生态作了狭义和广义之分。从广义上讲,金融生态的内涵与徐诺金(2005,2006)的观点相一致,包含金融主体与金融环境,即广义的金融生态等同于金融生态系统;从狭义上讲,金融生态仅指金融生态环境。

在近年来的最新研究中,金融生态广义化更是为大多数学者所采用,并且从国内金融生态向国外金融生态扩展。例如,刘志东和高洪玮(2019)从金融中介、金融市场和金融环境三个维度刻画"一带一路"沿线国家的金融生态发展状况,其中,将金融主体区分为银行主导和市场主导两种类型,与银行主导相比,市场主导的金融体系更加强调竞争,风险也更为分散(Hsu and Tian,2014);金融环境则涵盖沿线国家的经济、政治、法律等多个层面。与之相类似,申韬和李卉卉(2018)、胡冰和王晓芳(2019a,2019b)等继续沿用广义金融生态的概念,强调在开放视角下应将"一带一路"的金融生态定义为沿线国家的经济环境、金融环境、法律环境等因素相互影响、相互依赖的动态系统。

二、金融生态的衡量体系

金融生态作为一个本土化的名词被提出后,国内学者对该领域的研究作出了不懈努力。从已有国内研究成果来看,金融生态体系大致有三种衡量方式:

第一种是仿生观,以李扬(2005)、刘国宏(2012)、张国林和任文晨(2015)等为代表。该观点从生态学的角度衡量金融生态,认为金融生态系统和生态系统存在极大的相似性,二者的表现特征具有一致性,因此借用生态学中的评价指标和评价思路对金融生态进行衡量。

第二种是结合观,以萧安富和徐彦斐(2005)、徐诺金(2006)等人为代表。该观点从学科交叉的角度衡量金融生态,认为金融生态的概念是金融领域和自然领域的交叉,在认同金融生态系统与生态系统的表现特征具有一致性的基础上,更注重体现二者之间的不同表征。

第三种是环境观,以苏宁(2005)、李扬和张涛(2009)、魏志华等(2014)、胡冰和王晓芳(2019a, 2019b)、刘志东和高洪玮(2019)、钟文等(2020)为代表,从金融运行环境评价的角度衡量金融生态。该观点将金融生态系统与金融运行所依赖的环境画上等号,从金融运行环境评价的方向对金融生态作出衡量。具体来看,持这种观点的学者又可以细分为两派:一种是狭义的金融生态环境观,只涉及影响企业的基础指标;另一种是广义的金融生态环境观,在狭义观点的基础上,进一步面向开放环境,涵盖了东道国的经济环境、金融环境、政治环境、法律环境等方方面面。

上述三种观点具体的衡量体系和衡量指标如表 2-1 所示。

表 2-1 金融生态三种观点的衡量体系与指标

衡量体系	相关文献	具 体 指 标
仿生观	李扬 (2005)	分为生产者、消费者、分解者和金融环境: ● 生产者是指各类金融机构与金融市场; ● 消费者是指享受金融的企业和个人; ● 分解者是指各类监管机构和中介机构; ● 金融生态环境是指政治环境、经济环境、法律会计制度、中介服务体系、社会保障体系等。
	刘国宏 (2012)	分为生态核、生态基、生态库: ● 生态核是指银行和非银行金融机构; ● 生态基是指与金融业发展密切相关的基础设施、金融政策、金融市场、会计法则、金融监管、金融人才等; ● 生态库是指金融科技、征信建设、银行媒介、会计准则等。
	张国林和任文晨 (2015)	金融机构的种类数、资产规模及其比重。

衡量体系	相关文献	具 体 指 标
结合观	徐诺金 （2006）	分为微观、中观、宏观三个层次： ● 微观层次是指单个的金融组织； ● 中观层次是指多个金融组织组成的金融行业； ● 宏观层次是指最大范围的金融主体和金融主体所在的社会系统。
	萧安富和徐彦斐 （2005）	分为宏观与微观两个层面： ● 宏观面的指标包括产出、企业盈利能力、居民收入、国家法律、司法执行模式； ● 微观面的指标分为经济因素（区域结构、产业结构、所有制结构等）和制度因素（政策法规和信用意识）两个集合。
环境观 （狭义）	周小川（2005） 杨子强（2005）	具体指标是法律环境、社会信用体系、会计准则、市场体系、企业改革、银企关系等微观层面的外部环境。
	中国人民银行 （2006）	分为定量指标和定性指标： ● 定量指标包括经济发展、金融资源、法治环境3个目标层、14个准则层，计90项指标； ● 定性评价包括金融法律法规的完善程度和执行状况等4项标准，计37项指标。
环境观 （广义＋ 国内视角）	苏宁（2005） 李扬和张涛（2009） 魏志华等（2014）	具体指标是4个维度——政府治理、经济基础、金融发展、制度信用文化。
	黄国平和刘煜辉 （2007）	具体指标是10个维度——经济基础、金融发展、司法公正、企业诚信、地方政府诚信、金融部门独立性、社会诚信文化、中介服务发展、社会保障程度、金融合规性。
	逯进和朱顺杰 （2015）	具体指标是经济基础、政府公共服务、社会诚信、社会保障、法治环境、金融主体。
	熊学萍等 （2013）	区分城市金融生态评价指标体系、地区金融生态评价指标体系、农村金融生态评价指标体系： ● 城市金融生态指标包括经济基础、金融发展、企业诚信、法治环境等9个一级指标、27个二级指标和110个三级可操作指标； ● 地区金融生态指标包括政府治理、经济基础、金融发展、制度与信用文化4个一级指标、16个二级指标和42个三级指标； ● 农村金融生态指标包括经济发展环境、地方政府公共服务环境、社会保障环境、法治环境、信用中介环境、金融信用环境和金融体系运行环境7个一级指标和34个二级指标。

衡量体系	相关文献	具　体　指　标
环境观（广义＋国际视角）	胡冰和王晓芳（2019a, 2019b）刘志东和高洪玮（2019）	东道国的金融生态涵盖金融中介、金融结构、金融市场和金融环境等多个维度，其中： ● 金融结构：区分为银行主导型和市场主导型； ● 金融环境：涵盖东道国经济环境、政治环境、法律与行政环境、信用环境、金融环境等。

三、金融生态多样性的考量

与金融生态概念如火如荼的研究相比，国内学者对金融生态多样性的研究则是凤毛麟角，且主要集中在三个方面：

1. 对金融生态多样性的性质判定

李莹莹（2009）基于复杂适应系统理论，强调指出多样性是金融生态的重要特征，且金融生态系统多样性具有动态性和交互性的发展趋势。徐诺金（2005）、林永军（2005）等也对金融生态系统的多样性特征作出了类似表述。

2. 对金融生态多样性的程度测定

张国林和任文晨（2015）借鉴生物学中衡量生态物种多样性的Simpson 指数，采用各金融机构的种类数量、资产规模及其占比，构建金融生态多样性的表达式，其取值越大，代表金融生态多样性越高。无独有偶，刘芳等（2020）亦是采用 Simpson 指数计算出金融生态多样性指数，其大小取决于金融系统中金融机构的种类数和分布情况，并与金融生态多样化程度成正比。除此之外，刘春航等（2012）认为金融生态多样性即异质性，是同质性的对立面，可以采用同种表达式进行测定。他们综合了生态学中 Alpha 多样性指标和 Beta 多样性指标，对金融机构（主要是商业银行）的多样性程度进行了测定。由此不难看出，由于金融主体仅仅是金融生态系统的组成部分之一，学者们往往将金融主体多样化等同于金融生态多样性，其研究存在一定的认知偏差。

3. 对金融生态多样性的分类判断

谢欣(2009)和罗勇(2013)将研究对象投向了农村的金融生态多样性问题,指出农村金融机构的单一性导致农村金融生态多样性缺损,尚未形成多层次、多样化的宏观金融生态。与之不同,张国林和任文晨(2015)则将研究视角投向了省域层面,考察了省域金融机构种类的丰富性与均匀性情况。在这些研究中,学者们仅仅关注了国内区域差异,缺乏放眼中国以外的国际视野;仅仅关注了金融生态多样性的概念,缺乏对其潜在风险和效率损失的认识。事实上,东道国多样化和差异化的金融生态,会给海外投资带来系统性风险与相应的效率损失,顾此失彼的研究无法全面考察金融生态多样性对海外投资效率的影响。

第二节　海外投资效率的衡量与测度

一、宏观投资效率的测度方法

从已有研究成果来看,国内外学者从宏观和微观两个层面对投资效率的测度进行了大量研究。考虑到投资效率和海外投资效率的测度既有交叉又有不同,因此对投资效率衡量的研究无疑有助于分析海外投资效率问题。

在宏观层面,投资效率的测度方法主要包括以下几种:

1. 单一指标法

采用单一指标法衡量投资效率的统计指标,主要包括资本产出比、增量资本产出比、投资与产出比值等。通过对几项指标进行函数分析,可以对投资效率作出测度。该方法能够较为直接地搜集数据,较为快速地获取结果,但是因为过于简单,导致其结果的准确性还有待进一步考察。鉴于该方法的易用性,许多国内外学者运用该模型来考察宏观投资效率(Zhang, 2003;George et al., 2011;Francis et al., 2013;李治国和唐国兴,2003;文雪婷和汪德华,2017)。

2. 投资量偏离法

该方法是依据 AMSZ 准则测度投资是否是有效率的,如果一个国家每年的总资本收益始终大于总投资,说明其投资是动态有效的;反之,则说明其投资是动态无效的。樊潇彦和袁志刚(2006)是中国较早参考这一方法的学者,通过判断总量层面是否存在投资过度或投资不足,结构层面资本在不同行业、不同地区的配置是否合理等,从而从投资总量和投资结构两个视角共同对中国宏观投资效率作出判断,其具体衡量指标在部分国内外学者的研究中也有详细说明(Abel et al.,1983,1989;Ahn,2012;胡育蓉和齐结斌,2014;赵鑫铖和谭鑫,2015)。

3. 产业间资本配置效率

产业间资本配置效率是一种较新的宏观效率测度方法,由瓦格勒(Wurgler,2000)提出。这一方法的核心思想在于,如果一国的资金能够在高成长行业高度投资,同时又能够从低迷萧条行业中顺利撤出的话,那么该国的资金配置就是高效的,否则就是低效率甚至是无效率的。由于该模型的提出时间较晚,学者对该模型的应用尚为数不多,目前仅限于李超(2014)、姚芊(2017)等对中国宏观投资效率的分析。

二、微观投资效率的测度方法

在微观层面,企业投资效率的测度模型从早期的 FHP 模型到现在广泛采用的 SFA 模型和 DEA 模型,不仅形式更为多样,而且具有深厚的数理基础。这些模型几乎都是由国外学者提出并建立,而国内学者利用该模型对中国国内情形加以应用与分析。

1. FHP 模型

该模型由法扎里等(Fazzari et al.,1988)提出,其核心思想是将财务中通常所提及的现金流敏感性这一概念与企业投资机会联系在一起,认为企业投资效率会受到现金流敏感性的影响。简单来说,企业自由现金流系数与融资约束能力成正比,前者越高,后者就越强,此时自由现金流对投资的影响就越敏感。如果企业的投资活动主要源于投资机会,那么即可判定此时投资效率处于较高的水准。FHP模型从提出时就是为制造业企业量身打造的,强调企业内部现金流对企业的投资支出具有敏感性反应,通过观察企业内部现金的流动来判断企业的投资效率是否受到融资约束的影响。基于此,汪平和孙士霞(2009)、唐毅和郭欢(2012)、初海英(2019)等人都运用FHP模型,并结合中国特点对制造业企业的投资效率进行了测度。

2. Vogt 模型

该模型是由经济学家沃格特(Vogt,1994)提出的,旨在构建投资机会与现金流的交乘项,如果运算得出的交乘项系数为正,则可判定投资—现金的敏感性来自投资过度,如果为负,则可判定为投资不足。考虑到该模型弥补了FHP模型无法揭示投资—现金流敏感性的缺陷,不少国外学者运用该模型对投资效率作出了考察(Cleary,2006;Aggarwal and Zong,2006;Chen et al.,2011)。由于该模型对中国企业的不适用性,中国学者对该模型的运用不多,为数不多的研究包括张功富和宋献中(2009)、张纯和吕伟(2009)、喻坤等(2014)对中国制造业上市公司投资效率的分析。

3. Richardson 模型

理查德森(Richardson,2006)实质性地改进了FHP模型和Vogt模型,能够更为准确地测度企业投资效率。该模型聚焦于新增投资额净值,选取新增投资净额作为模型的被解释变量,并选取一系列影响企业投资行为的指标作为解释变量,以所估计出来的残差正负号判定企业是投资过度还是投资不足,以残差绝对值大小判断企业投资非效率的程度。国内学者,如肖珉(2010)、申慧慧等(2012)、刘志远和靳光辉(2013)、刘慧龙等(2014)、柳建华等(2015)、程新生等(2020)、綦建红(2020)、綦建红和马雯嘉(2020)等运用该模型对中国企业的投资效率或者海外投资效率进行了相应的测算。

4. DEA 模型

数据包络分析法(DEA)是一种非参数估值方法,最早由查恩斯等(Charnes et al.,1978)提出 CCR 模型,并成为其他 DEA 模型的基础;安德森和皮特森(Andersen and Petersen,1993)在此基础上创立了超效率模型。DEA 模型的基本原理是,首先,根据被评价对象的各项投入和产出指标,利用线性规划方法寻求其投入—产出关系的效率前沿面;然后,比较被评价对象与效率前沿面的投入—产出差异,最终对被评价对象的效率水平作出判断。由此可见,DEA 模型不需要考虑前沿面的形式,只需要采用已知的投入产出数据,即可采用线性规划方法测量效率值,其简单方便程度可见一斑。目前,DEA 已成为对决策单元进行效率评价的最常用方法之一。在许多国内外学者的研究中,尽管研究主体不尽相同,但均偏好采用这一方法衡量投资效率(Yang and Pollitt,2010;Cook et al.,2010;Lorenzo et al.,2010;Zeng et al.,2018;王欣,2010;伍文中,2011;彭亮和刘国城,2018;王靖宇和张宏亮,2019;王艳萍等,2020),可见这一模型已得到学界的普遍认可。

5. SFA 模型

随机前沿分析法(SFA)是一种参数估值方法,而非 DEA 所依仗的非参数估值。SFA 方法的基本原理是,采用投入产出的观察值,估计函数中的相关参数,并考虑随机误差对每一个生产单元的影响,从而将投资效率的度量和影响因素相结合。随着模型的发展和研究的深入,学者们已经不再拘泥于最初由截面数据构成的随机边界,而是引入企业层面的个体效应,将其拓展至由面板数据构成的随机边界,并且对个体差异采用一阶差分和组内差分的处理方法(Battese and Coelli,1995)。也就是说,SFA 方法将最终产出项分解成生产函数、非效率项和随机项三部分,前两部分通过确定影响因素来确定函数形式,以便进行参数估计和最后的效率测度。具体到海外投资效率的测度来说,一方面,在确定海外投资的前沿水平时,大多数学者沿用代表性观点,认为一般的引力模型变量适用于解释海外投资（Brenton et al.，1999；Eichengreen and Tong，2005）；另一方面，在确定非效率项时，多选择导致海外投资偏离最优值的人为阻碍因素。从目前来看，SFA 在海外投资效率方面的测度应用比较广泛，如张宗益和郑志丹（2012）、崔娜等（2017）、祖煜和李宗明（2018）、严佳佳等（2019）、胡冰和王晓芳（2019a）、张友棠和杨柳（2020）、范兆斌等（Fan et al.，2016）。

表 2-2 对上述投资效率的测度方法进行了简单的总结，概括了上述主要测度方法的内容与优势。

表 2-2　投资效率的常用测度方法

评价方法	方法与优势	经典文献	主要结论
FHP 模型	将现金流敏感性与企业投资机会联系在一起，结论比较直观。	法扎里等（Fazzari et al.，1988）	自由现金流的比例越高，则融资约束能力越强，其对投资的影响就越敏感。
Vogt 模型	构建投资机会同资金流系数的交乘项，弥补了 FHP 模型的缺陷。	沃格特（Vogt，1994）	通过交乘项系数的符号判定投资—现金流的敏感性与投资效率的关系。
Richardson 模型	选取新增投资净值作为模型的被解释变量，测度更为准确。	理查德森（Richardson，2006）	选取一系列影响企业投资行为的指标进行回归，关注最终的残差大小和符号。
DEA 模型	是一种非参数估值方法，测算简单方便。	查恩斯等（Charnes et al.，1978）杨（Yang，2010）	根据被评价对象的各项投入和产出指标，利用线性规划方法寻求和比较其投入—产出关系的效率前沿面。
SFA 模型	是一种参数估值方法，从截面数据拓展到面板数据。在海外投资效率应用广泛。	巴特塞和科利（Battese and Coelli，1995）	分解成生产函数、非效率项和随机项，进行参数估计。

三、投资效率的分行业测度方法

正是在上述衡量投资效率的文献基础上，学者们依据金融类投资和非金融类投资的不同对投资效率的测度采取了不同的方法。

在金融类投资方面,大多数学者在对投资效率测度时将金融类的资金投入与产出置于同一个几何空间,采用简单易行的 DEA 模型。由于 DEA 方法无须构建生产函数,且并未限定投资效率的前沿面形式,因此只需要考察当投入一定时如何实现产出最大化,或者当产出一定时如何保证投入最小。该方法在测量各类银行的投资效率方面得到了广泛运用(周先平和冀志斌,2009;李恒和吴维库,2013;李平等,2013;林春,2016;陈建勋等,2017;谭涛等,2020;杨望等,2020;Halkos and Tzeremes,2013;Chortareas et al.,2013;Nourani et al.,2019;Antil et al.,2020)。相比之下,SFA 近年来也被越来越多的学者所关注和采用,如毛洪涛等(2013)、申创和赵胜民(2017)、刘孟飞和蒋维(2020)等。不论学者们是采用 DEA 还是 SFA,不论其研究的主体是否相同,其研究结论均表明,中国金融类投资效率不尽如人意,仍然存在较大的提高空间。

在非金融类投资方面,学者们鲜少区分海外投资效率与海外投资绩效的差异,也没有剔除整体投资效率、国内投资效率与海外投资效率的交叉。在为数不多的研究中,马付拴和田宗星(2016)采用海外投资成果与所消耗投资之间的占比来衡量国有企业的海外投资效率。与金融类投资相比,国内学者对非金融类投资效率测度方法的选用比较广泛,理查德森模型(申慧慧等,2012;刘慧龙等,2014;柳建华等,2015;程新生等,2020)、DEA 模型(伍文中,2011;王靖宇和张宏亮,2019;王艳萍等,2020)、SFA 模型(张宗益和郑志丹,2010;郑田丹等,2018;胡冰和王晓芳,2019a)均有涉及。

四、对中国海外投资效率的判断

中国在过去的十几年中迅速成长为海外投资大国,年投资流量从全球第二十余位进入前三序列。中国海外投资的特点,也使得中国海外投资效率的高低判断和影响因素既有普适的一面,也有独特的一面。

1. 对海外投资效率的总体判断

就中国海外投资效率的高低判断来说,端木(Duanmu,2012)和姚战琪(2016)等学者均指出,中国海外投资企业在区位选择方面具有明显的风险偏好特征,会倾向于投往制度质量差、技术水平低的国家和地区,这也构成了中国海外投资效率较低的主要原因之一。与此同时,中国的海外投资效率损失主要表现为海外投资不足,而非海外投资过度(韩立岩和顾雪松,2013;乔晶和胡兵,2014;綦建红,2020;綦建红和马雯嘉,2020)。

从宏观层面来看,已有文献从东道国宏观因素出发,测度了中国对不同东道国的海外投资效率。该类研究在采用 SFA 模型的基础上引入传统引力模型加以拓展,构造随机前沿引力模型,多数采用"一带一路"沿线国家的东道国宏观数据测度海外投资效率,发现中国在沿线国家的海外投资效率整体偏低,且具有国别和时间差异,存在不断提升的时变效应;中国海外投资效率在发达国家与发展中国家、"一带一路"国家等不同的区位,呈现出巨大的差异性,高投资效率国家少之又少(Fan et al.,2016;胡浩等,2017;严佳佳等,2019;胡冰和王晓芳,2019a)。与此同时,东道国制度环境是效率损失的主要来源,即政治稳定性、贸易壁垒、产权保障制度、政府监管效率、腐败管控力度、经济自由度等制度因素均对海外投资效率产生了不同程度的影响(崔娜等,2017;祖煜和李宗明,2018;严佳佳等,2019)。

从微观层面来看,赵峰等(2019)率先采用 A 股上市的中国海外投资企业数据,运用理查德森模型进行了投资效率测算。由于在测算过程中,采用企业新增资本投资占年初总资产的比值来替代缺失的企业海外投资金额,因此其测算结果实际上是海外投资企业的投资效率,而非严格意义的海外投资效率。对此,綦建红(2020)、綦建红和马雯嘉(2020)采用 Zephyr 数据库和 fDi Markets 数据库所发布的中国企业海外投资金额数据,并结合异质性企业理论和传统引力模型,对理查德森模型加以拓展,从而较为准确地测算出中国企业的海外投资效率,其测算结果发现,无论是数量还是占比,海外投资不足的样本均明显超过海外投资过度样本,说明中国企业的海外投资效率损失主要表现为海外投资不足,这与乔晶和胡兵(2014)基于宏观数据所得出的结论基本一致。与此同时,海外投资过度的程度较之海外投资不足更为严重,但是从走势上看,中国企业的海外投资效率损失正趋于减小。

2.对海外投资效率的分地区判断

在现实经济生活中,中国企业所踏足的东道国和地区遍布世界各个角落。与实践活动相对应,国内学者将其细分为欧美、欧盟、亚洲、RCEP 和"一带一路"等区位,并对其进行了更为具体化的测算与比较,详见表2-3。

从整体分布来看,国内学者几乎均采用 SFA 模型,其测算结果表明,无论是以欧美和欧盟为代表的发达国家,还是中西亚沿廊国家和东盟国家,抑或是 TPP 国家,中国在这些地理区位的海外投资效率水平均比较低,效率挖掘的潜力和空间明显(姚战琪,2018;李计广和李彦莉,2015;屠年松和王浩,2019;何文彬,2019)。

相比之下,国内学者对"一带一路"国家的研究更为聚焦,文献数量也最多,但是测算结果迥然不同。有的学者认为,中国在沿线国家的整体投资效率比较乐观(李计广等,2016;祖煜等,2018;李金叶等,2018);但是,有的学者则发现中国在沿线国家的海外投资效率不容乐观,不仅在2008—2014 年出现了下降趋势,而且国别之间的差距巨大(田泽和许东梅,2016;宋林等,2017;崔娜等,2017;严佳佳等,2019;胡冰和王晓芳,2019a)。

3.对海外投资效率的分行业判断

基于不同的行业特性和发展水平,中国不同行业的海外投资效率也不尽相同。从国内学者的研究来看,鲜少区分整体投资效率与海外投资效率,而在为数不多的海外投资效率研究中,各行业也同样存在"效率低"和"差异大"的特点。

姚战琪(2016)聚焦服务业,发现中国服务业的海外投资效率日益提升,但是整体依然较低;具体至细分的金融业来看,中国海外投资效率甚至出现了不及海外投资前的"负效率"现象。但是,这一观点遭到了部分学者的反对。例如,梁慧贤等(2011)的研究也定位于金融业,并以中国工商银行、中国银行和中国建设银行三家商业银行的海外并购效率作为研究对象,结果发现,中国银行业的海外投资效率虽然出现了短期下降的情形,但是放眼长期,海外投资效率仍然不断提升。

表 2-3　海外投资效率的分地区差异

代表性文献	研究区位	测度方法	主　要　结　论
欧美			
姚战琪 (2018)	欧美国家	SFA 模型	● 中国对欧美国家的海外投资效率仍处于较低状态,低于中国整体均值(0.62)。 ● 大于 0.8 的国家仅有 3 个,大于 0.5 国家有 14 个,提升空间巨大,投资潜力可进一步挖掘。
欧盟			
李计广和李彦莉 (2015)	欧盟 28 国	SFA 模型	● 中国在欧盟 28 国的海外投资效率均值仅为 0.44,投资潜力尚待进一步挖掘。
刘永辉等 (2020)	中东欧 16 国	SFA 模型	● 中国对罗马尼亚、保加利亚和匈牙利等欧盟成员国的投资效率较高,投资潜力较大。 ● 对波黑、黑山、塞尔维亚和马其顿①等国的海外投资效率偏低。
亚洲			
屠年松和王浩 (2019)	东盟 10 国	SFA 模型	● 中国对东盟的总体海外投资效率虽然逐年递增,但是效率偏低,不仅处于 0.242~0.569 的低效区间,而且效率值在 0.7 以上的国家仅有 2 个。
何文彬 (2019)	中西亚 22 国	SFA 模型	● 中国对沿廊国家的整体投资效率较低,效率损失严重,未来潜力空间较大。 ● 处于高位区间[0.5—1]的国家只有吉尔吉斯斯坦、土库曼斯坦、塔吉克斯坦和也门 4 个。 ● 处于中低位区间[0.3—0.5]和低位区间[0.1—0.3]的国家包括哈萨克斯坦、格鲁吉亚、阿联酋、沙特阿拉伯、伊朗和卡塔尔。 ● 其余 10 国的海外投资效率均低于 0.1。

---

①　2019 年 2 月 12 日,马其顿共和国正式更名为北马其顿共和国。鉴于本书的样本期多集中在 2019 年之前,故书中沿用了马其顿这一国名。

代表性文献	研究区位	测度方法	主 要 结 论
TPP/RCEP			
范兆斌和潘琳（2016）	TPP成员国	SFA模型	● 中国对TPP成员国的海外投资效率总体水平较低,且国家之间的差异明显。
南楠等（2021）	RCEP成员国	SFA模型	● 中国对RCEP成员国的海外投资效率存在明显的不平衡性。 ● 高效率国家:澳大利亚、新加坡、老挝、缅甸、柬埔寨等。 ● 低效率国家:菲律宾、日本、韩国、新西兰等。
"一带一路"			
李计广等（2016）	"一带一路"国家	SFA模型	● 中国对沿线国家的整体海外投资效率水平处于持续上升的趋势,但是投资潜力依然巨大。
祖煜等（2018）	"一带一路"国家	重力模型	● 中国对沿线国家的总体海外投资效率不仅呈稳步增长之势,而且国别差距不断缩小。
李金叶等（2018）	"一带一路"国家	SFA模型	● 中国对沿线发达国家和转轨经济体的海外投资效率和对沿线发展中国家的海外投资效率形成鲜明对比,前者低于平均水平,后者高于平均水平,即发展中国家＞转型经济体＞发达国家。 ● 中国对技术水平相似的沿线发展中国家的海外投资效率更高。
刘晓丹和张兵（2020）	"一带一路"国家	PSM-DID	● "一带一路"倡议显著提升了中国企业的海外投资效率,且这种提升效应逐年递增。 ● "一带一路"倡议对中国企业投资效率的提升效应主要通过降低企业的过度投资实现,但在投资不足方面的改善并不显著。
田泽和许东梅（2016）	"一带一路"国家	超效率DEA模型	● 中国对沿线国家的海外投资效率总体处于中低水平。 ● 沿线地区差异明显,即西亚和北非＞中东欧和南亚＞东南亚和中亚。
宋林等（2017）	"一带一路"国家	SFA模型	● 在"一带一路"国家存在严重的海外投资不足,且与"一路"相比,"一带"的效率损失更加明显。

代表性文献	研究区位	测度方法	主　要　结　论
崔娜等（2017）	"一带一路"国家	SFA 模型	● 中国对沿线国家的海外投资效率普遍低下，仅实现了最优效率的不足 20%。 ● 对市场体量大、收入水平低的沿线国家，海外投资效率更高。
季凯文（2018）	"一带一路"国家	SFA 模型	● 中国对沿线国家海外投资效率较低，其中对沿线发达国家和转轨经济体的海外投资效率低于沿线发展中国家，即发展中国家＞转型经济体＞发达国家。
严佳佳等（2019）	"一带一路"国家	时变SFA 模型	● 中国海外投资效率处于低位水平，且发展中国家＞发达国家，"一路"＞"一带"。 ● 海外投资效率水平已转向正的时变增长效应和空间收敛效应。
胡冰和王晓芳（2019a）	"一带一路"国家	SFA 模型	● 中国在沿线国家存在明显的海外投资效率损失。 ● 在自然资源丰富、经济关联度高、市场购买力强、双边关系好的沿线国家，海外投资效率更高。
吴瀚然和胡庆江（2020）	"一带一路"国家		● 中国在沿线国家的海外投资效率差异巨大，呈现出效率高潜力高＞效率高潜力低＞潜力高效率低＞潜力低效率低的特征，建议应优先投资"效率高潜力高"和"效率低潜力高"的国家。
綦建红和赵雨婷（2021）	"一带一路"国家	Richard模型SFA 模型	● 中国企业的海外投资效率值：沿线国家＜其他区域。

第三节　海外投资效率的影响因素

影响海外投资效率的因素，既有宏观影响因素，也有微观影响因素；既有带有共性的一般影响因素，也有与"一带一路"沿线国家息息相关的特定影响因素。对这些影响因素的梳理，不仅有利于全面把握中国海外投资效率的影响因素，而且也有利于在下文的实证设计中科学选择相应的控制变量和异质性分组标准。

一、宏观影响因素

从宏观视角看,诸如东道国的市场规模、资源禀赋、技术水平、政府治理、制度因素、法律法规等经济、政治和法律环境均会影响海外投资效率,这些因素在"一带一路"沿线国家同样表现得淋漓尽致(张述存,2017)。

1. 东道国的经济环境

(1) 东道国市场规模

市场规模反映了东道国的经济实力与增长潜力,是东道国吸引外资的决定性因素(Dunning,1981)。大多数学者认为,东道国市场规模越大,跨国公司越容易获得规模经济效应,因此越有动力进行海外投资,有利于提高海外投资效率(Yeaple,2009;Kolstad and Wiig,2012;Cheung et al.,2012;陈健和徐康宁,2009;董艳等,2011;蒋冠宏和蒋殿春,2012;罗伟和葛顺奇,2013;罗长远等,2018)。但是,也有学者发现,经济发展水平较低的东道国对中国企业来说,也是大规模海外投资的重要目标(Yang et al.,2018;项本武,2009;谷媛媛和邱斌,2017)。

当具体到"一带一路"国家时,学者们采用不同的指标衡量东道国经济规模,得出了截然不同的结论。在采用人均 GDP 的研究中,程中海等(2017)发现,沿线国家人均生产总值对中国在沿线国家的海外投资具有显著的正向影响作用,而倪沙等(2016)、宋林等(2017)、季凯文等(2018)、王颖等(2018)也通过实证研究证明了上述观点;在采用 GDP 的研究中,沙赫里亚尔(Shahriar et al.,2019)、熊彬和王梦娇(2018)的研究结论也显示,沿线国家的市场规模对中国海外投资的影响巨大,市场规模越大,对中国海外投资的吸引力越强。但是与之不同,范兆斌等(Fan et al.,2016)的研究发现"一带一路"国家的经济发展水平对中国在沿线国家的海外投资具有负向作用。

(2) 东道国资源禀赋和技术水平

无论是寻求资源,还是寻求技术,均是跨国公司海外投资的重要动机,二者往往同时发挥作用,故一并被纳入海外投资效率的研究框架中(Dreher et al., 2013)。事实上,已有研究也表明,东道国自然资源禀赋、技术水平与海外投资效率具有正向关系(Ito and Wakasugi, 2007;陈健和徐康宁,2009;闫大颖,2013;林良沛和揭筱纹,2017)。在技术水平方面,孙浦阳等(2020)聚焦服务业,强调了服务企业技术前沿化通过提升信息沟通能力的作用渠道,能够提高海外投资水平,其对绿地投资的作用尤为明显。吉生保等(2020)则是从外资研发入手,认为外资研发嵌入能够提高技术创新表现(特别是市场创新绩效),从而显著促进中国的海外投资,且这种促进效果在中东部地区更为明显,而在西部地区不明显。在资源禀赋方面,蒋殿春和张庆昌(2011)发现东道国与投资国之间的资源禀赋差异对东道国吸引海外投资存在负向影响,也从侧面说明东道国的资源禀赋越丰裕,越能吸引跨国公司的投资。就东道国的自然资源而言,学者们已形成共识,即中国的海外投资企业更愿意将资金投向自然资源丰富而廉价的东道国,具有明显的“自然资源偏好”特征(Buckley et al., 2007;Ramasamy et al., 2012;Yao et al., 2018;宋利芳和武皖,2018)。

具体到“一带一路”国家的资源禀赋时,诸多学者的研究发现,“一带一路”国家拥有丰富的自然资源(Balat, 2007;Ramasamy et al., 2012),拥有丰富的劳动力资源(邸玉娜和由林青,2018),还拥有优质的地理环境,因此除个别国家外,新加坡、老挝、缅甸、中东欧等大多数沿线国家和地区都拥有最佳的投资环境条件(Huang, 2019)。正是基于上述资源禀赋的优势,学者们发现,中国在“一带一路”国家的海外投资与当地资源禀赋呈正相关(Fan et al., 2016;Kang et al., 2018;Yang et al., 2018),即当地资源禀赋越丰富,中国就越容易对“一带一路”国家进行海外投资,甚至可以在一定程度上抵消低下的制度质量可能造成的负面效应(李建军和孙慧,2017);国内学者黎绍凯等(2018)、冯德连和施亚鑫(2018)、刘娟(2018)、王颖等(2018)的研究也同样证实了资源禀赋丰富的沿线国家更容易吸引中国企业的海外投资。

具体到"一带一路"国家的技术水平时,绝大部分学者提出了东道国技术水平对中国海外投资的影响显著为正的观点,表明"一带一路"国家的技术水平越高,越会激励中国企业提高海外投资规模(刘来会,2017;李金叶等,2018)。但是,这一观点遭到了部分学者的反对,认为技术水平对中国海外投资的影响具有明显的区位异质性,除了中东欧沿线国家显著外,二者的关系在大部分"一带一路"国家均不显著(Liu et al.,2017;王颖等,2018)。

(3)东道国基础设施

国内外学者的研究均承认,东道国基础设施对中国海外投资的作用是非常显著的,这一点在对"一带一路"国家的投资中表现得尤为突出,但是其对影响方向的判断大相径庭。一种观点认为,沿线国家的基础设施质量越好,越有助于促进中国海外投资,当沿线国家的基础设施起点越低时,这一促进作用就会愈加彰显(崔岩和于津平,2017);同时,这一促进作用存在门槛效应,一旦基础设施质量高于门槛值,其对中国海外投资的增长作用就会微乎其微(刘来会,2017;熊彬和王梦娇,2018)。但是,也有学者得出了完全不同的结论,即中国的海外投资更倾向于基础设施差距大的"一带一路"国家,基础设施水平差距越大,中国对沿线国家的海外投资越多(Kang et al.,2018)。

值得一提的是,齐俊妍和任奕达(2020)专门强调了数字基础设施的重要性,指出虽然"一带一路"沿线国家间的数字经济发展水平大相径庭,但是均能通过"贸易成本效应"和"制度质量效应"显著提升海外投资规模,并成为其区位选择的重要考虑因素。无独有偶,潘素昆和杨雅琳(2020)同样发现,通信基础设施是影响中国对"一带一路"沿线发达国家和转型经济体投资区位选择的重要因素。

2.东道国的政治环境

大多数学者提出,东道国良好的制度建设不仅可以降低市场交易成本,提高对海外投资者的吸引力(Wals and Yu,2010;Ramasamy et al.,2012),而且还会影响信息收集成本、海外交易成本和跨国并购成败(Dikova et al.,2010;Buckley et al.,2011;Pierre,2012),进而影响海外投资效率。因此,跨国公司在海外投资时通常会倾向于选择制度稳定的东道国,提高海外投资效率(Antras et al.,2012;韦军亮和陈漓高,2009;陈岩等,2012;胡兵等,2013;胡兵和邓富华,2014;王恕立和向姣姣,2015;吴先明和黄春桃,2016;戴利研和李震,2018;万金波,2018;姜建刚和张建红,2020)。

当具体到“一带一路”沿线国家的研究时,东道国政治环境对海外投资的影响未达成共识。正如胡必亮和张坤领(2021)所指出的,“一带一路”倡议对不同制度质量沿线国家的中国海外投资具有显著的差异性影响。部分学者的研究结果显示,在“一带一路”国家,东道国制度质量对中国海外投资的影响作用显著为负,即沿线国家的制度质量越差,越有可能成为中国海外投资的目标国。例如,李晓敏和李春梅(2017)选取政府腐败、政治风险和法律法规来衡量沿线国家的制度质量,结果发现,中国海外投资更多地流向了政府监管质量佳、政局较为平稳安定,但是民主政治落后、法治水平较低的沿线国家,即沿线国家制度质量对中国海外投资具有明显的负向影响。在此基础上,杨亚平和高玥(2017)进一步发现,制度距离对中国企业海外投资选址具有“非对称性”影响,即中国企业海外投资倾向于流入负向制度距离接近的沿线国家。但是,郭烨和许陈生(2016)、彭冬冬和林红(2018)的研究均与上述研究结论产生了明显分歧。他们发现,沿线国家制度质量与中国的海外投资呈正相关关系,即中国企业更倾向于在制度质量高、制度距离小的沿线国家进行海外投资。相反,如果沿线国家的法律规定(特别是双边投资协定)界定不清、海外投资审批程序繁琐,中国对这些国家海外投资的概率会明显减小(Huang,2016;黎绍凯等,2018;田晖等,2018)。

3. 东道国的法律环境

从整体趋势来看,世界各国在看重海外投资助力本国经济的同时,也越来越重视海外投资对本土企业的负面影响,而法律法规作为东道国的保护性措施之一,不仅对海外投资效率具有显著的影响(Buckley et al.,2011;熊彬和马世杰,2015),而且其潜在的法律制度风险,对中国在高收入国家的海外投资具有严重的负面冲击(邱立成和赵成真,2012)。

具体到"一带一路"沿线国家而言,徐孝新和刘戒骄(2019)聚焦与劳动标准有关的法律条款,发现与沿线发展中国家相比,劳工标准条款的显著影响仅适用于沿线发达国家;张晓君和曹云松(2021)则聚焦双边投资协定,指出目前中国与"一带一路"国家签订的双边投资协定较为陈旧,实际操作性不强,且倾向于保护沿线国家规制权,为此中国应当立足对外投资体量庞大的现实情况,努力构建"中国范式"。在投资便利化协定方面,陈继勇等(Chen et al.,2020)专门聚焦"一带一路"国家,发现沿线国家之间的投资便利化水平参差不齐,其中东亚、东南亚和欧洲的投资便利化水平更高,而沿线国家的投资便利化水平每提高1%,通常可以促进中国海外投资增长 2.17%。无独有偶,张亚斌(2016)、乔敏健(2019)、周杰琦和夏南新(2021)也发现,"一带一路"沿线国家的投资便利化建设能够提供便捷的营商环境、透明的政策环境和健全的金融服务,显著促进了中国海外投资扩展边际的增长,但是对集约边际的作用效果并不明显,其中非低收入经济体和政策导向国推进便利化建设对投资扩展边际增长的驱动效应更加明显。

4. 东道国的文化环境

通常情况下,国内外学者采用东道国和母国的文化距离来反映东道国文化环境对母国海外投资的影响。具体到中国与"一带一路"国家的文化距离,两国文化距离的影响究竟是正向还是负向、线性还是非线性,国内外学者得出了迥然不同的结论。以黎绍凯等(2018)为代表的学者认为,中国和沿线国家之间的文化距离越接近,中国越倾向于对其进行海外投资,这一观点得到了许多学者(Zhang and Xu,2017;Kang et al.,2018;冯德连和施亚鑫,2018;李俊久等,2020;张吉鹏等,2020)的支持。但是,也有学者提出了不同的观点,例如韩民春等(2017)认为文化距离对中国沿线国家海外投资的影响具有明显的异质性,对"一路"国家表现为外来者劣势,对"一带"国家则表现为外来者收益。因此,文化距离在中国对"一带一路"海外投资中所扮演的角色,尚需进一步加以检验。

二、微观影响因素

与宏观影响因素的研究相比,学者们从公司治理、银企关系等微观视角出发,专门考察海外投资效率微观影响因素的研究比较匮乏。

1. 公司治理

从已有研究来看,大量文献仍然定位于一般意义的企业投资效率,强调了委托代理、信息不对称、社会责任等公司治理因素(Jensen,1986;Chari and Henry,2006;Gul et al.,2010;Khan et al.,2017;Samet and Jarboui,2017;Stoughton et al.,2017;Chen et al.,2017;喻坤等,2014)。与之不同,柳建华等(2015)关注到董事会对外投资权限的影响,发现降低公司董事会的对外投资权限可以抑制公司的过度投资倾向,这种抑制作用在国有控股上市公司中表现得更为明显;但是,过低的对外投资权限设置会导致投资不足。近几年的最新研究还发现,首席执行官较高的管理能力和双持有人(资产所有人和信贷人)持有股份将有助于提高投资效率(Gan,2019;Anton and Lin,2020);对投资成果不佳的企业家施加惩罚或者提高财务报告质量的企业均可起到相同的作用(Nan and Wen,2019;Dou et al.,2019)。就中国而言,国有企业与其政府所有者之间的金字塔层次和地理距离也同样会影响投资效率(Opie et al.,2019)。

尽管上述文献仅仅限于一般性的投资效率,但是令人欣喜的是,近年来越来越多的文献开始考察公司治理对海外投资倾向的影响。在传统文献多强调公司治理与海外投资倾向之间正相关关系的基础上（Habib and Zurawicki，2002；Globerman and Shapiro，2003；Filatotchev et al.，2007；Bhaumik et al.，2010；Oxelheim et al.，2013），近年来有学者分别以土耳其和美国公司为例,发现董事会中高比例的内部董事与跨国公司在其关联公司中的股权呈现正相关关系,外部董事在人力和社会资本中的优势也与海外投资决策正相关(Ilhan-Nas et al.，2018；Lai et al.，2019)。与之相类似,国内学者汝毅等（2016）、文雯等（2020）则从首席执行官等高管团队的股权激励入手,发现高管团队股权激励强度越大,中国企业海外投资的可能性越高、海外投资频率越高、海外投资金额越大;当企业为民营控股、面临的融资约束程度较低、信息透明度更高和处于非制造业行业时,高管团队股权激励的促进作用更为显著。

但是,上述观点遭到了其他学者的挑战,例如,莫克和普莱斯(Mauck and Price，2018)使用全球房地产上市公司数据,以机构所有权比例来衡量公司治理质量,结果发现,公司治理质量与海外投资倾向呈现显著的负相关关系。杨栋旭和张先锋（2019）则从管理者异质性出发,发现管理者的海外背景和工作绩效激励对中国企业海外投资倾向存在显著的正向影响,教育背景和财经类专业背景则对海外投资倾向存在显著的负向影响。无独有偶,綦建红（2020）也发现,有海外背景的董事比例越高,越能抑制中国企业的海外投资不足,但是对海外投资过度并未产生显著影响。龙婷等（2019）考察了股权集中度、机构投资者与企业海外投资决策之间的关系,认为股权集中度与企业海外投资之间呈显著的倒 U 形关系,机构投资者能够显著地促进企业海外投资,而非沉淀性冗余资源能够显著地负向调节这一非线性关系。

2. 银企关系

学者们普遍认为,良好的银企关系能够提高企业投资效率,减少非效率行为发生的概率。究其原因,良好的银企关系可以从引入外部监管、减少信息不对称和增加企业投资机会等方面影响企业投资效率。

首先,银企关系相当于将外部的资本市场监管引入企业内部,而外部投资者对企业的监督效应有利于规范企业的投资行为,减少企业的非效率投资(Boyd and Prescott,1986;Wang et al.,2020)。

其次,银企关系的出现本身就源于信贷市场上的信息不对称问题,企业的关系银行通过获取和监测企业充分的经营信息,减少企业委托代理问题,提高企业投资效率(Herrera and Minetti,2007;Bonfim et al.,2018);与此同时,银行这种专业的机构投资者作为企业的"亲密合作伙伴",其在自身国际化的过程中还能为企业提供专业的海外市场信息(Portes and Rey,2005),降低企业的信息不对称程度,确保企业寻求更好的海外投资方案。

最后,良好的银企关系通过信息沟通和相互信任,有助于拓宽企业的融资渠道,降低企业融资成本(Petersen and Rajan,1994;Cole,1998;Kano et al.,2010;Lu et al.,2012;Sisli-Ciamarra,2012;张敏等,2012;Hower,2016;Wang et al.,2020)。具体来说,在信贷可得性方面,银企关系可以影响银行经理人的贷款决策,减少银行经理人对于贷款违约的担忧,加强了企业筹集资金的能力,企业面临的融资约束由此得以缓解(Ferreira and Matos,2012;Lu et al.,2012)。邓建平和曾勇(2011)以中国数据为例,也发现银行关联与民营企业的长期借款增量之间存在显著的正向关系,延长了企业的债务期限结构,增加了企业信贷的可得性。在贷款条件方面,有的学者发现银企关系有利于企业减少抵押等合同条款,换言之,如果存在良好的银企关系,债权银行会倾向于要求更少的抵押品(Harhoff and Korting,1998)。在信贷成本方面,许多学者发现银企关系有助于降低贷款利率。首先,企业与银行信贷关系的时间长度有助于预测贷款利率和抵押金额,与银行关系持久的借款人往往能从较高的信贷额度和优厚的信贷条款中受益(Boot and

Thakor，1994；Berger and Udell，1995）；其次，银企关系增加了企业的议价能力，降低了贷款利率（Bonfim et al.，2018；Fernández-Méndez and González，2019）；最后，银企关系作为一种资源来源，还有助于企业从银行获得更多的关联贷款（Guner et al.，2008；Fernández-Méndez and González，2019），从而使企业拥有更强的支付能力。因此，企业在面临好的海外投资机会时能够摆脱资金短缺的限制，缓解企业的投资短视问题，减少海外投资不足程度。

近年来，国内学者也开始涉足这一领域，但是由于企业所有制、融资约束程度和市场化程度的不同，其研究结论差异较大。从所有制视角来看，绝大多数研究认为良好的银企关系通过弥补民营企业的现金缺口，既可以显著抑制投资不足，又不会引发投资过度（曲进，2015）；罗党论等（2012）则提出，过多的银行授信加剧了国有企业的过度投资，降低了投资效率，对此曲进（2015）持有异议，认为银企关系无论对国有企业的过度投资还是投资不足均无显著影响。从市场化进程来看，翟胜宝等（2014）认为银企关系对企业投资效率的促进效应与市场化进程息息相关，市场化程度越高，促进效应愈发彰显。

3. 进入模式

现有文献较少涉及进入模式对海外投资效率的影响，而是主要偏重两个方面：一方面，强调进入模式对海外投资绩效的影响，即正确的进入模式会显著促进企业海外投资绩效的提高，其中绿地投资优于跨境并购，独资模式优于合资模式（Cantwell et al.，2010；陈立敏，2014；潘文安，2015；吴崇等，2016；易靖韬和戴丽华，2017）；另一方面，强调进入模式对银行效率的影响，例如，部分学者以中欧和东欧国家外资银行的急剧扩张为例，发现外资进入模式对银行效率具有关键的影响，绿地投资的效率优于跨境并购，虽然在跨境并购的第一年，外资并购银行的效率下降，但此后却有所提高（Poghosyan and Poghosyan，2010）。

与上述研究不同，考虑到进入模式是海外投资效率不可或缺的影响因素之一,綦建红(2020)、綦建红和马雯嘉(2020)在研究中均考虑了进入模式差异,发现在绿地投资和跨境并购的不同进入模式下,中国企业的海外投资效率是不同的,并且会受到东道国金融结构和企业海外背景董事的影响。

4. 国际化程度

学者们普遍认为,企业的国际化程度会以非线性的形式显著影响海外投资效率,但是对非线性曲线的具体形状尚未达成共识,究竟是 U 形或倒 U 形,还是 S 形或 L 形,学者们众说纷纭(Ruigrok and Wagner,2003;Nielsen,2010;Prange and Verdier,2011;Cheng et al.,2014;Madaleno et al.,2018;Abdi and Aulakh,2018)。相比之下,国内学者重点强调了企业国际化程度对海外投资绩效的影响,例如,在常玉春(2011)的研究中,企业国际化程度以企业境外资产存量比来表征,结果发现,当企业国际化程度达到一定门槛值时,企业的海外投资绩效会得以提升;相反,当企业国际化程度尚未企及这一门槛值时,则会妨碍企业海外投资绩效。由此可见,现有文献并未严格区分海外投资效率与海外投资绩效,但是强调了国际化阶段也是海外投资效率的重要影响因素之一。

5. 企业优势

国内学者基于异质性贸易理论,还考察了出口经验、出口网络、贸易成本等企业自身优势对中国企业海外投资,特别是在"一带一路"国家海外投资的影响。在出口经验方面,崔远森等(2018)发现,出口经验有助于显著提高中国企业在"一带一路"国家的海外投资,其中私营企业和其他类型企业的出口经验对海外投资的影响明显高于国有企业。在出口网络方面,蒋为等(2019)和李楑瑜等(2020)均发现,中国企业的海外投资决策依赖于出口网络的社群分布,在相同的生产率水平下,当出口网络扩大对企业海外投资所需生产率"阈值"带来的正向效应大于负向效应时,出口网络扩大对中国企业的绿地投资与跨境并购行为均产生了显著的正向影响。在贸易成本方面,张静等(2018)发现,中国与"一带一路"国家全产业、农林牧渔业、制造业部门贸易成本的上升显著抑制了中国企业的海外投资,且随着商品替代弹性的变大,贸易成本对中国在沿线国家海外投资的抑制作用越来越强。

三、针对中国情形的研究

一方面,中国海外投资作为近年来国际投资活动中最活跃的组成部分,上述宏观影响因素和微观影响因素同样适用于中国;另一方面,中国企业在全球的海外投资,也拥有特定的影响因素,主要体现为海外产业分布、汇率波动、东道国制度因素等方面。

首先,海外投资产业分布。姚战琪(2016)明确指出,中国企业在选择海外投资产业时,主要集中于制造业、批发零售业、租赁和商务服务业等,然而这些产业的海外投资效率并不乐观。这一结论得到了杜群阳和邓丹青(2015)、郑蕾和刘志高(2015)等研究的进一步支撑。

其次,汇率波动反应的异质性。马付拴和田宗星(2016)专门研究了汇率波动异常对国有企业海外投资效率的影响,结果发现,国有企业的海外投资效率存在明显的汇率约束条件。与之不同,綦建红等(Qi et al.,2021)的研究发现,无论是人民币汇率贬值,还是人民币汇率波动较大,均会阻碍中国企业的海外投资水平,这一结论对非国有企业而言更为明显。

最后,东道国制度因素。以巴克雷(Buckley et al.,2007)、端木(Duanmu,2012)为代表的学者认为,中国企业(特别是国有企业)更偏爱高政治风险的国家,具有"风险偏好"特征,这一观点得到了国内学者沈军和包小玲(2013)、潘镇和金中坤(2015)、杨娇辉等(2016)、樊增强(2017)、宋利芳和武皖(2018)等的支持。乔晶和胡兵(2014)的研究更是直接发现,中国在制度较优国家的海外投资效率,较之制度较差国家更低。但是,更多的学者对此持有异议,认为与全球企业的平均水平相比,这一结论并不成立(Guo et al.,2014)。其中,莫拉(Mourao,2018)采用2003—2010年中国对48个非洲国家的投资数据,进一步发现提高政治稳定和监管质量可以最大限度地提升海外投资效率,而政府效能是这一效率所需的额外因素;与之相类似,王永钦等(2014)也发现,中国企业对政府效率、监管质量和腐败控制更为关注。

如果说中国企业的海外投资具有"国家特定优势"(裴长洪和樊瑛,2010),那么"一带一路"倡议的提出为这种"国家特定优势"进一步增砖添瓦。主要体现为:其一,在文化相容性方面,"一带一路"不仅仅是一条贸易之路,还是文化交流之路,为中国企业在沿线国家开展海外投资奠定了文化底蕴(Cull,2015;Enderwick,2018;王治来,2017)。其二,在经济互补性方面,中国与"一带一路"国家的经济往来虽有竞争性,但是更多地体现为互补性。国内学者无论是采用RCA指数、IIT指数,还是G-L指数、ESL指数等进行测算,均证实了这一点(韩永辉等,2015;王金波,2017;胡玫和郑伟,2019),为中国企业在沿线国家的海外投资奠定了产业基础。其三,在政策支持性方面,国内外学者普遍认为,"一带一路"倡议的提出显著促进了中国企业在沿线国家的海外投资,特别是绿地投资(Liu et al.,2017;Du and Zhang,2018;Kang et al.,2018;Yu et al.,2019;Jin et al.,2020;王颖等,2018;吕越等,2019)。因此,中国企业在"一带一路"国家的海外投资效率潜力巨大,需要进一步挖掘(Fan et al.,2016;Enderwick,2018;陈伟光和郭晴,2016;张亚斌,2016;程中海和南楠,2018;綦建红和马雯嘉,2020)。

第四节　金融生态与海外投资效率

一、金融生态对海外投资效率的影响判断

企业在海外投资的过程中,需要直面和支付高额的固定成本

(Helpman et al.，2004)，例如进行海外市场调查、购置固定资产设备等，此时企业自有资金很难满足这一需求(Manova et al.，2015；Desbordes and Wei，2017)；与此同时，考虑到海外市场投资的巨大风险与不确定性，企业更加依赖外部融资的可得性(Chaney，2016)。基于此，越来越多的学者发现，东道国金融体系作为影响资源配置、资金流动和货币政策等的重要因素，在海外投资者资金流入东道国的过程中发挥了至关重要的作用(Morck and Nakamura，1999；陈创练等，2016)。这是因为，东道国较为完善的金融市场机制有助于放宽对企业的融资约束，降低企业外部融资成本(Alfaro et al.，2009)。海外投资者要想提高海外投资效率，就需要根据金融生态的变化作出相应的调整和改变(Buch et al.，2014)。但是，由于金融生态这一概念兴起的时间不长、涵盖面又非常广泛，因此将金融生态作为一个整体因素考察其对海外投资效率影响的文献不仅凤毛麟角，而且仅有的研究也不够全面。但是，已有文献从金融发展、金融结构等可以衡量金融生态水平和程度的指标出发，分析了不同金融生态指标对海外投资效率的影响。

1. 金融发展指标

金融发展不仅仅包括金融规模的增加，还应包括金融结构的调整和金融效率的提升，三者均会对企业海外投资水平产生影响(徐清，2015)。

国内外学者通过选取单一或多个金融发展指标，或者构建"金融发展指数"(表2-4)，发现企业进行海外投资的首要前提是具有充足的资金来源，而金融市场的发展和完善不仅可以为海外投资活动提供融资支持，降低融资成本，帮助企业跨越"融资约束门槛"，而且还能通过提供充足的资金，保证企业的研发投入，帮助企业迈过"生产率门槛"(张晓涛等，2020)，促进海外投资的发展，提高资源配置效率(Love，2003；Denis and Sibilkov，2010；Ju and Wei，2011；Mallick and Yang，2011；

Khraiche and Gaudette，2013；Zhao et al.，2017；Desbordes and Wei，2017；Donaubauer et al.，2020；韩立岩和顾雪松，2013；王伟等，2013；王昱和成力为，2014；余官胜，2015；杜思正等，2016；蒋冠宏和张馨月，2016；王忠诚等，2019）。相反，如果东道国的金融发展水平不稳定，则海外投资者在东道国的直接投资会不断下降（Bano et al.，2019）。在具体到"一带一路"国家的研究中，学者们采用东道国的私人信贷/GDP 来衡量沿线国家的金融发展水平，并运用国家特定机会增长模型，发现中国在沿线国家的海外投资与其金融发展水平呈现正相关关系，即沿线国家的金融发展水平越发达和越深化，中国就越倾向于对其进行海外投资（Shen and Li，2017；Liu et al.，2020）。

但是，部分学者对上述观点持有不同的意见。有的学者认为，金融发展对中国在非洲的海外投资并不具有显著影响（沈军和包小玲，2013），而有的学者则认为，金融发展水平对海外投资效率呈现倒 U 形的非线性影响（赵奇伟，2010），即当东道国的金融发展水平处于低端水平时，其对海外投资效率具有显著的正向促进作用，但是当东道国的金融发展水平跨越一定的"阈值"后，其对海外投资效率的影响就会从正向促进作用转变为负向阻碍作用（杨龙和胡晓珍，2011；王昱和王昊，2016；Chee and Nair，2010；Dutta and Roy，2011；Poelhekke，2015；Tsaurai and Makina，2017；Liu et al.，2020）。

2. 金融结构指标

有的学者强调指出，在衡量一国金融体系的静态指标中，金融结构更具代表性和重要性（郭杰和黄保东，2010；Uddin et al.，2017）。金融结构是指一国现存金融市场和金融机构的相对规模、活力和效率，更侧重衡量一国资本市场的当前运作情况。如果说金融发展指标强调的是股票和债券市场占经济总量的比重，那么金融结构指标能够更好地平衡股票、债券等金融市场与银行等金融机构之间的关系（Levine，2002）。

表 2-4 不同的金融发展指标与海外投资

代表性文献	金融发展指标	东道国	主要结论
Khraiche and Gaudette (2013)	单一指标：金融发展=私营部门的国内信贷/GDP	39 个新兴经济体	● 实际汇率波动对外资流入是正向影响，而金融发展和实际汇率波动的交互项可能归因于金融发展呈负向影响； ● 汇率波动影响的区域差异可能归因于金融发展的区域差异； ● 对于金融发展水平高于样本平均水平的亚洲经济体而言，汇率波动不是外资流入的重要决定因素，而对于金融发展低于样本平均水平的拉美经济体而言，汇率波动则具有重要影响。
Zhao et al. (2017)	单一指标：金融发展=储蓄银行和其他金融机构的私人信贷/GDP	108 个国家	● 海外投资对金融发达国家的出口具有替代作用。
Bano et al. (2019)	金融指数： 金融不稳定性指数 $=\frac{1}{n}\sum_{t=1}^{n}\lvert\varepsilon_t\rvert$ 其中，残差的绝对值是将国内私营部门人均信贷的滞后值与时间趋势回归得到	巴基斯坦	● 金融动荡（如全球金融危机）会对外资流入产生不利影响； ● 通货膨胀和汇率会对外资流入产生积极影响。
韩立岩和顾雪松 (2013)	单一指标：融资环境——一国私人部门获得的信贷总额/GDP	66 个国家	● 融资成本较高和融资环境较差是中国海外投资的主要障碍。

代表性文献	金融发展指标	东道国	主要结论
王伟等 (2013)	多个指标： 私人信贷比=私人信贷/GDP 股市市值比=股市市值/GDP 股市交易量比=股市交易量/GDP 股市换手率	67个国家	• 无论是金融发展的存量指标还是活跃度指标，均可以显著促进一国的海外投资； • 衡量金融发展程度的总量指标和活跃度指标分别对海外投资存量较小和海外投资存量较大的国家影响更大。
王昱和成力为 (2014)	多个指标： 私人信贷比=私人信贷/GDP 股市市值比=股市市值/GDP	全球73个经济体（27个发达经济体和46个发展中经济体）	• 金融发展水平对海外投资的影响均为正，即发达国家和发展中国家的金融发展强化了资本流出； • 发达国家主要归因于股权市场，发展中国家主要归因于信贷市场。
杜思正等 (2016)	金融指数： 金融发展指数=（各地区金融发展水平综合因子得分-综合因子得分的最小值）/（综合因子得分的最大值-综合因子得分的最小值），是从与各地区金融发展水平显著相关的13个指标中提取3个公因子，并按照公因子的方差贡献率占总方差贡献率的比重作为权重。	不区分东道国	• 沿海和内地金融发展水平的变化趋势大体一致，均呈现震荡上升的趋势，但地区间的差距在逐渐拉大； • 金融发展能够显著提高中国海外投资效率水平； • 金融发展水平能够显著改善资本对海外投资的积极影响，并表现出明显的门槛特征； • 从动态发展来看，金融发展对海外投资的积极作用逐步增强，资本效率指标对海外投资的消极作用逐步递减，金融发展水平的门槛值也相应降低。

代表性文献	金融发展指标	东道国	主要结论
黄志勇等(2015) 蒋冠宏和张馨月(2016)	多个指标：金融发展深度=私人部门信贷占GDP的比重和流动性负债占GDP的比重；金融发展效率=银行信贷占其总存款的比重和成本—收入比的比重；银行系统规模=储蓄货币和其他商业银行资产占中央银行和储蓄货币银行资产占总资产的比重；金融稳定性=Z值(Z-score)；证券市场规模=证券市场市值占GDP的比重	全球161个国家	●一国金融市场的发展同时促进了海外投资存量和流量的增长；●金融发展的具体衡量指标对发达国家和发展中国家海外投资的影响呈现出明显的差异性。
王忠诚等(2019)	单一指标：东道国私人部门信贷规模=东道国的GDP除私人部门信贷规模后取对数	49个国家	●东道国良好的金融发展水平，可以同时提升中国企业海外投资的二元边际，且这一结论存在明显的企业异质性；●与私人部门信贷规模相比，东道国的金融法规质量对海外投资的影响更加稳健。
张晓涛等(2020)	单一指标：金融发展指标=金融机构贷款余额/GDP	不区分东道国	●金融支持通过提供信贷资金和降低融资成本，帮助企业跨越"融资约束门槛"，并通过向企业提供充足的资金，保障其研发投入，帮助企业迈过"生产率门槛"。

现有研究大多是围绕金融结构对经济增长的影响展开论述，并形成了三种观点。其一，银行主导型优于市场主导型，即银行主导型金融结构有利于确保企业及时还款和公开披露信息，在更好监督企业的同时确保投资者的风险最小化，以保障资本市场稳定（Hanley et al.，2015）。其二，市场主导型优于银行主导型。市场主导型金融结构下，激烈的市场竞争可促使企业提高研发投入，推动该国技术进步，最终可促进经济增长（Allen and Santomero，2001；Hsu and Tian，2014）。其三，主张最优金融结构，即不同国家之间金融市场与金融机构的最优比重应有所不同，且由该国资源禀赋和经济发展阶段所决定（Lin and Ye，2011）。在这三种观点中，绝大多数学者更为认同市场主导型金融结构占优的观点，其理由在于：市场主导型金融结构可以确保企业财务信息更加透明和及时公开；金融市场功能的完善有利于金融产品的价格发现，从而有利于合理配置社会资源；在市场主导型金融结构下，企业被收购的风险较大，会促使企业不断学习先进经验，提高自身经营绩效。

景红桥和王伟（2013）率先提出，如果东道国的金融结构和普通法律起源是市场主导型的，那么其对中国企业的吸引力更强。考虑到尚未有学者研究东道国金融结构对海外投资效率的影响，綦建红和马雯嘉（2020）基于中国企业的海外投资数据，发现东道国金融结构越是趋向于市场主导型，越可显著缓解中国海外投资不足的程度；随着企业海外投资不足的加剧，东道国金融结构市场化程度的提高对其缓解作用逐渐增强；若投资企业为非国有企业、制造业企业、海外并购企业或者选择在非"一带一路"沿线国家投资的企业，上述缓解作用更为显著。

3. 金融主体指标

与已有研究多选择金融发展和金融结构指标不同，部分国内外学者逐渐意识到了母国跨境金融机构在海外投资中的重要作用。

在国外文献中，黑尔（Hale，2012）认为母国境外金融机构网络有助于降低交易费用和信息壁垒，帮助跨国企业更好地进行金融交易，减少企业海外投资的障碍。与之相类似,有的学者也发现与母国银行合作有助于降低和语言障碍相关的交易和通信成本,也有助于降低因母国和东道国体制差异带来的相关交易成本(Kim et al.,2015;Mario et al.,2016)。在此基础上,部分学者采用美国、英国和荷兰等国别数据,证实了境外金融机构能够推动非金融类企业投资"走出去"(Hultman and Mc-Gee,1989;Goldberg and Grosse,1994;Araiza,2008;Poelhekke,2014)。

在国内文献中,国内学者的早期研究大多采用案例分析或比较分析,描述性分析中国境外金融机构对中国海外投资的支持现状和发达国家金融机构在服务本国企业海外投资时的经验教训。随着微观银行数据可得性的增加,吕越和邓利静(2019)、张相伟和龙小宁(2019)、安蕾和蒋瑛(2020)均选择了微观金融主体指标,即中资商业银行在海外的分支结构数。其研究结果发现,中资商业银行的海外分支结构或境外布点不仅显著促进了中国对东道国(特别是发展中国家和"一带一路"国家)的海外投资规模,而且还促进了海外投资的中国企业数量,这一点对于市场导向型企业尤为明显。究其原因,中资商业银行在东道国的境外布点,能够帮助中国企业更好地克服"资金关""信息关""风险关""研发关"等一系列海外投资难题,从而促进中国企业的"走出去"策略得以顺利实施。这一观点得到了张友棠和杨柳(2020)等学者的支持。

4. 金融开放指标

从本质上讲,金融开放就是资本管制不断放松的过程,而资本管制①对海外投资资产和负债的影响远比金融市场发展水平更为直接(王伟等,2018),也更具有异质性。在历史阶段异质性上,尽管资本管制在20世纪70—80年代并未发挥重要作用,但是在90年代却带来了巨大

---

① 资本管制可以分为数量型和价格型,前者直接限制跨境资本流动的数量,后者则通过对资本流动征税,降低投资回报率。

的负面影响(Asiedu and Lien,2004);在资本期限异质性上,尽管资本管制对资本流入总量的影响不大,但是通过改变短期资本影响资本流入结构(Montiela and Reinhartb,1999);在影响方向异质性上,资本管制主要是有效抑制资本流出,但对资本流入的影响很小(Binici et al.,2010)。同时,金融开放度主要从两个方面对海外投资产生影响,即直接效应和结构效应。从直接效应的角度看,金融开放不仅通过放宽资本账户管制,放松了对外商投资数量和价格的控制,而且还通过放宽经常账户管制,取消了出口的强制性外汇结算,增加了外国投资交易;从结构效应的角度看,资本管制是大多数发展中国家所共有的,可以对外商投资比较容易地加以控制。

在近年来的研究中,谭娜等(Tan et al.,2020)采用2009—2016年127个母国和122个东道国的数据发现,金融竞争度和开放度越高,越能提高外商直接投资集约边际和扩展边际的水平;王伟等(2018)采用2009—2014年83个母国和126个东道国的数据也得出了相似的结论。在此基础上,何俊勇等(2021)专门聚焦中国在"一带一路"国家的海外投资,同样发现沿线国家金融开放度对中国海外投资具有显著的正向促进作用。值得一提的是,"金融遥远度"作为金融开放的另一种衡量指标也受到了学者们的关注,研究发现东道国距离世界主要金融中心越远,"金融遥远度"越大,则越不利于吸引外商直接投资;反之,东道国距离世界主要金融中心越近,"金融遥远度"越小,对外商直接投资越具吸引力(Machokoto and Kassim,2019)。

5. 其他金融指标

除了上述金融主体、金融结构、金融开放和金融发展水平指标外,其他金融指标也同样会影响一国的海外投资水平与效率,其中汇率不确定性是被国内外学者研究最多的金融指标。通常情况下,大多数文献将汇率的不确定性定义为汇率水平和汇率波动,以捕捉其对企业海外投资决策的影响,但是迄今为止,尚未形成一致性观点。

在汇率水平方面,学者们发现,本币升值往往会降低外国生产成本,并增加外国相对于国内生产的获利能力,从而刺激海外投资(Kohlhagen,1977;Cushman,1985;Froot and Stein,1991)。在此基础上,国内外学者对美国(Blonigen,1997;Klein and Rosengren,1994;Schmidt and Broll,2009)、德国(Buch and Kleinert,2008)、日本(罗忠洲,2006;Takagi and Shi,2008)和中国(Hu and Tu,2012;Li and Rengifo,2018;田巍和余淼杰,2017)的研究,也充分证明了本币升值会促进海外投资的观点。

在汇率波动方面,有的学者认为,汇率波动会对海外投资产生不利影响,因为其负面影响超过了正面影响(Campa,1993;Bénassy-Quéré et al.,2001;Kiyota and Shujiro,2004;Li and Rengifo,2018);但是有的学者则认为,汇率波动会对海外投资产生显著的积极影响,特别是对规避风险型企业(Cushman,1985;Goldberg and Kolstad,1995),这一结论在以日本(Takagi and Shi,2008)、韩国(Song et al.,2015)和中国(Liu and Deseatnicov,2016)为国别对象的研究中得以证实。究其原因,规避风险型企业期望海外投资带来更高的回报,从而寻求更大的汇率波动风险补偿,而汇率波动通过企业在不同国家的海外投资多样化而提高了获取价值(Sung and Lapan,2000)。具体到中国而言,陈琳等(2020)发现,人民币汇率波动的增加不仅减少了中国异质性企业海外投资的可能性,也抑制了海外投资规模,而企业前期的套期保值行为可以有效规避汇率风险,弱化汇率波动对企业对外投资的抑制作用。但是,周华(2007)、程瑶和于津平(2009)强调指出,汇率对直接投资的影响要视不同的投资类型(如水平型投资与垂直型投资、资源导向型投资与市场导向型投资)而有所不同;戴金平和安蕾(2018)则进一步指出,汇率和海外投资之间存在倒 U 形的阈值效应,即在汇率波动幅度较小时,汇率波动可能会伴随生产转移至低成本地区,有利于促进海外投资的发展;但是,当汇率波动幅度较大时,汇率波动则演变成为阻碍海外投资开展的风险因素之一。

在汇率制度安排方面,目前仅有两篇国内文献有所涉及。夏光科(2012)发现,本币升值有利于母国海外投资的结论具有明显的国别异质性,即只对在长期内实行自由浮动汇率的国家(尤其是经济发展水平较高的国家)成立,但是对实行一篮子货币汇率制度和钉住汇率制度的国家不成立。与此同时,从汇率制度影响海外投资的时滞来看,实行一篮子货币汇率制度下时滞最小,钉住汇率制度下最长,而浮动汇率制度下的时滞介于两者之间。张夏等(2019)进一步提出,双边固定汇率制度降低了企业在东道国海外投资的生产率阈值,提高了企业海外投资倾向。具体到中国企业而言,双边事实固定汇率制度能够将中国企业海外投资的概率平均提高 0.8%～55.4%。

6. 金融生态指标

如前所述,金融生态指标作为一个综合性指标,同时涵盖了金融主体和金融环境指标,因而更具全面性。

张友棠和杨柳(2020)、秦琳贵和储怡士(2019)均聚焦"一带一路"沿线国家,发现囿于沿线国家复杂多样的金融生态,中国在"一带一路"国家的海外投资效率偏低。其中,无论是沿线国家的金融深度、金融效率、金融稳定性、金融主体和金融文化等金融生态的组成部分,还是中国在沿线国家设立金融机构,均对中国海外投资效率具有显著的正向提升作用;与之相反的是,沿线国家的金融发展规模反而阻碍了中国海外投资效率的提升。因此,正如舒家先和唐璟宜(2019)所总结的,中国的海外投资效率之所以低于最优水平的 50%～60%,而且在不同的沿线国家差别巨大,其重要原因就在于不同沿线国家的金融生态差异对中国海外投资产生了较大阻力。

在此基础上,刘志东和高洪玮(2019)同样瞄准"一带一路"沿线国家,进一步发现中国在"一带一路"国家的海外投资不仅直接受到沿线国家金融生态的影响,还与周边国家金融生态的空间溢出效应有关,且金融中介、金融市场和金融环境改善的地区间溢出效应均大于地区内溢出效应,表明周边沿线国家的金融集聚放大了金融生态对中国海外投资的影响。

二、金融生态影响海外投资效率的作用机理

从金融生态影响海外投资效率的作用机理来看,有的学者认为金融生态主要是通过宏观渠道和微观渠道共同影响企业的投资效率。其中,在宏观层面,李延凯和韩廷春(2011)指出金融生态的不断优化能够通过促进东道国经济增长,为跨国公司提高海外投资效率保驾护航。在微观层面,良好的金融生态能够从各个维度对企业的投资效率产生影响,包括能够提高企业的资金获取能力,缓解企业的融资约束程度等(沈红波等,2010;魏志华等,2014;潘俊等,2015);能够完善企业治理水平,提高企业的盈余质量(张敏等,2015);能够促进成长能力较强企业的投资增长,提高资源配置效率(Wurgler,2000);能够优化信贷资源的配置,促进投资效率提升(刘海明和曹廷求,2017);还能够减少政府对企业的干预,提高企业投资效率(王晓亮等,2019)。

与上述影响渠道的划分不同,学者们进一步指出,对于异质性企业而言,东道国金融发展水平主要从融资和竞争两个渠道对其行为产生影响(Bilir et al.,2019;葛璐澜和程小庆,2020)。就融资能力而言,随着东道国金融发展水平的提高,企业更易获得外部资金,从而东道国能够吸引更多外资流入;相反,在金融发展水平较低的国家,跨国企业则更多地依赖母国资金支持(Antras et al.,2009;Mallick and Yang,2011)。就竞争效应而言,东道国金融发展水平的提高在保障跨国企业资金支持的同时,也会改善当地企业的融资情况,从而加剧市场竞争、增加跨国企业的进入难度(Desbordes and Wei,2017)。而在两种作用渠道中,已有文献重点强调了融资约束渠道。也就是说,企业海外投资需要大量的资金支持,而企业内部资金往往不能满足所需,故企业不得

不依赖外源融资。如果母国或者东道国金融生态状况良好,则企业可以获取部分外源融资(Hao et al.,2020);反之,外部融资约束会造成企业短视,不得不放弃上佳的海外投资机会(Aghion et al.,2004;Whited,2006;Dwenger et al.,2020)。对此,国内外学者构建不同的理论模型,采用不同的国家数据进行研究,得出了较为一致的结论,即融资约束对企业海外投资具有负面效应。

在针对全球情形的研究中,学者们还发现,母国和东道国的外部融资条件是全球绿地投资的主要决定因素,金融危机时期外部融资可得性的减少可以部分解释这一阶段海外绿地投资的减少(Desbordes and Wei,2017)。

在针对欧洲情形的研究中,有学者验证了企业融资能力的提高有助于企业创造所有权优势,增强海外投资可能性的结论(Forssbæck and Oxelheim,2008),并进一步发现高生产率只是企业海外扩张的必要非充分条件,而融资约束会阻碍企业(包括高生产率企业)海外投资的二元边际(Buch et al.,2009,2010,2014)。

在针对日本情形的研究中,有学者从日本 20 世纪 80 年代末、90 年代初海外投资的急剧增长现象出发,发现金融市场摩擦对海外投资的影响渠道有二:一是抵押渠道,即抵押品价值的变动会影响海外投资者的借贷能力;二是贷款渠道,即商业银行的健康发展会影响银行对海外投资者的放贷能力(Raff et al.,2015)。

在针对中国情形的研究中,吕越和盛斌(2015)基于中国企业数据,考察了融资约束与企业国际化行为选择之间的关系,研究结果发现,融资能力最强、融资能力较强和融资能力最弱的企业会分别选择海外投资、出口贸易和服务国内市场。在此基础上,王忠诚等(2017)同样沿用企业异质性分析框架,分析和对比了内源融资、商业信用和银行信贷三种融资渠道对中国不同所有制企业海外投资方式和程度的影响及其差异性。研究结果表明,商业信用和银行贷款相互配合,可以促进中国企业(特别是非国有企业)的海外投资;而银行贷款成本是抑制企业海外投资的关键因素,并导致外源融资规模对海外投资产生负向影响。邱立成和刘奎宁(2016)、余官胜和都斌(2016)则从企业融资能力的角度出发,分别研究了融资能力对不同所有制企业海外投资倾向和区位选择的影响,前者发现内部融资与外部融资对私营企业海外投资倾向的影响最为显著,后者发现强融资约束会限制企业海外投资的区位选择,使得企业不得不前往经济发展和技术水平落后的国家进行投资。

三、金融生态影响海外投资效率的异质性

金融生态中的金融机构和金融组织,虽然鲜少作为影响海外投资效率的重点因素被主流研究所提及,但是一方面,金融机构和金融环境作为金融生态系统的重要组成部分,确实会对国内投资效率产生异质性影响;另一方面,在为数不多的研究中,金融生态对海外投资效率的异质性也是国内学者关注的重点。

在围绕金融机构的国内投资效率异质性研究中,翟淑萍等(2014)、文韬(2016)认为与非国有企业相比,金融机构显著提高了国有企业的国内投资效率;李维安和马超(2014)的研究也表明,与国有企业相比,控股金融机构显著增加了民营企业的投资过度行为,降低了企业的国内投资效率。

在围绕金融生态影响海外投资效率的异质性研究中,融资约束对不同所有制企业的异质性影响更是成为国内研究的重点。例如,冀相豹(2016)发现,与国有企业的不显著结果相比,融资约束对非国有企业的海外投资倾向具有显著的负面影响。严兵等(2016)使用江苏省、余官胜和都斌(2016)使用浙江省的企业数据,也得到了类似结论。进一步具体到民营企业来看,宫旭红和任颋(2017)以中国对新增东道国的投资衡量广度边际,以中国对东道国投资存量的增加衡量集约边际,结果发现融资约束会显著影响民营企业的海外投资广度边际,但是对海

外投资集约边际的影响并不显著。王碧珺等(2015)也采用浙江省民营企业数据,根据机构分布与东道国的收入水平将海外投资类型进行分类,同样发现融资约束显著降低了"贸易型"和发达国家的海外投资,对发展中国家和"生产型"海外投资影响的显著程度下降,甚至是不显著。在此基础上,董有德和宋芳玉(2017)则以民营上市公司为样本,发现在中国市场化制度不健全的背景下,以银企关系和政治联系为代表的非正式制度,对民营企业在海外投资中遭遇的银行歧视及其融资约束具有明显的缓解作用,从而促进了其海外投资的良性发展。

第五节　已有文献的总结与评析

随着中国企业海外投资广度与深度的提高,学术界对金融生态及其对海外投资效率影响的研究日渐兴起,金融生态多样性也逐渐引起学者的重视。金融生态作为金融主体和金融环境共同组成的生态系统,不仅是现代经济的润滑剂,对经济运行发挥起承转合的作用,而且还会对企业投资行为与效率产生影响。但是令人遗憾的是,解析金融生态多样性对海外投资效率的影响及其作用渠道的研究凤毛麟角。因此,该领域形成的研究真空地带尚有待于学者进一步挖掘,而这也正是本书的切入点之一。

首先,随着经济、金融和贸易的联系愈加紧密,金融生态作为一个仿生学概念逐渐被学者们了解和接受,并在研究中有许多有益尝试与推进。纵观与金融生态的相关文献可以发现,在 2005 年之前,无论是"生态金融"还是"金融生态",普遍是指金融生态环境,着重金融运行的外部环境。此后,随着研究的深入,更多的学者开始纠正这一概念上的偏差,倾向于认为金融生态就是指金融生态系统,且多样性是金融生态的重要特征。但是,针对国内金融生态多样性的已有研究尚存在三方面的局限性与改进空间:其一,囿于金融生态内容的丰富性和广泛性,学者们更多的是针对金融生态系统的某一个特定部分,或者偏重金融环境,或者偏重金融主体,并不能全面反映整个金融生态系统的特点与层次。其二,囿于金融生态概念兴起的时间不长,已有研究成果均是局限于国内区域差异,对放眼中国以外的国家层面差异的研究十分匮乏。特别是在"一带一路"国家和地区,金融生态的差异性和多样化情况更为复杂,无法直接将已有研究成果完全照搬过来。其三,以金融生态多样性为主题的文献屈指可数,对这一核心概念的测度方法更是凤毛麟角。在为数不多的研究成果中,学者们并未对金融主体多样性、金融环境多样性和金融生态多样性作出区分,也未对狭义金融生态与广义金融生态作出区分。其中,绝大部分研究是针对金融环境测度的,由于学术界并未形成一套统一的、完整的评价体系,学者们提出了十余种不同的评价指标体系。在这些评价指标体系中,学者们均认可的指标包括经济基础、政府治理、法律制度和信用意识等几大类,涵盖近百项具体指标;相比之下,围绕金融生态多样性的测度研究屈指可数。

其次,在海外投资效率的衡量指标和范围方面,现有文献主要是对投资效率的衡量进行了研究,专门针对海外投资效率的研究则相对较少。纵观这些研究,可分为宏观投资效率测度和微观投资效率衡量两个方面,且所采用的测度方法具有深厚的数理基础,往往是由国外数学家提出后,经济学家将其应用于投资效率的衡量当中。但是,上述研究仍然存在一些不足,主要体现在四个方面:其一,与绝大多数文献考察海外投资规模不同,已有研究对海外投资效率的测度与分析明显偏少。其二,在考察海外投资效率时,部分文献实际上考察的是"绩效",而非"效率"。如第一章所强调的,虽然二者的相同之处均是对经济活动的评价,均是追求净收益的最大值,但是二者考虑问题的视角和重点并不相同。因此,必须对"海外投资效率"和"海外投资绩效"加以区分,以保证学术研究的针对性和严谨性。其三,大多数文献并未明确区分海外投资效率与国内投资效率,这种混用状态必须加以改进。其四,大多数文献注重于制造业海外投资,既忽略了金融类海外投资效率,也忽略了金融类对非金融类企业海外投资效率的动态影响,因此并不能真实而全面地反映中国的海外投资效率状况。

最后,在海外投资效率的各种影响因素中,已有文献主要涵盖了东道国的市场规模、制度因素、资源禀赋、法律法规、文化距离、企业投资策略和公司治理等。同时,也有不少文献特别指出,在影响海外投资效率的因素中,与金融状况相关的因素(如融资约束、东道国金融发展和金融主体等)同样会带来显著的影响。不难发现,现有文献的研究缺陷十分明显:首先,专注于金融生态这一重要影响因素的文献屈指可数,具体到"一带一路"沿线国家的研究更是少之又少。其次,为数不多的文献目前仍停留在金融生态对海外投资效率的静态影响方面,并未考虑动态影响。反观中国企业在"一带一路"国家的海外投资,沿线国家的金融生态不仅能够直接影响中国海外投资效率,而且还能够引致一系列动态调整,如中国企业根据沿线国家的金融生态,会考虑地理区位和进入模式的"序贯投资",会考虑"顺金融生态"的区位转移,中资商业银行还会考虑"追随客户",这些动态调整均会最终影响中国企业的海外投资效率。最后,尚无学者对金融生态影响海外投资效率的作用渠道和调节机制作出明确的探讨,该方面的研究尚处于空白,并未回答金融生态多样性"为什么"和"如何"影响一国的海外投资效率。

第三章 中国在"一带一路"国家的海外投资：总体概览与网络特征

在第二章国内外文献综述的基础上,本章旨在对中国在"一带一路"沿线国家的海外投资现状进行总体概览与网络特征分析。首先,采用中国对"一带一路"沿线国家分年度和分项目的海外投资额及其占比,从总体上把握中国对沿线国家海外投资的增长趋势;其次,采用中国对"一带一路"沿线国家分国别、分产业和分企业层面的数据,从地理分布和产业分布两个层面分别展示中国在沿线国家海外投资的空间结构和产业布局;再次,以海外投资量为桥梁,建立有向加权的投资网络拓扑图,并据此对中国与"一带一路"国家的国际投资网络进行特征事实描述,以说明中国在此投资网络中的影响力和影响范围;最后,采用社会网络分析(SNA)方法,通过网络规模与密度、中心性、核心边缘和凝聚子群等指标,量化反映中国在"一带一路"国家的投资网络中占据优势地位,并彰显出中国在"一带一路"国家不断增加海外投资的发展趋势。

第一节 中国在沿线国家海外投资的总体趋势

自 2013 年习近平总书记提出"一带一路"倡议以来,中国与沿线国家的国际经贸往来进入了迅猛发展阶段。截至 2021 年底,中国已经与多达 145 个国家和 32 个国际组织签署了 200 余份共同建设"一带一路"的合作文件,中国将机制化产能合作推行至 30 多个国家;与此同时,截至 2021 年底,纳入商务部统计的境外经贸合作区分布在 46 个国家,累计投资 507 亿美元,其中不仅大多设立在"一带一路"国家,而且在沿线国家建设的合作区累计投资超过 400 亿美元。[①]这些合作与交往也促进了中国在"一带一路"沿线国家的海外投资更加自由化与便利化。

一、国家层面的海外投资总量

自 2013 年 9 月"一带一路"倡议提出和实施以来,中国海外投资总体继续保持稳定增长,其中对"一带一路"国家的海外投资更是一马当先,呈现出明显的高速增长趋势。

1. 中国对全球海外投资的整体数据[②]

表 3-1、图 3-1 和图 3-2 的统计数据表明,在"一带一路"倡议提出的当年(2013 年),中国在 156 个国家和地区的非金融类海外投资流量为 902 亿美元,蝉联全球第三大对外投资国,当年海外投资企业数量为 5 090 家企业;海外投资累计净额达 6 605 亿美元,位居全球第 11 位;在"一带一路"倡议提出后的第一年(2014 年),中国海外投资流量和当年海外投资企业分别增至 1 029 亿美元和 6 128 家企业,海外投资存量为 8 826 亿美元,在海外 186 个国家和地区累计设立企业约 3 万家,连续三年位居全球第三。在此后的两年里,中国海外投资流量进一步增加至 1 180 亿美元和 1 701 亿美元,当年海外投资企业也增至 6 532 家企业和 7 961 家企业,海外投资流量均创下历史新高,首次位居全球第二,而且还实现了资本净输出,海外投资首次超过了当年的吸引外资规

---

① 数据来源:商务部国际贸易经济合作研究院发布的《中国"一带一路"贸易投资发展报告 2020》。

② 除非特殊说明,中国各年度数据均来自商务部《中国对外直接投资统计公报》。

模;海外投资累计净额增至 10 979 亿美元和 13 574 亿美元,占全球外国直接投资流出存量的份额提升至 4.4% 和 5.2%,在全球的排名也跃升到第六位。

表 3-1 "一带一路"倡议实施后的中国非金融类海外投资规模

时间 (年)	国家/地区 (个)	当年企业数 (家)	流量金额 (亿美元)	同比 (%)	存量金额 (亿美元)
2013	156	5 090	902	16.8	6 605
2014	156	6 128	1 029	14.1	8 826
2015	155	6 532	1 180	14.7	10 979
2016	164	7 961	1 701	44.1	13 574
2017	174	6 236	1 201	−29.4	18 090
2018	161	5 735	1 205	0.3	19 823
2019	167	6 535	1 106	−8.2	21 989
2020	172	6 790	1 102	−0.4	23 091

数据来源:当年国家(地区)数、企业数、流量金额和同比数据来自商务部非金融类对外直接投资数据(http://data.mofcom.gov.cn/tzhz/fordirinvest.shtml),存量金额数据来自商务部《2019 年度中国对外直接投资统计公报》。

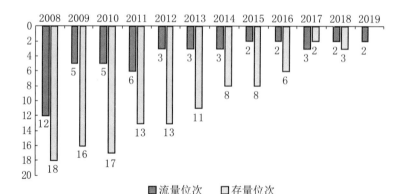

图 3-1 "一带一路"倡议实施前后中国海外投资流量的全球位次

数据来源:商务部《2019 年度中国对外直接投资统计公报》。

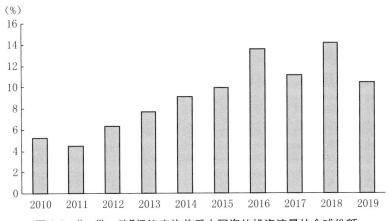

图 3-2 "一带一路"倡议实施前后中国海外投资流量的全球份额

数据来源:商务部《2019 年度中国对外直接投资统计公报》。

随着 2016 年下半年以来国内监管层对海外投资监管力度的增强①,以及西方国家"逆全球化"浪潮和各种投资保护主义的兴起,中国的海外投资金额和海外投资企业数量均出现了一定程度的下降。2017年,中国的海外投资出现了自 2003 年发布年度对外直接投资统计数据以来的首次负增长,但是高达 1 201 亿美元的海外投资流量数据仅次于2016 年,不仅位居历史第二高位,而且其全球占比连续两年超过 10%,在国际投资舞台上的影响力不断扩大;海外投资流量规模仅次于美国(3 423 亿美元)和日本(1 605 亿美元),位居全球第三,并且连续三年保持资本净输出国的地位;海外投资存量规模达到 18 090 亿美元,升至全球次席,在全球相应的份额占比也增至 5.9%,在全球存量排名中一举跃至第二位。但是与此同时,也需要清醒地看到,与存量规模排名第一的美国(7.8 万亿美元)相比,中国的海外投资存量规模仅相当于美国的23.2%,其水平比较接近德国、荷兰、英国等。

---

① 这次海外监管的重点是严控"资产转移式"投资,并加强对大额非主业投资、有限合伙企业对外投资、"母小子大""快设快出"等六类投资类型的监管。

2018 年,中国无论是海外投资流量,还是海外投资存量,均稳居全球前三,其相应的占比再创历史新高。2018 年中国海外投资 1 205 亿美元,在全球对外直接投资流出总额连续三年下滑的大环境下,成为第二大对外投资国;海外投资存量达 1.98 万亿美元,在全球存量排名降至第三位,仅次于美国和荷兰。与此同时,当年中国海外投资企业 5 735 家,其投资的国别范围覆盖全球 188 个国家和地区,即全球 80% 以上的国家和地区都可以看到中国企业海外投资的身影。2019 年,中国海外投资额和海外投资企业数量已经回落至 1 106 亿美元和 6 535 家企业,基本上与 2015 年水平持平;其中,海外投资流量规模蝉联全球第二,仅次于日本;海外投资存量达到 2.2 万亿美元,继续保持全球第三,仅次于美国和荷兰(图 3-3),在国际投资舞台上的影响力进一步夯实。

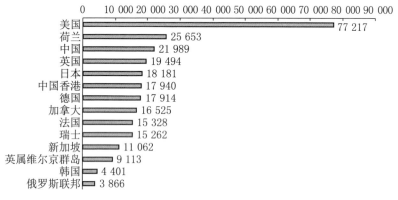

图 3-3　2019 年中国与全球主要国家(地区)海外投资存量对比

数据来源:中国海外投资数据来自商务部《2019 年度中国对外直接投资统计公报》,其他国家和地区的数据来自联合国贸发会议《2020 年世界投资报告》。

2020 年,从整体来看,中国的海外投资水平基本保持稳定,远远胜于美国、欧盟等国家和地区(Hannon,2020)。根据中国商务部"走出去"公共服务平台的统计,中国企业在"一带一路"沿线对 58 个国家非金融类海外投资 177.9 亿美元,占同期总额的 16.2%,同比分别增长 18.3% 和 2.6%。

2. 中国对"一带一路"国家的海外投资数据

(1) 非金融类海外投资

与中国海外投资的整体走势不尽相同的是,中国同期在"一带一路"国家的海外投资起伏不大,总体呈现持续增长趋势。根据商务部的统计,2013—2019 年中国对"一带一路"国家非金融类海外投资累计达到 1 173.1 亿美元,年均增长 4.4%,较同期全国平均水平高出 1.4 个百分点。在海外投资的促动下,中国超过 1 万家境外企业正在"一带一路"国家从事生产与经营[1],对"一带一路"国家的经济发展、贸易增长和投资拉动发挥了重要作用。

如图 3-4 和图 3-5 所示,在"一带一路"倡议实施后的第一年(2014年),中国在"一带一路"国家的海外投资流量及其占比分别达到 144.6 亿美元和 11.1%,拉开了中国在沿线国家海外投资急剧增长的帷幕。2015 年,这两个数字分别增至 189.3 亿美元和 13%,不仅同比增长 38.6%,而且高出中国对全球海外投资增幅一倍。2016—2019 年,中国在"一带一路"国家海外投资流量分别达到 153.4 亿美元、201.7 亿美元、178.9 亿美元和 186.9 亿美元,占同期中国海外投资流量的 7.82%、12.7%、12.5% 和 13.7%。截至 2019 年底,中国在"一带一路"国家的海外投资存量已经达到 1 794.7 亿美元,在中国海外投资存量总额中的占比上升至 8.2%。2020 年,中国在"一带一路"的海外投资步伐并未放缓,中国企业在"一带一路"国家的非金融类海外投资流量及其占比分别达到 177.9 亿美元和 16.2%,同比增长分别达到了 18.3% 和 2.6%。由此可见,中国在"一带一路"国家的海外投资一直保持不断增长的发展趋势。

---

① 数据来源:商务部国际贸易经济合作研究院发布的《中国"一带一路"贸易投资发展报告 2020》。

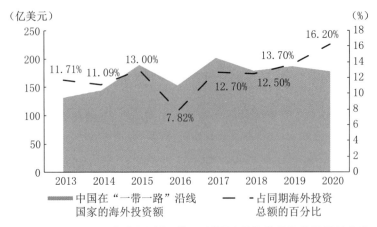

图 3-4 2013—2020 年中国对"一带一路"国家的海外投资流量及其占比

数据来源:2013—2019 年数据来自商务部《2019 年度中国对外直接投资统计公报》,2020 年数据来自商务部"走出去"公共服务平台。

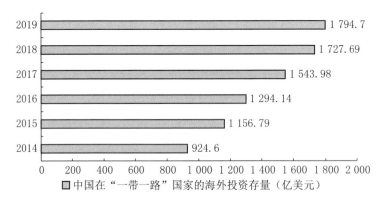

图 3-5 2014—2019 年中国对"一带一路"国家的海外投资存量

数据来源:商务部《2020 年度中国对外直接投资统计公报》。

图 3-6 则进一步对中国在"一带一路"国家和非"一带一路"的海外投资进行了比较与细分。从商务部境外投资企业(机构)备案结果公开名录①中

① 商务部境外投资企业(机构)备案结果公开名录记录了中国企业在境外投资的国家和地区,http://femhzs.mofcom.gov.cn/fecpmvc_zj/pages/fem/CorpJWList.html。

爬取的数据表明,一方面,从沿线国家与非沿线国家的对比来看,虽然中国在沿线国家与非沿线国家海外投资的差距呈逐渐缩小之势,但是其海外投资的比重和规模仍然相对较小。截至 2021 年 4 月底,中国在沿线国家的海外投资项目数占比约为 27%。另一方面,从沿线国家内部的对比来看,中国对"一带"(即丝绸之路经济带)的海外投资明显高于"一路"(即 21 世纪海上丝绸之路)。这种沿线与非沿线、沿线国家内部的不平衡也为中国在"一带一路"的海外投资提供了进一步增长的空间。

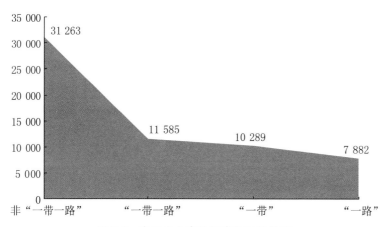

图 3-6　中国企业海外投资的地理分布

数据来源:根据商务部境外投资企业(机构)备案结果爬取与整理所得。

(2)金融类海外投资

中国在"一带一路"沿线国家的海外投资,不仅包括上述非金融类海外投资,还包括以国家开发银行、进出口银行、中国银行为代表的开发性、政策性和商业性金融机构的金融类海外投资,包括以金砖国家新开发银行、亚洲基础设施投资银行(亚投行)为代表的多边金融机构和"丝路基金"、中国—中东欧投资合作基金等专项基金提供的海外投资。

中国银保监会统计数据显示,截至 2020 年末,包括中国银行、中国工商银行在内的 11 家中资银行在 29 个"一带一路"国家设立了 80 家一级分支机构。① 根据 fDi Markets 数据库和 Zephyr 数据库的统计，2013—2020 年中资银行业金融机构在"一带一路"国家进行了 39 项海外投资（部分名单见表 3-2）。

表 3-2　中资银行在"一带一路"国家的部分金融类海外投资项目

年份	金融机构	进入模式	海外投资金额	沿线国家
2013	招商银行	绿地投资	33.8	新加坡
2013	中国建设银行	跨境并购	25.41	俄罗斯
2015	包头商业银行	绿地投资	39.4	巴林
2015	中国工商银行	跨境并购	2.32	土耳其
2016	中国人民银行	绿地投资	39.7	新加坡
2016	中国建设银行	跨境并购	1.43	印度尼西亚
2017	国家开发银行	绿地投资	286.3	印度
2017	新开发银行	绿地投资	6.4	俄罗斯
2017	新开发银行	绿地投资	47.1	印度
2017	浦发银行	绿地投资	19	新加坡
2018	中国工商银行	绿地投资	32.8	越南
2018	国家开发银行	绿地投资	14.7	白俄罗斯
2018	国家开发银行	绿地投资	33.8	哈萨克斯坦
2018	中国工商银行	绿地投资	33.8	哈萨克斯坦
2018	中国银行	绿地投资	33.8	斯里兰卡
2018	中国农业银行	绿地投资	32.8	越南
2019	微众银行	绿地投资	17.1	新加坡
2019	中国银行	绿地投资	13.6	沙特阿拉伯
2019	中国工商银行	绿地投资	13.7	希腊
2019	中国建设银行	绿地投资	0.7	马来西亚
2019	中国银行	绿地投资	21.5	罗马尼亚
2019	中国银行	绿地投资	13.7	希腊
2020	中国建设银行	绿地投资	14.7	匈牙利

注：绿地投资单位为百万美元，跨境并购单位为亿欧元。
数据来源：fDi Markets 数据库和 Zephyr 数据库。

---

① 鞠传霄."一带一路"资金融通面临的挑战及建议[J].中国投资,2021(11):20.

（3）其他海外资金

在其他海外资金中，亚洲基础设施投资银行是支持中国企业在亚洲沿线国家海外投资的重要金融机构。如图 3-7 所示，亚投行的批准项目和投资金额不断增长，截至 2021 年 10 月，亚投行一共批准能源业、金融业、信息业、交通业等行业领域的项目 158 个，累计投资金额 319.7 亿美元。

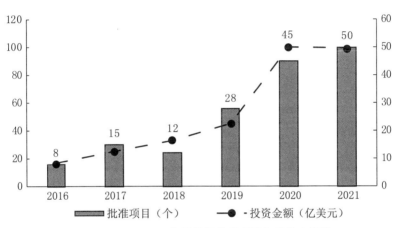

图 3-7　2016—2021 年亚投行批准项目和投资金额数

注：2021 年的数据统计截至 2021 年 10 月。
数据来源：创设五年，亚投行的这份成绩单令人瞩目［EB/OL］.新华网，［2021-01-15］. http://www.xinhuanet.com/fortune/2021/01/15/c_1126988301.htm；亚投行成立六周年 促亚洲发展成员逾百［EB/OL］.腾讯网，［2021-12-27］. https://new.qq.com/omn/20211227/20211227A01BLC00.html。

与此同时，专项基金的设立也是中国在"一带一路"国家海外投资的重要方式之一。自 2007 年以来，中国已陆续与东南亚、中亚、中东欧等区域合作设立专项基金，覆盖沿线建设的重点区域。表 3-3 列举了中国在沿线国家设立的专项基金，经初步核算，上述 26 只基金平台的资金量在 2020 年前就已达到 1 万亿美元规模以上。其中，由中国外汇储备、中国投资有限责任公司、中国进出口银行、国家开发银行共同出资建设的"丝路基金"在各专项基金中最具代表性,该基金专门为共建"一带一路"提供投融资服务,截至 2020 年底,"丝路基金"所签约进行资金支持的项目已达 49 个,海外投资金额约 117 亿美元和 438 亿元人民币,为中国在沿线国家各类基础设施的海外投资发挥了促进作用。

表 3-3　2007—2019 年中国在"一带一路"国家的专项基金

基金名称	成立时间	资金规模	主要投向
(1) 丝路基金	2014 年 12 月	400 亿美元和 1 000 亿元人民币	基础设施、资源开发、产业合作、金融合作四大领域(70%的签约投资资金运用在电力电站开发、基础设施建设、港口海运、高端制造等大型国际合作项目)
(2) 中非发展基金	2007 年 6 月	100 亿美元	助力农业、基础设施、加工制造、产业园区和资源开发等项目
(3) 中国迪拜基金	2008 年 1 月	10 亿美元	整合各种大型基础建设和投资项目
(4) 中国—东盟投资合作基金	2010 年	100 亿美元	东盟地区的基础设施、能源和自然资源等领域,具体包括交通运输、电力、可再生资源、公共事业、电信基础设施、管道储运、公益设施、矿产、石油天然气、林木等
(5) 中国—东盟海上基金	2011 年 11 月	30 亿美元	推动双方在海洋科研与环保、互联互航、航行安全与搜救以及打击海上跨国犯罪等领域的合作
(6) 中国—法国中小企业基金	2012 年 9 月	一期 1.5 亿欧元	注册在法国或中国的具有全球化思维的高成长中小企业,并重点关注信息技术、环保、替代能源、生物医药及消费品等行业
(7) 联合融资基金	2013 年	70 亿美元	—
(8) 中拉产能合作投资基金	2014 年 7 月	一期 100 亿美元	通过股权、债权等方式投资于拉美地区能源资源、基础设施、农业、制造业、科技创新、信息技术、产能合作等领域

基金名称	成立时间	资金规模	主要投向
（9）中国—欧亚经济合作基金	2014 年 9 月	50 亿美元	能源资源及其加工业、农业开发、物流、基础设施建设、新一代信息技术、制造业等欧亚地区优先发展产业
（10）中墨投资基金	2014 年 11 月	24 亿美元	基础设施、工业、旅游和能源等领域的投资合作
（11）"21 世纪海上丝路"产业基金	2014 年 12 月	1 000 亿元人民币	沿线国家产业项目（在"一带一路"发展进程中寻找投资机会，并提供相应的投融资服务）
（12）保险投资基金	2015 年 6 月	3 000 亿元人民币	沿线国家战略项目（棚户区改造、城市基础设施、重大水利工程、中西部交通设施等建设以及"一带一路"和国际产能合作重大项目等）
（13）中非产能合作基金	2015 年 12 月	100 亿美元	非洲产能合作、资源能源、基础设施、通信等领域（以股权、债权等多种方式，促进非洲"三网一化"建设和中非产能合作，覆盖制造业、高新技术、农业、能源、矿产、基础设施和金融合作等领域）
（14）中国—阿联酋共同投资基金	2015 年 12 月	100 亿美元	向中国、阿联酋以及其他高增长国家和地区投资传统能源、基础设施建设、高端制造业、清洁能源及其他高增长行业
（15）"澜湄合作"专项基金	2016 年 3 月	3 亿美元	"澜湄地区"基金与产业合作（支持"澜湄"地区基础设施建设和产能合作项目，支持六国提出的中小型合作项目）
（16）"一带一路"活动专项基金	2016 年 9 月	—	由中国友好和平发展基金会成立，为"一带一路"智库合作联盟有关研究和交流研讨活动提供支持
（17）中国—中东欧基金	2016 年 11 月	100 亿欧元	中东欧 16 国的典型、特殊制造业和金融等潜力行业（包括但不限于中东欧 16 国的基础设施、能源、电信、特殊制造业、农业和金融等潜力行业，重点关注能够扩大和深化中国—中东欧国家双边经贸投资合作、便利双边市场准入的项目）

基金名称	成立时间	资金规模	主要投向
(18) 亚联投海外基金	2017 年 4 月	100 亿～150 亿美元	充分利用发达国家的技术、品牌、资源优势和沿线国家和地区的发展潜力带来的"走出去、引进来"的巨大机遇，构筑全球化的产业平台
(19) 中哈产能合作基金	2017 年 5 月	20 亿美元	中哈双方的产能合作项目（中哈产能合作及相关领域的项目投资）
(20) 中俄地区合作发展投资基金	2017 年 5 月	1 000 亿元人民币	基础设施领域，包括铁路、公路、电网和油气管道等
(21) 人民币海外基金	2017 年 5 月	3 000 亿元人民币	沿线重点建设项目
(22) 广西东盟"一带一路"系列基金	2017 年 12 月	500 亿元人民币	广西和东盟"一带一路"地区的基础设施、优质产业等重点项目
(23) "一带一路"国际人才专项基金	2018 年 1 月	5 000 万元人民币	与沿线国家的国际人才交流
(24) 中俄人民币基金	2018 年 6 月	10 亿美元	为以国家货币结算的直接投资提供简化框架，促进欧亚国家之间的互联互通
(25) 中欧共同投资基金	2018 年 7 月	5 亿欧元	主要投资于欧洲私募基金和风险投资基金，投向对中欧合作具有促进作用，并且商业前景较好的中小企业（促进"一带一路"倡议与欧洲投资计划相对接，实现互利共赢）
(26) "一带一路"绿色投资基金	2019 年 4 月	200 亿元	环境治理、可再生能源、可持续交通、先进制造等领域（以股权投资为主，吸引撬动"一带一路"沿线金融机构等国际投资人投资，重点投向环境治理、可再生能源、可持续交通、先进制造业等领域）

二、国家层面的海外投资项目

根据 CGIT 数据库①的统计,2005—2020 年中国企业单笔超过 1 亿美元的超大项目达到 3 530 个,海外投资金额高达 20 954.9 亿美元。其中,仅 2013—2020 年"一带一路"倡议实施以来,中国在沿线国家的海外投资超大项目就有 459 个(包括海外工程承包项目),不仅遍布南美、东亚、欧洲、北非、中东等诸多沿线国家和地区,而且海外投资金额达到 7 625.7 亿美元,占比达到中国海外投资总额的 1/3 以上。

表 3-4 列示了 2013—2020 年中国各年度在"一带一路"沿线国家排名前五位的海外投资项目。其中,既有大型能源项目,例如中国能建、中国电建和中石化企业在尼日利亚共同投资 59.6 亿美元建立的石油项目,也有大型矿产项目,例如苏州国新、中信集团等三家企业联合出资近 70 亿美元在秘鲁建立的金属项目;既有大型物流项目,例如万科集团、厚朴投资、高瓴资本和中国银行联手在新加坡投资高达 90 亿的物流项目,也有大型交通项目,例如中国在老挝和印尼修建的中老铁路和雅万高铁等,前者连接的是中国的昆明和老挝的万象两座城市,该项目于 2016 年开工,主要由中国铁建集团按照中国的技术标准和技术要求进行建设,使用中国设备,目前已经开通运营;后者主要由中国企业承建,同时与印尼企业合作,是中国高铁首次走出国门。

三、国家层面的海外投资方式

与已有研究相一致,中国在"一带一路"沿线海外投资的进入模式同样划分为跨境并购和绿地投资两种,其数据来源于不同的数据库。

---

① 该数据库统计了中国企业超大规模海外投资项目(1 亿美元以上)的数据,缺少中小投资数据,也没有将企业集团母公司和子公司的海外投资区别开来。同时,与中国商务部公布的《中国对外直接投资统计公报》数据相比,该数据库的统计数据明显偏高,说明一部分通过国际离岸投资平台和避税港的中国海外投资也被纳入其中。

表 3-4　2013—2020 年中国在"一带一路"国家前五位的海外投资项目

时间（年）	中国海外投资企业	海外投资金额（百万美元）	股权比例	海外投资行业部门	沿线国家（地区）	所属地理板块
2013	(1) 中石油	2 890		能源	秘鲁	南美
	(2) 广州富力	1 370	100%	房地产	马来西亚	东亚
	(3) 中石油	1 250	25%	能源	伊拉克	中东和北非
	(4) 长荣海运	1 150		化工	刚果	撒哈拉以南非洲
	(5) 上海绿地	980	41%	旅游	韩国	东亚
2014	(1) Minmetals,苏州国新,中信集团	6 990	63%、22%、15%	金属	秘鲁	南美
	(2) 浙江恒逸	3 440		能源	布鲁内	东亚
	(3) 国家电网	2 760	35%	能源	意大利	欧洲
	(4) SAFE	2 760	5%	能源	意大利	欧洲
	(5) 中国铁建,北方工业	2 040		金属	厄瓜多尔	南美
2015	(1) 中国化工,SAFE	7 890	100%	交通	意大利	欧洲
	(2) 中广核	5 960	100%	能源	马来西亚	东亚
	(3) 上海绿地	3 320		房地产	韩国	东亚
	(4) 汉龙集团	2 700		金属	坦桑尼亚	撒哈拉以南非洲
	(5) 中润资源	1 940		金属	蒙古国	东亚
2016	(1) 珠海振戎	2 100	70%	能源	缅甸	东亚
	(2) 山东重工	2 100		交通	卢森堡	欧洲
	(3) 中国电建	2 030	85%	能源	老挝	东亚
	(4) 中国交建	1 680	50%	旅游	马来西亚	东亚
	(5) 中石油	1 640		能源	委内瑞拉	南美

时间（年）	中国海外投资企业	海外投资金额（百万美元）	股权比例	海外投资行业部门	沿线国家（地区）	所属地理板块
2017	（1）万科、厚朴、高瓴、中银	9 060	79%	物流	新加坡	东亚
	（2）中国铁路、中国铁建	2 370	70%	交通	老挝	东亚
	（3）中石油	1 770	8%	能源	阿联酋	中东和北非
	（4）联想	1 760	90%	金融	卢森堡	欧洲
	（5）国家能投	1 640	75%	能源	希腊	欧洲
2018	（1）中国能建、中国电建、中石化	5 790	45%、35%、20%	能源	尼日利亚	撒哈拉以南非洲
	（2）天启科技	4 070	24%	金属	智利	南美
	（3）中国铁建	2 470	40%	交通	印度尼西亚	东亚
	（4）中融新大	2 360		金属	秘鲁	南美
	（5）昆明钢铁	2 130		金属	孟加拉国	西亚
2019	（1）中石油、中海油	4 040	20%	能源	俄罗斯联邦	西亚
	（2）三峡集团	3 590	84%	能源	秘鲁	南美
	（3）国家电网	2 230		能源	智利	南美
	（4）中国交建	1 950		交通	柬埔寨	东亚
	《5）中国交建	1 650	49%	交通	印度尼西亚	东亚
2020	《1）国家电网	3 030	96%	能源	智利	南美
	（2）中国能建	1 230	80%	能源	巴基斯坦	南亚
	《3）南方电网	1 200		能源	老挝	东亚
	（4）山东高速、中国电建	860	70%	交通	孟加拉国	南亚
	⟨5）紫金矿业	800		金属	塞尔维亚	欧洲

数据来源：CGIT数据库。

其中,跨境并购数据来源于 Zephyr 数据库,该数据库是国内外使用最广泛、最权威的并购数据库,目前已收录了全球各行业共 180 万笔并购交易;绿地投资数据来源于 fDi Markets 数据库,该数据库是迄今最全面的企业级绿地投资数据库,涵盖了 2003 年以来全球所有国家所有行业的绿地投资记录。

1. 中国在"一带一路"国家的跨境并购

从中国跨境并购来看,2001—2018 年间中国参与的跨境并购案例 2 292 起。如图 3-8 所示,一方面,随着"一带一路"倡议的不断深化,中国企业以跨境并购方式参与沿线国家建设的数量整体走高;但是另一方面,与高收入发达国家相比,跨境并购占比并不突出,大约占中国企业跨境并购案例总数的 9.64% 左右。这一比重与吕越等(2019)的数据统计结果基本一致,他们同样发现"一带一路"国家并非中国企业海外并购的主要目标,2015—2017 年中国企业对沿线国家的并购流量占当年并购总额的 4.9%～17%,仅相当于中国企业同期海外投资流量总额的 3.4%～10.3%。

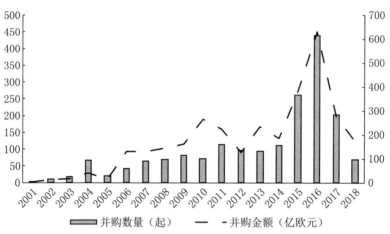

图 3-8   2001—2018 年中国企业的跨境并购数量与金额

数据来源:Zephyr 全球并购交易分析库。

与沿线国家形成鲜明对比的是,中国企业向高收入发达国家的跨境并购数量达 1 019 起(图 3-9),占成功并购案例总数的 55.26%,其主要归因于发达国家和地区的先进技术是中国企业跨境并购的重要标的(尹达和綦建红,2020)。这种鲜明的对比,也在一定程度上说明了中国在"一带一路"国家海外投资效率有待于进一步提高的事实。

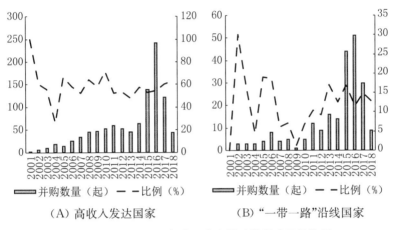

图 3-9　2001—2018 年中国企业的跨境并购区位选择

数据来源:Zephyr 全球并购交易分析库。

2. 中国在"一带一路"国家的绿地投资

与跨国并购相比,绿地投资是中国在"一带一路"国家海外投资的主要进入模式(吕越等,2019)。

(1) 中国在沿线国家的绿地投资金额

根据 fDi Markets 数据库的统计,除个别年份外,中国在"一带一路"国家的绿地投资项目及其金额基本保持增长态势,并在近年来处于相对稳定的状态。如图 3-10 所示,2013 年中国在沿线国家绿地投资项目数仅为 130 个,投资金额为 173.04 亿美元,但是自 2014 年起,绿地投资取得了快速发展,2014 年和 2015 年,绿地投资项目分别快速增至 139 个和 211 个,其对应的绿地投资金额增至 261.29 亿美元和 432.03 亿美元。2016 年,中国在沿线国家的绿地投资升至历史新高,投资项目激增到 253 个,投资金额也进一步增至 688.86 亿美元。相比之下,2017—

2019年,中国在沿线国家的绿地投资项目数和投资金额虽然出现一定下滑,但是基本保持稳定。即使在 2020 年,其绿地投资金额仍然保持在 281.93 亿美元的水平。

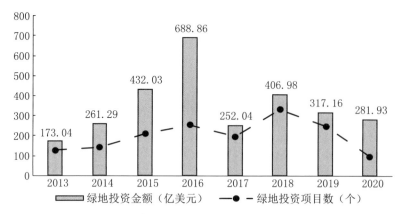

图 3-10　2013—2020 年中国企业在沿线国家的绿地投资项目与金额

数据来源:fDi Markets 数据库。

（2）中国在沿线国家的绿地投资项目

根据 CGIT 的统计,截至 2020 年 6 月,中国在"一带一路"国家单笔超过 1 亿美元的绿地投资大项目共计 218 个。如图 3-11 所示,2013 年大项目有 9 个,合计 52.6 亿美元,最大的项目为广州富力地产在马来西亚投资建设的房地产项目(13.7 亿美元);随着"一带一路"倡议的推进,2014 年也迎来了中国在沿线国家绿地投资的高峰期,大项目达到 30 个,合计 278.6 亿美元,最大的项目为中信集团和苏州国新等企业共同出资 69.9 亿美元在秘鲁投资设厂的铜矿项目,此项目金额也创下了迄今为止中国在沿线国家绿地投资的最高纪录;2015 年继续保持绿地投资的增长态势,44 个大项目合计投资 268.6 亿美元,当年最大的项目为上海绿地集团在韩国投资 32.2 亿美元的房地产项目。伴随着世界经济的整体形势不佳,2016 年和 2017 年中国在沿线的绿地投资大项目下降至 25 个和 30 个,相应的绿地投资额也下降到 116.5 亿美元和 133.6 亿美元,2017 年最大项目(中国电建在老挝投资的水电项目和中石油在阿联酋投资的石油项目)的投资额也下降到 20.3 亿美元和 17.7 亿美元。2018 年中国在沿线国家的绿地投资再创辉煌,41 个项目合计投资 294.2 亿美元,创下了"一带一路"倡议提出以来中国在沿线国家大项目绿地投资额的最高纪录,当年最大项目为中国能建、中国电建和中石化共同出资 57.9 亿美元在尼日利亚的水电项目。随着全球经济政策不确定性的上升,2019 年中国在沿线国家的绿地投资大项目降至 33 个,投资金额也相应降至 179.7 亿美元。2020 年上半年,全球直接投资大幅下滑,中国在沿线国家仅有 6 个大项目,合计投资 31.2 亿美元。

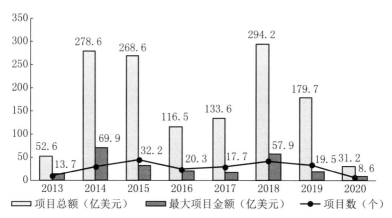

图 3-11　2013—2020 年中国企业在沿线国家的绿地投资超大项目分布

注:2020 年为 1—6 月数据。
数据来源:CGIT 数据库。

第二节　中国在沿线国家海外投资的地理分布

在中国对"一带一路"国家海外投资规模不断增长的同时,投资地理分布却呈现集聚化的趋势,空间区域分布差别明显。

一、地理板块分布

从地理板块来看,中国在"一带一路"沿线海外投资金额从高到低的排列依次为东南亚、西亚、独联体、中亚、南亚、东亚和中东欧①。

表 3-5 反映了 2005—2019 年中国对"一带一路"各地理板块的海外投资存量(以亿美元为单位)。可以发现,2005—2019 年中国对沿线各板块的海外投资存量稳步增加,其中,中国在东南亚板块的海外投资存量位列第一,且占比不断扩大,从 2005 年的 37.02% 增加到 2019 年的 61.26%,存量增加了 86.49 倍。与之相比,2019 年其他地理板块的海外存量占比分别是东亚(1.91%)、西亚(13.20%)、南亚(6.27%)、中亚(7.93%)、独联体(7.98%)和中东欧(1.45%),较 2005 年存量分别增加了 25.19 倍、26.63 倍、43.11 倍、42.76 倍、27.91 倍和 34.70 倍。中国对"一带一路"国家海外投资空间分布较不均衡,其投资区位主要集中在东南亚和西亚板块,两个区位的存量占比高达 74.46%,究其原因,一方面,由于东南亚和西亚板块多为发展中国家,中国与之相比较为先进的技术可以为其带来较高的收益;另一方面,东南亚和西亚国家拥有地理位置的优势、便捷的交通环境、相似的文化背景和良好的发展前景,驱动中国企业将这两个板块作为在沿线国家海外投资的核心区位。与之迥然不同的是,中东欧板块多为发达国家,与中国地理距离较远,文化距离较大,且中国的先进技术在这些国家中并不具有优势,因此海外存量占比仅有 1.45%。

表 3-5　2005—2019 年中国在沿线国家海外投资存量的地理板块分布

(亿美元)

	东亚	东南亚	西亚	南亚	中亚	独联体	中东欧
2005	1.31	12.56	8.57	2.55	3.25	4.95	0.73
2006	3.15	17.63	12.26	2.26	4.46	9.82	2.42
2007	5.92	39.53	11.43	12.49	8.81	14.90	3.01
2008	8.96	64.87	15.02	17.38	19.42	19.34	3.48

---

① 本书后文中,将中东欧板块进一步细分为中欧板块和东欧板块,更加细致地加以对比分析。

	东亚	东南亚	西亚	南亚	中亚	独联体	中东欧
2009	12.42	95.71	22.98	19.51	22.56	23.35	4.11
2010	14.36	143.50	38.57	26.33	29.18	29.78	8.53
2011	18.87	214.62	54.19	35.50	40.33	39.64	10.09
2012	29.54	282.38	70.73	42.15	78.24	52.12	13.34
2013	33.54	356.68	90.11	58.06	88.93	81.30	14.36
2014	37.62	476.33	115.32	83.27	100.94	96.28	16.97
2015	37.60	627.16	146.11	94.82	80.90	151.71	19.77
2016	38.39	715.54	195.42	95.44	91.44	141.34	16.67
2017	36.23	890.14	215.39	122.19	117.66	151.13	18.51
2018	33.65	1 028.58	239.03	111.07	146.81	155.05	22.71
2019	34.31	1 098.91	236.78	112.48	142.23	143.09	26.06

数据来源：商务部各年度《中国对外直接投资统计公报》。

表 3-6 则反映了 2005—2019 年中国对"一带一路"各地理板块的海外投资流量分布。其中，2019 年仍以东南亚和西亚板块为核心区位，两板块的流量占比达到 84.64%。

表3-6　2005—2019 年中国在沿线国家海外投资流量的地理板块分布

	东亚	东南亚	西亚	南亚	中亚	独联体	中东欧
2005	0.52	1.58	1.20	0.17	1.10	2.05	0.05
2006	0.82	3.36	2.56	−0.50	0.82	4.68	0.19
2007	1.96	9.68	2.47	9.36	3.77	4.90	0.32
2008	2.39	24.84	2.08	4.95	6.56	4.09	0.38
2009	2.77	26.98	7.31	0.79	3.45	3.60	0.39
2010	1.94	44.05	11.00	4.17	5.80	6.29	4.19
2011	4.51	59.05	14.26	9.09	4.54	7.44	1.30
2012	9.04	61.00	14.52	4.41	33.77	8.99	1.52
2013	3.89	72.67	22.26	4.63	10.99	11.65	1.03
2014	5.03	78.09	21.21	15.15	5.51	9.43	2.04
2015	−0.23	146.04	22.67	11.50	−23.26	30.60	1.63
2016	0.79	102.79	16.50	6.93	10.74	14.52	0.92
2017	−0.28	141.19	12.43	10.87	22.60	17.38	3.68
2018	−4.57	136.94	20.34	6.08	6.67	9.19	6.05
2019	1.28	130.24	28.11	18.03	5.33	−0.86	4.95

数据来源：商务部各年度《中国对外直接投资统计公报》，单位为亿美元。

二、主要国家分布

从海外投资流量前十位国家和地区来看，如表 3-7 所示，2014 年中国对沿线国家和地区的海外投资流量主要流向新加坡、印度尼西亚、老挝、巴基斯坦、泰国、阿联酋、俄罗斯、伊朗、马来西亚和蒙古国等，以东南亚国家居多；与 2014 年相比，2015 年流向的主要变化在于中国对俄罗斯的投资排名大幅上升；2016—2017 年，以哈萨克斯坦为代表的中亚国家出现攀升的势头。2018—2019 年主要流向新加坡、印度尼西亚、老挝、越南、马来西亚和泰国等国，以印度尼西亚为代表的东南亚国家再次迎来了中国海外投资高潮。

从海外投资存量前十位国家和地区来看，表 3-8 列示了 2015—2019 年中国海外投资存量排名前十位的沿线国家和地区。截至 2019 年底，中国海外投资存量从高到低依次为新加坡（526.4 亿美元）、印度尼西亚（151.3 亿美元）、俄罗斯联邦（128.0 亿美元）、老挝（82.5 亿美元）、马来西亚（79.2 亿美元）、阿联酋（76.4 亿美元）、哈萨克斯坦（72.5 亿美元）、泰国（71.9 亿美元）、越南（70.7 亿美元）、柬埔寨（64.6 亿美元），前十位的国家和地区占中国对"一带一路"国家海外投资存量的 70% 以上。其中，新加坡为沿线国家之首，主要原因是新加坡与中国地理位置毗邻，金融市场和交通运输网络较为发达，具有健全的法律法规；排名第二位的国家俄罗斯，经济较为发达，与中国之间的投资往来历史悠久，产业互补性强；印度尼西亚、老挝、泰国等东南亚国家虽然个别年份排名有所波动，但是作为中国的地理邻国，邻近效应显著，其投资合作为中国的顺向产业转移提供了良好的区位选择；阿联酋是西亚和北非国家中与中国投资往来较为密切的国家，排名小幅波动；哈萨克斯坦与中国贸易来往较多，合作较为密切，且在中亚五国之中是发展程度最高的国家，因而成为中国对中亚海外投资的首选国家。

表 3-7　2014—2019 年中国对"一带一路"国家海外投资流量前十位的国家

位次	2014	2015	2016	2017	2018	2019
1	新加坡 (28.1)	新加坡 (104.5)	新加坡 (31.7)	新加坡 (63.1)	新加坡 (64.1)	新加坡 (48.3)
2	印度尼西亚 (12.7)	俄罗斯 (29.6)	以色列 (18.4)	哈萨克斯坦 (20.7)	印度尼西亚 (18.6)	印度尼西亚 (22.2)
3	老挝 (10.3)	印度尼西亚 (14.5)	马来西亚 (18.3)	马来西亚 (17.2)	马来西亚 (16.6)	越南 (16.5)
4	巴基斯坦 (10.1)	阿联酋 (12.7)	印度尼西亚 (14.6)	印度尼西亚 (16.8)	老挝 (12.4)	泰国 (13.7)
5	泰国 (8.4)	印度 (7.1)	俄罗斯 (12.9)	俄罗斯 (15.5)	越南 (11.5)	阿联酋 (12.1)
6	阿联酋 (7.1)	土耳其 (6.3)	越南 (12.8)	老挝 (12.2)	阿联酋 (10.8)	老挝 (11.5)
7	俄罗斯 (6.3)	越南 (5.6)	泰国 (11.2)	泰国 (10.6)	柬埔寨 (7.8)	马来西亚 (11.1)
8	伊朗 (5.9)	老挝 (5.2)	巴基斯坦 (6.3)	越南 (7.6)	俄罗斯 (7.3)	伊拉克 (8.9)
9	马来西亚 (5.2)	马来西亚 (4.9)	柬埔寨 (6.3)	柬埔寨 (7.4)	泰国 (7.4)	哈萨克斯坦 (7.9)
10	蒙古国 (5.0)	柬埔寨 (4.2)	哈萨克斯坦 (4.9)	巴基斯坦 (6.8)	孟加拉国 (5.4)	柬埔寨 (7.5)

注:括号里汇报了分年度海外投资流量金额,单位为亿美元。
数据来源:商务部 2014—2019 年度《中国对外直接投资统计公报》。

表 3-8　2015—2019 年中国对"一带一路"国家海外投资存量前十位的国家

位次	2015	2016	2017	2018	2019
1	新加坡 (319.8)	新加坡 (334.5)	新加坡 (445.7)	新加坡 (500.9)	新加坡 (526.4)
2	俄罗斯 (140.2)	俄罗斯 (129.8)	俄罗斯 (138.7)	俄罗斯 (142.1)	印度尼西亚 (151.3)
3	印度尼西亚 (81.3)	印度尼西亚 (95.5)	印度尼西亚 (105.4)	印度尼西亚 (128.1)	俄罗斯 (128.0)
4	哈萨克斯坦 (51.0)	老挝 (55.0)	哈萨克斯坦 (75.6)	马来西亚 (83.9)	老挝 (82.5)
5	老挝 (48.4)	哈萨克斯坦 (54.3)	老挝 (66.5)	老挝 (83.1)	马来西亚 (79.2)

位次	2015	2016	2017	2018	2019
6	阿联酋 （46.0）	越南 （49.8）	巴基斯坦 （57.2）	哈萨克斯坦 （73.4）	阿联酋 （76.4）
7	缅甸 （42.6）	阿联酋 （48.9）	缅甸 （55.2）	阿联酋 （64.4）	哈萨克斯坦 （72.5）
8	巴基斯坦 （40.4）	巴基斯坦 （47.6）	柬埔寨 （54.5）	柬埔寨 （59.7）	泰国 （71.9）
9	印度 （37.7）	缅甸 （46.2）	阿联酋 （53.7）	泰国 （59.5）	越南 （70.7）
10	柬埔寨 （36.8）	泰国 （45.3）	泰国 （53.6）	越南 （56.1）	柬埔寨 （64.6）
总计	844.1	906.9	1 106.2	1 251.1	1 323.5
占比	72.97%	70.08%	71.64%	72.42%	73.78%

注：括号里为截至当年的海外投资存量金额，单位为亿美元。
数据来源：商务部2015—2019年度《中国对外直接投资统计公报》。

由此可见，中国在"一带一路"的海外投资大多流向了市场机会最多、市场潜能更大、劳动力资源和自然资源更充裕的沿线国家。基于此，本书把中国在沿线国家的区位选择分为四大类：资源禀赋型、市场机会型、成本优势型和技术研发型，如表3-9所示。

表3-9 中国对"一带一路"国家海外投资的区位选择类型

类型	代 表 性 国 家
资源禀赋型	● 沙特阿拉伯（矿产、石油、天然气等——石油产量世界第一，天然气储量世界第四） ● 伊朗（煤炭、天然气、石油等——天然气储量世界第三，石油储量世界第二） ● 科威特（石油、天然气等——拥有世界最大的油田之一布尔干油田） ● 伊拉克（石油、天然气等——石油储量世界第二，天然气储量世界第十） ● 卡塔尔（天然气、石油等——天然气储量世界第三，石油储量世界第十三） ● 阿联酋（石油、天然气等——石油储量世界第六，天然气储量世界第五） ● 也门（石油、天然气、金属、非金属等） ● 阿曼（石油、金属、煤炭、工业矿产等） ● 埃及（石油、天然气、铁矿等） ● 印度尼西亚（镍、金刚石、天然气、煤炭等） ● 文莱（天然气、石油、动植物资源等） ● 土库曼斯坦（天然气、石油等） ● 哈萨克斯坦（铀、天然气、石油、煤炭、铁矿石等） ● 白俄罗斯（石油、天然气、水资源、森林资源等）

类型	代 表 性 国 家
市场机会型	● 新加坡,人均 GDP 亚洲第二,收入水平高,消费能力强,具有重要的贸易和运输能力 ● 越南,人口年轻(中位数不足 30),长期人口红利,东盟最具潜力的市场 ● 印度尼西亚,世界第四人口大国,对基建和日用品存在巨大需求 ● 马来西亚,经济发达程度东盟中仅次于新加坡,地理位置优越,基础和通信设施发达 ● 泰国,区位优势明显,贸易自由化程度高,经济增长前景较好,市场潜力较大 ● 土耳其,横跨欧亚,欧洲第二大人口大国,是不可替代的市场
成本优势型	● 越南、柬埔寨、印度、巴基斯坦等南亚、东南亚和部分东亚国家,劳动力资源充足,价格较低,培训成本低
技术研发型	● 俄罗斯,科研实力雄厚,掌握部分行业的核心技术,多数年轻人接受过高等教育,建有著名的斯科尔科沃创新城 ● 印度,信息产业技术发达,建有"亚洲硅谷"班加罗尔,建立了完整的信息产业链,同时在动画制作产业、医药制造占据国际先进位置

第三节　中国在沿线国家海外投资的产业布局

一、产业层面的海外投资金额

从海外投资的整体产业分布看,中国对"一带一路"国家的海外投资行业呈现出"百花齐放"和"不断升级"的趋势。所谓"百花齐放",是指海外投资存量分布在包括制造业、租赁和商务服务业、批发零售业、采矿业、公用事业(电力热力燃气供应等)、金融业、建筑业、农林牧渔、居民服务、文化教育等在内的多个行业领域。所谓"不断升级",是指流向制造业、信息技术业等鼓励类行业的投资增多,流向房地产业、体育和娱乐业的投资明显减少,其中第一产业和第二产业投资占比较高,超过 80%,第三产业占比虽然较低,但是金额和比例均呈现不断增长之势。

从海外投资的具体产业金额看,稳居前两位的是制造业和批发零售业。如图 3-12 所示,2018 年中国流向"一带一路"国家制造业的海外投资为

58.8 亿美元(占比 32.9%),2019 年进一步上升到 67.9 亿美元(占比 36.3%);
2018 年流向沿线国家批发和零售业的海外投资为 37.1 亿美元(占比
20.7%),2019 年则有所下降,虽然降至 25.1 亿美元,但是占比依然达到
13.4%。相比之下,其他产业的海外投资排序并不稳定,例如,2018 年排名
第三位的电力生产和供应业,其海外投资金额为 16.8 亿美元(占比 9.4%),
但是到 2019 年下降至第六位,海外投资金额及其占比分别为 13.4 亿美元和
7.2%;2018 年排名第四位的科学研究和技术服务业,其海外投资金额为 6
亿美元(占比 3.4%),2019 年虽然增至 13.5 亿美元(占比 7.2%),但是排名降
至第五位。2019 年中国在沿线国家海外投资升至第三位和第四位的分别
是建筑业 22.4 亿美元(占比 12%)和金融业 15.9 亿美元(占比 8.5%)。

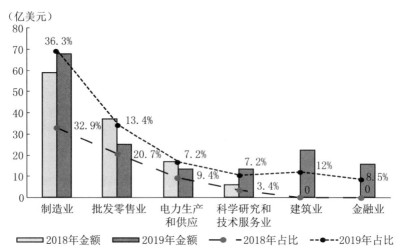

图 3-12　2018—2019 年中国在"一带一路"海外投资的产业分布

数据来源:商务部 2018 年度、2019 年度《中国对外直接投资统计公报》。

二、产业层面的海外投资项目

根据 CGIT 数据库对超过 1 亿美元的超大项目统计,2005—2020
年中国企业在"一带一路"国家的海外投资行业分布,再次证实了"百花
齐放"的特点。

从超大项目的金额来看,中国企业在沿线国家的海外投资涉及能源业、基础设施建设、金融业和高技术产业等行业(表3-10)。其中,能源业始终是中国企业海外投资的核心,是"一带一路"建设的重要领域和不可或缺的部分,符合中国和东道国经济发展建设的共同需要。值得关注的是,一方面,自2016年以来,中国在沿线国家的能源业海外投资出现了下降态势。另一方面,2017年物流业首次超过能源业,进入中国在沿线国家海外投资的首选行列;2018年交通建设进一步超过能源业成为海外投资的首选行业。究其原因,交通物流的互联互通是中国与沿线国家实现经贸合作的重要途径,能够实质性推动各沿线国家的经济增长与社会发展,对于"一带一路"建设具有重要的经济和社会意义。

表 3-10　2005—2020 年中国企业对沿线国家海外投资超大项目的行业分布

（亿美元）

年份	能源	不动产	交通	金属矿石	技术	农业	金融	物流	其他
2005	46.9								
2006	65.9	13	9.7	9.4					1.2
2007	20.1			43.2	4.6			1.5	
2008	90.6		68.8	21.6		2			15.1
2009	184.6	6	4.7	4.8	5		5.3		
2010	45.9	5	1.5	21.4	3	14.4	1.7	1	5.9
2011	87.9	16.9	10.8	27.4		1	1	2.8	20.4
2012	35.6	16.7	7.2	22.8	12		10	1.5	4.7
2013	128.4	33.9	6.1	19.2	1.1	20.4	2		12.1
2014	129.7	9	2.9	11.9	14	15.6	3.2	7.6	7.3
2015	214.4	16.2	36	27	25	4.4	17	12.1	21.5
2016	134	18.5	11.2	4.1	2.5	19.4	11	8.6	77.4
2017	91.6	39.3	16.2	3.5	9.7	2.8	2.3	100.9	60.7
2018	78.1	14.8	93.2	52.2	20.2	5.1	6.9	1.1	58.6
2019	180.7	21.9	81.7	45.8	8.6	5.7	1.1	2.3	12.3
2020	63.9	11.2	40.9	17.9	7.6	0	0	7.5	6.3

数据来源:CGIT 数据库。

从超大项目的数量来看,农业作为第一产业的支柱行业,2015—2020年海外投资大项目有15项,累计投资金额达到134亿美元;能源业和交通基础设施作为第二产业的重要行业,同期海外投资项目数分别为 157 项和 59 项,相应的海外投资金额分别累计至 2 967 亿美元和 1 870.6 亿美元;金融业作为中国在"一带一路"国家海外投资的重点,大型投资项目超过 27 项,同期海外投资金额也达到了 133.3 亿美元。在其他第三产业部门的海外投资近年来也在逐步增长,如物流业已经达到 16 项,投资额也达到了 187.9 亿美元。

第四节　中国在沿线国家投资网络的演进变化

在国际货币基金组织(IMF)的官方网站数据库中,Coordinated Direct Investment Survey(CDIS)一栏提供了部分经济体的对外直接投资头寸,涉及超过 110 个报告海外投资的经济体和超过 240 个接受海外投资的经济主体。

由于本书的研究对象为"一带一路"国家,故从中选取了学术界和商务部对"一带一路"的常规定义,即选取沿线 65 个国家作为研究对象(表 1-2),其时间跨度为 2009—2018 年。

一、投资网络构建

众所周知,SNA 方法的重要理论之一是将整体真实生态中各主体之间的联系视为一个网络,并以此来描述整体真实生态中各主体之间的关联。考虑到中国与"一带一路"国家的投资往来日益频繁,故本书运用 SNA 方法来反映中国与"一带一路"沿线 65 个节点国家的直接投资关系。

中国与"一带一路"国家国际投资网络的构建方法与过程如下:

设 $C_i = [c_i](i=1, 2, \cdots, 65)$ 为投资国,$C_j = [c_j](j=1, 2, \cdots, 65)$ 为东道国,权重矩阵 $W = [w_{i,j}](i=1, 2, \cdots, 65; j=1, 2, \cdots, 65)$ 表示各年度投资国 i 对东道国 j 的海外投资流量,矩阵 $M = [a_{i,j}](i=1, 2, \cdots, 65; j=1, 2, \cdots, 65)$ 表示各国之间的投资联系。

根据定义,有

$$a_{i,j} = \begin{cases} 1, 若 w_{i,j} > 0 \\ 0, 若 w_{i,j} = 0 \end{cases} \tag{3-1}$$

由此，C_i、C_j、M、W 共同构成中国与"一带一路"国家的国际投资网络 N，记为

$$N = (C_i, C_j, M, W) \tag{3-2}$$

图 3-13 采用 Gephi 软件和 Fruchterman-Reingold 算法，分别绘制了 2009 年和 2018 年中国与"一带一路"国家的国际投资网络拓扑结构图。其中，"圆形"代表节点国家，其黑色深浅表示该节点国家在投资网络中的中心程度，黑色越深，则该节点国家越重要；各圆形之间的连线表示两个节点国家之间一方为投资国，另一方为东道国，存在国际投资往来，且连线的粗细程度反映了该对关系在投资网络中的重要程度。

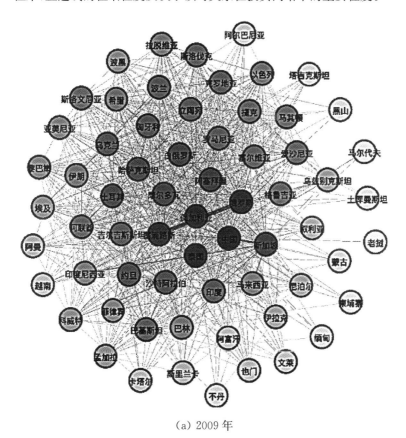

（a）2009 年

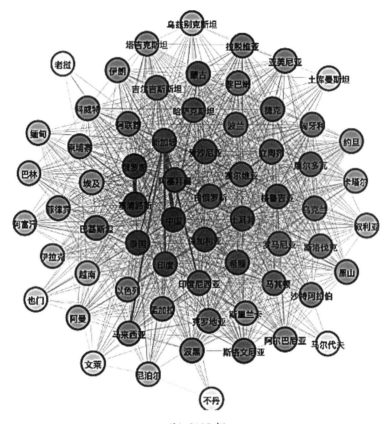

(b) 2018 年

图 3-13　中国与"一带一路"国家国际投资网络的拓扑结构图

二、投资网络的演进趋势

图 3-13 描绘了 2009 年和 2018 年中国与"一带一路"国家国际投资网络的演进趋势。

其一,以中国为代表的中心国家网络位置稳定。2009—2018 年,以中国、俄罗斯、泰国、新加坡为代表的国家在拓扑结构图中始终居于核心位置,反映了在"一带一路"国际投资网络中这些中心国家始终扮演稳定而重要的角色。

其二,投资网络中的中心国家数量不断增长。与 2009 年相比,印度、立陶宛、波兰等国家在"一带一路"投资网络中的中心程度明显提升;印度尼西亚、爱沙尼亚、塞尔维亚、希腊等国家加入到中心国家的队伍中来。这说明一方面,"一带一路"国际投资网络中的中心国家数量不断增长;另一方面,这一网络向西吸引更多的欧洲国家(特别是欧洲中小国家)加盟,向东拓展至陆海贯通,具有明显的"西进东拓"特征。

其三,投资网络中的连线国家数量稳中有增。2009 年,"一带一路"国际投资网络主要有亚欧两条主线:一条以"中国—新加坡—泰国"为主线,另一条以"俄罗斯—保加利亚—塞浦路斯"为主线,构成了沿线国家投资网络的主干力量。随着"一带一路"倡议的不断推进,至 2018 年时,沿线国家投资网络中新加入了"新加坡—印度"和"保加利亚—土耳其—格鲁吉亚"等亚欧主线,表明"一带一路"国际投资网络的连线国家数量及其影响力稳中有增。

第五节 中国在沿线国家投资网络的特征解析

中国与"一带一路"国家之间的国际投资网络,在网络规模、网络密度、中心度、核心边缘等方面具有鲜明的特征,中国在其中也扮演了非常重要的角色。

一、网络规模与网络密度

在 SNA 方法中,网络的结构特征主要体现为网络连接的扩散性和紧密性,并分别由网络规模和网络密度加以体现。具体到"一带一路"国际投资网络来看,网络规模体现了沿线节点国家的数量与连线数量的对比关系,而网络密度作为衡量网络内部稠密程度和网络规则程度的指标,是指网络中实际边数与该节点数下最大可能边数的比值(綦建红等,2019),其取值范围介于[0,1]。根据马远和徐俐俐(2017)的研究,网络密度的取值越小,说明各国之间的海外投资往来越少;随着网络密度的增加,可认为各国之间的海外投资活动越活跃,国际投资网络趋向于紧密化发展。

本书采用 Ucinet 6 软件,计算得出"一带一路"国际投资网络的规模与密度,如图 3-14 所示。首先,从节点数量来看,在 2009—2018 年样本期间,网络节点国家的数量始终为 65 个,表明所有沿线国家均参与了这一国际投资网络;其次,从网络连接来看,65 个节点国家的连接线从 2009 年的 1 124 条上涨到 2013 年的 1 341 条,再进一步上升至 2018 年的 1 575 条,表明自"一带一路"倡议提出以来,节点国家之间的海外投资扩展边际不断提高。最后,从网络密度来看,"一带一路"国际投资网络的密度从 2009 年的 0.270,增至 2013 年的 0.322,并进一步增至 2018 年的 0.379,表明随着"一带一路"倡议的提出,中国与沿线国家的国际投资往来愈加密切,且呈现出明显的稳定性与连贯性。

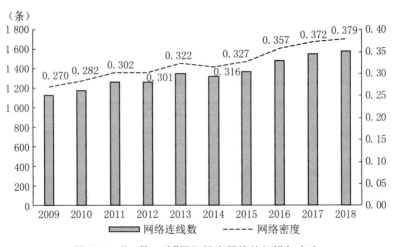

图 3-14 "一带一路"国际投资网络的规模与密度

二、网络强度

网络强度指标的测算有多种方法,且各种方法各有侧重,从不同层面反映了中国与"一带一路"国家国际投资网络中各节点国家的核心程度。

1. 节点中心度

该中心度指标反映了单个节点国家在国际投资网络中的地位显著度,即该节点国家不管是作为投资国还是东道国,其与其他节点国家发生国际投资往来的数量越多,其节点中心度越高,在国际投资网络中的核心地位越高。

表 3-11 和表 3-12 分别呈现了"一带一路"国际投资网络节点中心度位居前十位和后十位的国家,从中可以发现:一方面,经济发展水平较高、金融体制较为完善、地理位置较为重要的节点国家,往往具有较强的海外投资实力与意愿,其节点中心度较高,如中国(样本期内始终居于首位)、新加坡、俄罗斯、泰国、印度、阿塞拜疆、哈萨克斯坦等;另一方面,海外投资实力较弱、以吸引外来投资为主的沿线国家,则往往节点中心度较低。尽管如此,在 2009—2018 年样本期内,随着"一带一路"倡议的推进,一些排名靠后的沿线国家,依靠其各具特色的区位优势,其节点中心度不断提高,如蒙古国、马尔代夫等。

表 3-11 "一带一路"国际投资网络节点中心度前十位国家

2009			2012		
国家	节点中心度	投资点数	国家	节点中心度	投资点数
中国	61	59	中国	60	58
泰国	57	55	泰国	58	58
保加利亚	55	54	俄罗斯	56	56
俄罗斯	55	53	塞浦路斯	55	48
塞浦路斯	53	50	保加利亚	54	53
新加坡	47	30	白俄罗斯	52	50
阿塞拜疆	46	45	阿塞拜疆	50	48
白俄罗斯	44	43	印度	50	40
摩尔多瓦	44	41	新加坡	50	39
哈萨克斯坦	42	38	土耳其	47	31

2015			2018		
国家	节点中心度	投资点数	国家	节点中心度	投资点数
中国	62	59	中国	64	63
泰国	58	57	保加利亚	60	58
保加利亚	56	53	泰国	60	59
塞浦路斯	56	46	俄罗斯	59	56
新加坡	54	39	塞浦路斯	58	49
阿塞拜疆	53	51	土耳其	57	37
爱沙尼亚	53	48	爱沙尼亚	56	53
俄罗斯	53	46	印度	56	48
白俄罗斯	52	49	阿塞拜疆	55	54
印度	52	44	白俄罗斯	54	51

表3-12 "一带一路"国际投资网络节点中心度后十位国家

2009			2012		
国家	节点中心度	投资点数	国家	节点中心度	投资点数
文莱	9	0	文莱	12	0
蒙古国	7	5	塔吉克斯坦	11	0
塔吉克斯坦	7	0	也门	10	0
不丹	6	2	土库曼斯坦	9	0
黑山	6	0	蒙古国	8	5
缅甸	5	0	不丹	5	3
土库曼斯坦	5	0	老挝	4	0
柬埔寨	4	0	缅甸	4	0
马尔代夫	3	0	柬埔寨	3	0
老挝	1	0	马尔代夫	3	0

2015			2018		
国家	节点中心度	投资点数	国家	节点中心度	投资点数
尼泊尔	16	15	巴林	21	0
阿尔巴尼亚	14	10	伊拉克	21	0
文莱	11	0	马尔代夫	21	0
也门	11	0	乌兹别克斯坦	20	0
柬埔寨	9	0	土库曼斯坦	14	0
土库曼斯坦	8	0	也门	13	0
不丹	6	3	文莱	12	0
缅甸	6	0	马来西亚	7	3
老挝	3	0	不丹	6	3
马尔代夫	3	0	老挝	4	0

2. 中间/接近中心度

中间中心度指标反映了国际投资网络中单个节点连线的资源控制程度,而接近中心度反映了单个节点国家与其他节点国家的紧密程度,前者由经过节点国家的最短路径数量来衡量,后者由该节点国家与其他节点国家最短路径的平均长度来衡量。

表 3-13 报告了"一带一路"国际投资网络中,中间中心度与接近中心度位居前十位的国家。从横向发展来看,中国的中间中心度和接近中心度均位居首位,新加坡、俄罗斯、泰国等国紧跟其后;但是从纵向发展来看,一方面,这些排名靠前国家的中间中心度和接近中心度均出现了一定程度的波动与下降,说明"一带一路"倡议倡导的"共商、共建、共享、共赢"推动了其他排名靠后国家的发展;另一方面,印度、塞浦路斯、保加利亚、土耳其等国家的中间中心度和接近中心度呈现出不断提高的态势。

表 3-13 "一带一路"国际投资网络中介性前十位国家

	2009			2012	
国家	中间中心度	接近中心度	国家	中间中心度	接近中心度
中国	344.02	92.75	中国	199.63	91.43
新加坡	192.80	65.31	新加坡	176.24	71.91
俄罗斯	175.17	85.33	印度	159.84	72.73
泰国	136.58	87.67	俄罗斯	145.45	88.89
塞浦路斯	119.60	82.05	泰国	126.32	91.43
保加利亚	71.54	86.49	塞浦路斯	110.73	80.00
沙特阿拉伯	71.03	60.38	保加利亚	70.80	85.33
匈牙利	60.84	63.37	巴基斯坦	69.06	64.65
土耳其	57.35	63.37	土耳其	68.79	65.98
约旦	39.27	67.37	白俄罗斯	56.28	82.05
巴基斯坦	38.60	61.54	立陶宛	40.42	72.73
哈萨克斯坦	36.20	71.11	波兰	37.22	73.56
白俄罗斯	28.34	75.29	捷克	35.67	60.38
塞尔维亚	27.21	65.31	塞尔维亚	30.20	77.11
阿塞拜疆	26.27	77.11	匈牙利	26.87	59.81

2015			2018		
国家	中间中心度	接近中心度	国家	中间中心度	接近中心度
中国	209.89	91.43	中国	278.00	98.46
新加坡	150.45	71.91	泰国	126.46	92.75
印度	122.42	76.19	新加坡	104.06	74.42
塞浦路斯	114.57	78.05	俄罗斯	87.53	88.89
泰国	96.66	90.14	塞浦路斯	83.84	81.01
保加利亚	75.15	85.33	印度	80.61	80.00
俄罗斯	67.16	78.05	保加利亚	63.43	91.43
土耳其	50.62	67.37	巴基斯坦	59.65	61.54
白俄罗斯	45.55	81.01	土耳其	43.18	70.33
爱沙尼亚	42.07	80.00	白俄罗斯	37.18	83.12
印度尼西亚	34.27	68.09	马其顿	34.91	68.82
阿塞拜疆	32.66	83.12	希腊	33.46	82.05
塞尔维亚	32.52	80.00	爱沙尼亚	31.64	85.33
斯洛文尼亚	30.15	68.09	印度尼西亚	25.91	71.91
捷克	27.00	62.75	阿塞拜疆	24.85	86.49

3. 网络结构洞

结构洞是指网络中信息或资源在连接过程中出现的空缺，即某一节点国家与节点国家 A 直接发生连接，但是与节点国家 B 则不存在这种直接连接，此时就需要通过第三方节点国家 C 连接。正如结构洞理论的首创者伯特（Burt，1992）所指出的，第三方节点通过将不发生直接连接的两个节点联系起来，可以拥有控制优势、信息优势和资源优势，即结构洞的存在能够为第三方节点带来更多的收益。换言之，结构洞代表某一节点国家在网络中充当中间人的程度（刘慧和綦建红，2021）。本书采用多种方法来衡量结构洞指标：有效规模（节点国家在投资网络中的非冗余因素）、效率指标（对投资网络中其他节点国家的影响力）、限制度指标（节点国家在网络中受限制的大小）、等级度指标（辅助刻画节点国家的约束力特征）。一般而言，前两个指标值越大、后两个指标值越小，意味着节点国家越能有效控制网络中各种资源和信息的传递。

表 3-14 "一带一路"国际投资网络结构洞指数前十位国家

2009				
国家	有效规模	效率	限制度	等级度
中国	39.647	0.650	0.075	0.087
泰国	36.774	0.645	0.081	0.098
俄罗斯	32.819	0.597	0.083	0.080
保加利亚	31.948	0.581	0.083	0.082
塞浦路斯	30.938	0.584	0.085	0.076
新加坡	29.172	0.621	0.096	0.093
阿塞拜疆	23.746	0.516	0.097	0.077
摩尔多瓦	23.231	0.528	0.100	0.073
白俄罗斯	22.097	0.502	0.102	0.076
约旦	21.788	0.545	0.111	0.082
2018				
国家	有效规模	效率	限制度	等级度
中国	35.201	0.550	0.069	0.059
泰国	31.362	0.523	0.073	0.061
塞浦路斯	29.837	0.514	0.075	0.056
俄罗斯	29.478	0.500	0.075	0.058
保加利亚	29.467	0.491	0.074	0.062
印度	29.013	0.518	0.079	0.065
新加坡	27.589	0.511	0.080	0.058
土耳其	26.895	0.472	0.077	0.058
爱沙尼亚	26.424	0.472	0.079	0.060
阿塞拜疆	25.916	0.471	0.082	0.069

表 3-14 展示了 2009 年和 2018 年"一带一路"国际投资网络结构洞指数位居前十位的国家对比。从横向对比来看,中国、泰国、俄罗斯、塞浦路斯、保加利亚、新加坡等代表性国家,始终占据较多的结构洞,在沿线国家投资网络中拥有明显的控制优势、资源优势和信息优势。从纵向对比来看,不难发现,一方面,随着"一带一路"倡议实施带来的沿线国家投资网络扩容,中国结构洞的有效规模和效率均出现了一定程度的下降,即在投资网络中的影响力被稀释,其中间人位置的优势被弱化,但是其限制度和等级度的下降也意味着中国跨越结构洞的能力得以夯实,资源和信息传递的控制力有所提高;另一方面,印度等国家受益于"一带一路"倡议的实施,其结构洞的有效规模和效率均得以提高,在沿线国家投资网络中的影响力有所上升。

4. 节点强度

节点强度具体反映了投资网络中节点国家的权重,即海外投资量的大小。表3-15报告了2009—2018年"一带一路"国际投资网络节点强度位居前十位的国家,从中不难发现,中国、新加坡、俄罗斯始终位居前三甲。其中,如本章第一节所显示的,中国不仅成功发起和引领了"一带一路"倡议的实施,而且近年来对"一带一路"国家的海外投资金额与项目均始终保持高度增长态势。新加坡不仅是中国大陆地区外商直接投资的主要来源国,占沿线国家对中国大陆地区海外投资总额的85%左右,而且还依托其在国际大通道中的海陆联通作用,成为中国对沿线国家海外投资的重要中转地。中国商务部的统计数据显示,中国对"一带一路"国家的海外投资中,大约有1/3都是通过新加坡流转的。俄罗斯作为横跨欧亚大陆的大国,不仅具有重要的地缘位置,沿着中国—俄罗斯—波罗的海和"中蒙俄经济走廊",成为"一带一路"最畅通的国家[1],而且在"丝绸之路经济带"的核心区具有较大的地区影响力。自"一带一路"倡议实施以来,两国的海外投资往来十分密切,中国对俄罗斯(尤其是远东地区)的海外投资明显增加。

表3-15 "一带一路"国际投资网络节点强度前十位国家

2009		2012		2015		2018	
国家	节点强度	国家	节点强度	国家	节点强度	国家	节点强度
新加坡	174 489.82	俄罗斯	161 133.16	中国	135 909.77	新加坡	174 489.82
俄罗斯	149 096.95	新加坡	136 345.98	新加坡	127 814.91	俄罗斯	149 096.95
中国	137 625.49	中国	108 972.65	俄罗斯	93 128.82	中国	137 625.49
印度	79 605.42	印度尼西亚	60 365.88	印度尼西亚	68 478.41	印度	79 605.42
印度尼西亚	78 786.63	塞浦路斯	48 495.62	印度	40 541.61	印度尼西亚	78 786.63
塞浦路斯	60 900.40	泰国	35 104.54	泰国	33 913.12	塞浦路斯	60 900.40
泰国	40 230.50	乌克兰	29 444.15	土耳其	27 423.00	泰国	40 230.50
土耳其	39 061.00	土耳其	26 422.00	马来西亚	25 836.89	土耳其	39 061.00
马来西亚	33 572.73	印度	25 344.11	巴林	19 929.50	马来西亚	33 572.73
缅甸	19 566.10	马来西亚	23 964.39	塞浦路斯	18 801.41	缅甸	19 566.10

---

① 史春阳.俄罗斯,"一带一路"最"畅通"国家[EB/OL].中国社会科学报,[2019-05-19]. http://www.cssn.cn/gjgxx/gj_els/201905/t20190517_4897158.html.

三、核心边缘

根据弗里德曼(Friedmann，1966)的核心与边缘理论，核心区域拥有主导性和支配性的组织力、传播力和控制力，边缘区域的发展则会受到核心区域的影响，二者共同组成了一个完整的空间系统。与之相类似，根据前文网络中心度、结构洞、节点强度等指标，中国与"一带一路"国家之间的国际投资网络也可以划分为两大国家群类——核心国家和边缘国家，从而描述出这一投资网络中个体国家群类的演进趋势。

表 3-16 采用 Ucinet 6 软件测算和对比了 2009 年和 2018 年"一带一路"国际投资网络的两大国家群类。可以发现：一方面，"一带一路"投资网络中核心国家和边缘国家的数量十分稳定，2009 年和 2018 年两类国家的数量分别为 30 个与 35 个、29 个与 36 个，反映了"一带一路"国际投资网络的核心边缘格局基本保持不变；另一方面，在每一种国家群类内部，不同国家的核心和边缘地位均有所变化，其中核心地位上升的国家包括孟加拉国、波黑、蒙古国等，其主要原因要归功于"孟中印缅经济走廊"、中国—中东欧"17＋1"合作机制①、"中蒙俄经济走廊"等合作政策的实施，而核心地位下降的国家则包括沙特阿拉伯、亚美尼亚、摩尔多瓦、斯洛伐克等国，随着中心性指标和结构洞指标的下降，其在"一带一路"国际投资网络中的边缘性上升。

表 3-16　"一带一路"国际投资网络的核心边缘国家

2009		2018	
核心国家(30)	边缘国家(35)	核心国家(29)	边缘国家(36)
亚美尼亚	阿富汗	阿塞拜疆	阿富汗
阿塞拜疆	阿尔巴尼亚	孟加拉国	阿尔巴尼亚
白俄罗斯	巴林	白俄罗斯	亚美尼亚

---

① 2012 年中国与"一带一路"国家中的中东欧 16 国建立"16＋1"合作机制，2019 年随着希腊加盟，"16＋1"已经升级为"17＋1"。

2009		2018	
核心国家（30）	边缘国家（35）	核心国家（29）	边缘国家（36）
保加利亚	孟加拉国	波黑	巴林
中国	不丹	保加利亚	不丹
克罗地亚	波黑	中国	文莱
塞浦路斯	文莱	克罗地亚	柬埔寨
捷克	柬埔寨	塞浦路斯	埃及
爱沙尼亚	埃及	捷克	伊朗
格鲁吉亚	印度尼西亚	爱沙尼亚	伊拉克
希腊	伊朗	格鲁吉亚	以色列
匈牙利	伊拉克	希腊	约旦
印度	以色列	匈牙利	科威特
约旦	科威特	印度	老挝
哈萨克斯坦	老挝	印度尼西亚	黎巴嫩
吉尔吉斯斯坦	黎巴嫩	哈萨克斯坦	马来西亚
拉脱维亚	马来西亚	吉尔吉斯斯坦	马尔代夫
立陶宛	马尔代夫	拉脱维亚	摩尔多瓦
马其顿	蒙古国	立陶宛	黑山
摩尔多瓦	黑山	马其顿	缅甸
波兰	缅甸	蒙古国	尼泊尔
罗马尼亚	尼泊尔	波兰	阿曼
俄罗斯	阿曼	罗马尼亚	巴基斯坦
沙特阿拉伯	巴基斯坦	俄罗斯	菲律宾
塞尔维亚	菲律宾	塞尔维亚	卡塔尔
新加坡	卡塔尔	新加坡	沙特阿拉伯
斯洛伐克	斯洛文尼亚	泰国	斯洛伐克
泰国	斯里兰卡	土耳其	斯洛文尼亚
土耳其	叙利亚	乌克兰	斯里兰卡
乌克兰	塔吉克斯坦		叙利亚
	土库曼斯坦		塔吉克斯坦
	阿联酋		土库曼斯坦
	乌兹别克斯坦		阿联酋
	越南		乌兹别克斯坦
	也门		越南
			也门

四、凝聚子群

凝聚子群是指网络中节点国家的子集合及其集合中节点国家之间

的各种关系。凝聚子群分析,作为 SNA 代表性方法之一,能够以简化的方式反映国际投资网络的结构关系变化,寻找凝聚子群变化的深层根源。

图 3-15(A)和(B)分别描绘了 2009 年和 2018 年"一带一路"国际投资网络凝聚子群的构成与演变。与 2009 年相比,2018 年"一带一路"国际投资网络凝聚子群的互惠性因素有所减弱,但是可接近性和可达性明显提升,并且占据主导地位;与此同时,在子群数量没有发生变化的前提下,凝聚子群的集中度呈现不断提高的趋势。上述演变特征说明,"一带一路"倡议所倡导的"五通",特别是设施联通和资金融通,为"一带一路"国际投资网络的演进提供了必要的基础设施和投资资金,既提高了凝聚子群的可接近性和可达性,也提高了凝聚子群的集中性和活跃度。一言以蔽之,随着"一带一路"倡议的实施,"共商、共享、共建、共赢"的理念与原则被越来越多的沿线国家所接受,同时,设施联通和资金融通成为凝聚子群方式发生变化的根本性原因,再次证实研究"一带一路"金融生态与中国海外投资效率的重要性。

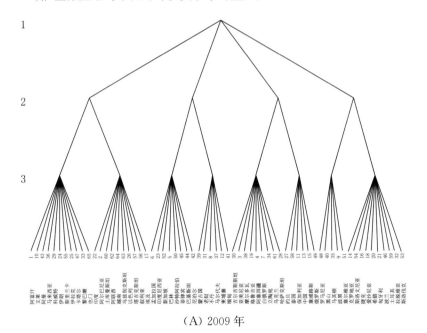

（A）2009 年

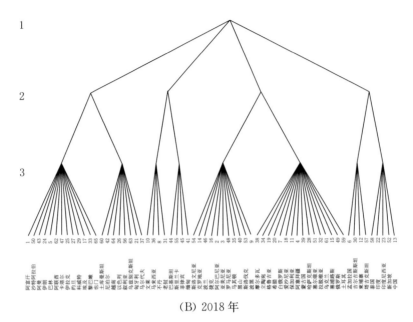

（B）2018 年

图 3-15 "一带一路"国际投资网络的凝聚子群

第四章 中国在"一带一路"国家的海外投资效率：基于国家层面的测算

在第三章概览中国对"一带一路"国家海外投资现状的基础上,本章旨在从国家维度出发,采用随机前沿模型(SFA)测算中国在"一带一路"各沿线国家的海外投资效率值,并进行现实描述和客观评价。在此基础上,从时序、区位和潜力三个维度出发,分别回答中国在"一带一路"倡议提出后其海外投资效率是否得以提高、中国在不同沿线国家的海外投资效率有何差异、中国的海外投资效率还有多大提升潜力等问题。

第一节 中国海外投资效率的测算模型

为了考察金融生态多样化对中国在"一带一路"国家海外投资效率的影响,本书首先需要科学准确地测算出中国在沿线国家的海外投资效率值,唯有此才能准确提出本书的"现实导向型"问题。

一、SFA 模型的简单推导

在国家层面上,本书选择 SFA 模型来测算中国在"一带一路"国家的海外投资效率,原因有二:一方面,第二章的国内外文献综述(特别是表 2-2)表明,FHP 模型、Vogt 模型、Richardson 模型、DEA 模型和 SFA 模型均是测算投资效率的常用方法,但是相比之下,SFA 作为一种参数估值方法,从截面数据拓展至面板数据,并将之分解成生产函数、非效率项和随机项进行参数估计,在海外投资效率测算的运用中更为广泛;另一方面,传统引力模型同时适用于国际贸易和国际投资问题的解释(Brenton et al., 1999; Razin et al., 2002; Eichengreen and Tong, 2005)。基于此,本书参照经典文献的做法(如 Battese and Coelli, 1995),构建 SFA 模型,将经典引力模型与随机前沿思想有机结合,从而测算出中国对"一带一路"沿线每一个国家的海外投资效率。

具体来说,"一带一路"国家的海外投资(OFDI)引力模型可以定义如下:

$$OFDI_{cjt} = f(\alpha x_{cjt}) \tag{4-1}$$

其中,t 代表年份,c 代表中国(投资国),j 代表"一带一路"国家(东道国)。$OFDI_{cjt}$ 是指中国在 t 年对沿线 j 国的海外投资前沿水平;x_{cjt} 代表海外投资水平所有影响因素的集合;α 是待估变量的系数。

由于存在各种阻碍海外投资的非效率因素,故海外投资的前沿水平需要重新定义为:

$$OFDI_{cjt} = f(\alpha x_{cjt}) \exp(-\mu_{cjt}) \tag{4-2}$$

因此有

$$TE_{cjt} = \exp(-\mu_{cjt}) \tag{4-3}$$

其中,TE_{cjt} 代表中国在沿线国家的投资效率,μ_{cjt} 是非效率项,代表阻碍海外投资的各种效率损失因素,决定着 TE_{cjt} 的大小。换言之,在各种因素的共同影响下,此时中国的海外投资水平为:

$$OFDI_{cjt} = f(\alpha x_{cjt}) \exp(\nu_{cjt} - \mu_{cjt}) \tag{4-4}$$

式中,ν_{cjt} 为随机误差项,μ_{cjt} 为非效率项,在近年来有关海外投资效率的最新研究中,均认定其会随着时间变化而变化,故该式设定的是时变模型。

考虑到一国海外投资水平的影响因素多为宏观经济变量,不仅绝对数值较大,而且在数据的整个值域中存在不同区间的差异,故需要对式(4-4)左右两边同时取对数,得到

$$\ln OFDI_{cjt} = \ln f(\alpha x_{cjt}) + \nu_{cjt} - \mu_{cjt} \tag{4-5}$$

如前所述,SFA 在考虑生产函数的同时,还会把各种非效率项考虑进去。将这些非效率因素定义为 z_{cjt},则非效率模型可定义为:

$$\mu_{cjt} = \beta z_{cjt} + \omega_{cjt} \tag{4-6}$$

其中,β 是待估非效率变量的系数,ω_{cjt} 为随机扰动项。

将式(4-6)代入式(4-5),最终得出随机前沿模型:

$$\ln OFDI_{cjt} = \ln f(\alpha x_{cjt}) + \nu_{cjt} - \beta z_{cjt} - \omega_{cjt} \tag{4-7}$$

二、SFA 模型的变量选取

1. 被解释变量

在基准模型中,被解释变量是中国在 t 年对沿线 j 国的海外投资存量($OFDI_{cjt}$),用以反映样本期内中国对"一带一路"国家海外投资的整体水平,而非年度动态变化。

2. 随机前沿面的解释变量

根据经典引力模型及其拓展,选择随机前沿面的解释变量涉及中国与沿线国家的经济发展水平、贸易状况、经济距离、地理距离等方面,各变量的含义与赋值如表 4-1 所示。

在选取上述引力模型变量的基础上,建立如下时变 SFA 模型,用以测算中国在"一带一路"国家的海外投资效率,即:

$$\ln OFDI_{cjt} = \alpha_0 + \alpha_1 \ln GDP_{ct} + \alpha_2 \ln GDP_{jt} + \alpha_3 \ln PGDP_{ct} + \alpha_4 \ln PGDP_{jt}$$
$$+ Trade_{cjt} + Ecd_{cjt} + Pick_{cjt} + \nu_{cjt} - \mu_{cjt} \tag{4-8}$$

3. 非效率模型的解释变量

对于式(4-8)中的非效率项 μ_{cjt}，参照范兆斌等(Fan et al.，2016)等代表性文献的做法，选取沿线国家的政府效率、腐败程度、新型基础设施、自然资源等六个非效率模型的解释变量，具体含义与赋值见表 4-1，由此得到如下非效率模型：

$$\mu_{cjt} = \beta_0 + \beta_1 Gov_{jt} + \beta_2 Cor_{jt} + \beta_3 Inf_{jt} + \beta_4 NS_{jt} + \beta_5 TF_{jt} + \beta_6 BF_{jt} + \omega_{cjt}$$

$$(4-9)$$

4. 变量的统计性描述

表 4-2 汇报了上述变量的统计性描述，可以发现，无论是中国在沿线国家的海外投资存量，还是随机前沿面和非效率模型的解释变量，其指标差距十分明显。

表 4-1　随机前沿面和非效率模型的解释变量

变量名称	变量符号	变量含义	数据来源
中国 GDP	$\ln GDP_{ct}$	中国国内生产总值的对数值（单位：美元）	中国商务部
沿线国家 GDP	$\ln GDP_{jt}$	沿线国家国内生产总值的对数值（单位：美元）	世界银行
中国人均 GDP	$\ln PGDP_{ct}$	中国人均 GDP 的对数值（单位：美元）	中国商务部
沿线国家人均 GDP	$\ln PGDP_{jt}$	沿线国家人均 GDP 的对数值（单位：美元）	世界银行
中国对沿线国家的贸易占比	$Trade_{cjt}$	中国对沿线国家的进出口总额与当年沿线国家进出口总额的比值	UNCTAD 数据库
中国与沿线国家的经济距离	Ecd_{cjt}	根据两国地理直线距离（$Dist$）、投资协定数量（T）和经济发展差异权数（$Weight$）计算得出，即 $Ecd_{cjt} = 0.95^T \times Weight \times Dist$	美国传统基金会
中国与沿线国家的边界接壤	$Pick_{cjt}$	反映中国与沿线国家的地理毗邻程度，如果接壤，赋值为 1；如果不接壤，赋值为 0	中国地图

变量名称	变量符号	变量含义	数据来源
沿线国家的政府效率	Gov_{jt}	由政治稳定、政府效率、公民话语权与问责的均值计算得出,表征沿线国家政府办事效率与政治稳定性	世界银行全球治理指标(WGI)数据库
沿线国家的腐败程度	Cor_{jt}	由腐败控制、监管质量、法律规则的均值计算得出,表征沿线国家的制度和法律监管水平	WGI
沿线国家每百人拥有的移动蜂窝	$\text{In}f_{jt}$	反映沿线国家的新型基础设施——通信设施的建设水平	WGI
沿线国家自然资源租金占比	NS_{jt}	沿线国家历年自然资源租金总额占 GDP 的百分比,表征该国对自然资源的依赖程度	世界银行
沿线国家贸易自由度	TF_{jt}	衡量国际贸易扭曲程度的综合指数,包括数量、价格、投资、政府干预等,用以反映沿线国家的贸易壁垒	美国传统基金会
沿线国家商业自由度	BF_{jt}	衡量沿线国家开展、经营和关闭企业的能力,用以表征沿线国家对外商直接投资所设立的商业障碍	美国传统基金会

表 4-2 描述性统计

变量名称	变量符号	平均值	标准差	最小值	最大值
海外投资存量	$OFDI$	1.42E+09	4.22E+09	1.00E+05	5.26E+10
中国 GDP	GDP_c	8.56E+12	3.57E+12	2.80E+12	1.40E+13
沿线各国 GDP	GDP_j	2.18E+11	3.80E+11	2.80E+09	2.90E+12
中国人均 GDP	$PGDP_c$	6 332	2 581	2 099	10 262
沿线各国人均 GDP	$PGDP_j$	11 457	14 155	346.9	85 076
贸易占比	$Trade$	0.082	0.076 5	0.000	0.511
接壤状况	$Pick$	0.193	0.395	0.000	1.000
经济距离	Ecd	4 524	1 336	954.6	8 104
政府效率	Gov	−0.203	0.688	−2.329	1.222
腐败程度	Cor	−0.082	0.723	−1.706	2.086
每百人拥有的移动蜂窝	Inf	107.40	38.140	4.514	218.400
自然资源租金占比	NS	8.460	12.500	0.000	61.950
贸易自由度	TF	77.610	10.690	0.000	94.800
商业自由度	BF	66.940	11.610	29.200	98.300

第二节　中国在沿线国家的海外投资效率

本书基于时变 SFA 模型(4-9),测算了 2006—2019 年中国在"一带一路"国家^①的海外投资效率,测算结果见表 4-3。同时,为了与中国在非"一带一路"国家的海外投资效率进行对比,本书还根据数据的可得性,选择了 93 个非沿线国家,一并进行了效率测算工作。

一、效率测算结果

1. 海外投资效率均值的绝对水平

2006—2019 年中国在"一带一路"所有国家的海外投资效率均值为 0.458,接近 0.5 的中轴线,处于中等水平;但是,沿线国家之间差别较大,海外投资效率均值最高的国家是科威特,均值为 0.848,而最低的国家是孟加拉国,海外投资效率的均值仅为 0.1。

2. 海外投资效率均值的纵向变化

2006—2019 年中国在"一带一路"国家的海外投资效率呈不断提升的态势,但提升幅度很小,且在不同地区呈现明显差异:亚洲地区整体呈波动上升之势,其中在南亚地区,所有国家的投资效率虽起步较低,但上升趋势显著;在中亚地区,哈萨克斯坦和乌兹别克斯坦的下降趋势明显;在东南亚地区,除中国对新加坡的海外投资效率稳定在较高水平外,对马来西亚和越南的投资效率则稳中有降;在欧洲地区,除中国对阿塞拜疆的海外投资效率持续下降外,其他国家均在低水平上波动;在中东地区,近七成国家呈下降趋势,而在起步效率相对不高的以色列、巴林、土耳其三国,中国的海外投资效率显著上升;在独联体国家中,白俄罗斯效率提升明显,俄罗斯相对稳定,其他国家波动明显。

---

① 囿于部分"一带一路"国家关键变量的数据缺失,本书最终选取了 52 个沿线国家,具体见表 4-3 所涵盖的沿线国家。

表 4-3　2006—2019 年中国在"一带一路"国家的海外投资效率值

国家	2006	2007	2008	2009	2010	2011	2012	2013	2014	2015	2016	2017	2018	2019	均值
阿尔巴尼亚	0.162	0.180	0.130	0.281	0.327	0.338	0.357	0.372	0.367	0.306	0.287	0.291	0.251	0.277	0.280
阿联酋	0.784	0.773	0.802	0.751	0.782	0.816	0.817	0.810	0.806	0.765	0.762	0.775	0.791	0.781	0.787
亚美尼亚	0.304	0.280	0.230	0.277	0.312	0.295	0.274	0.386	0.395	0.384	0.409	0.515	0.527	0.415	0.357
阿塞拜疆	0.811	0.789	0.792	0.718	0.740	0.776	0.746	0.702	0.688	0.607	0.566	0.632	0.655	0.437	0.690
孟加拉国	0.108	0.046	0.038	0.080	0.089	0.097	0.102	0.108	0.110	0.097	0.098	0.121	0.143	0.165	0.100
保加利亚	0.337	0.322	0.348	0.258	0.437	0.515	0.523	0.512	0.516	0.509	0.468	0.467	0.395	0.372	0.427
巴林	0.370	0.449	0.453	0.392	0.382	0.429	0.589	0.480	0.524	0.459	0.616	0.598	0.560	0.550	0.489
波黑	0.338	0.357	0.365	0.358	0.375	0.385	0.355	0.326	0.298	0.310	0.317	0.252	0.233	0.329	0.328
白俄罗斯	0.088	0.076	0.115	0.189	0.370	0.360	0.420	0.436	0.482	0.535	0.539	0.550	0.519	0.532	0.372
捷克	0.344	0.356	0.374	0.388	0.369	0.359	0.429	0.403	0.426	0.385	0.378	0.344	0.360	0.375	0.378
埃及	0.593	0.555	0.616	0.558	0.597	0.641	0.616	0.600	0.577	0.471	0.476	0.523	0.535	0.459	0.558
爱沙尼亚	0.368	0.350	0.324	0.444	0.448	0.433	0.355	0.319	0.318	0.308	0.299	0.273	0.466	0.485	0.371
格鲁吉亚	0.493	0.509	0.515	0.572	0.628	0.600	0.605	0.625	0.646	0.643	0.641	0.643	0.631	0.631	0.599
克罗地亚	0.168	0.345	0.305	0.299	0.287	0.270	0.250	0.227	0.241	0.217	0.228	0.302	0.325	0.361	0.273
匈牙利	0.469	0.492	0.485	0.486	0.574	0.548	0.544	0.518	0.533	0.461	0.464	0.398	0.364	0.390	0.480
印度尼西亚	0.447	0.501	0.481	0.405	0.436	0.462	0.458	0.464	0.478	0.447	0.466	0.489	0.469	0.451	0.461
印度	0.027	0.065	0.101	0.075	0.109	0.113	0.115	0.131	0.140	0.119	0.127	0.147	0.138	0.115	0.109
伊朗	0.742	0.688	0.712	0.607	0.675	0.718	0.687	0.730	0.719	0.573	0.590	0.649	0.640	0.610	0.667

国家	2006	2007	2008	2009	2010	2011	2012	2013	2014	2015	2016	2017	2018	2019	均值
以色列	0.414	0.408	0.365	0.370	0.384	0.352	0.348	0.320	0.406	0.513	0.644	0.628	0.613	0.596	0.454
约旦	0.400	0.392	0.448	0.438	0.373	0.408	0.459	0.429	0.428	0.432	0.439	0.392	0.403	0.453	0.421
哈萨克斯坦	0.731	0.725	0.792	0.715	0.748	0.785	0.785	0.752	0.733	0.631	0.647	0.697	0.732	0.653	0.723
吉尔吉斯斯坦	0.536	0.517	0.540	0.641	0.666	0.647	0.570	0.623	0.618	0.622	0.605	0.641	0.621	0.639	0.606
柬埔寨	0.325	0.337	0.397	0.469	0.506	0.519	0.525	0.541	0.545	0.504	0.503	0.515	0.474	0.450	0.472
科威特	0.859	0.802	0.840	0.783	0.859	0.887	0.884	0.877	0.883	0.839	0.821	0.838	0.853	0.847	0.848
老挝	0.563	0.612	0.602	0.624	0.681	0.692	0.650	0.645	0.599	0.521	0.500	0.598	0.526	0.610	0.602
黎巴嫩	0.136	0.130	0.107	0.178	0.170	0.151	0.158	0.149	0.145	0.134	0.128	0.099	0.087	0.094	0.133
斯里兰卡	0.269	0.247	0.273	0.270	0.316	0.375	0.398	0.395	0.392	0.409	0.400	0.407	0.360	0.391	0.350
立陶宛	0.399	0.376	0.346	0.333	0.311	0.281	0.305	0.307	0.319	0.298	0.306	0.320	0.263	0.252	0.316
拉脱维亚	0.357	0.231	0.206	0.196	0.181	0.159	0.159	0.136	0.142	0.167	0.166	0.161	0.275	0.276	0.201
摩尔多瓦	0.272	0.236	0.220	0.216	0.183	0.158	0.211	0.239	0.250	0.199	0.214	0.203	0.178	0.179	0.211
马其顿	0.191	0.285	0.213	0.149	0.187	0.154	0.175	0.316	0.312	0.267	0.265	0.261	0.457	0.304	0.253
蒙古国	0.761	0.750	0.776	0.743	0.792	0.821	0.716	0.684	0.685	0.585	0.693	0.770	0.775	0.706	0.733
马来西亚	0.626	0.610	0.618	0.593	0.583	0.571	0.590	0.585	0.593	0.583	0.595	0.593	0.619	0.576	0.595
尼泊尔	0.109	0.133	0.103	0.114	0.100	0.106	0.115	0.146	0.169	0.241	0.191	0.219	0.226	0.235	0.158
阿曼	0.838	0.838	0.815	0.777	0.819	0.851	0.839	0.849	0.829	0.750	0.695	0.717	0.761	0.729	0.793
巴基斯坦	0.220	0.375	0.400	0.401	0.390	0.388	0.359	0.337	0.352	0.296	0.281	0.291	0.241	0.257	0.328

国家	2006	2007	2008	2009	2010	2011	2012	2013	2014	2015	2016	2017	2018	2019	均值
菲律宾	0.163	0.208	0.202	0.220	0.272	0.269	0.247	0.222	0.236	0.202	0.210	0.215	0.209	0.197	0.219
波兰	0.411	0.381	0.356	0.333	0.346	0.354	0.340	0.346	0.373	0.350	0.360	0.355	0.343	0.348	0.357
卡塔尔	0.822	0.829	0.817	0.796	0.819	0.842	0.835	0.828	0.814	0.766	0.758	0.767	0.753	0.731	0.798
罗马尼亚	0.426	0.453	0.464	0.454	0.454	0.438	0.439	0.393	0.409	0.430	0.426	0.409	0.370	0.377	0.424
俄罗斯	0.663	0.638	0.607	0.628	0.642	0.641	0.624	0.638	0.631	0.622	0.584	0.596	0.649	0.578	0.624
沙特阿拉伯	0.871	0.867	0.886	0.850	0.858	0.882	0.878	0.865	0.853	0.792	0.767	0.770	0.797	0.749	0.835
新加坡	0.643	0.690	0.706	0.718	0.713	0.714	0.709	0.708	0.724	0.724	0.723	0.722	0.712	0.729	0.710
斯洛伐克	0.080	0.289	0.239	0.281	0.266	0.311	0.390	0.362	0.396	0.392	0.375	0.339	0.332	0.320	0.312
斯洛文尼亚	0.278	0.252	0.219	0.331	0.312	0.278	0.261	0.244	0.255	0.236	0.368	0.343	0.348	0.491	0.301
泰国	0.365	0.390	0.408	0.374	0.426	0.407	0.439	0.445	0.487	0.478	0.516	0.513	0.516	0.531	0.450
塔吉克斯坦	0.364	0.386	0.446	0.425	0.451	0.439	0.496	0.475	0.453	0.496	0.527	0.578	0.610	0.618	0.483
土耳其	0.204	0.191	0.226	0.444	0.408	0.378	0.384	0.385	0.405	0.420	0.429	0.398	0.382	0.400	0.361
乌克兰	0.265	0.322	0.347	0.348	0.342	0.380	0.308	0.360	0.430	0.417	0.389	0.382	0.326	0.337	0.354
乌兹别克斯坦	0.745	0.721	0.770	0.683	0.560	0.632	0.590	0.569	0.509	0.490	0.446	0.544	0.678	0.534	0.605
越南	0.345	0.338	0.425	0.318	0.408	0.439	0.435	0.398	0.419	0.335	0.358	0.353	0.354	0.334	0.376
也门	0.837	0.812	0.815	0.777	0.791	0.802	0.763	0.742	0.718	0.583	0.411	0.585	0.609	0.549	0.700
均值	0.432	0.440	0.446	0.445	0.466	0.474	0.474	0.470	0.476	0.448	0.451	0.465	0.470	0.458	0.458

图 4-1 进一步绘制了中国在各个沿线国家海外投资效率的动态分布,可以发现 52 个沿线国家中,25 个国家在"一带一路"倡议提出后不仅海外投资效率均值得以提高,而且提高幅度平均达到 29.70%。而在海外投资效率均值降低的沿线国家中,有 12 个国家在"一带一路"倡议提出前的均值高达 0.6 以上。换言之,海外投资效率均值得以提高的沿线国家,往往是效率较低的国家,在一定程度上说明了"一带一路"倡议的实施更有助于拉动低效率国家的水平提升。相比之下,中国在非沿线国家的海外投资效率均值增长国仅有 37 个,占比 39.78%,反映出"一带一路"倡议对非沿线国家的影响力明显小于沿线国家。

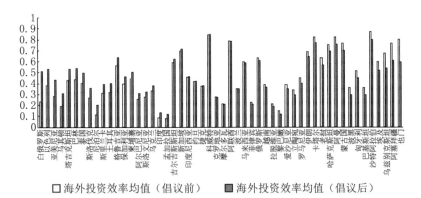

图 4-1　中国在"一带一路"国家的海外投资效率均值变化

3. 海外投资效率均值的横向比较

如果对中国在沿线国家与非沿线国家的海外投资效率进行比较的话,可以发现样本期内,中国在沿线国家的效率均值为 0.458,高于非沿线国家(0.423)。图 4-2 进一步强化了三点事实:中国在沿线国家的海外投资效率值呈现出不断升高的趋势,与非沿线国家近年间的下降趋势形成了鲜明对比;中国对沿线国家的海外投资效率均值在 2008 年开始超越非沿线国家,且这种优势一直保持到 2019 年;中国在沿线国家的海外投资效率均值年增长率较之非沿线国家更为稳定,波动较小。

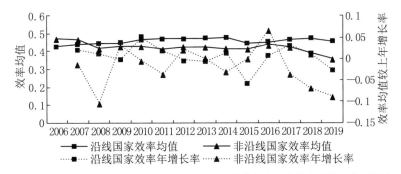

图 4-2　2006—2019 年中国在沿线和非沿线国家的海外投资效率均值和年增长率

在效率测算的基础上,本书选择从时序、区位和潜力三个视角出发,分别比较中国在"一带一路"国家的海外投资效率,从而可以更为全面地把握海外投资效率的变化与分布。

二、时序维度比较

1. 以各年度为时间节点

本书以 2006—2019 年的各年度为时间节点,计算出各年度海外投资效率的平均值,并加以比较。图 4-3 显示,样本期内中国在"一带一路"国家的海外投资效率整体呈现出不断上升的走势,但是期间起伏较大,波动明显。其中,海外投资平均效率峰值出现在 2014 年(0.476),究其原因,2013 年中国提出"一带一路"倡议后,其政策效应迅速显现,中国迅速增加对"一带一路"国家的海外投资,并于 2014 年达到海外投资效率的峰值。两次较大的降幅节点分别发生在 2009 年和 2015 年,前者要归因于 2008 年国际金融危机的发生,而后者则要归因于沿线国家制度环境的变化。根据沿线国家的非效率项数据统计,2015 年一半以上样本国家的监管效率、腐败程度、自然资源租金占比、商业自由度等制度环境指标均出现了下降,表明沿线国家制度环境的变化导致了 2015年中国海外投资的效率损失。

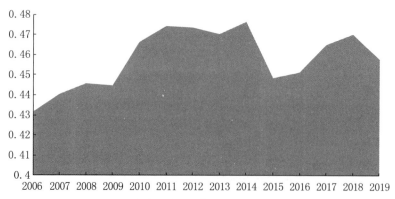

图 4-3 2006—2019 年中国在"一带一路"国家的海外投资效率均值

2. 以政策实施为对比节点

为了反映中国在"一带一路"国家海外投资效率的时变趋势,本书还通过计算和比较中国在"一带一路"倡议提出前后海外投资的效率均值变化,确定在沿线国家的海外投资究竟是正效率(效率高于海外投资之前)还是负效率(效率低于海外投资之前)。由图 4-3 可以看出,在"一带一路"倡议提出后的大多数年份里,中国海外投资平均效率逐年上升。

尽管时序分析能够在一定程度上反映中国在"一带一路"国家海外投资前后的效率变化,但是该分析方法存在一个缺陷,即海外投资效率的变化有可能是由一定时序内投资者特征或者母国因素变化所致,而不一定是由海外投资所引起的。因此,为了更加严谨地评价中国在"一带一路"国家的海外投资效率变化,本书还采用双重差分方法(Difference-in-difference,DID)进行简单考察,即借鉴吕越等(2019)的做法,根据中国的海外投资区位,将样本国家划分为在"一带一路"沿线国家投资的处理组和在非沿线国家投资的对照组,构建如下 DID 模型,并获得处理效应,进而获知中国在"一带一路"倡议提出后的海外投资效率变化。

$$OFDIEff_{ijt} = \beta_0 + \sum_{t=2006}^{2019} \beta_t Treat_j \times Year_t + \gamma C + \eta_j + \delta_t + \varepsilon_{ijt}$$

$$(4\text{-}10)$$

式中，i 代表中国，j 代表东道国（地区），t 代表年份。被解释变量 $OFDIEff$ 表示中国对世界各国的海外投资效率。核心解释变量 $Treat \times Year$ 为"一带一路"倡议实施前后与处理组这两项虚拟变量的交乘项——由于"一带一路"倡议是在 2013 年被正式提出，若时间 t 为 2013 年后，则赋值为 1，否则赋值为 0；若东道国为"一带一路"国家，则 j 取值为 1，否则取值为 0，以衡量东道国是否受到了"一带一路"倡议的政策冲击。C 代表控制变量，η_j 和 δ_t 分别代表国家固定效应和年份固定效应，ε_{ijt} 为随机扰动项。

除了"一带一路"倡议冲击外，还需要控制可能影响中国海外投资效率的变量集 C，包括东道国经济规模，用东道国 GDP 的对数形式（$\ln GDP_j$）衡量；贸易占比，由中国对各国进出口总额与各国进出口总额的比值（$Trade$）衡量，贸易占比越高，中国与东道国贸易相关性越强，越有可能影响中国海外投资效率；考虑到经济距离会影响中国在"一带一路"国家的国际化经营（方慧和赵甜，2017），采用通过空间权重矩阵计算得出的经济距离的对数形式（$\ln Ecd$），表征中国与东道国经济发展程度的差距；借鉴毛咕和瑞安（Nwaogu and Ryan，2014）的做法，采用自然资源租金除以 GDP（NS）衡量东道国对自然资源的依赖程度；东道国的贸易壁垒用贸易自由度（TF）反映；东道国新型基础设施则由每百人拥有的移动蜂窝（Inf）衡量。

表 4-4 汇报了基于模型（4-10）的基准回归结果。为了解决异方差和序列相关问题，对所有稳健标准误在国家层面进行聚类调整。其中，第（1）列仅加入 $Treat \times Year$ 变量；考虑到国家异质性，第（2）—（4）列加入国家层面的控制变量；第（2）和（3）列分别控制国家和年份固定效应，第（1）和（4）列则同时控制国家和年份固定效应。可以看出，核心解释

变量 $Treat \times Year$ 的系数始终显著为正,表明"一带一路"倡议对中国海外投资效率具有显著的促进效应;同时,控制变量还表明,中国与东道国的贸易占比与中国在东道国的海外投资效率呈负相关,即贸易相关度越高反而不利于中国海外投资效率的提高。究其原因,中国对"一带一路"国家的贸易和投资可能存在一定的替代关系(Zhang and Xu,2017)。自然租金与中国海外投资效率在1%的显著性水平上呈正相关,说明沿线国家越依赖自然资源,中国在此东道国的海外投资效率就越高,与已有研究(Kang et al.,2018;赵云辉等,2020)的结论一致,即中国倾向于投资矿产和资源丰富的沿线国家。

表 4-4 "一带一路"倡议对中国海外投资效率值的基准影响

变量	(1)	(2)	(3)	(4)
$Treat \times Year$	0.037 * (1.92)	0.084 *** (3.09)	0.040 *** (3.02)	0.038 ** (2.05)
$GDPj$		−0.007 (−1.04)	−0.009 (−0.41)	−0.008 (−0.32)
$Trade$		0.299 (1.33)	−0.313 ** (−1.99)	−0.334 * (−1.94)
$\ln Ecd$		0.008 (0.29)	−0.122 (−1.06)	−0.144 (−1.21)
INF		−0.000 (−0.85)	−0.000 (−1.27)	−0.000 (−1.54)
NS		0.007 *** (4.14)	0.003 *** (3.12)	0.004 *** (2.87)
TF		0.000 (0.16)	0.000 (0.25)	−0.000 (−0.12)
年份固定效应	是	否	是	是
国家固定效应	是	是	否	是
观测值	2 030	2 030	2 030	2 030
R^2	0.824	0.308	0.833	0.837

注:***、** 和 * 分别为 1%、5% 和 10% 的显著性水平,下同。

为了进一步检验上述基准结果的可信性,本章还采取了以下四种方法进行稳健性检验:

(1) 平行趋势检验

首先,需要判断在"一带一路"倡议实施之前,处理组和对照组的变化趋势是否一致,以满足双重差分的重要前提假设。因此,参考刘青和丘东晓(Liu and Qiu,2016)的方法,对处理组和对照组的变化趋势作进一步考察。回归模型的设定形式如下:

$$OFDIEff_{ijt} = \beta_0 + \beta_k Treat \times Year_{2013+k} + \gamma C_{jt} + \delta_t + \lambda_j + \varepsilon_{ijt}$$

$$(4\text{-}11)$$

结果显示,2013 年以前的所有估计结果均不显著,表明在"一带一路"倡议实施前处理组和对照组的变化趋势一致,不存在显著差异,通过了事前平行趋势检验。

(2) 安慰剂检验:随机抽取处理组

借鉴吕越等(2019)的做法,通过从样本国家中随机抽取"一带一路"国家进行安慰剂检验。考虑到基准样本包括 145 个国家和地区,其中 52 个为"一带一路"沿线国家,故从 145 个国家和地区中随机抽取 52 个经济体,将其设定为伪沿线国家,并将剩余国家设定为非沿线国家,从而构建一个安慰剂检验的虚拟变量 BRI^{false},即伪沿线国家赋值为 1,否则为 0。之后构建安慰剂检验交叉项 $Treat \times Year^{false} = BRI_j^{false} \times Year_t$,其中 $Year_t$ 为处理效应时期虚拟变量。因为伪处理组是随机生成的,因此 $Treat \times Year^{false}$ 应该不会对模型被解释变量产生显著影响,即 $\beta^{false} = 0$。同时,为了减少其他小概率事件对估计结果的干扰,此随机过程重复 1 000 次。图 4-4 汇报了 1 000 次随机生成处理组的估计系数核密度以及对应 p 值分布。由图 4-4 可知,回归系数的均值接近于 0,且绝大部分 p 值大于 0.1;竖线代表的实际估计系数在安慰剂检验的估计系数中属于异常值,由此证实了基准回归结果的稳健性。

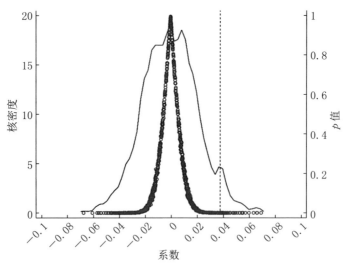

图 4-4　安慰剂检验

（3）分位数回归

为考察"一带一路"倡议对不同程度中国海外投资效率的影响，本章还采用分位数回归对基准模型进行检验。表 4-5 的估计结果表明，从整体来看，核心解释变量 $Treat \times Year$ 的系数始终为正，并且在 10%（0.031）、25%（0.034）、50%（0.038）、75%（0.041）和 90%（0.044）的分位上呈现出逐渐增长的趋势，且在 50%分位以上高度显著，说明随着中国对东道国海外投资效率的偏离度增大，"一带一路"倡议的促进作用会显著增强，证明基准回归结果依然稳健。

表 4-5　分位数回归

变量	10%	25%	50%	75%	90%
$Treat \times Year$	0.031 (0.78)	0.034 (1.15)	0.038 ** (2.27)	0.041 *** (2.73)	0.044 ** (2.05)
控制变量	是	是	是	是	是
国家固定效应	是	是	是	是	是
年份固定效应	是	是	是	是	是
观测值	2 030	2 030	2 030	2 030	2 030

（4）倍差法嵌套工具变量

"一带一路"沿线国家的形成并非随机选择，仍然可能被同时期其他潜在因素所影响，导致基准回归结果发生偏差，因此使用倍差法嵌套工具变量来解决政策可能存在的内生性问题。借鉴吕越等（2018）的做法，选用关键解释变量 $Treat \times Year$ 的滞后一期作为工具变量。由于内生变量与其滞后项之间存在相关性，且滞后的关键解释变量已经发生，有可能与当期的随机扰动项不相关，满足工具变量的选取标准。表 4-6 的回归结果显示，Kleibergen-Paap Wald rk 的 F 统计量结果（3 915.860）明显大于 10% 显著性水平下的临界值（16.38），拒绝了工具变量弱识别的原假设。在使用工具变量后，关键解释变量系数的符号和显著性均未发生改变，再次说明"一带一路"倡议的实施提高了中国海外投资效率。

表 4-6　倍差法嵌套工具变量

变量	第一阶段	第二阶段
$L. \, Treat \times Year$	0.853 *** (62.58)	
$Treat \times Year$		0.029 *** (3.59)
控制变量	是	是
国家固定效应	是	是
年份固定效应	是	是
观测值	1 885	1 885
Kleibergen-Paap Wald rk F 统计量	3 915.860 ***	

三、区位维度比较

在计算沿线各国海外投资效率的基础上，本书将"一带一路"国家大致分为八大地理板块，即中亚板块、东亚板块、南亚板块、东南亚板块、中东板块、东欧板块、中欧板块、独联体板块。表 4-7 列出了八大地理板块所辖的"一带一路"沿线国家分布情况，表 4-8 则汇报了八大地理板块的海外投资效率均值。

表4-7 "一带一路"国家的地理板块划分

板块名称	国　　　家
中亚与东亚板块	塔吉克斯坦、哈萨克斯坦、吉尔吉斯斯坦、乌兹别克斯坦、蒙古国
东南亚板块	新加坡、马来西亚、印度尼西亚、菲律宾、泰国、老挝、越南、柬埔寨
南亚板块	印度、巴基斯坦、孟加拉国、斯里兰卡、尼泊尔
东欧板块	克罗地亚、阿塞拜疆、亚美尼亚、阿尔巴尼亚、波黑、斯洛伐克、斯洛文尼亚、罗马尼亚、马其顿
中欧板块	爱沙尼亚、匈牙利、波兰、捷克、保加利亚、拉脱维亚、立陶宛
中东板块	卡塔尔、阿联酋、阿曼、伊朗、黎巴嫩、科威特、沙特阿拉伯、以色列、约旦、土耳其、巴林、也门、埃及
独联体板块	俄罗斯、白俄罗斯、乌克兰、格鲁吉亚、摩尔多瓦

注:因东亚板块仅有蒙古国一个国家,故和中亚板块合在一起论述。下同。

表4-8 八大地理板块的海外投资效率

板块名称	样本期内均值	2019 较之 2006 年的变化率	效率最高的三个国家
中亚与东亚板块	0.588	0.003	蒙古国、哈萨克斯坦、吉尔吉斯斯坦
东南亚板块	0.453	0.050	新加坡、老挝、马来西亚
南亚板块	0.195	0.086	斯里兰卡、巴基斯坦、尼泊尔
中东板块	0.563	−0.025	科威特、沙特阿拉伯、卡塔尔
中欧板块	0.337	−0.027	匈牙利、保加利亚、捷克
东欧板块	0.334	0.061	阿塞拜疆、罗马尼亚、亚美尼亚
独联体板块	0.403	0.095	俄罗斯、格鲁吉亚、白俄罗斯

结合表4-3测算的所有样本国家和表4-7、表4-8测算的八大地理板块的海外投资效率,可以看出样本期内中国在"一带一路"国家的海外投资效率具有如下区位分布特点:

1. 八大板块的整体状况

从海外投资效率的整体水平来看,中国海外投资效率位居前三位的地理板块分别是中亚和东亚板块(0.588)、中东板块(0.563)、东南亚板块(0.453),涵盖了海外投资效率较高的部分国家,如科威特、沙特阿拉伯、卡塔尔、阿曼、阿联酋、蒙古国、哈萨克斯坦、新加坡、也门、阿塞拜疆等,其中中国对科威特的海外投资效率平均值为 0.848,排名第一。

相比之下,南亚板块的海外投资效率均值仅有 0.195,排名垫底;欧洲板块的效率均值为 0.336,仅高于南亚国家。

从海外投资效率的增长速度来看,中国对洲际地理板块的海外投资效率增幅稳中有升。涵盖东亚、中亚、南亚、东南亚在内的亚洲板块一直保持高水准;独联体板块虽然整体效率不及亚洲板块,但是已成为 2006 年以来效率提升最快的板块,其增幅达到 0.095;与独联体板块形成对比的是,中东板块样本期内的效率均值较高,但是出现下降态势;涵盖中欧和东欧的欧洲板块整体效率不高,且内部两大板块迥然不同,东欧板块稳步上升(0.061),而中欧板块的降幅最大(−0.027)。

从海外投资效率的波动情况来看,图 4-5 和图 4-6 进一步显示,在 2006—2019 年的样本期内,除了内在因素的影响之外,2008 年国际金融危机的发生是一个较大的外生冲击,内外部因素叠加在一起,对各大地理板块的影响差异很大。在亚洲板块,中国对中亚和东亚板块的海外投资效率虽然位居高位水平,但是 2008—2015 年间出现了一定程度的下滑;相比之下,东南亚和南亚板块的上升趋势比较明显。在欧洲板块,中国对独联体板块的海外投资效率在金融危机后不降反升,而东欧板块和中欧板块的波动变化相对较小。

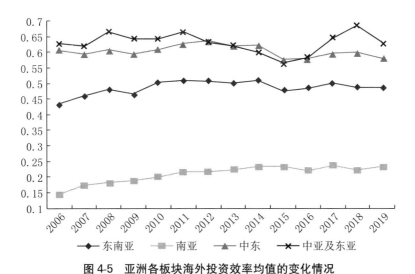

图 4-5 亚洲各板块海外投资效率均值的变化情况

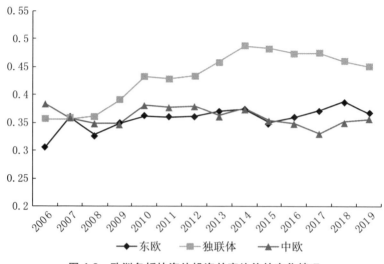

图 4-6　欧洲各板块海外投资效率均值的变化情况

2. 八大板块的具体情况

（1）亚洲板块

表 4-3 和表 4-8 的效率测算结果表明，在亚洲板块内部，中国对中亚和东亚板块的海外投资效率始终较高，平均效率达到 0.588，其次是中东板块（0.563），再次是东南亚板块（0.453），最低的是南亚板块（0.195）。其中，中东板块不仅云集了科威特、沙特阿拉伯、卡塔尔等高效率国家，三个国家的均值分别达到了 0.848、0.835 和 0.798，而且凭借其丰富的石油和天然气资源，对中国资源密集型企业的海外投资具有强大的吸引力。这一板块的主要问题在于受国际环境影响较大，例如，2019 年中国在中东板块的海外投资效率与 2006 年相比，出现了下降态势，变化率为−0.025。究其原因，中东板块长期依赖单一资源投资，缺少刺激投资的新兴增长点，一旦国际原油市场油价发生风吹草动，就会影响中国在这一板块的海外投资效率。中国对南亚板块的海外投资效率虽然波幅不大（不足 1%），但是一直在低水平徘徊，仅为 0.195。在亚洲国家内部，其国别差异巨大，既有新加坡、哈萨克斯坦、蒙古国等高效率国家，也有尼泊尔、印度、孟加拉国等效率极低的国家。

（2）独联体板块

独联体板块作为中国海外投资效率相对较高的地理板块,样本期内的各年度效率值均超过了 0.35。其中,俄罗斯、格鲁吉亚、阿塞拜疆、哈萨克斯坦、吉尔吉斯斯坦等国家的效率均值在大多数年份都超过了 0.6;白俄罗斯与乌克兰两国虽然投资效率水平起点低,但是呈现出稳步提升的态势。究其原因,独联体板块不仅地处欧亚连接通道、坐拥黑海周边良港的地理优势,而且还拥有丰裕的自然资源,世界领先的自由劳动就业制度和位居全球前列的营商环境和自由金融体制,皆是中国在独联体板块海外投资效率保持较高水平的不可或缺的重要因素。

（3）欧洲板块

与其他地理板块相比,欧洲板块具有三大特点:其一,中国在欧洲板块的海外投资效率一直较低,其效率均值仅有 0.336。其中,除了阿塞拜疆（0.690）和匈牙利（0.480）外,其他国家的海外投资效率均值均低于 0.45。究其原因,欧洲国家对外来投资法律规定严苛,且监管强度不断增大,导致中国企业很难打开有效缺口。其二,欧洲板块内部的两大板块差异巨大。东欧板块和中欧板块的效率均值非常接近,但是如前所述,变化方向迥然不同,东欧板块稳步上升,而中欧板块的降幅最大。其三,近年来中国在欧洲板块的海外投资效率迎来上升通道,以爱沙尼亚和斯洛文尼亚为代表的国家成为近年来中国企业日趋青睐的区位选择,2019 年中国对两国的海外投资效率达到了 0.485 和 0.491。

四、潜力维度比较

根据本书对核心概念的界定,海外投资效率可以用来衡量中国对"一带一路"国家实际海外投资规模偏离理论上最优规模的程度。在测算中国在沿线国家海外投资效率的基础上,本书还测算了样本国家 2019 年海外投资效率与之前年份相比的最大变化率,以变动率的方向表征海外投资效率的改变方向,以变动率的大小反映海外投资效率的潜力空间。

表 4-9 报告了海外投资效率变化率位居前十位和后十位的沿线国家排名。可以发现,在正向变动率中,海外投资效率变动排名前三位的国家是白俄罗斯(0.444)、塔吉克斯坦(0.254)和斯洛伐克(0.240);同时,正向变动率排名前十位的国家,分别来自东欧板块、中东板块、中亚和东亚板块、独联体板块,说明这些地理板块的海外投资效率在未来有进一步提升的潜力。在负向变动率中,排名后十位的国家主要以欧洲板块和部分中东板块为主,其主要代表是阿塞拜疆(一0.375)和也门(一0.288)。

表4-9　海外投资效率变动率排名前十位和后十位国家

国家	正向变动率	排序	国家	负向变动率	排序
白俄罗斯	0.444	1	阿塞拜疆	−0.375	52
塔吉克斯坦	0.254	2	也门	−0.288	51
斯洛伐克	0.240	3	乌兹别克斯坦	−0.211	50
斯洛文尼亚	0.213	4	立陶宛	−0.147	49
土耳其	0.196	5	埃及	−0.134	48
克罗地亚	0.193	6	伊朗	−0.132	47
以色列	0.181	7	沙特阿拉伯	−0.123	46
巴林	0.180	8	阿曼	−0.109	45
泰国	0.166	9	摩尔多瓦	−0.093	44
格鲁吉亚	0.138	10	卡塔尔	−0.091	43

1. 海外投资效率潜力的分类标准

借鉴刘青峰和姜书竹(2002)对贸易潜力的分类方法,将中国在"一带一路"国家的海外投资效率潜力划分为三类:第一类是潜力饱和型,其海外投资效率已经超过1.2,该沿线国家未来海外投资效率的提升空间已然不大;第二类是潜力拓展型,其海外投资效率大于0.8小于1.2,表明该沿线国家的海外投资效率还有进一步提高的空间;第三类是潜力巨大型,尽管目前的海外投资效率不足0.8,但是放眼长远,该沿线国家具有巨大的效率提升空间。

结合表4-3的海外投资效率结果可以发现,中国在"一带一路"国家的海外投资效率具有较大的提升潜力。首先,在2006—2019年的样本期内,无一沿线国家的海外投资效率大于1.2,表明中国所投资的沿线国家中尚未出现海外投资过度的问题,不存在潜力饱和型国家。其次,在样本期内,只有沙特阿拉伯和科威特两个国家超过0.8,成为潜力拓展型国家。究其原因,这两个国家均来自中东板块,长期依赖自身的石油天然气资源优势吸引外商直接投资,引资模式比较单一,区位优势有待进一步夯实。最后,中国在其他沿线国家的海外投资效率均未超过0.8,表明绝大多数沿线国家均属于潜力巨大型,中国在"一带一路"国家的海外投资效率具有巨大的提升空间。

为了更加形象地反映中国在不同地理板块的海外投资效率潜力,图4-7分别从中亚板块、东南亚板块、中东板块、欧洲板块和独联体板块中选取代表性沿线国家,对其样本期内的海外投资效率值进行加权平均。可以发现,除沙特阿拉伯外,其他所有沿线国家均在0.8的潜力边界线内,再次表明绝大部分沿线国家的海外投资效率潜力非常可观。

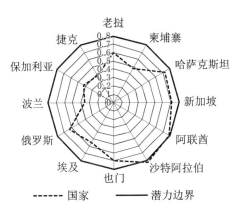

图4-7 中国在"一带一路"代表性国家的海外投资效率潜力分布

2. 海外投资效率潜力的估算

借鉴国际贸易潜力的估算方法,首先计算中国在"一带一路"国家海外投资的前沿值,然后结合其海外投资的实际值,计算出海外投资的潜力,潜力值越高,说明中国在这些沿线国家的海外投资空间越广阔。

表 4-10 以 2019 年为例,报告了中国在"一带一路"沿线各国的海外投资潜力值。其中,排在前十位的国家分别为印度、新加坡、印度尼西亚、越南、巴基斯坦、俄罗斯、柬埔寨、泰国、孟加拉国和马来西亚。换言之,除了俄罗斯之外,其他沿线国家全部来自亚洲板块。相比之下,中国在中东板块的海外投资潜力不高,例如,卡塔尔为 1.688 9 亿美元,科威特为 1.510 2 亿美元,位次比较靠后。排名普遍较低的是欧洲板块,除了波兰(10.400 6 亿美元)外,大部分欧洲国家的海外投资效率潜力值位于第 35~52 位。

表 4-10　海外投资效率的潜力值　　　　(百万美元)

国家	潜力值	排序	国家	潜力值	排序
印度	27 715.26	1	罗马尼亚	709.14	27
新加坡	19 596.26	2	匈牙利	668.11	28
印度尼西亚	18 415.27	3	白俄罗斯	572.30	29
越南	14 093.59	4	捷克	479.41	30
巴基斯坦	13 896.95	5	也门	447.80	31
俄罗斯	9 359.74	6	格鲁吉亚	391.98	32
柬埔寨	7 911.74	7	约旦	377.12	33
泰国	6 347.36	8	乌克兰	310.84	34
孟加拉国	6 304.79	9	保加利亚	264.72	35
马来西亚	5 826.94	10	斯洛文尼亚	196.78	36
老挝	5 268.39	11	斯洛伐克	175.92	37
哈萨克斯坦	3 851.04	12	克罗地亚	174.25	38
乌兹别克斯坦	2 831.55	13	卡塔尔	168.89	39
土耳其	2 799.58	14	科威特	151.02	40
菲律宾	2 702.74	15	爱沙尼亚	67.28	41
以色列	2 563.46	16	巴林	57.91	42
阿联酋	2 142.03	17	阿曼	43.24	43
伊朗	1 956.00	18	马其顿	43.11	44
尼泊尔	1 750.74	19	波黑	34.07	45
蒙古国	1 428.82	20	拉脱维亚	30.54	46
埃及	1 279.97	21	立陶宛	29.14	47
塔吉克斯坦	1 202.60	22	黎巴嫩	21.32	48
波兰	1 040.06	23	阿尔巴尼亚	18.52	49
吉尔吉斯斯坦	876.31	24	亚美尼亚	18.13	50
斯里兰卡	857.53	25	摩尔多瓦	17.73	51
沙特阿拉伯	848.46	26	阿塞拜疆	10.06	52

基于此,本书进一步统计了2019年中国对亚洲板块、欧洲板块、中东板块、独联体板块的海外投资潜力均值,如图4-8所示。从亚洲板块来看,中国的海外投资平均潜力值高达78.265 5亿美元,在四个地理板块中居于首位,即亚洲板块依然是中国企业海外投资最重要的区位所在。从独联体板块来看,独联体国家凭借其重要的交通枢纽地位和丰裕的自然资源储备,不仅成为中国海外投资的热土和"一带一路"经济带的重要节点,而且其平均潜力值达到了21.305 2亿美元,未来的海外投资效率提升空间巨大。从中东板块来看,2019年的投资潜力值为9.889 8亿美元,仅高于欧洲板块。如前所述,中东板块的最大问题在于固守自然资源,产业结构单一,缺乏新的投资增长点,其海外投资潜力相对一般。从欧洲板块来看,不仅潜力值最低(2.474 5亿美元),而且板块内部差异巨大,除了波兰(10.400 6亿美元)、罗马尼亚(7.091 4亿美元)和匈牙利(6.681 1亿美元)三国的潜力排名相对靠前外,其他国家的投资潜力值均靠后,可以说中国在中欧板块和东欧板块的海外投资定位尚不明朗,海外投资潜力亟待发掘。

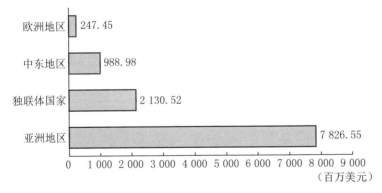

图4-8　2019年各地区海外投资平均潜力值

第五章 中国在"一带一路"国家的海外
投资效率：基于企业层面的测算

与第四章采用宏观国家层面数据不同，本章对产业层面和企业层面的海外投资效率的测算，均是基于微观企业层面数据展开的。一方面，从产业维度出发，考察中国在"一带一路"国家的海外投资效率是否存在产业间的差异，即在比较第一产业、第二产业和第三产业海外投资效率差异的基础上，重点关注中国在"一带一路"国家海外投资占比较高的能源业、制造业和金融业等重点产业；另一方面，从企业维度出发，通过拓展传统的理查德森模型和引力模型，突破现有研究仍然停留在国家和产业层面的局限，首次实现了中国海外投资效率在企业层面的测算和比较。

第一节　中国在沿线不同产业的海外投资效率

根据第三章中国对"一带一路"国家海外投资的产业存量和流量描述，可以发现三个特征：一是中国对"一带一路"国家的第一产业投资占比，明显高于其他国家和地区；二是由于基础设施和产能合作是"一带一路"倡议中的两大重点，因此第二产业中能源业和制造业所占投资比重较高；三是金融业是中国在"一带一路"国家投资的重点。基于此，在计算第一产业、第二产业和第三产业海外投资效率的基础上，还重点计算了能源业、制造业和金融业的海外投资效率。

一、数据来源与处理

考虑到中国海外投资的产业数据并不直接可得,故本节是以中国企业海外投资的行业分布数据为基础的,主要由 Zephyr 全球并购数据库、fDi Markets 数据库和 Wind 数据库匹配和加总获得,时间跨度为2004—2018 年。其中,Zephyr 数据库作为全球知名的并购数据库,包含跨境并购、国内并购、机构投资者收购、杠杆收购和合资等交易信息,目前已收录 1997 年至今涵盖全球各行业共 180 万笔并购记录;fDi Markets 数据库是《金融时报》提供的投资服务产品,覆盖了 2003 年以来全球所有国家和地区的跨境绿地投资数据。

具体数据处理与匹配过程如下:

首先,中国企业的海外投资数据来源于 Zephyr 数据库和 fDi Markets 数据库。由于未上市企业普遍不进行信息披露,其财务信息无法获取,故本节选取原始数据中上市公司和自行披露信息的企业作为匹配对象。在此基础上,删除海外投资金额不明和个体投资者交易的记录。值得注意的是,数据库中并购交易金额单位为千欧元,绿地投资金额数据为百万美元,本节将欧元与美元均换算为人民币,汇率采用Wind 数据库外币兑换每年收盘价均值。初步筛选后,共得到 3 162 家企业 6 039 条海外投资观测数据,其中并购观测值 3 573 条,绿地投资数据 2 466 条。

其次,为了满足测算企业海外投资效率的需要,通过英文名称识别、所属行业比对等方法,将企业海外投资额数据与 Wind 数据库中 A 股、港股和海外交易所上市的中国公司财务数据进行匹配,未上市企业财务数据通过手动查找公布在其官方网站的年度报告获得。为尽可能避免样本损失,参照李万福等(2011)和申慧慧等(2012)的做法,删除核心解释变量数据存在缺失的交易记录,并为减少极端值影响,对所有变量均作 1% 的 Winsorize 处理。

最终,本节获得 2004—2018 年 1 033 家中国企业 2 180 条海外投资记录,其中国有企业 247 家,非国有企业 786 家;在"一带一路"国家的海外投资记录 584 条,非沿线国家 1 596 条;涉及 18 个行业,其中在第一产业的海外投资记录 17 条,第二产业 1 615 条,第三产业 548 条。

二、测算模型

与国家维度的海外投资效率测算相同的是,本章依然采用 SFA 模型测算不同产业的海外投资效率;不同的是,在产业和企业层面的变量选取方面,和国家维度变量有所区别。由前文可知,中国企业的海外投资效率主要受到两方面影响:

1. 企业海外投资最优水平的影响因素

具体来说,中国企业海外投资行为不同于其国内投资行为,不仅由微观个体自身状况决定,还受到宏观因素的影响,是微观个体和宏观环境共同作用的结果。

在宏观影响因素中,参照阿姆斯特朗(Armstrong,2011)和范兆斌等(Fan et al.,2016)的做法,将引力模型与随机前沿方法相结合,选择引力模型的核心变量,即中国人均 GDP($\ln PGDP_i$)、东道国人均 GDP($\ln PGDP_j$)和两国之间的地理距离($\ln Dist$)。其中,本节借鉴蒋殿春和张庆昌(2011)、綦建红和孟珊珊(2016)的做法,使用布伦特油价与双边首都距离的乘积作为时变的地理距离变量。同时,为适用随机前沿模型和消除异方差影响,以上变量均进行对数处理。

在微观影响因素中,考虑到传统 Q 模型中边际 Q 具有不可观测性,其替代变量 Tobin's Q 只在完美资本市场假设下成立的缺陷,故借鉴理查德森模型来衡量企业的最优投资水平,即企业的最优投资水平由 $t-1$ 期增长机会所决定,并受到资产负债率、现金存量、年龄、规模、股票年收益率等附加控制变量的影响。由于融资约束综合指标中已使用企业规模变量,为了防止模型出现变量共线,参考张宗益和郑志丹(2012)的做法,删减该变量。换言之,本节参考刘慧龙等(2014)和喻坤等(2014)的做法,以企业营业收入增长率衡量其 $t-1$ 期增长机会($Growth_{it-1}$),同时选取了资产负债率(Lev_{it-1})、现金存量($Cashstock_{it-1}$)、年龄(Age_{it-1},投资年份与成立年份差值的对数)和股票年收益率(ROE_{it-1},企业净资产回报率)等控制变量。

2. 非效率项的影响因素

一方面,已有研究均表明,融资约束会在一定程度上抑制企业的海外投资水平,故本节的核心非效率项因素为融资约束水平(FC_{it});另一方面,根据陈岩等(2012)、范兆斌等(Fan et al.,2016)的研究结果,东道国制度变量会影响海外投资决策及其效率,故本节还在非效率项中加入东道国投资自由度(IF_{it})、法律制度(La_{it})和监管效率指数(Re_{it})。

基于此,企业海外投资效率单边测度模型可表示为:

$$OFDI_{ijt} = OFDI^*_{ijt} + \varepsilon_{ijt}, \ \varepsilon_{ijt} = \nu_{ijt} - u_{ijt} \tag{5-1}$$

$$OFDI_{ijt} = \beta_0 + \beta_1 \ln PGDP_{it} + \beta_2 \ln PGDP_{jt} + \beta_3 \ln Dist_{ijt} + \beta_4 Growth_{it-1}$$
$$+ \beta_5 Lev_{it-1} + \beta_6 Cashstock_{it-1} + \beta_7 Age_{it-1} + \beta_8 ROE_{it-1}$$
$$+ \sum Year + \sum Industry + \nu_{ijt} - u_{ijt} \tag{5-2}$$

其中,$OFDI_{ijt}$ 表示企业 i 在 t 年对 j 国的实际海外投资额,$OFDI^*_{ijt}$ 表示企业 i 的海外投资最优水平,ε_{ijt} 为复合扰动项,包括传统随机扰动项 ν_{ijt} 和非效率项 u_{ijt}。为了排除不同年份和行业中不随时间变化的特征导致的干扰,借鉴理查德森模型的做法,同时控制时间固定效应 $Year$ 和行业固定效应 $Industry$。

同时,假设 $u_{iit} > 0$ 服从指数分布:$u_{iit} i.i.d. Exp(\sigma_u, \sigma_u^2)$,$\nu_{iit}$ 服从正态分布:$\nu_{ijt} i.i.d. N(0, \sigma_\nu^2)$,两者相互独立且均独立于样本个体特征。由于 u_{ijt} 服从指数分布,且效率影响因素通过方差和期望影响整体非效率项,故对其分布参数进行以下异质性设定:

$$\sigma_u^2 = \exp(z_i'\delta) \tag{5-3}$$

$$z_i'\delta = \delta_0 + \delta_1 FC_{it} + \delta_2 IF_{it} + \delta_3 La_{it} + \delta_4 Re_{it} \tag{5-4}$$

由于复合扰动项的期望不为 0，OLS 估计会产生偏差，故模型采用最大似然估计(MLE)法估计。

表 5-1 汇报了模型(5-2)中所有变量的描述性统计结果。与国家维度的变量数据相类似，不同东道国、不同企业的相关变量差异巨大。

表 5-1　变量的描述性统计

变量	变量名称	观测值	均值	最小值	最大值	标准差
$\ln OFDI$	海外投资额的对数值	2 180	18.35	7.13	25.61	2.40
$\ln PGDP_i$	人均 GDP(中国)的对数值	2 180	10.84	9.43	11.08	0.27
$\ln PGDP_j$	人均 GDP(东道国)的对数值	2 180	11.99	7.74	13.54	1.21
$\ln Dist$	地理距离的对数值	2 180	14.57	12.54	16.44	0.80
$Growth$	营业收入增长率(%)	2 180	25.86	−51.93	400.55	0.43
Lev	资产负债率(%)	2 180	1.62	0.01	281.34	10.04
$Cashstock$	现金存量	2 180	18.64	0.70	86.86	13.19
Age	企业年龄对数值	2 179	2.72	0	4.08	0.43
ROE	股票年收益率	2 180	12.01	−772.48	621.37	34.34
FC	融资约束综合指标	2 180	14.99	5	23	2.92
$Cash$	现金比率(%)	2 180	15.70	0	89.15	12.05
$Size$	总资产对数值	2 180	22.77	16.03	28.51	2.16
$Fasset$	固定资产比率(%)	2 180	19.42	0.001	77.61	15.49
$Liquidity$	流动比率(%)	2,180	19.42	−74.72	96.94	23.20
$Sales$	销售净利率(%)	2 180	8.50	−40.02	50.27	11.52
IF	投资自由度	2 126	73.28	5	95	19.43
La	法律规范	2 131	70.15	12	94.50	20.08
Re	监管效率	2 131	78.69	41.15	95.47	11.33
$Subsidy$	政府补贴(亿元)	2 069	1.81	0.000 011 5	503.42	16.88

三、测算结果

中国企业海外投资效率由其海外投资实际值与最优水平的距离测算得出。测算结果表明，中国企业的海外投资效率值存在明显的产业异质性和地区异质性特征。如表 5-2 所示，在产业异质性方面，三大产业的海外投资效率存在明显的差异,其中第一产业最低(41.07%),第三产业最高(43.42%)。这也提示我们,一方面有必要考察三大产业中的典型产业,如第一产业中的能源业、第二产业中的制造业和第三产业中的金融业,以更好地理解中国海外投资效率所呈现的产业异质性;另一方面在实证检验时必须考虑对行业(企业)固定效应的控制。在地区异质性方面,中国在"一带一路"国家海外投资的企业,其效率值(40.81%)相较于其他地区(43.81%)明显偏低,这一结果不仅与国家维度的测算结论保持一致,而且也与现有研究基本一致(严佳佳等,2019),表明中国在"一带一路"国家存在较大的海外投资潜力。

表5-2 中国企业海外投资效率的异质性　　　　(%)

	均值	Q1	Q2	Q3	最大值
全样本	43.00	34.38	45.68	54.20	73.81
国有企业	45.38	36.50	47.88	56.10	73.81
非国有企业	41.96	33.48	44.59	53.34	71.49
沿线国家	40.81	31.17	42.82	52.99	72.36
非沿线国家	43.81	35.29	46.29	54.71	73.81
第一产业	41.07	31.49	45.24	55.85	62.08
第二产业	42.91	34.25	45.68	54.10	73.81
第三产业	43.42	34.86	45.77	54.39	71.49

注:Q1、Q2、Q3分别表示第一、二、三分位,即25%、50%和75%分位。

(一)典型产业的海外投资效率:能源业

近年来,为了保证外部能源供给和实现国家发展战略,能源业的海外投资已成为世界各国,特别是能源需求大国的重要战略手段。国际能源署的统计数据显示,2008年全球能源业的海外投资总额约为1.38万亿美元,之后一路攀升,2014年达到1.96亿美元的历史峰值,2019年仍然保持在1.75万亿美元左右。

与全球能源业发展相一致,中国能源业的海外投资同样飞速发展。根据商务部的统计,尽管2009年和2013年曾经遭遇低谷,但是中国能源业的海外投资净额整体呈现不断增长的态势,2016年和2018年更是先后超过 35 万亿和 47 万亿美元,2020 年,仍然突破了 57 亿美元,创下历史新高;同时如图 5-1 所示,"一带一路"倡议的实施显著促进了中国在沿线国家的能源业海外投资(肖建忠等,2021)。

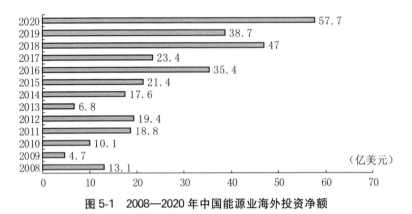

图 5-1　2008—2020 年中国能源业海外投资净额

数据来源:商务部《中国对外直接投资统计公报》。

沿用第五章第一节的数据来源,筛选出中国能源业的海外投资企业 85 家,包括中能电气、国投电力、中广核电力、南方电力、洲际油气、中油资本、中国石油、中国海洋石油、云煤能源、陕西煤业、恒源煤电、兖州煤业、兴业太阳能、阳光能源、荣晟环保、卡姆丹克太阳能等企业,分布在电力、油气、煤矿、新能源和其他能源细分行业。在此基础上,继续沿用前文的 SFA 模型来测算中国能源业的海外投资效率,其横向对比和纵向对比的结果如下。

1. 横向对比

一方面,从总体海外投资效率的横向水平来看,2010—2017 年中国能源业的海外投资效率整体处于中等水平(表 5-3)。其中,样本期内海外投资效率均值超过 0.5 的能源细分行业有二:电力(0.612)和新能源(0.511),其余细分行业的海外投资效率均值不足 0.5,煤矿类海外投资效率最低,仅 0.356。另一方面,从企业海外投资效率的横向水平来看,中国能源企业的海外投资效率均值为 0.468,如表 5-4 所示,以比亚迪、东方电气为代表的新能源企业普遍较高,海外投资效率均值超过了 0.7;大部分企业的海外投资效率水平比较接近,介于 0.3~0.5 的范围内;上海电气和特变电工等个别企业的海外投资效率值最低,尚不足 0.1。同时,与非国有企业相比,大型国有能源企业的海外投资效率更为稳定。

表 5-3 2010—2017 年能源细分行业的海外投资效率均值

细分行业	2010	2011	2012	2013	2014	2015	2016	2017	均值
电力	0.479	0.538	0.566	0.639	0.672	0.628	0.694	0.676	0.612
油气	0.492	0.459	0.427	0.38	0.362	0.354	0.381	0.401	0.407
煤矿	0.340	0.328	0.361	0.369	0.378	0.359	0.377	0.335	0.356
新能源	0.389	0.404	0.493	0.552	0.598	0.537	0.511	0.605	0.511
其他	0.411	0.447	0.490	0.459	0.491	0.439	0.451	0.452	0.455

表 5-4 2010—2017 年部分能源企业的海外投资效率均值

企业名称	效率均值	企业名称	效率均值	企业名称	效率均值	企业名称	效率均值
比亚迪	0.825	石油国际	0.466	中国建材	0.410	中国交建	0.380
东方电气	0.712	如意集团	0.464	海航控股	0.409	中国电力	0.380
兴业太阳能	0.597	英利绿色	0.456	中国核电	0.407	中兴通讯	0.369
晶科能源	0.596	五矿资本	0.453	河北建设	0.407	保利地产	0.369
中国中铁	0.591	永鼎股份	0.451	中广核电	0.406	复星国际	0.305
阳光能源	0.581	云煤能源	0.448	中化国际	0.405	金风科技	0.287
中国石化	0.569	中煤能源	0.446	华西能源	0.405	安东油田服务	0.278
隆基股份	0.569	新潮能源	0.443	汉能薄膜	0.405	国机汽车	0.236
国家电网	0.551	华润电力	0.442	洲际油气	0.405	美都能源	0.203
卡姆丹克	0.537	珈伟新能	0.437	中国中冶	0.402	国电电力	0.196
中钢国际	0.525	云南能投	0.435	万向钱潮	0.401	北京控股	0.196
MI 能源	0.524	国投电力	0.425	中钢天源	0.397	京能电力	0.169
华能水电	0.524	惠生国际	0.422	正泰电器	0.397	工商银行	0.169
中能国际	0.519	中国建筑	0.421	联合能源集团	0.396	兖州煤业	0.126
东方日升	0.509	南方电力	0.418	青岛中程	0.394	通用股份	0.125
联想控股	0.508	中国化学	0.415	陕西煤业	0.394	三峡水利	0.116
中能建设	0.481	新奥能源	0.414	中金公司	0.393	上海电气	0.098
中国石油	0.479	中油资本	0.412	中能电气	0.392	特变电工	0.098
荣晟环保	0.478	中曼石油	0.412	恒源煤电	0.389	金洲慈航	0.078
申华控股	0.478	哈电气	0.412	恒逸石化	0.388	亨通光电	0.051

2. 纵向对比

图 5-2 进一步展示了各细分行业海外投资效率的纵向变化,经计算可以发现,电力类企业的海外投资效率均值最高(超过 0.6),且增长速度较快,2017 年较之 2010 年提升了 29%,这既与"一带一路"倡议实施以来,中国加大了在沿线国家的清洁能源投资有关,也与基础设施建设带动电力类企业投资有关;紧随其后的是新能源业,不仅海外投资效率均值达到了 0.5 左右,而且提升幅度最快,2017 年较之 2010 年提升了 34%;最低的当属煤矿行业,其海外投资效率均值不足 0.3,增长幅度也最低(3%)。

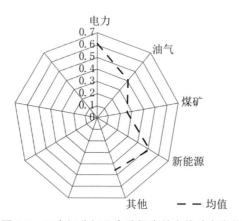

图 5-2 五大细分行业海外投资效率的动态变化

(二)典型产业的海外投资效率:金融业

目前中国金融业在"一带一路"国家的海外投资主要以银行业为主(图 5-3),中资商业银行已经在多个沿线国家设立分支机构,是中国金融业海外投资的主要表现形式。当然,和第一产业和第二产业相比,金融业"走出去"的起步时间较晚,故本章在采用相同测算方法的基础上,考虑数据可得性,计算得出 2010—2018 年中国金融业的海外投资效率,最终得到 185 家金融行业企业在 55 个经济体进行海外投资的样本,以此作为金融业海外投资效率的分析基础。

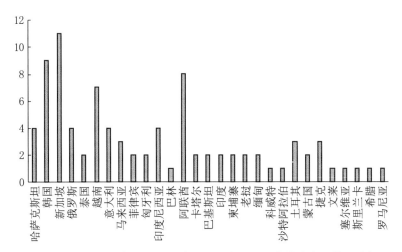

图 5-3 截至 2019 年五大国有商业银行在沿线国家的分支机构累计数

数据来源:根据各商业银行年报和官方网站等渠道统计而得。

1. 从纵向发展来看,中国金融业海外投资效率的起伏较大

从表 5-5 可以看出,中国金融业海外投资效率损失呈现先增大后减小的趋势。其中,海外投资过度的平均偏离度先从 2006 年的 13.79% 降至 2012 年的低谷(0.63%),后又升至 2016 年的 9.12%;海外投资不足的平均偏离度也从 2006 年的 1.81% 上升到 2014 年的 16.77%,后又降至 2018 年的 3.17%,说明中国金融类企业的海外投资效率经历了先下降后上升的过程。可能的原因在于,在海外投资之初,中国金融业对国际化运作知之尚少,投资经验不足,缺乏长期的海外投资发展战略,海外投资效率损失问题逐渐凸显。组织学习能力是影响企业海外投资的关键因素(Shi et al.,2017),逐渐积累的海外投资经验使金融类企业能更加灵活应对复杂和动态的东道国环境,降低海外投资损失,提高投资效率。

表 5-5　2006—2018 年中国金融业企业的海外效率损失

	数量(条)	占比(%)	平均偏离度(%)	最大偏离度(%)
海外投资过度				
2006	1	0.54	13.79	13.79
2007	2	1.08	1.76	1.76
2008	6	3.24	2.46	5.55
2009	0	0.00	—	—
2010	6	3.24	4.68	8.07
2011	5	2.70	2.79	4.37
2012	3	1.62	0.63	0.80
2013	2	1.08	2.16	3.08
2014	0	0.00	—	—
2015	4	2.16	3.19	9.25
2016	3	1.62	9.12	11.99
2017	21	11.35	5.16	9.73
2018	29	15.68	5.00	11.76
小计	82	44.32	4.55	—
海外投资不足				
2006	4	2.16	1.81	3.51
2007	11	5.95	11.46	21.01
2008	3	1.62	3.97	7.06
2009	4	2.16	2.63	7.58
2010	2	1.08	4.82	6.44
2011	7	3.78	11.87	67.06
2012	6	3.24	4.71	11.59
2013	8	4.32	4.75	13.56
2014	9	4.86	16.77	25.95
2015	18	9.73	9.32	38.11
2016	20	10.81	7.95	38.74
2017	3	1.62	4.61	6.91
2018	8	4.32	3.17	7.74
小计	103	55.68	8.11	—

数据来源:根据本章的测算结果统计而得。

进一步具体到银行业,图 5-4 显示,2010—2018 年间中国银行业在"一带一路"国家的海外投资效率起起伏伏,各年度差别较大。尤其是 2013 年"一带一路"倡议实施以来,"走出去"的中资商业银行呈逐年增长之势,但是海外投资效率的起伏性增大,海外投资效率损失的问题值得关注。

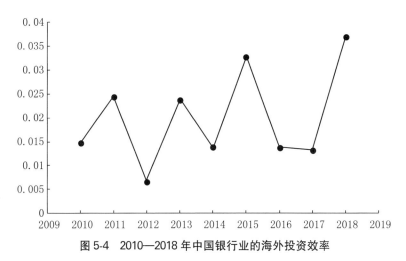

图 5-4 2010—2018 年中国银行业的海外投资效率

数据来源:根据本章的测算结果绘制而成。

2. 从效率损失来看,中国金融业海外投资效率主要表现为投资不足

由表 5-6 可知,金融业海外投资不足(8.11%)的平均偏离度显著大于海外投资过度(4.55%)的平均偏离度,表明中国金融业企业海外投资不足的程度较海外投资过度更为严重。与此同时,海外投资过度和海外投资不足的最小偏离度均为 0.22%,而海外投资不足的最大偏离度(67.06%)和标准差(0.100)分别大于海外投资过度的最大偏离度(13.79%)和标准差(0.032),表明金融类企业间海外投资不足的差异化特征更为明显。此外,金融业海外投资过度的偏度为 0.698,峰度为2.728,表明金融类企业海外投资过度属于右偏瘦尾分布①;而海外投

① 正态分布(峰度值=3),厚尾(峰度值>3),瘦尾(峰度值<3);正态分布(偏度=0),右偏分布(也叫正偏分布,其偏度>0),左偏分布(也叫负偏分布,其偏度<0)。

资不足的偏度为 3.017,峰度为 15.135,表明金融类企业海外投资效率属于右偏厚尾分布。如图 5-5(B)所示,海外投资不足(103 条,占比 55.68%)的样本明显超过投资过度的样本(82 条,占比 44.32%),再次证实中国金融业企业的海外投资效率损失也主要来自海外投资不足。

表 5-6　金融业、制造业和全样本海外投资效率损失描述性统计

	金融业		制造业		全样本	
	海外投资过度	海外投资不足	海外投资过度	海外投资不足	海外投资过度	海外投资不足
平均偏离度	4.55%	8.11%	11.40%	9.70%	15.35%	10.19%
标准差	0.032	0.100	0.388	0.101	0.668	0.115
最小偏离度	0.22%	0.22%	0.00%	0.00%	0.00%	0.00%
最大偏离度	13.79%	67.06%	390.90%	67.80%	1 335.56%	137.53%
偏度	0.698	3.017	7.582	2.349	12.887	3.166
峰度	2.728	15.135	65.434	10.131	214.148	20.279
观测值	82	103	169	228	885	1 333

3. 从横向对比来看,中国金融业海外投资效率存在异同点

图 5-5 将金融业企业与全样本企业、制造业企业进行对比,黑色代表海外投资过度,灰色代表海外投资不足,可以发现全样本中,海外投资不足(1 333 条,占比 60.1%)的样本明显超过投资过度的样本(885 条,占比 39.9%),其中海外投资过度的偏度为 12.887、峰度为 214.148,海外投资不足的偏度为 3.166,峰度为 20.279,表明全样本企业的海外投资过度和海外投资不足均属于右偏厚尾分布,但海外投资不足的偏度和峰度均小于海外投资过度的情形。与之相类似,金融业和制造业企业的海外投资过度与海外投资不足的样本分布也保持了相似的比例分布。由此可见,不管是全样本企业,还是金融业企业,抑或制造业企业,海外投资的效率损失主要表现为海外投资不足。

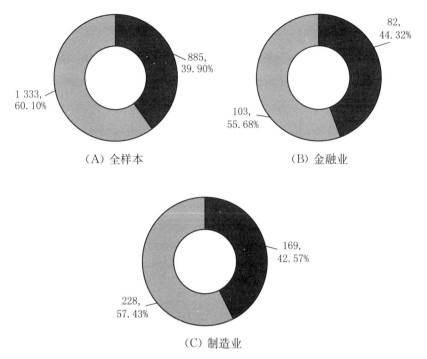

(A) 全样本

885,
39.90%

1 333,
60.10%

(B) 金融业

82,
44.32%

103,
55.68%

(C) 制造业

169,
42.57%

228,
57.43%

图 5-5　金融业、制造业与全样本的海外投资损失数量

注:灰色部分代表海外投资不足,黑色部分代表海外投资过度。

　　三者所不同的是,中国金融业海外投资不足的平均偏离程度高于海外投资过度的情形,再次印证了在中国金融业企业中海外投资不足问题尤为突出。可能的原因在于,在海外投资过程中,中国金融业对海外投资运作了解尚浅,决策和管理经验不足,缺乏长期的海外投资发展战略。其导致的结果是在为非金融类企业提供金融支持的同时,金融业的海外投资处于“被动防守”状态,海外投资效率与自身实力难以匹配,海外投资不足问题凸显。加之各东道国金融生态参差不齐、保障能力有待进一步提高等,金融类企业依然在海外投资方面面临较大的投资风险和不确定性(黄志勇等,2015;梁莹莹,2017)。投资风险越大,海外投资不足的可能性就越大。与此同时,无论是海外投资过度还是海外投资不足,金融业企业的平均偏离程度均低于全样本企业平均偏离度,说明相较于全样本企业,金融业的海外投资效率损失程度较低。可能的原因在于,近年来中国经济深度发展,资本管制逐步放松,金融类企业的自身实力也不断提升,宏观上放松的资本管制和企业自身雄厚的资本支撑更有利于金融类企业缓解融资约束、改善信息不对称等问题,进而更好地开展海外投资,缓解海外投资不足。

4. 从区域对比来看,中国金融业在沿线国家的海外投资效率更高

由图 5-6 可知,无论是"一带一路"沿线样本还是非沿线样本中,海外投资不足的企业数量占比均高于海外投资过度。其中,沿线样本中海外投资不足的金融企业样本占比最高(60.66%),高出海外投资过度21.32 个百分点。由此可见,中国金融业海外投资效率损失主要表现为海外投资不足,而在"一带一路"国家投资的中国企业海外投资不足问题最为显著。可能的原因在于,金融类企业在海外投资时为了降低海外风险,优化资源配置,对良好金融生态的依赖性更强。然而反观现实,"一带一路"沿线各国的金融生态整体不佳,难以为中国金融机构提供良好的海外投资环境和完善的金融保障,导致中国金融业在"一带一路"国家的投资效率损失主要表现为海外投资不足。

图 5-7 进一步显示,在金融业样本中,"一带一路"沿线海外投资过度的平均偏离度为 4.21%,分别低于非沿线样本(4.70%)和全部样本(4.55%)的平均偏离度;沿线海外投资不足的平均偏离度为 5.72%,分别低于非沿线样本(9.45%)和全部样本(8.11%)的平均偏离度。可以发现,中国金融业在"一带一路"国家海外投资的效率损失程度较低。可能的原因在于,"一带一路"倡议的提出显著促进了中国金融类企业海外投资效率的优化,降低了投资效率损失。具体而言,一方面,资金融通作为"一带一路"倡议的重要支撑,在优化金融机构海外投资方面发挥重要的作用(吕越等,2020)。另一方面,金融业作为资本融资最重

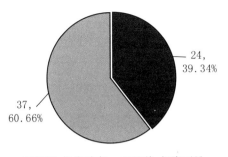

■沿线 投资过度　　■沿线 投资不足

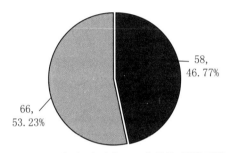

■非沿线 投资过度　　■非沿线 投资不足

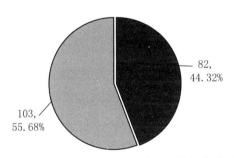

■全金融样本 投资过度　　■全金融样本 投资不足

图 5-6　金融业企业海外投资效率损失数量占比

要的"蓄水池"(单英骥和陈恒,2015),是中国非金融类企业不可或缺的融资平台。金融机构的特殊地位,使得其在"一带一路"国家的海外投资可以获得多方面的政策支持,改善企业自身的投融资条件,优化资源配置效率(刘晓丹和张兵,2020)。

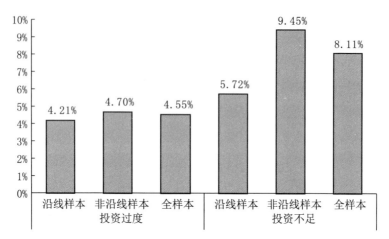

图 5-7　金融业企业海外投资效率损失平均偏离度

5.从产业联动来看,中国金融业与其他产业的海外投资效率息息相关

本章还对中国银行业的海外布局数量与其他产业的海外投资效率进行初步拟合。图 5-8 的散点图和拟合线结果显示,中国银行业的海外布局数量与其他产业的海外投资不足呈现出显著的负相关关系,说明中国银行业的海外布局数量越多,其他产业的海外投资不足越小,海外投资效率越高。也就是说,中国银行业在"一带一路"国家布局数量的增加,可以有效缓解其他产业的海外投资资金约束,减少海外投资不足,提高海外投资效率,这一点将在第十章基于"银行跟随"的动态影响中进一步加以验证。

（三）典型产业的海外投资效率:制造业

制造业作为实体经济的中坚行业,无论是推动实现"全面开放新格局",还是实现从"中国制造"向"中国智造"转变,都是中国经济发展的重要一环。为了刻画中国制造业海外投资效率的特征,采用 397 家制造业企业向 68 个经济体进行海外投资的样本,作为制造业海外投资效率的数据基础。

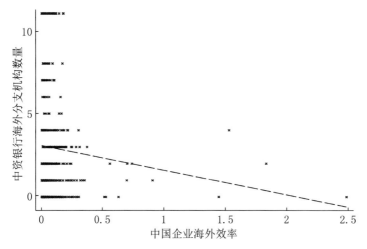

图 5-8 中国银行业的布局数量与其他产业的海外投资效率

1. 制造业的海外投资效率走势

表 5-7 的统计结果显示,2006 年到 2018 年,中国遭受海外投资效率损失的制造业企业趋于增加,既说明日益增多的中国制造业企业参与到海外投资进程中,也说明制造业企业的海外效率损失问题愈发显现,成为亟待研究的重要课题。具体来说,制造业海外投资效率损失呈现先增大后减小的趋势。其中,海外投资过度的平均偏离度先从 2009 年的 4.06% 升至 2016 年的 29.44%,后又降至 2018 年的 6.32%;海外投资不足的平均偏离度也从 2006 年的 1.13% 上升到 2014 年的 22.58%,后又降低到 2018 年的 7.27%。

表 5-7 2006—2018 年中国制造业企业的海外效率损失

	海外投资过度				海外投资不足			
	数量(条)	占比(%)	平均偏离度(%)	最大偏离度(%)	数量(条)	占比(%)	平均偏离度(%)	最大偏离度(%)
2006	0	—	—	—	1	0.25	1.13	3.51
2007	0	—	—	—	4	1.01	13.84	21.01
2008	0	—	—	—	0	0.00	—	7.06

	海外投资过度				海外投资不足			
	数量 （条）	占比 （%）	平均偏离 度（%）	最大偏离 度（%）	数量 （条）	占比 （%）	平均偏离 度（%）	最大偏离 度（%）
2009	4	1.01	4.06	6.17	1	0.25	1.16	7.58
2010	5	1.26	4.80	8.48	0	0.00	—	6.44
2011	10	2.52	2.86	9.17	9	2.27	5.22	67.06
2012	4	1.01	5.07	8.06	4	1.01	5.18	11.59
2013	6	1.51	8.63	20.55	6	1.51	8.44	13.56
2014	0	0.00	—	—	15	3.78	22.58	25.95
2015	18	4.53	21.04	209.54	21	5.29	11.87	38.11
2016	20	5.04	29.44	390.87	56	14.11	10.20	38.74
2017	47	11.84	5.66	39.60	46	11.59	8.60	6.91
2018	55	13.85	6.32	27.47	65	16.37	7.27	7.74
小计	169	42.57	4.55	—	228	57.43	8.11	—

图 5-9 进一步表明,在"一带一路"样本国家,中国制造业的海外投资同样呈现出先上升后下降的变化特征。可能的原因在于,中国制造业企业海外投资历程较短,起初由于海外投资决策和管理经验不足,企业在海外投资过程中不断试错,海外投资效率损失趋于上升。随着海外投资经验的不断丰富,制造业企业能够更加准确地捕捉东道国市场信息、获取东道国资源,降低投资风险,海外投资效率不断提升。

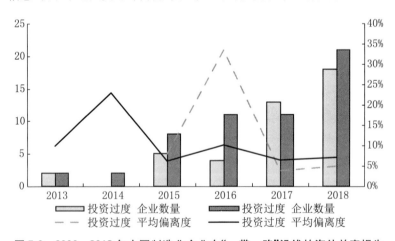

图 5-9　2006—2018 年中国制造业企业在"一带一路"沿线的海外效率损失

2. 制造业的海外投资效率构成

表 5-7 的统计结果表明,在平均偏离度方面,制造业海外投资过度均值(4.55%)与海外投资不足均值(8.11%)差异不大,表明在制造业样本中,中国企业海外投资过度和海外投资不足的程度无显著差异。在最大偏离度方面,海外投资过度的最大偏离度(390.87%)明显大于海外投资不足的最大偏离度(67.80%),表明制造业企业之间海外投资过度的差异化特征更为明显。可能的原因在于,多数制造业企业在海外投资过程中,同时面临自身海外投资经验不足和东道国投资保障有待提高的双重压力,趋同的海外投资背景导致投资不足的差异化特征并不显著,正如赵云辉等(2020)所指出的,国际经验是企业海外投资的重要资源。反观现实,制造业企业海外投资经验参差不齐,投资经验影响下的投资决策风险偏好差异显著,少数企业积极大胆,甚至是激进的投资决策作风,在企业海外投资过度方面显露无遗(綦建红,2020),因此企业的个体特征导致制造业企业海外投资过度差异化特征明显。此外,统计数据还发现,制造业企业海外投资过度和海外投资不足的偏度分别为 7.58 和 2.35,峰度分别为 65.43 和 10.13,表明制造业海外投资过度和海外投资不足都是右偏厚尾分布,且海外投资不足的偏度和峰度均小于海外投资过度的情形。

所不同的是,制造业企业海外投资过度的平均偏离程度低于全样本企业平均偏离度 3.95 个百分点。相形之下,在海外投资不足方面,制造业企业的平均偏离程度仅低于全样本企业平均偏离度 0.49 个百分点。换言之,当前中国制造业面临的海外投资不足问题更为突出。可能的原因在于:其一,制造业企业海外投资的沉没成本高、回收期长,面临的融资约束问题更为突出(于文领等,2019);其二,中国制造企业海外投资起步时间较晚(赵云辉等,2020),对与海外投资相关的国际法律咨询、金融保险、国际会计等了解不足,缺乏具备海外工作经验和洞悉国外市场的国际化人才,导致多数制造业企业海外投资的适应能力不足;其三,贯穿于海外投资过程中的委托代理问题、信息不对称、流程标准、经济形势、制度环境等,都容易加大制造业的投资风险和不确定性。

海外投资风险越大,海外投资不足的可能性就越大。

3. 制造业海外投资效率的区域比较

具体到"一带一路"沿线与非沿线国家的比较方面,如图 5-10 所示,无论是"一带一路"沿线样本还是非沿线样本,海外投资不足的企业数量占比均保持在 56% 左右,高于海外投资过度的比重;就偏离程度而言,在上述三组样本中,海外投资过度的平均偏离度均高于海外投资不足。其中,"一带一路"样本中海外投资过度(11.68%)的偏离程度最高,高出同类样本中海外投资不足(8.13%)平均偏离度 3.55 个百分点。可以发现,中国制造业企业的海外投资不足和海外投资过度问题并存。究其原因,在海外投资过程中,制造业面对较高的不确定性,该种不确定性对企业海外投资效率的影响具有产权异质性(申慧慧等,2012)。具体而言,国有制造业企业承担着多重职能,这一特征在"一带一路"倡议下亦是如此。国有制造业依靠政府提供的政策和资金支持,海外投资过度特征明显;而非国有制造业因面临较为严重的融资约束和信息不对称等问题,海外投资趋于谨慎,故主要表现为海外投资不足。

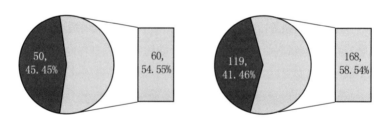

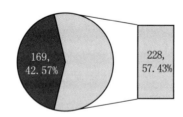

图 5-10　制造业企业海外效率损失数量占比

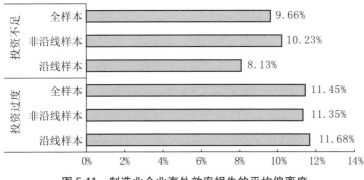

平均偏离度

图 5-11　制造业企业海外效率损失的平均偏离度

如图 5-11 所示,中国制造业企业在"一带一路"沿线和非沿线样本的海外投资过度的平均偏离度徘徊在 11.30%～11.70% 之间,整体差异并不显著。相形之下,中国在"一带一路"沿线海外投资不足的平均偏离度为 8.13%,明显低于非沿线样本(10.23%)和全样本(9.66%)。中国制造业之所以在"一带一路"国家的海外投资不足程度更低,可能的原因在于,"一带一路"倡议积极构建改革开放新格局,在加快投资便利化进程、消除投资壁垒和扩展相互投资领域等方面的作用日益彰显,能够降低制造业企业在国际市场经营的风险和不确定性,有效缓解制造业企业的海外投资不足。

第二节　中国企业在沿线国家的海外投资效率

随着异质性企业理论的兴起,采用微观数据进行更为深入的分析,已经成为国内外学者的首选。然而,囿于企业海外投资金额数据的可得性,采用微观数据来测算中国企业对"一带一路"国家海外投资效率的文献几为空白。

一、数据来源与处理

考虑到中国境外企业(机构)投资名录并不提供中国企业具体的海

外投资额,故在本节中,中国企业海外投资数据主要通过三套数据库匹配后得出,分别包括 Zephyr 数据库、fDi Markets 数据库和 CSMAR 数据库,其匹配和处理过程同第五章第一节。最终,本节最终得到 2002—2018 年 1 295 家企业的 2 854 条海外投资记录,其中既包含微观层面的企业财务变量,又包含宏观层面的东道国特征变量,企业投资遍布 130 个国家和地区①,其中"一带一路"沿线国家 48 个,非沿线国家和地区 85 个,从而有利于判断金融生态对中国企业在沿线和非沿线国家海外投资效率的影响差异。为减少极端异常值的影响,对所有变量均作 1% 的 Winsorize 处理。

二、测算模型

考虑到数据可获得性与完整性,本节选择理查德森模型,原因有二:一是该模型能够通过测度残差的方式,直接度量企业是过度投资还是投资不足,且结果较为稳健,因此该模型被国内外学者广泛用于投资效率测量;二是该模型可以结合异质性企业理论模型与传统引力模型加以拓展,从而较为准确地测算企业偏离海外投资最优值的投资过度或者投资不足的水平。

---

① 130 个国家和地区包括:安道尔、安圭拉、阿联酋、安哥拉、阿根廷、奥地利、澳大利亚、阿塞拜疆、巴巴多斯、孟加拉国、比利时、保加利亚、巴林、百慕大、文莱、玻利维亚、巴西、白俄罗斯、加拿大、中非刚果、瑞士、智利、喀麦隆、哥伦比亚、哥斯达黎加、塞浦路斯、捷克、德国、丹麦、多米尼加、阿尔及利亚、厄瓜多尔、埃及、西班牙、埃塞俄比亚、芬兰、法国、加蓬、英国、加纳、几内亚、希腊、克罗地亚、匈牙利、印度尼西亚、爱尔兰、以色列、印度、伊拉克、伊朗、冰岛、意大利、牙买加、日本、肯尼亚、吉尔吉斯斯坦、柬埔寨、韩国、科特迪瓦、科威特、哈萨克斯坦、老挝、斯里兰卡、立陶宛、卢森堡、摩洛哥、马里、缅甸、蒙古国、马耳他、毛里求斯、墨西哥、马来西亚、莫桑比克、纳米比亚、尼日利亚、荷兰、挪威、尼泊尔、新西兰、巴拿马、秘鲁、巴布亚新几内亚、菲律宾、巴基斯坦、波兰、葡萄牙、塞尔维亚、俄罗斯、沙特阿拉伯、塞舌尔、瑞典、新加坡、斯洛文尼亚、斯洛伐克、塞拉利昂、泰国、塔吉克斯坦、突尼斯、土耳其、坦桑尼亚、乌克兰、美国、乌拉圭、乌兹别克斯坦、委内瑞拉、越南南非、赞比亚、津巴布韦、古巴、厄立特里亚、英属群岛、萨摩亚、开曼群岛、新几内亚、苏里南、格鲁吉亚、约旦、朝鲜、利比里亚、拉脱维亚、中国香港、中国澳门、中国台湾、尼加拉瓜、阿曼、巴拉圭、卡塔尔、罗马尼亚、乌干达。

目前,学术界普遍使用的理查德森模型如模型(5-5)所示:

$$I_{ijt} = \alpha_0 + \alpha_1 Lev_{it-1} + \alpha_2 Cash_{it-1} + \alpha_3 \ln Age_{it-1} + \alpha_4 \ln Size_{it-1} + \alpha_5 Tobinq_{it-1}$$
$$+ \alpha_6 ROE_{it-1} + \mu_t + \mu_d + \varepsilon_{ijt} \tag{5-5}$$

模型中,参考经典文献(如 Richardson, 2006; Goodman et al., 2013;刘慧龙等,2014)的处理方式,被解释变量为企业当年新增投资额占总资产的比例;解释变量为前一期企业财务指标,分别包括资产负债率(Lev,总负债与总资产的比值)、现金流占比($Cash$,现金及现金等价物与总资产的比值)、上市年龄(Age,投资年份与企业上市年份差额并取对数处理)、企业规模($Size$,企业从业人员取对数)、托宾 Q 值($Tobinq$,市值与总资产的比值)、股票年回报率(ROE,企业年个股回报率),上述数据均来源于 CSMAR 数据库。同时,i 表示企业,t 表示年份,d 表示行业。为了排除不同年份和行业中不随时间变化的特征导致的干扰,控制时间效应和行业效应,分别为 μ_t 和 μ_d。残差为实际投资额和预期拟合投资额的差值,残差为正时,表示投资过度;残差为负时,表示投资不足。

在被解释变量方面,由于模型(5-5)中标准化后的企业新增投资额已包含海外投资金额,故在衡量企业海外投资不足时,被解释变量参照模型(5-5)的做法选取企业海外投资金额并除以本年度总资产进行衡量,用 I_{ijt} 表示。

在解释变量方面,需要根据异质性企业理论和引力模型加以拓展。一方面,根据异质性企业理论,企业参与海外投资活动时会面临较大的冰山成本,只有生产率最高的企业才能在海外市场上具有竞争力(Helpman et al., 2004),故在衡量企业海外投资决定因素时,必须引入企业生产率(TFP)。为了确保结果的可靠性,本节选取 LP 法(Levinsohn and Petrin, 2003)测算,同时参考鲁晓东和连玉君(2012)的做法,采用 OP 法(Olley and Pakes, 1996)进行稳健性检验。另一方面,考虑到海外投资不同于国内投资,必须考虑东道国特征,故沿袭传统引力模型引入最为常用的三个国家层面变量,即母国经济增长率($Gdpm$)、东道国经济增长率($Gdph$)与地理距离($Dist$)。其中,借鉴蒋殿春和张庆存(2011)、綦建红和孟珊珊(2016)的做法,将地理距离乘以布伦特油价,以获取随时间变化的地理距离变量。为消除异方差影响,对以上三个变量进行了对数处理,数据来源于世界银行和 CEP II 数据库。基于此,中国企业海外投资效率的估计模型如下:

$$I_{ijt} = \alpha_0 + \alpha_1 Lev_{it-1} + \alpha_2 Cash_{it-1} + \alpha_3 \ln Age_{it-1} + \alpha_4 \ln Size_{it-1}$$
$$+ \alpha_5 Tobinq_{it-1} + \alpha_6 ROE_{it-1} + \alpha_7 TFP_{it-1} + \alpha_8 \ln Gdpm_{t-1}$$
$$+ \alpha_9 \ln Gdph_{jt-1} + \alpha_{10} \ln Dist_{jt-1} + \mu_t + \mu_j + \varepsilon_{ijt} \tag{5-6}$$

三、测算结果

模型(5-6)的回归结果表明,系数与预期相符且各变量基本显著,具有较好的解释力度,且不存在多重共线性的影响。最重要的是,根据模型(5-6)的估计结果,本章可以得出残差的大小和符号,并据此统计描述中国海外投资企业的两种非效率情形(表 5-8、图 5-12 和图 5-13)。

首先,2002—2018 年全样本内,海外投资不足的数量和占比(1 333 条,占比 60.10%)均明显超过海外投资过度(885 条,占比39.90%),说明中国企业的海外投资效率损失主要表现为海外投资不足,这与乔晶和胡兵(2014)基于 2003—2011 年宏观数据所得出的结论基本一致。具体到中国企业在"一带一路"沿线国家的投资而言,海外投资不足的企业(312 家,占比 58.10%)亦显著超过海外投资过度企业(225 家,41.90%),也明显支持了中国海外投资企业在"一带一路"沿线国家的投资非效率主要表现为海外投资不足这一结论。

其次,全样本的海外投资过度程度较之海外投资不足更为严重,不仅平均偏离度为 15.35%,而且部分企业的最大偏离度甚至超过 200%;

相形之下,海外投资不足的平均偏离度仅为10.19%。与之相似,对于东道国位于"一带一路"沿线国家的中国海外投资企业而言,海外投资过度的程度(平均偏离度为11.26%)亦较海外投资不足的程度(平均偏离度为7.96%)更为严重。

表5-8　2002—2018年中国企业的海外投资效率损失

		全样本国家				"一带一路"沿线国家			
		数量(条)	占比(%)	平均偏离度(%)	最大偏离度(%)	数量(条)	占比(%)	平均偏离度(%)	最大偏离度(%)
海外投资不足	2002	6	85.71	41.60	52.91	1	50.00	52.91	52.91
	2003	15	83.33	23.07	62.82	3	100.00	22.78	25.18
	2004	11	61.11	5.79	19.70	2	66.67	0.94	1.78
	2005	13	72.22	12.17	44.24	7	70.00	8.06	14.03
	2006	22	66.67	10.59	42.34	11	73.33	6.58	18.76
	2007	36	85.71	12.02	47.25	9	90.00	8.48	16.46
	2008	23	39.66	7.13	39.28	4	33.33	0.38	0.69
	2009	31	40.79	9.33	77.79	8	53.33	5.90	17.42
	2010	23	46.00	8.53	40.54	4	44.44	5.63	6.44
	2011	80	65.04	7.85	67.06	15	62.50	5.63	24.20
	2012	51	51.00	7.33	43.60	6	31.58	5.59	11.59
	2013	65	62.50	11.41	137.53	15	65.22	6.38	4.06
	2014	130	90.28	19.38	81.22	27	90.00	19.29	37.23
	2015	160	65.04	9.88	49.14	42	65.63	7.69	3.00
	2016	284	76.55	10.16	72.68	52	69.33	7.51	4.06
	2017	170	45.70	7.78	61.93	40	47.06	6.62	3.67
	2018	213	48.63	6.53	58.04	66	47.83	5.47	20.12
	小计	1 333	60.10	10.19	137.53	312	58.10	7.96	52.91
海外投资过度	2002	1	14.29	249.59	249.59	1	50.00	249.59	249.59
	2003	3	16.67	115.36	191.36	0	0.00	—	—
	2004	7	38.89	9.10	39.62	1	33.33	0.58	0.58
	2005	5	27.78	31.63	91.13	3	30.00	26.72	51.68
	2006	11	33.33	21.17	63.16	4	26.67	27.21	63.16
	2007	6	14.29	72.14	243.20	1	10.00	28.75	28.75
	2008	35	60.34	4.61	22.55	8	66.67	3.44	6.34
	2009	45	59.21	6.43	87.35	7	46.67	3.07	5.30
	2010	27	54.00	7.27	55.07	5	55.56	8.19	14.29
	2011	43	34.96	14.61	340.92	9	37.50	8.19	28.79

		全样本国家				"一带一路"沿线国家			
		数量（家）	占比（%）	平均偏离度（%）	最大偏离度（%）	数量（家）	占比（%）	平均偏离度（%）	最大偏离度（%）
海外投资过度	2012	49	49.00	7.63	69.95	13	68.42	11.66	69.95
	2013	39	37.50	19.01	159.82	8	34.78	28.52	183.76
	2014	14	9.72	179.96	262.95	3	10.00	37.71	74.13
	2015	86	34.96	18.39	258.59	22	34.38	12.02	91.04
	2016	87	23.45	33.15	1 335.56	23	30.67	21.42	145.09
	2017	202	54.30	6.55	153.41	45	52.94	8.20	153.41
	2018	225	51.37	6.18	144.80	72	52.17	4.80	30.21
	小计	885	39.90	15.35	1 335.56	225	41.90	11.26	183.76

数据来源：根据本章的测算结果统计而得。

最后，从全样本的趋势来看，海外投资效率损失趋于减小。其中，海外投资不足的平均偏离度已经从 2002 年的 41.60% 降至 2018 年的 6.53%，海外投资过度的平均偏离度也从 2002 年的 249.59% 下降到 2018 年的 6.18%。中国在"一带一路"沿线国家的海外投资亦是如此，海外投资不足的平均偏离度从 2002 年的 52.91% 降至 2018 年的 5.47%，海外投资过度的平均偏离度从 2002 年的 249.59% 下降到 2018 年的 4.80%。

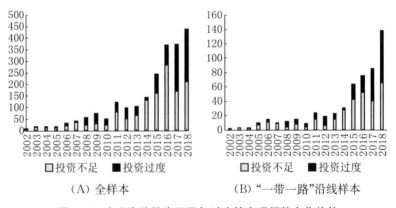

图5-12　企业海外投资不足与过度的出现频数变化趋势

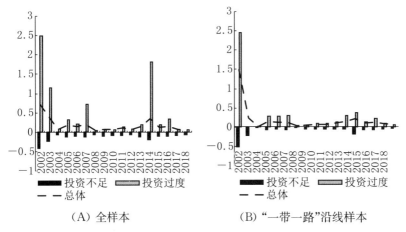

（A）全样本 （B）"一带一路"沿线样本

图 5-13 企业海外投资不足与过度的偏离程度变化趋势

上述测算结果表明,中国企业的海外投资偏离度正逐渐减小,海外投资效率不断提升;但是与此同时,近年来中国企业海外投资不足较之海外投资过度的问题更为严重,这一现象在"一带一路"国家表现得尤为突出。

第六章 "一带一路"国家的金融生态多样性：指标构建与测度比较

　　"一带一路"国家的金融生态多样性兼具复杂性和差异性的特点，本章以金融生态多样性的指标构建和测度分析为主要研究内容，旨在对沿线国家的金融生态状况构建全方位的衡量指标，并在此基础上对沿线国家的金融生态多样性进行测算和比较。首先，本章将"一带一路"国家的金融生态状况分成金融生态优先级、金融生态推荐级、金融生态保留级和金融生态不建议级四种类型，在整体上对沿线国家的金融生态多样性有所把握。其次，从狭义的金融生态指标出发，在金融发展、金融结构、金融机构、金融开放、金融稳定和金融竞争等层面详细描述了"一带一路"国家金融生态的巨大复杂性和差异性。再次，从广义金融生态系统的内涵入手，从 4 个维度的目标层出发，选择 14 个层面的准则层，构建 48 个变量的指标层，即通过构建包含目标层、准则层和指标层的多维评价体系，采用基于熵值法的层次分析法（AHP）、模糊综合分析法（FCE）和主成分分析法（PCA）对金融生态多样性进行测度，形成更加科学可靠的研究结果。最后，采用上述评价指标，描述和分析"一带一路"国家金融生态多样性在时间、层次和国别上呈现出的动态变化，即在不同时间段内的金融生态有什么差异；金融主体和金融环境的不同层次是否存在协调性和一致性；各沿线国家的金融生态具有何种差异。

第一节　金融生态多样化整体分类

截至目前,"一带一路"沿线涵盖了70多个国家和地区,其中有65个国家和地区在"一带一路"倡议提出时便已加入,这也是目前被广为采用的沿线国家名单。考虑到这些沿线国家的金融生态状况千差万别,本书首先以分类方式进行整体呈现,即将"一带一路"65个国家分成金融生态优先级、金融生态推荐级、金融生态保留级和金融生态不建议级四种类型,如表6-1所示,从而在整体上对沿线国家的金融生态多样性有所把握。

金融生态优先级国家,以新加坡为代表,还包括马来西亚、印度、沙特阿拉伯和卡塔尔。这些国家的主要生态特征是具备较高的经济发展水平,积极开放本国资本账户,拥有较为完善的金融体系,同时兼具高公信力的政府和完善的法律体系。

表 6-1　"一带一路"国家的金融生态类型划分

类型	涵盖国家	特征
金融生态优先级	新加坡、马来西亚、印度、沙特阿拉伯、卡塔尔	对海外投资流入基本不实行资本管制;金融主体具有种类多、运行效率高的特点;金融环境很适宜外国投资,往往经济发展水平较高;发达的金融业有赖于良好的政府治理;健全的法律体系能够独立于宏观调控和金融监管;地方政府与银行普遍拥有高信用度。
金融生态推荐级	俄罗斯、白俄罗斯、伊朗、希腊、哈萨克斯坦、印度尼西亚、巴基斯坦、土耳其、乌克兰、乌兹别克斯坦、缅甸、泰国、越南、文莱、菲律宾、斯里兰卡、巴林、土库曼斯坦、塞浦路斯、阿联酋、以色列、科威特、阿曼、波兰、捷克、爱沙尼亚、匈牙利、吉尔吉斯斯坦、拉脱维亚、斯洛文尼亚、阿塞拜疆、保加利亚、立陶宛、摩尔多瓦、克罗地亚、埃及、阿尔巴尼亚、斯洛伐克、罗马尼亚	金融主体方面均拥有比较完善的金融机构体系;金融环境比较适宜国外投资,但仍有提升的空间,如政府治理情况并不理想;法律制度和信用意识和第一类国家相比也不够完善。

类型	涵盖国家	特　　征
金融生态保留级	黎巴嫩、蒙古国、孟加拉国、马尔代夫、尼泊尔、不丹、塔吉克斯坦、格鲁吉亚、亚美尼亚、波黑、黑山、塞尔维亚、约旦、马其顿、老挝、柬埔寨	金融主体方面不够健全，缺乏完善的金融机构体系，但仍有良好发展的空间和前景；金融环境方面，经济发展水平并不突出；金融发展也较为落后；政府治理的重点也未放在优化投资环境上；法律制度不够健全，缺乏对海外投资企业的法律保护力度，社会整体信用意识不强。
金融生态不建议级	伊拉克、叙利亚、巴勒斯坦、也门、阿富汗	金融主体方面很不健全，极度缺乏完善的金融机构体系或因战乱金融生态被破坏。金融环境方面，这些国家的状况普遍不容乐观。经济和金融发展受到严重制约，无法将精力投入在金融生态的优化和改善上，且法律制度和信用意识也处于"一带一路"沿线国家的下游。

　　金融生态推荐级国家，以俄罗斯、泰国为代表，还包括哈萨克斯坦、印度尼西亚、巴基斯坦、土耳其、乌克兰、乌兹别克斯坦、缅甸、科威特、越南等国家。这些国家拥有比较完善的金融机构体系，其金融环境对国外投资的包容性较高。但是，这些国家的金融生态仍有提升的空间，如资本管制力度大、政府治理并不理想、法律体系尚不完善、信用意识与第一类国家相比较为淡薄。

　　金融生态保留级国家，以蒙古国为代表，还包括孟加拉国、马尔代夫、尼泊尔、不丹等国家。这些国家金融生态的显著特征是其经济发展水平在"一带一路"国家中并不突出；金融发展落后，缺乏完善的金融机构体系，但仍有良好的提升空间和发展前景；当前的政府治理并不注重投资环境优化；尚不健全的法律制度体系难以为投资主体提供有力支撑；社会整体信用意识不强。

　　金融生态不推荐级国家，以叙利亚为代表，还包括伊拉克、阿富汗、巴勒斯坦和也门。这些国家常年战乱，经济和金融发展受到严重制约，金融机构体系极度不健全，金融生态遭到严重破坏、发展前景堪忧，法律制度和信用体系在"一带一路"国家中处于下游。

以整体呈现和把握"一带一路"国家的金融生态多样性特征为基础,本书将分别从狭义和广义的角度出发诠释金融生态的概念,具体描述和分析沿线国家金融生态的复杂性和差异性。

第二节 狭义金融生态的指标分解

正如第一章所界定的,狭义金融生态仅指金融生态系统中反映东道国金融发展主体、水平和结构的特定指标,包括金融发展、金融结构、金融主体、金融稳定、金融开放和金融竞争等多维指标。本书以这些具体指标为出发点,全面把握"一带一路"国家金融生态的复杂性与差异性。

一、金融主体指标

金融主体是金融生态的核心。为了衡量银行与非银行金融机构等金融主体的数量和实力,本书采用三个指标加以衡量。

1. 人均银行数量

具体来说,采用每 10 万成年人所拥有的银行分支机构数目来反映该国的金融机构数量,数据来自世界银行金融服务可得性数据库(Financial Access Survey,FAS)和 IMF。2006—2017 年的统计数据表明,沿线国家的人均银行数量差距巨大。最高的当属保加利亚,该国在 2008 年金融危机之后的大多数年份,每 10 万人拥有的银行分支机构数一直稳居在 80 家以上,其中 2008 年、2009 年均达到了 92 家;紧跟其后的是塞浦路斯等国。相比之下,乌克兰每 10 万人拥有的银行分支机构在样本期内平均仅有 2 家,2008 年之前基本维持在 3 家,到 2013 年之后已经不足 1 家;白俄罗斯在整个样本期内,每 10 万人拥有的银行分支机构平均仅有 3 家,其中 2004—2008 年期间尚能保持 5 家左右,到

2015—2017年已经滑落到不足1家。

表6-2列示了2006—2017年"一带一路"国家人均银行数量位列前十位和后十位的国家。从前十位的国家来看,保加利亚、塞浦路斯和蒙古国稳居前三位,每10万人拥有的银行分支机构数量分别为68、59和43家;从后十位的国家来看,位居后三位的国家分别是白俄罗斯、阿富汗和也门,白俄罗斯每10万人拥有的银行分支机构甚至不足1家,而阿富汗和也门也不足2家,前十位和后十位的国家的人均银行数量差距可见一斑。

表6-2 "一带一路"国家人均银行数量排名前十位和后十位的国家(2006—2017)

排名	国家	银行分支机构数量(家/每10万人)	排名	国家	银行分支机构数量(家/每10万人)
1	保加利亚	68	-1	白俄罗斯	0.8
2	塞浦路斯	59	-2	阿富汗	1.5
3	蒙古国	43	-3	也门	1.9
4	乌兹别克斯坦	39	-4	乌克兰	2.1
5	斯洛文尼亚	35	-5	老挝	2.8
6	克罗地亚	31	-6	缅甸	3.1
7	波黑	29	-7	哈萨克斯坦	3.3
8	希腊	29	-8	越南	3.3
9	摩尔多瓦	28	-9	叙利亚	3.6
10	俄罗斯	28	-10	伊拉克	3.7

2. 金融主体规模

本书同时选取一国银行资产占GDP的比重和非银行金融机构资产占GDP的比重来反映该国金融机构的规模与实力,数据来自国际金融统计(IFS)和IMF。在图6-1中,纵轴表示银行资产或者非银行金融机构在沿线各国全部金融机构中所占的比例(%)。可以看出,在"一带一路"样本中,相比于非银行金融机构的资产占比,银行资产占比更高,说明银行在沿线国家金融机构中扮演了举足轻重的地位。与此同时,沿线国家的银行资产比差距也是巨大的。2006—2017年间,塞浦路斯和黎巴嫩遥遥领先,在样本期内的均值均超过150%,银行资产基本上达到了"富可敌国"的程度;而以俄罗斯、阿富汗、格鲁吉亚为代表的部分国家,其银行资产均值达不到所在国家经济总量的5%。

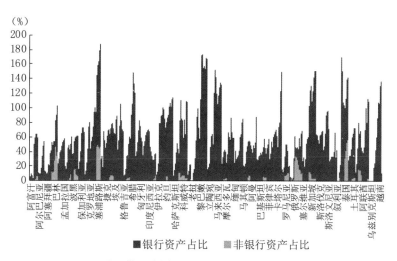

图 6-1 "一带一路"部分国家的金融机构资产规模比

数据来源:根据 IFS 和 IMF 数据整理得出。

二、金融发展指标

一国的金融发展指标,重点强调的是金融市场和机构在其经济总量中所占的比重,是测度一国金融生态状况常用的关键指标。在本书中,一共选取金融体系、金融部门、股票市场和债券市场四个层面的六个细分指标来衡量。

1. 金融体系存款比

金融体系存款比,是指金融体系存款占一国 GDP 的比重(%),数据来自 IFS 和 IMF。如图 6-2 所示,黎巴嫩和塞浦路斯在金融体系存款比指标上遥遥领先,在 2006—2017 年间的均值保持在 200% 以上;紧随其后的是泰国、马来西亚、新加坡等东盟国家,其金融体系比均值维持在 120% 以上。然而,波黑、越南、格鲁吉亚、阿尔巴尼亚等国整体占比较低,与遥遥领先的国家形成了极其鲜明的反差。

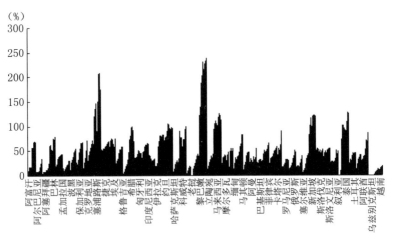

图 6-2 "一带一路"部分国家的金融体系存款比

数据来源:同图 6-1。

2. 金融部门贷款比

本书采用两个指标来反映一国金融部门所提供的贷款规模:一是国内私人部门信贷占 GDP 的比重(%),数据来自 IFS 和 IMF;二是一国银行提供的私人信贷总额占 GDP 的比重(%),数据来自世界银行世界发展指标(World Development Indicators,WDI)。与前者相比,后者只限于考察银行部门的私人信贷规模。一般来说,金融发展规模较大的国家,其银行等金融部门在市场经济中发挥的作用更大,提供的信贷总额也相对更多。由图 6-3 可以直观地看出,2006—2017 年间,不论是国内私人信贷比,还是银行私人信贷比,沿线各国之间的水平参差不齐,其差距十分明显。分年份的统计数据还表明,沿线国家的金融部门贷款比不断增加。2006 年国内金融部门提供的私人信贷总额占 GDP 的比重超过 40% 的国家数量为 24 个,到 2017 年该数量增加至 42 个,所占比例由 2006 年的 44.44% 增加至 2017 年的 77.78%;与此同时,

2006 年该比重低于 10% 的国家有 3 个（阿富汗、亚美尼亚和也门），到 2017 年减少为 2 个，分别为阿富汗和伊拉克。

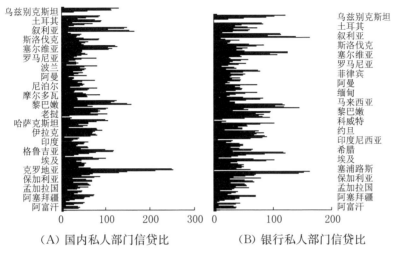

（A）国内私人部门信贷比   （B）银行私人部门信贷比

图 6-3 "一带一路"部分国家的金融部门贷款比

数据来源：根据 IFS、IMF 和 WDI 数据整理得出。

3. 股票市场规模比

考虑到股票市场在金融体系中的地位举足轻重，本书选择两个指标衡量一国股票市场规模：一是股票市值比率，二是股票市场总交易价值比率，数据均来自全球金融发展数据库（Global Financial Development Database，GFDD）。2006—2017 年的统计数据表明，新加坡在各沿线国家中遥遥领先，不仅在几乎所有年份位列第一，而且股票市场比率大多超过了 200%，马来西亚和约旦紧跟其后，且在个别年份也拿下了排名第一的位置。然而，沿线国家的股票市场规模在经济体量中的比重差别巨大，在剔除未统计数据的国家后可以发现，保加利亚、马其顿、吉尔吉斯斯坦、越南、亚美尼亚等国家的股票市场比率在个别年份甚至不足 1%。

4. 债券市场融资比

本书采用一国公司债券发行量占 GDP 的比重(%)来衡量债券市场在经济总量中的占比,数据来自 Debt Capital Market 数据库、Dealogic 数据库和世界银行 World Bank Global Syndicated Loans and Bonds(FinDebt)数据库。从图 6-4 可以观察到,2006—2017 年间,马来西亚和新加坡的债券市场融资比占优,其均值可以达到 5%,其次是卡塔尔、泰国和阿联酋等,其均值也可以达到 3%。然而,以斯洛文尼亚、捷克、阿塞拜疆为代表的国家债券市场融资比一直偏低,再次说明了沿线国家金融发展水平的差异性。

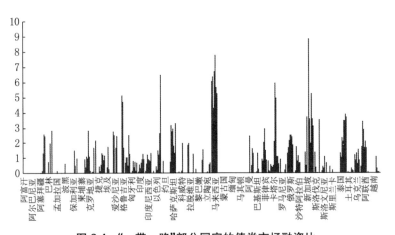

图 6-4 "一带一路"部分国家的债券市场融资比

数据来源:Debt Capital Market 数据库、Dealogic 数据库和 FinDebt 数据库。

统计数据还表明,在上述四个层面的六个指标中,除了债券市场融资比之外,其他五个指标的最小值和最大值差别极其悬殊,标准差也较大。以股票市值比为例,最小值仅为 0.026,而最大值高达 259.026,标准差也达到了 43.807,其差距之大可见一斑,表明"一带一路"沿线国家在金融发展方面存在巨大的多元性和差异性。

三、金融结构指标

金融结构是指一国现存金融市场和金融机构的相对深度、活力和效率,更侧重衡量一国资本市场的当前运作情况。在衡量一国金融体系的静态指标中,金融结构更具代表性和重要性(郭杰和黄保东,2010;Uddin et al.,2017)。如果说金融发展指标强调的是股票和债券市场占经济总量的比重,那么金融结构指标能够更好地平衡股票、债券等金融市场与银行等金融机构之间的关系(Levine,2002)。

在数据来源方面,GFDD 数据库采集了自 1996 年以来全球 214 个经济体的金融体系指标,其中涉及“一带一路”沿线国家 58 个。2019 年 9 月该数据库已经更新至 2017 年,并基于“4×2 框架”提供了金融机构(如银行和保险公司)和金融市场(如股票市场和债券市场)的金融深度、金融活力、金融效率和金融系统稳定性四大类指标;此外,该数据库还提供了银行业集中度和竞争度等其他指标,为本书获取“一带一路”沿线国家的金融结构数据提供了基础。

1. 金融深度指标

在金融发展指标的基础上,参照盛斌和景光正(2019)、綦建红和马雯嘉(2020)的做法,由股票市值比率除以银行私人贷款的比率衡量金融深度,数据来自 GFDD 数据库。测算结果显示,在 2007—2017 年期间沿线国家之间的金融深度差距巨大:以卡塔尔、沙特阿拉伯、俄罗斯和新加坡为代表的国家,其股票市值比与银行私人贷款比的比值在个别年份超过了 3,在大多数年份也超过了 1.5;而亚美尼亚、阿塞拜疆、斯洛伐克、拉脱维亚、马其顿等国家,其金融深度在多数年份不足 0.2,最高值也基本没有超过 0.5。

如果进一步按照降序排列沿线国家的金融深度,表 6-3 表明位居前六位的国家是卡塔尔、新加坡、沙特阿拉伯、菲律宾、俄罗斯和印度,其金融深度指数的均值超过了 1.5;与之形成鲜明对比的是,位居后四位

的国家分别为阿塞拜疆、亚美尼亚、斯洛伐克和吉尔吉斯斯坦,其金融
深度指数的均值均未达到 0.1。由此可见,"一带一路"国家的金融深度
差异性特征十分明显。

表 6-3 "一带一路"国家金融深度年度均值排名

排名	国家	金融深度	排名	国家	金融深度
1	卡塔尔	2.081	30	尼泊尔	0.368
2	新加坡	1.969	31	孟加拉国	0.346
3	沙特阿拉伯	1.902	32	爱沙尼亚	0.310
4	菲律宾	1.897	33	黎巴嫩	0.274
5	俄罗斯	1.624	34	罗马尼亚	0.256
6	印度	1.501	35	塞浦路斯	0.203
7	约旦	1.437	36	保加利亚	0.192
8	巴林	1.330	37	格鲁吉亚	0.191
9	科威特	1.278	38	马其顿	0.183
10	印度尼西亚	1.266	39	拉脱维亚	0.177
11	马来西亚	1.262	40	波黑	0.145
12	巴基斯坦	1.014	41	越南	0.136
13	土耳其	1.007	42	吉尔吉斯斯坦	0.091
14	阿曼	0.947	43	斯洛伐克	0.086
15	埃及	0.937	44	亚美尼亚	0.052
16	以色列	0.851	45	阿塞拜疆	0.002
17	斯里兰卡	0.721	46	阿富汗	—
18	波兰	0.672	47	阿尔巴尼亚	—
19	克罗地亚	0.601	48	白俄罗斯	—
20	匈牙利	0.574	49	柬埔寨	—
21	泰国	0.567	50	伊拉克	—
22	哈萨克斯坦	0.521	51	老挝	—
23	希腊	0.507	52	摩尔多瓦	—
24	阿联酋	0.498	53	缅甸	—
25	立陶宛	0.493	54	塞尔维亚	—
26	蒙古国	0.445	55	叙利亚	—
27	乌克兰	0.383	56	塔吉克斯坦	—
28	斯洛文尼亚	0.381	57	乌兹别克斯坦	—
29	捷克	0.370	58	也门	—

注:—表示数据库中未统计。
数据来源:根据 GFDD 数据库计算得出。

2. 金融活力指标

在本书中,金融活力指标由股票市场总交易价值比率除以银行私人贷款比率来衡量。测算结果显示,2006—2017 年间,以卡塔尔、沙特阿拉伯为代表的部分国家遥遥领先,其金融活力指标不仅较高,而且在个别年份超过了 7.5,即股票市场交易价值比相当于银行私人贷款比的数倍之多。然而,在格鲁吉亚、亚美尼亚等国家,其金融活力指数在很多年份甚至达不到 0.001,沿线国家金融活力的差异巨大可见一斑。

表 6-4 进一步列示了沿线国家金融活力的年度均值排名,可以看到,金融活力指数位居前六位的国家分别是卡塔尔、沙特阿拉伯、巴基斯坦、土耳其、新加坡和印度,活力指数均值均超过了 0.9,其中前四位的国家超过了 1.4。相比之下,剔除未有统计数据的国家之外,排名后六位的国家分别是亚美尼亚、格鲁吉亚、尼泊尔、乌克兰、黎巴嫩、克罗地亚,且活力指数均不足甚至不足 0.03,再次反映了"一带一路"沿线国家的金融活力差异。

表 6-4 "一带一路"国家金融活力年度均值排名

排名	国家	金融活力	排名	国家	金融活力
1	卡塔尔	7.248	15	马来西亚	0.365
2	沙特阿拉伯	2.285	16	以色列	0.297
3	巴基斯坦	1.420	17	波兰	0.254
4	土耳其	1.406	18	希腊	0.233
5	新加坡	0.978	19	捷克	0.232
6	印度	0.928	20	阿曼	0.201
7	俄罗斯	0.722	21	阿联酋	0.142
8	科威特	0.712	22	吉尔吉斯斯坦	0.124
9	约旦	0.459	23	斯里兰卡	0.110
10	泰国	0.425	24	塞浦路斯	0.079
11	印度尼西亚	0.421	25	越南	0.069
12	匈牙利	0.402	26	爱沙尼亚	0.063
13	埃及	0.386	27	立陶宛	0.063
14	菲律宾	0.372	28	巴林	0.063

排名	国家	金融活力	排名	国家	金融活力
29	斯洛文尼亚	0.054	44	格鲁吉亚	0.011
30	塞尔维亚	0.043	45	亚美尼亚	0.002
31	马其顿	0.043	46	阿富汗	—
32	保加利亚	0.039	47	阿尔巴尼亚	—
33	孟加拉国	0.038	48	阿塞拜疆	—
34	斯洛伐克	0.038	49	白俄罗斯	—
35	摩尔多瓦	0.036	50	波黑	—
36	哈萨克斯坦	0.035	51	柬埔寨	—
37	罗马尼亚	0.033	52	伊拉克	—
38	拉脱维亚	0.031	53	老挝	—
39	蒙古国	0.031	54	缅甸	—
40	克罗地亚	0.029	55	叙利亚	—
41	黎巴嫩	0.028	56	塔吉克斯坦	—
42	乌克兰	0.020	57	乌兹别克斯坦	—
43	尼泊尔	0.016	58	也门	—

注：—表示数据库中未统计。
数据来源：同表 6-3。

3. 金融效率指标

本书采用股票市场总交易价值比率与银行管理费比率的乘积来反映金融效率。"一带一路"沿线国家的金融效率差异更为明显：俄罗斯的金融效率一枝独秀，在 2007—2011 年连续五年金融效率指数均超过 450，2010 年甚至高达惊人的 2 815；其次是沙特阿拉伯，其在 2008 年金融危机之前金融效率指数最高值曾经达到 531。与之形成明显反差的是，亚美尼亚、格鲁吉亚等沿线国家的金融活力指数在部分年份甚至不足 0.01，再次反映了沿线国家金融生态巨大的差异。

表 6-5 进一步列示了沿线国家金融效率的年度均值排名，其中，金融效率指数位居前三位的国家分别是俄罗斯、土耳其和沙特阿拉伯，年度效率均值超过了 100；新加坡、泰国和巴基斯坦分别位列第四到六位，效率均值超过了 80。在剔除未有统计数据的国家后，倒数第一位和第二位的国家是亚美尼亚和乌兹别克斯坦，金融效率均值不足 1.0；倒数

第三位和第四位的国家则是格鲁吉亚和尼泊尔,效率均值也不足 2.0。因此,"一带一路"国家的金融效率亦存在巨大的差异。

表 6-5 "一带一路"国家金融效率年度均值排名

排名	国家	金融深度	排名	国家	金融深度
1	俄罗斯	377.166	30	蒙古国	5.351
2	土耳其	122.393	31	立陶宛	4.863
3	沙特阿拉伯	116.163	32	保加利亚	4.642
4	新加坡	89.359	33	摩尔多瓦	4.625
5	泰国	87.516	34	马其顿	4.375
6	巴基斯坦	85.162	35	克罗地亚	4.032
7	印度	76.040	36	乌克兰	3.294
8	匈牙利	69.420	37	黎巴嫩	3.291
9	约旦	67.901	38	巴林	3.191
10	以色列	52.308	39	哈萨克斯坦	3.128
11	马来西亚	48.282	40	拉脱维亚	2.926
12	菲律宾	41.778	41	孟加拉国	2.705
13	科威特	40.249	42	罗马尼亚	2.671
14	塞浦路斯	36.305	43	尼泊尔	1.331
15	印度尼西亚	35.360	44	格鲁吉亚	1.091
16	希腊	33.685	45	乌兹别克斯坦	0.701
17	塞尔维亚	33.169	46	亚美尼亚	0.081
18	波兰	28.131	47	阿富汗	—
19	埃及	22.957	48	阿尔巴尼亚	—
20	捷克	22.928	49	阿塞拜疆	—
21	卡塔尔	19.109	50	白俄罗斯	—
22	阿曼	16.055	51	波黑	—
23	越南	12.029	52	柬埔寨	—
24	阿联酋	11.740	53	伊拉克	—
25	斯里兰卡	9.499	54	老挝	—
26	爱沙尼亚	7.460	55	缅甸	—
27	吉尔吉斯斯坦	6.138	56	叙利亚	—
28	斯洛文尼亚	6.109	57	塔吉克斯坦	—
29	斯洛伐克	5.639	58	也门	—

注: 表示数据库中未统计。

数据来源:同表 6-3。

4. 金融结构总体指标

本书在莱文(Levine,2002)测算方法的基础上,借鉴盛斌和景光正(2019)的做法,选取金融结构的深度、活力和效率三个变量对"一带一路"沿线国家的金融结构特征进行衡量,并运用 PCA 方法将三个变量构造为一个解释力度较高的综合指标,以便全面把握金融结构变量。其中,三个指标均进行对数处理,数值越大,表明一国金融结构越趋向于市场主导型金融结构;反之,则表明趋向于银行主导型金融结构。

考虑到数据完整性与可得性,并且在对比莱文(Levine,2002)测算结果以确保指标测算的准确性后,本书最终获得 1996—2017 年 45 个"一带一路"国家的金融结构数值,并从高到低进行排名,结果见表 6-6。其中,排名前五位的国家为新加坡、沙特阿拉伯、土耳其、俄罗斯和印度,排名后五位的国家是拉脱维亚、斯洛伐克、格鲁吉亚、蒙古国和亚美尼亚。排名越高,意味着该国金融结构为市场主导型,企业在该国投资时门槛较低,更易获取资金支持;排名越低,则意味着该国金融结构为银行主导型,资金获取的程序较为复杂且耗时较长。

表 6-6 "一带一路"部分国家金融结构的综合排名

排名	国家	金融深度	排名	国家	金融深度
1	新加坡	1.929	16	波兰	0.518
2	沙特阿拉伯	1.912	17	埃及	0.471
3	土耳其	1.775	18	捷克	0.369
4	俄罗斯	1.568	19	阿曼	0.332
5	印度	1.484	20	阿联酋	0.204
6	科威特	1.381	21	希腊	0.179
7	巴基斯坦	1.342	22	黑山	0.130
8	卡塔尔	1.303	23	叙利亚	−0.108
9	菲律宾	1.293	24	巴林	−0.138
10	马来西亚	1.197	25	斯里兰卡	−0.156
11	印度尼西亚	1.099	26	塞浦路斯	−0.160
12	约旦	1.014	27	立陶宛	−0.539
13	泰国	0.925	28	爱沙尼亚	−0.608
14	以色列	0.880	29	斯洛文尼亚	−0.983
15	匈牙利	0.761	30	乌克兰	−1.041

排名	国家	金融深度	排名	国家	金融深度
31	克罗地亚	−1.053	39	马其顿	−1.689
32	越南	−1.069	40	保加利亚	−1.818
33	吉尔吉斯斯坦	−1.084	41	拉脱维亚	−1.849
34	哈萨克斯坦	−1.138	42	斯洛伐克	−2.214
35	罗马尼亚	−1.288	43	格鲁吉亚	−2.272
36	孟加拉国	−1.377	44	蒙古国	−2.466
37	黎巴嫩	−1.670	45	亚美尼亚	−4.431
38	尼泊尔	−1.680			

四、金融稳定指标

对于一国的金融生态而言,除了金融发展、金融结构和金融机构等侧重"量"度的指标外,还需要考虑该国的金融稳定性。为此,本书选取两个指标加以反映:一是银行不良贷款率,数据来自国际货币基金组织金融稳健指数数据库（Financial Soundness Indicators Database，FSI）和IMF;二是股票价格波动性,即国内股票价格指数在 360 天中的平均波动,数据来自 Bloomberg 数据库。

1. 银行不良贷款率

金融机构不良贷款率是衡量其信贷资产安全的关键指标。根据国际通行标准,10％是金融机构不良资产率的警戒线,若超过 10％则意味着该国的金融风险较大,金融稳定性较差。从表 6-7 可以发现,在 51 个有数据可得的沿线国家中,22 个国家的银行不良贷款率超过 10％,占比高达 43.1％。统计结果还显示,乌克兰、希腊、塞浦路斯、印度尼西亚、孟加拉国在某些年份的不良贷款率都超过了 40％;而在 29 个未达到警戒线的沿线国家中,爱沙尼亚、乌兹别克斯坦等国家的不良贷款率整体控制较好。

表 6-7 "一带一路"部分国家的银行不良贷款率分布 　　　　　　（％）

超过10%警戒线的国家			未超过10%警戒线的国家		
编号	国家	不良贷款率均值	编号	国家	不良贷款率均值
1	乌克兰	45.17	1	波黑	9.97
2	希腊	29.59	2	阿联酋	9.97
3	塞浦路斯	26.24	3	罗马尼亚	9.13
4	印度尼西亚	25.58	4	立陶宛	8.89
5	孟加拉国	24.55	5	约旦	8.00
6	泰国	22.99	6	亚美尼亚	7.67
7	塞尔维亚	21.59	7	波兰	7.27
8	保加利亚	18.57	8	格鲁吉亚	7.19
9	斯洛伐克	17.65	9	菲律宾	6.99
10	巴基斯坦	14.78	10	科威特	6.55
11	马其顿	14.40	11	以色列	5.60
12	哈萨克斯坦	14.28	12	吉尔吉斯斯坦	5.35
13	俄罗斯	13.65	13	沙特阿拉伯	5.01
14	塔吉克斯坦	13.25	14	土耳其	4.77
15	摩尔多瓦	13.19	15	拉脱维亚	4.76
16	印度	12.19	16	匈牙利	4.53
17	捷克	12.02	17	阿塞拜疆	4.38
18	白俄罗斯	11.83	18	斯洛文尼亚	4.30
19	克罗地亚	11.20	19	黎巴嫩	4.24
20	埃及	10.40	20	阿曼	4.10
21	阿尔巴尼亚	10.30	21	巴林	3.35
22	马来西亚	10.07	22	新加坡	3.35
			23	斯里兰卡	3.16
			24	柬埔寨	2.61
			25	越南	2.27
			26	乌兹别克斯坦	1.72
			27	尼泊尔	1.69
			28	卡塔尔	1.40
			29	爱沙尼亚	0.85

数据来源：根据 FSI 和 IMF 数据整理得出。

2. 股票价格波动性

股票价格作为股票市场乃至金融市场的"晴雨表"，同样是反映金融稳定性的重要指标之一。根据 FSI 和 IMF 数据的整理结果，在"一带一路"沿线国家中，蒙古国、俄罗斯、哈萨克斯坦、土耳其、塞浦路斯等国家的股票价格年化波动率较高,很多年份都大于50％,其波动幅度之大可见一斑。与之不同,约旦、黎巴嫩、巴林、马来西亚等国家的股票价格年化波动率不仅整体波幅较小,而且在部分年份均低于10％,再次反映出沿线国家的金融稳定性同样差距甚远。

五、金融开放指标

资本账户开放和金融服务业开放是一国金融开放的两个基本方面。其中,前者指取消跨境资本流动壁垒,属于金融自由化范畴;后者指允许外国金融机构在国内独立或合资建立商业存在,并以发放牌照的方式允许其提供金融服务,属于服务贸易自由化范畴(陈雨露等,2007;张礼卿,2020)。

1. 资本账户开放

金融开放实质上是指放松资本管制的过程(Tan et al.,2020),而相比于金融市场发展水平,资本管制对海外投资资产和负债的影响更为直接,作用也更为显著。为此,本书主要采用资本管制来衡量"一带一路"国家的金融开放水平。

在数据来源方面,《汇率安排和汇兑限制年报》(以下简称《年报》)于1995年起每年公布各经济体的详细资本管制信息,费尔南德斯等(Fernández et al.,2016)利用这些信息并根据一定的编制原则将《年报》中对各经济体每种资本管制情形的文字性描绘赋予相应的数值,从而构建了不同经济体不同类型资本的管制数据。该数据库全面提供了包括资本流入、海外投资流入、海外投资流动性限制、融资信贷流入、债券流入、股权流入、衍生品流入、担保品和抵押品流入在内的各类资本管制指数,因此可以相对准确地体现一国的金融开放程度。同时,该数据库一共涵盖了39个"一带一路"沿线国家和地区及其各类资本管制指数。

(1)"一带一路"沿线国家与非沿线国家的比较

根据费尔南德斯等构建的资本管制数据集,可以发现,2000—2015

年世界各国(地区)的资本管制强度总体呈下降趋势。但是与此同时,各国(地区)之间的资本管制程度仍然存在明显的差别。2000—2015 年资本管制强度始终较强的典型代表国家(地区)包括印度、缅甸、越南、阿尔及利亚、沙特阿拉伯等,资本管制强度始终较弱的国家(地区)包括美国、加拿大、英国、法国、德国、日本、新加坡等;资本管制强度由弱变强的国家(地区)包括阿根廷、埃塞俄比亚、冰岛、吉尔吉斯斯坦、委内瑞拉等;资本管制强度由强变弱的国家(地区)包括匈牙利、伊朗、波兰、罗马尼亚等;而巴西、哈萨克斯坦的资本管制强度分别处于"强—弱—强—弱"和"弱—强—弱"的动态变化过程之中。可以看出,在"一带一路"沿线区域中,除了新加坡等国家外,绝大多数经济体或者资本管制强度始终处于高位,或者处于由弱转强或者由强转弱的动态变化之中,其资本管制程度整体较高,金融开放程度低于非沿线国家,在一定程度上反映了沿线国家金融生态状况不容乐观的客观事实。

(2)"一带一路"沿线国家之间的指数比较

为了比较"一带一路"沿线国家的金融开放情况,本书结合"海外投资"的主题,在针对沿线国家资本流入的各类资本管制指数中,选择了四个典型指标:一国资本流入的总体管制指数(KAI)、海外投资流入的管制指数(DII)、直接投资流动性的限制指数(LDI)、融资信贷流入的管制指数(FCI)。

在 39 个数据可得的沿线国家中,以新加坡、文莱、保加利亚、匈牙利、捷克、罗马尼亚、格鲁吉亚、拉脱维亚、希腊、埃及、以色列、卡塔尔为代表的部分国家,其资本流入的管制指数 KAI 较低,为 0.10 或者0.05,甚至个别年份为 0;而以印度、缅甸、斯里兰卡、越南、乌兹别克斯坦为代表的部分国家,其资本流入的管制指数在大多数年份高达 1.0,个别年份也达到了 0.90 或者0.95,其差异十分明显。

具体到针对海外投资流入的管制指数 DII 和直接投资流动性的限制指数 LDI 而言,更是泾渭分明。一类国家以印度、印度尼西亚、俄罗斯、缅甸、泰国、越南、孟加拉国、巴基斯坦、斯里兰卡、土耳其、巴林、伊朗、科威特、波兰、希腊、斯洛文尼亚、乌克兰等为代表,在绝大多数年份对海外投资流入实施管制,其限制指数为1;而另一类国家以新加坡、文莱、菲律宾、保加利亚、匈牙利、罗马尼亚、格鲁吉亚、哈萨克斯坦、吉尔吉斯斯坦、拉脱维亚、摩尔多瓦、埃及等为代表,几乎在所有年份对海外投资持有十分积极和欢迎的态度,不采取任何管制措施,其管制指数为0。与之相类似,绝大多数沿线国家对直接投资流动性不采取任何限制,其管制指数LDI为0,而在印度、缅甸、孟加拉国、斯里兰卡、乌兹别克斯坦等为数不多的沿线国家,其在大多数年份依然对直接投资流动性实施限制,其管制指数为1。

　　特别值得强调的是,由于"一带一路"沿线国家的金融发展水平有限,且金融生态水平参差不齐,海外投资者在沿线国家进行直接投资时,所需要的大量资金往往无法在东道国获得融资,只能依靠融资信贷的海外流入。然而即使如此,如图6-5所示,个别国家(如印度、孟加拉国、伊朗、缅甸、斯里兰卡和乌兹别克斯坦)对融资信贷的流入依然会采取管制性措施,其FCI指数为1。

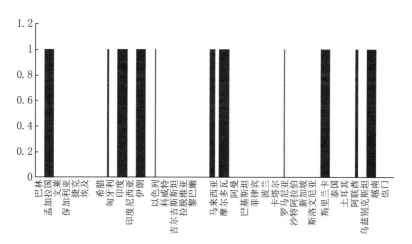

图6-5　"一带一路"部分国家融资信贷流入的管制指数

数据来源:Fernández et al.(2016),Capital control measures:a new dataset.

（3）"一带一路"沿线国家之间的政策比较

为了更深入地反映"一带一路"沿线国家的金融开放度,特别是对于海外投资流入的开放程度,本书还搜集了沿线国家对外国直接投资的各项政策规定,详见附录。表 6-8 通过比较各沿线国家在货币兑换、中资机构、融资条件、最低投资额、可投资行业、投资模式和外资股权比例,充分反映了"一带一路"沿线国家对海外投资流入的开放政策存在巨大的差异,而这些差异必然影响中国企业在沿线国家的海外投资效率。

表 6-8　"一带一路"国家对海外投资流入的开放政策对比

金融政策	政策差异	沿线国家
当地货币	可自由兑换	马来西亚、蒙古国、新加坡、印度尼西亚、韩国、缅甸、老挝、马尔代夫、阿联酋、科威特、巴林、也门、黎巴嫩、阿尔巴尼亚、埃及、俄罗斯、哈萨克斯坦、乌兹别克斯坦、爱沙尼亚、吉尔吉斯斯坦、塔吉克斯坦、阿塞拜疆、格鲁吉亚、拉脱维亚、罗马尼亚、捷克、斯洛伐克、斯洛文尼亚、匈牙利、克罗地亚等
	不可自由兑换	巴基斯坦、叙利亚、越南、白俄罗斯、乌克兰、马其顿等
	● 与人民币可（部分）自由兑换	尼泊尔、沙特阿拉伯、斯洛伐克、韩国、老挝、缅甸、阿联酋、哈萨克斯坦、立陶宛、保加利亚、爱沙尼亚、埃及等
	● 与人民币不可直接结算	阿塞拜疆、波兰、波黑、柬埔寨、越南、摩尔多瓦、土库曼斯坦、匈牙利、伊拉克、伊朗、以色列、捷克、巴林、俄罗斯、科威特、塞尔维亚、乌兹别克斯坦、印度、约旦、马尔代夫、孟加拉国等
外汇管理	自由管理	爱沙尼亚、巴基斯坦、巴林、保加利亚、俄罗斯、格鲁吉亚、吉尔吉斯斯坦、科威特、黎巴嫩、马尔代夫、蒙古国、孟加拉国、摩尔多瓦、塔吉克斯坦、土库曼斯坦、新加坡、匈牙利、亚美尼亚、伊拉克、印度尼西亚、约旦
	有条件的自由管理	阿尔巴尼亚、阿联酋、阿塞拜疆、白俄罗斯、波黑、波兰、哈萨克斯坦、柬埔寨、捷克、拉脱维亚、老挝、立陶宛、罗马尼亚、马来西亚、马其顿、塞尔维亚、斯洛伐克、斯洛文尼亚、叙利亚、也门、印度
	外汇管制	尼泊尔、沙特阿拉伯、乌克兰、乌兹别克斯坦、伊朗

金融政策	政策差异		沿线国家
中资银行证券	有中资金融机构	● 有银行	阿联酋、埃及、巴基斯坦、巴林、白俄罗斯、保加利亚、波兰、俄罗斯、格鲁吉亚、哈萨克斯坦、柬埔寨、捷克、科威特、克罗地亚、老挝、马来西亚、缅甸、塞尔维亚、沙特阿拉伯、新加坡、匈牙利、印度、印度尼西亚
		● 有银行代表处	蒙古国、乌兹别克斯坦
		● 有保险公司	阿联酋、巴基斯坦
		● 有证券公司	柬埔寨、老挝、马来西亚
	无中资金融机构	● 无中资银行	阿塞拜疆、爱沙尼亚、吉尔吉斯斯坦、黎巴嫩、罗马尼亚、摩尔多瓦、土库曼斯坦、亚美尼亚、伊朗
		● 无中资金融机构	阿尔巴尼亚、立陶宛、孟加拉国、尼泊尔、叙利亚、也门
融资条件	同等待遇		爱沙尼亚、巴基斯坦、巴林、波黑、波兰、格鲁吉亚、哈萨克斯坦、捷克、克罗地亚、拉脱维亚、立陶宛、罗马尼亚、蒙古国、孟加拉国、摩尔多瓦、塞尔维亚、斯洛伐克、乌克兰、亚美尼亚、印度
	有条件的同等待遇		以色列
	不能使用人民币进行跨境贸易和投资		阿塞拜疆、巴林、保加利亚、波兰、格鲁吉亚、吉尔吉斯斯坦、柬埔寨、老挝、黎巴嫩、立陶宛、马其顿、摩尔多瓦、尼泊尔、塞尔维亚、土库曼斯坦、乌兹别克斯坦、约旦
最低投资额	有最低投资额		巴基斯坦、克罗地亚、老挝、蒙古国、尼泊尔、斯洛文尼亚、匈牙利、伊拉克、约旦
	无最低投资额		阿尔巴尼亚、阿联酋、阿塞拜疆、埃及、爱沙尼亚、巴林、白俄罗斯、保加利亚、波黑、波兰、俄罗斯、格鲁吉亚、哈萨克斯坦、吉尔吉斯斯坦、柬埔寨、捷克、科威特、拉脱维亚、黎巴嫩、立陶宛、罗马尼亚、马尔代夫、马来西亚、马其顿、孟加拉国、缅甸、摩尔多瓦、塞尔维亚、沙特阿拉伯、斯洛伐克、塔吉克斯坦、土库曼斯坦、乌克兰、乌兹别克斯坦、新加坡、叙利亚、亚美尼亚、也门、伊朗、以色列、印度、印度尼西亚、越南

金融政策	政策差异		沿线国家
投资模式	国际直接投资	● 绿地投资	巴基斯坦、白俄罗斯、克罗地亚、拉脱维亚、黎巴嫩、马其顿、蒙古国、斯洛伐克、斯洛文尼亚、匈牙利
		● 跨国并购	埃及、巴基斯坦、白俄罗斯、保加利亚、波黑、俄罗斯、吉尔吉斯斯坦、柬埔寨、捷克、科威特、拉脱维亚、黎巴嫩、立陶宛、马来西亚、马其顿、蒙古国、塞尔维亚、斯洛伐克、斯洛文尼亚、塔吉克斯坦、乌兹别克斯坦、新加坡、匈牙利、叙利亚、伊拉克、伊朗、以色列、印度、印度尼西亚、越南
		● 合资经营	阿尔巴尼亚、阿联酋、阿塞拜疆、埃及、巴林、波黑、俄罗斯、哈萨克斯坦、柬埔寨、孟加拉国、塞尔维亚、沙特阿拉伯、新加坡、叙利亚、也门、伊拉克、伊朗、以色列、印度尼西亚、约旦
		● 独资经营	阿尔巴尼亚、阿塞拜疆、巴林、白俄罗斯、俄罗斯、老挝、罗马尼亚、孟加拉国、缅甸、乌克兰、新加坡、亚美尼亚、也门、伊拉克、伊朗、印度尼西亚、约旦
		● 合作经营	阿尔巴尼亚、阿联酋、埃及、哈萨克斯坦、克罗地亚、老挝、罗马尼亚、缅甸、沙特阿拉伯、斯洛文尼亚、新加坡、亚美尼亚、伊拉克、伊朗
		● 未细分	爱沙尼亚、柬埔寨、摩尔多瓦、越南
	国际间接投资		爱沙尼亚、波黑、俄罗斯、吉尔吉斯斯坦、黎巴嫩、蒙古国、摩尔多瓦、乌克兰、乌兹别克斯坦、亚美尼亚、越南
可投资行业	正面清单制		埃及、罗马尼亚、马尔代夫、约旦
	批准制		缅甸、尼泊尔
	禁止清单制		阿联酋、巴林、俄罗斯、科威特、拉脱维亚、立陶宛、马其顿、孟加拉国、摩尔多瓦、尼泊尔、沙特阿拉伯、斯洛文尼亚、塔吉克斯坦、乌克兰、叙利亚、也门、越南
	限制清单制		巴基斯坦、格鲁吉亚、柬埔寨、克罗地亚、黎巴嫩、塞尔维亚、斯洛伐克、乌兹别克斯坦

金融政策	政策差异	沿线国家
可投资行业	禁止＋限制清单制	白俄罗斯、波黑、哈萨克斯坦、捷克、蒙古国、土库曼斯坦、新加坡、匈牙利、以色列、印度、印度尼西亚
	限制＋鼓励清单制	马来西亚
	无限制	阿尔巴尼亚、吉尔吉斯斯坦
	无明确规定	阿塞拜疆、爱沙尼亚、波兰、老挝、亚美尼亚、伊拉克
外资股权比例	有限制	哈萨克斯坦、克罗地亚、蒙古国
	无限制（允许外资拥有100％的股权）	巴基斯坦、孟加拉国、尼泊尔、乌兹别克斯坦
	无明确规定	阿尔巴尼亚、阿联酋、阿塞拜疆、埃及、爱沙尼亚、巴林、白俄罗斯、保加利亚、波黑、波兰、俄罗斯、格鲁吉亚、吉尔吉斯斯坦、柬埔寨、捷克、科威特、拉脱维亚、老挝、黎巴嫩、立陶宛、罗马尼亚、马尔代夫、马来西亚、马其顿、缅甸、摩尔多瓦、塞尔维亚、沙特阿拉伯、斯洛伐克、斯洛文尼亚、塔吉克斯坦、土库曼斯坦、乌克兰、新加坡、匈牙利、叙利亚、亚美尼亚、也门、伊拉克、伊朗、以色列、印度、印度尼西亚、约旦、越南

2. 金融服务开放

金融服务业开放，主要体现为东道国是否允许外国金融机构在国内独立或合资建立商业存在，并通过发放牌照方式允许其提供金融服务。为了反映金融服务业的开放程度，本书选取外国银行的数量占比和资产占比两个衡量指标，数据来自克拉森斯和范霍伦（Claessens and Van Horen，2014，2015）。

就金融服务业开放而言，"一带一路"国家的情形泾渭分明：一方面，格鲁吉亚、以色列、科威特、阿曼、卡塔尔、沙特阿拉伯、斯里兰卡、也门等国家严禁外国银行进入，这一点在附录中也有具体介绍；另一方面，在蒙古国、匈牙利、阿尔巴尼亚、吉尔吉斯斯坦等国家，外国银行的数量占比在很多年份均超过了80％；在爱沙尼亚、阿尔巴尼亚、立陶宛、克罗地亚等国家,外国银行的资产占比在多数年份都达到了90%以上,外国银行在上述国家的金融体系中扮演了至关重要的角色。

六、金融竞争指标

为了反映沿线国家的金融竞争程度,本书还选取银行集中度指标,即最大的三家商业银行占全部商业银行资产的占比来衡量,数据来自全球银行与金融机构分析库(Bankscope and Orbis Bank Focus, Bureau van Dijk, BvD)。表 6-9 显示,"一带一路"沿线国家的银行集中度也存在差异。本书按照从高到低,将样本国家的银行集中度大体划分为四组:50%以下、50%～70%、70%～90%和90%以上。可以发现,银行集中度较低的沿线国家主要有印度尼西亚、黎巴嫩、印度等,其最大的三家商业银行在全部商业银行资产中的占比低于40%,表明商业银行体系内存在较为激烈的竞争;与之形成对比的是,缅甸、塔吉克斯坦和卡塔尔的银行集中度高达90%以上,其最大的三家商业银行基本上垄断了国内商业银行市场。位列这两种极端情况之间的是,分别有23个沿线国家的银行集中度为50%～70%和70%～90%,表明"一带一路"国家银行业市场结构的主要形态是垄断竞争。

表 6-9 "一带一路"国家银行集中度的分布区间

50%以下		50%～70%		70%～90%		90%以上	
国家	银行集中度	国家	银行集中度	国家	银行集中度	国家	银行集中度
土耳其	49.32	以色列	69.89	叙利亚	88.60	缅甸	94.28
马来西亚	49.30	保加利亚	68.79	老挝	88.44	塔吉克斯坦	92.36
尼泊尔	48.60	阿曼	68.55	爱沙尼亚	83.72	卡塔尔	90.75
拉脱维亚	46.22	乌克兰	67.87	伊拉克	83.14		
波兰	45.56	亚美尼亚	67.40	新加坡	82.75		
泰国	45.22	斯里兰卡	65.22	也门	81.02		
印度	37.24	俄罗斯	64.62	约旦	79.92		
黎巴嫩	35.70	哈萨克斯坦	64.10	斯洛伐克	79.80		
印度尼西亚	34.80	塞尔维亚	63.91	乌兹别克斯坦	79.40		

50%以下		50%～70%		70%～90%		90%以上	
国家	银行集中度	国家	银行集中度	国家	银行集中度	国家	银行集中度
		捷克	63.39	科威特	78.64		
		菲律宾	63.37	阿尔巴尼亚	78.62		
		克罗地亚	61.86	罗马尼亚	78.33		
		阿联酋	60.98	塞浦路斯	77.53		
		蒙古国	60.94	立陶宛	77.53		
		斯洛文尼亚	60.87	阿塞拜疆	77.07		
		孟加拉国	60.72	格鲁吉亚	76.97		
		埃及	58.87	希腊	76.84		
		波黑	58.73	阿富汗	76.48		
		匈牙利	57.72	马其顿	75.79		
		巴基斯坦	56.37	吉尔吉斯斯坦	75.04		
		越南	54.94	蒙古国	73.71		
		柬埔寨	54.69	巴林	72.66		
		沙特阿拉伯	54.30	白俄罗斯	72.53		

第三节　广义金融生态的指标合成

如前所述,广义金融生态的构成要素包括金融主体和所有直接或间接影响金融主体的金融环境之间、金融主体之间、金融主体与金融环境之间互相影响,共同形成的具有一定特征和功能的动态有机系统。因此,金融主体和金融环境均是整个金融生态系统不可分割、缺一不可的有机整体,其涵盖的指标范围更为广泛。

本书借鉴生态学中衡量"生态物种多样性"的 Shannon-Wiener 指数,刻画一国金融主体的多样化程度,并参考李扬等(2009)对金融生态评价指标的构造方式,从经济基础、金融状况、政府治理和法律规范 4 个维度考察"一带一路"国家金融生态。鉴于各目标层的侧重点存在差异,本书基于 14 个准则层展开进一步的事实呈现,其中,经济基础维度包含经济发展水平、产业结构优化、可持续发展度和经济开放度四个层面;金融状况维度包含金融发展、金融结构、金融主体、金融开放、金融稳定和金融竞争六个层面；政府治理维度包含政府干预和政府效率两个层面；法律规范包含司法环境和执法力度两个层面。根据"一带一路"国家的具体情况和指标的可获得性，本书确定了48个具体指标，如表6-10所示。

在金融生态的具体衡量指标确定后，主要进行如下测算工作。

一、对金融主体多样化的测度

正如本书所强调的，金融主体和金融环境是金融生态系统中两个关键的核心组成部分。如果将金融系统视为现代经济的重中之重，那么金融主体无疑是金融系统的轴心之一。建立金融生态系统多样性的评价指标体系的第一步，是要对"一带一路"沿线国家金融主体这一核心部分的多样化程度进行测度。

表 6-10　广义金融生态的测度体系和指标

4个维度 （目标层）	14个层面 （准则层）	48个指标 （指标层）	数据来源
D1 经济基础	经济发展水平	GDP 增长率	WDI 数据库
		人均 GDP 增长率	WDI 数据库
		各国 GDP 占比	WDI 数据库
		通货膨胀得分	国家风险国际指南（ICRG）数据库
		资金平衡得分	ICRG 数据库
	产业结构优化	农业占比	WDI 数据库
		制造业占比	WDI 数据库
		服务业占比	WDI 数据库
		技术水平	WDI 数据库
	可持续发展度	自然资源	WDI 数据库
		基础设施	WDI 数据库
		城市化率	WDI 数据库
		教育和科技经费支出占比	WDI 数据库
	经济开放度	外贸依存度	WDI 数据库
		外商直接投资增长率	中经网"一带一路"统计数据库

4 个维度 （目标层）	14 个层面 （准则层）	48 个指标 （指标层）	数据来源
D2 金融 状况	金融发展	金融体系存款比	IFS；IMF
		银行提供的私人信贷总额占 GDP 的比重	IFS；IMF
		股票市值比率 股票市场总交易价值比率	GFDD 数据库
		债券市场融资比	Debt Capital Market 数据库 Dealogic 数据库 世界银行 FinDebt 数据库
	金融结构	金融深度 金融活力	GFDD 数据库 GFDD 数据库
		金融效率	GFDD 数据库
	金融主体	国内银行人均数量	FAS 数据库；IMF
		银行资产占比	IFS；IMF
		非银行资产占比	IFS；IMF
	金融稳定	银行不良贷款率	FSI 数据库；IMF
		股票价格波动性	Bloomberg 数据库
	金融开放	资本流入总体管制指数	Fernández et al.(2016)
		直接投资流入管制指数	Fernández et al.(2016)
		直接投资流动性限制指数	Fernández et al.(2016)
		融资信贷流入管制指数	Fernández et al.(2016)
		外资银行机构数量占比	Claessens and Van Horen(2014，2015)
		外资银行机构资产占比	Claessens and Van Horen(2014，2015)
	金融竞争	金融机构资本利润率 ROE	GFDD 数据库
		金融机构资产利润率 ROA	GFDD 数据库
		银行集中度	全球银行与金融机构分析库（BvD）
D3 政府 治理	政府干预	政府效用	WGI 数据库
		政府消费占比	WDI 数据库
		政局稳定性	WGI 数据库
		经济自由度	世界经济自由指数（EFW）数据库
	政府效率	外部冲突	WGI 数据库
		税收占比或（人均）税收增长率	WDI 数据库

4 个维度 14 个层面 （目标层）（准则层）		48 个指标 （指标层）	数据来源
D4 法律 规范	司法环境	法治和腐败控制	WGI 数据库
		法律结构	WGI 数据库
		言论自由度	WGI 数据库
	执法力度	军队作用	ICRG 数据库
		监管质量	WGI 数据库

为了测度一国金融主体的多样化程度,本书参考生态学中"生物多样性"的测算方法,引入 α 多样性指数。追溯多样性的测定方法,费舍尔(Fisher,1934)在研究群落中物种多度关系时最早提及多样性指数,在当时虽未形成一个具体的多样性指数,但其标志着多样性问题从定性向定量的演变。在此基础上,辛普森(Simpson,1949)基于概率论原理提出了以集中程度判断多样性的思路,并据此构建了 Simpson 指数。针对该指数对样本主体敏感度的非均一性,美国生物学家和信息理论家香农(Shannon)、美国生态学家威纳(Wiener)在 20 世纪 50 年代提出了 Shannon-Wiener 指数,开启了多样性指标研究的新时代。尽管在随后的 20 世纪六七十年代,涌现出大量的多样性测度方法(Grassle and Taillie,1979),但是这些指数与 Shannon-Wiener 指数相比,针对性过于明显且模型简单,后被逐渐淘汰(Moss and Cooperrider,1994)。惠特克等(Whittaker et al.,2001)在上述指数的基础模型中引入了 α、β、γ 等多样性指数的概念,这也是目前物种多样性测度经常使用的指数。

Shannon-Wiener 指数是 α 多样性指数中具有代表性的一种,本书将之用于刻画金融生态中金融主体的丰富程度及分布均匀情况,即:

$$SW = -\sum_{i=1}^{s}(P_i log P_i) \tag{6-1}$$

$$P_i = \frac{N_i}{N} \tag{6-2}$$

其中,分母 N 为整个金融生态系统中所有金融机构的资产规模总量,分子 N_i 为第 i 类金融机构的资产规模,P_i 为第 i 类金融机构的资产规模在金融生态系统总资产规模中的占比,s 为金融机构的种类数。根据国际常用划分,金融机构共有 11 类,分别为大型商业银行、国家开发银行和政策性银行、股份制银行、城市商业银行、小型农村金融机构、财务公司、信托公司、邮政储蓄、外资银行、新型农村金融机构和其他。鉴于 GFDD 数据的可获得性,本书共选取中央银行、大型商业银行、外资银行等 9 个相关指标,因此 $s=9$。

在金融生态系统中,金融机构的种类数及其各类金融机构的分布情况是影响 Shannon-Wiener 指数大小的关键因素,Shannon-Wiener 指数值与一国金融主体的多样化程度成正比。本书运用 Primer 计算得到各经济体的 Shannon-Wiener 指数,具体如表 6-11 所示。不难发现,"一带一路"国家的金融主体多样化水平呈现出一定的差异化特征。其中,格鲁吉亚、摩尔多瓦和吉尔吉斯斯坦的金融主体多样性位居前三,而爱沙尼亚、泰国和越南的金融主体多样化程度较低。但是除越南外,其他国家的金融主体多样化程度虽存在差异,但并不悬殊。

表 6-11 "一带一路"国家金融主体多样化程度排名

排名	国家	SW 指数	排名	国家	SW 指数
1	格鲁吉亚	1.738 0	13	柬埔寨	1.598 8
2	摩尔多瓦	1.695 7	14	匈牙利	1.587 2
3	吉尔吉斯斯坦	1.693 0	15	黎巴嫩	1.584 8
4	老挝	1.675 8	16	立陶宛	1.576 9
5	拉脱维亚	1.671 7	17	埃及	1.562 4
6	阿塞拜疆	1.663 0	18	蒙古国	1.562 0
7	斯里兰卡	1.642 9	19	塞尔维亚	1.560 0
8	乌克兰	1.632 4	20	印度尼西亚	1.553 5
9	波黑	1.628 6	21	希腊	1.550 6
10	菲律宾	1.627 5	22	斯洛伐克	1.538 0
11	巴基斯坦	1.613 0	23	约旦	1.508 5
12	哈萨克斯坦	1.600 3	24	卡塔尔	1.507 5

排名	国家	SW 指数	排名	国家	SW 指数
25	尼泊尔	1.497 2	37	俄罗斯	1.429 1
26	斯洛文尼亚	1.493 0	38	土耳其	1.420 9
27	孟加拉国	1.490 9	39	捷克	1.418 5
28	阿曼	1.488 8	40	塞浦路斯	1.415 4
29	阿尔巴尼亚	1.485 9	41	印度	1.402 3
30	马其顿	1.477 7	42	白俄罗斯	1.381 8
31	叙利亚	1.470 7	43	罗马尼亚	1.350 7
32	塔吉克斯坦	1.453 0	44	马来西亚	1.340 9
33	克罗地亚	1.451 3	45	爱沙尼亚	1.338 5
34	以色列	1.443 8	46	泰国	1.305 9
35	波兰	1.440 8	47	越南	1.077 2
36	保加利亚	1.430 7			

注:由于个别国家数据缺失,最终计算得出 47 个国家的 Shannon-Wiener 指数。

二、对金融生态多样化的测度

为了对"一带一路"沿线国家广义的金融生态多样性进行全面测度,本书分别采用了两种办法:层次分析法(AHP)和主成分分析法(PCA)。

1. AHP 方法的测算结果

美国运筹学家萨蒂(Saaty, 1977)提出的 AHP 方法,是广泛运用于分析复杂性系统的重要方法,具有多目标、多准则的特点。具体而言,AHP 方法的评价体系中包含目标层、准则层和指标层,并在此基础上引入判断矩阵,运用逐层处理的方法,基于线性代数的原理对特定目标进行评估。考虑到一国金融生态同样具有多目标、多准则的特点,因此以 AHP 方法测度金融生态具有合理性。

在表 6-10 确定广义金融生态具体指标的基础上,本书首先运用熵值法确定指标权重。考虑到所构建的评价体系中各指标对金融生态的影响各不相同,如果采用 AHP 方法进行测度时赋予各指标相同权重,显然不尽合理。因此,为了准确反映各项指标对金融生态的差异化影响,确定合适的指标权重尤为重要。已有的权重确定方法可大致分为主观赋权法和客观赋权法两类:前者主要以德尔菲(Delphi)专家评估法为代表,其核心是领域内的专家基于对各项指标内涵与外延的理解,赋予其特定权重,而不需要具体的指标数据,因此在模糊指标的定性分析中使用广泛,但该方法的主观性较强,难免失之偏颇;相比之下,客观赋权法可以有效规避主观意向的影响,例如变异系数赋权法、熵值法等。信息"熵"是香农(Shannon,1948)从物理学中引入的信息论概念,用于衡量信息的无序程度。各指标的信息熵取值越小,表明信息无序程度越低,其包含的信息的效用也越大,相应地,赋予该指标的权重也越大;与此相反,信息熵取值越大,表明信息无序程度越高,其包含的信息的效用值越小,赋予的权重也越小。考虑到客观赋权法较为全面地根据指标体系的目标值或属性值来计算权重,能够客观地刻画各项指标的效用,本书运用熵值法确定指标权重。

由表 6-12 可知,印度、马来西亚、泰国、沙特阿拉伯、新加坡等经济体的金融生态多样化程度高。与之形成对比的是,塔吉克斯坦、阿富汗、叙利亚等经济体的金融生态多样性不足 0.06,金融生态环境单一。图 6-16 更为生动地刻画了"一带一路"国家金融生态的多样性,位居第一的印度与排名最后的叙利亚之间的金融生态得分差距高达 0.365 6,其悬殊的对比也在一定程度上反映了"一带一路"国家的金融生态多样化差异程度。

表 6-12 "一带一路"国家金融生态多样性 AHP 测算结果排名

排名	国家	金融生态	排名	国家	金融生态
1	印度	0.401 6	7	斯里兰卡	0.300 0
2	马来西亚	0.381 9	8	印度尼西亚	0.280 3
3	泰国	0.381 3	9	乌克兰	0.279 1
4	沙特阿拉伯	0.351 8	10	孟加拉国	0.274 0
5	新加坡	0.351 0	11	土耳其	0.273 3
6	俄罗斯	0.307 2	12	菲律宾	0.271 5

排名	国家	金融生态	排名	国家	金融生态
13	缅甸	0.258 3	36	克罗地亚	0.164 8
14	乌兹别克斯坦	0.245 8	37	立陶宛	0.164 0
15	越南	0.245 2	38	埃及	0.149 4
16	希腊	0.242 8	39	拉脱维亚	0.147 5
17	巴林	0.237 1	40	阿尔巴尼亚	0.142 9
18	塞浦路斯	0.219 4	41	斯洛伐克	0.137 3
19	波兰	0.218 8	42	罗马尼亚	0.129 8
20	科威特	0.206 8	43	黑山	0.129 3
21	卡塔尔	0.198 5	44	塞尔维亚	0.128 7
22	以色列	0.193 1	45	格鲁吉亚	0.126 3
23	阿曼	0.190 6	46	亚美尼亚	0.124 8
24	捷克	0.190 3	47	波黑	0.120 5
25	哈萨克斯坦	0.189 6	48	白俄罗斯	0.113 0
26	黎巴嫩	0.183 1	49	蒙古国	0.111 8
27	匈牙利	0.182 8	50	马其顿	0.110 0
28	巴基斯坦	0.182 3	51	阿塞拜疆	0.103 5
29	阿联酋	0.181 9	52	尼泊尔	0.094 0
30	吉尔吉斯斯坦	0.176 7	53	柬埔寨	0.084 8
31	爱沙尼亚	0.172 8	54	老挝	0.074 6
32	斯洛文尼亚	0.171 0	55	伊拉克	0.063 0
33	保加利亚	0.167 7	56	塔吉克斯坦	0.053 9
34	摩尔多瓦	0.167 2	57	阿富汗	0.053 8
35	约旦	0.165 3	58	叙利亚	0.038 0

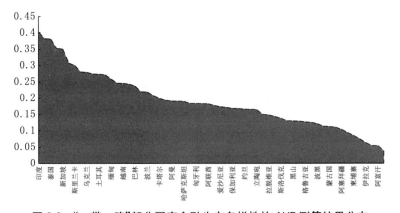

图 6-6 "一带一路"部分国家金融生态多样性的 AHP 测算结果分布

在此基础上,考虑到"一带一路"各国金融主体和金融环境的具体指数差别较大,为了进一步测度"一带一路"国家的金融生态多样性程度,本书采用模糊综合评价法(FCE)进行评估。具体来说,根据模型结构的差异,FCE 模型可划分为单层次模型和多层次模型两类。结合"一带一路"国家的实际状况,其金融生态系统体系庞大、涉及因素众多,加之各因素所属的层次不同,故本书采用二级 FCE 方法。评价的基本过程如下:

(1) 确定因素集

设评判因素集合为 U,并将其按一定的标准划分成 m 个子集,使其满足

$$\begin{cases} \sum\limits_{i=1}^{m} U_i = U \\ U_i \cap U_j = \varnothing, \ i \neq j \end{cases} \tag{6-3}$$

由此可得第二级评判因素集合:

$$U = \{U_1, U_2, U_3, \cdots, U_m\} \tag{6-4}$$

其中,$U_i = \{U_{ik}\}$,$k = 1, 2, 3, \cdots, n$ 表示子集 U_i 中含有 n 个评判因素。

如表 6-13 所示,本章从金融环境和金融主体两个维度出发确定金融生态多样性评价指标体系因素集,其中金融环境包括 5 个准则层(即 $m = 5$):经济基础、金融发展、政府治理、法律制度和信用意识。根据每个目标层维度的侧重点不同,本章从 17 个指标层面进行深入考察。

(2) 确定评判矩阵

"一带一路"国家金融生态多样性是在一个时间序列 T 上进行的,一级评价指标集合 U_i 中的第 k 个指标 U_{ik} 在第 p 年的实测值为 $U_{ik}^{(p)}$,$p = 1, 2, \cdots, t$。

记 $U_{ik}^{(\max)} = \max_p U_{ik}^{(p)}$,$U_{ik}^{(\min)} = \min_p U_{ik}^{(p)}$。如果指标 U_{ik} 属于越大越优

型指标,如经济发展水平、金融机构丰富度等,则令 $\partial_{ik}^{(p)} = \dfrac{\left[U_{ik}^{(p)} - U_{ik}^{(\min)}\right]}{\left[U_{ik}^{(\max)} - U_{ik}^{(p)}\right]}$;

如果指标 U_{ik} 属于越小越优型指标,则令 $\partial_{ik}^{(p)} = \dfrac{\left[U_{ik}^{(\max)} - U_{ik}^{(p)}\right]}{\left[U_{ik}^{(\max)} - U_{ik}^{(\min)}\right]}$。

显然,$\partial_{ik}^{(p)}$ 是对于评价指标 U_{ij} 而言的,第 p 年从属于"多样性"的隶属度。这样,就可以得到如下隶属度矩阵:

$$A_i = \begin{bmatrix} \partial_{i1}^{(1)} & \partial_{i1}^{(2)} & \cdots & \partial_{i1}^{(p)} \\ \partial_{i2}^{(1)} & \partial_{i2}^{(2)} & \cdots & \partial_{i2}^{(p)} \\ \vdots & \vdots & \vdots & \vdots \\ \partial_{ik}^{(1)} & \partial_{ik}^{(2)} & \cdots & \partial_{ik}^{(p)} \end{bmatrix} \tag{6-5}$$

如果二级评价指标 U_{ik} 的权重分配为 $W_i = W_{i1},\ W_{i2},\ \cdots,\ W_{ik}$,那么一级评价结果为 $V_i = W_i \partial A_i = (v_i^{(1)},\ v_i^{(2)},\ \cdots,\ v_i^{(p)})$。此时,若一级评价指标 U_i 的权重分配为 $W = W_1,\ W_2,\ \cdots,\ W_m$,那么综合评价结果为 $V = W \partial A = (v^{(1)},\ v^{(2)},\ \cdots,\ v^{(p)})$。此时,

$$A_i = \begin{bmatrix} v_1^{(1)} & v_1^{(2)} & \cdots & v_1^{(p)} \\ v_2^{(1)} & v_2^{(2)} & \cdots & v_2^{(p)} \\ \vdots & \vdots & \vdots & \vdots \\ v_k^{(1)} & v_k^{(2)} & \cdots & v_k^{(p)} \end{bmatrix} \tag{6-6}$$

具体到本书而言,金融生态多样性的评价指标体系因素集可概括为表 6-13。

表 6-13　金融生态多样性评价指标体系因素集

	新准则层	新指标层
金融环境	D1 经济基础	经济发展水平 产业结构优化 可持续发展度 经济开放度 居民生活水平

新准则层		新指标层
金融环境	D2 金融发展	银行业发展水平 证券保险业发展水平 金融开放度 盈利能力
	D3 政府治理	政府干预 政府效率
	D4 法律制度	司法环境 执法力度
	D5 信用意识	企业诚信度 地方政府诚信度 银行信用度
金融主体		金融机构丰富度

（3）计算权重分配

仍运用熵值法确定一级评价指标和二级评价指标的指标权重,具体步骤与前述步骤一致。

（4）选择模糊合成算子

在模糊变换的过程中,需要选择合适的合成算子。一般来说,合成算子通常有以下四种模型:主因素突出型模型 M($\wedge$,$\vee$)、主因素突出型模型 M($\cdot$,$\vee$)、加权平均型模型 M($\wedge$,$+$)、模糊算子模型 M($\cdot$,$+$)。前三种模型在评判过程中因存在信息丢失问题而更适用于度量极限值或仅强调某个关键因素的情况,而模糊算子模型在全面考虑所有因素影响的同时,还保留了各评判要素的全部信息,更适合评估多因素指标体系。因此,本书选用模糊算子模型。

（5）划分并测度多样化程度

将金融生态系统多样性评价指数在 0~1 的范围内划分为五级,分别为 $P>0.8$、$0.6<P\leqslant0.8$、$0.4<P\leqslant0.6$、$0.2<P\leqslant0.4$、$P\leqslant0.2$,分别对应高度多样化、多样化、中等、单一化、高度单一化。结合具体运算结果,可评估"一带一路"国家金融生态多样化程度。

如表 6-14 所示,在被测度的 58 个经济体中,有高达 33 个经济体的金融生态环境为"高度多样化"或"多样化",由此可见"一带一路"沿线国家金融生态多样性程度整体较高。此外,以科威特、波兰、塞浦路斯为代表的许多国家金融生态多样性指数接近于1,相比之下,以柬埔寨、阿富汗和叙利亚为代表的国家该指数趋近于0,两类国家间的差异趋于极端化,"一带一路"国家金融生态多样性差异之大可见一斑。

2. PCA 方法的测算结果

AHP 方法的测算结果显示了"一带一路"沿线国家的金融生态多样性程度,有助于中国海外投资者更好地洞察和了解沿线国家的金融生态及其差异性。考虑到后文的实证检验需要更具体的金融生态指数,而不仅仅是分类级别,故本书采用 PCA 方法,进一步测算沿线国家的金融生态多样性和差异性。

一方面,对各指标进行标准化处理,通过检验得出 KMO 值为0.871,表明适合使用 PCA 方法,由此构建各国广义口径的金融生态综合指数(FE)。表 6-15 罗列了这一广义综合指数的最终得分,其中位居前三位的国家分别是新加坡、塞浦路斯和爱沙尼亚,其金融生态状况明显优于其他国家;在此基础上,图 6-17 更为清晰地展示了沿线各国的广义金融生态得分分布,一半国家得分为正,一半国家得分为负,其差异化程度可见一斑。

表 6-14 "一带一路"国家金融生态多样性的 FCE 指标测度结果

编号	国家	生态多样性	等级	编号	国家	生态多样性	等级
1	科威特	0.979 0	高度多样化	10	乌兹别克斯坦	0.911 3	高度多样化
2	波兰	0.960 5	高度多样化	11	捷克	0.904 0	高度多样化
3	塞浦路斯	0.960 4	高度多样化	12	黎巴嫩	0.895 6	高度多样化
4	哈萨克斯坦	0.947 5	高度多样化	13	希腊	0.889 4	高度多样化
5	以色列	0.934 7	高度多样化	14	匈牙利	0.889 0	高度多样化
6	巴林	0.932 5	高度多样化	15	缅甸	0.880 8	高度多样化
7	卡塔尔	0.927 2	高度多样化	16	巴基斯坦	0.877 5	高度多样化
8	阿曼	0.918 6	高度多样化	17	土耳其	0.828 3	高度多样化
9	越南	0.912 5	高度多样化	18	孟加拉国	0.827 3	高度多样化

编号	国家	生态多样性	等级	编号	国家	生态多样性	等级
19	菲律宾	0.817 8	高度多样化	39	格鲁吉亚	0.475 0	中等
20	乌克兰	0.808 0	高度多样化	40	拉脱维亚	0.473 7	中等
21	印度尼西亚	0.796 9	多样化	41	塞尔维亚	0.421 2	中等
22	阿联酋	0.775 9	多样化	42	埃及	0.386 3	单一化
23	斯里兰卡	0.756 4	多样化	43	罗马尼亚	0.358 1	单一化
24	俄罗斯	0.746 1	多样化	44	波黑	0.353 7	单一化
25	吉尔吉斯斯坦	0.742 4	多样化	45	黑山共和国	0.346 0	单一化
26	爱沙尼亚	0.739 2	多样化	46	克罗地亚	0.295 8	单一化
27	斯洛文尼亚	0.733 4	多样化	47	伊拉克	0.280 2	单一化
28	保加利亚	0.725 2	多样化	48	约旦	0.274 4	单一化
29	立陶宛	0.710 4	多样化	49	白俄罗斯	0.263 8	单一化
30	亚美尼亚	0.691 6	多样化	50	阿塞拜疆	0.260 4	单一化
31	摩尔多瓦	0.682 2	多样化	51	马其顿	0.256 1	单一化
32	新加坡	0.654 7	多样化	52	蒙古国	0.234 1	单一化
33	沙特阿拉伯	0.653 2	多样化	53	老挝	0.191 7	高度单一化
34	泰国	0.570 9	中等	54	塔吉克斯坦	0.113 9	高度单一化
35	马来西亚	0.567 8	中等	55	尼泊尔	0.097 5	高度单一化
36	阿尔巴尼亚	0.537 4	中等	56	柬埔寨	0.082 6	高度单一化
37	印度	0.514 3	中等	57	阿富汗	0.006 7	高度单一化
38	斯洛伐克	0.479 8	中等	58	叙利亚	0.000 0	高度单一化

表6-15 "一带一路"国家广义金融生态的综合排名

排名	国家	金融生态	排名	国家	金融生态
1	新加坡	4.404 9	14	科威特	1.275 8
2	塞浦路斯	2.633 9	15	阿曼	1.223 5
3	爱沙尼亚	2.138 7	16	希腊	1.164 4
4	捷克	1.920 4	17	波兰	1.117 0
5	卡塔尔	1.826 4	18	巴林	0.922 1
6	斯洛文尼亚	1.707 3	19	克罗地亚	0.828 9
7	匈牙利	1.618 1	20	约旦	0.770 4
8	马来西亚	1.481 4	21	沙特阿拉伯	0.741 3
9	立陶宛	1.448 0	22	保加利亚	0.515 6
10	阿联酋	1.440 9	23	黑山	0.504 5
11	以色列	1.424 7	24	罗马尼亚	0.371 0
12	斯洛伐克	1.401 7	25	格鲁吉亚	0.354 5
13	拉脱维亚	1.295 3	26	泰国	0.018 2

排名	国家	金融生态	排名	国家	金融生态
27	哈萨克斯坦	−0.332 7	40	斯里兰卡	−1.173 1
28	塞尔维亚	−0.382 4	41	白俄罗斯	−1.339 6
29	土耳其	−0.398 0	42	埃及	−1.550 0
30	马其顿	−0.550 0	43	吉尔吉斯斯坦	−1.695 5
31	菲律宾	−0.555 0	44	柬埔寨	−2.046 9
32	俄罗斯	−0.648 9	45	叙利亚	−2.289 5
33	波黑	−0.738 4	46	伊朗	−2.427 1
34	印度	−0.760 2	47	孟加拉国	−2.487 7
35	越南	−0.876 7	48	尼泊尔	−2.645 4
36	印度尼西亚	−0.928 2	49	老挝	−2.736 4
37	乌克兰	−0.971 5	50	巴基斯坦	−2.741 9
38	摩尔多瓦	−1.057 4	51	塔吉克斯坦	−2.869 6
39	黎巴嫩	−1.123 7	52	缅甸	−3.557 9

注：由于个别国家数据缺失，最终计算得出 52 个国家的广义金融生态指数。

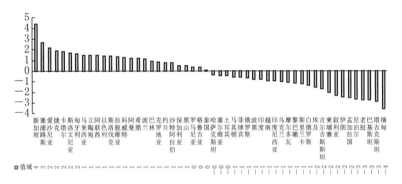

图 6-7 "一带一路"国家广义金融生态指数的国家分布

数据来源：采用 PCA 方法计算得出。

另一方面，对各狭义指标进行标准化处理，通过检验得出 KMO 值为 0.61，尽管该值小于广义主成分分析中的 KMO 值，但狭义指标仍适合使用 PCA 方法，由此构建各国狭义口径金融生态指数（FD）进行稳健性检验。表 6-16 罗列的狭义生态金融指数的最终得分与广义金融生态得分一致，即一半国家得分为正，一半国家得分为负，各国金融生态差异显著；图 6-18 更为清晰地展示了这一分布特点,再次证实广义金融生态指数具有稳健性。

表 6-16 "一带一路"国家狭义金融生态的综合排名

排名	国家	金融生态	排名	国家	金融生态
1	新加坡	4.870 8	22	巴基斯坦	−0.322 8
2	沙特阿拉伯	3.695 6	23	希腊	−0.540 8
3	马来西亚	3.115 8	24	哈萨克斯坦	−1.134 1
4	印度	2.830 4	25	波兰	−1.156 7
5	泰国	2.775 3	26	捷克	−1.490 9
6	卡塔尔	2.117 6	27	蒙古国	−1.547 1
7	约旦	1.764 5	28	斯洛文尼亚	−1.554 61
8	菲律宾	1.710 24	29	北马其顿	−1.740 0
9	以色列	1.687 0	30	匈牙利	−1.768 7
10	科威特	1.500 1	31	克罗地亚	−1.843 5
11	俄罗斯	1.326 2	32	乌克兰	−1.890 8
12	土耳其	1.235 8	33	黑山共和国	−1.913 7
13	阿联酋	0.893 3	34	塞尔维亚	−2.156 3
14	印度尼西亚	0.775 3	35	波黑	−2.279 7
15	阿曼	0.651 3	36	爱沙尼亚	−2.300 6
16	越南	0.466 7	37	缅甸	−2.368 9
17	斯里兰卡	0.440 3	38	拉脱维亚	−2.416 6
18	塞浦路斯	0.083 1	39	立陶宛	−2.502 6
19	黎巴嫩	0.078 9	40	斯洛伐克	−2.634 1
20	埃及	0.047 5	41	保加利亚	−2.985 1
21	巴林	−0.201 3			

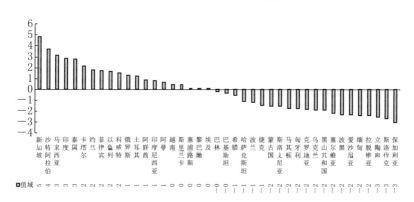

图 6-8 "一带一路"国家狭义金融生态指数的国家分布

第四节　金融生态多样性的动态变化

一、基于时间维度的动态变化

随着"一带一路"倡议的推进,沿线国家日益成为中国海外投资的重要区位选择。如第三章所述,2005 年之前中国在"一带一路"国家的海外投资存量占同期海外直接投资的比重不足 5％,而 2019 年这一比重上升至 13.7％,说明中国在沿线国家的海外投资呈"J"字形增长。

测度"一带一路"国家金融生态多样性是考察其对中国海外投资效率影响的前提条件。因此,根据中国对"一带一路"国家的海外投资情况,以 2005 年、2008 年为节点,对 2005 年以前、2005—2008 年、2008—2013 年和 2014 年以来四个时间段的"一带一路"国家的金融生态多样化程度进行对比分析,分析多样化程度在四个不同时间段的表现和趋势。

根据测算结果不难发现,"一带一路"国家的金融生态多样性是动态变化的。其中,最为明显的趋势有二:一是在 2005—2008 这一阶段,特别是 2007—2008 年,沿线各国金融生态多样性大幅下降,这一下降趋势一直延续到 2013 年。这一发展趋势主要源自金融危机,2008 年全球金融危机席卷各国金融系统,给各国金融生态环境带来巨大的负面冲击。"一带一路"国家也不例外,沿线各国金融系统风险加剧,金融机构经营困难甚至倒闭,金融环境恶化,多样性显著下降。二是自 2014年开始,伴随着全球经济的复苏,沿线各国金融生态多样性程度有所回升,但是大多数沿线国家仍然低于 2007 年的水平。图 6-19 以五个金融生态"推荐级"沿线国家为例,更为直观地展示了这两大趋势。

二、基于层次维度的动态变化

金融生态多样性的测度离不开各个层次的整合分析,金融主体多样性、金融环境多样性二者缺一不可。

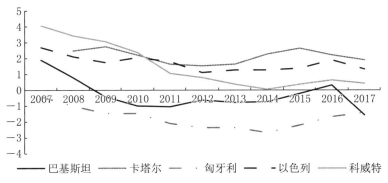

图 6-9 典型"一带一路"国家金融生态多样性动态变化

一方面,前文关于金融主体多样性测度和金融环境多样性测度结果均表明,"一带一路"沿线国家金融生态多样性具有差异性和复杂性,由此可初步判断金融生态多样性不同层次的分析具有一致性;另一方面,已有研究发现在生态系统中,物种多样性与环境多样性正相关,即生态系统中环境类型越多,物种也越为丰富(Cramer,2002;Moeslund,2013)。为了考察金融生态系统中是否会存在类似现象,以及"一带一路"沿线金融主体多样性是否也意味着金融环境多样性等一系列问题,本书采用耦合分析法,将金融主体和金融环境两个体系结合起来,基于前文测算的 Shannon-Wiener 指数和 AHP 得分,进一步测度金融生态多样性在不同层次之间的协调性。

为了更加清晰地刻画金融主体和金融环境之间的耦合协调度,本书采用"四分法"对耦合程度进行等级划分,具体划分方式见表 6-17。

表 6-17 "一带一路"国家金融主体和金融环境耦合协调度等级分类标准

D 值	耦合协调等级
$0 \leqslant D < 0.35$	低度耦合协调
$0.35 \leqslant D < 0.55$	中度耦合协调
$0.55 \leqslant D < 0.85$	高度耦合协调
$0.85 \leqslant D < 1$	极度耦合协调

在此基础上,各国金融主体和金融环境耦合协调度测度结果如表 6-18 所示。

表 6-18　"一带一路"国家金融主体和金融环境的耦合协调度

国家	耦合协调度	等级	国家	耦合协调度	等级
印度	0.866	极度耦合协调	立陶宛	0.713	高度耦合协调
马来西亚	0.846	高度耦合协调	斯洛文尼亚	0.711	高度耦合协调
泰国	0.840	高度耦合协调	约旦	0.707	高度耦合协调
斯里兰卡	0.838	高度耦合协调	拉脱维亚	0.705	高度耦合协调
乌克兰	0.822	高度耦合协调	保加利亚	0.700	高度耦合协调
菲律宾	0.815	高度耦合协调	克罗地亚	0.699	高度耦合协调
俄罗斯	0.814	高度耦合协调	埃及	0.695	高度耦合协调
印度尼西亚	0.812	高度耦合协调	爱沙尼亚	0.694	高度耦合协调
孟加拉国	0.799	高度耦合协调	格鲁吉亚	0.684	高度耦合协调
土耳其	0.789	高度耦合协调	阿尔巴尼亚	0.679	高度耦合协调
希腊	0.783	高度耦合协调	斯洛伐克	0.678	高度耦合协调
波兰	0.749	高度耦合协调	塞尔维亚	0.669	高度耦合协调
塞浦路斯	0.746	高度耦合协调	波黑	0.666	高度耦合协调
哈萨克斯坦	0.742	高度耦合协调	罗马尼亚	0.647	高度耦合协调
吉尔吉斯斯坦	0.740	高度耦合协调	蒙古国	0.646	高度耦合协调
卡塔尔	0.740	高度耦合协调	阿塞拜疆	0.644	高度耦合协调
巴基斯坦	0.736	高度耦合协调	马其顿	0.635	高度耦合协调
匈牙利	0.734	高度耦合协调	白俄罗斯	0.629	高度耦合协调
黎巴嫩	0.734	高度耦合协调	尼泊尔	0.612	高度耦合协调
摩尔多瓦	0.730	高度耦合协调	柬埔寨	0.607	高度耦合协调
阿曼	0.730	高度耦合协调	老挝	0.595	高度耦合协调
以色列	0.727	高度耦合协调	塔吉克斯坦	0.529	中度耦合协调
捷克	0.721	高度耦合协调	叙利亚	0.486	中度耦合协调
越南	0.717	高度耦合协调			

总体而言,"一带一路"沿线国家金融主体和金融环境间处于高度耦合状态,协调程度较高。在金融主体和金融环境的耦合协调中,印度处于极度耦合协调状态,而塔吉克斯坦和叙利亚处于中度耦合协调状态,其他国家则全部处于高度耦合状态。由此可见,在"一带一路"沿线国家中,随着金融主体的增加,金融环境的多样性程度也有所提升。

三、基于国别比较的动态变化

投资国(中国)和东道国("一带一路"国家)之间的比较,以及不同东道国("一带一路"沿线国家)之间的比较,其目的不仅仅是为了更全面地了解"一带一路"国家金融生态多样性的典型事实,也将为后文的政策落脚点提供更加全面的客观依据。

首先,"一带一路"国家的金融生态具有多样性。无论是基于 Shannon-Wiener 指数的金融主体多样性测度,还是基于 AHP 方法、FCE 方法和 PCA 方法的金融环境多样性测度,其结果均表明"一带一路"国家的金融生态同时具备差异性和复杂性两大特征。新加坡、马来西亚、印度、沙特阿拉伯、卡塔尔的金融生态多样性位居前列,但伊拉克、叙利亚、阿富汗和塔吉克斯坦等国的金融生态多样性堪忧。

其次,"一带一路"国家金融生态多样性不存在明显的地域特征。金融生态高多样性和低多样性国家在各地区的分布较为均匀,每个地区同时包含金融生态多样性较高和较低的国家,不存在高或低多样化国家极端分布的现象。例如,中东地区既包括卡塔尔、科威特等金融生态多样化程度高的国家,也存在伊拉克、叙利亚等多样化程度低的国家;东亚地区既包括新加坡、马来西亚等金融生态多样化程度高的国家,也存在柬埔寨等多样化程度低的国家;中东欧地区既包括巴林、波兰等金融多样化程度高的国家,也存在马其顿、罗马尼亚等多样化程度低的国家。

最后,中国在"一带一路"国家的海外投资与沿线国家金融生态多样性之间存在一定的联系。中国海外投资覆盖的"一带一路"国家从 2015 年的 49 个国家发展为 2020 年的 58 个,主要东道国包括新加坡、印尼、越南、老挝、马来西亚、柬埔寨、泰国、阿联酋、哈萨克斯坦等。根据前文 AHP 方法的测度结果不难发现,除柬埔寨外,其他主要东道国的金融生态多样性均位居前列。

综上所述,中国在"一带一路"国家的海外投资和沿线国家金融生态之间的关系已经初步呈现,为后面章节的实证检验提供了经验性事实。

第七章 "一带一路"国家金融生态对中国海外投资效率的影响：宏微观层面的静态检验

　　基于"一带一路"国家金融生态的复杂性和差异性，本章旨在从静态角度考察"一带一路"沿线国家金融生态多样性对中国海外投资效率的影响。为了实现这一目标，本章从狭义和广义金融生态的概念出发，分别采用宏观国别数据和微观企业数据，检验"一带一路"金融生态对中国海外投资效率的影响。在此基础上，引入机器学习的建模方法——随机森林模型这一决策树的变体形式，预测中国在沿线国家的海外投资效率是高还是低的概率。

第一节 基于宏观国别数据的静态检验

一、变量与模型选择

　　为了从宏观角度考察"一带一路"国家狭义金融生态对中国海外投资效率的影响，本节首先构建年度—东道国层面的宏观面板数据，并选取如下变量：

　　1. 被解释变量

　　在宏观国别部分，以中国在每一个沿线国家的海外投资规模（OFDI）为被解释变量，数据来源与第四章保持一致。

2. 核心解释变量

本节的核心解释变量为每一个沿线国家的金融生态指数（FE），分别采用狭义（NFE）、广义（BFE）和三个金融分项指标——金融发展（FS）、金融稳定（FW）和金融开放（FO）来衡量，数据来自第六章利用 PCA 方法得出的结果。

3. 控制变量

在控制变量方面，参考引力模型及张友棠和杨柳（2020）、刘永辉和赵晓晖（2021）等代表性文献，选取的随机前沿解释变量包括母国和东道国经济规模、经济发展水平、贸易相关性、经济距离、国土是否接壤；选取的投资非效率解释变量包括东道国经济风险、政府效率、自然租金、基础设施、腐败程度、贸易自由度和商业自由度。各指标具体含义和来源如下：

（1）经济规模。在市场导向下，经济规模在一定程度上反映了对外资或海外投资需求的大小。一方面，"一带一路"沿线国家的经济规模反映了该国吸引投资的需求与能力；另一方面，中国的经济规模反映了母国对外投资的倾向和需求。考虑到 GDP 可以表征一国总体经济体量，本节以美元为单位的 GDP_{it} 和 GDP_{jt} 分别衡量中国和"一带一路"各国各年度的经济规模，并进行对数处理，数据来源为中国商务部和世界银行。

（2）经济发展水平。人均 GDP（$PGDP$）能够反映一国的经济发展水平，本节采用 $PGDP_{it}$ 和 $PGDP_{jt}$ 分别表示中国和"一带一路"沿线国家的人均 GDP。数据来自中国商务部和世界银行，在实证检验中统一以美元为单位，并对各国人均 GDP 数据进行对数处理。

（3）贸易相关性。贸易相关性反映了中国与"一带一路"各国间国际贸易的密切程度。本节沿用第四章中国在沿线国家贸易中的占比（$Trade$），即中国与"一带一路"沿线各国的进出口贸易总额占沿线各国历年国际贸易总额的比值，衡量中国与沿线国家的贸易相关性，数据来源于 UNCTAD。

（4）经济距离。经济距离通过运费、时间和便利性三个维度表征两国之间的距离，用以反映两国经济发展程度的差异。本节的经济距离数据沿用第四章的经济距离测算结果（Ecd），由两国首都的直线地理距离、贸易投资协议签署和经济发展差异权数计算得到。

（5）国家接壤情况。采用"一带一路"国家与中国的国土接壤情况（$Pick$）表征地缘因素，不接壤赋值为 0，接壤则赋值为 1。一般情形下，地理毗邻程度是制约海外投资的关键因素，中国在"一带一路"国家的海外投资成本会随着地理距离的增加而增加，并可能阻碍中国在沿线国家的海外投资。

（6）东道国经济风险。采用年通货膨胀率（IF）衡量东道国经济风险，一国的经济不确定性越大，则该指标值越高，数据来自 ICRG 数据库。

（7）自然资源。自然资源反映了东道国自然资源的丰裕度，本节选取自然资源（NS）衡量沿线国家的自然资源拥有情况，数据来源为 WDI 数据库。

（8）政府效率。政府效率（Gov）是反映一国政府行事效率和该国政治稳定性的指标，通过计算政治稳定、政府效率、公民话语权与问责的均值得到，数据来源于 WGI 数据库。

（9）基础设施。基础设施是构成东道国国际投资环境的关键要素。一方面，健全的基础设施系统可以有效压缩投资成本，推动中国对该国的投资增加；另一方面，相对齐全的基础设施会削弱该国基础设施建设的需求，减少中国对该国的投资机会。为此，选取 WDI 数据库中的基础设施指标（$Infra$）衡量沿线国家的基础设施建设。

（10）腐败程度。选取腐败程度（Cor）刻画"一带一路"国家的制度和法律监管水平，通过计算 WGI 数据库中腐败控制、监管质量、法律规则的均值得出。

（11）贸易自由度。贸易自由度（TF）可以反映一国国际贸易在数量、价格、投资以及政府干预等方面的扭曲度。本节选取该指标衡量"一带一路"沿线国家的贸易壁垒，数据选自美国传统基金会。

（12）商业自由度。商业自由度（BF）用以反映东道国对企业的治理能力，具体包括创建、经营和关闭企业等方面的能力，据此可以衡量东道国对外商直接投资所设的商业壁垒，数据源于美国传统基金会。

基于第四章的 SFA 模型推导和上述变量选取，构建本节基准模型如下：

$$\ln OFDI_{ijt} = \gamma_0 + \gamma_1 \ln GDP_{it} + \gamma_2 \ln GDP_{jt} + \gamma_3 \ln PGDP_{it} + \gamma_4 \ln PGDP_{jt}$$
$$+ \gamma_5 \ln Ecd_{ijt} + \gamma_6 Trade_{ijt} + \gamma_7 Pick_{ijt} + v_{ijt} - \mu_{jit} \qquad (7\text{-}1)$$

其中，i 代表中国，j 代表"一带一路"沿线各国。

与第四章公式（4-8）相似，"一带一路"沿线国家的金融生态是影响中国海外投资效率的非效率项。非效率变量越大，越会阻碍中国在沿线国家的海外投资规模。参照范兆斌等（Fan et al.，2016）等代表性文献的做法，本节选取的投资非效率模型为：

$$\mu_{ijt} = \theta_0 + \theta_1 NFE_{jt} + \theta_2 IF_{jt} + \theta_3 NS_{jt} + \theta_4 Gov_{jt} + \theta_5 Infra_{jt}$$
$$+ \theta_6 Cor_{jt} + \theta_7 TF_{jt} + \theta_8 BF_{jt} + \varepsilon_{ijt} \qquad (7\text{-}2)$$

上述各个变量的描述性统计如表 7-1 所示。可以看出，中国在"一带一路"国家的海外投资规模存在明显的国别差异，最大值为 5.26E＋10，最小值仅为 1.00E＋05，标准差高达 4.22E＋09，存在显著的差异。"一带一路"国家狭义金融生态的最大值为 7.094 5，最小值为 -3.493 6，各国金融生态多样化特征明显。

为了初步判断各主要变量间的相关性，规避多重共线性问题，对各主要变量进行了 Pearson 相关系数检验和方差膨胀因子（VIF）检验，其结果显示各解释变量之间基本不存在多重共线性。

表 7-1　变量的统计性描述

指标名称	指标简写	平均值	标准差	最小值	最大值
海外投资规模	$OFDI$	1.42E+09	4.22E+09	1.00E+05	5.26E+10
狭义金融生态	NFE	8.33e−17	2.114 9	−3.493 6	7.094 5
广义金融生态	BFE	1.36e−18	1.609 8	−4.459 4	4.803 5
金融发展	FD	0.144 3	0.161 0	0.000 0	0.902 0
金融稳定	FW	1.31e−17	1.123 1	−1.480 6	1.000 0
金融开放	FO	−8.70e−18	1.788 9	−2.845 1	3.786 5
中国 GDP	GDP_i	8.56E+12	3.57E+12	2.80E+12	1.40E+13
沿线各国 GDP	GDP_j	2.18E+11	3.80E+11	2.80E+09	2.90E+12
中国人均 GDP	$PGDP_i$	6 332	2 581	2 099	10 262
沿线各国人均 GDP	$PGDP_j$	11 457	14 155	346.9	85 076
经济距离	Ecd	4 524	1 336	954.6	8 104
贸易占比	$Trade$	0.295 2	2.608 5	0.010 6	34.250 5
国家接壤情况	$Pick$	0.205 3	0.404 3	0.000 0	1.000 0
通货膨胀	IF	8.446 7	1.341 5	3.000 0	10.000 0
自然资源	NS	29.638 3	29.940 1	0.000 0	99.990 0
政治效率	Gov	−0.159 6	0.661 1	−1.530 7	1.222 1
基础设施	$Infra$	107.809 2	37.860 4	0.500 0	214.730 0
腐败程度	Cor	0.047 4	0.718 0	−1.337 2	2.086 4
贸易自由度	TF	78.403 7	10.179 0	0.000 0	90.000 0
商业自由度	BF	67.323 0	11.728 9	29.200 0	98.300 0

二、基准回归结果

本节采用随机前沿模型,检验"一带一路"国家金融生态多样性对中国海外投资效率的影响,基准回归结果见表 7-2。在随机检验模型中,Wald 检验的原假设为"H_0:模型不存在非效率项",由表 7-2 可知,各项回归 Wald 检验的 P 值均为 0,严格拒绝原假设,表明非效率项模型的设定是合理的。

基于表 7-2 汇报的系数 γ 的估计结果,随机前沿模型(7-1)的具体形式可写为:

$$\ln OFDI_{jt} = -186.835 - 3.800\ln GDP_{it} + 1.393\ln GDP_{jt} + 3.726\ln PGDP_{it}$$
$$-2.324\ln PGDP_{jt} - 10.991Ecd_{ijt} + 8.490Trade_{ijt}$$
$$-5.882Pick_{ijt} + v_{ijt} - \mu_{jt} \qquad (7\text{-}3)$$

在随机前沿模型中,γ_4 和 γ_5 分别为 -2.324 和 -10.991,且在 1% 的水平上高度显著,表明沿线国家的人均 GDP 越高、与中国的经济距离越悬殊,越会抑制中国在"一带一路"国家的海外投资;γ_2 和 γ_6 分别为 1.393 和 8.490,且在 10% 和 5% 的水平上显著,说明"一带一路"国家的经济规模提升及其与中国贸易往来的增加,对中国海外投资的推动作用明显。相比之下,系数 γ_1、γ_3 和 γ_7 未通过显著性检验,说明中国作为投资国,其经济规模、经济发展水平及其邻国接壤与否,并不是影响中国海外投资效率的显著因素。

同理,基于表 7-2 对系数 θ 的估计,投资非效率模型(7-2)的具体形式可写为:

$$\mu_{ijt} = 1.811 - 0.137NFE_{jt} - 0.042IF_{jt} + 0.033NS_{jt} + 1.642Gov_{jt}$$
$$+0.011Infra_{jt} - 0.668Cor_{jt} + 0.003TF_{jt} - 0.025BF_{jt} + \varepsilon_{ijt}$$
$$(7\text{-}4)$$

在投资非效率模型中,核心解释变量狭义金融生态(NFE),作为非效率项的重要组成部分,其系数显著为 -0.137,说明"一带一路"国家的狭义金融生态对中国海外投资效率存在显著的正向影响,即"一带一路"国家的金融生态越差,越会显著阻碍中国在该国海外投资规模的扩大。沿线各国的金融生态整体不佳,导致中国目前的海外投资效率损失主要以海外投资不足为主。相反,"一带一路"国家的金融生态越完善,越能显著提高中国在该国的海外投资效率,减少海外投资效率损失的可能性。可能原因在于,良好的金融生态通过缓解融资约束、优化资源配置效率、降低海外投资风险来提高中国对"一带一路"沿线国家的海外投资效率。而本书也将在后文章节中量化这些作用渠道。

表 7-2　基准回归结果

	狭义 金融生态	广义 金融生态	金融发展	金融稳定	金融开放
核心解释变量:金融生态					
NFE	-0.137^{*}	-0.046^{**}	-0.050^{***}	-0.141^{***}	-0.068^{*}
	(0.075)	(0.021)	(0.021)	(0.054)	(0.039)
随机前沿模型					
$\ln GDP_i$	-3.800	3.277	0.830	0.056	0.378
	(2.704)	(2.650)	(2.322)	$-$	(4.865)
$\ln GDP_j$	1.393^{*}	2.533^{***}	2.322^{***}	1.594^{***}	1.848^{***}
	(0.732)	(0.523)	(0.754)	(0.061)	(0.087)
$\ln PGDP_i$	3.726	-3.373	-1.084	-0.734^{***}	-0.827
	(2.775)	(2.689)	(2.356)	(0.192)	(4.951)
$\ln PGDP_j$	-2.324^{***}	-2.158^{***}	-2.635^{***}	-0.122	-0.582^{***}
	(0.849)	(0.588)	(0.834)	(0.117)	(0.215)
$\ln Ecd$	-10.991^{***}	-3.431^{***}	-6.645^{***}	-1.879^{***}	-1.034^{***}
	(1.550)	(1.274)	(1.096)	(0.440)	(0.373)
$Trade$	8.490^{**}	1.045	-4.641	10.667^{***}	11.615^{***}
	(3.353)	(4.608)	(4.193)	(2.501)	(1.882)
$Pick$	-5.882	-1.815	-4.550	0.086	-0.504
	(132.902)	(8.014)	(15.673)	(0.337)	(0.300)
投资非效率模型					
IF	-0.042	-0.055	0.108	-0.160^{***}	-0.236
	(0.121)	(0.067)	(0.102)	(0.063)	(0.174)
NS	0.033^{**}	0.007	0.007	-0.006	0.007
	(0.013)	(0.008)	(0.008)	(0.004)	(0.005)
Gov	1.642^{**}	0.185	1.921^{***}	-0.163	0.056
	(0.489)	(0.557)	(0.453)	(0.203)	(0.230)
$Infra$	0.011^{***}	0.004	0.009^{***}	0.009^{***}	-0.000
	(0.003)	(0.003)	(0.003)	(0.003)	(0.004)
Cor	-0.668	-1.451^{**}	-0.574	-0.233	0.132
	(0.668)	(0.608)	(0.571)	(0.198)	(0.344)
TF	0.003	0.033^{**}	0.022	0.021^{**}	0.028
	(0.022)	(0.015)	(0.017)	(0.010)	(0.021)
BF	-0.025^{***}	0.011	0.007	0.058^{***}	0.056^{***}
	(0.009)	(0.009)	(0.009)	(0.007)	(0.009)
时间固定效应	是	是	是	是	是
国家固定效应	是	是	是	是	是
观测值	317	330	330	323	367
Wald 检验值	7 009.29	7 858.09	8 285.12	2 002.15	1 602.45
P 值	0.000	0.000	0.000	0.000	0.000

注:括号内为稳健标准误,*** 、** 和 * 分别为 1%、5% 和 10% 的显著性水平,Wald 检验值为 Wald 检验得到的卡方值,P 为 Wald 检验的 P 值。下同。

从非效率模型的其他变量来看，θ_3、θ_4 和 θ_5 分别为 0.033、1.642 和 0.011，且至少在 5% 的水平上高度显著，说明自然资源、政府效率和基础设施会负向影响中国在"一带一路"国家的海外投资效率，三者水平越高，越会阻碍中国海外投资效率的提高。其中，自然资源和基础设施对海外投资效率的抑制作用较小，而沿线国家政府效率在一定程度上加剧了中国海外投资非效率。究其原因，海外投资在东道国的寻租行为可以牟取生产许可、削弱进入壁垒（夏后学等，2019），东道国政府效率的提高一定程度上强化了政府的监管，而更为严格的监管环境会导致中国的海外投资面临更多维度的约束，投资效率受到抑制。θ_8 的系数显著为 −0.025，说明沿线企业发展的自由化程度越高，越能促进中国海外投资效率提升。相比之下，θ_2、θ_6 和 θ_7 对中国的海外投资效率的影响并不显著，表明沿线国家通货膨胀、腐败程度和贸易自由度并非影响中国海外投资效率的显著因素。

三、稳健性检验

1. 更换核心解释变量

本节将核心解释变量狭义金融生态分别替换为广义金融生态和三个分项指标，即金融发展、金融稳定、金融开放，进行稳健性检验，估计结果见表 7-2。可以发现，广义金融生态（BFE）、金融发展（FD）、金融稳定（FW）和金融开放（FO）的系数分别显著为 −0.046、−0.050、−0.141 和 −0.068，与狭义金融生态的估计结果一致，再次印证"一带一路"国家金融生态水平的改善可以显著提高中国海外投资效率，基准回归结果稳健。具体而言，无论选取何种指标，估计结果均显示"一带一路"国家低水平的金融生态水平会显著抑制中国在该国的海外投资规模，致使中国海外投资不足，引发投资效率损失；相反，金融生态越完善，越能显著推动中国对沿线国家海外投资效率的提高，促使投资非效率下降,减少投资效率损失。

2. 安慰剂检验

考虑到沿线国家的金融生态有可能只是影响中国海外投资效率的偶然事件,导致本节未捕捉到影响中国海外投资效率的真实因素,因此需要对样本进行安慰剂检验,以控制某些观测不到的个体因素。对此,借鉴周茂等(2018)的做法,将核心解释变量狭义金融生态(NFE)随机分配给样本国家,并将随机分配的这一解释变量与中国海外投资规模(OFDI)进行回归,对这一随机分配过程重复 1 000 次。图 7-1(A)展示了每一次回归的 t 值分布,图中虚线表示基准回归的系数估计值。1 000 个随机化处理后的系数平均值为 -0.034,与基准回归的系数估计值 -0.137 相比,并非显著异于 0,因此未观测到的样本因素并不会影响回归结果的合理性,基准回归结果稳健。同理,对广义金融生态模型进行了相似的安慰剂检验,如图 7-1(B)所示,1 000 个随机化处理后的系数平均值为 -0.003,与广义金融生态回归系数(-0.046)相比并非显著异于 0,进一步表明基准结果是可信的。

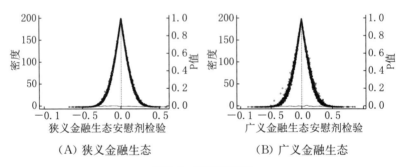

（A）狭义金融生态　　　　　（B）广义金融生态

图 7-1　安慰剂检验

3. 分位数检验

前文对基准模型的估计建立在均值回归之上,以检验"一带一路"国家金融生态影响中国海外投资效率的平均效果。然而如第六章所展示的,沿线国家的金融生态水平千差万别,呈现显著的多样性特征,因此这种平均效果并不能全面刻画其影响。为此,采用分位数回归检验"一带一路"国家狭义金融生态多样性对不同分位数下中国海外投资效率的影响,估计结果见图7-2。

从分位数回归的结果可知,一方面,狭义金融生态在10%、50%、75%和90%分位数水平上的系数均通过显著性检验,广义金融生态则在50%、75%和90%分位数水平上的系数显著为正,说明"一带一路"沿线国家金融生态越完善,中国的海外投资效率越高,基准结果具有稳健性。另一方面,无论是狭义金融生态,还是广义金融生态,在10%或者20%的较低分位数水平上并不显著;随着分位数水平的不断上升,狭义和广义金融生态的影响系数均呈现先递增后递减的态势,表明随着中国海外投资效率的不断提高,沿线国家的金融生态对中国海外投资效率的影响会逐渐增强,在达到一定水平后有所弱化。由此可见,中国在"一带一路"沿线国家的海外投资效率越高,越容易受到当地金融生态的影响,只有当海外投资效率达到一定阈值后,金融生态的影响才会有所减弱。

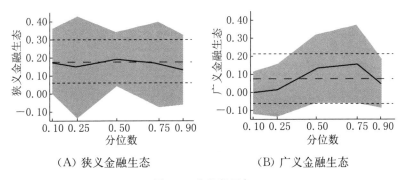

图 7-2 分位数回归

四、国家异质性分组

考虑到"一带一路"沿线国家,无论是经济发展水平,还是金融生态状况,均存在显著的多样性和复杂性,故本节基于国家异质性,进行了如下分组检验:

1. 经济发展异质性

根据世界银行对国家收入水平的分类,将"一带一路"国家划分为高收入国家、中高收入国家和中低收入国家①,分组结果见表 7-3。

表 7-3 的估计结果与全样本结果一致,高收入、中高收入和中低收入国家的狭义金融生态系数和广义金融生态均显著为负,说明低水平的金融生态会显著抑制中国海外投资规模,而金融生态水平的改善将提高中国海外投资效率、减少投资效率不足。与此同时,"一带一路"沿线国家金融生态对中国海外投资效率的影响具有明显的异质性。以狭义金融生态为例,其系数在高收入国家(−0.287)中最大,在中高收入国家(−0.176)中次之,在中低收入国家中(−0.068)最小、显著水平也最低(5%)。这说明随着收入水平的递减,狭义金融生态在分组样本中的影响力度逐渐减弱。可能的原因在于,"一带一路"沿线国家收入水平越低、经济发展越为落后,其经济基本面对于中国海外投资的支持作用越小。因此,中国海外投资可获得的融资数量越少,融资成本也越高,进而削弱了金融生态对投资效率的促进作用。

---

① 基于宏观层面的实证涉及 57 个"一带一路"沿线国家,其中无低收入国家,数据来自世界银行。高收入国家包括巴林、克罗地亚、塞浦路斯、捷克、爱沙尼亚、希腊、匈牙利、以色列、科威特、拉脱维亚、立陶宛、阿曼、波兰、卡塔尔、罗马尼亚、沙特阿拉伯、新加坡、斯洛伐克、斯洛文尼亚和阿联酋,共计 20 个国家;中高收入国家包括阿尔巴尼亚、亚美尼亚、阿塞拜疆、白俄罗斯、波黑、保加利亚、格鲁吉亚、印度尼西亚、伊拉克、约旦、哈萨克斯坦、黎巴嫩、马来西亚、黑山、俄罗斯、塞尔维亚、泰国和土耳其,共计 18 个国家;中低收入国家包括阿富汗、孟加拉国、柬埔寨、埃及、印度、吉尔吉斯斯坦、老挝、摩尔多瓦、缅甸、尼泊尔、蒙古国、巴基斯坦、菲律宾、斯里兰卡、叙利亚、塔吉克斯坦、乌克兰、乌兹别克斯坦和越南,共计 19 个国家。

表 7-3　国家异质性:经济发展水平

	高收入国家	中高收入国家	中低收入国家	高收入国家	中高收入国家	中低收入国家
狭义金融生态	−0.287***	−0.176***	−0.068**			
	(0.100)	(0.014)	(0.020)			
广义金融生态				−0.060**	−0.038***	−0.034***
				(0.034)	(0.009)	(0.013)
控制变量	是	是	是	是	是	是
时间固定效应	是	是	是	是	是	是
国家固定效应	是	是	是	是	是	是
观测值	155	87	75	140	118	72
Wald 检验值	4 667.09	1.49e+13	4.53e+12	1.48e+10	3.92e+09	3.80e+13
P 值	0.000	0.000	0.000	0.000	0.000	0.000

2. 地理板块异质性

基于东道国地理板块,沿用第四章的划分标准,将"一带一路"国家划分为中亚和东亚、南亚、东南亚、中东、东欧、中欧、独联体七个板块(表4-7),其分组估计结果如表7-4所示。

从表7-4可以发现,"一带一路"国家的金融生态对中国海外投资效率的影响呈明显的地理异质性。仍以狭义金融生态为例,中亚及东亚、东南亚、东欧和中欧板块的狭义金融生态系数均显著为负,表明金融生态的改善会显著提高中国海外投资效率、减少海外投资不足。其中,中欧板块的促进作用(−0.361)最为突出,可能的原因在于,相较于其他板

表 7-4　国家异质性:地理板块

	中亚及东亚	东南亚	南亚	东欧	中欧	中东	独联体
狭义金融生态	−0.142***	−0.166*	−0.080	−0.059***	−0.361**	−0.059	−2.041
	(0.000)	(0.094)	(0.123)	(0.012)	(0.170)	(0.056)	(3.353)
控制变量	是	是	是	是	是	是	是
时间固定效应	是	是	是	是	是	是	是
国家固定效应	是	是	是	是	是	是	是
观测值	11	54	34	22	83	93	20
Wald 检验值	2.88e+13	2 320.79	5 467.01	1.59e+11	1.11e+07	6 272.86	76 796.59
P 值	0.000	0.000	0.000	0.000	0.000	0.000	0.000

	中亚及东亚	东南亚	南亚	东欧	中欧	中东	独联体
广义金融生态	−0.069 ***	−0.233 ***	−0.010	−0.079 *	−0.197 ***	−0.017	−0.004
	(0.000)	(0.026)	(0.031)	(0.043)	(0.051)	(0.014)	(0.028)
控制变量	是	是	是	是	是	是	是
时间固定效应	是	是	是	是	是	是	是
国家固定效应	是	是	是	是	是	是	是
观测值	10	46	32	52	74	76	37
Wald 检验值	5.44e+09	6.43e+06	1.20e+13	1 874.800	3 499.25	39 799.69	6.29e+13
P 值	0.000	0.000	0.000	0.000	0.000	0.000	0.000

块,中欧国家经济发展水平较高、制度环境更为成熟、自然环境相对优越,金融生态对海外投资效率的正向影响更加显著。南亚、中东和独联体板块狭义金融生态的系数同样为负,但未通过显著性检验,说明南亚和中东国家狭义金融生态对中国海外投资效率的影响不大,可能的原因在于,南亚地区整体金融生态水平偏低,抑制了中国海外投资效率,主要表现为海外投资不足,但"孟中印缅"经济走廊建设促进了中国对南亚国家(特别是对孟加拉国、印度和缅甸三国)的投资,在一定程度上削弱了南亚国家低水平狭义金融生态对中国海外投资效率的抑制;独联体国家位于亚欧交界,是东西方价值观、宗教文化、法律制度等错综交汇的地区,东道国滥用法律、政府违约等政治风险突出(卫平东和孙瑾,2018),即便是良好的金融生态,也难于规避海外投资溢价,因此独联体金融生态对中国海外投资效率的促进作用难以发挥;中东国家是连接亚欧非地区的重要交通枢纽,战略地位突出,加之宗教文化冲突严峻、常年局势紧张,诸多不确定因素弱化了中东国家金融生态对中国在该地区海外投资效率的影响。广义金融生态的分组估计结果支持了狭义金融生态的板块分组结果,再次说明"一带一路"国家金融生态对中国海外投资效率的影响具有明显的地理板块特征。

3."一带"和"一路"异质性

"一带"和"一路"异质性的分组考察分为两部分:其一,参考吕越等

(2019)及陈万灵和何传添(2014)的做法,将"一带一路"沿线国家划分为"一带"和"一路"两组。其中,"一带"是指"丝绸之路经济带",又称陆上丝绸之路①,以东北老工业基地区域为起点,连接中蒙俄经济带至西北方向的新亚欧大陆桥;"一路"即"21世纪海上丝绸之路",又称海上丝绸之路②,以中国沿海经济带为支撑,途经东南亚、南亚、波斯湾、红海湾及印度洋西岸各国的航线,形成了贯穿中国、印度洋、非洲和地中海的蓝色经济要道。其二,进一步将"一带"和"一路"所覆盖的沿线国家细化为四条不同的路线。具体来说,"六廊六路多国多港"是"一带一路"的主体框架,其中"六廊"包括新亚欧大陆桥、中蒙俄、中国—中亚—西亚、中国—中南半岛、中巴,以及孟中印缅六大国际经济合作走廊。本书依据"六廊"架构,并参考张友棠和杨柳(2020)、吕越等(2019),将陆上丝绸之路划分为两条路线:路线Ⅰ③是东北亚路线,包含中蒙俄—东北欧—波兰,路线Ⅱ④是中国西部—中亚—土耳其—东南欧路线。同理,将海上丝绸之路划分为两条路线:路线Ⅲ⑤是中国—中南半岛和孟中印缅,路线Ⅳ⑥是波斯湾及红海湾—苏伊士运河—地中海。

---

① 涉及国家为哈萨克斯坦、塔吉克斯坦、吉尔吉斯斯坦、阿富汗、伊拉克、土耳其、尼泊尔、不丹、埃及、格鲁吉亚、阿塞拜疆、亚美尼亚、希腊、塞浦路斯、捷克、斯洛伐克、克罗地亚、波斯尼亚、塞尔维亚、罗马尼亚、保加利亚、马其顿、阿尔巴尼亚、俄罗斯、乌克兰、白俄罗斯、摩尔多瓦、立陶宛、爱沙尼亚、拉脱维亚、波兰。

② 涉及国家为越南、菲律宾、马来西亚、文莱、印度尼西亚、泰国、新加坡、柬埔寨、缅甸、老挝、孟加拉国、斯里兰卡、印度、巴基斯坦、伊朗、伊拉克、科威特、沙特阿拉伯、卡塔尔、巴林、阿联酋、阿曼和埃及。

③ 涉及国家为蒙古国、哈萨克斯坦、塔吉克斯坦、吉尔吉斯斯坦、俄罗斯、乌克兰、白俄罗斯、摩尔多瓦、立陶宛、爱沙尼亚、拉脱维亚、波兰。

④ 涉及国家为哈萨克斯坦、塔吉克斯坦、吉尔吉斯斯坦、阿富汗、伊拉克、土耳其、尼泊尔、不丹、埃及、格鲁吉亚、阿塞拜疆、亚美尼亚、希腊、塞浦路斯、捷克、斯洛伐克、克罗地亚、波斯尼亚、塞尔维亚、罗马尼亚、保加利亚、马其顿、阿尔巴尼亚。

⑤ 涉及国家为越南、新加坡、柬埔寨、文莱、印度尼西亚、老挝、马来西亚、缅甸、菲律宾、泰国、马尔代夫、印度、斯里兰卡、巴基斯坦。

⑥ 涉及国家有塞浦路斯、希腊、以色列、约旦、孟加拉国、土耳其、黎巴嫩、埃及、巴林、科威特、沙特阿拉伯。

陆上丝绸之路和海上丝绸之路分组检验结果如表 7-5 所示。分组结果在支持基准回归结果的同时还表明,隶属海上丝绸之路各国的金融生态对中国海外投资效率的影响系数(-0.349)明显大于陆上丝绸之路的影响系数(-0.172),显著性水平也更高一筹(1%)。可能的原因在于,相较于陆上丝绸之路,海上丝绸之路沿线国家的经济、制度、地缘等条件更为优越(吕越等,2019),基于此,海上丝绸之路沿线国家狭义金融生态更易表现出对中国海外投资效率的促进作用。表 7-5 还进一步汇报了陆上丝绸之路和海上丝绸之路不同路线的分组结果。在四条路线中,路线Ⅲ沿线国家金融生态(-0.371)对中国海外投资效率的促进作用明显大于其他三条路线。可能的解释是,路线Ⅲ主要包括东盟和南亚沿线国家,这些国家较高的储蓄率(吕越等,2019)可以有效缓解融资约束,进而更有利于提高中国海外投资效率。

表 7-5　国家异质性:"一带"和"一路"

| | 陆上丝绸之路 | | | 海上丝绸之路 | | |
	整体	路线Ⅰ	路线Ⅱ	整体	路线Ⅲ	路线Ⅳ
狭义金融生态	-0.172**	-0.105***	-0.171***	-0.349***	-0.371***	-0.106**
	(0.008)	(0.037)	(0.015)	(0.112)	(0.118)	(0.221)
控制变量	是	是	是	是	是	是
时间固定效应	是	是	是	是	是	是
国家固定效应	是	是	是	是	是	是
观测值	170	73	66	147	87	84
Wald 检验值	3.99e+09	6 810.03	3.90e+10	63 992.54	967.05	2.01e+11
P 值	0.000	0.000	0.000	0.000	0.000	0.000
广义金融生态	-0.020*	-0.015**	-0.034*	-0.044***	-0.032***	-0.051***
	(0.042)	(0.007)	(0.019)	(0.015)	(0.012)	(0.021)
控制变量	是	是	是	是	是	是
时间固定效应	是	是	是	是	是	是
国家固定效应	是	是	是	是	是	是
观测值	203	89	85	127	75	72
Wald 检验值	1 539.33	5.61e+10	5.62e+08	1.36e+10	1.09e+15	1.17e+10
P 值	0.000	0.000	0.000	0.000	0.000	0.000

与此同时,广义金融生态的分组结果也支持了狭义分组的结果,"一带"和"一路"国家金融生态对中国海外投资效率的影响具有异质性。综上所述,"一带一路"沿线国家的金融生态水平越低,越会显著抑制中国在沿线国家的海外投资规模,从而导致中国海外投资不足、投资效率损失;相反,沿线国家金融生态越完善,越能显著推动中国对沿线国家海外投资效率的提高,促使投资非效率下降,减少效率损失。现阶段"一带一路"沿线国家金融生态整体水平较低,导致中国对沿线国家的投资非效率主要表现为海外投资不足。无论是从经济发展、地理板块,还是从"一带"和"一路"维度来区分,"一带一路"沿线国家金融生态对中国海外投资效率的影响均具有显著的异质性,而这种异质性的本质是"一带一路"沿线国家金融生态的多样性和复杂性。

第二节　基于微观企业数据的静态检验

一、初步事实判断

在第五章拓展理查德森模型测算中国企业海外投资效率的基础上,本节首先初步考察"一带一路"沿线国家狭义和广义金融生态与中国企业海外投资效率之间的相关性,并且区分海外投资过度和海外投资不足两种非效率情形,从而作出初步的事实判断。

一方面,按照狭义和广义金融生态水平的高低,进行中国企业海外投资效率的比较。具体而言,根据"一带一路"沿线国家金融生态水平由高到低进行四分位划分,比较第一分位和第四分位的海外投资效率。比较结果显示,在 312 家海外投资不足企业中,第一分位狭义和广义金融生态的平均偏离度分别为 7.07％和 8.30％,相形之下,第四分位的平均偏离度分别为 7.76％和 8.86％,说明"一带一路"沿线国家金融生态水平越高,越有可能抑制海外投资不足。与之相类似,在 225 家海外投资过度企业中,第一分位狭义和广义金融生态的平均偏离度为12.44%和13.27%,相形之下,第四分位的平均偏离度为13.67%和16.05%,同样说明了金融生态与海外投资过度之间的负向关系。从中可见"一带一路"国家低水平金融生态抑制中国企业海外投资效率的影响。

另一方面,基于海外投资不足和海外投资过度两种情形,分别绘制样本企业效率变量与狭义和广义金融生态的散点图及其拟合线。如图7-3所示,纵轴分别为海外投资不足和海外投资过度的估计值,横轴分别为狭义金融生态和广义金融生态。从图7-3(A)和(B)中可以看出,广义金融生态水平越高,其海外投资过度和不足的程度越往下堆积,与广义金融生态的拟合系数分别为-0.007和-0.018,中国海外投资非效率与"一带一路"沿线国家金融生态水平的负向关系初步显现。相比之下,

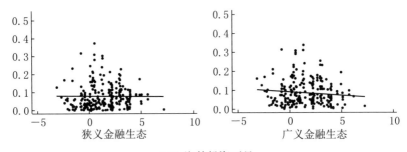

（A）海外投资不足

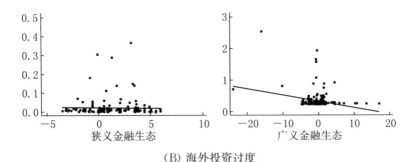

（B）海外投资过度

图 7-3　金融生态与海外投资效率的散点图

注:黑点表示企业海外投资不足(过度)的估计值,黑色线段代表拟合线。

尽管狭义金融生态的拟合系数分别为−0.005和−0.012,依然支持负向假说,但是海外投资非效率与狭义金融生态的负向关系并不显著。因此,"一带一路"沿线国家金融生态水平对中国海外投资过度和海外投资不足的影响还需通过科学的计量方法进一步探究。

二、基准回归结果

基于典型化事实描述,进一步建立基准回归模型,考察"一带一路"国家金融生态对中国企业海外投资效率的影响,并在此基础上进行稳健性检验和异质性分组检验。

1. 变量选取

选取海外投资不足($Under\_INV$)和海外投资过度($Over\_INV$)作为被解释变量;选取每一个沿线国家的金融生态指数(FE)作为核心解释变量,分别采用狭义金融生态指数(NFE)、广义金融生态指数(BFE)和三个金融分项指标——金融发展(FD)、金融结构(FS)和金融开放(FO)来衡量,数据来自第六章PCA方法得出的结果。

这里的控制变量Z主要包括两个层面:一是企业层面的控制变量,参考代昀昊和孔东民(2017)的做法,分别选取企业规模($Size$)、企业年龄(Age)和企业资产负债率(Lev)作为控制变量,其衡量方式与第五章保持一致,数据均来源于CSMAR。二是国家层面的控制变量,一方面,参考代表性文献(如董志强等,2012;Messaoud and Teheni,2014;夏后学等,2019),采用跨境贸易($Trade$)作为沿线国家投资环境的代理变量,数据从世界银行的营商环境报告中获取;另一方面,参考胡浩等(2017)、张友棠和杨柳(2020)、刘永辉和赵晓晖(2021)等文献,选取通货膨胀(IF)、自然资源(NS)和政府效率(Gov)三项指标衡量东道国宏观环境。其中,通货膨胀(IF)用以衡量东道国经济风险,数据来自ICRG数据库;自然资源(NS)用以反映东道国自然资源的丰裕度,数据来自WDI数据库;政府效率(Gov)用以刻画东道国政府办事效率以及政治稳定性,数据来源于 WGI 数据库。

上述各个变量的描述性统计如表 7-6 所示,可以看出,中国企业海外投资效率的差异化特征明显。其中,海外投资不足($Under\_INV$)的均值和标准差分别为 0.086 和 0.072,最小值与最大值为 0.000 0 和 0.507 2,表明各企业间的海外投资不足差异明显;海外投资过度($Over\_INV$)的均值和标准差分别为 0.116 和 0.263,最小值与最大值为 0.000 和2.456,差异性与离散程度较海外投资不足更为明显。同时,海外投资不足($Under\_INV$)的样本(58.10%)远超海外投资过度($Over\_INV$)的样本(41.90%),可见中国企业在"一带一路"国家的投资非效率主要表现为海外投资不足。

对各变量进行的 Pearson 相关系数检验和 VIF 检验结果表明,各主要变量间相关系数相对较小,模型设定未表现出严重的多重共线性问题。

表 7-6　变量的统计性描述

指标名称	指标简写	平均值	标准差	最小值	最大值
海外投资不足	$Under\_INV$	0.086	0.072	0.000	0.507
海外投资过度	$Over\_INV$	0.116	0.263	0.000	2.456
狭义金融生态	NFE	1.502	1.943	−3.444	7.095
广义金融生态	BFE	−0.203	3.240	−24.064	18.664
金融发展	FD	1.106	2.177	−2.250	5.207
金融结构	FS	0.869	1.388	−1.111	9.471
金融开放	FO	0.441	1.697	−2.031	3.084
企业规模	$Size$	23.962	2.339	19.882	30.952
企业年龄	Age	2.340	0.737	0.000	3.332
企业资产负债率	Lev	0.574	0.213	0.045	1.001
跨境贸易	$Trade$	70.198	23.001	0.000	100.000
通货膨胀	IF	8.533	1.188	3.710	10.000
自然资源	NS	23.559	22.880	0.080	97.370
政府效率	Gov	−0.088	0.707	−1.398	1.222

2. 模型构建

为了检验"一带一路"沿线国家金融生态对中国企业海外投资的影

响,参考刘慧龙等(2014)、代昀昊和孔东民(2017)的研究,考虑到国家特征变量对企业海外投资行为的影响会有时滞,选取滞后一期的东道国金融生态环境作为核心解释变量,构造如下基准回归模型(7-5)。

$$INV_{ijt} = \alpha_0 + \alpha_1 NFE_{jt-1} + \alpha_n C_{ijt} + \gamma_t + \lambda_j + \varepsilon_{ijt} \qquad (7-5)$$

式中,下标 i 代表企业个体,j 代表投资的东道国,t 代表投资年份。中国企业的海外投资效率(INV)为被解释变量,若效率值小于 0,则为海外投资不足($Under\_INV$);若效率值大于 0,则为海外投资过度($Over\_INV$)。C 表示控制变量集合,γ_t 表示时间固定效应,λ_j 表示国家固定效应,ε_{ijt} 表示不可观测的随机扰动项。

3. 基准结果

根据表 7-7 的基准回归结果,当被解释变量为海外投资不足($Under\_INV$)时,狭义金融生态的系数显著为 −0.010,说明"一带一路"沿线国家金融生态水平的提高可以显著抑制中国企业的海外投资不足,从而提高海外投资效率。可能的原因在于,其一,东道国良好的金融生态有利于企业在进行海外投资时,获取资金的渠道更为多元,获取方式也更为便利,有利于缓解企业融资约束;其二,良好的金融生态能为海外投资企业提供更为稳定的投资环境和更为全面的安全保障,降低企业海外投资风险;其三,在良好金融生态的保障下,融资约束的缓解和投资风险的降低有助于企业优化资源配置,形成海外投资的良性循环,进而提高企业海外投资效率。反观现实,"一带一路"沿线各国的金融生态整体欠佳,中国企业当前的海外投资效率损失主要表现为海外投资不足。"一带一路"沿线国家的金融生态水平越低,越会导致中国企业在东道国的海外投资不足,增大投资不足偏离度、扩大投资效率损失。相形之下,当被解释变量为海外投资过度($Over\_INV$)时,狭义金融生态的系数为 −0.047,但并不显著,说明"一带一路"沿线国家金融生态对海外投资过度的抑制作用并不明显。正如上文所述,良好的金融生态有助于缓解融资约束、降低投资风险和优化资源配置,是提高中国企业海外投资效率的重要推动力,但其突出的海外投资吸引力难以在抑制企业海外投资过度方面发挥作用。

在控制变量方面,当被解释变量为海外投资不足($Under\_INV$)时,企业年龄(Age)的系数为-0.025,并在1%的水平上高度显著,说明企业所处的发展阶段越成熟,海外投资经验就越丰富,越有可能作出合理的投资选择,显著抑制海外投资不足。当被解释变量为海外投资过度($Over\_INV$)时,企业资产负债率的系数为-0.469,且高度显著,表明企业高资产负债率能够显著抑制企业的海外投资过度行为;跨境贸易($Trade$)和政府效率(Gov)的系数分别为0.009和1.713,且显著性水平较高,说明跨境贸易越多、东道国政府效率越高,越能抑制企业的海外投资过度行为。究其原因,企业较高的负债率在一定程度上限制了投资能力(代昀昊和孔东民,2017),在客观上抑制了企业海外投资过度的局面;跨境贸易在一定程度上对中国海外投资形成了替代,抑制企业海外投资过度的发生;东道国政府效率的提高,有利于企业海外投资的行政审批流程顺利开展,其结果会在一定程度上加重企业的海外投资过度问题。

表 7-7 基准回归结果

	NFE (1)	BFE (2)	FD (3)	FS (4)	FO (5)
海外投资不足					
FE	-0.010^*	-0.003^*	-0.010^{***}	-0.004^*	-0.230^*
	(0.005)	(0.002)	(0.003)	(0.002)	(0.129)
Size	-0.000	0.001	0.001	0.001	0.010^{***}
	(0.004)	(0.004)	(0.002)	(0.002)	(0.003)
Age	-0.025^{***}	-0.027^{***}	-0.025^{***}	-0.022^{**}	-0.036^{**}
	(0.003)	(0.003)	(0.005)	(0.007)	(0.017)

	NFE (1)	BFE (2)	FD (3)	FS (4)	FO (5)
Lev	−0.072 (0.070)	−0.079 (0.076)	−0.072 (0.045)	−0.084* (0.043)	−0.159*** (0.050)
Trade	−0.001 (0.000)	−0.000 (0.000)	−0.000 (0.000)	−0.001* (0.000)	−0.006 (0.003)
IF	0.007 (0.006)	0.003 (0.006)	0.009 (0.006)	0.009* (0.004)	0.010 (0.011)
NS	0.001 (0.001)	0.001 (0.001)	0.001 (0.002)	0.001 (0.001)	0.004* (0.002)
Gov	0.028 (0.025)	0.013 (0.030)	0.015 (0.028)	0.021 (0.022)	−0.001 (0.051)
时间固定效应	是	是	是	是	是
国家固定效应	是	是	是	是	是
观测值	161	143	130	171	159
R^2	0.815	0.834	0.806	0.795	0.948

海外投资过度

	NFE	BFE	FD	FS	FO
FE	−0.047 (0.099)	−0.010 (0.015)	−0.123 (0.118)	−0.110 (0.154)	−0.301 (0.480)
Size	0.005 (0.020)	0.027 (0.035)	0.011 (0.027)	−0.001 (0.017)	0.025 (0.024)
Age	0.002 (0.046)	−0.008 (0.047)	−0.013 (0.062)	0.022 (0.036)	−0.038 (0.054)
Lev	−0.469** (0.236)	−0.685 (0.387)	−0.682* (0.372)	−0.395 (0.235)	−0.581** (0.255)
Trade	0.009* (0.005)	0.020*** (0.003)	0.012** (0.005)	0.009** (0.003)	0.014* (0.008)
IF	0.139 (0.100)	0.237 (0.151)	0.281* (0.151)	0.140* (0.072)	0.165* (0.085)
NS	0.062 (0.039)	0.179 (0.187)	0.060 (0.035)	0.057 (0.039)	0.126 (0.162)
Gov	1.713** (0.732)	4.266*** (1.511)	1.823 (1.323)	1.614* (0.788)	2.577* (1.344)
时间固定效应	是	是	是	是	昰
国家固定效应	是	是	是	是	是
观测值	96	78	77	102	91
R^2	0.494	0.619	0.536	0.498	0.526

三、稳健性检验

1. 更换核心解释变量

将核心解释变量狭义金融生态（*NFE*）分别替换为广义金融生态（*BFE*）和三个分项指标，即金融发展（*FD*）、金融结构（*FS*）和金融开放（*FO*）进行稳健性检验，估计结果见表7-7的第（2）—（5）列。当被解释变量为海外投资不足（*Under_INV*）时，广义金融生态（*BFE*）、金融发展（*FD*）、金融结构（*FS*）和金融开放（*FO*）的系数分别显著为－0.003、－0.010、－0.004和－0.230，再次证实了"一带一路"沿线国家金融生态对中国企业海外投资不足具有显著的抑制作用；当被解释变量为海外投资过度（*Over_INV*）时，广义金融生态（*BFE*）、金融发展（*FD*）、金融结构（*FS*）和金融开放（*FO*）的系数悉数为负，但对海外投资过度的影响均不显著，基准回归结果稳健。由此可见，无论选取何种指标，均显示"一带一路"国家的金融生态越趋于完善，越能显著抑制中国企业在沿线国家的海外投资不足，减少海外投资效率损失，推动中国企业在沿线国家海外投资效率的提高。

2. 更换模型估计

鉴于中国企业海外投资非效率变量经过了绝对值处理，即表现为受限被解释变量，估计结果可能存在误差。参考代昀昊和孔东民（2017）的做法，选取 Tobit 回归进行检验，由表7-8第（1）—（2）列的估计结果可知，海外投资不足情形下，狭义和广义金融生态的系数显著为负且数值同基准回归完全一致；海外投资过度情形下，狭义和广义金融生态的系数值同基准回归完全一致且仍不显著，基准回归结果具有稳健性。

3. 更换样本范围

由第四章的海外投资效率变量描述可知，2013年后中国海外投资非效率企业数量呈逐年递增趋势，在"一带一路"国家海外投资不足的现象也愈加普遍,因此将样本范围调整至 2013—2018 年。表 7-8 第(3)—(4)列的估计结果显示,无论被解释变量是海外投资不足还是海外投资过度,狭义和广义金融生态的影响均与基准结果保持一致。"一带一路"沿线国家金融生态依然对海外投资不足有显著的负向影响,但对海外投资过度的影响仍不显著,基准回归结果具有稳健性。

表 7-8　稳健性检验:更换估计方法和样本范围

	更换模型估计方法为 Tobit		更换样本范围	
	海外投资不足 (1)	海外投资过度 (2)	海外投资不足 (3)	海外投资过度 (4)
NFE	−0.010**	−0.047	−0.021**	−0.093
	(0.005)	(0.078)	(0.009)	(0.138)
控制变量	是	是	是	是
时间固定效应	是	是	是	是
国家固定效应	是	是	是	是
观测值	161	143	136	70
R^2	−0.699	−0.773 6	0.807	0.563
BFE	−0.003**	−0.010	−0.106*	−0.050
	(0.001)	(0.011)	(0.047)	(0.043)
控制变量	是	是	是	是
时间固定效应	是	是	是	是
国家固定效应	是	是	是	是
观测值	96	78	107	58
R^2	1.451	1.539	0.781	0.798

注:以 Tobit 模型作为估计方法时,报告的 R^2 为 Pseudo R^2。

4. 分位数回归

基准结果对式(7-5)的估计是建立在均值回归之上的,其结果反映了"一带一路"国家金融生态对中国企业海外投资效率影响的平均效果。然而,若金融生态水平的分布不对称,则这种平均效果就不能全面地刻画其对中国企业海外投资效率的影响。相比之下,分位数回归不仅能够在海外投资效率的整体分布上呈现沿线国家金融生态的影响,而且不受海外投资效率异常值的影响,对误差项分布也无很强的假设条件,估计结果更为稳健。

表7-9的分位数回归结果显示,在对海外投资不足的影响中,随着分位数的提高,狭义金融生态的负向影响系数呈增长趋势,并在75%和90%的分位数上通过显著性检验;广义金融生态在各分位数的系数也均为负值,并在10%、25%和90%的分位数上通过显著性检验,再次证实了基准回归结果具有稳健性,且随着企业海外投资不足的偏离度增大,"一带一路"沿线国家金融生态对海外投资不足的抑制作用会显著增强。与之不同,在对海外投资过度的影响中,随着分位数的提高,狭义和广义金融生态的负向影响系数一直在增大,但是并不显著,基准回归结果的稳健性再次得到验证。

5. 内生性处理

"一带一路"国家的金融生态作为宏观层面因素对微观企业主体的投资行为具有较为显著的影响,反观微观企业投资效率对宏观金融生态因素的影响,尽管较为微弱,但仍有可能会因为互为因果而带来内生性问题。本节构造工具变量 OME,即计算同年份其他国家金融生态指数的均值,然后采用两阶段最小二乘法(2SLS)进行检验。

根据表7-10的估计结果,在第一阶段中,工具变量(OME)的估计系数显著,证实了二者的相关性;而在第二阶段中,狭义和广义金融生态对海外投资不足的影响依然显著为负,对海外投资过度的影响依旧不显著,与基准回归结果一致。同时,海外投资不足和过度的 Kleibergen-Paap Wald rk F 值均大于10%水平上的临界值,拒绝了弱工具变量假设,说明选取的工具变量是有效的。由此可见,在控制潜在的内生性问题后,"一带一路"沿线国家金融生态对海外投资不足的抑制作用依旧显著,对海外投资过度的影响依然不显著,与基准回归结果一致。

表 7-9 分位数回归

	海外投资不足					海外投资过度				
	10%	25%	50%	75%	90%	10%	25%	50%	75%	90%
NFE	-0.001	-0.001	-0.005	-0.019***	-0.027**	-0.002	-0.002	-0.000	-0.002	-0.069**
	(0.002)	(0.003)	(0.005)	(0.007)	(0.009)	(0.002)	(0.002)	(0.009)	(0.019)	(0.029)
控制变量	是	是	是	是	是	是	是	是	是	是
时间固定效应	是	是	是	是	是	是	是	是	是	是
国家固定效应	是	是	是	是	是	是	是	是	是	是
观测值	161	161	161	161	161	96	96	96	96	96
BFE	-0.001**	-0.002*	-0.001	-0.001	-0.004**	-0.008	-0.005	0.027	0.040	-0.215
	(0.001)	(0.001)	(0.001)	(0.001)	(0.002)	(0.008)	(0.020)	(0.025)	(0.090)	(0.614)
控制变量	是	是	是	是	是	是	是	是	是	是
时间固定效应	是	是	是	是	是	是	是	是	是	是
国家固定效应	是	是	是	是	是	是	是	是	是	是
观测值	143	143	143	143	143	78	78	78	78	78

表 7-10　内生性检验:工具变量法

	海外投资不足		海外投资过度	
	第一阶段	第二阶段	第一阶段	第二阶段
NFE		−0.015*		−0.009
		(0.008)		(0.026)
OME	−2.590***		−2.777***	
	(0.488)		(0.496)	
控制变量	是	是	是	是
时间固定效应	是	是	是	是
国家固定效应	是	是	是	是
观测值	138	138	83	83
R^2	0.386	0.134	0.457	0.155
Kleibergen-Paap Wald rk F 值	33.895		18.839	
BFE		−0.032*		−0.190
		(0.019)		(0.199)
OME	−1.427*		−0.473*	
	(0.751)		(0.154)	
控制变量	是	是	是	是
时间固定效应	是	是	是	是
国家固定效应	是	是	是	是
观测值	143	143	113	113
R^2	0.449	0.497	0.171	0.438
Kleibergen-Paap Wald rk F 值	32.451		17.506	

四、企业异质性分组

考虑到企业异质性可能对基准回归结果产生影响,故基于海外投资进入模式、企业规模、融资约束程度和投资区位等区分企业异质性。

1. 进入模式异质性

按照进入模式,将中国在"一带一路"沿线国家投资的样本企业划分为绿地投资与跨境并购两组,前者是指中国企业在海外市场新建企业,后者是指中国企业对东道国现有企业进行合并或收购,分组结果见表 7-11。

在对海外投资不足的影响中,狭义金融生态的估计结果支持基准回归结果的同时,还显示沿线国家金融生态对跨境并购效率(-0.022)的影响力度显著强于绿地投资(-0.005),显著性水平也更高(1%),即相较于绿地投资企业,金融生态对跨境并购企业海外投资不足的抑制作用更大。可能的原因在于,相较于绿地投资,企业跨境并购的顺利开展会涉及更多方的东道国金融主体,对融资环境的要求也更高。东道国良好的金融生态可以为企业提供完善的金融服务和多渠道的融资支持,进而对跨境并购不足的缓解作用更为显著。广义金融生态与狭义金融生态的回归结果保持一致,再次证实基准回归结果是稳健的。在对海外投资过度的影响中,狭义和广义金融生态的影响依旧不显著,基准回归结果稳健。

表 7-11　企业异质性:进入模式

	海外投资不足		海外投资过度	
	绿地投资	跨境并购	绿地投资	跨境并购
NFE	$-0.005\,^{*}$	$-0.022\,^{***}$	-0.197	-0.057
	(0.003)	(0.007)	(0.146)	(0.254)
控制变量	是	是	是	是
时间固定效应	是	是	是	是
国家固定效应	是	是	是	是
观测值	86	75	56	40
R^2	0.811 3	0.919 9	0.930	0.499 3
BFE	$-0.008\,^{**}$	$-0.090\,^{**}$	$-0.019\,^{**}$	-0.277
	(0.006)	(0.033)	(0.009)	(0.263)
控制变量	是	是	是	是
时间固定效应	是	是	是	是
国家固定效应	是	是	是	是
观测值	82	61	45	33
R^2	0.862 8	0.862 7	0.798 3	0.708 9

2. 企业规模异质性

根据规模差异,将样本企业划分为大规模和小规模两组,前者是指规模值($Size$)大于中位数的企业,后者是指规模值低于中位数的企业,分组结果见表 7-12。

在以海外投资不足为解释变量时,狭义金融生态的估计结果显示沿线国家金融生态对大规模企业海外投资效率的影响在5%水平上通过显著性检验,而对小规模企业海外投资效率的影响并不显著,表明"一带一路"国家金融生态水平的提高能够显著抑制大规模企业的海外投资不足。可能的原因在于,相较于小规模企业,大规模企业在人员、技术、资金等方面的实力更为雄厚,更易实现规模经济,并在此基础上进一步优化海外投资的资源配置,促进海外投资效率的提高。广义金融生态与狭义金融生态的估计结果保持一致,再次验证了基准回归结果的稳健性;而在对海外投资过度的影响中,狭义和广义金融生态的影响依旧不显著,同样与基准回归结果相吻合。

表 7-12　企业异质性:规模与融资约束

	海外投资不足				海外投资过度			
	大规模企业	小规模企业	高融资约束	低融资约束	大规模企业	小规模企业	高融资约束	低融资约束
NFE	−0.013**	−0.021	−0.004	−0.034*	−0.084	−0.426	−0.078	−0.144
	(0.006)	(0.018)	(0.009)	(0.016)	(0.089)	(0.359)	(0.060)	(0.156)
控制变量	是	是	是	是	是	是	是	是
时间固定效应	是	是	是	是	是	是	是	是
国家固定效应	是	是	是	是	是	是	是	是
观测值	81	80	78	83	48	48	48	48
R^2	0.834	0.837	0.902	0.821	0.555	0.743	0.906	0.721
BFE	−0.135**	−0.003	−0.055	−0.104**	−0.030	−0.010	−0.007	−0.022
	(0.058)	(0.002)	(0.072)	(0.045)	(0.375)	(0.008)	(0.006)	(0.020)
控制变量	是	是	是	是	是	是	是	是
时间固定效应	是	是	是	是	是	是	是	是
国家固定效应	是	是	是	是	是	是	是	是
观测值	72	71	73	70	39	39	40	38
R^2	0.857	0.834	0.943	0.755	0.580	0.735	0.799	0.699

3. 融资约束异质性

按照融资约束差异,将中国在"一带一路"国家海外投资的样本企业划分为高融资约束和低融资约束两组,分别指融资约束值(SA)大于和小于中位数的中国企业。其中,参考刘莉亚等(2015)的做法,使用哈德洛克和皮尔斯(Hadlock and Pierce,2010)提出的 SA 指数衡量企业融资约束水平,并通过 $SA = -0.737 \times Size + 0.043 \times Size^2 - 0.04 \times Age$ 来衡量,其中 $Size$ 表示企业的总资产对数,Age 表示企业上市时间,数据来源于 CSMAR 数据库。

表 7-12 的结果表明,在对海外投资不足的影响中,沿线国家金融生态对低融资约束企业的影响在 10% 的水平上显著,对高融资约束企业的影响则不显著,说明"一带一路"国家金融生态的改善将更有益于抑制低融资约束企业海外投资不足的发生。原因可能在于,相较于低融资约束企业而言,高约束企业融资渠道更少,融资成本也更高,难以实现合理的资源配置,进而削弱了金融生态改善对这类企业海外投资不足的缓解作用。

4. 投资区位异质性

针对中国企业在"一带一路"沿线的区位异质性,本节考虑了三个区位标准。

(1) 考虑沿线国家的经济发展水平

基于沿线国家的经济发展水平,沿用第七章第一节宏观国别部分的划分标准,将"一带一路"国家划分为高收入国家、中高收入国家、中低收入国家,分组估计结果见表 7-13。

表 7-13 投资区位异质性:沿线国家的经济发展水平

	海外投资不足			海外投资过度		
	高收入	中高收入	中低收入	高收入	中高收入	中低收入
NFE	−0.021**	−0.010*	−0.008*	−0.044	−0.028	−0.102
	(0.009)	(0.004)	(0.003)	(0.052)	(0.139)	(0.122)
控制变量	是	是	是	是	是	是
时间固定效应	是	是	是	是	是	是
国家固定效应	是	是	是	是	是	是
观测值	50	60	51	38	15	43
R^2	0.915	0.846	0.854	0.449	0.606	0.615

	海外投资不足			海外投资过度		
	高收入	中高收入	中低收入	高收入	中高收入	中低收入
BFE	−0.069***	−0.150*	−0.015***	−0.014	−0.206	−0.005
	(0.017)	(0.063)	(0.004)	(0.021)	(0.257)	(0.007)
控制变量	是	是	是	是	是	是
时间固定效应	是	是	是	是	是	是
国家固定效应	是	是	是	是	是	是
观测值	40	62	41	30	18	30
R^2	0.828	0.831	0.765	0.839	0.728	0.941

一方面,在对海外投资不足的影响中,与全样本回归结果一致,高收入、中高收入和中低收入国家的狭义金融生态系数和广义金融生态均显著为负,该结果再次表明"一带一路"国家的低水平金融生态会加剧中国企业的海外投资不足,而金融生态水平的改善将缓解中国企业海外投资不足,减少投资效率损失。除此之外,与宏观国别部分的结论相一致,"一带一路"国家金融生态对中国海外投资不足的影响具有显著的异质性特征。以狭义金融生态为例,其对海外投资不足的影响力度在高收入国家(−0.021)中最大,中高收入国家(−0.010)次之,中低收入国家(−0.008)最小,这说明随着收入水平的递减,狭义金融生态在分组样本中的影响力度逐渐减弱。广义金融生态在高收入国家(−0.069)和中高收入国家(−0.150)中对海外投资不足的影响也分别高于中低收入国家(−0.015),在支持基准回归结果的同时,再次验证了这一异质性特征。可能的原因在于,如宏观国别部分所言,东道国收入水平越低、经济发展越落后,其经济基本面对于中国企业海外投资的支持力度越小,中国企业海外投资可获得的融资数量越少、融资成本也越高,难以实现合理的资源配置,削弱了金融生态对企业海外投资不足的缓解作用。

另一方面,在对海外投资过度的影响中,狭义金融生态的影响依然不显著,与全样本基准回归结果相一致;广义金融生态的回归结果在支持狭义结果的同时,再次证明了基准回归结果的稳健性。

(2)考虑沿线国家的地理板块

基于"一带一路"沿线国家地理板块,沿用第四章的划分标准,将沿线国家划分为中亚和东亚、南亚、东南亚、中东、东欧、中欧、独联体七个板块(表 4-7),鉴于数据缺失,本节不包括中亚及东亚地区的结果。

根据图 7-4 展示的分组估计结果,"一带一路"国家金融生态对中国企业海外投资不足的影响具有异质性。仍以狭义金融生态为例,东南亚、东欧、中欧和独联体板块狭义金融生态系数均显著为负,表明低水平狭义金融生态会显著增强海外投资不足的偏离度,阻碍中国企业海外投资效率优化,而金融生态的改善将会显著缓解中国企业海外投资效率不足、减少投资效率损失。其中,与宏观国别结果相一致,中欧板块的抑制作用(−0.108)最为突出。相形之下,独联体板块的抑制作用(−0.023)最小。南亚和中东板块狭义金融生态的系数同样为负,但未通过显著性检验,说明样本期内南亚和中东板块狭义金融生态对中国海外投资不足的影响不大。可能的原因在于,对南亚板块而言,金融生态整体不佳会对中国海外投资产生负面影响,但是近年来"孟中印缅"经济走廊的发展促进了中国与南亚国家的资金融通,在两种相反力量的共同作用下,金融生态的负面影响并不显著。对中东板块而言,宗教文化冲突严峻、常年局势紧张,难以为企业提供良好的投资环境和稳定的金融支持,甚至企业的经营安全也受到严重威胁,诸多不确定因素弱化了中东国家金融生态对中国企业海外投资不足的抑制作用。广义金融生态的板块分组估计支持了狭义金融生态的区域分组结果,再次说明"一带一路"国家金融生态对中国海外投资不足的影响具有明显的地理板块特征。

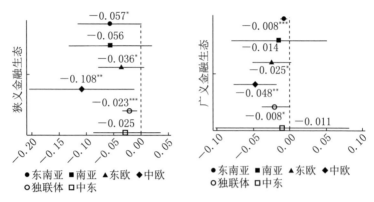

（A）海外投资不足

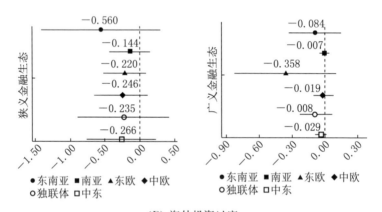

（B）海外投资过度

图 7-4 投资区位异质性：地理板块

　　相形之下，"一带一路"沿线国家金融生态对中国企业海外投资过度的影响不具有地理板块特征。具体而言，在所有板块中，无论是狭义金融生态还是广义金融生态，其对海外投资过度的影响均不显著，在支持基准回归结果的同时，也表明沿线国家不同板块金融生态对海外投资过度的影响不存在异质性。

　　（3）考虑"一带"和"一路"的区分

　　沿用宏观国别部分划分标准，将"一带一路"沿线国家划分为"一带"和"一路"两组,并进一步将"一带"和"一路"所覆盖的沿线国家细化为四条不同的路线。

当被解释变量为海外投资不足时,陆上丝绸之路和海上丝绸之路分组检验结果如表7-14所示。在对海外投资不足的影响中,分组结果在支持基准回归结果的同时还表明,隶属海上丝绸之路各国的金融生态对中国企业海外投资不足(-0.030)的影响明显大于陆上丝绸之路(-0.012)的影响。可能的原因在于,相较于陆上丝绸之路,海上丝绸之路沿线国家的经济、基础设施和地缘等条件更为优越(吕越等,2019)。具体而言,发达的经济可以为企业投资提供重要支撑,完善的基础设施可以有效降低企业海外投资成本(Donaldson and Hornbeck,2016),地缘优势有利于促进投资的有序开展(吕越等,2019),因此海上丝绸之路沿线国家金融生态对中国企业海外投资不足的抑制作用更为突出。陆上丝绸之路和海上丝绸之路不同路线的分组结果亦如表7-14所示。在四条路线中,路线Ⅲ沿线国家金融生态(-0.030)对中国海外投资效率的促进作用明显高于其他三条路线。可能的解释是,路线Ⅲ主要包括东盟和南亚沿线国家,这些国家拥有较高的储蓄率(吕越等,2019),能够为企业提供可靠的融资来源,更有利于促进中国海外投资效率的提高。广义金融生态的分组检验支持了狭义分组结果,"一带"和"一路"国家金融生态对中国海外投资不足的影响具有异质性。

当被解释变量为海外投资过度时,无论是陆上丝绸之路和海上丝绸之路分组还是其不同路线分组,估计结果均未呈现出显著的路线特征。具体而言,在所有路线中,狭义和广义金融生态对海外投资过度的影响均不显著,进一步支持了以海外投资过度为被解释变量的基准回归结果。

表 7-14 投资区位异质性："一带"和"一路"

| | 海外投资不足 | | | | | | 海外投资过度 | | | | | |
| | 陆上丝绸之路 | | | 海上丝绸之路 | | | 陆上丝绸之路 | | | 海上丝绸之路 | | |
	整体	路线 I	路线 II	整体	路线 III	路线 IV	整体	路线 I	路线 II	整体	路线 III	路线 IV
NFE	-0.012*	-0.023***	-0.014*	-0.030*	-0.030*	-0.016***	-0.105	-0.183	-0.014	-0.271	-0.153	-0.182
	(0.006)	(0.003)	(0.006)	(0.014)	(0.013)	(0.004)	(0.166)	(0.225)	(0.065)	(0.168)	(0.125)	(0.110)
控制变量	是	是	是	是	是	是	是	是	是	是	是	是
时间固定效应	是	是	是	是	是	是	是	是	是	是	是	是
国家固定效应	是	是	是	是	是	是	是	是	是	是	是	是
观测值	52	20	32	109	96	23	22	6	16	74	66	8
R^2	0.903	0.952	0.709	0.743	0.782	0.811	0.521	0.307	0.941	0.654	0.713	0.999
BFE	-0.005*	-0.041***	-0.007**	-0.007***	-0.039**	-0.019*	-0.092	-0.088	-0.617	-0.119	-0.048	-0.075
	(0.002)	(0.011)	(0.003)	(0.002)	(0.014)	(0.010)	(0.098)	(0.116)	(1.393)	(0.089)	(0.088)	(0.128)
控制变量	是	是	是	是	是	是	是	是	是	是	是	是
时间固定效应	是	是	是	是	是	是	是	是	是	是	是	是
国家固定效应	是	是	是	是	是	是	是	是	是	是	是	是
观测值	53	21	32	90	78	23	21	7	14	57	49	8
R^2	0.925	0.947	0.866	0.829	0.898	0.917	0.573	0.267	0.944	0.811	0.689	0.993

第三节　基于随机森林模型的静态预测

本章在分别采用宏观数据和微观数据检验"一带一路"金融生态对中国海外投资效率影响的基础上,还引入系统性的建模方法,即通过采用随机森林模型这一决策树的变体形式,提高分类的准确性(Breiman,2001a),从"一带一路"国家的金融生态出发,预测中国在沿线国家的海外投资效率是高还是低。

一、随机森林模型的选择理由

本节之所以选择目前机器学习中方兴未艾的随机森林模型,其原因在于,一方面,随机森林模型简单灵活,适用于包括分类和回归在内的一系列任务,尤其在预测小样本容量和非平衡数据方面具有明显的优势(Breiman,2001b);另一方面,该方法通过建立大量决策树而非简单的一棵决策树来提高分类准确性。每棵决策树的建立都是通过随机选择数据样本和从原始数据中随机选择输入变量(通过在每个节点上选择变量的最佳分割)来完成的,对异常值和噪声具有良好的容忍度(Kampichiler et al.,2010)。

也正是因为如此,随机森林模型在金融、保险等领域日益得到重视和运用。例如,学者们在预测股票价格(Sadorsky,2021;Ciner,2019)、货币危机(王达和周映雪,2020;Kinkyo,2020;Xu et al.,2018;Joy et al.,2017)、银行破产(Tanaka et al.,2016)、贵金属收益(Pierdzioch and Risse,2020)、首次公开发行(IPO)初始收益(Baba and Sevil,2020)、标准普尔 500 的盘中收益(Lohrmann and Luukka,2019)、信用利差估算(Mercadier and Lardy,2019)、金融市场波动性(Lulong and Dokuchaev,2018)、汇率变动(熊景华和茹璟,2021)、上市公司信用评级(马晓君等,2019)等方面,均采用了二元或者多元随机森林模型。

二、随机森林模型的数据来源

在随机森林模型中选取的是第七章第一节的宏观数据集,其中,被解释变量的设定基础为第四章测算的中国在"一带一路"国家的海外投资效率,若效率值大于中位数,则视为中国在沿线国家海外投资的高效率组,赋值为 1;若效率值低于中位数,则视为中国在沿线国家海外投资的低效率组,赋值为 0。与此同时,采用内容更为全面的广义金融生态指标衡量各沿线国家的金融生态,以反映"一带一路"国家金融生态对中国海外投资效率的影响及其贡献率。

在训练集和测试集方面,与国内学者王达和周映雪(2020)不同,本节采用随机选取训练集(70%)和测试集(30%)的方式,来检验机器学习对海外投资效率的识别效果。

三、随机森林模型的评估与预测

1. 基于训练集的评估

考虑到"一带一路"沿线国家的数据量较小,在评估随机森林模型效果的过程中,我们使用 5 倍交叉验证来衡量分类的平均准确性,即通过创建 4 个随机数据分割来提高准确性。在这个实验设置过程中,使用 4 折创建模型,剩下 1 折用于测试模型执行实验 4 次随机分割中的 4 次。在使用相同实验的设置中,通过比较随机森林模型与 Logit 模型、线性判别分析模型(Linear Discriminant Analysis,LDA)和决策树模型来评估模型的准确性。

如图 7-5 所示,Logit 模型、LDA 模型和决策树模型的基准回归结果在分类准确性上的得分分别为 72.07%、76.68% 和 78.03%,而随机森林模型的得分为 84.31%。因此,随机森林模型明显优于其他基准模型,证实了随机森林模型较之基准模型能更可靠地预测"一带一路"国家的金融生态对中国海外投资效率的影响。

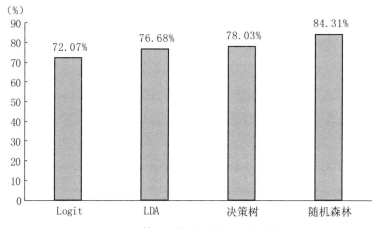

图 7-5　基于 5 倍交叉的平均准确性

与此同时,图 7-6 还基于训练集展示了随机森林模型的 ROC 曲线,其中横轴代表假阳性率,纵轴代表真阳性率,可以看出调整参数后的随机森林模型的 AUC 面积高达 0.92,具有非常好的分类能力。

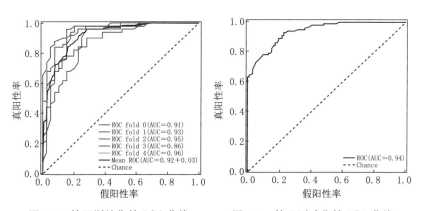

图 7-6　基于训练集的 ROC 曲线　　　图 7-7　基于测试集的 ROC 曲线

2. 基于测试集的预测

基于上述随机森林模型,使用测试集作为数据集,重新进行预测。预测准确性指标如下:

（1）测试准确性：表 7-15 显示，采用随机森林模型对测试集的准确性高达 84%。

（2）分类报告：如表 7-15 所示，从测试集的评价指标来看，随机森林模型的学习能力和对风险的识别精度非常显著，且模型表现更为稳定。

表 7-15　各项指标的分类报告表

	精度 （Precision）	召回率 （Recall）	F1 得分 （F1-score）	支持度 （Support）	准确性 （Accuracy）
0	0.84	0.81	0.83	91	0.84
1	0.84	0.86	0.85	101	

（3）ROC 曲线：如图 7-7 所示，基于测试集的随机森林模型的 AUC 面积高达 0.94，经过训练之后，该模型已具有非常好的分类能力。

可以看出，上述性能指标与从基于训练集的评估得到的指标相似，意味着我们 5 倍交叉验证的结果是可靠的。同时，这些指标再次证明随机森林模型的可靠性——预测准确性得分为 83.85%，而 AUC 高达 94%。

3. 判断解释变量的重要性

随机森林模型的一个关键特征在于，还可提供解释变量的重要性度量，有助于识别哪些变量更有助于决定中国在"一带一路"国家海外投资效率的高低。图 7-8 的结果表明，随机模型中发现的最重要变量如下：就广义金融生态指标而言，居于前五位的因素分别是 D1 经济基础中的自然资源、D1 经济基础中的制造业占比、D3 法律基础中的言论自由度、D1 经济基础中的城市化率、D2 金融状况—金融结构中的金融效率；就狭义金融生态指标而言，排在前五位的因素除了金融效率外，还包括 D2 金融状况—金融竞争中的金融机构资产利润率（ROA）、D2 金融状况—金融发展中的私人信贷总额占 GDP 的比重、D2 金融状况—金融主体中的银行资产占比和 D2 金融状况—金融竞争中的银行集中度。

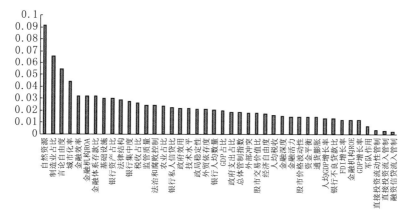

图 7-8　广义金融生态各要素的贡献率

第八章　"一带一路"国家金融生态对
中国海外投资效率的影响：
基于序贯投资的动态检验

在第七章静态分析的基础上，本书尝试从动态角度考察"一带一路"国家金融生态多样性对中国企业海外投资效率的动态影响。为了实现这一目标，第八至十章依次选择了三个研究视角：序贯投资、区位转移和银行追随。其中，第八章基于序贯投资的研究视角，从动态角度考察"一带一路"国家金融生态多样性对中国企业海外投资效率的动态影响。首先，采用微观企业数据，描述中国企业在"一带一路"国家多次投资与序贯投资的事实，实证检验"一带一路"国家的金融生态是否会影响中国企业在沿线国家海外投资的动态序贯选择——包括序贯投资概率和增加投资序贯次数，并考察这一影响的稳健性与异质性。其次，在理论建模与推导的基础上，从地理区位序贯投资和进入模式序贯投资入手，分别考察序贯投资对中国企业海外投资效率的影响及其异质性。再次，将企业融资约束水平和企业海外投资风险作为中介变量，考察序贯投资模式影响中国企业海外投资效率的机制。最后，选择三一重工作为典型案例，进一步说明"一带一路"国家金融生态多样性会影响中国企业的序贯投资行为，进而对其海外投资效率产生动态影响。

第一节　中国企业在沿线的序贯投资事实

根据已有文献，企业国际化进程具有持续性和动态性（Johanson and Vahlne，1977；Davidson，1980），中国企业在"一带一路"国家的海外投资亦是如此。在这个动态发展过程中，中国企业是否已经真正得以成长，其判断标准之一是在一定时期内以"序贯模式"完成多次投资（Marshall et al.，2000），从而反映企业的海外投资战略目标是否更具长期性，是否更加追求可持续性发展。

具体来说，鉴于市场的不确定性、投资的不可逆性和经验的溢出效应，企业通常会采取"序贯模式"逐步进行对外扩张，目的在于通过以往投资形成的经验降低企业国际化成本（Albornoz et al.，2012；Sheard，2014；Wagner and Zahler，2015）。也就是说，企业海外投资扩张是由多个选择构成的投资决策序列，而非简单的一次性行为。而在此过程中，企业的当期投资决策无疑是依据前期投资所获信息作出的最优投资决策，从而形成了在时间维度上具有关联性的企业序贯投资行为（Guillen，2002）。

一、中国企业在"一带一路"国家的多次投资

中国企业在"一带一路"国家具有多次投资行为是"序贯投资"的基本前提，基于此可以判断后期海外投资决策是否是根据前期投资结果而作出的选择。

依然沿用第五章中国企业在沿线国家的海外投资微观数据。如图8-1所示，在2004—2018年的样本期内，一共有388家中国企业在沿线国家进行了641次海外投资活动，其中，单次投资企业有273家，占比为70.4%；多次投资企业有115家，占比达到29.6%，即有三成中国企业会选择在"一带一路"沿线国家进行多次投资活动；在多次投资企业中，投资次数最多的是中兴通讯，投资次数高达15次，其次是小米集团，在沿线国家的投资次数也达到了12次，最少投资次数为2次。表8-1进一

步显示,在投资次数的频率分布方面,选择到"一带一路"沿线国家投资2次的企业最多,有53家,占比高达46.09%;选择投资3次的有30家,占比达到26.09%;选择投资4次有17家,占比达到14.78%;选择投资5次及以上的仅有15家。

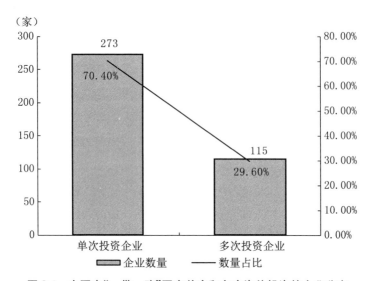

图8-1 中国在"一带一路"国家单次和多次海外投资的企业分布
数据来源:根据 Zephyr 数据库和 fDi Markets 数据库整理得出。

表8-1 中国企业在"一带一路"国家多次海外投资的次数统计

海外投资次数(次)	中国企业数量(家)	数量占比(%)	累计数量占比(%)
2	53	46.09	46.09
3	30	26.09	72.18
4	17	14.78	86.96
5	6	5.21	92.17
6	5	4.35	96.52
≥7	4	3.48	100

数据来源:根据 Zephyr 数据库和 fDi Markets 数据库整理得出。

二、中国企业在"一带一路"国家的序贯投资

从已有文献来看,企业的序贯投资行为主要涵盖区位选择和进入

模式两方面。

在地理区位方面,已有研究发现,以往经验对海外投资企业序贯投资区位选择的影响呈现出明显的"路径依赖"特征(Davidson,1980)。对此,有学者分别采用日本和德国海外投资企业数据,发现企业在某国的投资经验会促使其选择同一市场或相似市场作为下一次投资的东道国(Song,2002;Chung and Song,2004;Zhu,2014)。綦建红和刘慧(2015)也考察了以往经验对中国海外投资企业区位选择的影响,发现多次投资企业会根据以往经验来进行序贯式的市场跟随,且相同市场经验对区位选择的影响大于相似市场经验。

在进入模式方面,越来越多的学者意识到海外投资进入模式的选择不是离散的,而是相互依赖的,是事关国家间资金流动方向和数量的系列决策的一部分(Chang and Rosenzweig,2001;Chan et al.,2006;Swoboda et al.,2015),而跨国公司往往会随着时间的推移重复以往的进入模式选择(Anderson and Gatignon,1986)。对此,国内外学者采用不同国家的数据研究了序贯投资在海外进入模式中的重要性,其样本覆盖了日本企业(Amburgey and Miner,1992;Padmanabhan and Cho,1999;Chang and Rosenzweig,2001;Chung and Song,2004;Ogasavara and Hoshino,2009;Meschi and Metais,2011)、瑞典企业(Pehrsson,2016)、韩国企业(Yim and Jung,2016)和中国企业(Xu et al.,2018)。

根据上述判断标准,满足"序贯投资"标准的企业一共有 101 家[①],其中地理区位序贯的企业有 43 家,进入模式序贯的企业有 99 家,进入模式序贯是中国企业在"一带一路"国家序贯投资的主要形式。如表 8-2 所示,在 99 家进入模式序贯投资的企业中,有 51 家企业仅序贯投资了 1 次,占总企业的比例高达 51.52%,序贯投资 2 次的企业有 21 家,占总企业的比例为 21.21%,序贯投资 3 次及以上的企业有 27 家,占比为

---

① 地理区位和进入模式序贯兼而有之的有 41 家。

27.27%。在43家地理区位序贯投资的企业中,有29家企业选择序贯投资1次,占比高达67.44%,序贯投资2次的企业有9家,占比为20.93%,仅有5家企业选择序贯投资3次及以上。从整体而言,中国企业在"一带一路"国家的序贯投资意愿不强,序贯投资的次数多为1次,且多以进入模式序贯投资为主。

表8-2　中国企业在"一带一路"国家序贯投资的次数统计

进入模式序贯投资次数(次)	中国企业数量(家)	数量占比(%)	累计数量占比(%)
1	51	51.52	51.52
2	21	21.21	72.73
3	14	14.14	86.87
≥4	13	13.13	100
总计	99	100	100

地理区位序贯投资次数(次)	中国企业数量(家)	数量占比(%)	累计数量占比(%)
1	29	67.44	67.44
2	9	20.93	88.37
3	2	4.65	93.02
≥4	3	6.98	100
总计	43	100	100

数据来源:根据 Zephyr 数据库和 fDi Markets 数据库整理得出。

第二节　沿线金融生态对序贯投资的影响

一、变量与模型选择

为了考察"一带一路"国家迥然不同的金融生态状况如何影响中国企业的序贯投资行为,选择变量和模型如下:

1. 被解释变量

在这里,被解释变量选取了两个:一是中国企业在"一带一路"沿线国家是否序贯的二值选择(Con),如果选择序贯,则赋值为1,否则赋值为0;二是中国企业在沿线国家的序贯投资次数(Num)。

2. 核心解释变量

核心解释变量为滞后一期的"一带一路"各沿线国家的狭义金融生态指数(NFE),数据来自第五章的测算结果。

3. 控制变量

在控制变量方面,借鉴宗芳宇等(2012)、王永钦等(2014)等代表性文献,从国家和企业两个层面选取控制变量。

国家层面的控制变量包括东道国 GDP(GDP_j)、经济距离(Ecd)、政局稳定性($Stab$)、投资者保护($Prot$)、税收(Tax)和自然资源储备(NS)。其中,对东道国 GDP 取对数处理,数据来源于世界银行;经济距离沿用第四章的测算结果;政局稳定性为市场参与者提供了一个公平安全的环境,数据从 WDI 数据库获得;投资者保护和税收的评分指数衡量了东道国的投资环境,取值越大表明在该国开展海外投资的便利程度相比于其他国家越高,数据来源于世界银行的营商环境报告;自然资源储备体现了该国自然资源的丰裕度,数据来自 WDI 数据库。

企业层面控制变量包括企业规模($Size$)、资产负债率(Lev)和年龄(Age)。其中,企业规模计算方式为总资产的对数形式;资产负债率由负债总额除以资产总额计算得出;企业年龄用企业对外直接投资发生的年份减去开工年份的对数值来衡量,以上数据均来源于 CSMAR 数据库。

上述变量的描述性统计见表 8-3。被解释变量中国企业在沿线国家的序贯投资次数(Num)的均值为 0.716,标准差为 1.023,表明中国企业在"一带一路"国家的序贯投资次数整体不高,且波动性和差异性较大。核心解释变量"一带一路"国家的狭义金融生态指数(NFE)的最小值为 -2.838,最大值为 5.606,标准差为 1.923,由此可知,各沿线国家的金融生态状况具有明显的波动性和差异性。

表 8-3　变量描述性统计

变量名称	观测值	均值	标准差	最小值	最大值
Con	641	0.410	0.492	0	1
Num	641	0.716	1.023	0	5
NFE	508	1.499	1.923	-2.838	5.606
GDP_j	597	26.61	1.3	22.669	28.785
Ecd	609	8.193	0.309	7.549	9.004
$Stab$	622	-0.244	1.041	-2.483	1.735
$Prot$	616	61.205	19.942	0	93.33
Tax	616	67.606	22.44	0	99.44
NS	603	22.9	22.568	0.161	90.042
$Size$	640	23.975	2.071	20.573	30.231
Lev	640	0.575	0.19	0.115	0.965
Age	640	2.353	0.65	0.693	3.332

二、基准回归结果

本节分别采用二值 Logit 模型和零膨胀负二项回归(ZINB)模型,检验"一带一路"国家的金融生态如何影响中国企业的序贯投资行为,估计结果见表 8-4。

当被解释变量为中国企业在"一带一路"国家是否序贯时,本节选择二值 Logit 模型进行回归,估计结果见表 8-4 的第(1)—(2)列。估计结果显示,在不加入控制变量时,核心解释变量沿线各国金融生态指数的系数在 5% 水平上显著,加入控制变量后该变量在 1% 水平上显著,表明"一带一路"国家金融生态环境的改善会显著增加中国企业的序贯投资概率。当被解释变量为中国企业在"一带一路"国家的序贯次数时,由于是非负整数,并存在大量零值,且方差较大,存在过度分散的特性,因此采用 ZINB 方法进行估计。如表 8-4 第(3)—(4)列所示,无论是否加入控制变量,狭义金融生态指数的系数始终显著,说明"一带一路"国家金融生态系统的完善同样能够显著增加中国企业的序贯投资次数。以上结果均表明,"一带一路"国家良好的金融生态环境会明显促进中国企业的序贯投资行为。

控制变量的估计结果表明,中国企业的规模越大,企业年龄越长,越倾向于在海外投资中选择序贯投资,增加序贯投资的次数;与此同时,投资者保护程度越高,中国企业序贯投资的倾向性反而下降,这和巴克雷(Buckley et al.,2007)和端木(Duanmu,2012)等学者所发现的中国海外投资企业具有风险追逐性特征的结论不谋而合。

表 8-4　基准回归结果

	(1) Con	(2) Con	(3) Num	(4) Num
NFE	0.096 **	0.145 ***	0.185 *	0.368 ***
	(0.048)	(0.046)	(0.111)	(0.109)
GDP_j		−0.053		−0.574
		(0.231)		(0.503)
Ecd		−0.553		0.120
		(0.680)		(1.337)
Stab		0.017		−0.069
		(0.154)		(0.310)
Prot		−0.007 *		−0.020 **
		(0.004)		(0.010)
Tax		−0.003		−0.008
		(0.005)		(0.012)
NS		0.005		0.003
		(0.005)		(0.009)
Size		0.058 ***		0.195 ***
		(0.014)		(0.034)
Lev		0.231		0.802 *
		(0.164)		(0.468)
Age		0.087 **		0.328 ***
		(0.036)		(0.099)
国家固定效应	是	是	是	是
时间固定效应	是	是	是	是
观测值	493	475	508	485

注:Logit 回归所汇报的为边际效应,***、** 和 * 分别为 1%、5% 和 10%水平下的显著性,括号内为稳健标准误。下同。

三、稳健性检验

为了考察基准回归结果是否稳健,采用四种方法进行如下检验:

1. 更换核心解释变量

将核心解释变量狭义金融生态指数分别替换为广义金融生态指数和两个分项指标(金融发展和金融竞争),估计结果见表 8-5。可以看出,无论被解释变量是企业是否进行序贯投资的二值变量,还是序贯投资的次数,广义金融生态指数(BFE)、金融发展(FS)和金融竞争(FC)的系数均显著为正,与狭义金融生态指数的估计结果保持一致,再次证实"一带一路"国家良好的金融生态环境会显著促进中国企业的序贯投资行为,说明基准回归结果较为稳健。

表 8-5　更换核心解释变量

	(1) Con	(2) Con	(3) Con	(4) Num	(5) Num	(6) Num
BFE	0.042*** (0.016)			0.072* (0.042)		
FS		0.164*** (0.061)			0.364** (0.167)	
FC			0.168*** (0.055)			0.411*** (0.121)
控制变量	是	是	是	是	是	是
国家固定效应	是	是	是	是	是	是
时间固定效应	是	是	是	是	是	是
观测值	415	387	513	427	391	528

2. 更换估计模型

为了保证基准回归中所选估计模型的合理性,将二值 Logit 模型和 ZINB 模型分别替换为二值 Probit 模型和零膨胀泊松模型(ZIP)进行回归,回归结果如表 8-6 所示。第(1)列为二值 Probit 模型的估计结果,可以看出,核心解释变量狭义金融生态指数(NFE)的系数仍在 1% 水平上显著为正;第(2)列为 ZIP 的估计结果,狭义金融生态指数的系数符号和显著性均与基准结果一致,说明基准回归结果较为稳健,表明"一带一路"国家良好的金融生态会明显促进中国企业的序贯投资。

表 8-6 更换估计模型与样本区间

	(1) *Con*	(2) *Num*	(3) *Con*	(4) *Num*
NFE	0.147 ***	0.368 ***	0.143 ***	0.422 ***
	(0.046)	(0.109)	(0.047)	(0.113)
控制变量	是	是	是	是
国家固定效应	是	是	是	是
时间固定效应	是	是	是	是
观测值	475	485	470	478

注:Probit 回归所汇报的为边际效应。

3. 更换样本区间

基准回归样本的时间跨度为 2004—2018 年,在此期间内,2008 年金融危机的爆发增加了"一带一路"沿线各国金融生态环境的不确定性。基于此,剔除 2008 年的样本后重新回归,结果如表 8-6 所示。第(3)列为是否为序贯投资的二值变量估计结果,第(4)列为序贯投资次数的估计结果,可以看出,沿线各国狭义金融生态指数的符号和显著性均与基准结果保持一致,说明更换样本区间并不影响基准的结果,基准结果的稳健性再次得以验证。

4. 内生性问题

本节主要围绕沿线国家金融生态指数对企业序贯投资行为的影响进行探讨,在此过程中,宏观层面的因素可以影响微观主体的行为,反之微观变量对宏观因素虽影响较弱,但仍有可能产生互为因果带来的内生性问题。基于此,通过计算同年份其他国家金融生态指数的均值(*IV*)构造工具变量,并采用 2SLS 进行检验,回归结果见表 8-7。

在表 8-7 中,第(1)列为第一阶段的回归结果,工具变量的系数在 1% 的水平上通过显著性检验,表明构建的工具变量与核心解释变量之间存在较高的相关性,并且 Kleibergen-Paap Wald rk 的 F 统计量为83.239,大于拇指法则下 10% 水平的临界值 16.38,故不存在弱工具变量问题。第(2)列和第(3)列为第二阶段的回归结果,可以看出,基准模型中核心解释变量狭义金融生态指数(NFE)的系数依旧显著为正,与基准回归结果一致。由此可见,在考虑可能存在的内生性问题后,基准结论仍旧成立。

表 8-7　工具变量回归结果

	NFE (1)	Con (2)	Num (3)
IV	−6.975 *** (0.763)		
NFE		0.188 *** (0.064)	0.508 *** (0.151)
控制变量	是	是	是
国家固定效应	是	是	是
时间固定效应	是	是	是
观测值	483	485	485
Kleibergen-Paap Wald rk F 值	83.239	—	—

四、绿地投资与跨境并购的对比

一般而言,企业可以采取两种进入模式:一是绿地投资,即跨国公司在海外市场上新建企业,通过合资或独资的方式设立,在绿地投资情形下,跨国企业可以较为全面地控制新设公司的资源和技术知识,但也需要承担固定投资成本;二是跨国并购,即跨国公司对东道国现存企业进行合并或收购,通过跨国并购能够获得被收购企业的资源,如技术、研发、营销网络和品牌等。绿地投资和跨国并购的重要区别在于,绿地投资可直接为东道国贡献生产力,带来具有财富效应性质的资产增值,而跨国并购并不会对东道国产生此类直接影响。通常来说,小规模企业在海外投资初期倾向于选择绿地投资,以便随时间积累逐渐扩大规模(Slangen and Hennart，2004)。相比而言,跨国并购初期的目标企业多为成熟市场的龙头企业,通过并购该类企业迅速跃升至行业领先地位,达到垄断东道国市场份额的目的(Jensen，1988)。

图 8-2 分别展示了中国在"一带一路"国家进行绿地投资和跨国并购的企业数量。可以看出,2004 年以来中国绿地投资和跨国并购企业数都在急速增长。2004—2018 年间,共有 293 家企业发起绿地投资,229 家企业发起跨国并购,绿地投资的数量与占比均高于跨国并购。其中,绿地投资企业数扩张迅速,由 2004 年的 1 家迅速上升到 2018 年的 94 家,14 年间增加了 93 家,而跨国并购增长相对缓慢,从 2004 年的 1 家企业增长至 2018 年的 40 家企业,仅增加了 39 家企业。最重要的是,这些企业在序贯投资时,也基本延续了原有的进入模式。以绿地投资模式为例,中国企业序贯投资时依旧选择绿地投资模式进入沿线国家的企业数量持续增长,而更改为跨国并购的企业数量微乎其微。2004—2018 年,在进行绿地投资的 293 家企业中,有 130 家企业在序贯投资时继续选择绿地投资,仅有 6 家企业更改为跨国并购。这也在一定程度上说明,以往经验在中国企业进入模式的选择方面发挥了较大作用。

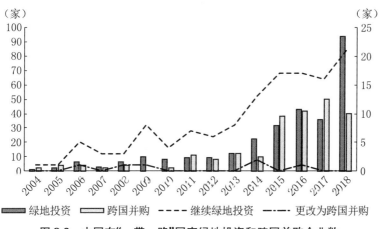

图 8-2　中国在"一带一路"国家绿地投资和跨国并购企业数

数据来源:根据 Zephyr 数据库和 fDi Markets 数据库整理而得。

与已有研究不同,本节试图基于企业进入模式异质性来探究"一带一路"沿线国家金融生态对企业序贯投资行为的影响。为此,按照企业海外投资进入模式的不同,将全样本细分为绿地投资和跨国并购两个子样本,分别进行回归。表 8-8 的分组检验结果显示,无论被解释变量为是否序贯投资二值变量,还是序贯投资次数,在绿地投资样本中,狭义金融生态指数的系数始终显著为正,而在跨国并购样本中,该系数均不显著,表明"一带一路"沿线国家良好的金融生态环境显著促进了绿地投资模式的序贯进入,对跨国并购模式的序贯进入则没有显著影响,这与上述典型事实中的结论不谋而合。可能的原因在于:一方面,绿地投资的沉没成本更高,导致其对沿线国家金融生态的要求也较高,因此沿线国家金融生态的完善将增强对绿地投资的吸引力,有利于绿地投资的序贯进入;另一方面,绿地投资模式更容易获取东道国的劳动力资源和自然资源,同时也有利于解决东道国的就业问题,提高东道国生产率和产值水平,促进其经济发展,因此,绿地投资在"一带一路"沿线国家更容易展开。相比之下,跨国并购可能引发的裁员、技术流失、资产下降等问题,使得中国企业在沿线国家的经营阻碍重重,特别是当涉及国家战略行业时投资壁垒尤为突出,中国企业进行跨国并购的难度显著提高。

表 8-8　异质性考察

	是否序贯		序贯次数	
	(1) 绿地投资	(2) 跨国并购	(3) 绿地投资	(4) 跨国并购
NFE	0.107 * (0.057)	0.143 (0.098)	0.409 *** (0.101)	0.223 (0.354)
控制变量	是	是	是	是
国家固定效应	是	是	是	是
时间固定效应	是	是	是	是
观测值	295	157	301	184

第三节　序贯投资影响海外投资效率的理论推导

上文表明,"一带一路"沿线国家复杂多样的金融生态,会导致中国企业采取序贯投资的模式,即沿线国家的金融生态越好,中国企业在后续投资中越会倾向于继续以相同模式进入到相同的沿线国家。那么,这种动态的序贯投资模式,是否会提升中国企业的海外投资效率,需要从理论和实证两个层面加以验证。其中在理论层面,本节基于梅利兹(Melitz,2003)模型构建序贯模式影响中国企业海外投资效率的理论框架。

一、消费者偏好

假定在国际投资中存在两个国家,分别表示为中国 d 和沿线国家 h,两国由具有相同偏好的消费者构成;且两国存在一系列具有可替代性的差异产品 $q(x)$,消费者根据个人偏好分配其预算支出,那么代表性消费者从这些差异产品中获得的效用服从 CES 效用函数:

$$U = \left[\int_{x \in X} q(x)^\rho dx \right]^{1/\rho}, \ 0 < \rho < 1 \qquad (8\text{-}1)$$

其中,X 为消费者可选择的差异产品集,$q(x)$ 为差异产品 x 的消费数量,任意两种差异产品的替代弹性为 $\sigma = 1/(1-\rho) > 1$。若把差异产品集视为一个商品,即 $Q \equiv U$,将一个封闭经济体中的理想价格指数表示为:

$$P = \left[\int_{x \in X} p(x)^{1-\sigma} dx \right]^{\frac{1}{1-\sigma}} \qquad (8\text{-}2)$$

那么由(8-1)式求解代表性消费者的效用最大化问题,可以推导出在中国 d 和沿线国家 h 市场上消费者对于差异产品 x 的支出函数为:

$$r_d(x) = RP^{\sigma-1} p_d(x)^{1-\sigma}$$
$$r_h(x) = RP^{\sigma-1} p_h(x)^{1-\sigma} \qquad (8\text{-}3)$$

其中，$p_d(x)$ 和 $p_h(x)$ 分别表示差异产品 x 在中国 d 和沿线国家 h 市场上的价格，$R = PQ = \int_{x \in X} r(x) dx$ 表示两国对差异产品 x 的总支出。

二、企业生产

假定对规模报酬递增的中国企业来说，能够选择单独生产一种差异产品 x，每种差异产品对应一家企业的生产函数；且劳动是唯一的生产要素，劳动力在其总水平 L（经济规模指数）上的供给是无弹性的。

企业的成本函数主要由两部分构成：可变成本 $q(\varphi)/\varphi$ 和固定成本 f，其中所有企业面临相同的固定成本 $f > 0$，但有不同的生产率水平指数 $\varphi > 0$。为了讨论方便，本节认为可变成本随着企业生产率 φ 的提升而降低，即拥有较高生产率的企业能以相同的成本生产更高质量的差异产品。

对于企业来说，可以根据自身状况和发展规划选择对内销售和对外出口或投资两种方式。当企业选择对内销售时，其销售成本分为可变成本 $q_d(\varphi)/\varphi$ 和固定成本 f_d；当企业选择出口或者对外投资时，企业除了在国内外建立厂房、购置固定资产等产生固定成本 f_d 以外，还需要雇佣翻译、探索沿线国家市场，从而产生额外的固定成本 f_h，因此其销售成本可分为可变成本 $q_h(\varphi)/\varphi$ 和固定成本 $f_d + f_h$。

此时，企业在国内外市场销售产品的成本函数即可分解为可变成本 $m = q_d(\varphi)/\varphi + q_h(\varphi)/\varphi$ 和固定成本 $f = f_d + f_h$。因此，生产 $q(\varphi)$ 单位的差异产品 x 所需的总成本为：

$$c(\varphi) = m + f = \frac{q_d(\varphi)}{\varphi} + \frac{q_h(\varphi)}{\varphi} + f_d + f_h \tag{8-4}$$

其中，所有企业有不同的生产率水平指数 $\varphi > 0$。在忽略生产率差异的情况下,每家企业均服从弹性为 σ 的剩余需求曲线,此时 $\sigma/(\sigma-1)=$ $1/\rho$,因此企业利润最大化的最优价格为:

$$p(\varphi)=\frac{w}{\rho\varphi} \qquad (8-5)$$

其中,w 为工资率,将其标准化为 1,那么,生产率为 φ 的企业在中国 d 市场上的定价为 $p_d(\varphi)=1/\rho\varphi$;而为了反映其在国外市场销售产品的边际成本增加,企业在投资沿线国家 h 市场上将制定更高的价格 $p_h(\varphi)=\gamma/\rho\varphi=\gamma p_d(\varphi)$,其中,$\gamma>1$。因此,根据(8-5)式将固定成本计入企业利润,当企业同时对内销售和对外出口或投资时,每家企业在国内外市场上的利润函数分别表示为:

$$\pi(\varphi)=r(\varphi)-c(\varphi)=\frac{r_d(\varphi)}{\sigma}+\frac{r_h(\varphi)}{\sigma}-(f_d+f_h) \qquad (8-6)$$

其中,$r_d(\varphi)/\sigma$ 和 $r_h(\varphi)/\sigma$ 分别表示中国 d 和沿线国家 h 市场上的可变利润。将企业在中国 d 和沿线国家 h 市场上的定价函数代入(8-3)式,可得企业在国内外市场上的支出函数分别为:

$$r_d(\varphi)=RP^{\sigma-1}p_d(\varphi)^{1-\sigma}=R(P\rho\varphi)^{\sigma-1}$$
$$r_h(\varphi)=RP^{\sigma-1}p_h(\varphi)^{1-\sigma}=R\gamma^{1-\sigma}(P\rho\varphi)^{\sigma-1} \qquad (8-7)$$

将(8-7)式代入(8-6)式可以推导得出企业的总利润函数为:

$$\pi(\varphi)=\frac{R}{\sigma}(P\rho\varphi)^{\sigma-1}+\frac{R}{\sigma}\gamma^{1-\sigma}(P\rho\varphi)^{\sigma-1}-(f_d+f_h)$$
$$=\frac{R}{\sigma}(1+\gamma^{1-\sigma})(P\rho\varphi)^{\sigma-1}-(f_d+f_h) \qquad (8-8)$$

三、序贯投资对企业利润最大化的影响

海外投资企业的投资决策显然会对企业投资沿线国家的风险产生一定影响,进而影响企业的总利润,因此在(8-8)式中引入企业风险这一

因素,海外投资企业的利润函数可调整为:

$$\pi(\varphi) = \left[\frac{R}{\sigma} (1+\gamma^{1-\sigma})(P\rho\varphi)^{\sigma-1} - (f_d + f_h) \right](1-Z) \qquad (8-9)$$

其中,Z 为企业海外投资失败的概率,而$(1-Z)$则表示企业海外投资成功获利的概率。

在海外投资的决策过程中,假定企业采用序贯模式和非序贯模式投资失败的概率分别为 Z_{se} 和 Z_{non-se}。那么海外投资企业采取序贯投资和非序贯投资模式的利润函数分别为:

$$
\begin{aligned}
\pi_{se}(\varphi) &= \left[\frac{R}{\sigma} (1+\gamma^{1-\sigma})(P\rho\varphi)^{\sigma-1} - (f_d + f_h) \right](1-Z_{se}) \\
\pi_{non-se}(\varphi) &= \left[\frac{R}{\sigma} (1+\gamma^{1-\sigma})(P\rho\varphi)^{\sigma-1} - (f_d + f_h) \right](1-Z_{non-se})
\end{aligned}
\qquad (8-10)
$$

有学者提出,在某个特定领域的重复经验会促进企业知识基础和能力的发展,提高企业绩效(Argote and Miron-Spektor,2011);其他学者也发现,跨国公司通过先前投资积累经验知识的同时,会发展出更多的能力,影响企业利润(Ogasavara and Hoshino,2009);从海外投资中获取的经验,可以帮助跨国企业克服由语言文化差异所带来的组织协调和知识转移困难,帮助企业管理者作出更好的进入战略决策(Pereira et al.,2021)。国内学者冉启斌等(2020)同样认为,拥有丰富国际化经验的跨国企业可以更快更精准地识别到东道国环境的变化,减少企业管理者过度乃至盲目自信的可能性,从而提高战略决策的质量,有利于提升企业生存概率。由此可见,大多数学者均认为学习国际化经验使企业能够吸收和利用通过经验获得的知识,更好地理解不同进入策略相关的风险和收益(Hilmersson and Jansson,2012;Tsai-Ju,2015)。具体到(8-10)式而言,如果海外投资企业能够充分利用之前的沿线国家市场进入经验,就会在一定程度上降低企业海外投资的不确定性和风险,减少序贯模式投资失败的概率,则 $Z_{se} < Z_{non-se}$,故

$\pi_{se}(\varphi) > \pi_{non-se}(\varphi)$，即海外投资企业采用序贯模式的利润大于采用非序贯模式的利润，表明企业先前投资经验对其总利润的影响是正向的，有助于企业后续加大海外投资，减少海外投资不足发生的可能性。

四、基于投资成本与企业风险的作用渠道

为了进一步阐述海外投资企业如何采用序贯模式提高总利润，本节从投资成本和企业风险两方面探讨其中的作用机制。

从投资成本的角度看，影响海外投资企业总利润的主要外部因素包括从中国 d 出境产生的出境成本 E 和投资沿线国家 h 产生的进入成本 $I(\omega)$，也包括由于海外投资风险远远大于国内经营风险，该企业从金融部门获得融资的可能性也随之降低，由此产生的融资成本 f_o，共同构成了企业对外出口时的固定成本 f_h，即 $f_h = E + I(\omega) + f_o$。其中，出境成本为企业投资沿线国家受到的境外投资法律法规、外汇管制等影响产生的成本，是外生给定的，而企业进入沿线国家 h 产生的进入成本可表示为：

$$I(\omega) = \lambda \frac{\kappa}{g(\omega)} \tag{8-11}$$

其中，$\lambda > 0$ 表示投资成本系数，$\omega > 0$ 表示企业先前的投资经验，有 $g(\omega) > 0$，$g'(\omega) > 0$，$\kappa > 0$ 表示企业成本的其他影响因素。那么企业在海外投资时的固定成本和总成本可表示为：

$$f = f_d + f_h = f_d + E + \lambda \frac{\kappa}{g(\omega)} + f_o \tag{8-12}$$

$$c(\omega) = m + f = \frac{q_d(\varphi)}{\varphi} + \frac{q_h(\varphi)}{\varphi} + f_d + E + \lambda \frac{\kappa}{g(\omega)} + f_o$$

此时企业先前的投资经验与其投资成本的关系为：

$$\frac{\partial f(\omega)}{\partial \omega} = -\lambda \frac{\kappa}{g^2(\omega)} g'(\omega) < 0$$

$$\frac{\partial c(\omega)}{\partial \omega} = -\lambda \frac{\kappa}{g^2(\omega)} g'(\omega) < 0$$

(8-13)

该式表明,企业自身投资经验的积累会降低企业投资沿线国家的投资成本。根据以往研究,海外投资企业往往需要进行各种市场调研和准备工作,投资成本较高;相比之下,采用序贯模式的海外投资企业可以获得先前投资中有关沿线国家市场的知识和经验(Dow and Larimo,2011),也更容易获得国内金融机构的支持,因此能够更快进入海外市场,从而降低投资成本。

从企业风险的角度看,如前所述,先前的海外投资经验还有助于降低其投资失败的可能性,故以企业采用序贯投资模式时投资失败的概率 $Z_{se}(\omega)$ 来衡量企业在沿线国家投资的风险,$Z_{se}(\omega)$ 是关于企业自身投资经验 ω 的函数,且 $\frac{\partial Z_{se}(\omega)}{\partial \omega} = Z'_{se}(\omega) < 0$,表示海外投资企业先前经验的积累会降低企业风险。

将(8-12)式代入(8-10)式,可得获取先前经验后的海外投资企业的利润函数:

$$\pi_{se}(\omega) = \left[\frac{R}{\sigma}(1+\gamma^{1-\sigma})(P\rho\varphi)^{\sigma-1} - \left(f_d + E + \lambda \frac{\kappa}{g(\omega)} + f_o \right) \right](1 - Z_{se}(\omega))$$

(8-14)

对上式求导,可得企业先前投资经验与企业总利润的关系:

$$\frac{\partial \pi_{se}(\omega)}{\partial \omega} = \left(-\frac{\partial f(\omega)}{\partial \omega} \right) \left(-\frac{\partial Z_{se}(\omega)}{\partial \omega} \right)$$

$$= \lambda \frac{\kappa}{g^2(\omega)} g'(\omega)(-Z'_{se}(\omega)) > 0$$

(8-15)

由此可见,海外投资企业采用序贯模式投资沿线国家市场,有可能通过积累之前的投资经验,降低包括融资成本在内的投资成本,减少在沿线国家的投资风险,最终提高总利润。而投资利润的增加会促使企业进一步加大海外投资步伐,提高海外投资效率。当然,上述理论推导结果是否成立,投资成本和企业风险的作用渠道是否能够发挥作用,还需要进一步采用中国企业层面的数据加以验证。

第四节　序贯投资影响海外投资效率的实证检验

如前所述,序贯投资可以区分为地理区位序贯与进入模式序贯两种。这两种不同的序贯模式很可能对中国企业的海外投资效率产生不同的影响,故在上一节理论模型的基础上,分别进行实证考察与检验。

一、序贯投资对企业海外投资效率的影响

1. 变量与模型设计

为了考察地理区位的序贯投资如何影响中国企业的海外投资效率,本节选择变量和模型如下:

(1)被解释变量。中国企业在不同年度的海外投资效率数据,采用第六章的测算结果。由于海外投资不足是中国企业海外投资效率损失的主要形式,故在此仅采用海外投资不足($Under\_INV$)变量。

(2)核心解释变量。在地理区位序贯时,核心解释变量为中国企业是否采取了地理区位的序贯投资($Dinv$),如果是,则赋值为1,否则赋值为0。在进入模式序贯时,核心解释变量为中国企业是否采取了进入模式的序贯投资($Einv$),如果是,则赋值为1,否则赋值为0。

(3)控制变量。一方面,参考代表性文献(如董志强等,2012;Messaoud and Teheni,2014;夏后学等,2019),选取衡量一国投资环境的变量,分别为合同签订($Enfor$)、投资者保护($Prot$)和跨境贸易($Trade$)的评分指数,三个变量的取值越大,表明在该国开展海外投资的便利程

度相比于其他国家越高,数据来源于世界银行的营商环境报告;另一方面,借鉴代昀昊和孔东民(2017)的做法,选取当期的企业层面指标,分别为企业规模(Size),为总资产取的对数;企业现金持有(Cash),为现金及现金等价物与总资产的比值,企业层面的数据均来源于 CSMAR 数据库。

上述变量的描述性统计见表 8-9。被解释变量中国企业海外投资不足(Under_INV)的均值为 0.079,标准差为 0.068,表明中国企业在沿线国家的投资效率整体水平较高,且波动性和差异性较小。同时,根据 Pearson 相关系数检验和 VIF 检验,各变量间不存在严重的多重共线性问题。

表 8-9 变量描述性统计

变量名称	观测值	均值	标准差	最小值	最大值
$Under\_INV$	298	0.079	0.068	0.001	0.318
$Dinv$	641	0.133	0.339	0	1
$Einv$	641	0.398	0.490	0	1
$Enfor$	616	59.22	18.663	22.21	93.36
$Prot$	616	61.205	19.942	0	93.33
$Trade$	616	70.198	23.001	0	100
$Size$	640	23.975	2.071	20.573	30.231
$Cash$	640	0.172	0.129	0	0.713

在进行基准回归结果之前,为了能够直观展现序贯投资行为与海外投资效率的关系,绘制序贯投资行为与中国企业海外投资效率的核密度图。如图 8-3 所示,图 8-3(A)为地理区位序贯投资与海外投资不足的核密度图,图 8-3(B)为进入模式序贯投资与海外投资不足的核密度图。可以看出,无论是地理区位序贯投资,还是进入模式序贯投资,其峰值均集中在海外投资不足较小的数值上,表明中国企业的海外投资不足主要发生在非序贯投资的企业,换言之,选择序贯投资的企业,其海外投资效率明显高于不进行序贯投资的企业。但是,该结论是否成立,尚需采用科学的计量方法加以检验。

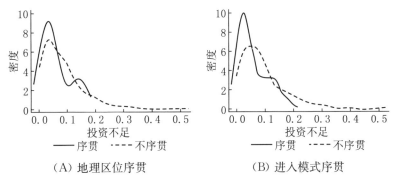

（A）地理区位序贯 （B）进入模式序贯

图8-3 序贯投资行为与海外投资不足的核密度图

2. 基准回归结果

地理区位序贯投资对中国企业海外投资不足的基准回归结果,见表 8-10 第(1)—(2)列。不难发现,不管基准回归模型是否加入控制变量,核心解释变量——地理区位序贯投资($Dinv$)的系数为负,且在 1% 或者 5% 的水平上高度显著,说明地理区位序贯投资可以有效缓解中国企业的海外投资不足,提高其海外投资效率。同理,进入模式序贯投资对中国企业海外投资不足的基准回归结果如第(3)—(4)列所示。可以看出,无论是否将控制变量纳入基准回归模型,估计结果均显示,进入模式序贯投资对海外投资不足的影响均在 1% 水平上显著为负,表明进入模式序贯投资同样能够有效缓解中国企业海外投资不足,提高其海外投资效率。可能的原因在于,以往采取相同进入模式的成功投资经验,在后期海外投资中发挥了关键性作用。

控制变量的估计结果进一步显示,随着企业规模的扩大,中国企业海外投资不足的现象就愈发严重。究其原因,企业规模越大,越具有向海外扩张(特别是向"一带一路"沿线国家扩张)的动力,以便更好地发挥大企业资源配置的优势,实现规模经济优势。但是,也正是由于大规模企业涉足领域更多,在向沿线国家海外投资扩张的过程中,其资金约束情形可能更严重,更加难以平衡不同项目之间的资金需求,导致其海外投资不足的可能性越大。

表 8-10　基准回归结果

	地理区位序贯		进入模式序贯	
	（1）	（2）	（3）	（4）
Dinv	−0.024 ***	−0.015 **		
	(0.007)	(0.007)		
Einv			−0.030 ***	−0.022 ***
			(0.005)	(0.006)
Enfor		−0.001		−0.001
		(0.001)		(0.001)
Prot		0.000		0.000
		(0.000)		(0.000)
Trade		−0.000		−0.000
		(0.000)		(0.000)
Size		−0.006 ***		−0.005 ***
		(0.001)		(0.002)
Cash		−0.002		−0.003
		(0.018)		(0.017)
国家固定效应	是	是	是	是
时间固定效应	是	是	是	是
观测值	282	272	282	272
R^2	0.698	0.710	0.722	0.723

3. 稳健性检验

（1）分位数回归

为了考察序贯投资对不同程度企业海外投资不足的影响，采用分位数回归对基准回归模型进行检验，结果见图 8-4。

从图 8-4（A）可以看出，一方面，在 85％分位以后，地理区位序贯投资对海外投资不足的影响依然显著为负，表明基准回归结果依然稳健；另一方面，在 85％分位之前核心解释变量大多都不显著，也说明只有在企业海外投资不足水平加剧到严重程度时，地理区位序贯投资才能够有效缓解中国企业海外投资不足，提高企业海外投资效率。

图 8-4（B）则表明，从整体而言，进入模式序贯投资的系数显著为

负,表明基准回归结果具有稳健性。其中,随着分位数的变大,进入模式序贯投资的系数绝对值及其显著性呈现出逐渐递增的趋势,表明随着企业海外投资不足水平的加剧,进入模式序贯投资能够有效缓解中国企业海外投资不足,提高中国企业的海外投资效率。

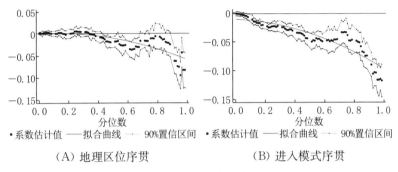

（A）地理区位序贯　　　　　　　　（B）进入模式序贯

图8-4　分位数回归

（2）安慰剂检验

考虑到除企业序贯投资外,企业海外投资不足还可能受到其他不可观测因素的影响,本节进行安慰剂检验,以缓解遗漏变量误差对基准回归结果产生的内生性问题。具体来说,借鉴许年行和李哲（2016）的方法,将企业地理区位序贯投资（$Dinv$）随机分配给各样本企业,并与相应的被解释变量中国企业海外投资不足（Out_u）进行回归,重复此过程200次,生成安慰剂检验的系数分布图。如图 8-5（A）所示,圆圈为随机分配的估计系数分布,实线为90%置信区间,可以看出,随机分配后系数值非常接近0,表明安慰剂估计的系数大多不显著。同理,图 8-5（B）也显示,在将进入模式序贯投资（$Einv$）随机分配给各样本企业,并与相应的被解释变量中国企业海外投资不足（Out_u）进行回归后,结果亦然。以上结果表明,本节的基准结果并非不可观测的因素造成,表明序贯投资确实能够有效缓解中国企业海外投资不足,提高中国企业海外投资效率,说明基准回归结果依然成立。

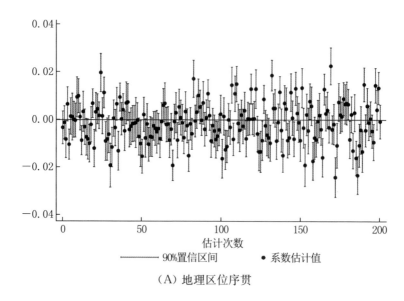

（A）地理区位序贯

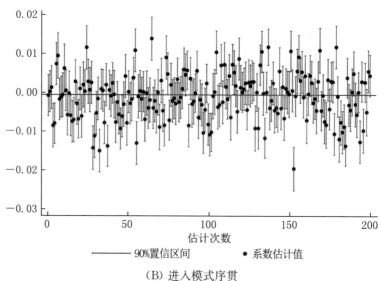

（B）进入模式序贯

图 8-5 安慰剂检验

（3）更换变量衡量方式

为了保证基准回归结果不受关键控制变量衡量方式的影响，变更以下两个控制变量的衡量方式,一是将企业规模($Size$)的表征方式由总资产的对数更换为企业员工人数的对数,二是将企业现金持有($Cash$)的衡量方式更换为现金及现金等价物的对数值,上述数据均通过 CSMAR 数据库获得。

图 8-6(A)和(B)分别展示了地理区位序贯投资和进入模式序贯投资的回归结果。可以看出,无论是地理区位序贯投资,还是进入模式序贯投资,二者的系数均显著为负,即序贯投资能够显著缓解中国企业海外投资不足,提高中国企业海外投资效率,不仅进一步支持了基准结果,而且控制变量的影响方向与显著性均与基准回归结果一致,并不受到控制变量衡量方式的影响。

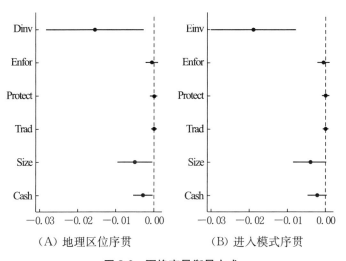

（A）地理区位序贯　　　　　　（B）进入模式序贯

图8-6　更换变量衡量方式

4. 绿地投资与跨境并购的比较

近年来,中国企业海外直接投资的特征之一是:对发达国家的投资以跨境并购为主,对发展中国家的投资则以绿地投资为主(蒋冠宏和蒋殿春,2017)。与"一带一路"国家的当地企业相比,中国企业可能是相对先进的企业,因此利用相对的资金、成本、管理和技术优势就足以让中国企业进入沿线国家市场,中国企业的绿地投资为沿线发展中国家的发展增添了新动能。作为海外直接投资的重要进入方式,绿地投资和跨国并购的序贯投资是否会对海外投资效率产生异质性影响,表8-11中的第(1)—(4)列给出了这一问题的答案。

从地理区位序贯来看,在绿地投资的分样本回归中,核心解释变量的系数在5%水平上显著为负,但在跨国并购样本中该系数并未通过显著性检验,表明相较于跨国并购而言,企业通过绿地投资的方式进入沿线国家时,地理区位序贯投资能够有效缓解中国企业海外投资不足,提高其海外投资效率。可能的原因在于,中国企业在沿线国家新建企业时,事前会对购置土地、厂房、原材料、设备和雇用工人的费用进行调查和洽谈,拥有地理区位序贯投资经验的企业很容易对实际投资水平作出合理的预期和判断,从而抑制海外投资不足的发生;但是,跨国并购的价格会受到更多不确定因素的影响,如政治壁垒、腐败程度、投资者保护、国家风险等,因此即使是拥有地理区位序贯投资经验,也难以控制跨境并购的溢价行为(綦建红,2020)。

同理,从进入模式序贯来看,在绿地投资样本中,核心解释变量的系数在1%水平上显著为负,而在跨国并购样本中,该系数在10%水平上显著为负,即相较于跨国并购而言,企业在采取绿地投资的方式进入沿线国家时,序贯投资同样能够有效缓解中国企业海外投资不足,提高海外投资效率,这与地理区位序贯投资中所得的结论一致。一个可能的原因在于行业壁垒。对能源、矿产和基础设施等行业的投资在中国对沿线国家的海外投资中占有重要比重,然而该类行业隶属国家战略领域,投资主体往往是国有垄断企业,并购难度大。相形之下,由于绿地投资能够对沿线国家生产能力、产出和就业产生直接的推动作用,因此,绿地投资的方式更易于被沿线国家接受,从而所受阻碍较小,海外投资效率也相对提高,而企业跨国并购则因沿线国家就业与国家安全等因素而面临较大的阻力与障碍,海外投资效率也相对较低。

表 8-11　企业异质性考察

	地理区位序贯		进入模式序贯	
	(1) 绿地投资	(2) 跨国并购	(3) 绿地投资	(4) 跨国并购
$Dinv$	−0.017**	−0.018		
	(0.008)	(0.015)		
$Einv$			−0.020***	−0.022*
			(0.007)	(0.013)
控制变量	是	是	是	是
国家固定效应	是	是	是	是
时间固定效应	是	是	是	是
观测值	151	108	151	108
R^2	0.775	0.724	0.787	0.729

综上所述,中国企业对"一带一路"国家绿地投资的前景广阔,蕴藏着大量的投资机遇,其不仅能提高沿线国家的生产能力、产出和就业水平,同时也能优化中国企业的海外投资效率,实现与沿线国家的互利共赢。中国与沿线国家努力寻求合作,例如积极实现本国经济发展规划与"一带一路"倡议的对接,吸引中国资本以促进经济增长和产业升级,各领域的战略合作协议也为中国企业赴沿线国家进行绿地投资带来了政策优势。此外,沿线国家国内相关领域和市场往往处于待开发阶段,先动优势可让中国企业获得更多的竞争力,并且沿线国家腹地广阔,有利于提升在区域性市场的影响力。在中美贸易摩擦仍存不确定性、欧美国家投资审查趋严的现状下,对"一带一路"沿线国家的绿地投资及其序贯模式可以成为中国企业的新选择。

二、序贯投资影响企业海外投资效率的作用机制

一方面,海外直接投资意味着企业可以将融资渠道由从国内市场扩展至国外市场,有可能拓宽融资渠道。一般来说,随着中国企业海外直接投资的时间与数量的增加,越来越多的企业有可能通过国际金融市场融资,缓解自身融资约束(张先锋等,2017)。而企业融资约束问题的缓解,有助于抑制其海外投资不足。钱尼(Chaney,2016)在新新贸易理论模型中引

入了流动性约束,发现企业的融资约束是影响其海外活动决策的决定性因素。在此基础上,布赫(Buch et al.,2014)采用德国数据、严兵等(Yan et al.,2018)和刘莉亚等(2015)采用中国数据,均发现在企业海外投资决策过程中,融资因素发挥了举足轻重的作用,企业能否获得外部融资支持对于其海外投资决策与强度均有显著影响。当企业的融资约束问题得以缓解时,其对东道国的投资规模会随之提高,海外投资过程中的投资不足现象会减弱。

为了验证企业的融资约束水平这一中介变量,是否是序贯投资模式影响企业海外投资不足的影响渠道,参照刘莉亚等(2015)的做法,使用 SA 指数衡量企业融资约束,并通过 $SA = -0.737 \times Size + 0.043 \times Size^2 - 0.04 \times Age$ 来衡量,其中 $Size$ 表示企业的总资产对数,Age 表示企业上市时间,数据来源于 CSMAR 数据库。

另一方面,对企业海外投资而言,投资风险的提高会增加海外投资不足的可能性。在这种情况下,企业遵循动态的序贯进入模式,可以通过在国外市场的经验学习、知识开发和路径依赖提高自身的竞争优势,降低成本与风险。具体来说,第一,对外投资过程中的经验学习对于跨国企业来说至关重要,即跨国企业通过吸收和使用已有经验,可以更好地理解不同进入战略相关的收益与风险(Irina et al.,2018);第二,企业对知识的开发与探索在其成功的国际化战略中扮演重要角色,因此跨国公司倾向于通过先前进入经验来获得东道国市场的知识(Welch and Welch,2009);第三,序贯进入模式还可能是“路径依赖”的结果,考虑到进入模式选择的相互依赖性,跨国公司往往会随着时间的推移重复以往的进入模式选择(Swoboda et al.,2015),以期降低投资成本和风险。基于此,学者们普遍认为,在某个特定领域的重复经验会促进企业知识和能力的开发,有助于降低海外投资风险(Argote and Miron-Spektor,2011)。

为了验证海外投资风险这一中介变量,是否也是序贯投资影响企业海外投资不足的影响渠道,参照约翰和杨(John and Yeung,2008)、孙焱林和覃飞(2018)的做法,采用企业总资产回报率的波动性(标准差)来衡量企业的海外投资风险($Risk$),为剔除国内系统性风险的影响,本节使用调整后的资产回报率作为代理变量,具体计算方式是将总资产回报率减去当年所有企业的平均资产回报率,其公式为:

$$ROA_{it}^{adj} = ROA_{it} - \frac{1}{N}\sum ROA_{it}$$

$$Risk_{it} = \sqrt{\frac{1}{Q-1}\sum_{q=1}^{Q}(ROA_{iqt}^{adj} - \frac{1}{Q}\sum_{q=1}^{Q}ROA_{iqt}^{adj})^2}\ \Big|\ Q=3 \quad (8\text{-}16)$$

其中,t 表示观测期,即2005—2007年,2006—2008年,…,2015—2017年,2016—2018年共12个三年观测期;q 表示相应观测期内的年度序数,取值为1~3;Q 表示观测期年度序数最大值,即为3。

表8-12   作用机制检验

	(1) $Under\_INV$	(2) SA	(3) $Risk$	(4) $Under\_INV$
Con	−0.023*** (0.006)	−0.127*** (0.036)	−0.003 (0.006)	−0.015* (0.009)
SA				0.047*** (0.017)
$Risk$				0.017 (0.324)
控制变量	是	是	是	是
国家固定效应	是	是	是	是
时间固定效应	是	是	是	是
观测值	272	606	196	86
R^2	0.724	0.560	0.092	0.869

表8-12汇报了中介效应的估计结果。第(1)列为序贯投资模式对海外投资不足($Under\_INV$)的影响,可以看出,中国企业序贯投资模式的影响系数为负,并在1%的水平上通过显著性检验,说明序贯投资能够显著减少中国企业在沿线国家的海外投资不足问题。第(2)和(3)列分别考察序贯投资对中介变量融资约束(SA)和海外风险($Risk$)的影响结果,可以发现中国企业在沿线国家的序贯投资能够明显降低企业的融资约束,缓

解了"一带一路"金融生态不佳所带来的负面影响,但是对海外风险的缓解作用并不明显。第(4)列将序贯投资模式变量和中介变量共同加入模型中进行回归,可以看出,SA 指数的系数正显著,但是 $Risk$ 变量依然未通过显著性检验,可见中国企业的融资约束得以缓解,可以在一定程度上克服其在沿线国家的海外投资不足,海外投资效率由此提高,表明企业的融资约束水平是序贯投资模式影响中国企业海外投资效率的重要作用机制。

第五节 序贯投资影响海外投资效率的典型案例

在实证研究中,案例研究属于定性研究的范畴,具体指通过观察、整理、分析案例发现某些被忽略的新变量或关系。案例研究提供了一种分析方式,使得在数据或对象极为有限时,也能够较为全面地探究对象的典型性和复杂性,对构建新理论、丰富现有理论大有裨益(Eisenharde and Graebner,2007;步丹璐和黄杰,2013)。很多学者认为,纵向单案例分析法有助于更加深入地展开案例研究和分析,能够更好地描述变量之间的内在联系,从而有效展示研究的整体性和动态性(Yin,1994;陈逢文等,2020),更容易厘清"是什么"和"怎么样"的内在逻辑(祝继高和王春飞,2012)。

一、典型案例选择

为了进一步说明中国企业针对"一带一路"金融生态状况所作出的序贯投资决策如何影响其海外投资效率,本节选取三一重工股份有限公司(股票代码为 600031.SH)这一具有典型序贯投资行为的企业作为案例进行分析,主要基于以下两点考虑。

其一,三一重工股份有限公司具有雄厚的资金实力和丰富的国际业务经验,这是企业进行序贯投资的必要条件。三一重工主营业务是"工程"方面的装备制造业,其混凝土机械已成为世界第一品牌,大吨位起重机械、履带起重机械、桩工机械、掘进机械、港口机械稳居中国第一。2020 年该公司的总资产高达 1 262 亿元,营业收入为 993 亿元,归属于上市公司股东的净利润为 154.31 亿元,且经营活动产生的现金流量净额为 133.63 亿元,同比增长 12.45%,说明其资金实力十分雄厚。此外,在国内,该公司建有长沙、北京、长三角三大产业集群,沈阳、新疆、珠海三大产业园区;在海外,三一建有印度、美国、德国、巴西四大研发制造基地,业务覆盖全球 150 多个国家和地区,2020 年,该公司国际销售收入 141.04 亿元。一言以蔽之,资金实力雄厚、国际经验丰富的三一重工在海外投资方面具有显著的优势。

其二,三一重工股份有限公司与"一带一路"沿线国家在投资方面具有十分密切的联系。自"一带一路"倡议提出以来,三一重工股份有限公司共对"一带一路"沿线国家进行了六次投资:2014 年对印度尼西亚投资,2015 年和 2016 年对印度进行了地理区位序贯投资,2017 年连续对土耳其、马来西亚和巴基斯坦三国进行投资,可以看出,三一重工与沿线国家在投资方面具有十分紧密的联系,尤其是和"一路"国家的联系更为密切。因此,选取三一重工股份有限公司作为案例具有很好的典型性。

二、典型案例分析

1. "一带一路"国家金融生态对三一重工序贯投资的影响

首先,可以观察三一重工股份有限公司的序贯投资是否受到"一带一路"沿线国家金融生态的影响。整体来说,在金融生态较好的国家(如印度),三一重工 2015 年和 2016 年均进行了序贯投资,且其序贯投资的次数也会相应增加;而在金融生态较差的国家(如印度尼西亚),三一重工并未进行序贯投资,序贯投资的概率和次数也会随之降低。与前文实证结论,即"一带一路"沿线国家良好的金融生态环境会显著促进中国企业的序贯投资行为保持一致。

2. 三一重工序贯投资的进入模式选择

进一步分析三一重工股份有限公司的序贯投资类型。根据表 8-13 可知,2014—2017 年期间,三一重工发起的六次对外投资行为均为绿地投资。一方面,和前文绿地投资企业的数量与占比均高于跨国并购这一总趋势保持一致,另一方面,也说明了该公司在进行序贯投资时,基本延续了原有的进入模式,表明以往经验在中国企业进入模式的选择方面发挥了较大作用,同样与前文结论保持一致。

表 8-13　2014—2017 年三一重工股份有限公司序贯投资类型

年份	2014 (印尼)	2015 (印度)	2016 (印度)	2017 (土耳其)	2017 (马来西亚)	2017 (巴基斯坦)
绿地投资	是	是	是	是	是	是
序贯投资	否	是	是	是	是	是
进入模式序贯	否	是	是	是	是	是
地理区位序贯	否	否	是	否	否	否

3. 序贯投资对三一重工海外投资效率的影响

在上文序贯投资事实的基础上,我们可以考察序贯投资对三一重工股份有限公司海外投资效率的影响。图 8-7 的结果表明,一方面,三一重工近几年的海外投资不足的数值整体上呈递减趋势,表明三一重工的海外投资效率水平不断提高;另一方面,三一重工自 2015 年以来均以序贯投资方式,尤其是进入模式序贯对沿线国家进行投资,这在一定程度上表明了序贯投资能够有效缓解三一重工股份有限公司的海外投资不足,提高其海外投资效率。

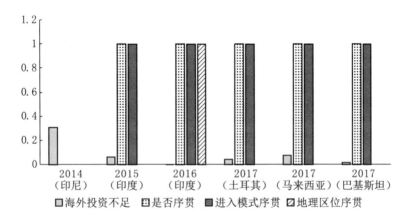

图 8-7　序贯投资对三一重工海外投资效率的影响

4. 序贯投资对三一重工融资约束和海外风险的影响

最后,为检验前文影响渠道部分的结论是否适用于三一重工股份有限公司,检验序贯投资对三一重工所面临的融资约束和海外风险的影响。图 8-8 的结果表明,融资约束数值呈下降趋势,表明三一重工面临的融资约束水平在降低,但是海外风险却未呈现出明显的变化趋势。这说明对三一重工而言,序贯投资虽然降低了企业面临的融资约束水平,但是在降低海外风险方面并未给出更有利的证据。这与前文结论——企业的融资约束水平是序贯投资影响中国企业海外投资效率的重要影响机制,而企业海外投资风险的影响渠道不显著保持一致。

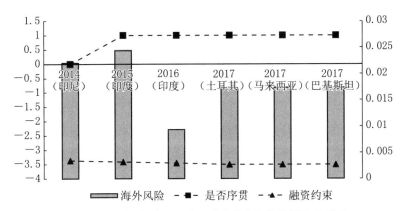

图 8-8 序贯投资对三一重工融资约束和海外风险的影响

第九章 "一带一路"国家金融生态对中国海外投资效率的影响：基于区位转移的动态检验

传统的国际直接投资理论,如垄断优势论、内部化理论、国际生产折中理论等,均将区位优势作为一国对外直接投资的充分条件(Dunning,1981;杨娇辉等,2016;蒋为等,2018;吕越等,2019)。具体到中国企业而言,学者们主要基于静态角度,集中探讨了东道国经济禀赋、制度环境、税收环境等因素如何影响企业海外投资的区位选择(王永钦等,2014;吴先明和黄春桃,2016;王泽宇等,2019)。然而,中国企业海外投资区位背后的逻辑和驱动因素是极为复杂的(赵云辉等,2020)。正如前文所言,"一带一路"国家金融生态兼具多样性和复杂性,不仅会对中国企业的海外投资效率产生当期静态影响,而且还有可能改变其区位选择,从而进一步对其海外投资效率带来动态影响。基于此,本章旨在考察中国海外投资企业在"一带一路"国家的区位转移特征,探讨"一带一路"国家的金融生态对中国企业区位转移的影响,并进一步剖析"顺金融生态"转移对中国企业海外投资效率的影响。

第一节 中国企业在沿线的区位转移事实

与第八章相比,地理区位转移与地理区位序贯本质上是一枚硬币的两面,均是在复杂多样的"一带一路"国家金融生态驱动下中国企业海外投资路径的动态选择。因此,地理区位转移的基本前提是中国企业在"一带一路"国家具有多次投资行为,其目的之一是实现海外投资效率的优化。

一、中国企业在"一带一路"国家区位转移的普遍性

如图 9-1 所示,在 2002—2018 年的样本期内,共有 379 家中国企业在"一带一路"沿线国家进行了 677 次海外投资活动。其中,就企业数量而言,选择区位转移的企业有 164 家,占比 43.27%,即接近半数的中国企业在海外投资过程中选择了区位转移;就投资次数而言,中国企业累计选择区位转移的次数为 340 次,占全部投资次数的比重达到了 50.22%,换言之,半数多海外投资活动会选择区位转移。由此可见,中国企业在"一带一路"国家的区位转移行为具有一定的普遍性。

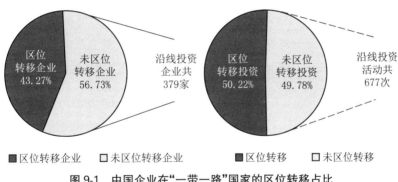

图 9-1 中国企业在"一带一路"国家的区位转移占比

二、中国企业在"一带一路"国家的转入与转出

本章进一步将中国企业在"一带一路"国家的海外投资区位转移划分为"转入型"区位转移和"转出型"区位转移。具体而言,"转入型"区位转移指中国企业将海外投资从"一带一路"非沿线国家转移至沿线国家;"转出型"区位转移则指将海外投资从沿线国家转移至非沿线

国家。

2006—2018 年的样本期内①,中国企业海外投资的"转入型"和"转出型"区位转移数量如图 9-2 所示。一方面,样本期内,中国企业海外投资的"转入型"区位转移次数总体呈递增趋势,特别是 2013 年后涨幅明显,2015 年较 2014 年的增长幅度达到了 127.27%。另一方面,除 2008 年外,其余年度"转入型"区位转移均明显高于"转出型"区位转移,中国企业在"一带一路"沿线的区位转移具有明显的"入多出少"特征。可能的原因在于,"一带一路"倡议的实施提高了沿线国家对中国海外投资企业的吸引力,使得"转入型"区位转移增幅明显。

就区位转移的目标国(地区)而言,"转入型"目标国②排在前三位的分别是新加坡、印度和马来西亚;"转出型"区位转移的目标国(地区)③中排在前三位的分别为中国香港、美国和英国。由第六章金融生态测算结果可知,新加坡、印度和马来西亚三国的金融生态在"一带一路"沿线国家中位居前列,中国香港、美国和英国等国家和地区的金融发展程度更是居于全球领先地位,"一带一路"国家金融生态多样性会引致中国海外投资从低金融生态国家转向高金融生态国家的特点初步显现。

---

① 2002—2005 年间,除 2004 年中兴通讯的海外投资自沿线国家埃及转移至墨西哥外,不存在其他海外投资的转入或者转出,因此不作赘述。

② "转入型"区位转移的目标国包括:阿联酋、阿富汗、孟加拉国、白俄罗斯、瑞士、塞浦路斯、捷克、埃及、克罗地亚、匈牙利、印度尼西亚、印度、以色列、吉尔吉斯斯坦、科威特、柬埔寨、哈萨克斯坦、老挝、斯里兰卡、缅甸、蒙古国、马来西亚、阿曼、菲律宾、巴基斯坦、波兰、卡塔尔、罗马尼亚、塞尔维亚、俄罗斯、沙特阿拉伯、新加坡、泰国、斯洛伐克、乌兹别克斯坦、土耳其、越南。

③ "转出型"区位转移的目标国和地区包括:安道尔、阿根廷、奥地利、澳大利亚、百慕大群岛、巴西、加拿大、智利、哥伦比亚、哥斯达黎加、德国、厄瓜多尔、西班牙、埃塞俄比亚、法国、加蓬、英国、几内亚、中国香港、伊朗、意大利、日本、肯尼亚、韩国、开曼群岛、卢森堡、中国澳门、马耳他、墨西哥、莫桑比克、荷兰、新西兰、巴拿马、秘鲁、葡萄牙、突尼斯、坦桑尼亚、南非、赞比亚。

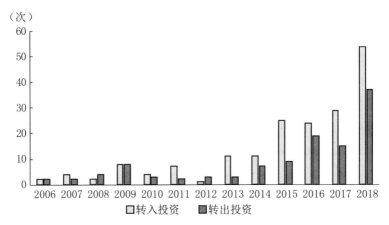

图 9-2　中国企业在沿线国家和地区的"转入型"和"转出型"区位转移

三、中国企业在"一带一路"国家的内部区位转移

为了进一步刻画"一带一路"沿线金融生态多样性与中国企业在沿线国家间区位转移的关系,本章还将中国企业的区位转移细分为"顺金融生态"转移和"逆金融生态"转移。具体而言,"顺金融生态"转移是指中国企业将海外投资从金融生态薄弱的沿线国家转移至金融生态良好的沿线国家,反之则为"逆金融生态转移"。

根据图 9-3,在 2002—2018 年的样本期内,中国企业在沿线国家选择区位转移的投资活动共计 340 次,其中"顺金融生态"转移 226 次,占比高达 66.47%,"逆金融生态转移"114 次,占比仅为 33.53%。不难发现,中国企业在"一带一路"国家海外投资的区位转移主要表现为"顺金融生态"转移,再次证明了"一带一路"国家金融生态多样性会引致中国海外投资从金融生态薄弱国家转向金融生态良好国家的典型事实。究其原因,良好的金融生态通过缓解融资约束,可以优化中国企业的资源配置效率,削弱企业面临的海外投资风险。基于此,中国企业为了追求更加完善的海外投资环境,提高海外投资效率与回报,会积极地将海外投资转移至金融生态更为完善的国家,实现在"一带一路"国家间的"顺金融生态"转移。

图 9-3 中国企业在"一带一路"国家的内部区位转移

第二节 沿线金融生态对区位转移的影响

基于中国企业在"一带一路"国家的区位转移行为特征,本节通过构建基准回归模型,检验"一带一路"金融生态对中国企业海外投资区位转移的影响。

一、变量与模型设定

1. 被解释变量

选取中国企业在"一带一路"沿线国家的投资是否发生区位转移(LT)作为被解释变量,若企业选择在沿线国家转移投资区位,则赋值为 1,否则赋值为 0。

2. 核心解释变量

选取每一个沿线国家的狭义金融生态指数(NFE)作为核心解释变量,数据来自本书第六章 PCA 方法测度的结果。

3. 控制变量

这里的控制变量集涵盖两个层面。

一是企业层面的控制变量,借鉴陈世敏等(Chen et al., 2011)、代昀昊和孔东民（2017）等的做法，分别选取企业资产负债率（Lev）、企业年龄（Age）和企业现金持有（Cash）作为控制变量，其衡量方式与第五章保持一致，数据均来源于 CSMAR 数据库。

二是国家层面的控制变量，一方面，参考吕越等（2019）的研究，选取对数形式的东道国 GDP（ln GDP）衡量东道国经济规模，数据来源于世界银行；另一方面，参考范兆斌等（Fan et al.，2016）、吴先明和黄春桃（2016）、胡浩等（2017）、张友棠和杨柳（2020）、刘永辉和赵晓晖（2021）等文献，选取东道国通货膨胀、政府效率、自然租金占比、每百人拥有的移动蜂窝和投资者保护五项指标衡量东道国宏观环境。其中，通货膨胀（Infla）用以衡量东道国经济风险，数据来自 ICRG 数据库；自然资源租金占比（NS）是指沿线东道国历年的自然资源租金总额占该国 GDP 的百分比，用以表征各国对自然资源的依赖程度，数据来源于世界银行；政府效率（Gov）用以刻画东道国政府办事效率以及政治稳定性，数据来源于世界银行 WGI；每百人拥有的移动蜂窝（Inf）用以表征反映东道国的新型基础设施，数据来源于世界银行 WGI；投资者保护（Prot）用以描述东道国的投资环境，数据来自世界银行的营商环境报告。

各变量的描述性统计见表 9-1。被解释变量方面，中国企业海外投资区位转移的均值为 0.510，表明在"一带一路"国家进行海外投资的中国企业中，进行区位转移的企业占比超过了一半。核心解释变量"一带一路"各沿线国家的狭义金融生态指数（NFE）的最小值为 —4.894，最大值为 9.238，标准差为 1.622，说明"一带一路"沿线各国金融生态具有显著的多样化和复杂化特征。Pearson 相关系数检验表明，各变量相关系数的绝对值均小于 0.8；VIF 检验结果也表明，各变量的 VIF 值均小于 3，因此各解释变量之间基本不存在多重共线性。

表 9-1　变量描述性统计

变量名称	观测值	均值	标准差	最小值	最大值
LT	677	0.510	0.500	0.000	1.000
NFE	554	1.622	2.095	−4.894	9.238
Lev	641	0.594	0.233	0.201	2.512
Age	633	2.354	0.507	−0.222	4.503
$Cash$	633	0.174	0.114	−1.368	0.685
$\ln GDP$	597	26.608	1.306	22.271	28.785
$Infla$	541	8.518	1.568	−1.610	15.400
Gov	597	−0.072	0.708	−1.582	1.293
NS	413	4.969	7.334	0.000	55.341
Inf	597	121.700	39.636	−66.673	216.926
$Prot$	626	60.096	22.271	−113.340	93.330

4. 模型设定

在变量选取的基础上,进一步考虑国家特征变量对中国企业海外投资行为的影响存在时滞,选取滞后一期的东道国金融生态指数作为核心解释变量,构造基准回归模型如下:

$$LT_{ijt} = \alpha_0 + \alpha_1 NFE_{jt-1} + \alpha_n C_{ijt} + \gamma_t + \lambda_j + \varepsilon_{ij} \qquad (9\text{-}1)$$

式中,下标 i、j 和 t 分别代表企业个体、沿线国家和投资年份。中国企业的海外投资区位转移(LT)为被解释变量,C 表示控制变量集合。γ_t、λ_j 和 ε_{ijt} 则分别表示时间固定效应、国家固定效应和不可观测的随机扰动项。

二、估计结果与分析

表 9-2 第(1)列汇报了基准回归结果。可以看出,"一带一路"金融生态(NFE)对中国企业区位转移的影响显著为负,表明"一带一路"国家金融生态水平的改善可以显著抑制中国企业海外投资转移至其他经济体,吸引中国企业延续在该国的海外投资行为。究其原因,"一带一路"国家金融生态水平的改善显著增加了中国企业对沿线国家的投

资偏好,抑制了海外投资的区位转移。具体而言,其一,"一带一路"国家良好的金融生态有利于中国海外投资企业多渠道、高效率地筹集资金,缓解企业融资约束,提高了中国企业在该国的投资偏好,降低了区位转移需求;其二,良好的金融生态能为海外投资企业提供更为稳定的投资环境和更为全面的安全保障,降低企业海外投资风险,减少企业区位转移行为;其三,良好的金融生态能够优化企业资源配置,形成海外投资的良性循环,有助于提高企业海外投资效率,降低区位转移偏好。反观现实,"一带一路"大多数沿线国家金融生态整体不佳,中国企业的海外投资需求难以在低水平的金融生态环境中得到满足,导致区位转移频发。"一带一路"国家低水平的金融生态会提高中国企业的区位转移偏好,以寻求金融生态更为完善的东道国;相反,沿线国家金融生态越完善,越能显著抑制中国企业海外投资的区位转移,缓解中国企业在沿线国家的投资不足,实现海外投资效率最优化。

表 9-2 估计结果

	基准回归	更换核心解释变量			选取工具变量
	(1) NFE	(2) BFE	(3) FD	(4) FO	(5) Other
核心解释变量	-0.616*	-0.161*	-0.584**	-0.179**	-0.382***
	(0.324)	(0.097)	(0.271)	(0.083)	(0.205)
Lev	0.407***	0.308	0.517***	0.249***	0.336
	(0.147)	(0.455)	(0.141)	(0.661)	(0.350)
Age	0.656	0.846***	0.786	0.490	0.569
	(0.675)	(0.282)	(0.662)	(0.304)	(0.670)
Cash	0.336*	-0.309	0.541***	-0.239	0.340*
	(0.187)	(0.704)	(0.174)	(0.478)	(0.166)
$\ln GDP$	0.307**	-0.128	0.307	0.253	0.307**
	(0.149)	(0.123)	(0.286)	(0.142)	(0.143)
$\mathrm{In}fla$	-0.690	-0.323	-0.709**	-0.118***	-0.224
	(0.499)	(0.314)	(0.291)	(0.035)	(0.304)
Gov	0.137	0.416**	0.176	0.851	0.236
	(0.203)	(0.184)	(0.233)	(1.459)	(0.303)

	基准回归	更换核心解释变量			选取工具变量
	(1) NFE	(2) BFE	(3) FD	(4) FO	(5) Other
NS	−0.033 (0.071)	−0.056 (0.060)	−0.063 (0.075)	−0.017 (0.087)	−0.068 (0.085)
Inf	−0.044 *** (0.014)	0.023 (0.020)	−0.041 ** (0.016)	−0.045 *** (0.017)	−0.050 *** (0.012)
Proct	0.034 (0.021)	0.037 ** (0.020)	0.033 * (0.018)	0.036 * (0.020)	−0.040 ** (0.017)
国家固定效应	是	是	是	是	是
时间固定效应	是	是	是	是	是
观测值	321	311	322	245	321

注：Logit 回归所汇报的为边际效应，*** 、** 和 * 分别为 1%、5% 和 10% 水平下的显著性，括号内为稳健标准误。下同。

在控制变量方面，东道国每百人拥有的移动蜂窝（Inf）能显著抑制区位转移，可能的原因在于，东道国新型基础设施越完善，越能为中国海外投资企业提供完善的投资环境，降低中国企业区位转移的意愿。相形之下，资产负债率（Lev）对区位转移具有正向影响，即企业资产负债率越高，中国企业海外投资行为的区位转移行为越多。究其原因，企业较高的负债率在一定程度上限制了投资能力（代昀昊和孔东民，2017），此时企业会借助寻求更高水平的金融生态实现自身投资能力的提升。

一方面，考虑到金融生态指标的口径问题，将核心解释变量狭义金融生态（NFE）分别替换为广义金融生态（BFE）和两个分项指标——金融发展（FD）和金融开放（FO）进行稳健性检验，估计结果见表 9-2 第（2）—（4）列。广义金融生态（BFE）、金融发展（FD）和金融开放（FO）的系数分别显著为 −0.161、−0.584 和 −0.179，再次证实了"一带一路"沿线国家金融生态水平越高，越可以抑制海外投资的区位转移，吸引中国企业保持其在沿线国家的海外投资，基准结果具有稳健性。

　　另一方面,考虑到基准模型存在遗漏变量、逆向因果等内生性问题,故通过计算同年份其他国家金融生态指数的均值($Other$)构造工具变量,并采用 2SLS 进行检验。表 9-2 第(5)列的估计结果显示,狭义金融生态对海外投资区位转移的影响依然显著为负(−0.382),即在控制潜在的内生性问题后,"一带一路"沿线国家金融生态对区位转移的抑制作用依旧显著,基准回归结果具有稳健性。[①]

第三节　"顺金融生态"转移的影响检验

　　本节通过构建基准回归模型,考察中国企业"顺金融生态"转移对其海外投资效率的影响,并进一步细分区位转移的异质性。

一、变量与模型设定

　　在被解释变量方面,考虑到中国企业在"一带一路"沿线国家的海外投资效率主要表现为海外投资不足,故采用海外投资不足($Under\_INV$)作为被解释变量,数据与第五章保持一致。

　　在核心解释变量方面,选取中国企业在"一带一路"沿线国家的投资是否发生"顺金融生态"转移($FELT$)作为被解释变量。如果企业选择"顺金融生态"转移,则赋值为 1,否则为 0。

　　在控制变量集方面:一方面,参考陈世敏等(Chen et al.,2011)、代昀昊和孔东民(2017)等的做法,分别选取企业规模($Size$)、企业资产负债率(Lev)和企业现金持有($Cash$)作为控制变量,各变量衡量方式均与第五章保持一致,数据来源于 CSMAR 数据库;另一方面,参考王永钦

---

　　① 　囿于篇幅,未汇报第一阶段结果。经估计,工具变量的估计系数在 1% 水平上显著为 0.714,表明工具变量与核心解释变量之间存在高度相关性。同时,Kleibergen-Paap Wald rk F 值均大于 10% 水平上的临界值 16.38,拒绝了弱工具变量假设。

等(2014)、张艳辉等(2016)和庄序莹等(2020)等代表性文献,选取腐败程度、投资者保护和税收指数作为宏观控制变量。其中,腐败程度(Cor)用以反映东道国法律法规的监管水平,具体通过计算腐败控制、监管质量、法律规则的均值得到,数据来源于世界银行 WGI;投资者保护($Prot$)和税收(Tax)的评分指数用以表征东道国的投资环境,数据来源于世界银行的营商环境报告。

在此基础上,构造如下基准回归模型:

$$Under\_INV_{ijt} = \beta_0 + \beta_1 FELT_{ijt} + \beta_n C_{ijt} + \gamma_t + \lambda_j + \varepsilon_{ijt} \quad (9\text{-}2)$$

式中,下标 i、j 和 t 分别代表企业个体、沿线国家和投资年份。C 表示控制变量集合,γ_t 表示时间固定效应,λ_j 表示国家固定效应,ε_{ijt} 表示不可观测的随机扰动项。

二、基准回归结果

表 9-3 第(1)—(2)列所示,无论是否加入控制变量,中国海外投资企业"顺金融生态"的区位转移对企业海外投资不足的影响均显著为负,表明中国企业基于"一带一路"国家的金融生态多样性特征,会选择将海外投资从金融生态的低水平国家转向高水平国家,这种"顺金融生态"的区位转移能够显著抑制中国企业的海外投资不足,提高海外投资效率。究其原因,东道国金融生态是影响企业海外投资区位选择的重要因素,通过区位转移追求更为完善的金融生态有利于企业实现投资效率优化。具体而言,其一,东道国金融生态越完善,海外投资企业获取融资的渠道越多元、获取融资的方式也越便利,有利于企业缓解融资约束、扩大海外投资规模;其二,良好的金融生态能为投资企业提供更为健康的投资环境和更为全面的安全保障,助推企业优化资源配置,形成海外投资的良性循环,提高企业海外投资效率;其三,良好的金融生

态可以有效增加金融产品、丰富金融资源并由此产生规模效应,为企业提供更多的资金融通,不仅缓解了中国海外投资企业在东道国面临的金融抑制,还可以抑制企业基于降低企业融资成本而产生的"短贷长投"的动机(钟凯,2016);其四,在良好的金融生态中,金融市场结构多层次特征明显,企业可以从长期信贷市场、债券市场和权益市场获得长期融资,降低投融资期限错配程度,优化海外投资效率。随着"一带一路"国家金融生态水平的逐渐完善,其抑制中国企业海外投资不足的作用也将愈加突出,有利于实现海外投资效率最优化;相反,沿线国家金融生态水平越低,越会导致中国企业在东道国的海外投资不足,由此引致中国企业选择将投资转移至金融生态更为完善的国家,以实现自身投资效率优化,减少投资效率损失。

表9-3 基准回归结果和稳健性检验

	基准回归结果		更换核心变量	
	(1)	(2)	(3)	(4)
FELT	−0.023 *	−0.011 **	−0.015 *	−0.015 ***
	(0.009)	(0.005)	(0.009)	(0.005)
Size		0.004 **	−0.014 ***	−0.018 ***
		(0.002)	(0.003)	(0.004)
Cash		0.037	0.009	−0.041
		(0.034)	(0.037)	(0.047)
Lev		−0.140 ***	−0.058	−0.015 **
		(0.025)	(0.027)	(0.006)
Cor		0.024	0.016	0.010
		(0.016)	(0.022)	(0.021)
Tax		−0.000	−0.000	−0.000
		(0.000)	(0.000)	(0.000)
Prot		0.000	0.001	0.001
		(0.000)	(0.000)	(0.000)
国家固定效应	是	是	是	是
时间固定效应	是	是	是	是
观测值	298	279	275	258
R^2	0.694	0.740	0.682	0.700

控制变量的估计结果则表明,在沿线金融生态保持不变的情况下,企业规模越大,资产负债率越低,其海外投资不足的现象会更加严重。可能的原因在于,企业规模越大、资产负债率越低,其向海外特别是"一带一路"地区的扩张动力越足。在海外投资扩张过程中,大规模和/或低资产负债率企业涉足领域越多,其资金约束情形可能越严重,致使其难以实现不同项目之间的资金需求平衡,海外投资不足的可能性就越大。

三、稳健性检验

1. 更换核心变量

在被解释变量方面,为保证企业海外投资效率测算结果的稳定性,重新设定模型对企业海外投资效率进行估计。参考代昀昊和孔东民(2017)、刘晓丹和张兵(2020)等代表性文献的做法,在海外投资效率测算模型中加入企业规模和企业生产率,重新测算企业海外投资效率。检验结果如表9-3第(3)列所示,估计结果与基准结果保持一致,说明中国企业海外投资的"顺金融生态"转移依然对海外投资不足有显著的抑制作用。

在核心解释变量方面,考虑到中国企业在"一带一路"沿线国家的区位转移主要表现为从低金融生态经济体转移至高金融生态经济体,这里将核心解释变量"顺金融生态"区位转移($FELT$)替换为本书第九章第二节中的区位转移(LT)。回归结果如表9-3第(4)列所示,区位转移的系数显著为-0.015,说明中国企业海外投资从低金融生态国家转移至高金融生态国家可以显著抑制中国企业的海外投资不足、提高海外投资效率,基准回归结果稳健。

2. 安慰剂检验

考虑到中国企业海外投资不足可能会受到除企业区位转移以外其他不可观测因素的影响,故选择安慰剂检验,以缓解因遗漏变量误差而可能产生的内生性问题。具体做法是，将企业"顺金融生态"转移（FELT）随机分配给各样本企业，并与相应的被解释变量中国企业海外投资不足（Under_INV）进行回归，将此过程进行 2 000 次，生成安慰剂检验的核密度分布图如图 9-4 所示。图中，圆点为随机分配的估计系数分布，实线为 90% 置信区间，可以看出，随机分配后系数值大多围绕 0 值上下波动，且多数估计系数的置信区间涵盖 0，表明随机分配"顺金融生态"转移不会对企业海外投资不足产生明显影响，证实了基准结论的稳健性。

3. 分位数回归

基准结果的估计是建立在均值回归之上的，其结果反映了"一带一路"国家金融生态对中国企业海外投资效率影响的平均效果。然而，若区位转移水平的分布不对称，则这种平均效果就不能全面地刻画其对中国企业海外投资效率的影响。相形之下，分位数回归不仅能够在海外投资效率的整体分布上呈现中国海外投资企业区位转移的影响，而且不受海外投资效率异常值的影响，并不对误差项分布施加较强的假设条件，估计结果更为稳健。图 9-5 的分位数回归结果显示，在绝大多数分位上（大约 10%～90% 分位），"顺金融生态"转移的系数绝对值呈递增趋势，显著水平也逐渐提高，表明随着企业海外投资不足水平的加剧，"顺金融生态"转移能够有效缓解中国企业海外投资不足，提高海外投资效率，再次验证了基准回归结果具有稳健性。与此同时，图 9-5 还进一步显示，随着中国企业海外投资不足的偏离度增大，"一带一路"国家金融生态对海外投资不足的抑制作用会显著增强。然而，在 90% 分位上，"顺金融生态"转移的系数减小且未通过显著性检验，表明当中国企业海外投资不足极度偏离时，"顺金融生态"转移对海外投资不足的缓解作用明显减弱。

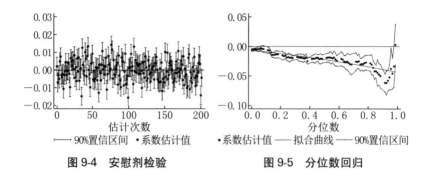

图 9-4 安慰剂检验　　　　图 9-5 分位数回归

四、区位转移的进一步分解

1. 考虑沿线国家的地理板块

为了进一步细分不同区位的"顺金融生态"转移对中国企业海外投资效率的影响,首先沿用第四章的地理板块划分标准,将沿线国家划分为七个板块①,分别是中亚和东亚、南亚、东南亚、中东、东欧、中欧、独联体,其估计结果如图 9-6 所示。

根据分组结果可知,中国企业海外投资"顺金融生态"转移对海外投资不足的影响具有明显的地理板块异质性。东南亚、南亚、中欧、中东和独联体板块"顺金融生态"转移的系数均显著为负,表明由低水平金融生态经济体转移至高水平金融生态经济体会显著抑制海外投资不足的偏离度,促进中国企业海外投资效率的提高。其中,中欧板块"顺金融生态"转移的抑制作用(-0.060)最为突出,显著水平也最高,原因可能在于:中欧板块国家经济发展水平较高,制度环境更为成熟,自然环境相对优越。在这样的环境条件下,中国企业不仅拥有相对良好的海外投融资环境,而且可以获得相对全面的金融支持,较好地规避海外投资溢价,将海外投资转移至金融生态更为完善的中欧国家成为显著提高中国企业海外投资效率的关键途径。相形之下,东欧板块的抑制

① 囿于数据缺失,这里不包括中亚及东亚地区的结果。

作用(-0.002)未通过显著性检验,究其原因,东欧国家普遍存在货币贬值和资本紧缺问题,地区银行业流动性不足的局面也愈发突出(庄起善和张广婷,2013)。在此情形下,中国海外投资企业融资成本提高,偿债成本增加,投资风险加剧,诸多不确定因素弱化了以东欧为目标板块的"顺金融生态"转移对中国企业海外投资不足的抑制作用。

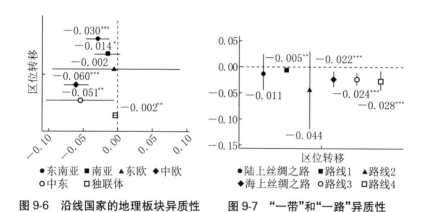

图 9-6 沿线国家的地理板块异质性   图 9-7 "一带"和"一路"异质性

2. 考虑"一带"和"一路"的区分

"一带"和"一路"在"一带一路"倡议中的侧重点不同,覆盖的沿线国家的发展水平和历史因素也存在差异,因此有必要对二者进行区分考察(吕越等,2019)。沿用第七章的划分标准,将"一带一路"沿线国家划分为"一带"和"一路"两组,并进一步将"一带"和"一路"所覆盖的沿线国家细化为四条不同的路线。

图 9-7 的估计结果显示,以海上丝绸之路各国为目标国的"顺金融生态"转移对中国企业海外投资不足的影响显著为-0.022,而以陆上丝绸之路各国为目标国的"顺金融生态"转移对中国企业海外投资不足(-0.011)的影响未通过显著性检验。其中,转移至路线 IV 沿线国家的"顺金融生态"转移对中国海外投资不足的缓解作用(-0.028)明显高于其他三条线路。由此可见,中国企业以海上丝绸之路沿线国家为目标

国进行"顺金融生态"转移,更能抑制中国企业的海外投资不足。可能的原因在于,相较于陆上丝绸之路,海上丝绸之路沿线国家的经济、基础设施和地缘等条件更为优越(吕越等,2019)。而相对发达的经济状况可以为企业提供重要支撑,齐全的基础设施可以有效提高企业海外投资便利度,而地缘优势则有利于促进投资的有序开展(Donaldson and Hornbeck,2016)。

五、区位转移的作用机制

基于公司金融理论,资产期限与融资期限相匹配是公司顺利运作的基础(白云霞等,2016);相反,投融资期限错配会显著抑制企业的投资效率(徐亚琴和陈娇娇,2021)。投融资期限匹配理论起源于20世纪70年代。莫里斯(Morris,1976)率先提出,企业资产和负债的期限相匹配可以降低资产项下现金流不足导致的本金和利息偿还风险。随后,有学者基于代理成本和债务契约视角,分别阐述了期限匹配的必要性(Myers,1997;Hart and Moore,1994)。此外,迈尔斯(Myers,1977)还认为期限匹配是有效缓解投资不足的重要方法。

企业投融资期限错配内生于金融市场的不完备(李四海和江新峰,2021),主要表现为企业以短期融资支持长期投资(马红等,2018)。具体而言,金融生态发展滞后导致融资渠道狭窄、工具有限、成本高昂,企业既难以获得足够的长期银行贷款缓解投融资期限错配,也难以通过债券和权益等直接融资工具获得长期资金以支持长期投资,企业在投融资期限的决策方面处于被动地位,严重制约企业投资效率优化。在"一带一路"倡议深入推进的过程中,中国企业在沿线国家的海外投资日渐活跃,涉及的投融资活动也更加广泛,东道国金融市场条件对中国企业的投融资期限匹配问题,进而对中国企业海外投资效率的影响举足轻重(沈红波等,2019)。然而,"一带一路"国家金融生态发展整体不佳,金融市场结构单一,导致长期资金供给无法充分满足中国海外投资企业的融资需要,严重抑制中国企业海外投资效率。相形之下,一方面,良好的金融生态通过增加金融产品、丰富金融资源以及由此产生的规模效应,为企业提供更多的资金融通,不仅缓解了中国海外投资企业在东道国面临的金融抑制,还可以抑制企业基于降低企业融资成本而产生的"短贷长投"的动机(钟凯,2016);另一方面,在良好的金融生态中,金融市场结构多层次特征明显,企业可以从长期信贷市场、债券市场和权益市场获得长期融资,改善投融资期限错配问题,优化海外投资效率。中国企业在"一带一路"国家的"顺金融生态"转移,寻找更为完善的东道国金融生态,可以有效缓解企业投融资期限错配,而投融资期限错配问题的缓解,有助于抑制其海外投资不足,优化海外投资效率。

本节旨在验证企业的投融资期限错配是否是"顺金融生态"转移影响企业海外投资不足的中介变量。现有文献主要通过两种方法衡量投融资期限错配:相对指标和存量指标。相对指标的构建是依据"投资—流动负债"敏感性方法,通过债务和投资对长期资产的比率衡量企业以短期资金支持长期投资的程度,该程度越大说明企业投融资期限错配的程度越高(Mclean and Zhao,2014;白云霞等,2016;沈红波等,2019)。存量指标则是以企业长期投融资缺口测度企业长期投资对短期融资的依赖程度,指标数值越大说明企业投融资期限错配的问题越严重(钟凯等,2018;马红等,2018;徐亚琴和陈娇娇,2021)。相比于存量指标,相对指标仅基于统计学含义而非经济层面的直接度量。因此,为了更加准确地刻画企业投融资期限错配,参考徐亚琴和陈娇娇(2021)等的做法,构建企业投融资期限错配程度($SFLI$):

$$SFLI = \frac{\left[\begin{array}{c}\text{构建固定资产等长期资产支付的现金} - (\text{本期借款长期增加额} + \\ \text{本期应付债券增加额} + \text{本期权益增加额} + \text{经营活动现金净流量} + \\ \text{处置固定资产等长期资产收回的现金净额})\end{array}\right]}{\text{企业当年平均总资产}}$$

其中,$SFLI$ 数值大于 0 表明存在投融资期限错配,且数值越大表明投融资错配问题越严重。进一步设置企业投融资期限错配虚拟变量（$SFLI\_dum$），如果 $SFLI$ 大于 0，则 $SFLI\_dum$ 赋值为 1，否则为 0。

表 9-4　作用机制检验

	(1) $Under\_INV$	(2) $SFLI$	(3) $Under\_INV$	(4) $SFLI\_dum$	(5) $Under\_INV$
$FELT$	-0.011^*	-0.194^*	-0.010^*	-0.193^{**}	-0.018
	(0.006)	(0.102)	(0.006)	(0.089)	(0.011)
中介变量			0.003^*		0.022^*
			(0.002)		(0.012)
控制变量	是	是	是	是	是
国家固定效应	是	是	是	是	是
时间固定效应	是	是	是	是	是
观测值	186	455	90	226	154
R^2	0.768	0.567	0.839	0.575	0.627

表 9-4 汇报了区位转移影响中国海外投资不足的中介效应结果。第(1)列为"顺金融生态"转移对海外投资不足($Under\_INV$)的回归结果。不难发现，中国企业在"一带一路"国家"顺金融生态"转移的系数显著为负(-0.011)，说明"顺金融生态"转移能够显著缓解中国企业在沿线国家的海外投资不足、提高企业投资效率；第(2)列与第(4)列分别以 $SFLI$ 与 $SFLI\_dum$ 为代理变量测度"顺金融生态"转移对中介变量投融资期限错配的影响，回归系数分别显著为 -0.194 和 -0.193，由此可知，中国企业在沿线国家的"顺金融生态"转移能显著降低"一带一路"金融生态不佳所导致的投融资期限错配。可能的原因在于，企业通过"顺金融生态"转移追求更为完善的金融环境，改善中国海外投资企业在东道国面临的金融抑制、缓解企业融资困境，弱化企业由于高融资成本而产生的"短贷长投"的动机，进而改善投融资期限错配问题。第(3)列将"顺金融生态"转移和投融资期限错配同时纳入模型中进行回归，结果显示，$SFLI$ 的系数在 10% 水平上显著为正(0.003)，说明中国企业投融资期限错配越小，越能有效缓解企业在"一带一路"沿线国家

的海外投资不足问题。本节还将 $SFLI$ 变量替换为 $SFLI\_dum$,回归结果如第(5)列所示,$SFLI\_dum$ 对海外投资不足的影响显著为正,与 $SFLI$ 的回归结论保持一致。

由此可见,投融资期限错配明显导致中国企业海外投资不足、抑制其海外投资效率。究其原因,投融资期限错配这一激进型融资策略是企业缓解融资困境、降低金融抑制的替代性选择(钟凯等,2016),会引发企业海外投资不足、抑制企业海外投资效率。具体而言,企业为应对投融资期限错配问题,需要持续进行短期再融资或者进行短期融资展期,由此导致流动性风险积聚,资金链断裂可能性加剧,财务困境进一步凸显(白云霞等,2016),严重威胁企业海外投资效率的可持续性,进而导致企业海外投资不足。整体而言,中国企业在"一带一路"国家的"顺金融生态"转移,通过缓解企业投融资期限错配这一内在机制,抑制企业海外投资不足,降低企业投资的非效率损失。

第四节 "顺金融生态"转移的典型案例

上文从实证的角度分析了区位转移视角下"一带一路"金融生态对中国企业海外投资效率的影响。为了更好地丰富研究内容,印证和诠释实证结论,需借助典型案例进一步加以分析。

一、典型案例选择

本节选择纵向单案例分析法作为案例研究部分的主要研究方法,一方面有助于更好地描述"一带一路"金融生态与中国企业投资效率之间的内在联系,另一方面可以以案例的形式更好地说明二者的动态变化,使得研究结论更加直观可靠。

本节选择中国工商银行(股票代码为 601398.SH)作为案例研究样本,主要基于以下几点考虑。

首先,中国工商银行实力雄厚,具有"顺金融生态"转移的必要条件。中国工商银行是世界500强企业之一,也是中国最大的商业银行。根据中国工商银行2020年年报显示,截至2020年末其总资产突破33万亿元人民币,境内人民币存款增加2.48万亿元,全年实现营业收入8 001亿人民币、净利润3 177亿人民币,在各大国有银行中位居首位。与此同时,2020年3月和8月,中国工商银行分别入选了2020年全球品牌价值500强和《财富》世界500强,资金实力雄厚,发展潜力巨大,是具有"顺金融生态"转移能力的典型样本企业。

其次,中国工商银行非常重视国际业务,与"一带一路"国家也具有深厚的合作基础。中国工商银行的境外盈利逐年增加,截至2020年其境外机构(含境外分行、境外子公司和对标准银行投资)总资产已达到4 220.79亿美元,占总资产的8.3%。2012年中国工商银行已经在39个国家和地区建立了382家境外机构,截至2020年底,建立境外机构的国家和地区已进一步扩展至近49个,并与近60个境外机构投资者建立银行间债券及外汇市场交易业务合作关系,其中包括"一带一路"沿线21个国家的124家分支机构。这些证据表明在中国工商银行重视国际业务的基础上,"一带一路"倡议的提出也在一定程度上促进了中国工商银行与沿线国家的合作。

最后,中国工商银行拥有多年的海外直接投资经验。最早可追溯到2007年10月25日,中国工商银行以54.6亿美元的对价收购南非标准银行20%的股权,成为南非标准银行第一大股东,此次并购也成为了迄今为止中国工商银行最大的一笔海外直接投资。与此同时,中国工商银行一直围绕资本市场、产业整合、国企改革、"一带一路"等重点领域开展对外投资、并购业务,在境内外投资、并购市场中位居前列。数据显示,在样本期内,中国工商银行向多个"一带一路"沿线国家进行过投资活动,如阿拉伯、越南、马来西亚、泰国和土耳其等,投资规模达到67亿人民币。

二、典型案例分析

图 9-8 显示了中国工商银行对"一带一路"沿线国家投资情况,可以发现,其投资的沿线国家相对比较集中,较多集中在东南亚国家和中东国家。

图 9-8 2007—2018 年中国工商银行对"一带一路"国家海外投资情况

表 9-5 对中国工商银行的海外投资效率、所投资沿线国家的金融生态、融资约束和区位转移情况进行了描述性统计。根据表 9-5,可以得到如下信息:

其一,"一带一路"国家的金融生态指标与中国工商银行的海外投资效率指标呈现正相关的关系,具体来说,金融生态指标与海外投资不足数值的相关系数为－0.129,表明沿线国家的金融生态条件越好,越能够缓解中国工商银行海外投资不足的现象,提高其海外投资效率,与前文所得结论一致。

其二,所投资沿线国家的金融生态指标与中国工商银行的融资约束指标存在负向关系,而融资约束指标与海外投资效率指标呈现正向关系,这表明当沿线国家金融生态环境改善时,能够减少中国工商银行面临的融资约束,从而实现投资效率的提升,改善海外投资不足的困境,这也在案例分析的层面给出了本书第十一章融资约束渠道成立的证据。

其三,观察所投资沿线国家的金融生态指标,发现中国工商银行更容易转移投资到金融生态环境较好的沿线国家,而在发生区位转移后,海外投资效率指标变小,表明海外投资不足现象得以改善。

其四,中国工商银行在2009年和2018年发生了"顺金融生态"转移,而在发生顺位转移后,其海外投资效率分别从0.085和0.049变为－0.022和0.047,说明海外投资不足现象均得以改善;同理,在2010年和2014年发生了"逆金融生态"转移,在首次转移后,海外投资效率从－0.022变为0.035,说明从金融生态高水平国家转向低水平国家不利于提高企业海外投资的效率,而后次转移海外投资效率并未下降,可能原因在于,此时正值"一带一路"倡议实施初期,来自国家的投资支持政策在一定程度上弥补了"逆金融生态"转移带来的负面影响。

表 9-5　2007—2018 年中国工商银行部分变量描述性统计

时间	2007	2009	2010	2014	2015	2018
海外投资效率	0.085	－0.022	0.035	0.201	0.049	0.047
所投资国家金融生态	—	1.388	1.776	1.073	0.898	0.942
融资约束	7.674	16.715	9.780	17.731	8.851	7.983
是否发生区位转移	否	是	是	是	否	是
是否发生区位内转移	是	是	是	是	否	否
是否"顺金融生态"转移	否	是	否	否	否	是
是否"逆金融生态"转移	否	否	是	是	否	否

注:海外投资效率、金融生态和融资约束的报告值为各年均值;为减少样本损失,海外投资效率采用插值法处理。

第十章　"一带一路"国家金融生态对
中国海外投资效率的影响：
基于银行追随的动态检验

　　根据著名的"追随客户假说"（Aliber，1984），随着跨国企业海外投资区位的不断扩展，母国商业银行也会追随其脚步，扩大地理布局范围。对商业银行而言，可以从传统的国际结算、货币汇兑向更大规模、更多种类的国际金融业务转型，拓展更加全面专业的国际金融服务；对跨国企业而言，商业银行不仅可以提供融资信贷，满足跨国企业海外投资的巨额资金需求，而且还可以引导跨国企业到更适宜的东道国开展海外投资。

　　如前文所述，"一带一路"国家多元化的金融生态，对中国企业的海外投资效率提出了严峻挑战，同时也增加了中资商业银行海外布局的难度。动态追随中国企业前往沿线国家、增强沿线国家的金融服务，是中资商业银行在沿线国家海外布局的重要驱动力之一，也是助力中国企业提高海外投资效率的重要保障。因此，本章将从中资商业银行追随中国企业的视角出发，审视"一带一路"金融生态对中国企业海外投资效率的动态影响。

第一节　中资商业银行的沿线布局特征

　　"一带一路"倡议提出与实施以来，无论是资金需求还是金融服务，都出现了迅猛的需求上升态势。在这种情况下,仅仅依靠政策性银行、亚洲基础设施投资银行、"丝路基金"等难以满足上述需求,因此中资商业银行有必要助力中国企业在沿线国家的海外投资,拓宽资金融通渠道。根据各商业银行年报和官方网站等渠道统计的数据,截至 2019 年底,已有 11 家中资商业银行在 32 个"一带一路"国家设立了 94 家一级机构(含子行、分行和代表办事处)。

一、"三个梯队"布局

目前,中资商业银行在"一带一路"国家布局的首要特点是"三个梯队"格局(图 10-1),即:

第一梯队是以中国银行、中国工商银行、中国建设银行、中国农业银行和交通银行为主体的五大国有控股商业银行,也是中资商业银行在"一带一路"国家布局的绝对力量。其中,中国银行在沿线国家的金融网络布局最为均衡,其 34 家分支机构涉及了 30 个国家和地区;中国工商银行虽起步略晚,但是发展速度迅猛,目前已经处于领先地位,和中国银行一起占据了中资商业银行在沿线国家分支机构数量的 65% 以上;与之相比,剩余三家国有控股银行跨国布局的时间均更晚一些。

第二梯队是以招商银行、中信银行、光大银行和浦发银行为代表的股份制银行,是中资商业银行在"一带一路"沿线国家布局的重要补充者。2010 年中信银行在新加坡设立分行,成为中国第一家在沿线国家建立分支机构的股份制商业银行;此后,招商银行、浦发银行、光大银行相继在新加坡、韩国等沿线国家设立分支机构,开启了第二梯队银行在沿线国家的国际化之旅。虽然这些股份制商业银行在沿线国家设立的分支机构为数不多,但是通过独特的经营机制和运营特色,为中国海外投资在沿线国家的有序开展提供了多元化和特色化的金融服务。

第三梯队是以富滇银行和苏州银行为旗帜的城市商业银行。与第一梯队和第二梯队相比,城市商业银行在沿线国家的分支机构数量非常有限,现阶段仅有富滇银行 2014 年在老挝设立了子行——中老合资的老中银行,成为中国第一家在境外设立子行的城市商业银行,苏州银行 2019 年在新加坡设立了代表办事处,可见城市商业银行的海外布局之旅仍然处于初期的起步阶段。

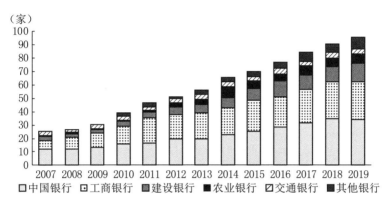

图 10-1　2007—2019 年中资商业银行在沿线国家的分支机构数量

数据来源:根据各商业银行年报和官方网站等渠道统计而得。

二、"由点到面"布局

截至目前,在"一带一路"沿线的地理布局中,中资商业银行(尤其是五大国有控股商业银行)遵循"由点到面"的发展原则,从最初在金融生态良好的新加坡、韩国等东亚和东南亚国家布局,向南亚、中亚、西亚、中东欧等沿线国家不断拓展,同时增加已覆盖地区的分支机构数量。

如图 10-2 和表 10-1 所示,在这些分支机构中,新加坡是分支机构布局最多的沿线国家,涵盖 9 家中资商业银行设立的 10 家分支机构;越南、韩国和阿联酋各有 7 家,并列居于第二位;印度、斯里兰卡等南亚国家相对来说分支机构不多,但始终有中资商业银行的身影。

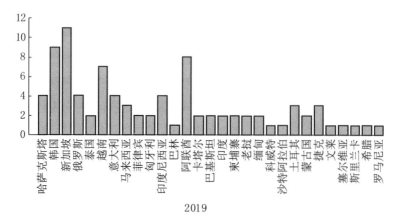

2019

图 10-2　截至 2019 年五大国有商业银行在沿线国家的分支结构累计数

数据来源:根据各商业银行年报和官方网站等渠道统计而得。

表 10-1　截至 2019 年中资商业银行在沿线国家的地理布局表

中资商业银行		在"一带一路"国家分支机构的布局
中国银行 (42 个)	东南亚	新加坡、越南、马来西亚、印度尼西亚、老挝、泰国、柬埔寨、缅甸、菲律宾、文莱
	东亚	韩国、蒙古国
	南亚	印度、巴基斯坦、斯里兰卡
	中亚	哈萨克斯坦
	西亚	阿联酋、巴林、卡塔尔
	中东欧	俄罗斯、波兰、匈牙利、土耳其、塞尔维亚、捷克、罗马尼亚
中国商业银行 (25 个)	东南亚	新加坡、泰国、越南、老挝、柬埔寨、缅甸、菲律宾、印度尼西亚、马来西亚
	东亚	韩国、蒙古国
	南亚	印度、巴基斯坦
	中亚	哈萨克斯坦
	西亚	阿联酋、卡特尔、沙特阿拉伯、科威特
	中东欧	俄罗斯、土耳其、波兰、捷克
中国建设银行 (9 个)	东南亚	新加坡、马来西亚、印度尼西亚、越南
	东亚	韩国
	西亚	阿联酋
	中亚	哈萨克斯坦
	中东欧	俄罗斯、波兰

中资商业银行	在"一带一路"国家分支机构的布局	
中国农业银行 （5个）	东南亚	新加坡、越南
	东亚	韩国
	西亚	阿联酋
	中东欧	俄罗斯
交通银行	新加坡、韩国、越南、捷克	
中信银行	新加坡、哈萨克斯坦	
招商银行	新加坡	
浦发银行	新加坡	
光大银行	韩国	
富滇银行	老挝	
苏州银行	新加坡	

注：在统计中资商业银行分支机构的时候，把后续加入"一带一路"国家，如韩国和意大利也包含在内，不再局限于最初的65个沿线国家。

数据来源：根据各商业银行年报和官方网站等渠道统计而得。

三、"生态优先"布局

为了进一步考察中资商业银行的沿线布局与其所在国金融生态的关系，图10-3绘制了沿线国家金融生态与中资商业银行布局情况的散点图及其拟合线，可以发现，金融生态良好的沿线国家也是中资商业银行设立分支较多的国家。究其原因，一方面，如前所述，中国企业会优先考虑金融生态良好的沿线国家作为海外投资的区位选择，而中资商业银行本着"追溯客户"的目的，也会选择相同或者相似的投资区位；另一方面，沿线国家金融生态的优化可以直接吸引中资商业银行设点，进而会吸引更多的中国企业前来投资，从而形成了相辅相成、"生态优先"的海外投资布局。

四、"分行为主"布局

如表10-2所示，中资商业银行布局"一带一路"沿线时，组织形式多

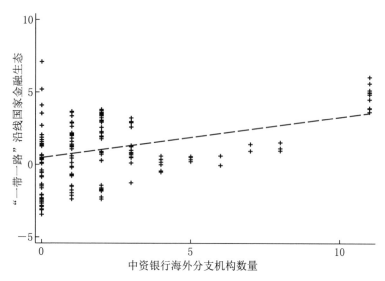

图 10-3　中资商业银行在沿线国家的"生态优先"布局

以分行为主,占比高达63％,接近在沿线国家分支机构数量的2/3;其次是子行,占比约为18％;代表办事处数量较少,且主要是为分行和子行搜寻信息与客户,奠定设立基础。

表 10-2　截至 2019 年五大国有商业银行在沿线国家的组织形式

	分行		子行		代表办事处	
	数量（个）	比重（％）	数量（个）	比重（％）	数量（个）	比重（％）
东亚	27	45.76	8	47.06	9	75.00
中亚	1	1.69	2	11.77	0	0
西亚	11	18.64	1	5.88	1	8.33
南亚	5	8.47	0	0	0	0
中东欧	8	13.56	6	35.29	0	0
其他	7	11.86	0	0	2	16.67
合计	59	100	17	100	12	100

数据来源:根据各商业银行年报和官方网站等渠道统计而得。

第二节　中资商业银行境外布局特征的影响

一、变量与模型设定

1. 变量选择

在"一带一路"沿线国家金融生态多样性的背景下,基于"追随客户假说"视角,考察中资商业银行境外布点对海外投资效率的影响,并选择变量和模型如下:

在被解释变量方面,考虑到中国企业的海外投资效率损失主要来自海外投资不足,故各年度的海外投资效率数据依然采用第五章的海外投资不足($Under\_INV$)变量。

在核心解释变量方面,为了考察中资商业银行是否进行境外布点和境外布点数量对沿线国家金融生态与中国企业海外投资效率关系的动态影响,一共选择了三个核心解释变量,分别为:

(1) 中资商业银行境外布点:由两个变量来衡量,一是中资商业银行在沿线国家是否进行布点($Bank$),如果是,则赋值为 1,否则赋值为 0;二是中资商业银行在沿线国家布点的数量($Banknum$)。

(2) "一带一路"各沿线国家的狭义金融生态指数(NFE):一方面与静态分析中核心解释变量保持一致,另一方面为了突出动态性,选择该变量的滞后一期来衡量,来自本书第五章的测算结果。

(3) 中资商业银行境外布点与沿线国家金融生态的交互项:基于中资商业银行境外布点的两个变量。交互项也包括两个:中资商业银行布点与否与金融生态交互项($Bank \times NFE$)和中资商业银行布点数量与金融生态交互项($Banknum \times NFE$)。在这里,金融生态均进行滞后一期处理。

在控制变量方面,主要从国家和企业两个层面选取。一方面,在借鉴陈世敏等(Chen et al.,2011)等的基础上,选取当期的企业层面指标,分别为企业规模($Size$),总资产的对数;企业现金持有($Cash$),采用现金及现金等价物与总资产的比值,企业层面的数据均来源于 CSMAR 数据库。另一方面,参考董志强等(2012)、夏后学等(2019)等代表性文献的研究,选取衡量一国投资环境的变量,分别为合同签订($Enfor$)、投资者保护($Prot$)和跨境贸易赋税(Tax)的评分指数,其中,前两个环境变量取值越大,表明在该国开展海外投资的便利程度相比于其他国家越高,后一个环境变量取值越大,表明在该国开展海外投资的障碍程度越大。上述数据均来自世界银行的营商环境报告。

2. 描述性统计

上述变量的描述性统计见表 10-3,企业海外投资效率($Under\_INV$)的最小值与最大值分别为 0.001 和 0.32,表明各企业间的海外投资效率相差较大,偏度为 1.31,峰度为 4.65,表明企业海外投资效率属于右偏厚尾分布;“一带一路”各沿线国家的金融生态指数(NFE)的标准差为 1.71,说明“一带一路”各沿线国家的金融生态状况同样具有较大的波动性,各国金融生态多样化特征明显,偏度为 -0.36,峰度为 3.38,表明“一带一路”沿线国家的金融生态属于左偏厚尾分布;中资商业银行在同一沿线国家的境外布点数量($Banknum$)的均值为 3.01,标准差为 3.53,最小值与最大值为 0 和 11,表明中资商业银行在“一带一路”沿线国家的平均布点数量 3 个,整体水平相对较好,但差异明显。数据整体分布的偏度为 1.34,峰度为 3.54,表明中资商业银行在“一带一路”沿线国家的平均布点情况与企业海外投资效率分布一致,均属于右偏厚尾分布。

表 10-3　变量描述性统计

变量	观测值	均值	标准差	最大值	最小值	偏度	峰度
$Under\_INV$	298	0.08	0.07	0.32	0.001	1.31	4.65
NFE	486	-0.28	1.71	4.46	-4.46	-0.36	3.38
$Banknum$	641	3.01	3.53	11.00	0.00	1.34	3.54
$Size$	509	23.96	2.34	30.95	19.88	0.97	3.39

变量	观测值	均值	标准差	最大值	最小值	偏度	峰度
Cash	509	0.18	0.18	2.71	0.00	5.87	73.86
Enfor	616	59.21	18.68	93.36	20.82	−0.20	2.05
Prot	616	61.20	19.94	93.33	0.00	−1.03	4.44
Tax	616	67.61	22.44	99.44	0.00	−0.89	3.96

3. 模型设定

本节通过构建如下基准回归模型,分别考察中资商业银行是否进行境外布点和境外布点数量对沿线国家金融生态与中国企业海外投资效率关系的动态影响。

$$Under\_INV_{ijt} = \alpha_0 + \alpha_1 NFE_{jt-1} + \alpha_2 Bank_{jt} + \alpha_3 NFE_{jt-1} \times Bank_{jt}$$
$$+ \alpha_n C_{ijt} + \gamma_t + \lambda_j + \varepsilon_{ijt} \qquad (10\text{-}1)$$

式中,被解释变量为企业海外投资效率($Under\_INV$),核心解释变量包括沿线国家金融生态(NFE),中资商业银行在"一带一路"沿线国家的布点情况($Bank$)以及两者的交互项($NFE \times Bank$),其中,交互项的系数是本回归模型关注的重点,交互项为负,表明在"一带一路"沿线国家的金融生态相对不变的情况下,中资商业银行在沿线国家进行布点对中国企业海外投资效率具有促进作用,反之,交互项为正,表明为抑制作用。为了说明结论的稳健性,本节还采用布点数量($Banknum$)及其与金融生态的交互项($NFE \times Banknum$)进一步加以验证。C 表示控制变量集合,下标 i、j 和 t 分别代表企业个体、沿线国家和投资年份。为避免回归结果受不随时间变化的国家特征和仅随时间变化特征的影响,进一步控制时间和国家固定效应,分别用 γ_t 和 λ_j 表示。为了降低极端值的干扰,对被解释变量均作前后 1‰ 的 Winsorize 处理。

二、实证结果分析

表 10-4 汇报了模型(10-1)的基准回归结果。各列被解释变量均为中国企业海外投资效率,其中,第(1)、(3)和(5)列的核心解释变量为中资

商业银行在"一带一路"沿线国家是否布点;第(2)、(4)和(6)列的核心解释变量为中资商业银行在"一带一路"沿线国家的布点数量。

第(1)—(2)列是在沿线国家金融生态影响中国海外投资效率的微观基础模型上,加入中资商业银行在沿线国家的境外布点,考察中资商业银行的境外布点对沿线国家金融生态和企业投资效率关系的动态影响。第(1)列的估计结果显示,中资商业银行是否布点与沿线国家金融生态滞后期的交互项($NFE \times Bank$)为负,表明如果中资商业银行在沿线国家进行布点,那么在"一带一路"沿线国家的金融生态相对不变的情况下,在沿线国家进行布点会提高中国企业的海外投资效率。与此同时,相对于没有中资商业银行提前布局的"一带一路"国家,中资商业银行在沿线国家进行布点可以促进中国企业海外投资效率提高0.011个单位。与之相类似,第(2)列的估计结果也显示,中资商业银行的布点数量与沿线国家金融生态滞后期的交互项($NFE \times Banknum$)为负,进一步说明中资商业银行在沿线国家进行布点不仅对中国企业海外投资效率具有促进作用,而且随着布点数量的增加,其促进作用增大。中资商业银行在沿线国家的布点数量每提高1个单位,在同样金融生态的情况下,中国企业海外投资效率将随之提高0.009个单位,说明随着中资商业银行在沿线国家布点数量的增加,其对中国企业海外投资效率的促进作用不断增大。通过比较第(1)列和第(2)列的系数可知,其促进作用具有边际递减性,即随着中资商业银行在沿线国家布点数量的增加,每个布点对企业海外投资效率水平的改善程度具有减弱趋势。

表10-4　基准回归结果

	(1) 是否布点	(2) 布点数量	(3) 是否布点	(4) 布点数量	(5) 是否布点	(6) 布点数量
$NFE \times Bank$	-0.011^{*} (-1.67)		-0.010^{*} (-1.71)		-0.011^{*} (-1.82)	
$NFE \times Banknum$		-0.009^{**} (-2.03)		-0.009^{**} (-2.11)		-0.010^{**} (-2.23)

	(1)是否布点	(2)布点数量	(3)是否布点	(4)布点数量	(5)是否布点	(6)布点数量
Bank	−0.025		−0.012		−0.013	
	(−1.17)		(−0.57)		(−0.59)	
Banknum		0.02		0.03		0.028
		(1.06)		(1.65)		(1.40)
NFE	0.007	−0.003	0.007	−0.002	0.008	−0.002
	(1.22)	(−1.08)	(1.34)	(−0.95)	(1.39)	(−1.05)
Size			−0.006 ***	−0.007 ***	−0.006 ***	−0.007 ***
			(−3.82)	(−3.99)	(−3.64)	(−3.82)
Cash			0.001	0.002	0.004	0.006
			(−0.002)	(0.09)	(0.20)	(0.27)
Enfor					−0.001	−0.001
					(−1.08)	(−1.20)
Prot					0.0005	0.0004
					(0.83)	(0.64)
Tax					0.0002	−0.0001
					(0.27)	(−0.13)
国家固定效应	是	是	是	是	是	是
时间固定效应	是	是	是	是	是	是
观测值	226	226	224	224	219	219
R^2	0.73	0.74	0.75	0.76	0.75	0.76

注：括号内为变量的 t 统计值，*** 、** 和 * 分别为 1%、5% 和 10% 的显著性水平。下同。

第(3)—(4)列分别在(1)—(2)列的基础上加入企业异质性控制变量，估计结果显示，无论是中资商业银行在沿线国家是否进行布点，还是中资商业银行在沿线国家的布点数量，其与沿线国家金融生态的交互项均对中国企业海外投资效率具有促进作用，与第(1)—(2)列的回归结果保持一致。同时，在新增的企业异质性控制变量中，企业规模（*Size*）的回归系数显著为负，说明企业规模正向促进其海外投资效率，随着企业规模扩大，中国企业海外投资效率也有所提升；企业现金持有变量（*Cash*）回归系数为正，企业当前持有的现金流越高，用于海外投资的资金会随之削减，但是并未对企业海外投资效率产生显著影响。

第(5)—(6)列为考虑企业异质性控制变量后,进一步增加国家宏观控制变量的结果。回归结果显示,中资商业银行在沿线国家进行布点与沿线国家金融生态的交互项($NFE \times Bank$)仍显著为负,说明在"一带一路"沿线国家金融生态多样性背景下,中资商业银行在沿线国家进行布点有助于提高中国企业的海外投资效率,且随着中资商业银行在沿线国家布点数量的增加,中国企业海外投资效率得到了更大程度的提高。同时,这一结论不受国家异质性和企业异质性的影响。在新增的宏观控制变量中,合同签订($Enfor$)的回归系数为负,但未通过显著性检验,意味着沿线国家企业合同执行效率的提高对提高企业海外投资效率的作用不明显;投资者保护($Prot$)和跨境贸易赋税(Tax)为正,但是并不显著,表明投资者保护和跨境贸易赋税对缓解中国企业海外投资不足的作用尚未显现。

上述实证结果表明,随着中资商业银行在沿线国家布点数量的增加,中国企业海外投资不足的现象得以缓解。上述结果有助于理解中资商业银行境外布点对金融生态多样性与中国企业投资效率动态关系的影响。具体而言:

一方面,前面章节已经证明,"一带一路"沿线国家良好的金融生态有助于中国企业在开展海外投资时资金获取更加便利,从而提升海外投资效率,但是在现阶段,沿线国家金融生态不仅参差不齐,整体水平不佳,而且为中国企业提供融资服务时存在交易费用高、法律和语言不熟悉等问题。相比之下,中资商业银行的分支机构在为本国跨国企业提供融资服务时具有信息提供方面的独特竞争优势。尤其是"一带一路"沿线多为发展中国家,其经济发展程度比较落后,经济、法律、文化、金融和社会制度水平不健全,政治稳定性较低,中国企业所面临的信息不对称问题更为突出,不确定性也更为复杂,故中资商业银行境外布局对中国企业海外投资效率的促进作用更为显著。

另一方面,中国企业海外投资也可能存在融资约束的"门槛效应"。在现阶段,如果中国企业不能在沿线国家顺利获取足够的投资资金,会导致海外投资不足,无法实现海外投资效率的提高。中资商业银行境外机构的建立能够更好地满足沿线海外投资企业的融资需求,为企业提供相对充足的资金,保证企业投资、研发、生产和销售的有序进行,提高了中国企业的海外投资效率。同时,随着中资商业银行境外金融机构的增多,当中国企业越过融资约束的"门槛效应"后,中资商业银行境外金融机构对中国企业投资效率的边际效应可能会减小,当然,这一结论还有待于进一步观察中资商业银行境外布局的不断扩展及其对中国企业海外投资效率的影响。

为验证上述回归结果的可信性,一方面考虑到金融主体多样性和金融环境多样性是一国金融生态的两个重要层面,分别选取金融主体多样性和金融发展分项指标作为这两个层面的代表变量替换核心变量,另一方面考虑到 2008—2009 年国际金融危机的发生直接事关"一带一路"国家金融生态环境的不确定性,故仅保留 2009 年后的样本重新回归,估计结果见表 10-5。

表 10-5 稳健性检验

	更换核心解释变量 (金融发展)		更换核心解释变量 (金融主体)		更换样本区间 (2008 年危机之后)	
	是否布点 (1)	布点数量 (2)	是否布点 (3)	布点数量 (4)	是否布点 (5)	布点数量 (6)
$NFE \times Bank$	−0.284 ** (−2.34)		−0.154 * (−1.97)		−0.012 * (−1.86)	
$NFE \times Banknum$		−0.121 ** (−2.25)		−0.026 (−0.73)		−0.010 ** (−2.26)
$Bank$	0.026 (1.02)		0.009 (0.17)		−0.013 (−0.59)	
$Banknum$		0.033 * (1.88)		0.052 (1.17)		0.029 (1.45)
NFE	0.252 ** (2.30)	0.028 (0.84)	0.164 ** (2.29)	0.005 (0.35)	0.008 (1.42)	−0.003 (−1.07)

	更换核心解释变量 （金融发展）		更换核心解释变量 （金融主体）		更换样本区间 （2008 年危机之后）	
	是否布点 （1）	布点数量 （2）	是否布点 （3）	布点数量 （4）	是否布点 （5）	布点数量 （6）
控制变量	是	是	是	是	是	是
国家固定效应	是	是	是	是	是	是
时间固定效应	是	是	是	是	是	是
观测值	259	259	105	105	211	211
R^2	0.72	0.72	0.70	0.75	0.75	0.75

表 10-5 第（1）—（2）列的结果显示,在采用金融发展替换核心解释变量时,中资商业银行在沿线国家布点情况与其金融生态的交互项（$NFE \times Bank$）均显著为负,与基准检验的估计结果保持一致,再次证实中资商业银行在“一带一路”国家布点会显著提升中国企业的海外投资效率,而且随着布点数量的增加,这一提升作用也随之增大。可能的原因在于,一国的金融发展重点强调的是金融市场和机构在其经济总量中所占的比重,是衡量一国金融生态状况最常用的指标内容。一般来说,金融发展规模较大的国家,其银行等金融部门在市场经济中发挥的作用更大,提供的信贷总额也相对更多。上述实证结果也证明中资商业银行在沿线国家布点显著促进了企业投资效率,并随布点数量的增加促进作用增强。

第（3）—（4）列的估计结果显示,在采用金融主体多样性替换核心解释变量时,中资商业银行是否布点与沿线国家金融生态的交互项（$NFE \times Bank$）和布点数量与沿线国家金融生态的交互项（$NFE \times Banknum$）均为负,但是后者并不显著。究其原因,金融主体作为金融体系的核心,其种类、规模、运行效率和体系完善程度等必然对一国的金融生态产生重要的影响,中资商业银行在沿线国家是否布点对金融主体的多样化程度有很大影响,但是在已经布点的情况下,其布点数量对金融主体多样性的影响程度并不大,这可能是导致中资商业银行布点数量与金融生态交互项不显著的原因。

第(5)—(6)列的估计结果则表明,中资商业银行是否布点与沿线国家金融生态的交互项($NFE \times Bank$),和布点数量与沿线国家金融生态的交互项($NFE \times Banknum$)均显著为负,与基准检验的符号和显著性保持一致,说明即使更换样本区间,也不会影响基准结果的稳健性。

三、考虑企业异质性

1. 基于企业发展阶段的异质性

面对"一带一路"国家复杂多样的金融生态,处于不同发展阶段的中国企业可能遭受的效率损失各不相同,因此将全样本按照企业的上市年限划分为新上市企业(上市年限少于 2 年)和非新上市企业(上市年限大于 2 年),回归结果见表 10-6(A)。可以看出,在新上市企业样本中,中资商业银行是否布点与沿线国家金融生态的交互项($NFE \times Bank$),和布点数量与沿线国家金融生态的交互项($NFE \times Banknum$),均显著为负;在非新上市企业样本中,上述两个交互项的系数依然为负,但未通过显著性检验。究其原因,较长的上市时间意味着企业已经发展到一个较为成熟的阶段,企业处于较为稳定的时期,投资策略相对成熟,相对于新上市企业而言,对中资商业银行的境外机构依赖程度相对较低,因此,中资商业银行境外布点情况对新上市企业海外投资效率的促进效果更加显著。

2. 基于企业融资约束的异质性

考虑到融资约束不同的企业,对于中资商业银行境外布点情况的需求程度不同,故将全样本企业依据企业杠杆率的中位数划分为高低两组。表 10-6(B)的估计结果显示,在杠杆率高的企业样本中,无论是中资商业银行是否布点与沿线国家金融生态的交互项($NFE \times Bank$)还是布点数量与沿线国家金融生态的交互项($NFE \times Banknum$)均显著为负;在杠杆率低样本中,上述两个交互项的系数均为负数,但不显著。

究其原因,杠杆率高的企业一般面临更大的融资约束,融资约束大的企业对中资商业银行境外机构的依赖程度相对较强,并可以通过减轻融资约束来缓解海外投资不足。因此,中资商业银行布点情况对杠杆率高的企业海外投资效率的促进效果更加显著;相比之下,对杠杆率低的企业缓解融资约束、提高海外投资效率的效果不明显。

表 10-6　基于企业异质性考察

(A) 按企业发展阶段划分

	是否布点		布点数量	
	非新上市	新上市	非新上市	新上市
$NFE \times Bank$	−0.010	−0.024**		
	(−0.95)	(−2.33)		
$NFE \times Banknum$			−0.012	−0.012*
			(−1.52)	(−1.70)
$Bank$	−0.011	0.372***		
	(−0.37)	(4.96)		
$Banknum$			0.02	0.176***
			(0.66)	(4.82)
NFE	−0.001	0.022**	−0.011**	0.005
	(−0.14)	(2.27)	(−2.60)	(1.11)
观测值	126	93	126	93

(B) 按企业融资约束划分

	杠杆率高	杠杆率低	杠杆率高	杠杆率低
$NFE \times Bank$	−0.034*	0.01		
	(−1.70)	(0.61)		
$NFE \times Banknum$			−0.034*	−0.008
			(−1.70)	(−1.07)
$Bank$	−0.43	−0.02		
	(−1.05)	(−0.69)		
$Banknum$			−0.432	0.012
			(−1.05)	(0.49)
NFE	0.018	−0.005	−0.015	−0.001
	(0.82)	(−0.66)	(−1.34)	(−0.26)
观测值	53	107	53	107

（C）按企业投资策略划分

	非序贯	序贯	非序贯	序贯
$NFE \times Bank$	−0.011*	0.000 1		
	（−1.71）	（0.01）		
$NFE \times Banknum$			−0.010**	0.000 1
			（−2.28）	（0.01）
$Bank$	−0.005	0.163		
	（−0.13）	（0.95）		
$Banknum$			0.034	0.393
			（1.30）	（0.67）
NFE	0.008	−0.007	−0.002	−0.007
	（1.48）	（−0.64）	（−0.75）	（−0.64）
观测值	191	28	191	28

注：估计结果均控制了所有控制变量、国家固定效应和时间固定效应。

3. 基于企业投资策略的异质性

正如第八章所提出的,中国企业在"一带一路"的海外投资是一个持续的、动态的发展过程,其在一定时期内是否以"序贯模式"完成多次投资也是判断中国企业是否已经真正得以成长的重要标准之一。基于此,根据中国企业在沿线国家的海外投资策略将样本企业划分为序贯投资企业和非序贯投资企业,其分组回归结果见表10-6（C）。可以看出,在非序贯企业样本中,中资商业银行是否布点与沿线国家金融生态的交互项（$NFE \times Bank$）和布点数量与沿线国家金融生态的交互项（$NFE \times Banknum$）均显著为负;在序贯企业样本中,上述两个交互项的系数均不显著。究其原因,序贯企业一般在以往投资中积累了经验,在海外投资方面享有较多的投资信息,初步形成企业自身的海外投资网络,因此采取相同进入模式的成功投资经验对投资效率起着重要的作用,而非中资商业银行在沿线国家布点的影响。对非序贯企业而言,中资商业银行在沿线国家的境外机构具有重要影响,即中资商业银行在沿线国家的提前布点有效缓解了这些企业的海外投资不足,提高了中国企业的海外投资效率。

第三节　中资商业银行海外投资效率的传递

一、变量选择

如前文所述,中资商业银行在"一带一路"沿线国家布点情况与沿线国家金融生态的动态关系显著促进了中国企业海外投资效率的提升,那么接踵而至的另一个问题是,中资商业银行本身的海外投资效率与沿线国家的金融生态具有什么样的动态关系,这种动态关系进一步对中国企业海外投资效率产生了促进还是抑制作用?

根据已有文献,东道国金融发展与母国金融发展互动发挥了较好的补充和支持作用(Desbordes and Wei,2017),有助于提升企业的海外投资水平(蒋冠宏和张馨月,2016)。银行是现代金融体系的关键支撑,母国金融机构通过建立海外分支,能够更好地为当地本国企业提供更方便快捷的融资服务,并提供东道国投资所需的基本信息,减少企业投资面临的信息不对称,降低投资风险,进而提高投资效率。前文已经证实,"一带一路"国家金融生态越好,中资商业银行在境外开设的分支机构越多,两者形成良性互动,越有利于提升中国企业的海外投资效率。据此可以推断,沿线国家金融生态越好,则中资商业银行的海外投资效率越高,同样可以促进中国企业海外投资效率的提升。

中资商业银行在沿线国家的海外投资效率($BankEF$),分别采用两种衡量方式:一是采用中资商业银行海外投资效率本身数值,用于基准回归分析;二是采用中资商业银行海外投资效率虚拟变量($SBankEF$),用于稳健性检验。虚拟变量具体设置如下,将中资商业银行海外投资效率根据数值从小到大排列后,将海外投资效率最高的一组设为1;将中间的数值设为0,表示海外投资效率中等水平;将海外投资效率数值最低的一组设为—1。

　　为了更加直观地描述中资商业银行设立境外分支机构的海外投资效率和其他中资企业海外投资效率的关系,图 10-4 通过散点图对两者的关系进行了初步拟合。图中,以海外投资不足来反映海外投资效率,可以发现中资商业银行海外投资不足的水平明显低于其他中资企业,即中资商业银行的海外投资效率更高,并有可能通过信息共享,提供金融服务等渠道提升其他企业投资效率。对于沿线国家中金融生态较差的国家,中资商业银行海外投资效率的影响更加显著,因此中资商业银行的海外投资效率对在"一带一路"国家的其他中资企业海外投资效率的带动效应将更加突出;从时间区间来看,金融危机之后,中资商业银行海外投资效率的带动效应受到全球金融风险增加的负面影响,经历从有所减弱到逐步强化的"之"字过程。

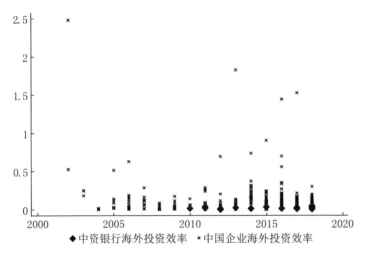

图 10-4　中资商业银行与其他企业的海外投资效率散点图

二、传递渠道

　　表 10-7 汇报了传递渠道的估计结果。其中,第(1)列主要考察沿线

国家金融生态对中国企业海外投资效率的影响,沿线国家金融生态(NFE)回归系数为负,表明"一带一路"沿线国家良好的金融生态对中国企业海外投资效率产生显著的促进作用,与第七章的实证结论保持一致。第(2)—(3)列主要考察中资商业银行海外投资效率对其他中国企业海外投资效率的影响,其中,第(2)列中核心变量使用中资商业银行海外投资效率的绝对值(BankEF),估计结果显示,这一变量的回归系数为正,表明中资商业银行海外投资效率的提升能够显著促进其他中国企业对该沿线国家的海外投资效率(Under_INV);第(3)列中核心变量使用中资商业银行海外投资效率的虚拟变量(SBankEF),该变量的回归系数为负,表明中资商业银行海外效率的提升(虚拟变量增大)能够显著促进其他中国企业对该沿线国家的海外投资效率(效率数值变小)。换言之,第(2)—(3)列估计结果表明,无论使用绝对值还是虚拟变量,中资商业银行海外投资效率的提升均能显著促进中国企业对该沿线国家的投资效率。第(4)—(5)列主要考察沿线国家金融生态对中资商业银行海外投资效率的中介影响,第(4)列中核心变量使用中资商业银行海外投资效率绝对值,第(5)列中核心变量使用中资商业银行海外投资效率虚拟变量,两列的估计结果均表明,沿线国家的金融生态可以促进中资商业银行在沿线国家的海外投资效率。第(6)—(7)列主要考察中资商业银行海外投资效率和沿线国家金融生态对其他中国企业海外投资效率的总影响,第(6)和(7)列的核心变量分别使用中资商业银行海外投资效率绝对值和虚拟变量来衡量。第(6)—(7)列的估计结果均表明,沿线国家金融生态能够通过促进中资商业银行海外投资效率,进而提升其他中国企业的海外投资效率,验证了沿线国家金融生态与中资商业银行海外投资效率的动态关系,有助于促进中国企业海外投资效率的提升。

究其作用机制,一方面,中资金融机构在"一带一路"国家设立分支机构,为境外投资企业提供融资服务时,会搜集与投资相关的沿线国家投资环境和制度风险等信息,并与所服务的海外投资企业进行信息共享,发挥了信息中介的作用;通过其完善的信息披露和专业的人才团队,帮助海外投资企业有效分析投资活动的可行性;还通过信息传递和运用金融工具分散企业的投资风险(Rajan et al.,2000),有助于提高中国企业的海外投资效率。另一方面,中资商业银行自身海外投资效率的提升,有助于促进当地市场规模的扩大和吸引更多中国企业的前来投资,带来的集聚效应也有助于提升中国企业对沿线国家的海外投资效率。

表 10-7　中介效应模型结果

	Under_INV (1)	Under_INV (2)	Under_INV (3)	BankEF (4)	SBankEF (5)	Under_INV (6)	Under_INV (7)
BankEF		0.016 **				0.016 *	
		(1.98)				(1.90)	
SBankEF			−0.016 **				−0.016 *
			(−1.99)				(−1.89)
NFE	−0.003 *			−0.025 **	0.025 **	−0.002	−0.002
	(−2.02)			(−2.20)	(2.21)	(−0.98)	(−0.99)
Size	−0.004 *	−0.004 ***	−0.004 ***	−0.003	0.003	−0.004 **	−0.004 **
	(−1.94)	(−3.33)	(−3.30)	(−0.47)	(0.47)	(−2.28)	(−2.28)
Age	−0.026 ***	−0.025 ***	−0.025 ***	−0.029	0.029	−0.025 ***	−0.025 ***
	(−8.52)	(−7.22)	(−7.22)	(−1.30)	(1.30)	(−5.74)	(−5.74)
Enfor	−0.002 **	−0.001	−0.001	−0.010 **	0.010 **	−0.002	−0.002
	(−2.57)	(−0.95)	(−0.95)	(−1.97)	(1.97)	(−1.59)	(−1.59)
Prot	0.001 *	0.000 3	0.000 2	−0.006 **	0.006 **	0.001	0.001
	(1.82)	(0.78)	(0.78)	(−2.30)	(2.30)	(1.48)	(1.48)
Trade	−0.001 ***	−0.000 2	−0.000 1	0.002	−0.002	−0.001 **	−0.001 **
	(−3.89)	(−1.51)	(−1.51)	(0.80)	(−0.80)	(−2.47)	(−2.47)
国家固定效应	是	是	是	是	是	是	是
时间固定效应	是	是	是	是	是	是	是
观测值	219	282	282	375	375	219	219
R^2	0.8	0.77	0.77	0.39	0.39	0.81	0.81

三、内生性处理

中资商业银行海外投资效率与其他中国企业海外投资效率有共同的利益追求目标,可能会遗漏既影响中资商业银行海外投资效率,又对其他中国企业海外投资效率产生影响的某些因素。为解决这一类内生性问题,本节通过两种方法构建工具变量的方法:

借鉴科斯塔等(Costa et al.,2016)的做法,第一个工具变量是选择中资商业银行在除该东道国之外的其他国家开设的分支机构数量作为工具变量,即:

$$IV\_BankEF_{it} = \sum_{j \neq i, j=1}^{n} Banknum_{jt} \qquad (10\text{-}2)$$

借鉴蒋冠宏和张馨月(2016)的做法,第二个工具变量是选择腐败程度(Cor)作为工具变量。考虑到法律是金融发展的基础(LaPorta et al.,1998),良好的法律保障有助于促进当地金融市场发展,因此一国的腐败程度在一定程度上可以反映法律保障和完善。

选取上述 IV_BankEF 和 Cor 作为工具变量,并采用2SLS进行检验,回归结果如表10-8所示。其中,第(1)和(3)列为第一阶段的回归结果。可以发现,第(1)列的工具变量系数在10%的水平上显著,说明工具变量与核心解释变量之间存在着较高的相关性,并且 Kleibergen-Paap Wald rk 的 F 统计量为16.933,满足拇指法则的要求,故拒绝了弱工具变量假设;第(3)列中工具变量系数也在10%的水平上显著,同样说明工具变量与核心解释变量之间存在较高的相关性,Kleibergen-Paap Wald rk 的 F 统计量为9.85,大于10%水平的临界值8.96,同样拒绝弱工具变量假设。第(2)和(4)列为第二阶段的回归结果,两列的结果均显示,模型中核心解释变量中资商业银行境外机构投资效率(BankEF)的回归系数依旧显著为正,与基准回归结果一致。

表 10-8　内生性检验

工具变量	IV_BankEF		Corruption	
	第一阶段 *BankEF* (1)	第二阶段 *Under_INV* (2)	第一阶段 *BankEF* (3)	第二阶段 *Under_INV* (4)
IV	−0.007* (−1.82)		−0.088* (−1.83)	
BankEF		0.024** (2.11)		0.263* (1.80)
控制变量	是	是	是	是
国家固定效应	是	是	是	是
时间固定效应	是	是	是	是
观测值	219	219	160	160
Kleibergen-Paap Wald rk F 值	16.933		9.850	

第十一章　"一带一路"国家金融生态对中国海外投资效率的影响机制：基于融资约束的实证考察

　　本章旨在从融资约束的角度出发，重点考察两个问题：一是融资约束是否为影响中国企业海外投资的非效率因素，二是融资约束是否为"一带一路"国家金融生态影响中国企业海外投资效率的中介渠道。为了实现这一目标，首先，分别从需求和供给角度出发，基于融资约束梳理了"一带一路"金融生态影响海外投资效率的理论机制。需求角度强调的是，中国企业在沿线国家海外投资规模和范围的持续扩大，对资金需求产生了巨额需求；供给角度强调的是，沿线国家的货币可兑换、外汇管理、融资条件、中资金融机构等方面的资金供给严重匮乏。其次，运用 SFA 模型，采用微观层面数据考察融资约束是否为影响中国企业海外投资效率的最主要瓶颈和非效率因素，且这一非效率因素在不同所有制企业、不同投资区位和不同投资行业中是否存在异质性。最后，采用迪佩尔等（Dippel et al.，2020）提出的内生中介效应模型，考察融资约束是否为"一带一路"国家金融生态影响中国企业海外投资效率的中介渠道，即"一带一路"国家金融生态的改善，是否可以通过缓解企业融资约束抑制中国企业的海外投资不足，提高海外投资效率。

第一节　融资约束机制的理论分析

"一带一路"国家纷繁复杂的金融生态状况,会通过"资金关""法律关""信息关""风险关"等各种渠道,影响到中国企业在沿线国家的海外投资效率。本书之所以重点关注其中最为重要的影响渠道——融资约束,除了数据可得性之外,主要是基于需求和供给两个层面的考虑。

1. 需求层面

近年来越来越多的中国企业将"一带一路"国家作为海外投资的重点区位。然而,海外投资规模和范围的持续扩大均对资金产生了更大的需求。一方面,海外投资企业不得不寻求多种形式的资金获取渠道,以便支付海外市场更高的固定成本和可变成本(Helpman et al.,2004);另一方面,海外投资风险高、经营周期长的特点造成海外投资收益不确定性较大,对融资需求进一步增大。在这种情况下,一旦中国企业存在融资约束,且外源融资成本过高,企业将错失难得的海外投资契机,造成海外投资效率损失。

2. 供给层面

正如第六章表6-10所呈现的,"一带一路"大多数沿线国家并不能够为中国企业提供在当地投资所需要的信贷融资,具体表现在以下几个方面。

(1)在货币可兑换方面

在"一带一路"国家中,仅有尼泊尔、沙特阿拉伯、斯洛伐克3个沿线国家允许其当地货币与人民币可自由兑换;韩国、老挝、缅甸、阿联酋、哈萨克斯坦、立陶宛、保加利亚、爱沙尼亚、埃及等少数国家允许当地货币和人民币进行部分兑换。这也就意味着,即使中国企业在母国国内获得了人民币贷款,也难以直接在当地兑换,并直接用于在沿线国家的投资项目。

（2）在外汇管理方面

截至目前，至少有一半沿线国家或者实行严格的外汇管制，或者实行有条件的外汇自由，包括阿尔巴尼亚、阿联酋、阿塞拜疆、白俄罗斯、波黑、波兰、哈萨克斯坦、捷克、拉脱维亚、立陶宛、罗马尼亚、柬埔寨、老挝、马来西亚、马其顿、塞尔维亚、斯洛伐克、斯洛文尼亚、叙利亚、也门、印度、尼泊尔、沙特阿拉伯、乌克兰、乌兹别克斯坦、伊朗等。

（3）在融资条件方面

相当一部分沿线国家，包括阿塞拜疆、巴林、保加利亚、波兰、格鲁吉亚、吉尔吉斯斯坦、立陶宛、马其顿、柬埔寨、老挝、黎巴嫩、摩尔多瓦、尼泊尔、塞尔维亚、土库曼斯坦、乌兹别克斯坦、约旦在内，均明确规定不能为包括中国企业在内的外国企业，提供与国内企业同等条件的融资，甚至也很少对外国企业发放融资贷款。

（4）在中资金融机构方面

如果"一带一路"国家的本土金融机构无法为中国企业提供外源融资，那么中国企业只能依赖三个主要选择：

其一，依赖国内政府提供的政府补贴作为暂时的缓解机制。然而，无论是从调研海外投资企业获得的一手信息看，还是根据 Wind 数据库整理的政府补贴数据库，在"一带一路"国家投资的企业获得的政府补贴虽然高于投资非沿线国家，但是补贴十分有限。以贷款贴息为例，中国政府对企业用于投资"一带一路"国家项目且经营一年及以上的贷款，按照不超过企业投资贷款总额 6％的比例给予贴息支持，仅超出非沿线地区 1 个百分点，对海外投资企业而言无异于杯水车薪。

其二，依赖在"一带一路"国家布局的中资商业银行为其直接提供融资，然而截至目前，在包括阿塞拜疆、爱沙尼亚、吉尔吉斯斯坦、黎巴嫩、摩尔多瓦、土库曼斯坦、亚美尼亚、伊朗、伊拉克、以色列、约旦、拉脱维亚、斯洛伐克、波黑、阿尔巴尼亚、立陶宛、孟加拉国、尼泊尔、叙利亚、也门在内的沿线国家，囿于当地投资政策或者投资环境所限，尚未有中资金融机构在此开设分支机构,甚至是代表办事处。换言之,第十章中的"追随客户假说"在中资商业银行方面还有很长的路要走,并在很大程度上取决于中国海外投资企业与国内关系银行之间的业务联结与紧密程度。

其三,依托母公司在国内主要关系银行的资信状况作为担保,由国内关系银行委托其在海外的子行或者分行,为其提供"内保外贷"。课题组在北京、山东等地进行的企业调研均发现,"内保外贷"已经成为中国在沿线国家投资、获取资金融通的重要来源。"内保外贷"作为一种跨境担保方式,其中的"内保"是指资金担保人在境内注册,而"外贷"是指无论是提供资金的债权人,还是资金使用的债务人,均在境外注册(图11-1)。"内保外贷"至少具有两方面的优势:一是增加跨境"增信",即国内企业在"走出去"的过程中,或者囿于初始业务量有限,或者囿于东道国的金融生态不佳,现金流不足的问题很难通过国外银行融资来解决,不得不依赖境内母公司的资金流动支持。同时,通过备用信用证模式在海外发债,其债项评级很可能被视同为该备用信用证开立银行的评级,能够降低发债融资成本。当然融资性担保本身占用银行的资本,在没有保证金的情况下,银行也会收取高额的费用。二是实现资金/资产的"间接出境",即拥有一定存款或者资产抵押的国内企业通过境内银行授信—开立保函—境外银行转账/贷款的方式,间接获得低成本的资金融通。但是,"内保外贷"作为或有债务,一旦发生履约会导致实际的资金流出,对中国国际收支及人民币汇率的稳定性产生影响,如

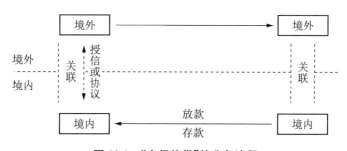

图 11-1 "内保外贷"的业务流程

管理不慎还可能演变为资金外逃或资产转移的通道,因此中资商业银行对此业务一直持审慎态度。

由此可见,一方面,第二和第三种选择实际上均对国内关系银行与海外投资企业之间的银企关系提出了更高的要求;另一方面,中国企业在"一带一路"国家海外投资时,不得不面临资金需求巨大与资金供给匮乏的双重压力。在此双重压力之下,融资约束已经成为影响中国企业海外投资效率的最重要瓶颈和作用机制。根据 Zephyr 数据库、fDi Markets 数据库和 CSMAR 数据库匹配得出的数据显示,在 2004—2018 年中国"走出去"的 1 033 家企业 2 180 次海外投资活动中,有 247 家企业的 584 次海外投资活动选择在"一带一路"进行,占海外投资企业数量的 23.91%;有 786 家企业的 1 596 次海外投资活动则是选择在非沿线国家进行,占海外投资企业数量的 76.09%。其中,在"一带一路"国家投资的、有数据可得的 217 家样本企业中,148 家存在融资约束,占比高达68.20%;而在存在融资约束的 148 家企业中,50 家为国有企业(占比 33.78%),98 家为非国有企业(占比 66.22%)。

为了从实证上进一步验证融资约束是影响中国企业海外投资效率的最主要瓶颈和作用机制,本章采用 SFA 模型和内生中介效应模型,分别从非效率项和中介渠道两个方面加以验证。

第二节　非效率因素视角的融资约束机制

在采用中介效应模型之前,首先沿用第六章的 SFA 模型,试图说明囿于"一带一路"国家的金融生态状况,融资约束已经成为影响中国企业海外投资的非效率项。

一、融资约束指标构建

从现有文献来看,学者们在衡量融资约束时主要有三种方法:一是最早的投资—现金流敏感性指数；二是单一指标法，如利息支付、资产负债率、固定资产比率、流动性比率等（Bellone et al.，2009；Buch et al.，2014）；三是复合指数法，如 KZ 指数、WW 指数、SA 指数等（Hadlock and Pierce，2010）。鉴于单一指标法存在度量误差，而复合指数法存在变量内生性问题，故参考贝隆（Bellone et al.，2009）、王碧珺等（2015）等学者的做法，根据企业内源融资、外源融资和盈利能力状况，使用财务分项指标构建企业融资约束的综合指标，具体涵盖内容如下。

在内源融资方面，采用现金比率来衡量内部融资，该指标为企业现金存量占总资产的比重，用来反映企业内部资金的充裕程度，数值越大表明企业面临的融资约束程度越小。其中，企业现金存量使用财务报表中期末现金及现金等价物项下的数据来表示。

在外源融资方面，鉴于企业外部融资渠道多种多样，选取三种指标进行衡量。

（1）企业规模。一般来说，银行等金融机构考虑到贷款的有效收回，在发放时会倾向于资产规模较大的企业。参考已有文献的处理方法，使用企业总资产的对数值作为企业规模的量化指标。指标值越大，企业规模越大，越容易获得此种外部融资。

（2）固定资产比率。企业进行外部融资时，债权人为在企业违约的情况下保障自身权益，会在融资时要求提供有形资产抵押，因此，使用固定资产占总资产的比重来量化此种情况下企业的融资能力。该比重越大，表明企业越容易获得此种外部融资。

（3）流动比率。使用流动资产与流动负债之差占总资产比重来表示企业流动性，该指标衡量了企业偿还短期负债的能力。一般来说，流动比率与企业短期偿债能力成正比，其比率高低决定了企业获得外源融资的难易程度。

在盈利能力方面，采用销售净利率（企业净利润与营业收入的比值)来衡量盈利水平,该指标越大表明企业在同等营业收入条件下获利能力越高,发展前景越好,相对具有更多的投资和成长机会,其面临的融资约束更小。

和前面章节的微观数据来源保持一致,中国企业的海外投资数据来自 Zephyr 数据库和 fDi Markets 数据库,企业特征和财务指标来自 CSMAR 数据库。同时,为了比较中国企业在"一带一路"沿线国家和非沿线国家的情况,同时给出这两类国家的数据以作比较。基于以上三大方面的 5 个子指标,构建融资约束综合指标的步骤如下:以企业规模为例,将所有企业规模指标按由小到大的顺序排列并分为五个等分区间,并将 0%~20% 赋值为 1,20%~40% 赋值为 2,40%~60% 赋值为 3,60%~80% 赋值为 4,80%~100% 赋值为 5,其余 4 项分指标的处理方法相同。赋值完成后,将每家企业的 5 项指标赋值结果加总,所得值为企业综合融资约束指标。以上综合指标是衡量企业相对融资约束程度的基准指标,根据该指标的构建,值越大,表明企业面临的融资约束程度越小。

指标构建完成后,融资约束综合指标均值为 14.99。借鉴王碧珺等(2015)的做法,对综合指标值进行标准化处理,将其控制在[1,10]区间内,处理结果为:在最大值为 10 的情况下,综合指标得分均值为 5.55。因样本企业的行业性质各异,各分项指标值存在一定差异,均值分别为:现金比率为 15.7%,企业规模为 22.77,固定资产比率为 19.42%,流动比率为 19.42%,销售净利率为 8.50%。图 11-2 显示了各分项指标在不同所有制、不同产业和不同区位企业中的具体分布。

为了保证本节结论不受指标构造方法的影响,使用 SA 指数用于稳健性检验。图 11-3 显示了 SA 指数的分布情况,依据哈德洛克和皮尔斯(Hadlock and Pierce,2010)的解释,企业该指数值越大,其面临的融资约束越严重。

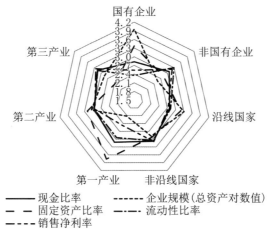

图 11-2 融资约束分项指标分布

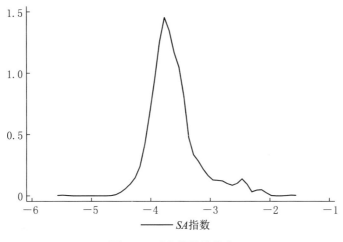

图 11-3 *SA* 指数的分布

二、融资约束对中国企业海外投资效率的影响检验

1. 模型与变量选取

本节通过单边 SFA 模型来考察融资约束对中国企业海外投资效率的影响。为了保持本书研究的前后一致性,依然采用第五章的随机前

沿模型设定，即：

$$OFDI_{ijt} = OFDI_{ijt}^{*} + \varepsilon_{ijt}, \quad \varepsilon_{ijt} = \nu_{ijt} - u_{ijt} \tag{11-1}$$

$$\begin{aligned} OFDI_{ijt} = {} & \beta_0 + \beta_1 \ln PGDP_{it} + \beta_2 \ln PGDP_{jt} + \beta_3 \ln Dist_{ij} \\ & + \beta_4 Growth_{it-1} + \beta_5 Lev_{it-1} + \beta_6 Cashstock_{it-1} + \beta_7 Age_{it-1} \\ & + \beta_8 ROE_{it-1} + \sum Year + \sum Industry + \nu_{ijt} - u_{ijt} \end{aligned}$$

$$\tag{11-2}$$

其中，$OFDI_{ijt}$ 表示企业 i 在 t 年对 j 国的实际海外投资额，$OFDI_{ijt}^{*}$ 表示企业 i 的海外投资最优水平，ε_{ijt} 为复合扰动项，包括传统随机扰动项 ν_{ijt} 和非效率项 u_{ijt}。为了排除不同年份和不同行业中不随时间变化的特征引致的干扰，借鉴理查德森模型的做法，同时控制时间固定效应 $Year$ 和行业固定效应 $Industry$。

同时，在非效率项 u_{ijt} 中，本节的核心非效率项因素为融资约束水平 FC_{it}；与此同时，东道国制度变量会影响海外投资决策及其效率（Fan et al., 2016），故还在非效率项中加入东道国投资自由度 IF_{it}、法律制度 La_{it} 和监管效率指数 Re_{it}。上述变量的描述性统计结果见表 11-1。

表 11-1　变量的描述性统计

变量	变量名称	观测值	均值	最小值	最大值	标准差
$\ln OFDI$	海外投资额的对数值	2 180	18.35	7.13	25.61	2.40
$\ln PGDP_i$	人均 GDP（中国）的对数值	2 180	10.84	9.43	11.08	0.27
$\ln PGDP_j$	人均 GDP（东道国）的对数值	2 180	11.99	7.74	13.54	1.21
$\ln Dist$	地理距离的对数值	2 180	14.57	12.54	16.44	0.80
$Growth$	营业收入增长率（%）	2 180	25.86	−51.93	400.55	0.43
Lev	资产负债率（%）	2 180	1.62	0.01	281.34	10.04
$Cashstock$	现金存量	2 180	18.64	0.70	86.86	13.19
Age	企业年龄对数值	2 179	2.72	0	4.08	0.43
ROE	股票年收益率	2 180	12.01	−772.48	621.37	34.34
FC	融资约束综合指标	2 180	14.99	5	23	2.92
$Cash$	现金比率（%）	2 180	15.70	0	89.15	12.05
$Size$	总资产对数值	2 180	22.77	16.03	28.51	2.16

（续表）

变量	变量名称	观测值	均值	最小值	最大值	标准差
Fasset	固定资产比率(%)	2 180	19.42	0.001	77.61	15.49
Liquidity	流动比率(%)	2 180	19.42	−74.72	96.94	23.20
Sales	销售净利率(%)	2 180	8.50	−40.02	50.27	11.52
IF	投资自由度	2 126	73.28	5	95	19.43
La	法律规范	2 131	70.15	12	94.50	20.08
Re	监管效率	2 131	78.69	41.15	95.47	11.33

2. 基准回归结果

表 11-2 汇报了全样本下的基准回归结果。其中，第(1)列是使用 SFA 模型的检验，原假设为"H_0：模型不存在非效率项"，即 $u=0$，回归结果显示 LR(似然比)检验值为 84.31，p 值为 0，强烈拒绝原假设，表明该模型存在非效率项。第(2)列为非效率项仅为 FC 变量时的回归结果，第(3)列为在非效率项中加入东道国制度变量的结果。

根据第(2)和(3)列的回归结果，无论非效率项中是否加入东道国制度变量，融资约束变量(FC)均在 1‰的水平上与中国企业海外投资效率显著负相关，且系数大约维持在 −0.118 的水平，表明企业融资能力越强，企业偏离海外投资最优值的幅度越小，企业的海外投资效率越高；反之，融资约束压力越大，企业的海外投资效率越低。造成这种现象的原因可能在于：一方面，投资最优水平所需资金不足。企业投资首选的内部融资虽然成本最低，但是很可能出现现金存量和经营性现金流量不足的情况，而外部融资又会因信息不对称造成投资者提高外源融资成本，两种情况均会导致企业被迫放弃有利的投资机会，实际投资额低于最优水平，发生海外投资效率损失；另一方面，生产率下降。融资约束会影响企业研发和人力资本的投入，导致研发中断、人才流失，制约其生产率的提高(任曙明和吕镯，2014)。由于生产率与企业对外直接投资集约边际正向相关(田巍和余淼杰，2012)，故生产率下降会导致实际投资额减少，偏离最优水平。

表 11-2　基准回归结果

变量名称	基准回归结果			稳健性检验	
	(1)	(2)	(3)	SA 指数	剔除避税地
随机前沿面模型 ln PGDP_C	0.054	0.232	0.243	0.204	−0.339
	(0.06)	(0.26)	(0.26)	(0.19)	(−0.25)
ln PGDP_H	−0.270 ***	−0.267 ***	−0.336 ***	−0.334 ***	−0.441 ***
	(−6.62)	(−6.60)	(−6.09)	(−6.20)	(−6.96)
ln Dist	0.230 ***	0.216 ***	0.238 ***	0.233 ***	0.527 ***
	(3.48)	(3.29)	(3.45)	(3.42)	(4.82)
Growth	0.002	0.002 *	0.001	0.001	0.002
	(1.55)	(1.67)	(1.11)	(0.67)	(1.49)
Lev	0.312	0.391	0.382	0.427	0.048
	(0.63)	(0.78)	(0.74)	(0.78)	(0.09)
Cash	−0.320	−0.764 *	−0.836 **	−0.430	−0.915 *
	(−0.82)	(−1.94)	(−2.11)	(−1.09)	(−1.88)
Age	0.843 ***	0.786 ***	0.802 ***	0.421 ***	0.565 ***
	(6.80)	(6.34)	(6.36)	(2.92)	(3.74)
ROE	−0.004 ***	−0.005 ***	−0.005 ***	−0.004 **	−0.005 ***
	(−2.70)	(−3.21)	(−3.26)	(−2.52)	(−2.82)
非效率项 FC		−0.116 ***	−0.118 ***		−0.118 ***
		(−4.69)	(−4.69)		(−3.68)
SA				1.059 ***	
				(5.86)	
IF			−0.009	−0.009	−0.008
			(−1.47)	(−1.55)	(−1.11)
La			0.007	0.008	0.004
			(0.97)	(1.05)	(0.52)
Re			−0.014	−0.014	−0.021
			(−1.29)	(−1.28)	(−1.63)
年份固定效应	是	是	是	是	是
行业固定效应	是	是	是	是	是
观测值	2 137	2 137	2 083	2 083	1 514
LL	−4 750.76	−4 738.93	−4 620.53	−4 614.49	−3 368.19
LR	84.31				
P 值	0	0	0	0	0

　　注:括号内为 t 值,*** 、** 和 * 分别为 1%、5% 和 10% 的显著性水平,LL 为 MLE 估计的对数似然函数值,LR 为 LR 检验的卡方值,P 为 LR 检验的 P 值。下同。

前沿面变量的回归结果表明,第一,东道国人均 GDP 水平($\ln PGDP\_H$)对企业海外投资额呈显著的负向影响,表明中国企业更倾向于在收入水平较低的国家(或地区)进行规模更大的海外投资。这一结果虽与引力模型假说不同,但是范兆斌等(Fan et al., 2016)认为,高人均 GDP 通常意味着高生产成本,从这个意义上说,东道国的经济发展水平也可能带来负向影响。同时,这与商务部《2018 年中国对外直接投资统计公报》公布的中国海外投资事实相同:截至 2018 年末,中国在发展中经济体和发达经济体的海外投资存量占比分别为 86.2% 和 12.3%,也证实了中国企业海外投资区位选择的偏好。第二,地理距离($\ln Dist$)的影响为正,表明与地理距离毗邻的国家相比,中国企业在地理距离较远的国家(或地区)进行的海外投资数额较大。虽然这一结果与传统引力模型的结论相反,但是欧美等远距离国家稳定的经济发展水平、较高的企业生产率和良好的投资环境,依然受到大量中国企业的青睐。第三,企业营业收入增长率($Growth$)的影响方向始终为正,说明盈利能力的提高对促进企业海外投资具有积极的影响。第四,企业年龄(Age)对海外的影响显著为正,说明企业成立时间越久,其海外投资额越大。第五,货币资金比率($Cash$)对海外投资额的影响显著为负,可能的原因是:一般来说,货币资金在总资产中占比的合理区间为 15%~25%,可以满足企业日常支付及投资的资金需求,但该比率过高会造成资金闲置,影响企业的增值能力及收益,从而不利于后续投资。第六,企业股票投资回报率(ROE)对海外投资额的影响显著为负,可能的原因在于:若企业利润主要由政府补贴、债务重组或股权重组构成,或企业财务结构主要由负债构成,则企业的经营效果差,利润质量低,由此表现出的高水平净资产回报率并不能带来相应高水平的新增投资额,甚至带来反作用。

3. 稳健性检验

为保证回归结果的可信性,选用以下三种方法进行稳健性检验:

（1）更换融资约束指标

企业融资约束指标的衡量方法多样，为避免指标选取对基准回归结果产生影响，借鉴刘莉亚等(2015)的做法，选择 SA 指数作为企业融资约束水平的衡量指标。根据表 11-2 所汇报的结果，SA 指数显著为正，表明企业面临的融资约束越严重，无效率水平也越高，海外投资效率越低。这与前文融资约束综合指标的回归结果相同，表明融资约束对企业海外效率的抑制作用未受到融资约束指标构建方法的影响，基准估计结果稳定。

（2）剔除避税地海外观测值

为消除基于避税动机进行的海外投资行为对回归结果的影响，删除投资于中国香港、巴拿马、阿曼群岛等避税地的观测值，回归结果如表 11-2 所示。在剔除避税地样本后，FC 依然显著为负(−0.118)，与基准回归结果的系数和显著性均十分接近。

（3）分位数回归

采用分位数回归考察不同程度融资约束对企业海外投资效率的影响，企业海外投资效率值由基准回归模型计算得到，回归结果如表 11-3 所示。可以看出，在所有分位数水平上，融资约束综合指标都与海外投资效率呈正向关系，且均在 1% 的水平上显著，表明融资约束能力越强、约束程度越小，其投资效率越高，基准回归结果依然稳健。同时，在10%、25%、50%、75% 和 90% 的分位数水平上，随着分位数的增大，融资约束的估计系数反而呈现出不断递减的趋势，即企业融资约束程度越大，融资约束对海外投资效率的抑制作用越大，表明融资约束对海外投资效率的抑制作用随融资约束的缓解而降低。

4. 异质性考察

为了考察基准回归结果在企业异质性特征下是否依然显著，以及影响结果是否会出现异质性差异，本节依据企业所有制、投资区位和产业类型进行分组检验，结果如表 11-4 所示。

表 11-3　稳健性检验:分位数回归

变　量		10%分位	25%分位	50%分位	75%分位	90%分位
无效率项	FC	0.023 ***	0.020 ***	0.015 ***	0.010 ***	0.008 ***
		(7.40)	(7.94)	(11.08)	(6.78)	(7.17)
	IF	0.001	0.001	0.001 ***	0.001 *	0.001 **
		(1.15)	(1.63)	(4.16)	(1.90)	(2.22)
	La	−0.001	−0.002 ***	−0.002 ***	−0.001 ***	−0.001
		(−0.97)	(−3.54)	(−4.68)	(−2.91)	(−1.37)
	Re	0.003 **	0.004 ***	0.004 ***	0.002 ***	0.001
		(2.12)	(4.17)	(4.76)	(2.63)	(1.39)
年份固定效应		是	是	是	是	是
行业固定效应		是	是	是	是	是
观测值		2 125	2 125	2 125	2 125	2 125

（1）基于所有制性质

表 11-4 首先汇报了非国有企业和国有企业融资约束对海外投资效率影响的回归结果。非国有企业海外投资效率对融资约束的敏感度高于国有企业,且国有企业的敏感系数不显著。究其原因,国有企业较之非国有企业更易获得各种融资支持(田巍和余淼杰,2012),虽其分项指标衡量的融资能力均值不及非国有企业,但其融资约束问题能够通过各种渠道顺利解决,从而造成融资约束作为无效率因素的作用不显著。

（2）基于投资区位

表 11-4 的估计结果表明,不管是否投资于"一带一路"沿线国家,融资约束均对海外投资效率具有负向效应,与全样本结果保持一致。其中具体到"一带一路"国家,可以发现中国企业投资于沿线国家时,其海外投资效率对融资约束的敏感性系数为−0.116。也就是说,中国海外投资企业的融资约束水平每上升 1%,将会导致中国企业的海外投资效率下降 11.6%,这必须引起我们的高度重视。

（3）基于企业所属产业

不同产业的资本密集度不同,对融资约束的敏感性也必然存在差

表 11-4　融资约束与企业异质性

变　量	所有制		投资区位		所属产业		
	非国有	国有	沿线	非沿线	第二产业	第三产业	制造业
无效率项　FC	-0.117***	-0.014	-0.116***	-0.127***	-0.129***	-0.101**	-0.141***
	(-4.37)	(-0.21)	(-2.67)	(-3.98)	(-4.01)	(-2.23)	(-4.05)
IF	-0.010	-0.004	-0.015	0.010	-0.018**	0.028*	-0.019**
	(-1.36)	(-0.30)	(-1.59)	(0.93)	(-2.46)	(1.70)	(-2.39)
La	0.008	0.008	0.003	0.008	0.007	0.015	0.018*
	(0.93)	(0.48)	(0.33)	(0.71)	(0.77)	(0.82)	(1.72)
Re	-0.017	-0.024	0.006	-0.023	-0.009	-0.043*	-0.018
	(-1.50)	(-0.92)	(0.34)	(-1.60)	(-0.69)	(-1.73)	(-1.29)
年度固定效应	是	是	是	是	是	是	是
行业固定效应	是	是	是	是	是	是	是
观测值	1 433	650	559	1 524	1 545	502	1 347
LL 值	-3 091.46	-1 443.44	-1 260.74	-3 336.36	-3 408.20	-1 100.04	-2 883.13
p 值	0	0	0	0	0	0	0

异。由于第一产业的观测值仅为 36,无法进行 MLE 估计,因此仅对第二、三产业进行回归估计。同时,因制造业在第二产业投资记录中的占比高达 87.18%,故将其也单独纳入分析。表 11-3 的结果显示,融资约束对第二产业(包括制造业)和第三产业的企业海外投资效率均具有显著的负向影响,产业异质性不影响全样本回归结果的稳健性。其中,第二产业中制造业企业的海外投资效率对融资约束的敏感性更大,这可能是由产业性质造成的:制造业在海外投资过程中资金投入规模大,投资占比高达 34.70%,高于第三产业(31.90%),融资需求十分强烈。因此,中国企业的海外投资效率对其自身融资能力具有较强的敏感性。

第三节　中介渠道视角的融资约束机制

资金融通是"一带一路"倡议的核心内容,也是中国企业海外投资的重要保障。融资约束是抑制中国企业海外投资效率的重要因素(Maeseneire and Claeysb,2012;刘莉亚等,2015),而完善的金融生态系统能够有效改善中国企业海外投资"融资难""融资慢""融资贵"等问题,优化信贷分配机制,降低企业融资成本,提高企业海外投资效率。鉴于此,本节采用内生中介效应模型考察企业融资约束是否是"一带一路"国家金融生态影响中国企业海外投资不足的中介渠道。

一、基准回归结果

为了克服传统三步法中介效应检验存在的内生性问题,本节参考迪佩尔等(Dippel et al.,2020)的方法,在渠道检验的每一步均嵌入工具变量,验证企业融资约束是否是"一带一路"国家金融生态影响中国企业海外投资不足的渠道变量。表 11-5 汇报了内生中介效应模型的基准结果。从表 11-5 第(1)列可以看出,在第一阶段,工具变量的估计系数均在 1% 水平上显著为负（-6.757），证实了其相关性；Kleibergen-Paap Wald rk F 值满足拇指法则的要求，工具变量有效性成立；在第二阶段，核心解释变量，即狭义金融生态（FE）对企业融资约束的影响显著为正（0.828），表明"一带一路"国家金融生态越完善，中国海外投资企业面临的融资约束越小。第（2）列在加入渠道变量 FC 的回归模型中，融资约束的系数显著为-0.007，说明中国企业面临的融资约束越小，越能有效抑制企业在"一带一路"国家的海外投资不足。由此可见，融资约束是沿线国家金融生态影响中国企业海外投资效率的重要渠道。

表 11-5　基准回归结果

	FC （1）		Under_INV （2）	
	第一阶段	第二阶段	第一阶段	第二阶段
IV	-6.757*** (2.348)		0.964*** (0.202)	
FE		0.828*** (0.425)		-0.004** (0.002)
FC				-0.007* (0.004)
控制变量	是	是	是	是
国家固定效应	是	是	是	是
时间固定效应	是	是	是	是
Kleibergen-Paap Wald rk F 值	72.430		94.388	
观测值	256	256	203	203

注：内生中介效应检验模型中，基准回归模型的回归结果与表 6-17 的 2SLS 回归结果相同，此处不再赘述。

反观现实，"一带一路"国家的金融生态整体不佳，中国海外企业面临严重的融资约束，中国目前的海外投资效率损失巨大。相反，"一带一路"国家金融生态越完善，越可以通过缓解融资约束，有效抑制企业在"一带一路"国家的海外投资不足,进而减少企业非效率损失、提高海外投资效率。可能的原因在于,其一,良好的金融生态下,广泛的金融产品与丰富的金融资源有助于增加资金供给,有效加速企业资金融通、降低企业融资成本,提高企业海外投资效率。其二,良好的金融生态可以改善市场中的信息不对称问题,减少信贷分配的扭曲,优化资金分配的效率,有助于缓解企业的融资约束、提高海外投资效率。其三,东道国良好的金融生态为中国海外投资企业提供长效性的激励功能,优化资金需求,实现风险分散与资金顺利融通,推动投资效率优化。

二、稳健性检验

1. 更换核心变量

(1) 更换核心解释变量

将核心解释变量狭义金融生态(FE)分别替换为广义金融生态(BFE)和分项指标金融发展(FD)进行稳健性检验,估计结果见表 11-6(A)的第(1)—(6)列。与 FE 相类似,BFE 与 FD 的工具变量也选用同年份其他国家的平均值进行衡量。可以发现,第一阶段工具变量的系数均在 1% 水平上显著,且 Kleibergen-Paap Wald rk F 值均满足拇指法则的要求,不存在弱工具变量问题,说明选取的工具变量兼具相关性和有效性。

在第(1)和(4)列嵌入工具变量的总效应模型中,BFE 与 FD 的系数分别显著为 -0.005 与 -0.022,说明沿线国家的金融生态水平越低,越会导致中国企业在东道国的海外投资不足,扩大投资效率损失;相反,沿线国家金融生态越完善,越能显著抑制中国企业对沿线国家海外投资不足,促使投资非效率下降,与第七章研究结果保持一致。第(2)和(5)列的估计结果显示,在核心解释变量对融资约束的影响中,BFE 与 FD 对企业融资约束的影响分别显著为 0.159 和 0.139,表明"一带一路"国家金融生态越完善,越能有效缓解中国海外投资企业的融资约束,基准回归结果稳健。

在加入渠道变量的回归模型中,第(3)列融资约束的系数显著为-0.003,第(6)列融资约束的系数显著为-0.006,再次证明融资约束是"一带一路"国家金融生态影响中国企业海外投资效率的作用渠道。由此可见,无论以何种指标衡量,"一带一路"国家的金融生态水平越完善,越能通过缓解融资约束显著抑制中国企业在沿线国家的海外投资不足,优化中国企业对沿线国家的海外投资效率。

(2)更换被解释变量

为了保证企业海外投资效率测算结果的可信性,参考代昀昊和孔东民(2017)、刘晓丹和张兵(2020)等文献的做法,在海外投资效率测算模型中加入企业规模和企业生产率,重新测算企业海外投资效率,并重新定义为 $Under\_INV\_New$。如表 11-6(B)第(7)—(9)列所示,在第(7)列嵌入工具变量的总效应模型中,核心解释变量 FE 的系数仍旧显著为负(-0.032);第(8)列显示,FE 对企业融资约束的影响依旧显著为正(0.828);第(9)列在加入渠道变量的回归模型中,融资约束 FC 的系数显著为-0.004,各阶段回归结果均与基准结果一致,说明融资约束是"一带一路"国家金融生态影响中国企业海外投资效率的作用渠道,基准回归结果稳健。

2. 更换估计方法

为了保证中介检验方法的准确性,参考刘青和陆毅(Liu and Lu,2015)的做法,在迪佩尔等(Dippel et al., 2020)的基础上,在第三步不再将 FE 作为控制变量纳入模型。检验结果如表 11-6(C)第(1)—(3)列所示,在工具变量依然有效的同时,FE 同样可以缓解企业融资约束,而融资约束的缓解依然可以提高海外投资效率,再次证实了基准回归结果的稳健性。

表 11-6 稳健性检验

(A) 替换核心解释变量

	广义金融生态			金融发展		
	Under_INV (1)	FC (2)	Under_INV (3)	Under_INV (4)	FC (5)	Under_INV (6)
核心解释变量	−0.005** (0.002)	0.159** (0.080)	−0.003* (0.002)	−0.022*** (0.007)	0.139* (0.077)	−0.045*** (0.005)
FC			−0.003*** (0.001)			−0.006** (0.002)
控制变量	是	是	是	是	是	是
国家固定效应	是	是	是	是	是	是
时间固定效应	是	是	是	是	是	是
Kleibergen-Paap Wald rk F 值	180.548	221.932	104.513	29.991	18.309	128.914
观测值	188	240	206	168	352	223

(B) 替换被解释变量

	Under_INV_New (7)	FC (8)	Under_INV_New (9)
核心解释变量	−0.032*** (0.010)	0.828* (0.425)	−0.010** (0.005)
FC			−0.004** (0.002)
控制变量	是	是	是
国家固定效应	是	是	是
时间固定效应	是	是	是
Kleibergen-Paap Wald rk F 值	81.600	86.804	185.040
观测值	154	256	194

(C) 更换估计方法

	Under_INV (1)	FC (2)	Under_INV (3)
核心解释变量	−0.032*** (0.010)	0.828* (0.425)	−0.007* (0.004)
FC			
控制变量	是	是	是
国家固定效应	是	是	是
时间固定效应	是	是	是
Kleibergen-Paap Wald rk F 值	81.600	86.804	16.982
观测值	154	253	148

(D) 更换样本范围

	Under_INV (4)	FC (5)	Under_INV (6)	Under_INV_New (7)	FC (8)	Under_INV (9)
核心解释变量	−0.018** (0.009)	1.014** (0.582)	−0.010* (0.005)	−0.027** (0.011)	0.284** (0.133)	−0.011* (0.006)
FC			−0.007** (0.003)			−0.012*** (0.004)
控制变量	是	是	是	是	是	是
国家固定效应	是	是	是	是	是	是
时间固定效应	是	是	是	是	是	是
Kleibergen-Paap Wald rk F 值	49.157	75.087	114.457	17.731	93.150	47.220
观测值	198	232	198	132	191	176

3. 更换样本范围

（1）剔除金融危机的影响。考虑到2008—2009年金融危机导致原本脆弱的"一带一路"国家金融生态更加起伏不定，剔除2008—2009年的样本重新估计，回归结果如表11-6（D）第（4）—（6）列所示。估计结果显示，在嵌入工具变量的总效应模型中，FE的系数仍旧显著为负（−0.018），而FE对企业融资约束的影响显著为正（1.014）；在加入渠道变量的回归模型中，融资约束对海外投资不足的影响系数显著为−0.007，各阶段回归结果与基准结果保持一致。

（2）聚焦制造业样本。鉴于中国在"一带一路"国家海外投资中制造业企业的比重高达68.25%，且制造业转型升级已经成为中国加快构建新开发格局、深化"一带一路"发展的重要内容（郭克莎和田潇潇，2019），本节专门对制造业企业样本进行回归。表11-6（D）第（7）—（9）列汇报的结果表明，工具变量表现出相关性和有效性的同时，FE明显有助于缓解企业融资约束，从而抑制中国企业的海外投资不足。由此可见，融资约束是"一带一路"国家金融生态影响中国企业海外投资效率的中介渠道，基准回归结果稳健。

三、基于国家风险的进一步讨论

前文均是基于平均的、一般意义上的讨论，有可能忽视了某些异质性作用。一般来说，高风险是阻碍企业海外投资行为的关键因素（Conconi et al.，2016），海外投资风险越高，企业越谨慎，海外投资效率就越低。考虑到融资机制在其中发挥的重要作用，也考虑到"一带一路"各国的国家风险差异较大，可以预测沿线国家贷款风险不仅会对中国企业的海外投资效率产生差异性影响，而且有可能导致融资约束的中介渠道会因此有所不同。在这里，国家风险是指企业跨国贷款面临的风险，该风险并非因企业自身因素所致，而是由贷款发放国的政策等宏观因素引起的（Nagy，1979）。考虑到国家风险具有政治和经济两个层面的内涵(Hammer，2011)，故参考康科尼等(Conconi et al.，2016)和吕越等(2019)的做法，从沿线国家贷款风险的视角出发，考察融资约束中介效应的异质性特征。

1. 政治风险

在政治风险方面，主要选取政府稳定风险、投资项目政治风险与宗教风险三个分项指标，数据来源于 ICRG 数据库。ICRG 体系中上述风险指数越小，说明对应的政治风险越高。

首先，从政府稳定风险来看，依据 ICRG 的风险评价体系，若某经济体政府稳定风险指数大于所有经济体的中位数，说明该经济体的政府稳定风险水平较低，故定义为低政府稳定风险经济体，反之为高政府稳定风险经济体。图 11-4 的分组估计结果显示，在低风险国家样本中，融资约束是沿线国家金融生态显著影响中国企业海外投资效率的中介渠道，而在高风险样本中，融资约束的这一中介渠道并未通过显著性检验。究其原因，"一带一路"国家的政府稳定性风险较高，一方面说明该国政治环境动荡，使得中国海外投资企业在东道国投资活动的不确定性问题愈加突出，加剧了企业投资收益的波动性；另一方面意味着该国政策法规不连续且透明度低，信息不对称等问题更为突出(赵云辉等，2020)。因此，过度的政治风险暴露使得缓解融资约束难以在高风险经济体中发挥中介效应。

其次，在投资项目政治风险方面，若某经济体投资项目政治风险指数大于样本经济体的中位数，表明其政治风险处于低位，因此定义为低投资项目政治风险经济体，反之则为高投资项目政治风险经济体。图 11-4 的分组结果显示，融资约束的中介渠道效应仅在低风险样本中显著。这说明，只有在投资项目政治风险较低时，"一带一路"国家金融生态水平的改善才可以通过缓解融资约束，显著抑制企业海外投资不足。可能的原因在于，合同是否可行、利润转回情况、付款延迟是投资项目政治风险的主要方面，在低风险沿线国家中，中国企业海外投资项目合同的执行度高、利润回转及时、付款延迟率低,有助于企业形成良好的海外投资循环机制。在此情形下,良好的金融生态通过融资约束缓解效应抑制中国企业海外投资不足的作用机制得以发挥。

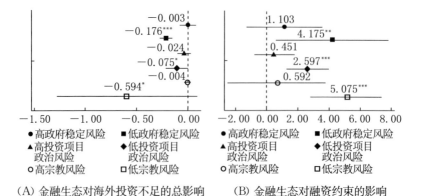

（A）金融生态对海外投资不足的总影响　　（B）金融生态对融资约束的影响

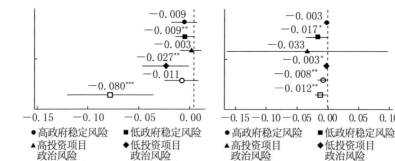

（C）金融生态对海外投资不足的直接影响　（D）融资约束对海外投资不足的影响

图 11-4　政治风险异质性分组结果

最后,在宗教风险方面,鉴于指数大小与风险高低成反比,所以某经济体宗教风险指数大于样本经济体宗教风险的中位数,则为低宗教风险经济体,反之为高宗教风险经济体。分组检验结果如图 11-4 所示,在低宗教风险沿线国家,融资约束缓解是金融生态改善影响中国企业海外投资效率的有效机制,但是在高宗教风险样本中这一中介效应并不显著。原因可能是,一方面,"一带一路"国家宗教风险通过文化嵌入抑制中国企业海外投资(李世杰等,2019)。例如,宗教团体可能试图通过宗教法取代民法并将其他宗教排除在合理的社会进程之外,引发局势动荡、加剧海外投资风险;又如,高宗教风险经济体内因种族、国籍或语言分歧而产生的紧张关系,严重降低了东道国人力资本质量及其对海外投资的吸引力,导致中国企业海外投资不足。另一方面,"一带一路"国家宗教背景的差异性和复杂性导致中国企业海外投资的前期准备与后期运营成本增加,企业面临更高的风险溢价,实际收益与预期收益相背离的风险增加,甚至导致投资活动失败。在此背景下,高宗教风险经济体中融资约束这一中介渠道难以发挥作用。

2. 经济风险

在评估经济风险方面,主要选取经济增长指数与经常账户指数两个分项指标,指数越大,经济体风险越小,数据来源于 ICRG 数据库。

当分指标为经济增长指数时,若指数大于样本经济体经济增长指数的中位数,将该经济体定义为低经济增长风险经济体,反之则为高经济增长风险经济体。图 11-5 的分组结果显示,高经济风险国家经济落后且发展缓慢,其经济基本面对企业海外投资的支持力度不足,中国企业海外投资可获得的融资数量少、融资成本也更高,融资约束的缓解难

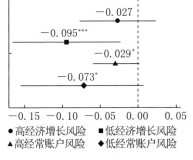

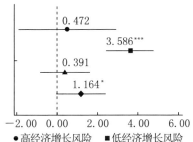

(A) 金融生态对海外投资不足的总影响　　(B) 金融生态对融资约束的影响

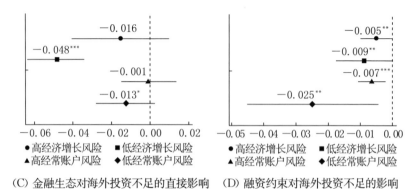

● 高经济增长风险　■ 低经济增长风险
▲ 高经常账户风险　◆ 低经常账户风险

(C) 金融生态对海外投资不足的直接影响　(D) 融资约束对海外投资不足的影响

图 11-5　经济风险异质性分组结果

以实现,金融生态通过缓解融资约束抑制海外投资不足的中介效应难以维系。

　　同理,当分指标为经常账户指数时,若指数大于样本经济体经常账户指数中位数,则将该经济体定义为低经常账户风险经济体,反之为高经常账户风险经济体。图 11-5 的分组估计结果显示,在低经常账户风险的沿线国家,融资约束缓解是金融生态改善影响中国企业海外投资效率的有效机制,但是在高经常账户样本中这一中介效应并不显著。究其原因,在高经常账户风险的国家中,经常账户失衡的可能性提高,沿线国家"硬着陆"风险和汇率风险加剧,经济增长下行压力明显,资产价格波动性显著上升(张明和刘瑶,2021),此时,中国企业投资收益面临更高的不确定性,严重阻碍了中国海外投资企业优化资产配置和扩大投资规模,投资非效率问题愈发突出。

第十二章　"一带一路"国家金融生态 对中国海外投资效率的影响机制： 缓解融资约束的对内调节

如第十一章所述，囿于"一带一路"国家的金融生态状况，中国企业在海外投资的过程中，往往会遭遇融资约束引致的效率瓶颈。此时，中国企业在解决外源融资时，可以寻求的内部调节路径主要有三：获得一定的政府补贴、建立良好的银企关系、适应绿色金融的要求。本章从这三方面入手，全方位厘清有可能缓解融资约束的国内调节机制。

其一，从政府补贴出发，将 SFA 模型从单边模型拓展至双边模型，考察政府补贴能否在一定程度上成为暂时性的缓解机制，以缓解融资约束对中国企业海外投资效率的抑制作用。当然，该机制是否能够以正效应完全弥补融资约束的负效应，将予以进一步厘清，并且区分不同所有制、不同投资区位和不同投资行业的企业异质性，从而为政府补贴如何得以更有效率地利用提供一定的理论证据。

其二，由于"一带一路"国家的金融生态无法解决中国企业的融资约束问题，国内银企关系就成为缓解这一瓶颈的重要力量。换言之，随着中国企业在"一带一路"国家海外投资步伐的不断加快，新型银企关系之于海外投资企业的重要性日趋彰显。对此，本章试图考察银企关系对中国企业海外投资不足的影响及其作用渠道，并从公司治理的层面讨论内部股权结构与外部政治联系对这一影响的调节效应。

其三，考虑到近年来中国在"一带一路"国家的海外投资效率受到了环境因素的制约,并导致中国企业的项目融资难度进一步增大。在这种情况下,中国政府以绿色金融的方式,在助推环境友好型企业"走出去"的同时,也缓解了沿线国家的金融生态对中国企业的融资约束。对此,本章试图以中国政府发起和推动的绿色"一带一路"倡议作为准自然实验,考察这一外部冲击对政府补贴、商业银行贷款等上述调节机制的影响及其异质性。

第一节 政府补贴机制

一、政府补贴发放指标

自 2001 年至今,为支持国内企业更快更好地"走出去",财政部和商务部连续出台相关政策,为企业提供专项资金的直接补助和项目贷款的财政贴息。随着 2013 年"一带一路"倡议的提出,政府考虑到沿线国家较弱的金融生态环境和较低的海外贷款水平,进一步加大了对前往沿线国家投资的企业的政府补贴金额。数据来自 Wind 数据库;对于样本中未上市但自行发布财务报告的企业,则手动查找企业网站公开的财务年度报告取得,并均使用年报附注中"政府补助"和"政府补贴收入"项目。数据统计结果显示,样本企业获得政府补贴金额的均值为1.807 亿元人民币,但是与此同时,样本内差异较大,补贴额最低为 115万元,最高达 503.42 亿元。

值得注意的是,无论是融资约束指标,还是政府补贴指标,中国企业在"一带一路"沿线国家和非沿线国家均存在明显差异。图 12-1 给出了融资约束综合指标和政府补贴(以亿元为单位)在不同投资区位、所有制和产业分组中的分布情况。在投资区位方面,在"一带一路"国家投资的中国企业获得的政府补贴已经达到 2.90 亿元,而在非沿线国家投资的中国企业所获补贴为 1.41 亿元,不足沿线国家投资企业的一半。

一方面,这从不同侧面反映了"一带一路"国家金融生态不佳,中国企业不得不依靠政府补贴来暂时缓解融资约束的压力;而另一方面,中国企业在沿线国家的海外投资效率依然低于非沿线国家投资企业,也说明了政府补贴机制并没有完全解决融资约束的困境问题。在所有制类别中,以综合指标衡量的融资能力表明,国有企业的融资能力高于非国有企业,弥补了其现金比率、流动性和销售净利率水平相对偏低造成的融资约束;同时,国有企业所获政府补贴(4.78亿元)也远超非国有企业(0.44亿元)。三大产业的政府补贴金额数量和融资约束程度也呈现出鲜明的差异。第二产业的融资约束程度最轻,但获得的政府补贴最多。鉴于上述明显的差异,本节将在实证检验中对融资约束和政府补贴的影响效应进行异质性分析。

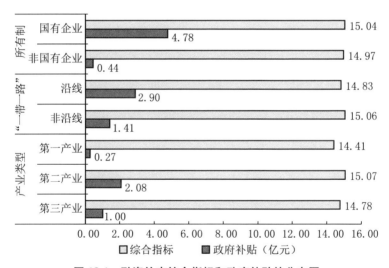

图 12-1　融资约束综合指标和政府补贴的分布图

二、双边 SFA 模型设定

针对融资约束对海外投资效率的影响,在考察政府补贴(Subsidy)的调节作用时,需要考虑二者对效率的反方向作用及其净效应,故使用双边 SFA 模型。该模型设定如下：

$$OFDI_{ijt} = OFDI_{ijt}^* + \varepsilon_{ijt}, \ \varepsilon_{ijt} = \omega_{ijt} - u_{ijt} + \nu_{ijt} \tag{12-1}$$

$$\begin{aligned} OFDI_{ijt} &= \beta_0 + \beta_1 \ln PGDP_{it} + \beta_2 \ln PGDP_{jt} + \beta_3 Dist_{ij} + \beta_4 Growth_{it-1} \\ &\quad + \beta_5 Lev_{it-1} + \beta_6 Cash_{it-1} + \beta_7 Age_{it-1} + \beta_8 ROE_{it-1} \\ &\quad + \sum Year + \sum Industry + \omega_{ijt} - u_{ijt} + \nu_{ijt} \end{aligned}$$
$$\tag{12-2}$$

式(12-1)与式(11-1)的区别在于加入 ω_{ijt}，表示政府补贴影响实际海外投资额相对最优水平的偏离程度，其他变量均相同。复合扰动项 ε_{ijt} 包括三项，分别是随机扰动项 $\nu_{ijt} \sim i.i.d.N(0, \sigma_\nu^2)$，非效率项 $u_{ijt} \geqslant 0$ 和 $\omega_{ijt} \geqslant 0$，后两者非负，故假设二者均服从指数分布：$u_{ijt} \sim i.i.d.exp(\sigma_u)$，$\omega_{ijt} \sim i.i.d.exp(\sigma_\omega)$。三项扰动项彼此独立且均与解释变量不相关。扰动项异质性设定如下[①]：

$$\sigma_u^2 = exp(n_i'\delta), \ n_i'\delta = \delta_0 + \delta_1 FC_{it} \tag{12-3}$$

$$\sigma_\omega^2 = exp(m_i'\lambda), \ m_i'\lambda = \lambda_0 + \lambda_1 Subsidy_{it} \tag{12-4}$$

基于上述设定复合扰动项 ε_{ijt} 的概率密度函数 $f(\varepsilon_{ijt})$ 可以表示为如下形式：

$$\begin{aligned} f(\varepsilon_{ijt}) &= \frac{exp(a_{ijt})}{\sigma_u + \sigma_\omega}\Phi(c_{ijt}) + \frac{exp(b_{ijt})}{\sigma_u + \sigma_\omega}\int_{-d_{ijt}}^{\infty}\varphi(z)dz \\ &= \frac{exp(a_{ijt})}{\sigma_u + \sigma_\omega}\Phi(c_{ijt}) + \frac{exp(b_{ijt})}{\sigma_u + \sigma_\omega}\Phi(d_{ijt}) \end{aligned} \tag{12-5}$$

其中，$\varphi(\cdot)$ 和 $\Phi(\cdot)$ 分别为标准正态分布的概率密度函数和累积分布函数，其他参数 a_{ijt}、b_{ijt}、c_{ijt} 和 d_{ijt} 设定如下：

---

① 由于东道国制度变量在单边随机前沿基准回归及替换核心解释变量的稳健性检验中系数不显著，且主要考察融资约束与政府补贴的双向影响作用，因此这里 σ_u 的异质性设定中只包括 FC。

$$a_{ijt} = \frac{\varepsilon_{ijt}}{\sigma_u} + \frac{\sigma_\nu^2}{2\sigma_u^2}; \quad b_{ijt} = \frac{\sigma_\nu^2}{2\sigma_\omega^2} - \frac{\varepsilon_{ijt}}{\sigma_\omega}; \quad c_{ijt} = -\left(\frac{\varepsilon_{ijt}}{\sigma_\nu} + \frac{\sigma_\nu}{2\sigma_u}\right); \quad d_{ijt} = \frac{\varepsilon_{ijt}}{\sigma_\nu} - \frac{\sigma_\nu}{\sigma_\omega}$$

$$(12\text{-}6)$$

基于此,可以构建样本观测值对应的 MLE 估计的对数似然函数:

$$\ln L(xijt, \theta) = -n\ln(\sigma_u + \sigma_\omega) + \ln[e^{a_{\omega}}\Phi(c_{ijt}) + e^{b_{\omega}}\Phi(d_{ijt})]$$

$$(12\text{-}7)$$

其中,$\theta = (\beta, \sigma_u, \sigma_w, \sigma_v)$ 为待估计参数。对式(12-7)求最大值即可得到待估参数的最大似然估计。本节考察两种影响的净效应,因此需推导 ω_{ijt} 和 u_{ijt} 的条件分布 $f(\omega_{ijt}|\varepsilon_{ijt})$ 和 $f(u_{ijt}|\varepsilon_{ijt})$:

$$f(u_{ijt}|\varepsilon_{ijt}) = \frac{\lambda exp(-\lambda u_{ijt})\Phi(u_{ijt}/\sigma_\nu + d_{ijt})}{\Phi(d_{ijt}) + exp(a_{ijt} - b_{ijt})\Phi(c_{ijt})} \quad (12\text{-}8)$$

$$f(\omega_{ijt}|\varepsilon_{ijt}) = \frac{\lambda exp(-\lambda \omega_{ijt})\Phi(\omega_{ijt}/\sigma_\nu + c_{ijt})}{exp(b_{ijt} - a_{ijt})[\Phi(d_{ijt}) + exp(a_{ijt} - b_{ijt})\Phi(c_{ijt})]}$$

$$(12\text{-}9)$$

其中,$\lambda = 1/\sigma_u + 1/\sigma_\omega$。进一步,根据式(12-9)推导条件期望可以得到融资约束、政府补贴对海外投资效率的相对影响效应:

$$E(1 - e^{-u_{\omega}}|\varepsilon_{ijt})$$

$$= 1 - \frac{\lambda}{1+\lambda}\frac{\Phi(d_{ijt}) + exp(a_{ijt} - b_{ijt})exp(\sigma_\nu^2/2 - \sigma_\nu c_{ijt})\Phi(c_{ijt} - \sigma_\nu)}{\Phi(d_{ijt}) + exp(a_{ijt} - b_{ijt})\Phi(c_{ijt})}$$

$$(12\text{-}10)$$

$$E(1 - e^{-\omega_{\omega}}|\varepsilon_{ijt})$$

$$= 1 - \frac{\lambda}{1+\lambda}\frac{\Phi(c_{ijt}) + exp(b_{ijt} - a_{ijt})exp(\sigma_\nu^2/2 - \sigma_\nu d_{ijt})\Phi(d_{ijt} - \sigma_\nu)}{exp(b_{ijt} - a_{ijt})[\Phi(d_{ijt}) + exp(a_{ijt} - b_{ijt})\Phi(c_{ijt})]}$$

$$(12\text{-}11)$$

其中,$E(1 - e^{-u_{\omega}}|\varepsilon_{ijt})$ 和 $E(1 - e^{-\omega_{\omega}}|\varepsilon_{ijt})$ 分别反映了企业实际海外投资额在融资约束和政府补贴影响下负效应和正效应的变动百分比,分别记为 EFC 和 EGS。基于此,可以得出二者对海外投资效率的

净效应(NE):

$$NE = EGS - EFC = E(e^{-u_{ijt}} - e^{-\omega_{ijt}} \mid \varepsilon_{ijt})\qquad(12\text{-}12)$$

该结果为融资约束与政府补贴两种因素相互抵消后企业海外投资实际额相对最优水平偏离百分比的净值。若 $NE > 0$,表明正向偏离大于负向偏离,即现有融资约束和政府补贴共同作用下,中国企业海外投资过度;反之,则说明二者共存时,中国企业海外投资不足。

三、政府补贴调节机制与净效应

融资约束与政府补贴均反映了企业在投资过程中的融资问题,究竟哪种变量对中国企业海外投资效率的影响更为突出,需要依据模型回归结果作出判断。根据式(12-10)、(12-11)和(12-12),采用 MLE 估计式(12-2)并测度双边净效应,其结果分别见表 12-1、表 12-2 和表 12-3。

表 12-1　双边 SFA 模型的回归结果

样本分组	融资约束 (FC)	政府补贴 (Subsidy)	观测值	LL 值	P 值
全样本	−0.056 *** (−4.66)	0.006 ** (−2.43)	2 032	−4 529.48	0
非国有	−0.057 *** (−4.21)	0.106 *** (−3.05)	1 383	−3 015.18	0
沿线	−0.066 *** (−3.12)	0.002 (−0.78)	545	−1 254.32	0
非沿线	−0.052 *** (−3.50)	0.011 ** (−2.54)	1 487	−3 260.02	0
第二产业	−0.058 *** (−3.52)	0.006 ** (−2.41)	1 533	−3 387.95	0
第三产业	−0.056 *** (−2.58)	0.023 (−0.9)	471	−1 063.64	0
制造业	−0.050 *** (−3.26)	0.064 *** (−3.16)	1 338	−2 872.37	0

注:括号内为 t 值,***、** 和 * 分别为 1%、5%和 10%的显著性水平。下同。

表 12-2 全样本方差分解

	变 量	符 号	数 值
扰动项	融资约束	σ_u	1.40
	政府补贴	σ_ω	1.03
	随机干扰	σ_ν	1.47
方差分解	随机项的总方差	$\sigma_u^2+\sigma_\omega^2+\sigma_\nu^2$	5.23
	总方差中融资约束与政府补贴的影响比重	$(\sigma_u^2+\sigma_\omega^2)/(\sigma_u^2+\sigma_\omega^2+\sigma_\nu^2)$	0.58
	融资约束的影响比重	$\sigma_u^2/(\sigma_u^2+\sigma_\omega^2)$	0.65
	政府补贴的影响比重	$\sigma_\omega^2/(\sigma_u^2+\sigma_\omega^2)$	0.34

表 12-3 融资约束与政府补助的效应

样本分组	变 量	均值(%)	一分位(%)	二分位(%)	三分位(%)
全样本企业	融资约束的负效应(EFC)	57.98	45.34	54.70	67.48
	政府补贴的正效应(EGS)	50.51	41.00	46.93	55.96
	净效应(NE)	−7.47	−3.66	−7.62	−26.24
非国有企业	融资约束的负效应(EFC)	58.86	45.54	56.08	69.36
	政府补贴的正效应(EGS)	42.60	35.17	39.64	46.87
	净效应(NE)	−16.26	1.15	−16.35	−33.90
沿线国家	融资约束的负效应(EFC)	62.74	48.11	58.97	75.25
	政府补贴的正效应(EGS)	54.08	43.77	49.26	60.37
	净效应(NE)	−8.66	13.35	−10.20	−31.65
非沿线国家	融资约束的负效应(EFC)	55.43	43.76	52.28	63.65
	政府补贴的正效应(EGS)	48.71	39.68	45.20	54.00
	净效应(NE)	−6.72	10.08	−6.80	−24.06
第二产业	融资约束的负效应(EFC)	57.49	45.26	53.89	66.77
	政府补贴的正效应(EGS)	48.82	39.80	45.58	53.87
	净效应(NE)	−8.66	8.14	−8.43	−27.09
第三产业	融资约束的负效应(EFC)	59.05	46.50	56.75	68.15
	政府补贴的正效应(EGS)	48.73	40.40	45.24	53.78
	净效应(NE)	−10.32	6.30	−11.36	−28.36
制造业	融资约束的负效应(EFC)	55.96	44.03	53.01	65.40
	政府补贴的正效应(EGS)	40.76	33.77	38.11	44.58
	净效应(NE)	−15.19	0.52	−14.51	−31.15

注:第一、二、三分位,分别表示变量在 25%、50% 和 75% 分位的数值。

首先,由表 12-1 的全样本双边 SFA 模型的回归结果可知,政府补贴对融资约束发挥了正向调节作用,且在 1% 的水平上显著。究其原因,其一,政府补贴本身可以为企业提供直接的资金来源,在带来大量现金流入、缓解融资约束的同时,也降低了后续融资的不确定性;其二,流向研发环节的资金便于企业证明技术有效性,提高外部融资可能性;其三,补贴项目得到政府批准,在一定程度上为项目质量提供了积极的认证效应,能够引导其他金融机构为企业提供进一步的融资帮助。

其次,表 12-2 汇报了双边 SFA 模型的方差分解结果,可以对比融资约束和政府补贴在影响海外投资效率时所发挥的作用大小。实际海外投资额对最优水平无法解释部分的总方差为 5.23,其中,58% 由包括融资约束和政府补贴在内的融资指标贡献,说明融资约束与政府补贴融资在企业进行海外投资时具有非常重要的影响。其中,融资约束的影响更突出,$E(\omega-u)=\sigma_\omega-\sigma_u=-0.37<0$,表明从整体来看,相对于海外投资最优水平,实际海外投资出现了负向偏离,即海外投资不足。同时,$\sigma_\omega^2/(\sigma_u^2+\sigma_\omega^2)=0.34<0.65=\sigma_u^2/(\sigma_u^2+\sigma_\omega^2)$,表明融资约束对海外投资效率的影响大于政府补贴,说明虽然政府补贴可以缓解融资约束对海外投资效率的抑制作用,但是难以完全消除。

最后,表 12-3 进一步报告了全样本和所有制、投资区位与投资产业分样本下的净效应测算结果。在全样本企业中,融资约束对企业海外投资效率产生 57.98% 的负向效应,政府补贴则对此有所缓解,对效率产生了 50.51% 的正向影响,二者的净效应为 -7.47%。其中,仅有前 25% 的样本企业,其政府补贴缓解了融资约束的抑制作用,净效应达到了 -3.66%。上述结果表明,在现阶段中国海外投资企业所获得的政府补贴未能完全缓解融资约束对海外投资效率的抑制作用,海外投资不足的问题比较突出,未达到最优水平。

在投资区位分样本中,投资于"一带一路"国家的企业净效应值为 -8.66%,略低于非沿线国家的 -6.72%。尽管如此,中国企业在政府补贴的缓解效应下,对"一带一路"国家的实际投资相对最优水平的偏离幅度已大大减小。在所有制分样本中,就均值而言,非国有企业的政府补贴缓解效应不及国有企业,这一结果在净效应的所有分位数上也同样表现得淋漓尽致。这表明与国有企业相比,非国有企业的融资约束问题普遍未能通过获取政府补贴得到较大程度的缓解。从分位数结果可以进一步看出,尽管所有分位数上沿线国家的融资约束负效应均高于非沿线国家,政府补贴的正效应却显著较高,其中约25%的企业的净效应值大于非沿线国家。在产业分样本中,与第三产业相比,第二产业的政府补贴缓解效应在所有分组中更强,净效应仅为-8.66%,其中第二产业中的制造业缓解作用更弱(-15.19%)。

第二节　银企关系机制

随着中国企业在"一带一路"国家海外投资步伐的不断加快,新型银企关系之于海外投资企业的重要性日趋彰显。对此,本节考察了银企关系机制对中国企业海外投资不足的影响及其作用渠道,并从公司治理的层面讨论了内部股权结构与外部政治联系对这一影响的调节效应。

一、理论分析与假设

1. 银企关系与企业海外投资效率

已有研究认为,银企关系主要从引入外部监管、减小信息不对称和增加企业投资机会等方面影响企业投资效率。首先,银企关系相当于将外部的资本市场监管引入企业内部,而外部投资者对企业的监督效应有利于规范企业的投资行为,减少企业的非效率投资(Boyd and Prescott,1986;Wang et al.,2020)。其次,银企关系的出现本身就源于信贷市场上的信息不对称问题,而企业的关系银行通过获取和监测企业充分的经营信息,能够减少委托代理问题,提高企业投资效率(Herrera and Minetti,2007;Bonfim et al.,2018);与此同时,银行这种专业的机构投资者作为企业的"亲密合作伙伴",其在自身国际化的过程中还能为企业提供专业的海外市场信息(Portes and Rey,2005),降低企业的信息不对称程度,确保企业寻求更好的海外投资方案。最后,良好的银企关系通过信息沟通和相互信任,有助于拓宽企业的融资渠道,降低企业融资成本(Petersen and Rajan,1994;Cole,1998;Kano et al.,2010);银企关系作为一种资源来源,还有助于企业从银行等层面获得更多的关联贷款(Guner et al.,2008;Fernández-Méndez and González,2019),从而使企业拥有更强的支付能力,保障企业在面临好的海外投资机会时能够摆脱资金短缺的限制,缓解企业的投资短视问题,减少海外投资不足程度。基于上述分析,本节提出假说 12-1。

假说 12-1:良好的银企关系有助于缓解海外投资不足,提高中国企业的海外投资效率。

2. 企业信贷可得性的中介作用

企业海外投资需要大量的资金支持,而企业内部资金往往不能满足所需,故企业不得不主要依赖外源融资。在这种情形下,信贷可得性较低的企业即使发现上佳的投资机会也不得不放弃,出现投资短视问题(Aghion et al.,2004;Whited,2006;Dwenger et al.,2020)。因此,信贷可得性越低的企业,其融资约束越严重,海外投资时受限越大,越会加剧其海外投资不足。布赫(Buch et al.,2014)以德国企业为研究样本,发现融资约束是阻碍企业海外投资的重要影响因素。国内研究也表明,中国企业的海外投资能力会受到融资约束的制约,高融资约束的企业海外投资的可能性显著降低,且这种制约作用在外部融资依赖程度高的行业中体现得更加明显(刘莉亚等,2015)。

大量研究均发现,良好的银企关系可以通过获取关联贷款、延长贷款期限结构、放宽担保条件、降低融资成本等方式,提高企业的信贷可得性(特别是长期信贷可得性),减少外部融资约束对企业的负向效应。从具体的银企关系类型看,当企业与银行存在股权关联时,能够帮助企业获得更多关联贷款(Hoshi et al.,1991;Porta et al.,2002;Kano et al.,2010);当企业聘请有银行背景的人员担任公司高管时,这些高管能够为企业融资提供更有效的专业建议和更多元的渠道选择,帮助企业获得更多的外部融资(Adams and Ferreira,2007),从而降低投资现金流的敏感性。

基于上述分析,本节提出假说12-2。

假说12-2:良好的银企关系会提高企业的信贷可得性,有利于企业扩大海外投资规模,缓解海外投资不足。

3. 内部股权结构的调节作用

大量国内外研究表明,企业的股权结构会对其经营决策产生影响(Bircan,2019;刘银国等,2010;Ang et al.,2021)。银企关系可以为企业带来额外的外部资源,而在外部资源经由内部决策转化为海外投资的过程中,股权结构作为核心的公司治理因素扮演了举足轻重的角色。换言之,由于企业股权结构不同,即使是拥有同样良好的银企关系,企业将外部资源转化为海外投资配置的能力也会有所不同。

在企业各种股权结构指标中,股权集中度的重要性不言而喻。当企业股权集中时,占优势的大股东能够取得控制权收益,往往扮演"监督者"和"管理者"的双重角色(Andrei and Robert,1997;Dong et al.,2020),理论上能够优化企业的资源配置。但是,更多的学者则认为,控股股东的"一枝独大"也可能操纵公司为自己谋取利益,无视小股东的权益,降低企业对外部资源的利用效率。冉茂盛等(2010)的研究进一步指出,大股东控制对于企业投资效率兼具正向的"激励效应"和负向的"损耗效应",但是后者往往大于前者,造成资本市场资源配置的低效率,甚至无效率。由此可见,股权集中度的提高有可能造成大股东"一枝独大"的现象,控股股东有动机制定有利于自身利益的经营决策,而非实现企业利益最大化(La Porta et al.,2000；Aggarwal and Samwick,2006；He and Kyaw,2018)，从而导致企业不能很好地将外部资源有效转化为更优的海外投资效率。基于此,本节提出假说12-3a。

假说12-3a:企业股权集中度的提高,对银企关系影响其海外投资不足具有负向调节作用。

中国证券市场所独有的股权分置现象,使得A股上市公司股份被划分为流通股与非流通股,因此企业股权流通度也是描述中国企业股权结构的重要指标。与股权集中度强调企业内部大股东对企业的影响不同,股权流通度代表了企业的外部治理环境,为企业引入了外部市场约束和外部激励机制,从而使得企业更加重视涵盖海外投资在内的各类经营活动及其价值变化(Zhang,2020),更加注重资源利用效率的提升。与此同时,根据贾明等(2009)的研究,企业股权流通度的提高同时减少了第一类代理问题(管理层与股东)和第二类代理问题(大股东与中小股东),由市场主导资源配置,有助于企业将外部资源转化为海外投资,从而增强银企关系发挥对企业海外投资不足的调节作用。因此,本节提出假说12-3b。

假说12-3b:企业股权流通度的提高,对银企关系影响中国企业海外投资不足具有正向调节作用。

4. 外部政治联系的调节作用

与银企关系相类似,政治联系是企业可利用的另一种外部非正式关系。政治联系根植于新兴国家,对企业战略、业绩和行为具有深远的影响(杜兴强等,2011；Grossman et al.,2016；何晓斌和柳建坤,2020)。现有文献中,政治联系影响企业的观点主要包括"资源效应论"和"诅咒效应论"等(于蔚等,2012；袁建国等,2015；Tsai et al.,2021)。大部分学者支持"资源效应论",认为政治联系能给企业带来额外的经济回报,因此企业的政治联系与银企关系互为替代、互相促进。具体来说,有政治联系的企业能获得及时的政府救助等外部资源,降低投资门槛,反之则更容易陷入财务困境,因此银行更愿意将贷款贷给有政治联系、更有保障的企业(Adhikari et al.,2006;Faccio et al.,2006);无独有偶,银行更愿意为有政治联系的企业提供资产救助,二者更容易建立良性银企关系(Blau et al.,2013;Banerji et al.,2018)。因此,本节提出假说12-4。

假说 12-4:政治联系的存在,对银企关系影响中国企业海外投资不足具有正向调节作用。

二、典型事实描述

1. 数据来源与处理

在本节中,中国企业的海外投资额数据来自 fDi Markets 数据库和 Zephyr 数据库,样本区间为 2003—2018 年。为了获得海外投资企业的微观变量,与 Wind 上市公司数据库进行匹配,并在匹配过程中剔除残缺样本和极端异常样本,剔除财务数据异常记录,剔除 Wind 行业分类中与银行具有天然互叠关系的金融类企业。同时,为了便于比较中国企业在"一带一路"沿线国家和非沿线国家的海外投资差别,将两种投资区位全部包含在内,最终本章得到的样本包含 735 家企业的 1 498 条"年份—企业—东道国"海外投资记录,遍及 110 个东道国国家(地区)。

2. 银企关系衡量

在基准回归中,借鉴曲进和高升好(2015)等传统文献常用的银企股权关联虚拟变量(BF)来衡量银企关系。具体来说,若企业前十大股东中包含银行(包括通过基金、信托等间接持股的银行),则该变量赋值为 1,否则赋值为 0。该指标来自 Wind 数据库与上市公司年报,由作者手工整理得到。

表 12-4 描述了样本企业的银企股权关联事实。除个别年份外,存在银企股权关联的企业数占当年样本企业数的比重均超过 50%,说明银行直接或者间接通过信托基金、社保基金、企业年金等方式持有上市

企业股份的现象比较普遍。同时,与国有控股银行有股权关联的企业占全部银企股权关联企业的比重几乎均保持在 70%以上,但是该比重近年来呈现出螺旋式下降的趋势;相比之下,股份制商业银行占比约为30%~40%,其增长的态势已经十分明显。这表明目前银企股权关联主要与国有控股银行有关,但是随着近年来股份制商业银行的崛起,这一趋势正在逐步发生转变。

表 12-4　银企股权关联事实

年份	样本企业数(家)	存在银企股权关联的企业		国有控股银行		股份制商业银行	
		数量(家)	占比(%)	企业数(家)	占比(%)	企业数(家)	占比(%)
2003	2	0	0.00	0	——	0	——
2004	5	2	40.00	2	100.00	0	0.00
2005	2	1	50.00	1	100.00	0	0.00
2006	2	0	0.00	0	——	0	——
2007	2	1	50.00	1	100.00	0	0.00
2008	34	17	50.00	17	100.00	2	11.76
2009	33	25	75.76	25	100.00	7	28.00
2010	8	3	37.50	3	100.00	1	33.33
2011	80	61	76.25	57	93.44	15	24.59
2012	71	42	59.15	40	95.24	8	19.05
2013	64	47	73.44	40	85.11	17	36.17
2014	86	60	69.77	56	93.33	21	35.00
2015	145	108	74.48	95	87.96	36	33.33
2016	218	160	73.39	125	78.13	70	43.75
2017	214	135	63.08	93	68.89	68	50.37
2018	239	137	57.32	103	75.18	61	44.53

数据来源:根据 Wind 数据库和上市公司年报整理而得。

图 12-2 则进一步描述了样本企业股权关联银行数目的分布情况,其中横轴代表年份,纵轴代表股权关联银行数目,实心圆的大小代表企业数的多少。可以看出,样本企业与一家或两家银行存在股权关联的居多,最多的与八家银行同时存在股权关联。2008 年金融危机以后,与多家银行同时存在股权关联的企业逐渐增多,表明随着金融业的发展,

企业与银行间的联系愈加密切,银行越来越多地选择直接或间接持有上市企业股票。

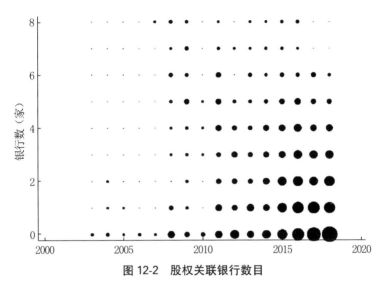

图 12-2　股权关联银行数目

数据来源:根据 Wind 数据库和上市公司年报整理而得。

3. 中国企业海外投资不足的测算

　　根据研究目的,银企关系主要调节和解决的核心问题是缓解资金约束,减少海外投资不足发生的可能性,故本节仅考察海外投资不足的企业样本。依然沿用第四至六章的做法,采用拓展的理查德森模型来测算中国企业的海外投资效率。首先,将传统理查德森模型的被解释变量更改为企业的新增海外投资额,从而与国内投资效率区别开来;其次,参照异质性企业理论,引入企业全要素生产率,表明行业内生产率最高的企业才能在海外市场从事经营活动(Helpman et al.,2004);最后,由于海外投资增加了东道国维度,故参照引力模型引入三个宏观变量,分别为母国 GDP 增长率、东道国 GDP 增长率与地理距离。将该模型的残差值作为海外投资效率损失的衡量指标,大于 0 的残差代表海外投资过度;小于 0 的残差代表海外投资不足,并取绝对值,而这部分样本也是本节的考察对象。

图 12-3 描述了本节所测算的中国企业海外投资效率结果。在 1 498 条海外投资记录中,海外投资不足的记录为 906 条,占总样本的 60.48%;海外投资过度的记录为 592 条,占总样本的 39.52%,说明样本期内中国企业的海外投资效率损失主要源于海外投资不足。无论是海外投资不足样本偏离最优投资额的平均程度,还是其在各年度的出现频次,均出现了波动上升的趋势,需要引起高度重视。

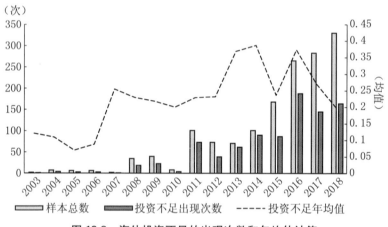

图 12-3　海外投资不足的出现次数和年均估计值

4. 二者关系初探

为了初步考察银企关系与中国企业海外投资不足之间的关系,进行 t 检验和中位数检验,结果见表 12-5。当企业存在银企股权关联时,其海外投资不足的均值较不存在银企股权关联的企业下降了 0.027,海外投资不足的中位数较之下降了 0.016。可以看出,在不控制其他变量的前提条件下,银企关系与海外投资不足呈负向影响,即存在银企股权关联的企业,其海外投资不足情况得到了一定程度的缓解。

表 12-5　t 检验和中位数检验结果

		全样本	股权集中度		股权流通度		政治联系	
			高	低	高	低	存在	不存在
$BF=1$	N	607	328	279	325	282	216	391
	均值	0.275	0.254	0.299	0.273	0.277	0.256	0.285
	中位数	0.212	0.205	0.224	0.200	0.232	0.205	0.218
$BF=0$	N	299	133	166	138	161	107	192
	均值	0.302	0.268	0.329	0.341	0.268	0.317	0.293
	中位数	0.228	0.207	0.247	0.255	0.204	0.214	0.221
差异	均值	0.027	0.014	0.030	0.068	−0.009	0.061	0.008
	t 值	1.468	0.597	1.043	2.356	−0.379	2.085	0.346
	中位数	0.016	0.002	0.023	0.055	−0.028	0.009	0.003
	Chi²-值	1.443	0.018	1.034	7.140	1.558	1.794	0.001

在此基础上,还按照股权集中度和流通度的各年度中位数和是否存在政治联系将全样本进行初步划分,并对子样本分别进行 t 检验和中位数检验,其统计结果发现:在股权集中度方面,无论企业股权集中度高低,银企关系的存在均减少了海外投资不足;股权集中度较低时基于银企关系分组的组间差异更大,说明股权集中度的提高有可能不利于银企关系缓解效应的发挥;在股权流通度方面,银企关系仅在股权流通度较高的子样本中改善了企业海外投资不足问题,说明股权流通度的提高有可能增强银企关系对海外投资不足的缓解效应;在政治联系方面,无论企业是否存在政治联系,银企关系均改善了企业的海外投资不足问题,其中存在政治联系的子样本基于银企关系分组的组间差异更大,初步判断政治联系有助于增强银企关系对海外投资不足的缓解效应。

三、实证检验结果

1. 变量选择

本节的被解释变量为海外投资不足($Under\_INV$),核心解释变量则采用银企股权关联虚拟变量(BF)来表示。选取的控制变量为集合

C,涉及三个层面：

第一个层面是反映公司治理的控制变量，包括独立董事比例（ID），用独立董事人数占董事会人数的比重来衡量；董事会规模（$Board$），通过企业董事会人数来体现；二职合一（$Dual$），若由一人同时身兼企业董事长和总经理，则该指标取 1，否则取 0；管理层持股比例（$Manage$），用企业当年管理层持股数量与总股本之比表示。

第二个层面是反映企业特征的控制变量，包括企业盈利性（ROA），用企业的总资产净利率表示；企业成长性（$Growth$），用企业营业收入的同比增长率表示；企业资产结构（Lev），用企业总负债与总资产的比值衡量；企业生产率（Tfp），代表企业的全要素生产率，经由 OLS 方法计算得出。

第三个层面是反映企业类型的控制变量，包括企业性质（Own），若企业为国有企业，则赋值为 1，否则为 0；投资区位（Loc），若企业的海外投资区位在"一带一路"国家，则该指标取 1，否则取 0，以体现中国企业在沿线国家和非沿线国家的差异；进入模式（$Mode$），企业海外投资方式为绿地投资时该指标取 1，企业海外投资方式为跨国并购时该指标取 0。

各变量的描述性统计见表 12-6。Pearson 相关系数检验表明，各变量间的相关系数绝对值均不超过 0.5，基本排除了各变量之间存在多重共线性的问题。

表 12-6　各变量的描述性统计

变 量		观测值	均值	标准差	最小值	最大值
被解释变量	海外投资不足（$Under\_INV$）	906	0.284	0.259	0.001	2.184
核心解释变量	银企关系（BF）	1 498	0.660	0.474	0	1
控制变量 ——公司治理	独立董事比例（ID）	1 498	0.381	0.064	0.250	0.800
	董事会规模（$Board$）	1 498	8.840	2.040	5	18
	二职合一（$Dual$）	1 497	0.275	0.447	0	1
	管理层持股比例（$Manage$）	1 498	0.085	0.148	0.000	0.726

变　量		观测值	均值	标准差	最小值	最大值
控制变量 —企业特征	企业盈利性（ROA）	1 498	5.114	5.869	−55.315	35.138
	企业成长性（Growth）	1 498	21.151	33.114	−41.152	179.092
	企业资产结构（Lev）	1 498	0.491	0.194	0.008	1.293
	企业生产率（Tfp）	1 498	−0.004	0.294	−2.020	1.877
控制变量 —企业类型	企业性质（Own）	1 498	0.353	0.478	0	1
	投资区位（Loc）	1 498	0.254	0.436	0	1
	进入模式（Mode）	1 498	0.360	0.480	0	1

在此基础上，为检验假说 12-1，建立如下基准回归模型：

$$Under\_INV_{ijt} = \alpha_0 + \alpha_1 BF_{it} + \alpha_n C_{it} + \gamma_t + \lambda_j + \varepsilon_{ijt} \qquad (12\text{-}13)$$

式中，i 表示企业个体，j 表示东道国，t 表示年份；γ_t 和 λ_j 分别代表年份和国家固定效应，ε_{ijt} 为随机扰动项。

2. 基准回归结果

表 12-7 汇报了全样本的基准回归结果。第（1）列仅引入关键变量银企关系（BF），第（2）—（4）列逐步加入公司治理、企业特征和企业类型层面的控制变量。可以发现，银企关系始终在 1% 或者 5% 的显著性水平上，对海外投资不足产生了负向影响，其影响系数为 −0.055～−0.046，表明良好的银企关系缓解了中国企业的海外投资不足问题，减少了企业的非效率投资行为。可能的原因在于，银企关系的存在使得企业获得了额外资源和外部支持，不仅能够帮助企业更精准地识别良好的海外投资机会，而且也使企业较少受到融资问题的限制，从而更好地抓住这些投资机会，减少了企业的海外投资不足程度；与此同时，银企关系为企业带来的外部监管能优化企业的资源配置，并激励企业主动避免低效率的投资，相应减少了企业的海外投资不足行为。基准回归结果证实了假说 12-1 的成立。

表 12-7 基准回归结果

	(1)	(2)	(3)	(4)
BF	−0.055 ***	−0.055 ***	−0.047 **	−0.046 **
	(0.020)	(0.020)	(0.020)	(0.019)
ID		0.064	0.278 *	0.286 *
		(0.181)	(0.161)	(0.164)
Board		−0.016 ***	−0.006	−0.006
		(0.005)	(0.005)	(0.005)
Dual		0.035	0.001	−0.005
		(0.022)	(0.019)	(0.020)
Manage		−0.018	−0.144 **	−0.147 **
		(0.058)	(0.062)	(0.065)
ROA			−0.009 ***	−0.008 ***
			(0.002)	(0.002)
Growth			0.001 ***	0.001 ***
			(0.000)	(0.000)
Lev			−0.520 ***	−0.505 ***
			(0.074)	(0.074)
Tfp			−0.020	−0.024
			(0.040)	(0.040)
Own				−0.007
				(0.020)
Loc				−0.132 ***
				(0.046)
Mode				−0.049 ***
				(0.019)
国家固定效应	是	是	是	是
时间固定效应	是	是	是	是
观测值	906	905	905	905
R^2	0.234	0.250	0.348	0.353

注:括号内为稳健标准误,下同。

在公司治理层面,依次引入企业特征变量和企业类型变量后,独立董事比例(ID)的系数在 10% 的水平上显著为正,表明过多聘请独立董事与初衷背道而驰,反而加剧了企业的海外投资不足问题。究其原因,独立董事的任职资格之一是其与公司或公司管理者之间不存在重要的业务往来或利益关系,试图维持其监督工作的独立性;但是,这一要求也导致独立董事不再保有勤勉敬业、尽职尽责的内生工作动力。目前规范独立董事职责义务的相关法律法规较为薄弱,独立董事在履行职责时既缺少外在压力和约束,也缺乏内在动力和追求。

在企业特征层面,无论是否引入企业类型控制变量,企业盈利性(ROA)与企业资产结构(Lev)的系数均显著为负,表示盈利性越高、资产结构中以负债为主的企业由于拥有较多的自有资金,较少面临海外投资不足的问题;企业成长性($Growth$)的系数始终在1%的水平上显著为正,表示营收增长率越高的企业,面临的海外投资不足越严重,其原因可能与样本企业营收增长的质量较低有关,通过牺牲利润和现金流来实现营收的高增长,会导致海外投资活动后劲不足。

在企业类型层面,企业性质(Own)的回归系数为-0.007,但未通过显著性检验,表明所有权异质性对企业海外投资不足并无显著影响。这一结论与已有研究成果并不吻合,已有文献大多认为,国有企业能够获得更为优厚的国家信贷支持和政策优惠,而民营企业"融资难""融资慢""融资贵"等问题更为突出,故投资不足问题更为严重。但是,本节的实证结果并未支持这一结论,可能的原因有二:一方面,近年来中国对民营企业的政策倾斜有效帮助了民营企业获取融资(徐光等,2019),促进了民营企业的海外投资;二是在本节样本中,民营企业均为上市公司,而已有研究发现,与国有上市公司相比,民营上市公司的融资约束问题通过直接融资与信贷融资均得以明显缓解,不同所有权企业之间的差异逐渐缩小(沈红波等,2010),因此民营企业在海外投资效率方面并无明显的劣势。与所有权异质性不同,投资区位(Loc)的回归系数显著为负,表明如果中国企业将投资区位选择为"一带一路"沿线国家,那么海外投资不足导致的效率损失较之非沿线国家会有所减小。一方面,自2014年以来,愈来愈多的中国企业加大了对"一带一路"国家的投资,而各大商业银行和政策性银行为其提供了一系列政策支持,也使得中国企业在"一带一路"的海外投资更有保障,这可能是投资区位异质性显著的重要原因之一;另一方面,中国企业在"一带一路"国家的投资多为工程承包、基础设施建设等中国成熟发达的领域,中国企业在这些领域的海外投资效率更胜一筹。进入模式(Mode)在 1% 的水平上显著为负,表明采取绿地投资模式的企业较之跨国并购企业,更能免于海外投资不足的效率损失。可能的原因在于,绿地投资建设周期较长,需要持续的资金投入,稳定性较高,即使在面临企业内部资金紧张或外部冲击时,仍能按计划保持持续投资,因此较少受到海外投资不足的困扰。

3. 稳健性检验

采取以下四种稳健性检验方法,进一步验证基准回归结论。

(1) 工具变量法

考虑到被解释变量(海外投资不足)与核心解释变量(银企关系)之间可能存在逆向因果关系,即商业银行可能更愿意持有海外投资效率较高企业的股票,以获得更多收益,逆向因果的存在有可能导致基准回归结果出现偏误。为此,选取两个工具变量:一是参照潘越等(2020)的方法,选取企业股票是否为中证 500 指数样本股作为工具变量,记为 ln 500。若企业股票当年被选入中证 500 样本股,则 ln 500 取 1,否则取 0,该指标来自 Wind 数据库。一方面,在控制公司治理、公司财务等股票基本面因素后,企业是否被选入样本股对企业的海外投资效率并不产生直接影响,因此满足外生性条件;另一方面,银行对企业的持股绝大部分通过基金等间接持有,而这些基金往往倾向于按某一股票指数的权重和成分来配置投资,当企业股票入选或退出股票指数样本股时,这些基金也会相应调整其投资组合,从而表现为银行持股变动,进而影响企业的银企关系指标。二是选取银企关系(BF)滞后一期和两期值作为工具变量。上述两种工具变量,均采用 2SLS 进行估计。

如表 12-8 所示,工具变量 ln 500 的第一阶段回归系数显著为正,说明入选中证 500 样本股的企业更容易建立银行股权关联,二者存在较强的相关性。为验证工具变量的有效性,使用 Kleibergen-Paap rk

LM 和 Kleibergen-Paap Wald rk F 统计量进行判断,第一种工具变量 $\ln 500$ 的 F 统计量为 12.381,虽略小于 10% 水平上的临界值,但大于 15% 水平上的临界值8.96,同时 LM 统计量的 p 值为 0.000,强烈拒绝不可识别的原假设;第二种工具变量 BF_{t-1},BF_{t-2} 的 F 统计量为 58.120,均大于 10% 水平上的临界值,说明上述工具变量全部有效。第二阶段的回归结果显示,银企关系(BF)对海外投资不足的影响依然显著为负,与基准回归结果保持一致。与此同时,我们还观察到在使用工具变量控制内生性之后,银企关系对海外投资不足的回归系数从基准回归中的-0.046 下降至-0.316 和-0.086,表明内生性问题使得 OLS 的估计结果出现负偏,低估了银企关系对企业海外投资不足的缓解效应。

表 12-8 内生性检验:工具变量法

	工具变量 1: $\ln 500$		工具变量 2:BF_{t-1}、BF_{t-2}	
	第一阶段	第二阶段	第一阶段	第二阶段
BF		-0.316^{**}		-0.086^{**}
		(0.151)		(0.044)
$\ln 500$	0.132^{***}			
	(0.038)			
BF_{t-1}			0.361^{***}	
			(0.041)	
BF_{t-2}			0.083^{**}	
			(0.038)	
控制变量	是	是	是	是
国家固定效应	是	是	是	是
时间固定效应	是	是	是	是
Kleibergen-Paap rk LM 统计量		13.959 [0.000]		101.565 [0.000]
Kleibergen-Paap Wald rk F 值		12.381 {16.38}		58.120 {19.93}
观测值	905	905	874	874
R^2	0.211	0.162	0.322	0.357

注:{ }内数值表示 Stock-Yogo 检验 10% 水平上的临界值,[ ]内数值表示统计量的 p 值。

（2）安慰剂检验

考虑到银企关系有可能只是影响中国企业海外投资不足的偶然事件，导致本节并未捕捉到影响海外投资不足的真实因素，因此需要对样本实施安慰剂检验，以控制某些无法观测的个体因素。参照许年行和李哲（2016）的方法，将关键变量——银企股权关联虚拟变量（BF）随机分配到每一条"年份—企业—东道国"投资记录中，将分配后的变量与被解释变量企业海外投资不足（$Under\_INV$）回归，并将随机分配和回归过程重复 1 000 次，其随机分配后得到的系数值大部分集中在 0 值附近，与基准回归结果－0.046 有显著区别，这意味着安慰剂效应不存在，验证了基准回归结果的稳健性。

（3）替换核心解释变量

选取银企股权关联深度指标（BFD）和银企股权关联广度指标（BFS）用于稳健性检验。其中，前者由机构投资者对企业的持股比例来衡量，后者采用持有该企业股票的银行数目来衡量，数据均来源于 Wind 数据库及企业年报。表 12-9 第（1）—（2）列的估计结果显示，无论采用何种指标衡量银企关系，其结果均与基准回归结果保持一致。

表 12-9　稳健性检验：替换核心解释变量和样本更换

	替换核心解释变量		样本期更换
	（1）	（2）	（3）
BFD	－0.040 ***		
	(0.013)		
BFS		－0.010 **	
		(0.005)	
BF			－0.046 **
			(0.020)
控制变量	是	是	是
国家固定效应	是	是	是
时间固定效应	是	是	是
观测值	904	905	875
R^2	0.361	0.352	0.352

（4）样本期更换

如前所述，2008 年金融危机对世界经济及其中国的海外投资均产生了较大的外部冲击。为消除金融危机对估计结果的干扰，选取 2009 年以后的样本重新进行检验，结果见表 12-8 的第（3）列。结果显示，在国际金融危机之后，良好的银企关系依然对海外投资不足具有显著的缓解作用，进一步验证了假说 12-1 的成立。

四、作用渠道检验

为了进一步探究银企关系影响中国企业海外投资不足的具体作用渠道，根据前文的理论假设，选取企业信贷可得性（Debt）作为中介变量，并采用中介效应模型加以检验。具体而言，参照张晓玫和潘玲（2013）的做法，采用企业借款总额占总负债的比重来衡量企业信贷可得性，该指标越大，表明企业能够获取的贷款越多，信贷可得性越高。与此同时，为了进一步考察银企关系究竟是通过影响企业长期借款还是短期借款进而影响企业海外投资不足，还分别使用企业长期借款占总负债比重作为长期贷款可得性（Debt-L）、短期借款占总负债比重作为短期贷款可得性（Debt-S）作为中介变量。

表 12-10 汇报了中介效应检验结果。可以看出，首先，选取总体信贷可得性（Debt）和长期贷款可得性（Debt-L）作为中介变量时，良好银企关系的存在改善了企业总体信贷可得性，特别是改善了长期贷款可得性；而总体和长期信贷可得性越高，越有助于缓解企业在海外投资时面临的资金约束，从而缓解了企业的海外投资不足问题。其次，选取短期贷款可得性（Debt-S）作为中介变量时，回归系数为负且不显著，表明银企关系对企业短期贷款可得性并无显著影响。最后，无论选取哪种中介变量，核心解释变量银企关系的系数始终显著为负，可见企业总体信贷可得性与长期信贷可得性发挥了部分中介效应。由前文的基准回归结果可知，银企关系影响企业海外投资不足的总效应为 −0.046，选取

总体信贷可得性（Debt）时的直接效应为－0.043，间接效应为－0.003，总效应中约有 6.52％为中介效应；选取长期贷款可得性（Debt-L）时的直接效应为－0.042，间接效应为－0.004，总效应中约有 8.70％为中介效应。中介效应的检验结果支持了前文提出的假说 12-2，即基于企业信贷可得性的中介效应作用渠道成立，良好的银企关系通过增加企业的信贷可得性（特别是长期信贷可得性），有效缓解了企业的海外投资不足问题。

表 12-10　作用渠道检验

	总体信贷可得性 Debt (1)	中介效应 Under (2)	信贷可得性—长期 Debt-L (3)	中介效应 Under (4)	信贷可得性—短期 Debt-S (5)	中介效应 Under (6)
BF	0.030*	−0.043**	0.032***	−0.042**	−0.002	−0.046**
	(0.016)	(0.019)	(0.011)	(0.020)	(0.013)	(0.019)
Debt		−0.099**				
		(0.038)				
Debt-L				−0.140***		
				(0.051)		
Debt-S						−0.047
						(0.047)
控制变量	是	是	是	是	是	是
国家固定效应	是	是	是	是	是	是
时间固定效应	是	是	是	是	是	是
观测值	905	905	905	905	905	905
R^2	0.338	0.358	0.275	0.358	0.273	0.354

五、调节机制检验

由前文的基准回归和作用渠道检验可知，银企关系通过外部信贷可得性缓解了企业的海外投资不足问题。但是，这些外部信贷资源能否通过企业内部决策转化为海外投资配置，还取决于一系列与投资决策相关的公司治理因素。为进一步考察效应的调节机制，在基准回归中引入调节变量及其与银企关系变量的交乘项，所有变量均作中心化处理。

1. 内部股权结构的调节作用

企业的股权结构与剩余控制权、剩余索取权息息相关,影响着企业的资源分配和股东的行为倾向,也影响着银企关系为企业带来的外部资源能否向海外投资转化,因此企业股权结构可能会对银企关系影响企业海外投资不足产生调节效应。正如前文理论分析所提出的,为了全面考察企业股权结构的调节作用,采用两个分指标来衡量企业股权结构:企业股权集中度(Center)和企业股权流通度(Pub)。其中,前者采用企业第一大股东持股比例作为衡量指标,后者采用流通股占比表示,两个指标均来源于 Wind 数据库。

图 12-4 展示了海外投资不足样本股权结构事实,虚线表示样本年均第一大股东持股比例,实线表示样本年均流通股比例。可以发现,样本企业第一大股东持股比例随年份增长明显降低,这表明近年来样本企业股权集中程度有下降趋势;而样本企业流通股比例随年份增长波动上升,并维持在较高水平,这体现了我国近年股权分置改革的成果,与事实相符。

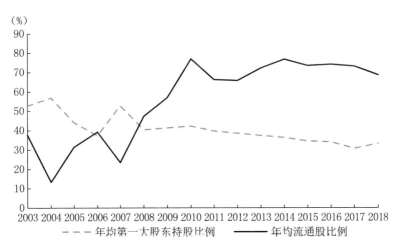

图 12-4　海外投资不足样本股权结构事实

数据来源:根据 Wind 数据库和上市公司年报整理而得。

表 12-11 汇报了股权集中度和股权流通度的调节效应结果。从第(1)列的估计结果可以看出,股权集中度(Center)的回归系数显著为负,表明大股东效应减小了企业的海外投资不足程度。可能的原因是,大股东更有能力将企业的留存收益转化为固定资产投资(Almeida and Wolfenzon,2006),由此缓解了企业海外投资不足的问题。但是,股权集中度与银企关系的交乘项(BF×Center)回归系数为正,虽然与假说 12-3a 的预期一致,但是并未通过显著性检验。相比之下,第(2)列结果表明,股权流通度(Pub)对企业海外投资不足的回归系数在 1% 的水平上显著为正,说明企业股权流通度的提高加重了企业的海外投资不足,造成企业海外投资的非效率;与此同时,企业股权流通度与银企关系的交乘项(BF×Pub)的估计系数在 1% 的水平上显著为负,与银企关系

表 12-11 调节效应检验

	股权集中度 (1)	股权流通度 (2)	政治联系 (3)
BF	−0.034 * (0.019)	−0.008 (0.020)	−0.033 * (0.020)
$Center$	−0.001 ** (0.001)		
$BF \times Center$	0.000 (0.001)		
Pub		0.003 *** (0.000)	
$BF \times Pub$		−0.002 *** (0.001)	
PC			0.009 (0.020)
$BF \times PC$			−0.065 * (0.038)
控制变量	是	是	是
国家固定效应	是	是	是
时间固定效应	是	是	是
观测值	905	905	905
R^2	0.394	0.426	0.392

的系数方向一致,说明股权流通度发挥了正向调节作用,即股权流通度越高,良好的银企关系对企业海外投资不足的缓解效应越明显。这表明,股权流通度提高带来的外部监督效应有助于释放银企关系对企业海外投资不足的平抑作用,验证了假说12-3b的成立。

2. 外部政治联系的调节作用

与银企关系相类似,政治联系是企业存在的另一种外部"关系",尤其在制度不完善的情况下,政治联系甚至是银企关系的替代机制之一。参照董有德和宋芳玉(2017)的做法,选取高管政治联系(PC)虚拟变量为企业政治联系的衡量指标,若企业现任董事长或总经理中有人现在或者曾经在政府任职或担任人大代表、政协委员,则该指标取1,否则取0,该指标根据 CSMAR 数据库和企业年报手工整理。

图 12-5 展示了海外投资不足样本的政治联系情况。其中深色柱体表示存在政治联系的样本数,浅色柱体表示不存在政治联系的样本数。可以发现近年来各年份不存在政治联系的样本均占多数,但存在政治联系的样本数有波动增长的趋势。

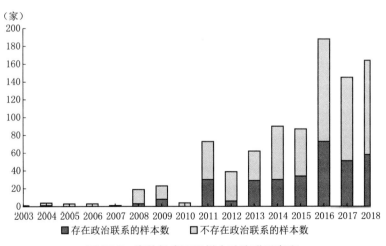

图 12-5 海外投资不足样本政治联系事实

数据来源:根据 Wind 数据库和上市公司年报整理而得。

表 12-11 第(3)列的估计结果展示了外部政治联系的调节作用。虽然政治联系(PC)对海外投资不足的回归系数并不显著,但是政治联系与银企关系交乘项(BF×PC)的回归系数显著为负,与核心解释变量银企关系的回归系数方向一致,表明政治联系在银企关系影响企业海外投资不足的过程中发挥了正向调节作用。究其原因,其一,高管的政治身份为企业带来了更多额外资源,改善了企业的经济状况,也改善了企业与银行的关系;其二,从银行角度来看,银行更愿意与存在政治联系的企业建立信贷关系,以提高自己贷出资金的安全性;其三,存在政治联系的企业中可能有更深的"关系"文化,可以对银企关系影响企业海外投资不足发挥正向调节作用,证实了假说 12-4 的成立。考虑到制度不完善的情况下,政治联系是银企关系的替代机制之一,因此政治联系的正向调节作用也说明了银企关系尚存在进一步改善的空间,建立新型银企关系的重要性可见一斑。

第三节 绿色金融机制

中国企业在"一带一路"国家海外投资的过程中,不仅受到了沿线国家金融生态的直接影响,而且所遭受的环境和资源压力与日俱增(Maliszewska and van der Mensbrugghe,2019;Losos et al.,2019;Bandiera and Tsiropoulos,2020;Fang et al.,2021)。一方面,环境和资源因素在广义金融生态组成部分中的重要性逐渐上升;另一方面,环境和资源压力还进一步导致中国企业在沿线国家的项目融资难度"雪上加霜",对海外投资效率产生了制约作用。中国在"一带一路"国家的海外投资正在更多地转向绿色项目,因此如何发挥绿色金融对中国海外投资效率的提升作用,是本节关注的对内调节机制之一。

一、数据来源

在这一部分,中国企业海外投资的数据来自 CSMAR 海外直接投资数据库,涉及 2000—2019 年沪深 A 股上市公司。该数据库提供了上市公司海外关联公司的详细信息,包括海外关联公司的注册地、注册资本、与母公司的关联关系、上市公司的控股比例等。参照刘莉亚等(2015)、綦建红和张志彤(2021)的做法,若关联关系为"上市公司的子公司""上市公司的合营企业"或"上市公司的联营企业",关联方注册地在中国大陆以外,且控股比例超过 10％,则视为该上市公司进行了海外投资。在此基础上,进一步清洗数据,剔除了营业利润率、资本等关键变量异常的企业,也剔除了持续亏损的企业。

二、准自然实验的选取

为了平衡"一带一路"国家经济发展的短期紧迫性和环境问题的长期和谐性,中国始终将绿色作为"一带一路"的底色(Zhou et al.,2018;Jiang et al.,2022),并且在高质量共建"一带一路"的过程中更加强调绿色发展理念。特别值得一提的是,中国政府于 2017 年发布了《关于推进绿色"一带一路"建设的指导意见》(以下简称《指导意见》),不仅正式对绿色"一带一路"提出了高标准的定义,而且还对在"一带一路"国家投资的中国企业[①]发出了强烈的绿色金融政策信号——对环境友好型的中国海外投资企业来说,绿色"一带一路"倡议通过更好的融资渠道和更低的融资成本,为其提供绿色信贷[②],有利于缓解在"一带一路"国家投资的中国企业的融资约束问题。基于此,本节以中国政府 2017 年发起的绿色"一带一路"倡议作为准自然实验,考察这一政策对本章第

[①] 《指导意见》明确提出,"鼓励环保企业开拓沿线国家市场,引导优势环保产业集群式'走出去'",即中国在沿线国家的海外投资企业是绿色"一带一路"倡议的重点实施对象。

[②] 在这份《指导意见》中,明确提出"加强对外投资的环境管理,促进绿色金融体系发展",即"强化资金保障。鼓励符合条件的'一带一路'绿色项目按程序申请国家绿色发展基金、中国政府和社会资本合作融资支持基金等现有资金(基金)支持。发挥国家开发银行、进出口银行等现有金融机构引导作用,形成中央投入、地方配套和社会资金集成使用的多渠道投入体系和长效机制"。

一、二节提出的政府补贴和银行信贷等调节机制的影响及其异质性。

三、绿色"一带一路"倡议对中国企业融资的影响

1. 模型构建

如前所述,以中国政府 2017 年发起的绿色"一带一路"倡议作为准自然实验,并采用 DID 模型进行估计。其中,第一个差异来自中国海外投资企业在"一带一路"沿线国家和非沿线国家的融资差异(Treat);第二个差异来自中国海外投资企业在绿色"一带一路"倡议提出前后的表现(Post)。

具体到基准模型的构建,鉴于绿色"一带一路"倡议于 2017 年正式实施,故时间虚拟变量 Post 在 2017 年之前为 0,否则为 1。同时,若某家企业在 2017 年之前仅在"一带一路"国家进行海外投资,则认为该企业受到了绿色"一带一路"倡议的影响,定义为 $Treat = 1$,即根据《指导意见》,仅考虑绿色"一带一路"倡议对在位企业的影响,若某家企业在整个样本期间仅在非沿线国家进行海外投资,则将其纳入对照组 $Treat = 0$。由此,基准模型可设定如下:

$$Y_{it} = \beta_0 + \beta_1 Treat_i \times Post_t + \gamma C_{it} + \lambda_i + \gamma_t + \varepsilon_{it} \qquad (12\text{-}14)$$

其中,下标 i 代表中国企业,t 代表年份。Y 代表与企业融资有关的变量,包括第一节的政府补贴和第二节的银行信贷;C 代表控制变量。λ_i 和 γ_t 分别代表企业固定效应和时间固定效应,ε_{it} 代表随机扰动项。

2. 对企业融资的整体影响[①]

(1) 对企业获得银行信贷的影响

《指导意见》中强调指出,以商业银行为主的金融机构共享企业环

---

① 根据本章主题,这里重点只关注绿色"一带一路"倡议对中国海外投资企业融资的影响,因此更详细的内容(如平行趋势假定、控制变量的选取与结果、内生性处理和稳健性检验),见作者发表的英文论文,Jiang M., J. Qi and Z. Zhang, 2022. Under the same roof? The green Belt and Road Initiative and firms' heterogeneous responses[J]. Journal of Applied Economics, 25(1):315 – 337。

境保护的有关信息,从而将企业的环境实践与商业银行的信贷渠道联系起来。由于这些商业银行提供的绿色信贷集中于企业的环境和社会责任,对企业环境绩效的审慎调查便成为项目融资过程中的关键步骤。与此同时,商业银行的行为实际上也向资本市场传递了一个强烈的信号,即外部投资者通过观察商业银行的绿色金融行为,获得更多关于企业环境实践的信息,并减少信息不对称问题。例如,亚投行、丝路基金、南南合作基金等都会据此向在"一带一路"国家提供环境友好型的中国海外投资企业,提供成本更低、数量更多的贷款。

从总体来看,绿色"一带一路"倡议既存在"鼓励机制",即商业银行及其外部投资者将向在"一带一路"国家投资的、更好遵循《指导意见》的中国企业发放优惠贷款,降低这些海外投资企业的融资成本;也存在"惩罚机制",即重污染企业可能面临间接惩罚,融资成本提高,间接融资与直接融资的渠道受限(Fan et al.,2021)。如第十章所述,面对"一带一路"国家整体不佳的金融生态,中国海外投资企业亟须从多个渠道寻求融资,因此绿色"一带一路"倡议有可能缓解在沿线国家投资企业的融资约束。

基于此,延续第十一章的衡量方法,参考贝隆(Bellone et al.,2009)、王碧珺等(2015)等学者的做法,根据企业内源融资、外源融资和盈利能力状况,使用财务分项指标构建企业融资的综合指标(FC)。该指数越大,中国企业面临的融资约束就越弱。表 12-12 中的第(1)列汇报了绿色"一带一路"倡议与企业融资约束之间的估计结果。可以发现,核心交互项 $Treat \times Post$ 的系数为正,且在 1% 的水平上高度显著,表明绿色"一带一路"倡议的实施显著降低了中国在沿线国家投资企业的融资约束。

(2) 对企业获得政府补贴的影响

除了通过商业银行等多种渠道缓解企业的融资约束之外,《指导意见》还强调了中央政府、地方政府和私营部门对中国海外投资企业的联

表 12-12　绿色"一带一路"政策对不同所有制企业的融资机制影响

	全样本		国有企业	非国有企业	国有企业	非国有企业
	FC	Subsidy	FC		Subsidy	
	(1)	(2)	(3)	(4)	(5)	(6)
$Treat \times Post$	0.207***	0.180***	0.025	0.246***	0.824**	0.023
	(8.778)	(7.500)	(1.317)	(7.577)	(2.129)	(1.145)
控制变量	是	是	是	是	是	是
企业固定效应	是	是	是	是	是	是
年份固定效应	是	是	是	是	是	是
观测值	11 447	11 447	2 969	8 031	1 797	8 031
R^2	0.727	0.550	0.885	0.720	0.784	0.386

注:括号内为 t 值。

合资助,尤其是对在"一带一路"国家投资的中国企业。这种融资支持不同于商业银行等金融机构放松融资约束的渠道,而是直接给予来源于政府或相关政府部门的补助。在实践中,这类支持可以采取多种形式,包括与环境保护有关的政府转移、补贴、补偿和/或奖励。由于政府机构提供各种形式的直接补贴,符合《指导意见》规定的中国企业有望获得更多的政府补贴,同样有可能在一定程度上缓解"一带一路"国家金融生态不佳造成的融资约束问题。

基于此,延续第十二章中政府补贴(Subsidy)指标的衡量方法与数据来源,即使用年报附注中"政府补助"和"政府补贴收入"项目来体现,数据来自 Wind 数据库或者手动查找企业网站公开的财务年度报告。该指标越大,表明中国企业获得的政府补贴就越多。表 12-12 中的第(2)列的估计结果显示,核心交互项 $Treat \times Post$ 的系数同样显著为正,表明绿色"一带一路"倡议的实施显著增加了中国在沿线国家投资企业所获得的政府补贴。

3. 对企业融资的异质性影响

考虑到国有企业和非国有企业的海外投资效率,往往因为融资约束而有所不同(Chen et al., 2009;Hau et al., 2020),本节进一步考察绿色"一带一路"政策对不同所有制企业融资约束的异质性影响。

表 12-12 第(3)—(4)列首先对比了国有企业和非国有企业在遵循绿色"一带一路"倡议以获得融资优势方面的不同表现。估计结果表明,只有非国有企业对融资渠道作出了积极的回应,即面临更大融资约束的非国有企业,在"一带一路"国家金融生态不佳、难以提供资金支持的条件下,更有动力遵循绿色"一带一路"倡议,从绿色金融中获益更多。相比之下,第(5)—(6)列对政府补贴的估计呈现出迥然不同的结果。第(6)列中非国有企业的 $Treat \times Post$ 系数不显著,与第(5)列中国有企业在 5% 的水平上显著形成了强烈反差,表明绿色"一带一路"倡议所提供的各种政府补贴,目前只惠及到国有企业,缓解了"一带一路"国家金融生态不佳带来的融资约束问题。

究其原因,上述异质性结果在某种程度上反映了国有企业在获取资源、运营规模和实施国家战略方面的长期优势。一方面,与非国有企业相比,国有企业长期以来享有大量信贷的优先权(Liu et al.,2021),降低了国有企业遵循绿色"一带一路"倡议而带来的融资便利。随着政策导向和海外投资规模的扩大,国有企业比非国有企业更加适合履行国家的国际投资与合作战略(Zhang and Zhang,2016;Guo et al.,2018),包括在"一带一路"国家进行的海外投资。在这个过程中,国有企业会获得政府机构提供的各种形式的资金支持,有助于进一步提高其在"一带一路"国家的海外投资效率。与之形成鲜明对比的是,非国有企业并非生来就具备上述所有制优势,必须在短期内获得绿色信贷资金,以缓解"一带一路"国家金融生态不佳对其海外投资效率的不利影响。

第十三章 "一带一路"国家金融生态 对中国海外投资效率的影响机制： 应对金融生态的外部调节

本章旨在从"一带一路"金融生态的外部制度调节出发，考察这些外部制度的持续优化是否会直接影响中国企业在沿线国家的海外投资效率，以及是否会在沿线国家金融生态影响中国海外投资效率的过程中产生良性调节作用。为实现这一目标，分别以微观层面和宏观层面的海外投资效率为基础，选择三个外部制度视角：

其一，人民币国际化程度的加深是否会提升"一带一路"金融生态对海外投资效率的正向影响？为了回答这一问题，首先，以交易媒介、计价单位、贮藏手段三大职能为基础，利用 PCA 方法构建人民币国际化综合指数与分项指数，实证检验人民币国际化对中国企业海外投资效率的直接影响及其异质性；其次，利用中介效应模型考察人民币国际化影响中国企业海外投资效率的作用机制，并检验人民币国际化对于"一带一路"金融生态提高中国海外投资效率的调节作用；最后，基于人民币国际化在"一带一路"国家核心区、扩展区和辐射区的空间布局，进一步探究上述直接影响和调节作用的异质性特征。

其二，签署双边货币互换协议是否会强化"一带一路"金融生态对海外投资效率的促进作用？为了考察这一影响，在典型事实的基础上，首先从理论上分析货币互换协议影响中国企业海外投资效率的内在机制，然后构建多时点 DID 模型检验货币互换协议对中国海外投资效率的直接影响、异质性及其内在机制,最后考察货币互换协议在加强"一带一路"金融生态改善海外投资效率方面的调节作用。

其三,签署和执行自由贸易协定是否会正向调节"一带一路"金融生态对海外投资效率的影响? 为此,在描绘中国与"一带一路"国家缔结自贸协定网络图的基础上,从理论和实证两个层面分别考察了自贸协定签署对中国企业海外投资效率的影响及其异质性,并且从自贸协定网络的视角进一步考察了其如何调节沿线国家金融生态对海外投资效率的影响。

第一节　人民币国际化机制

随着人民币在交易媒介、记账单位、价值贮藏等方面的职能逐步渗透,跨境循环体系初见雏形,对深入推进中国海外投资、优化海外投资效率大有裨益。

人民币对中国海外投资效率的影响机制主要通过三个方面来实现:首先,随着人民币国际化程度的提高,中国海外投资企业更容易获得融资便利。正如第十一章所强调的,资金是海外投资的"血液",企业面临的融资约束直接关乎其海外投资"生命"。随着人民币国际化进程的逐步推进,人民币在金融领域的交易媒介和储备货币职能稳定发挥,货币的直接兑换更为便利,支付结算领域不断扩大,有利于拓宽中国企业的海外融资渠道,降低海外融资成本。其次,随着人民币国际化程度的提高,中国海外投资企业的汇率风险将有所降低。通常而言,汇率风险造成的现金波动会加剧企业投资收益的不确定性,严重阻碍海外投资效率优化(李平等,2017),而随着人民币汇率市场化的深入发展,人民币外汇衍生品逐渐丰富,外汇衍生市场规模不断扩大,汇率风险也将随之有所缓解。最后,人民币国际化程度的提高,一方面可以促进人民币国际储备职能的发挥,使得中国企业可用人民币进行投资,提高中国海外投资效率;另一方面可以增加东道国对于人民币的接受度,有利于推进企业人民币海外投资业务的开展,优化企业资金配置,提高企业投资效率(古广东和李慧,2021)。

一、人民币国际化的典型事实

自 2009 年 7 月 1 日中国正式启动跨境贸易结算以来,人民币作为新兴国际货币,历经"8·11 汇改"、纳入 SDR 货币篮子、设立数字货币试点等多次政策优化,其国际化进程在市场需求和国家战略的双重驱动下稳慎推进,在跨境贸易结算、国际储备、大宗商品计价等方面取得了积极进展。

首先,人民币跨境使用范围从贸易领域扩展至投资领域,其涵盖内容也相应地从货物贸易和服务贸易扩展到跨境融资、证券投资等方面,交易内容的多样性逐步提高。据中国人民银行统计,跨境贸易人民币结算业务规模已经从 2011 年的 2.19 万亿元发展到 2020 年的 10.58 万亿元,增长幅度高达 382.91%,整体呈现出良好的增长态势。其中,如图 13-1(A)所示,虽然人民币跨境结算在经常账户下的结算额均高于同时期的直接投资结算额,但是直接投资领域的增长较贸易领域更为明

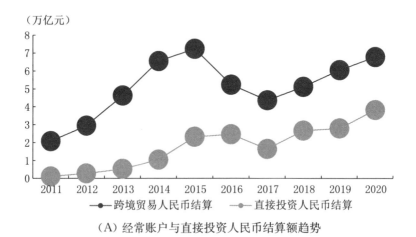

（A）经常账户与直接投资人民币结算额趋势

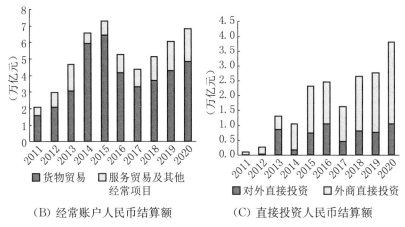

（B）经常账户人民币结算额　　　（C）直接投资人民币结算额

图 13-1　2011—2020 年人民币跨境结算情况

数据来源:中国人民银行各年度《金融统计数据报告》。

显,由 2011 年的 0.11 万亿元扩展至 2020 年的 3.81 万亿元。图 13-1(B)
显示,在经常账户项下,货物贸易和服务贸易的跨境人民币结算金额,
在 2011—2020 年间均在波动过程中实现了较快增长,其中货物贸易的
跨境人民币结算占据绝对比例。具体来说,2015 年之前跨境贸易结算
增长迅猛,由 2011 年的 2.08 万亿元跃升至 2015 年的 7.23 亿万元,同比
涨幅最高达到 57.48%,而 2016、2017 年增速分别同比下滑 27.66%、
16.63%,人民币跨境贸易结算从高速增长向结构调整转变(邓富华等,
2020),2018 年扭转下降趋势实现再次增长。图 13-1(C)则显示,对外
直接投资和外商投资领域的结算额也实现了波动式上涨,其中对外直
接投资的人民币结算额波动幅度更为明显,而外商直接投资中人民币
结算占比更大,且增长更为显著,2011 年仅为 0.09 万亿元,2020 年已实
现 2.76 万亿元。

　　其次,人民币国际储备货币功能进一步强化。如图 13-2 所示,自
2016 年以来,人民币国际储备规模不断扩大、全球占比稳步上升。据
IMF 提供的官方外汇储备货币构成(COFER)数据显示,2020 年一季度

末人民币储备规模达到 2 675.2 亿美元(占比 2.5%),创下了自 2016 年 10 月 IMF 公布人民币储备资产以来的历史最高纪录。此外,据中国人民银行统计,全球已有 70 多个经济体的货币当局将人民币纳入外汇储备。①

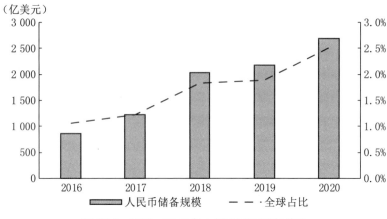

图 13-2　2016—2020 年人民币国际储备情况

数据来源:中国人民银行各年度《人民币国际化报告》。

再次,以人民币计价和结算的大宗商品逐年增加。当前中国已有 7 种大宗商品交易期货上市,分别是原油、铁矿石、精对苯二甲酸、国际铜、棕榈油、20 号胶和低硫燃料油。境外交易者投资这 7 类特种品期货时,可选择人民币或者美元作为保证金,根据折算价值,截至 2020 年人民币在境外参与者累计汇入保证金(711.44 亿元)和累计汇出(779.96 亿元)中占有绝对比例,分别为 73.3% 和 84.3%。

最后,人民币跨境支付系统(CIPS)兼具对接系统多和参与方便的特点,运行顺畅。自 2015 年 10 月启动 CIPS 系统以来,经过五年多的

---

① 陈果静.央行报告显示:70 多个央行将人民币纳入外储[N/OL].经济日报,(2020-08-14)[2020-08-15]. http://news.jxntv.cn/2020/0815/9443071.shtml.

发展,已经能够为跨境支付结算清算提供安全、便捷、高效和低成本的服务。首先,运行时间达到 11 小时,覆盖全球金融市场,对美欧地区结算更加友好;其次,实时全额结算模式和定时净额结算机制并行,直接参与者有专线一点接入,结算效率高,且更安全;最后,支持多种金融市场业务结算,系统覆盖范围不断扩大,业务量持续扩容。2020 年,CIPS跨境人民币业务累计处理量高达 220.49 万笔,涉及金额 45.27 万亿元、同比增长 33.4%。截至 2022 年 1 月,CIPS 系统共拥有 1 280 家参与者,包括 75 家直接参与者和 1 205 家间接参与者。

值得强调的是,"一带一路"倡议作为近年来中国对外开放的重大战略举措,为推动人民币国际化提供了崭新的发展契机。据统计,2019 年"一带一路"国家实现的跨境人民币收付额约为 4.53 万亿元,占同期跨境人民币收付总额的 16%,其中直接投资项下的收付额为 4 341.16 亿元,同比增长 72%。现阶段,人民币已实现与部分沿线经济体货币进行直接交易,包括马来西亚林吉特、新加坡元、泰铢、沙特里亚尔、阿联酋迪朗姆等,与柬埔寨瑞尔、哈萨克斯坦坚戈和蒙古国图格里克三种沿线国家货币实现了区域交易①,还在 8 个沿线国家建立了人民币清算机制安排。

根据程贵和张小霞(2020)的研究,"一带一路"倡议的提出加速了产品、技术和资金等要素的跨境流动,积极推动了人民币国际化的发展进程。其一,深化中国与"一带一路"国家的进出口往来,有利于发挥人民币在计价和贸易结算等方面的职能;其二,推动中国在"一带一路"国家的基础设施建设,加强设施方面的互联互通,逐步扩大人民币投资规模;其三,审慎放宽资本管制,促进人民币金融产品与服务创新、优化对外直接投资,循序渐进地开放中国金融市场,促进人民币国际化进程。图 13-3 也显示,无论是中国企业对"一带一路"国家的海外投资额,还是在当期中国海外投资总额中的占比,二者与人民币国际化的发展趋势

---

① 数据来源:中国人民银行《2020 年人民币国际化报告》。

较为一致,均表现为波动式上涨,波动时间基本同步,中国企业在"一带一路"国家的海外投资行为与人民币国际化的关联性初步显现。

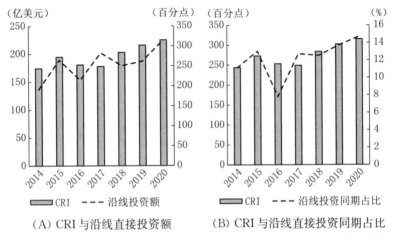

（A）CRI 与沿线直接投资额　　　（B）CRI 与沿线直接投资同期占比

图 13-3　2014—2020 年人民币国际化与中国企业在"一带一路"国家的海外投资

注:CRI(Cross-border Index)是指跨境人民币指数,重点关注的是人民币的"跨境循环",不仅描述了人民币通过经常项目和资本项目在中国"出、转、回"的活跃度,而且还反映了人民币在境外支付结算中的使用活跃度。该指数由中国银行自 2013 年 9 月起独立编制和发布。

数据来源:中国银行官网、中国商务部网站。

二、人民币国际化指数的测算

现有研究对货币国际化程度的测算主要分为单项指标法和综合指数法(沙文兵,2021)。单项指标法是指从货币的交易媒介、计价单位和价值贮藏三大职能出发,选择某一职能的单一指标来衡量货币的国际化程度(Chinn et al.,2008;元惠萍,2011;李建军等,2013;白晓燕和邓明明,2016;杨荣海,2018;阙澄宇和黄志良,2019)。这种测度方法的优点在于简单可行,但是缺点亦很明显,即国际货币的三大职能相辅相成,单一指标难以全面刻画一国货币的国际化程度。相比之下,综合指数法涵盖了国际贸易结算、国际信贷市场、国际债券市场、直接投资中的货币份额等内容(彭红枫等,2015),因此对一国货币国际化程度的测度更加全面与可信,近年来得到了学者们的广泛采用。

借鉴彭红枫和谭小玉(2017)的方法,基于国际货币的交易媒介、计价单位和储藏手段三大职能,通过 PCA 方法构建人民币国际化指数,其指标体系见表 13-1。

表 13-1　人民币国际化指标体系与数据来源

货币职能	衡量指标	变量	数据来源
交易媒介	国际贸易结算份额	ITS	SWIFT RMB TRACKER
	全球外汇交易货币份额	GET	国际清算银行
	全球直接投资份额	FDI	世界银行
计价单位	国际债券和票据发行额货币份额	$IBBI$	国际清算银行
	全球对外信贷货币份额	IOC	中国人民银行、香港金融管理局
贮藏手段	利率衍生工具市场货币份额	IRD	国际清算银行
	国际债券和票据余额货币份额	$IBBO$	国际清算银行
	央行外汇储备货币份额	CCR	IMF COFERR；IFS

在构建指标体系的基础上,对上述各项指标进行主成分分析,检验得出 KMO 值为 0.661,表明适合使用 PCA 方法,由此构建出 2002—2020 年人民币国际化指数(RII)。

表 13-2　人民币国际化指数(2002—2022 年)

年份	RII	年份	RII
2002	0.046 2	2012	1.178 8
2003	0.117 9	2013	1.309 9
2004	0.235 8	2014	1.482 6
2005	0.353 6	2015	1.553 9
2006	0.471 5	2016	1.557 6
2007	0.589 4	2017	1.583 7
2008	0.707 3	2018	1.764 5
2009	0.825 1	2019	1.733 1
2010	0.943 0	2020	1.701 8
2011	1.060 9		

数据来源:采用 PCA 方法测算得出。

从表 13-2 可以看出,人民币国际化程度稳步提升,这是中国显著增强的经济实力和国家积极战略部署共同作用的结果。其中观察几个代表性年份,可以发现,2014 年,随着人民币在跨境贸易结算份额(2.17％)和跨境投资结算数量(1.05 万亿元)的不断上升,RII 指数上升幅度最大(13.18％);2015 年,在"8·11 汇改"和人民币持续贬值的双重压力下,RII 指数增幅有所下降;2017 年,随着人民币汇率走势趋于稳定、"一带一路"基础设施建设逐渐落地和中国资本账户进一步开放,RII 指数增速再次扩大。2020 年,世界经济全面萎缩,国际贸易和跨境投资遭遇重创,人民币国际化进程指数有所下降。上述变化也在一定程度上反映出本节构建的 RII 指数符合中国经济社会基本面发展的整体逻辑,具有较强的合理性。

三、人民币国际化的直接影响

本节将通过建立基准回归模型,考察人民币国际化对中国企业海外投资效率的直接影响,并在此基础上进行稳健性检验和异质性考察。

1. 模型设定与变量选择

为了考察人民币国际化对中国企业海外投资效率的直接影响,设立如下基准回归模型:

$$Under\_INV_{ijt} = \alpha_0 + \alpha_1 RII_t + \alpha_n C_{ijt} + \gamma_t + \lambda_j + \varepsilon_{ijt} \qquad (13\text{-}1)$$

式中,被解释变量为中国企业海外投资效率,考虑到中国海外投资的效率损失主要来自海外投资不足,故采用第五章测算的海外投资不足($Under\_INV$)衡量;RII 表示人民币国际化指数,由 PCA 方法测算得到;C 表示控制变量集,与第七章微观静态影响模型保持一致。α_1 代表人民币国际化对海外投资不足的影响;γ_t 和 λ_j 分别代表时间和国家固定效应,ε_{ijt} 表示随机扰动项。

2. 基准回归结果

根据表 13-3 的基准回归结果,核心解释变量人民币国际化指数

表 13-3 基准回归与稳健性检验

	基准回归 (1)	更换核心解释变量				更换被解释变量	调整样本范围	
		CRI (2)	TRI (3)	CHU (4)	MOS (5)	$Under\_INV'$ (6)	剔除固定汇率样本 (7)	仅保留十省子样本 (8)
RII	-0.006***	-0.012*	-0.009***	-0.016***	-0.008***	-0.010***	-0.006**	-0.004*
	(0.002)	(0.006)	(0.004)	(0.005)	(0.010)	(0.003)	(0.002)	(0.002)
Size	0.001	0.001	0.001	-0.004	-0.005**	-0.022***	0.001	0.006*
	(0.003)	(0.003)	(0.003)	(0.001)	(0.002)	(0.005)	(0.003)	(0.003)
Age	-0.023**	-0.023**	-0.026**	-0.025	-0.023***	-0.010	-0.023**	-0.032**
	(0.009)	(0.009)	(0.004)	(0.004)	(0.007)	(0.008)	(0.009)	(0.012)
Lev	-0.093**	-0.098**	-0.085**	-0.004	-0.038	0.022	-0.093**	-0.125**
	(0.014)	(0.037)	(0.040)	(0.028)	(0.030)	(0.034)	(0.035)	(0.050)
Trad	-0.000	-0.000	-0.000	-0.000	-0.000	-0.000	-0.000	-0.001
	(0.000)	(0.000)	(0.000)	(0.000)	(0.000)	(0.000)	(0.000)	(0.001)
IF	0.001	0.018	0.001	0.000	0.000	-0.006	0.001	0.010
	(0.005)	(0.013)	(0.004)	(0.005)	(0.004)	(0.103)	(0.005)	(0.006)
NR	-0.000	0.000	-0.000	-0.000	-0.000	-0.001	-0.000	-0.001**
	(0.001)	(0.001)	(0.001)	(0.001)	(0.000)	(0.001)	(0.001)	(0.000)
Gov	0.011	0.023	-0.003	0.001	0.016	0.013	0.011	0.029
	(0.023)	(0.025)	(0.023)	(0.033)	(0.026)	(0.028)	(0.023)	(0.042)
时间固定效应	是	是	是	是	是	是	是	是
国家固定效应	是	是	是	是	是	是	是	是
观测值	451	416	451	451	451	443	392	257
R^2	0.723	0.715	0.763	0.772	0.729	0.636	0.721	0.826

注:括号内为稳健标准误,***、** 和 * 分别为 1%、5% 和 10% 的显著性水平。下同。

（RII）的系数在1%的水平上显著为负（－0.006），说明人民币国际化水平的提高可以显著抑制中国企业的海外投资不足，提高海外投资效率。可能的原因在于，其一，人民币国际化水平的提高为中国海外投资企业提供了更多的融资便利，有利于拓宽中国企业的海外融资渠道，降低融资成本。其二，随着人民币国际化水平提高，人民币汇率市场化逐步推进，人民币外汇衍生品及其市场规模不断扩大，汇率风险有所缓解，海外投资效率得以优化。其三，人民币国际化水平的提高增加了沿线国家对人民币的接受度，有利于推进企业人民币海外投资业务的开展。据《2020年人民币国际化报告》统计，2019年中国与"一带一路"国家的直接投资收付金额达到2 524亿元人民币，跨境融资收付金额达到2 135亿元人民币。由此可见，高水平的人民币国际化有助于缓解融资约束和降低汇率风险，是优化中国企业海外投资效率的重要作用渠道。

控制变量的估计结果显示，企业年龄（Age）的系数在5%的水平上显著为负，说明企业所处的发展阶段愈成熟，海外投资经验就愈丰富，越有助于企业作出合理的投资选择，显著抑制海外投资不足。企业资产负债率（Lev）的系数同样在5%的水平上显著为负，说明企业负债水平越高，越能显著抑制企业的海外投资不足行为。

3. 稳健性检验

（1）更换核心变量

在核心解释变量方面，将人民币国际化指数（RII）分别替换为跨境人民币指数（CRI）和三个分项指标，如前所述，CRI由中国银行编制和发布，数据来自中国银行官网；三个分项指标分别是指交易媒介（TRI）、计价单位（CHU）和贮藏手段（MOS）指标。根据表13-3第（2）—（5）列的估计结果，CRI、TRI、CHU和MOS的系数分别为－0.012、－0.009、－0.016、－0.008，且均通过显著性检验，再次证实了人民币国际化对中国企业海外投资不足具有显著的抑制作用，基准回归结果稳健。由此可见，无论以何种指标衡量，人民币国际化水平越高，越能显著抑制中国企业在沿线国家的海外投资不足，推动中国企业在"一带一路"国家海外投资效率的提高。

在被解释变量方面，同样参考代昀昊和孔东民（2017）、刘晓丹和张兵（2020）等代表性文献的做法，在海外投资效率测算模型中加入企业规模和企业生产率，重新测算企业海外投资效率（$Under\_INV'$）。检验结果如表 13-3 第（6）列所示，RII 指数的估计系数依旧在 1% 的水平上显著为负（-0.010），表明人民币国际化是降低中国企业海外投资非效率偏离度的有效因素，基准回归结果稳健。

（2）更换样本区间

一方面，考虑到在实行固定汇率制度的沿线国家中，人民币国际化难以通过降低汇率风险提高企业海外投资效率，故剔除实施固定汇率制度的东道国样本进行检验。其中，由于样本期内爱沙尼亚、柬埔寨、立陶宛等沿线经济体的汇率制度发生变更，因此按照年度—东道国维度进行剔除。回归结果如表 13-3 第（7）列所示，在剔除实行固定汇率制度的东道国样本后，RII 指数的估计系数依然显著为负（-0.006），再次证实了人民币国际化对中国企业海外投资不足具有显著的抑制作用，与基准回归结果保持一致。

另一方面，跨境人民币结算业务是衡量人民币国际化的重要维度。中国人民银行发布的各年度《人民币国际化报告》显示，2018—2020 年上海、北京和深圳蝉联中国跨境人民币收付前三，并与广东、福建、浙江、山东、天津、江苏和广西地区合计实现的人民币跨境收付量连续 7 年占收付总额的近 90%。鉴于此，对所属地区分布在上海、北京、深圳、广东、福建、浙江、山东、天津、江苏和广西的中国海外投资企业进行回归。根据表 13-3 第（8）列汇报的检验结果可知，RII 指数的估计系数显著为负(-0.004),再次表明人民币国际化可以显著抑制中国企业在"一带一路"国家的海外投资不足,基准回归结果具有稳健性。

（3）分位数回归

基准结果是在均值回归的基础上对式(13-1)进行估计,其结果反映了人民币国际化程度对中国企业海外投资效率影响的平均效果。然而,若人民币国际化指数的分布不对称,则这种平均效果就难以全面地刻画其对中国企业海外投资效率的影响。

图 13-4 的分位数回归结果显示,随着分位数的提高,RII 指数的负向估计系数呈现出明显的上升趋势,并在 25%、50%、75%、90%的分位数上全部通过显著性检验,在证实基准回归结果具有稳健性的同时,表明随着企业海外投资不足的偏离度增大,人民币国际化对海外投资不足的抑制作用会显著增强。

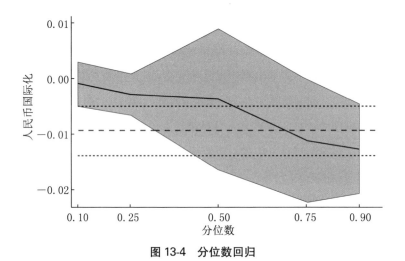

图 13-4　分位数回归

4. 企业异质性考察

考虑到企业异质性可能对基准回归结果产生影响,故基于企业所有制、企业规模、投资风险、海外投资进入模式和投资区位五个方面区分企业异质性。

（1）企业所有制

中国人民银行调查显示①，相较于非国有企业，国有企业开展人民币跨境结算业务的比例更高，因此按照企业所有制将样本企业划分为国有企业和非国有企业。根据图 13-5 的估计结果可知，在国有企业样本中，核心解释变量 RII 指数的估计系数在 1% 的水平上高度显著为负（−0.009）。相形之下，在非国有企业样本中，RII 指数的估计系数虽然为负（−0.006），但是并未通过显著性检验。这表明人民币国际化程度的提高更能缓解国有企业的海外投资不足，提高其海外投资效率。原因可能在于，相较于非国有企业，国有企业可以依靠政府出资实现更为稳健的经营，降低投资风险（綦建红和马雯嘉，2020）。人民币国际化水平的提高，可以进一步为国有企业拓宽融资渠道、降低融资成本、控制外汇风险，因此更能有效抑制海外投资不足，提高海外投资效率。

（2）企业规模

《2020 年人民币国际化报告》中指出，基于规避汇率风险、提高结算效率和方便财务管理等多元化目的，大规模企业更倾向于开展人民币跨境结算业务。鉴于此，基于企业规模的中位数，将中国在"一带一路"国家投资的样本企业划分为大规模和小规模两组，分组结果见图 13-5。估计结果显示，人民币国际化对大规模企业海外投资不足的负向影响（−0.019）在 5% 的水平上通过显著性检验；对小规模企业海外投资不足的影响虽为负向（−0.005），但是并不显著。由此可见，人民币国际化水平的提高对大规模企业海外投资不足的抑制作用更为显著。可能的原因在于，相较于小规模企业，大规模企业在人员、技术、资金等方面的

---

① 中国人民银行在全国范围内开展人民币跨境使用情况调查问卷工作，受访企业分布在全国 31 个省，涵盖农林牧渔业、采矿业、制造业等 16 个行业，包含国有、私有和国外投资等五种经济类型企业。本节使用的相关数据来源为《2020 年人民币国际化报告》。

实力更为雄厚,更易实现规模经济,并以此为基础,进一步优化海外投资的资源配置,促进海外投资效率的提高。

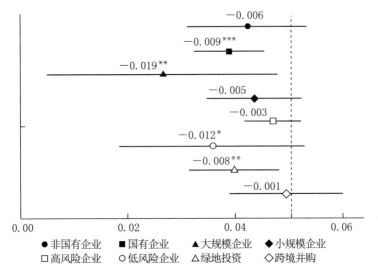

图 13-5　企业异质性分组结果

（3）企业风险

沿用第八章的做法,以企业总资产回报率的标准差来衡量企业的海外投资风险($Risk$),并根据风险值的中位数,将中国在"一带一路"国家投资的样本企业划分为高风险和低风险两组。图 13-5 的估计结果表明,人民币国际化对高风险企业海外投资不足的影响(-0.003)未通过显著性检验,对低风险企业海外投资不足的影响不仅在 10% 的水平上显著,而且系数的绝对值也更大(-0.012)。这表明,人民币国际化水平的提高对低风险企业海外投资不足的抑制效应更为显著。究其原因,与高风险企业相比,低风险企业盈利能力更强,投资收益方面的确定性更强,在人民币国际化深入推进的背景下,更容易拓宽融资渠道,汇率风险降低的效应也更为突出,因而更有利于促进其海外投资效率的提高。

（4）进入模式

按照进入模式的不同,将中国在"一带一路"国家投资的样本企业划分为绿地投资与跨境并购两组,分组结果见图 13-5。估计结果在支持基准回归的同时,还显示人民币国际化对绿地投资企业海外投资效率的影响显著为负(－0.008),对跨境并购企业海外投资效率的影响不仅系数更小(－0.001),而且未通过显著性检验,这说明与跨境并购企业相比,人民币国际化对绿地投资企业海外投资不足的抑制作用更大。可能的原因在于,在绿地投资较长的建设和经营周期中,不得不直面沿线国家多元化的投资风险和居高不下的不确定性,因此需要更加全面和有效的风险对冲手段;信息不对称问题也使得绿地投资企业面临更高的资金风险溢价,企业更不容易顺利开展海外投资(吕越等,2019)。因此,人民币国际化可以通过降低汇率风险、拓宽融资渠道等内在机制,有效对冲绿地投资企业风险,显著提高其海外投资效率。相较于绿地投资,企业跨境并购的顺利开展会涉及多方东道国金融主体,对融资环境的要求也更高。人民币国际化程度的提高,虽然可以在一定程度上为企业提供完善的金融服务和多渠道的融资支持,但是不足以完全满足跨境并购企业抑制海外投资不足的金融需求。此时,"一带一路"国家金融生态的改善成为跨境并购企业优化投资效率的关键因素。

5. 国家异质性考察

（1）基于沿线国家的收入水平

沿用第七章国家异质性的收入划分标准,将"一带一路"国家划分为三组:高收入国家(20 个)、中高收入国家(19 个)和中低收入国家(18 个),分组估计结果见表 13-4。与全样本回归结果一致,高收入国家、中高收入国家和中低收入国家的分样本中,RII 指数的系数均为负,说明人民币国际化程度越高,越会减少海外投资效率损失,优化中国企业的海外投资效率。其中,人民币国际化程度对海外投资不足的抑制力度在高收入国家中最大(-0.039),显著性水平也最高(1%),中高收入国家次之(-0.011,显著性水平为5%),中低收入国家(-0.006)未能通过显著性检验,这说明随着收入水平的递减,人民币国际化程度在分组样本中的影响力度逐渐减弱。可能的原因在于,沿线国家收入水平越低、经济发展越落后,其经济基本面对中国企业海外投资的支持力度越小,中国企业在当地可获得的融资渠道越有限、融资成本也越高,难以实现合理的资源配置,削弱了人民币国际化对中国企业海外投资不足的缓解作用。

(2)基于沿线国家的地理位置

沿用第七章国家异质性的地理区位标准,将"一带一路"国家划分为陆上丝绸之路("一带")和海上丝绸之路("一路")两组,并进一步将"一带"和"一路"所覆盖的沿线国家细化为四条不同的路线。根据表13-4的估计结果,可以发现在"一路"的分样本中,人民币国际化对中国企业海外投资不足的影响(-0.083)高度显著,但在"一带"分样本中,不仅估计系数更低(-0.010),而且未通过显著性检验。可能的解释是,"一路"沿线国家多集中于亚洲,在人民币从区域化到国际化的发展路径下,人民币国际化率先在亚洲范围内获得巩固与拓展。同时,亚投行的建立使得人民币在投资和信贷等领域发挥重要作用,扩大了人民跨境结算和货币互换的规模,进一步提高了亚洲范围内的人民币国际化水平。由此可知,人民币在亚洲区域内的国际化程度更高,在缓解中国企业融资约束和平抑汇率风险方面的作用更强,因此在抑制海外投资不足方面的作用更加显著。表13-4的估计结果还表明,在四条路线中,如果中国企业投资路线Ⅲ,那么人民币国际化对中国企业海外投资不足的抑制作用(-0.019)明显高于其他三条路线,且在1%水平上高度显著。究其原因,路线Ⅲ主要覆盖东盟和南亚沿线各国,这些国家所具备的高储蓄率可以有效缓解中国企业的融资约束(吕越等,2019),更有利于抑制海外投资不足,提高中国企业的海外投资效率。

表 13-4 国家异质性：基于经济发展与地理区位

	收入水平			地理区位					
	中低收入 (1)	中高收入 (2)	高收入 (3)	"一带" (4)	路线 I (5)	路线 II (6)	"一路" (7)	路线 III (8)	路线 IV (9)
RII	−0.006	−0.011**	−0.039***	−0.010	−0.004	−0.007*	−0.083***	−0.019***	−0.095
	(0.005)	(0.006)	(0.006)	(0.007)	(0.004)	(0.003)	(0.026)	(0.007)	(0.000)
控制变量	是	是	是	是	是	是	是	是	是
时间固定效应	是	是	是	是	是	是	是	是	是
国家固定效应	是	是	是	是	是	是	是	是	是
观测值	159	141	151	179	93	86	272	143	129
R^2	0.475	0.758	0.611	0.849	0.666	0.996	0.612	0.861	0.497

（3）基于沿线国家的国家风险

东道国国家风险始终是影响企业海外投资行为的关键因素。一方面,海外投资具有不可逆的特性,导致"一带一路"国家存在的各类政治和经济风险势必成为阻碍企业海外投资的重要因素(吕越等,2019);另一方面,宏观视角下的制度理论认为,发展中国家的企业既存在着"制度逃逸"行为,也可能产生"制度嵌入行为",即企业既可能选择具备较高政府治理水平的国家进行海外投资,也可能凭借驾驭低水平政治环境的经验、资源和能力,选择低制度治理水平的国家进行海外投资(王泽宇等,2019)。鉴于此,基于"一带一路"国家风险,探究人民币国际化程度对中国企业海外投资效率的异质性影响。

参考康科尼等(Conconi et al.,2016)和吕越等(2019)的做法,根据经济风险评级指标和政治风险评级指标进行异质性分组,分组数据来自 ICRG 数据库。其中,经济风险评级指标包括通货膨胀、经济增长、预算平衡和经常账户占经济总产值四个分项指标;政治风险评级指标包括政府稳定、投资项目政治风险、宗教与政治风险以及民主化程度四个分项指标。如果各指标值小于中位数,则为相应的高风险经济体,反之则为低风险经济体。

经济风险与政治风险的分组估计结果见表 13-5。可以发现,无论是经济风险还是政治风险,在低风险国家的样本中,*RII* 指数的估计系数均显著为负,而高风险国家样本系数负向不显著,说明人民币国际化水平的提高更有利于抑制中国在低风险国家的海外投资不足。可能的原因在于,与低风险国家相比,高风险国家的经济发展具有巨大的不确定性,难以为中国企业提供持续稳定的营商环境,高通货膨胀率也导致中国企业投资成本与收益的不稳定性上升,增加了中国企业的海外投资风险,降低了海外投资潜力,因此弱化了人民币国际化对海外投资不足的抑制作用;与此同时,高风险国家的政府政策不透明、信息不对称等问题更为突出(赵云辉等,2020),中国企业在这类沿线国家的海外投

表 13-5　国家异质性：基于经济风险与国家风险

(A) 基于经济风险的分组

	通货膨胀		经济增长		预算平衡		经常账户	
	高风险 (1)	低风险 (2)	高风险 (3)	低风险 (4)	高风险 (5)	低风险 (6)	高风险 (7)	低风险 (8)
RII	−0.002 (0.002)	−0.005** (0.002)	−0.005 (0.003)	−0.009*** (0.003)	−0.001 (0.002)	−0.017*** (0.004)	−0.002 (0.002)	−0.045*** (0.015)
观测值	226	225	230	211	224	227	236	215
R^2	0.664	0.823	0.774	0.709	0.649	0.834	0.677	0.835

(B) 基于政治风险的分组

	政府稳定		投资项目		宗教政治		民主化程度	
	高风险 (1)	低风险 (2)	高风险 (3)	低风险 (4)	高风险 (5)	低风险 (6)	高风险 (7)	低风险 (8)
RII	−0.001 (0.002)	−0.013*** (0.004)	−0.005 (0.004)	−0.001* (0.001)	−0.001 (0.002)	−0.013* (0.007)	−0.005 (0.003)	−0.062*** (0.001)
观测值	237	214	235	216	241	210	261	190
R^2	0.904	0.816	0.726	0.671	0.651	0.811	0.601	0.839
控制变量	是	是	是	是	是	是	是	是
时间固定效应	是	是	是	是	是	是	是	是
国家固定效应	是	是	是	是	是	是	是	是

资风险与不确定性增加,交易成本上升,不利于提高海外投资效率,削弱了人民币国际化水平提高对海外投资不足的缓解效应。

四、人民币国际化的影响机制

融资约束和汇率风险均是影响企业海外活动决策的关键因素(彭红枫,2011;刘莉亚等,2015;Chaney,2016;李平等,2017;Yan et al.,2018)。一方面,人民币国际化程度的提高,能够通过拓宽海外融资渠道、降低海外融资成本,缓解中国海外投资企业的融资约束;另一方面,人民币国际化有利于降低中国海外投资企业的汇率风险,便于企业优化资源配置、提高投资收益的稳定性,优化企业海外投资效率。鉴于此,本节考察企业融资约束与汇率风险是否是人民币国际化影响中国企业海外投资不足的中介变量。

为了实现上述研究目标,一方面采用 SA 指数作为企业融资约束的代理变量,另一方面借鉴李平等(2017)、于国才和王晨宇(2021)等代表性文献的做法,采用五年期的汇率历史波动率来表征汇率风险,具体由年度汇率离散系数计算,其公式为:

$$ExRisk_{it} = \frac{\sqrt{\frac{1}{5}\sum_{i=0}^{4}\left(Exrate_{it-l} - \frac{1}{5}\sum_{i=0}^{4}Exrate_{it-l}\right)^2}}{\frac{1}{5}\sum_{i=0}^{4}Exrate_{it-l}} \quad (13\text{-}2)$$

其中,$ExRisk$ 用以衡量汇率风险,$Exrate$ 表示年度双边汇率数据,数据来源于世界银行。

表13-6首先报告了中介效应的估计结果。其中,第(1)列为人民币国际化对海外投资不足($Under\_INV$)的回归结果,显然,RII 指数的估计系数显著为负(-0.006),说明人民币国际化水平提高能够显著抑制中国企业在沿线国家的海外投资不足,提高企业投资效率;第(2)和(3)列分别测度人民币国际化对中介变量融资约束(SA)和汇率风险

（ExRisk）的影响，其估计结果表明人民币国际化能够显著降低汇率风险和融资约束；第（4）列将人民币国际化和中介变量同时纳入模型进行回归，估计结果显示，SA 和 ExRisk 的估计系数均显著为正，说明中国企业面临的融资约束和汇率风险越小，越能有效缓解企业在"一带一路"国家的海外投资不足问题。人民币国际化抑制海外投资不足的总效应为−0.006，融资约束和汇率风险作为渠道变量均存在中介效应，分别占总效应的 25.17% 和 13.07%。由此可见，人民币国际化水平的提高，通过降低企业投资面临的融资约束和汇率风险的内在机制，缓解企业海外投资不足，提高海外投资效率，其中缓解中国海外投资企业融资约束以抑制海外投资不足的内在机制更为有效。

表 13-6　中介效应与调节效应的估计结果

	中介效应				调节效应	
	$Under\_INV$ (1)	SA (2)	$ExRisk$ (3)	$Under\_INV$ (4)	RII (5)	CRI (6)
RII	−0.006*** (0.002)	−0.302** (0.119)	−0.008** (0.002)	−0.013*** (0.002)	−0.038*** (0.007)	−0.145*** (0.022)
SA				0.005* (0.003)		
$ExRisk$				0.098* (0.049)		
NFE					−0.006** (0.002)	−0.004* (0.002)
$RII \times NFE$					−0.007* (0.003)	
$CRI \times NFE$						−0.004* (0.002)
控制变量	是	是	是	是	是	是
时间固定效应	是	是	是	是	是	是
国家固定效应	是	是	是	是	是	是
观测值	374	363	436	440	429	416
R^2	0.651	0.734	0.898	0.639	0.685	0.751

根据前文研究，"一带一路"国家的金融生态水平是决定中国海外

投资效率的关键因素之一,相应的实证结果表明,"一带一路"国家的金融生态水平越低,越会导致中国企业在沿线国家的海外投资不足,偏离最优投资水平;相反,沿线国家金融生态越完善,越能显著抑制海外投资不足的程度,有利于实现海外投资效率最优化。正如第六章各种维度的金融生态指标所展示的,"一带一路"国家的金融生态整体不佳,金融生态改善任重道远。在这种情形下,中国政府必须致力于推进人民币国际化进程,加之人民币国际化本身也是促进中国海外投资效率提高的重要因素,因此本节构建人民币国际化指数与沿线金融生态指标的交互项,进一步研究人民币国际化对于金融生态优化中国海外投资效率的调节作用。表 13-6 第(5)列的结果显示,人民币国际化对海外投资不足的影响显著为负,表明人民币国际化水平的提高有利于缓解中国企业的海外投资不足,再次证实了基准结果的稳健性;狭义金融生态系数在 5% 的水平上显著为负(-0.006),表明良好的金融生态可以显著抑制中国企业海外投资不足,与前文结果保持一致;人民币国际化与沿线金融生态的交互项系数同样显著为负(-0.007),表明人民币国际化程度的提高增强了金融生态对海外投资不足的抑制作用,有助于进一步提高中国企业的海外投资效率。为了进一步说明调节效应的稳健性,还采用 CRI 指数来替代 RII 指数,表 13-6 第(6)列的估计结果显示,CRI 指数与沿线金融生态的交互项系数依然显著为负,再次印证了人民币国际化发展有助于强化沿线国家金融生态对海外投资不足的抑制作用。

五、基于人民币国际化空间布局的拓展

在中国新开放格局下,人民币国际化对"一带一路"国家的影响不仅存在时间维度的演进,还具有空间维度的地区差异(曹伟和冯颖姣,2020;程贵和张小霞,2020)。为此,着眼于人民币国际化在"一带一路"国家的空间分布,剖析这种空间布局对中国企业海外投资效率的异质性影响,进一步拓展前文的研究结论。

如表 13-7 所示,参考程贵和李杰(2021)的做法,按照人民币国际化水平由高到低的顺序,将"一带一路"国家划分为人民币国际化发展的核心区、扩展区和辐射区,并分别对三个区域样本进行回归。表 13-8 第(1)—(3)列汇报了各区域人民币国际化对中国企业海外投资效率的直接影响,其中核心区样本中人民币国际化的影响系数最大(-0.067),且显著性最高(1%);扩展区样本的系数同样高度显著,但是系数值(-0.032)明显低于核心区;辐射区样本系数最小(-0.005)且仅在 10% 的水平上显著。由此可见,人民币国际化对中国企业海外投资不足的抑制作用,在核心区中最大,扩展区次之,辐射区最小。

表 13-7　人民币在"一带一路"国家的空间布局

类别	涵盖的国家	人民币国际化程度
核心区	新加坡、越南、马来西亚、印度尼西亚、老挝、柬埔寨、缅甸、泰国、菲律宾、俄罗斯、蒙古国、哈萨克斯坦、巴基斯坦、印度	高
扩展区	沙特阿拉伯、伊朗、阿联酋、卡塔尔、科威特、阿曼、约旦、埃及、亚美尼亚、阿塞拜疆、也门、黎巴嫩、巴林、乌兹别克斯坦、塔吉克斯坦、吉尔吉斯斯坦、斯里兰卡、尼泊尔、孟加拉国、不丹、白俄罗斯	中
辐射区	以色列、土耳其、格鲁吉亚、匈牙利、波兰、乌克兰、捷克、阿尔巴尼亚、摩尔多瓦、爱沙尼亚、斯洛文尼亚、拉脱维亚、立陶宛、斯洛伐克	低

注:在程贵和李杰(2021)的研究中,人民币国际化在"一带一路"国家的空间布局包括核心区、扩展区、辐射区和外围区。考虑到本节所用数据仅包含 11 个外围区样本,故此处不再对外围区赘述。

在不同的空间布局下,人民币国际化调节作用的回归结果如表 13-8 第(4)—(6)列所示,核心区和扩展区样本人民币国际化指数和沿线国家金融生态的交互项系数分别为-0.011 和-0.003,并在 1% 和 5% 的水平上显著,表明针对"一带一路"金融生态对中国企业海外投资不足的抑制作用而言,人民币国际化发展能够发挥正向调节作用,有助于提高中国企业海外投资效率。相比之下,辐射区样本中的交互项系数虽为负向(-0.129),但不显著,表明人民币国际化的正向调节作用在辐射区中并未显现。

表 13-8 "一带一路"国家不同空间布局的回归结果

	直接影响			调节作用		
	核心区 (1)	扩展区 (2)	辐射区 (3)	核心区 (4)	扩展区 (5)	辐射区 (6)
RII	-0.067^{***} (0.005)	-0.032^{***} (0.009)	-0.005^{*} (0.002)	-0.146^{***} (0.012)	-0.032^{***} (0.008)	-0.028^{*} (0.015)
NFE				-0.004^{***} (0.002)	-0.004^{***} (0.000)	-0.032 (0.021)
$RII \times NFE$				-0.011^{***} (0.004)	-0.003^{**} (0.006)	-0.129 (0.015)
控制变量	是	是	是	是	是	是
时间固定效应	是	是	是	是	是	是
国家固定效应	是	是	是	是	是	是
观测值	368	103	70	250	98	70
R^2	0.873	0.922	0.825	0.904	0.928	0.638

纵观回归结果,人民币国际化水平对海外投资效率的直接影响和调节作用在核心区最为明显,扩展区次之,在辐射区不显著。换言之,从空间布局视角来看,人民币在"一带一路"国家实现的国际化程度越高,越能优化中国企业的海外投资效率,也越能增强沿线国家金融生态对海外投资不足的抑制作用。

第二节 货币互换协议机制

自 2008 年金融危机以来,为了建立流动性救援机制,各国央行之间签署的货币互换协议频率和规模明显上升。中国亦不例外,2008 年正式开启了双边货币互换协议的谈判与签订,以支持贸易投资发展,维护金融稳定。尤其是在全球投资保护主义抬头、外汇市场剧烈波动的背景下,中国的海外投资面临前所未有的挑战。在这种情况下,中国政府应更加重视货币互换协议的签订,并使之成为进一步推进中国海外投资的关键举措(杨权和杨秋菊,2018)。

一、中国与沿线国家签署货币互换协议的典型事实

无论是在全球范围内还是在"一带一路"国家,中国货币互换协议缔约数量和缔约规模的增势均十分明显。如图 13-6(A)所示,自 2008 年与韩国签订首份货币互换协议以来,中国已在全球范围内与欧元区、日本、英格兰、俄罗斯、澳大利亚等 41 个国家和地区①签署了双边货币互换协议,协议数量累计达到 104 个,总规模近 11 万亿元人民币。自"一带一路"倡议提出以来,中国与沿线国家的货币互换进程明显加快。2013 年中国与沿线国家货币互换协议规模为 0.412 万亿人民币;截至 2020 年底,中国已签订的货币互换协议覆盖 29 个"一带一路"国家②。根据图 13-6(B),中国与"一带一路"国家实现的货币互换规模累计实现 3.36 万亿元人民币,占总规模的 31.11%,缔约数量为 56 个,占总缔约数的 53.85%。

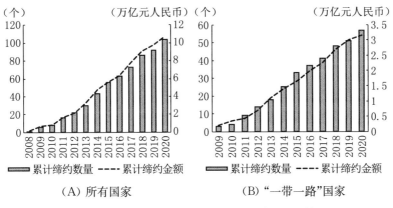

图 13-6　2008—2020 年中国货币互换协议签署情况

注:图中所统计的缔约数量包含与前缔约国的续约量。

---

① 与中国(大陆)签署双边货币互换协议的地区包含中国香港和中国澳门。

② 与中国签订双边货币互换协议的"一带一路"沿线国家包括:阿尔巴尼亚、阿联酋、亚美尼亚、白俄罗斯、塞浦路斯、埃及、爱沙尼亚、格鲁吉亚、希腊、匈牙利、印度尼西亚、哈萨克斯坦、斯里兰卡、立陶宛、拉脱维亚、蒙古国、马来西亚、巴基斯坦、卡塔尔、俄罗斯、新加坡、塞尔维亚、斯洛伐克、泰国、塔吉克斯坦、土耳其、乌克兰、乌兹别克斯坦、韩国。

为了初步判断货币互换协议签署与中国在"一带一路"国家海外投资效率之间的相关性,本节按照货币互换协议的签订情况,采用第四章测算得出的中国在沿线国家的海外投资效率值进行国别层面的分组比较。首先,比较中国在协议签订国与未签订国的海外投资效率。计算发现,在未与中国签订双边货币互换协议的沿线国家中,中国海外投资效率均值为 0.410,而在已签订协议的沿线国家中,海外投资效率均值高达 0.489,高出未签订样本均值 19.27%。其次,聚焦与中国签订货币互换协议的沿线国家样本,比较协议签订前后的海外投资效率。计算结果显示,在未签订货币互换协议的年份,中国海外投资效率均值为 0.475,明显低于协议签订后的海外投资效率均值(0.503)。最后,根据货币互换金额占协议签订当期中国在该国海外投资规模的比例,由低到高进行四分位划分,比较第一分位和第四分位的海外投资效率。由统计结果可知,第一分位的海外投资效率均值为 0.356,而第四分位的海外投资效率均值为 0.507,两者差异明显。上述结果初步说明,货币互换协议的签订往往伴随着更高的海外投资效率,而且货币互换协议的规模越大,中国海外投资效率越高,与"一带一路"国家签订货币互换协议对中国海外投资效率的促进作用已初步显现。

二、货币互换协议机制的理论分析

在国际金融冲击增强、短期流动性风险加剧的时代背景下,人民币双边货币互换协议有利于促进双边投资、加强金融合作(于国才和王晨宇,2021)。如图 13-7 所示,货币互换协议影响中国海外投资效率的内在机制可以总结为:

1. 货币互换协议有利于降低汇率风险

一方面,货币互换协议有助于降低预期汇率风险。中国人民银行多次强调,稳定汇率是中国签订货币互换协议的主要目标;《2019 年人民币国际化报告》更是进一步指出,降低汇率波动是中国积极签署货币互换协议的重要因素。因此,货币互换协议的签订有助于促进投资主体形成汇率风险下降的预期,提高投资者信心,焕发海外投资活力。同时,协议双方可通过定期调整协议额度对市场进行干预,充分利用"公众预期心理",降低双方汇率波动引起的质押物贬值风险,提高企业对货币当局有效降低汇率风险的信任度,推动海外投资的发展(Fleming and Klagge,2010)。

另一方面,货币互换协议还有助于降低实际汇率风险。这是因为,双边货币互换协议签署后,两国须以约定好的汇率进行货币互换,汇率在协议期内保持相对稳定,汇率风险下降。而以既定汇率进行货币互换,在减少企业海外投资的决策时间的同时,也降低了因海外投资东道国货币贬值带来的汇兑和成本损失(Aizenman,2010;Goldberg et al.,2010)。与此同时,签订货币互换协议后,协议国企业可直接使用对方国货币进行跨境支付与结算,在一定程度上减少了对第三国货币的依赖,降低了海外投资企业面临的第三方汇率风险。由此可见,货币互换协议能够保障两国汇率的相对稳定,通过降低海外投资中的汇率风险,提高企业海外投资的积极性和潜力,优化中国海外投资效率。

2. 货币互换协议有利于降低东道国实际利率

通常来说,一国外汇储备增加会导致本国基础货币的增加。根据IS-LM模型,货币供给相对于货币需求的增加会导致该国利率下降,降低企业投融资成本。"一带一路"国家与中国签订双边货币互换协议后,可以将获得的人民币储备注入到本国的金融系统之中。此时需求不变而基础货币供应量增加,导致该国利率下降(屠年松和曹建辉,2019)。此外,根据李嘉图的比较优势理论,协议双方互换各自具有比较优势的货币,并在各自市场上以较低的利率进行借贷,可以通过有效降低利率水平,为海外投资企业提供资金支持,优化海外投资效率。鉴于此,中国与"一带一路"国家进行货币互换,有利于中国企业在沿线国家的金融市场上获得较低的融资利率,从而降低海外投资成本,提高中国企业的海外投资效率。

三、货币互换协议机制的直接影响

1. 变量与模型选择

为了考察货币互换协议对中国在"一带一路"国家海外投资效率的影响,本节首先构建年度—沿线国家层面的宏观面板数据,并选取如下变量用于模型构建:

(1)被解释变量

选取第四章的测算结果,将中国在沿线国家的海外投资效率($OFDI_{jt}$)作为被解释变量,该样本共涵盖中国 2006—2019 年在 39 个"一带一路"国家的 546 组海外投资效率值。在稳健性检验中,则选取中国在沿线国家的海外投资存量作为替代变量。

(2)核心解释变量

如表 13-9 所示,中国与"一带一路"国家和地区签署货币互换协议的时间各不相同,故采用多时点 DID 作为基准模型。其中,以 $BSADID = Treat \times Agreement$ 这一双重差分项作为核心解释变量,$Treat$ 表示已与中国签署货币互换协议的沿线国家和地区(处理组)和未与中国签署货币互换协议的沿线国家和地区(对照组)的虚拟变量,当沿线国家和地区属于处理组时,赋值为 1,属于对照组时则赋值为 0;$Agreement$ 表示政策冲击虚拟变量,在货币互换协议生效前的年份取值为 0,在货币互换协议生效后的年份取值为 1。

表 13-9　中国货币互换协议签署情况一览表

年度	缔约(含续约)国家与地区	年累计额(万亿元)
2008	韩国	0.18
2009	白俄罗斯、中国香港、马来西亚、印度尼西亚、阿根廷	0.47
2010	冰岛、新加坡	0.15

年度	缔约(含续约)国家与地区	年累计额 （万亿元）
2011	新西兰、乌兹别克斯坦、蒙古国、哈萨克斯坦、韩国、中国香港、泰国、巴基斯坦	0.88
2012	阿联酋、马来西亚、土耳其、蒙古国、澳大利亚、乌克兰	0.45
2013	巴西、英格兰、印度尼西亚、欧元区、新加坡、匈牙利、冰岛、阿尔巴尼亚	1.16
2014	新西兰、阿根廷、瑞士、蒙古国、斯里兰卡、韩国、俄罗斯、卡塔尔、加拿大、中国香港、哈萨克斯坦、泰国、巴基斯坦	1.50
2015	苏里南、亚美尼亚、澳大利亚、南非、马来西亚、白俄罗斯、乌克兰、智利、塔吉克斯坦、土耳其、格鲁吉亚、阿联酋、英格兰	0.86
2016	新加坡、摩洛哥、塞尔维亚、匈牙利、欧元区、冰岛、埃及	0.69
2017	新西兰、蒙古国、阿根廷、瑞士、韩国、卡塔尔、加拿大、中国香港、俄罗斯、泰国	1.48
2018	澳大利亚、阿尔巴尼亚、南非、尼日利亚、白俄罗斯、巴基斯坦、智利、哈萨克斯坦、马来西亚、英格兰、日本、印度尼西亚、乌克兰	1.25
2019	苏里南、新加坡、土耳其、欧元区、中国澳门、匈牙利	0.71
2020	埃及、老挝、瑞士、巴基斯坦、智利、蒙古国、阿根廷、新西兰、匈牙利、韩国、冰岛、俄罗斯	0.92

数据来源：中国人民银行各年度《中国货币政策大事记》。

（3）控制变量

参考李平等(2017)、邓富华等(2020)、于国才和王晨宇(2021)等文献,本节的控制变量主要涵盖两个层面：

一是经典引力模型的变量,包括两国经济规模、地理距离和贸易联系。其中,中国经济规模($CGDP$),由中国 GDP 的对数值来刻画,数据来自中国商务部;沿线国家的经济规模和经济发展水平分别由沿线各国 GDP($HGDP$)和人均 GDP($HPGDP$)的对数值表示,数据来自世界银行;地理距离由中国与沿线东道国首都之间距离的对数乘以每年的布伦特油价表示(Dis),首都距离数据来源为 CEPII,布伦特油价数据来自 Wind 数据库;贸易联系以中国与沿线国家双边进出口总额的对数形式($Trade$)衡量,数据来自中国商务部。

二是沿线国家宏观层面的控制变量,包括"一带一路"国家的基础设施、外汇储备、法制环境、对自然资源的依赖程度、贸易自由度和营商环境。其中,基础设施由每百人拥有的移动蜂窝(Inf)表征,数据来自世界银行 WGI 数据库;外汇储备(Rev)由沿线国家外汇储备的对数形式衡量,数据来自 IMF;法制环境用腐败程度(Cor)来描述,由世界银行 WGI 数据库公布的腐败控制、监管质量、法律规则的均值得出;对自然资源的依赖程度由各国历年自然资源租金总额占 GDP 的百分比(NS)来表示,数据来自世界银行;贸易自由度以一国国际贸易的扭曲程度(TF)来表示,数据来源于美国传统基金会;沿线国家的投资环境则通过纳税环境得分(Tax)衡量,该数值越大说明沿线国家的营商环境越完善,数据来源于世界银行的营商环境报告。各变量的统计性描述,见表 13-10。

表 13-10　变量的统计性描述

指标名称	指标简写	观测值	均值	标准差	最小值	最大值
中国海外投资效率	$OFDI$	546	0.444	0.216	0.027	0.887
双重差分项	$BSADID$	546	0.192	0.395	0	1
沿线国家经济规模	$HGDP$	546	24.861	1.459	21.753	28.696
沿线国家经济发展水平	$HPGDP$	546	8.675	1.173	5.849	11.351
沿线国家基础设施	Inf	546	106.217	38.225	4.514	218.430
沿线国家外汇储备	Rev	529	23.080	1.529	19.088	26.793
沿线国家腐败程度	Cor	546	−0.067	0.657	−1.200	1.472
沿线国家自然租金	NS	546	8.438	11.274	0.001	61.949
沿线国家贸易自由度	TF	546	77.115	10.269	0	89.200
沿线国家税收	Tax	542	70.551	17.458	0	100
地理距离	Dis	546	12.888	0.492	10.845	13.663
双边贸易规模	$Trade$	546	12.702	1.817	8.043	16.333
中国经济规模	$CGDP$	546	29.671	0.492	28.661	30.270

（4）基准模型

如上所述,一方面,国家间双边货币互换协议的签订可视为外生政策冲击,为本节研究提供了一个准自然实验;另一方面,考虑到中国与不同沿线国家(地区)签署双边货币互换协议的时间有先有后,故构建如下多时点 DID 模型:

$$OFDI_{it} = \alpha_0 + \alpha_1 BASDID_{it} + \alpha_n C_{it} + \lambda_i + \gamma_t + \varepsilon_{it} \qquad (13\text{-}3)$$

式中,C 为控制变量集,α_1 代表货币互换协议对中国海外投资效率的影响,γ_t 和 λ_i 分别代表时间固定效应和国家固定效应,ε_{it} 表示随机扰动项。

2. 基准回归结果

为了在一定程度上解决异方差和序列相关问题,本节在基准模型回归时既考虑了稳健标准误,还考虑了在时间—国家层面的聚类标准误。表 13-11 汇报了基于式(13-3)的基准回归结果,可以发现,无论是否增加控制变量,无论使用何种标准误,核心解释变量 $BSADID$ 对中国海外投资效率($OFDI$)的影响系数始终显著为正,说明与"一带一路"国家签署货币互换协议有助于显著提高中国海外投资效率。可能的原因在于,一方面,双边货币互换协议签署后,两国须以约定好的汇率进行货币互换,并且可以直接使用对方国货币进行跨境支付与结算,进而降低汇率风险,提高中国的海外投资效率;另一方面,货币互换协议的签订有助于降低东道国实际利率,进而降低中国企业在东道国金融市场获得融资的利率,降低投资成本,促进海外投资效率提高。

在控制变量方面,基础设施(Inf)、自然租金(NF)、贸易自由度(TF)和纳税环境(Tax)的系数均显著为正,说明东道国基础设施越完善、自然资源越依赖、贸易自由度越高、纳税环境越良好,越能提高中国的海外投资效率。相反,贸易联系($Trade$)的估计系数显著为负,表明较强的贸易联系可能在一定程度上替代海外投资,阻碍中国海外投资效率的提高。

表 13-11　基准回归结果

	(1)	(2)	(3)	(4)
BSADID	0.067***	0.022**	0.022*	0.022**
	(0.019)	(0.010)	(0.012)	(0.010)
HGDP		0.093**	0.093*	0.093*
		(0.048)	(0.047)	(0.047)
HPGDP		−0.088**	−0.088	−0.088
		(0.045)	(0.042)	(0.063)
Inf		0.001***	0.001***	0.001***
		(0.000)	(0.000)	(0.000)
Rev		0.006	0.006	0.006
		(0.008)	(0.009)	(0.007)
Cor		−0.002	−0.002	−0.002
		(0.041)	(0.045)	(0.044)
NS		0.015***	0.015***	0.015***
		(0.001)	(0.001)	(0.001)
TF		0.003***	0.003***	0.003***
		(0.001)	(0.001)	(0.000)
Tax		0.002***	0.002***	0.002***
		(0.000)	(0.000)	(0.000)
Dis		−0.099	−0.099***	−0.099***
		(0.204)	(0.027)	(0.026)
Trade		−0.031**	−0.031**	−0.031**
		(0.013)	(−0.013)	(−0.013)
CGDP		−0.002	−0.002	−0.002
		(0.018)	(0.017)	(0.015)
Cons	0.431	0.031	−0.031	−0.031
	(0.009)	(2.607)	(0.789)	(0.600)
时间固定效应	否	是	是	是
国家固定效应	否	是	是	是
稳健标准误	是	是	否	否
时间—国家聚类标准误	否	否	是	否
观测值	546	525	525	525
R^2	0.018 6	0.900 1	0.900 1	0.900 1

3. 稳健性检验

（1）平行趋势检验

采用多时点 DID 模型考察货币互换协议如何影响中国在"一带一路"国家海外投资效率的重要前提是满足平行趋势假定，即在没有签订货币互换协议的情况下,实验组和对照组中国海外投资效率的发展趋势应趋于一致。因此,借助贝克等(Beck et al., 2010)的方法,对实验组和控制组的变化趋势作进一步考察。回归模型的设定形式如下:

$$OFDI_{it} = \beta_0 + \sum_{\tau=1}^{m} \beta_{-\tau} BSADID_{it-\tau} + \beta BSADID_{it} + \sum_{\tau=1}^{m} \beta_{\tau} BSADID_{it+\tau} + \beta_n C_{it} + \varphi_i + \gamma_t + \mu_{it} \tag{13-4}$$

其中,τ 表示与协议签订年份的时间距离,若年份分别为协议签署的前 τ 年、协议签署当年和协议签署的后 τ 年时,$BSADID_{it-\tau}$、$BSADID_{it}$ 和 $BSADID_{it+\tau}$ 分别取 1,否则为 0。该模型选择协议签订前后各 5 期的数据进行检验,即 $\tau=5$。检验结果如图 13-7 所示,货币互换协议签署前系数并非显著异于 0,表明协议签订前中国海外投资效率在实验组和对照组样本中的趋势无明显差异;协议签署后,各期系数均显著大于 0,说明货币互换协议的签署有利于中国在"一带一路"国家海外投资效率的提高,符合多期 DID 模型构建的平行趋势假定。

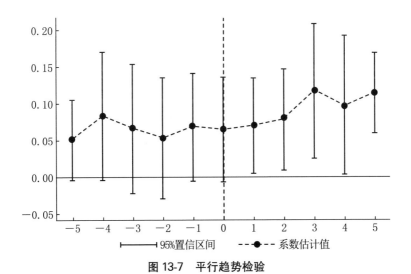

图 13-7 平行趋势检验

（2）安慰剂检验：随时抽取实验组

考虑到签署货币互换协议可能只是影响中国海外投资效率的偶然事件，导致无法捕捉到影响中国海外投资效率的真实因素，本节选择以随机抽取实验组的方式，对样本进行安慰剂检验，以控制某些观测不到的个体因素。

具体来说，借鉴周茂等（2018）的做法，将核心解释变量（$BSADID$）随机分配给样本国家，并将其与中国海外投资效率（$OFDI$）进行回归，对这一随机分配过程重复 2 000 次。其中，$BSADID$ 系数（$\hat{a}$）估计值的具体表达式为：

$$\hat{\alpha} = \alpha + \theta \frac{\mathrm{cov}(BASDID_{it}, \varepsilon_{it} \mid Controls)}{\mathrm{var}(BASDID_{it} \mid Controls)} \tag{13-5}$$

图 13-8 展示了每一次回归的 t 值分布，可以发现 200 次随机化处理后的系数非显著异于 0，表明未观测的样本因素并不会影响基准回归结果的可信性。

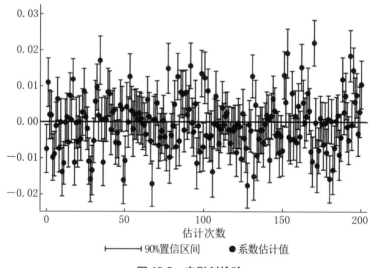

图 13-8　安慰剂检验

（3）内生性处理

考虑到基准模型（13-3）中的被解释变量（OFDI）与核心解释变量（BSADID）之间可能存在逆向因果关系，借助工具变量法来处理可能的偏误问题。为此，以同年中国与其他"一带一路"国家签订货币互换协议的均值（Mean）作为工具变量构造双重差分项（即 $IVDID = Treat \times Mean$），并采用 2SLS 方法进行估计。两阶段的回归结果见表 13-12 第（1）—（2）列。在第一阶段中，工具变量（IVDID）的估计系数显著为正，即中国与其他沿线国家签订货币互换协议会显著促进该沿线国家也加入到协议签订行列中来，符合工具变量的相关性要求；在第二阶段中，BASDID 对中国海外投资效率的正向影响（0.046）通过了显著性检验，且 Kleibergen-Paap Wald rk F 统计量（16.70）大于 10% 水平上的临界值，说明选取的工具变量有效。由此可见，在控制潜在的内生性问题后，货币互换协议对中国海外投资效率的影响依旧显著为正，与基准回归结果保持一致。

（4）更换被解释变量

将被解释变量替换为中国在"一带一路"国家的海外投资规模（存量指标）进行稳健性检验，数据来源与第四章保持一致。根据表 13-12 第（3）列的估计结果，核心解释变量 BSADID 的系数显著为正（0.258），再次证实了货币互换协议对中国海外投资的促进作用，基准回归结果稳健。

（5）PSM-DID

中国与"一带一路"国家签署货币互换协议并非随机选择的结果。为解决直接对非随机样本进行估计可能出现的选择偏差问题，采用倾向得分匹配法（Propensity Score Matching，PSM），先通过计算样本的倾向性得分为签订协议的样本匹配最为合适的未签订协议样本，而后进行 DID 估计，以准确测度货币互换协议对中国海外投资效率的影响。为增加结论的可信性，同时采用最近邻匹配、核匹配和半径匹配三种

表 13-12 稳健性检验

	工具变量法		更换核心变量	PSM-DID		剔除其他政策	更换样本区间	
	(1)	(2)	(3)	(4)	(5)	(6)	(7)	(8)	(9)
$IVDID$	0.005 ***								
	(0.001)								
$BSADID$		0.046 *	0.258 **	0.022 **	0.021 **	0.020 **	0.022 **	0.024 **	0.021 **
		(0.027)	(0.126)	(0.010)	(0.010)	(0.010)	(0.010)	(0.011)	(0.010)
控制变量	是	是	是	是	是	是	是	是	是
时间固定效应	是	是	是	是	是	是	是	是	是
国家固定效应	是	是	是	是	是	是	是	是	是
观测值	525	525	525	466	525	521	414	483	497
R^2	0.619 3	0.922 4	0.875 7	0.905 0	0.905 8	0.905 8	0.939 7	0.898 7	0.900 7

配对方式进行稳健性检验,检验结果如表 13-12 第(4)—(6)列所示。由 PSM-DID 回归结果可知,三种匹配方式下,*BASDID* 的系数均显著为正,表明签署货币互换协有助于提高中国海外投资效率。

（6）剔除其他政策的影响

自 2017 年以来中国已连续 5 年发行美元主权债券,总规模实现 210 亿美元,此举同样有助于满足中国日益扩大的海外投资需求,提高海外融资效率。为了剔除该政策对货币互换协议签订效果的影响,将样本范围调整至 2006—2016 年。表 13-12 第(7)列的估计结果显示,*BASDID* 的影响在 5% 的水平上显著为正(0.022),表明签订货币互换协议对中国海外投资效率具有显著的正向影响,再次支持了基准回归结论。

（7）更换样本空间

一方面,鉴于亚美尼亚、埃及、格鲁吉亚、斯里兰卡与中国签订货币协议的年限仅有 3 年而缺少连续性,剔除这 4 个国家的样本进行回归,估计结果见表 13-12 第(8)列;另一方面,考虑到货币互换额度的差异,剔除样本中货币互换额小于 50 亿人民币的样本进行检验,估计结果见表 13-12 第(9)列。在两列结果中,*BASDID* 的系数均显著为正,表明货币互换协议签署有助于提高中国海外投资效率的结论是可信的。

4. 异质性检验

（1）沿线国家资本账户开放程度

资本账户开放程度是影响企业融资约束的重要因素(罗子嫄和靳玉英,2018),因此"一带一路"国家资本账户开放程度的差异性可能会对中国海外投资效率产生不同的影响。事实上,第六章通过各种维度和指标也展示了"一带一路"国家的资本账户开放程度千差万别。为此,将全样本国家依据资本账户开放程度的中位数,划分为资本账户开放高水平国家和资本账户开放低水平国家。其中,资本账户开放以 Chinn-Ito 数据库的 Kaopen 指数衡量,该指数越大表明资本账户开放度越高。如图 13-9 所示,分组结果不仅与基准回归保持一致,而且还进一步表明货币互换协议对中国在高水平资本账户开放国家的海外投资具有更为显著的促进作用。究其原因,"一带一路"国家资本账户开放引致的国际资本流入能为中国海外投资提供更多的外部融资机会,缓解海外投资不足。同时,沿线国家资本账户越开放,金融信贷、股权融资和商业信用等融资渠道就越完善,越有助于缓解中国海外投资面临的融资约束,提高海外投资效率。

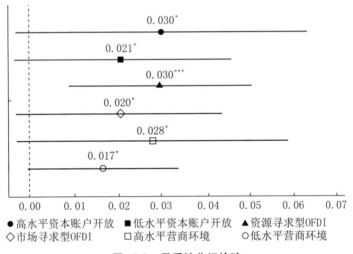

图 13-9　异质性分组检验

（2）沿线国家营商环境

考虑到"一带一路"国家的营商环境各异,本节基于世界银行发布的《全球营商环境报告》(DB)①发布的营商环境指数,将样本国家划分为高水平营商环境和低水平营商环境两组,分组估计结果见图 13-9。

————————

①　自 2021 年 9 月起,世界银行停发 DB 项目,将代之以 BEE 项目(Business Enabling Environment)。由于本章的数据样本期为 2006—2019 年,因此仍采用 DB 项目数据。

由估计结果可知,货币互换协议对中国在高水平营商环境国家投资的影响(0.028)明显高于低水平营商环境国家(0.017),换言之,签署货币互换协议对中国在高水平营商环境国家的海外投资具有更为显著的促进作用。可能的原因在于,高水平营商环境往往意味着法律制度更为完善,商业运行体系较为健全,既有助于降低东道国的政策不确定性,减少海外投资成本,也有助于缓解中国企业的融资约束(席龙胜和万园园,2021),提高海外投资效率。

(3)中国海外投资的不同动机

根据"一带一路"国家的自然资源情况,结合海外投资动机的差异性,将中国在沿线国家的海外投资划分为两类:资源寻求型和市场寻求型。图13-9的分组结果在支持基准回归结果的同时,还显示货币互换协议对资源寻求型海外投资的影响在估计系数(0.030)和显著性水平(1%)方面均高于市场寻求型海外投资,说明中国与"一带一路"国家签订货币互换协议,更有利于提高资源寻求型海外投资效率。原因可能在于,"一带一路"国家蕴藏着丰富的自然资源,如石油资源(主要集中于沙特阿拉伯、哈萨克斯坦等国)、矿产资源(主要集中于俄罗斯和蒙古国等国)等。中国为摆脱自然资源的禁锢,积极在沿线国家开展资源寻求型海外投资。但是,资源寻求型海外投资往往规模巨大,且所涉及的大宗商品对汇率变动十分敏感,在这种情形下,货币互换协议的签订通过降低汇率风险,提高了资源寻求型项目的海外投资效率。

5. 影响机制

汇率风险和实际利率是影响中国海外直接投资的重要因素(张策等,2018;于国才和王晨宇,2021)。如前所述,与"一带一路"国家签订货币互换协议之所以有助于提高中国海外投资效率,其原因可能有二:一是有可能有效降低汇率风险,以提高海外投资收益的稳定性;二是有可能降低实际利率,减少海外投融资成本。基于此,采用中介效应模型考察汇率风险与实际利率是否是货币互换协议提高中国海外投资效率的中介变量。

为了实现这一研究目标,一方面,借鉴于国才和王晨宇(2021)的做法,将"一带一路"国家的实际利率(ln $Rate$)水平作为中介变量,实际利率数据来源于IFS;另一方面,参考李平等(2017)的做法,将汇率风险细分为预期汇率风险和实际汇率风险,其中沿用式(13-2)测算预期汇率风险($ExRisk\_e$),采用式(13-6)测算实际汇率风险($ExRisk\_r$):

$$ExRisk\_r_{it}^m = \frac{\sqrt{\dfrac{1}{12}\sum_{m=1}^{12}\left(Exrate_{itm}-\dfrac{1}{12}\sum_{m=1}^{12}Exrate_{itm}\right)^2}}{\dfrac{1}{12}\sum_{m=1}^{12}Exrate_{itm}} \quad (13\text{-}6)$$

其中,$Exrate_{itm}$表示双边月度汇率,m代表月份,数据来源为IMF。

表13-13第(1)—(4)列和(5)—(8)列分别汇报了以预期汇率风险和实际汇率风险来衡量汇率中介效应的估计结果。

当汇率风险以预期汇率风险来衡量时,第(1)列为货币互换协议影响中国海外投资效率($OFDI$)的回归结果,可以发现核心解释变量($BSADID$)系数显著为正(0.022),说明中国与某一沿线国家签订双边货币互换协议能够显著提高中国在该国的海外投资效率。第(2)和(3)列分别测度货币互换协议对中介变量——预期汇率风险($ExRisk\_e$)和东道国实际利率(ln $Rate$)的影响。根据回归结果可知,在对$ExRisk\_e$的回归中,$BSADID$的系数在1%的水平上显著为负(−0.019),但是在对ln $Rate$的回归中,$BSADID$未通过显著性检验,表明与沿线国家签订货币互换协议能够显著降低预期汇率风险,但是对沿线国家实际利率水平的影响并不明显。第(4)列将$BSADID$和中介变量同时纳入模型,估计结果显示,$ExRisk\_e$的估计系数显著为负(−0.228),预期汇率风险越小,中国越能实现在沿线国家的高效率投资。货币互换协议促进海外投资效率提高的总效应为0.022,预期汇率风险作为机制变量发挥的中介效应占总效应的19.69%。

表 13-13　中介效应与调节效应结果

	中介效应						调节效应		
	OFDI (1)	ExRisk_e (2)	lnRate (3)	OFDI (4)	ExRisk_r (5)	OFDI (6)	OFDI (7)	OFDI (8)	OFDI (9)
BSADID	0.022** (0.010)	−0.019* (0.012)	−0.354 (0.701)	0.023* (0.013)	−0.003* (0.002)	0.028* (0.016)	0.095*** (0.011)	0.082*** (0.013)	0.050*** (0.015)
ExRisk				−0.228* (0.131)		−0.310** (0.123)			
lnRate				−0.000 (0.001)		−0.000 (0.002)			
NFE							0.025*** (0.007)	0.007*** (0.002)	0.027* (0.007)
BSADID×NFE							0.051*** (0.008)	0.023*** (0.004)	0.047*** (0.008)
控制变量	是	是	是	是	是	是	是	是	是
时间固定效应	是	是	是	是	是	是	是	是	是
国家固定效应	是	是	是	是	是	是	是	是	是
观测值	525	546	402	419	485	378	362	362	373
R^2	0.900 1	0.516 8	0.555 6	0.783 8	0.535 5	0.756 5	0.727 1	0.723 7	0.723 8

当汇率风险以实际汇率风险来衡量时，第(5)列的估计结果显示，货币互换协议能够有效降低实际汇率风险（$ExRisk\_r$）；第(6)列在证实 $InRate$ 的中介效应结果不显著的同时，还表明货币互换协议的签署可以通过降低实际汇率风险来提高中国海外投资效率，这一中介效应占总效应的4.04％，明显低于预期汇率风险发挥的中介效应（19.69％）。由此可见，中国与"一带一路"国家签订双边货币互换协议，能够通过降低预期汇率风险和实际汇率风险，提高中国海外投资效率，其中预期汇率风险的中介效应更胜一筹。相比之下，沿线国家实际利率的中介效应始终不显著，说明在货币互换协议与中国海外投资效率的关系中，利率市场机制尚未发挥作用。可能的原因在于，目前人民币离岸市场尚不发达，国内人民币利率水平高于国外，人民币与他国货币互换流动性受阻。但是，如果为了解决这一问题，将人民币互换利率下调至低于国外市场的水平，就会引发以套利目的输出的人民币返回国内市场，货币互换效应会被严重削弱。

"一带一路"国家整体不佳的金融生态是制约中国海外投资效率的关键因素。对中国政府来说，为了弥补"一带一路"金融生态缺陷，积极开展与"一带一路"国家双边货币互换协议的谈判，敦促货币互换协议的签订，是解决当前中国海外投资不足、主动优化海外投资效率的重要途径。基于此，通过构建货币互换协议与沿线金融生态的交互项，进一步研究货币互换协议对金融生态优化中国海外投资效率的调节作用。表13-13第(7)列的调节效应结果显示，货币互换协议对中国海外投资效率的影响在1％的水平上显著为正（0.095），可见与"一带一路"国家的货币互换协议签署有助于推进中国海外投资的顺利开展，基准结果的稳健性再度得以证实；金融生态对中国海外投资效率的影响同样显著为正（0.025），印证了沿线金融生态水平的改善可以显著提高中国海外投资效率；货币互换协议与沿线金融生态的交互项系数亦在1％的水平上显著为正（0.051），表明与"一带一路"国家签订货币互换协议，加强了金融生态改善对中国海外投资效率的促进作用,有助于进一步优化中国海外投资。此外,本节还选取第六章测算的广义金融生态指数和金融发展水平作为沿线国家金融生态的代理变量,进行调节效应的稳健性检验,相应的回归结果如表13-13第(8)—(9)列所示,货币互换协议的调节作用依然显著为正,表明货币互换协议有助于强化金融生态改善对中国海外投资效率的提升作用。

四、基于货币互换协议规模的拓展

本节第三部分关于作用机制的研究发现,货币互换协议的签订可以通过降低汇率风险(尤其是预期汇率风险)提高中国海外投资效率。在此基础上,进一步将研究视角扩展至货币互换协议的额度层面,考察协议额度引致的影响机制差异。为此,以货币互换协议额度占双边投资规模比率的中位数作为划分标准,将样本划分为大规模($SDID\_L$)与小规模($SDID\_M$)两种类型。如果"一带一路"国家在当期与中国签署货币互换协议的额度占比高于中位数,则 $SDID\_L$ 取 1,反之取 0;如果"一带一路"国家在当期与中国签署货币互换协议的额度占比低于中位数,则 $SDID\_M$ 取 1,反之取 0。

在表13-14汇报的估计结果中,根据第(1)列可知,无论是在大规模组还是小规模组,核心解释变量($SDID$)的系数均在 10% 的水平上显著为正(分别是 0.021 和 0.026),进一步证实了货币互换协议对中国海外投资效率的积极影响。

就 $SDID\_L$ 的回归结果看,根据第(2)列可知,大规模货币互换协议可以显著降低预期汇率风险;第(3)列将预期汇率风险($ExRisk\_e$)与核心解释变量($SDID\ L$)同时纳入模型后,发现两者的系数分别为 -0.204 和 0.039,且通过了显著性检验,表明降低预期汇率风险是大规模货币互换协议促进中国海外投资效率的显著途径。根据第(4)—(6)列的回归结果可知,大规模货币互换协议还能明显降低实际汇率风险

表 13-14　基于货币互换协议规模的中介效应分组结果

	预期汇率风险			实际汇率风险		
	OFDI (1)	ExRisk_e (2)	OFDI (3)	OFDI (4)	ExRisk_r (5)	OFDI (6)
(A) 大规模组						
SDID_L	0.021 * (0.012)	−0.021 * (0.012)	0.039 ** (0.016)	0.021 * (0.012)	−0.005 * (0.003)	0.037 * (0.022)
ExRisk			−0.204 * (0.115)			−0.922 ** (0.397)
控制变量	是	是	是	是	是	是
时间固定效应	是	是	是	是	是	是
国家固定效应	是	是	是	是	是	是
观测值	529	546	487	529	438	422
R^2	0.797 5	0.534 4	0.853 4	0.797 5	0.823 0	0.739 0
(B) 小规模组						
SDID_M	0.026 * (0.016)	−0.028 ** (0.014)	0.023 * (0.014)	0.026 * (0.016)	−0.007 (0.006)	0.016 (0.013)
ExRisk			−0.126 * (0.076)			−0.033 (0.058)
控制变量	是	是	是	是	是	是
时间固定效应	是	是	是	是	是	是
国家固定效应	是	是	是	是	是	是
观测值	525	546	472	525	500	472
R^2	0.884 7	0.534 4	0.900 2	0.884 7	0.663 0	0.919 0

($ExRisk\_r$），且实际汇率风险对中国海外投资效率的抑制作用显著，因此平抑实际汇率风险同样是大规模货币互换协议提升中国海外投资效率的有效机制。相比之下，实际汇率风险下降的中介效应占中国海外投资效率提高总效应的 21.95%，高于预期汇率风险下降的中介效应占比（20.40%）。由此可见，降低预期汇率风险和实际汇率风险是大规模货币互换协议提高中国海外投资效率的内在机制，其中后者的中介效应更明显。

就 $SDID\_M$ 的回归结果看，小规模货币互换协议对预期汇率风险的抑制作用显著（−0.028），但对实际汇率风险的负向影响未通过显著性检验,与大规模组的结果呈现出一定的差异性。其中,第(1)—(3)列的估计结果显示,小规模货币互换协议优化海外投资效率的总效应显著为正(0.026),预期汇率风险的中介效应在总效应中贡献了13.57%。第(4)—(6)列的估计结果表明,在以实际汇率风险为机制变量的回归中,尽管实际汇率风险下降能有效提高中国海外投资效率,但其作为机制变量的中介效应并不显著。

整体而言,不同规模的货币互换协议影响中国海外投资效率的作用机制存在一定差异:大规模货币互换协议可以通过熨平预期汇率风险和实际汇率风险,提高中国海外投资效率,且实际汇率风险的中介效应更为有效,而小规模货币互换协议主要是通过降低预期汇率风险,进一步推动中国海外投资。可能的原因是,一方面,大规模双边货币互换可以在沿线国家实现更大规模的短期流动性注入,有利于货币互换协议发挥汇率目标区的作用,稳定双边汇率水平、降低实际汇率风险,减少中国海外投资的汇兑成本,增加中国海外投资收益的确定性,实现海外投资效率的优化。另一方面,小规模货币互换协议对实际汇率的影响微弱,难以平抑实际汇率波动。尽管如此,货币互换协议的签署仍然有助于投资主体形成汇率风险下降的预期,激发中国企业海外投资的动力与潜力,从而推动中国海外投资效率的提高。

第三节　自贸协定网络机制

中国在推行"一带一路"倡议的过程中,遭遇到"逆全球化"保护主义的冲击,"一带一路"国家金融生态的约束作用愈发明显,金融合作也受到了严重冲击。因此,中国的海外投资效率问题(特别是海外投资不足)需要从更加国际化的视野加以应对。

近年来,自由贸易协定(Free Trade Agreement,FTA)已成为促进贸易与投资自由化的重要支撑(张宇和蒋殿春,2021)。截至2021年2

月,中国已经和 30 个国家和地区签署 20 个 FTA 及优惠贸易安排,其中相当一部分成员国和地区是"一带一路"沿线国家和地区,具体签署情况见表 13-15。特别值得一提的是,FTA 并非仅仅涉及双边贸易规则,近年来签署的 FTA 更是呈现出越来越强的外延性与差异化。大多数 FTA 在不同程度上覆盖了 WTO＋或 WTO－X 领域的深度条款,条款内容从边境措施向边境后措施延伸(铁瑛等,2021),逐步涵盖投资规则、金融服务、服务贸易、知识产权、竞争政策等多类型规则。这些 FTA 的签署,不仅为彼此之间的国际贸易创造了有利条件,也为国际投资流动提供了契机。商务部的数据显示,2020 年中国和 FTA 伙伴国的贸易额已占到中国贸易总额的 35％左右,而流向自由贸易伙伴国家的海外投资额比例更是达到了 70％。随着投资规则和金融服务等相关条款纳入 FTA,多边 FTA 及其所形成的网络在提高中国海外投资效率中的角色尚待深入研究,并成为中国进一步加大在"一带一路"国家海外投资的政策选择之一。

表 13-15　中国签署的 FTA 情况表

	签署时间	签署国家和地区	签署文件
1	2001 年 5 月 23 日	孟加拉国、印度、老挝、韩国、斯里兰卡、蒙古国	《曼谷协定》(后更名为《亚太贸易协定》)
2	2002 年 11 月 4 日	东盟十国	《中国—东盟全面经济合作框架协议》
3	2003 年 6 月 29 日	中国香港	《内地与香港关于建立更紧密经贸关系的安排》
4	2003 年 10 月 17 日	中国澳门	《内地与澳门关于建立更紧密经贸关系的安排》
5	2005 年 11 月 18 日	智　利	《中华人民共和国政府和智利共和国政府自由贸易协定》
6	2006 年 11 月 24 日	巴基斯坦	《中国—巴基斯坦自由贸易协定》
7	2008 年 4 月 7 日	新西兰	《中国—新西兰自由贸易协定》
8	2008 年 10 月 23 日	新加坡	《中国—新加坡自由贸易协定》

	签署时间	签署国家和地区	签署文件
9	2009 年 4 月 18 日	秘　鲁	《中国—秘鲁自由贸易协定》
10	2010 年 4 月 8 日	哥斯达黎加	《中国—哥斯达黎加自由贸易协定》
11	2010 年 6 月 29 日	中国台湾	《海峡两岸经济合作框架协议》
12	2013 年 4 月 15 日	冰　岛	《中国—冰岛自由贸易协定》
13	2013 年 7 月 6 日	瑞　士	《中国—瑞士自由贸易协定》
14	2015 年 6 月 1 日	韩　国	《中国—韩国自由贸易协定》
15	2015 年 6 月 17 日	澳大利亚	《中国—澳大利亚自由贸易协定》
16	2017 年 5 月 13 日	格鲁吉亚	《中国—格鲁吉亚自由贸易协定》
17	2017 年 12 月 7 日	马尔代夫	《中华人民共和国政府和马尔代夫共和国政府自由贸易协定》
18	2019 年 10 月 17 日	毛里求斯	《中华人民共和国政府和毛里求斯共和国政府自由贸易协定》
19	2020 年 10 月 12 日	柬埔寨	《中华人民共和国政府和柬埔寨王国政府自由贸易协定》
20	2020 年 11 月 15 日	RCEP 成员国	《区域全面经济伙伴关系协定》

一、自贸协定网络的事实描述

为了从全球化的视角直观显示 FTA 签署情况,沿用第三章的 SNA 方法,以"网络化"的视角进行考察。参考刘慧和綦建红(2021)的做法,利用 WTO 提供的全球贸易协定数据,以国家(地区)为网络节点,FTA 为节点边界,构建 FTA 网络的邻接矩阵。在此基础上,筛选出"一带一路"国家,并用 UCINET 软件进行相关计算。在"一带一路"倡议的推动下,沿线各国之间的贸易协定连接更加紧密。2005 年虽然大多数沿线国家签署了多个 FTA,但是部分国家签署 FTA 的数量屈指可数,然而这一情况在 2018 年发生了巨大变化,FTA 已经成为一项普遍存在的协定,"一带一路"国家之间的 FTA 缔结数量明显增加。

作为"一带一路"倡议的发起国,中国在"一带一路"国家 FTA 网络中的作用举足轻重。正如图 13-10 所显示的,2005 年虽然"一带一路"

倡议尚未提出,但是中国与沿线国家之间初步建立起了比较广泛的FTA网络,这种合作网络趋势在 2018 年更加明显,中国与沿线国家的FTA网络更加紧密,节点进一步增加。

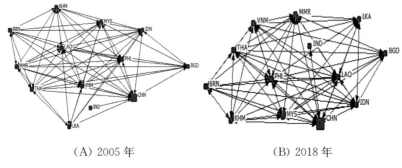

（A）2005 年　　　　　　　　　（B）2018 年

图 13-10　中国与"一带一路"国家 FTA 网络拓扑结构

二、FTA 机制的理论分析

本节提出,FTA 主要通过以下两个机制影响中国在"一带一路"国家的海外投资效率:一方面,FTA 对投资规则的补充有利于降低投资壁垒,减少中国海外投资不足造成的效率损失;另一方面,FTA 对金融服务的规则不仅在一定程度上改善了沿线国家的金融生态,缓解了中国企业面临的融资约束,而且减小了金融市场的不确定性,降低了中国企业面临的金融风险。

1. 通过投资规则谈判,FTA 有利于降低中国在"一带一路"的海外投资壁垒,减缓融资约束对海外投资效率的抑制

首先,近年来,中国企业在海外投资过程中遭遇的制度性壁垒总体呈现扩大趋势(张宇和蒋殿春,2021)。中国在"一带一路"国家的投资亦不例外,第六章及其附录对沿线国家吸引投资制度的全面介绍也体现了这一点。投资壁垒使得中国企业在沿线国家的海外投资不得不面临高昂的成本,且企业融资约束加剧,严重抑制了海外投资效率

优化。而投资规则作为 FTA 的关键条款之一,旨在采用高标准的负面清单管理模式,推动投资便利化和自由化。中国和"一带一路"国家签署的 FTA,早已将海外投资考虑在内。例如,中国与韩国签署的《中国—韩国自由贸易协定》,专设投资章节(第十二章),明确对双方投资的相关情况进行说明,为跨国企业在双边国家的投资创造了有利的环境。

其次,"一带一路"国家的外资进入壁垒,还主要集中在市场准入和审批流程等方面(郭卫军和黄繁华,2020)。通过对投资规则的谈判,简化了后续审批流程,减少了海外投资企业的时间成本和财务成本,有效降低了行政审查时间过长和程序繁琐引致的投资风险,有利于提高海外投资效率。

最后,FTA 涵盖的投资规则,有利于共享中国与沿线各国的资源优势(例如,在中国和格鲁吉亚签署的 FTA 中,专门强调了自然资源领域的投资合作),降低价值链各个生产环节的成本,节省不必要的成本浪费,为企业营造良好的营商环境,促进海外投资效率的提升。

2. 通过投资和金融服务的规定,FTA 有利于抑制中国在"一带一路"国家的海外投资风险,从金融角度为海外投资效率保驾护航

首先,"一带一路"国家多为发展中国家,虽然对资金和技术的需求较为强烈,但是资本账户开放程度与制度环境尚不完善,导致中国企业在"一带一路"国家不得不直面较高的海外投资风险。而 FTA 的投资规则与内容可以通过"信号机制"与"承诺机制",传递保护外国投资者权益的信号(Neumayer and Spess,2005;王光等,2018),有针对性地降低企业在沿线国家的海外投资风险,并形成一定的激励机制,激发企业海外投资潜力,优化企业海外投资效率。

其次,正如本书第六章所一直强调的,广义的金融生态内涵丰富,涉及经济基础、金融状况、政府治理、法律制度等方方面面,每一个方面都可能对中国海外投资企业的外部融资带来不可忽视的影响。在这种

情况下,中国企业有良好的法律制度作为保障,也更容易获得"一带一路"商业伙伴的授信,陷入融资约束的概率会大大降低(魏志华等,2014)。目前签署的 FTA 正朝着 WTO+X 的方向发展,金融服务条款已经是中国签署 FTA 时考虑的重点内容。例如,在中韩 FTA 中,首次单独设立金融服务章节(第九章),就适用范围、国民待遇、支付和清算系统、金融服务委员会、金融服务投资争端等问题作出安排;再如,在中国与同属"一带一路"国家的格鲁吉亚签署《中国—格鲁吉亚自由贸易协定》时,进一步对金融领域进行了更细化详尽的协商谈判(第八章服务贸易中附件 8-A 金融服务),以保障双方金融体系的完整和稳定。这些条款有效改善了双方的金融生态环境,从金融和资金角度为海外投资效率的提升提供了基础。

最后,FTA 的签署可以以区域贸易协定的形式,对成员国内部的关税和非关税壁垒进行更为严格的约束,有效降低乃至完全消除区域内的政策不确定性(孙林和周科选,2020),从而降低中国企业在"一带一路"国家的生存风险,实现海外投资效率的提升。

三、FTA 机制的实证检验

为了验证上述理论机制,本节将进一步通过建立多时点 DID 回归模型,将中国与"一带一路"国家签署 FTA 作为外部事件冲击,考察FTA 对中国企业海外投资效率的影响。

1. 模型设定与变量选择

鉴于中国与"一带一路"国家签署 FTA 的时间发生在多期,故依然构建如下多时点 DID 模型:

$$Under\_INV_{ijt} = \alpha_0 + \alpha_1 FTADID_{it} + \alpha_n C_{ijt} + \lambda_i + \gamma_t + \varepsilon_{ijt}$$

$$(13\text{-}7)$$

在模型中,$Under\_INV$ 表示中国企业海外投资效率,由第五章测算的海外投资不足衡量；双重差分项 $FTADID = Treat \times Policy$，是本模型的核心解释变量；$Treat$ 表示已与中国签署 FTA 的沿线国家（处理组）和未与中国签署 FTA 的沿线国家（对照组）的虚拟变量，分别赋值为 1 和 0；$Policy$ 表示政策冲击虚拟变量，在 FTA 生效前的年份取值为 0，在 FTA 生效后的年份取值为 1。C 为控制变量集，与第六章基于微观数据的静态效应模型保持一致。λ_i 和 γ_t 分别代表时间和国家固定效应，ε_{ijt} 表示随机扰动项。

2. 基准回归结果

表 13-16 报告了基于基准模型(13-7)的估计结果。可以发现，在对被解释变量海外投资不足($Under\_INV$)的影响中，双重差分项 $FTADID$ 的系数为 -0.082，且在统计意义上显著，说明中国与"一带一路"国家签署 FTA，可以有效缓解中国企业的海外投资不足，提高海外投资效率。

3. 稳健性检验

(1) 更换变量衡量

由于衡量 FTA 签署和中国企业海外投资效率的指标多种多样，不同的指标选择可能带来不同的结论。为避免因指标选取造成的偏差，更换被解释变量和核心解释变量的衡量方式。具体来说，在核心解释变量方面，不再构建 $Treat$ 与 $Policy$ 的交互项，而是直接采用各国是否签署 FTA 的虚拟变量(FTA_dummy)；在更换被解释变量方面，参考代昀昊和孔东民(2017)、刘晓丹和张兵(2020)等代表性文献的做法，重新测算企业海外投资效率(INV)。表 13-16 第(2)—(3)列的估计结果显示，无论是更换解释变量还是被解释变量，核心解释变量的系数均通过经济意义上和统计意义上的检验，可见中国与"一带一路"国家签署 FTA 是缓解中国企业海外投资不足的有效措施，基准回归结果具有稳健性。

表 13-16　基准回归与稳健性检验

	基准回归	更换变量衡量		PSM-DID			控制其他政策冲击	考虑经济特区影响
	(1) Under_INV	(2) Under_INV	(3) INV	(4) Under_INV	(5) Under_INV	(6) Under_INV	(7) Under_INV	(8) Under_INV
FTADID	-0.082*		-0.039***	-0.055***	-0.055***	-0.054***	-0.078*	-0.079*
	(0.044)		(0.014)	(0.019)	(0.019)	(0.020)	(0.044)	(0.043)
FTA_dummy		-0.082*						
		(0.043)						
Size	0.072	0.044	-0.266	-0.046	-0.036	-0.051	-0.001	-0.011
	(0.154)	(-0.138)	(0.406)	(0.141)	(0.144)	(0.148)	(0.164)	(0.154)
Age	-0.041	-0.041***	-0.027**	-0.026	-0.027***	-0.024	-0.038***	-0.042***
	(0.014)	(-0.014)	(0.011)	(0.005)	(0.005)	(0.005)	(0.013)	(0.015)
Lev	-0.937	0.076	2.271	0.034	-0.052	0.018	0.249	0.688
	(1.381)	(-1.036)	(3.600)	(1.261)	(1.289)	(1.321)	(1.232)	(1.159)
Trad	-0.000	-0.000	0.001	-0.001	-0.001	-0.001	0.000	0.000
	(0.000)	(0.000)	(0.000)	(0.000)	(0.000)	(0.000)	(0.000)	(0.000)
IF	-0.005	-0.005	-0.012	-0.002	-0.002	-0.003	-0.005	-0.006
	(0.003)	(0.003)	(0.007)	(0.004)	(0.004)	(0.004)	(0.004)	(0.004)
NR	-0.002	-0.002	-0.004	-0.002	-0.002	-0.002	-0.002	-0.002
	(0.002)	(0.002)	(0.001)	(0.001)	(0.001)	(0.002)	(0.001)	(0.002)
Gov	0.041	0.041	0.067	-0.012	-0.012	-0.003	0.027	0.049
	(0.032)	(0.032)	(0.063)	(0.028)	(0.028)	(0.031)	(0.035)	(0.034)
时间固定效应	是	是	是	是	是	是	是	是
国家固定效应	是	是	是	是	是	是	是	是
观测值	441	442	384	378	377	360	363	386
R^2	0.623	0.664	0.698	0.857	0.856	0.859	0.663	0.663

（2）PSM-DID

中国与"一带一路"沿线国家签署 FTA 并非随机选择,而是具有"自选择"的特征。因此,为了解决直接对非随机样本进行估计可能出现的选择偏差问题,沿用 PSM-DID 方法进行估计,以考察与"一带一路"国家签署 FTA 对中国海外投资不足的影响。与前文类似,继续沿用最近邻匹配、核匹配和半径匹配三种配对方式进行检验,检验结果如表 13-16 第(4)—(6)列所示。由 PSM-DID 回归结果可知,在三种匹配方式下,双重差分项 *FTADID* 的系数始终在 1% 的水平上高度显著,表明中国与"一带一路"国家签署 FTA 有助于抑制中国企业海外投资不足,提高海外投资效率。

（3）控制其他政策冲击

在样本期内,影响中国海外投资效率的因素复杂多样。例如,2001年,中国与孟加拉国、印度、老挝、韩国、斯里兰卡和蒙古国等国家签署了《曼谷协定》(后于 2005 年更名为《亚太贸易协定》),协议规定各成员国之间商品贸易可以获得特别关税优惠(李仁宇等,2020),有可能对企业面临的融资约束产生影响,并进一步影响海外投资效率。为了剔除样本期内混扰因子或者政策的影响,将上述协定成员国删除,仅考虑2006—2019 年样本期内签署的 FTA 对海外投资效率的影响,结果见表 13-16 中的第(7)列,核心解释变量 *FTADID* 的估计系数仍显著为负(−0.078),再次证实了基准结论的可信性。

（4）考虑经济特区的影响

中国自 1978 年改革开放以来,陆续建立了 7 个经济特区[1],这些经济特区也成为中国对外开放的重点区域。考虑到经济特区对企业"走

---

[1] 中国目前有 7 个经济特区,分别是 1980 年 8 月成立的广东省深圳经济特区和珠海经济特区,1980 年 10 月成立的福建省厦门经济特区,1981 年 10 月成立的广东省汕头经济特区,1988 年 4 月成立的海南省海南经济特区,2010 年 5 月成立的新疆维吾尔自治区喀什经济特区和霍尔果斯经济特区。

出去"有诸多优惠条件,有可能对中国在"一带一路"国家的海外投资效率产生其他影响,故对包含经济特区的省份进行删除(即广东省、福建省、海南省和新疆维吾尔自治区),表 13-16 第(8)列的估计结果显示,基准回归结果依然成立。

4. 异质性考察

国家和企业自身的因素,均有可能导致 FTA 对中国在"一带一路"国家海外投资效率的影响存在异质性。为此,构建核心解释变量 *FTADID* 和企业或国家异质性的交互项,一并纳入模型。正如表 13-17 所示,根据交互项系数的经济含义和显著性水平,可以发现 FTA 对海外投资效率的影响因国家或者企业的异质性呈现出不同的结论。

表 13-17　异质性考察

	企业规模	企业年龄	企业杠杆率	沿线国家贸易占比	沿线国家通货膨胀	沿线国家自然资源	沿线国家政府治理
$FTADID \times Size$	−0.030*						
	(0.018)						
$FTADID \times Age$		0.049					
		(0.047)					
$FTADID \times Lev$			−0.290*				
			(0.163)				
$FTADID \times Trad$				0.000			
				(0.001)			
$FTADID \times IF$					0.035*		
					(0.021)		
$FTADID \times NR$						−0.007**	
						(0.003)	
$FTADID \times Gov$							0.010
							(0.096)
$FTADID$	0.647	−0.189	0.093	−0.095*	−0.379*	−0.025	−0.074**
	(0.424)	(0.141)	(0.070)	(0.054)	(0.214)	(0.024)	(0.034)
控制变量	是	是	是	是	是	是	是
时间固定效应	是	是	是	是	是	是	是
国家固定效应	是	是	是	是	是	是	是
观测值	386	386	386	386	386	386	386
R^2	0.665	0.677	0.669	0.663	0.678	0.680	0.663

在企业层面,与"一带一路"国家签署 FTA 更多地缓解了中国大规模企业和高资产负债企业的海外投资不足问题。与小规模企业相比,已经形成一定规模的企业拥有更多的要素投入和更低的运营成本,在中国与沿线国家签署 FTA 后,更能够把握 FTA 为海外投资带来的新优势,进一步优化海外投资的资源配置。相比之下,虽然高资产负债率在一定程度上限制了海外投资能力(代昀昊和孔东民,2017),但是 FTA 中的投资规则减少了海外投资壁垒,缓解了中国企业的融资约束,有效降低了"走出去"企业的负债率,对缓解海外投资不足问题发挥了更大的作用。与企业规模和企业杠杆率异质性相比,企业年龄的异质性并不显著。

在国家层面,中国与低通货膨胀、自然资源丰富的"一带一路"国家签署 FTA,更有利于提高中国企业在这些沿线国家的海外投资效率。这一结论是非常符合预期的。一般来说,低通货膨胀国家拥有更低的经济不确定性,而自然资源丰富的国家可以提供更多的投资机会,这两类国家本身对海外投资者就具有更大的吸引力;而中国与满足这些特征的沿线国家签署 FTA,相关的投资规则和金融服务条款为中国企业提供了更有利的额外权利保证,有效强化了 FTA 对中国海外投资效率的影响。与自然资源和通货膨胀相比,沿线国家的贸易占比和政府治理并没有呈现出显著的异质性特征。

5. 影响机制

根据前文的理论机制分析,削减海外投资壁垒、降低海外投资风险是中国与"一带一路"国家签署 FTA 提高海外投资效率的重要渠道,故构建中介效应模型对这两条作用机制加以检验。在渠道指标构建方面,借鉴陆建明等(2020)的做法,以 OECD 组织发布的 FDI 限制指数衡量海外投资壁垒($InvB$),这一指标利用"一带一路"国家公布的投资限制措施计算而得,为研究沿线各国的投资壁垒提供了一个量化方法。同时,沿用第一节测算的中国企业总资产回报率的标准差来衡量海外投资风险($Risk$)。表 13-18 首先汇报了中介效应的估计结果。其中,第

表 13-18 中介机制与调节效应的估计结果

	中介机制					调节效应	
	(1)	(2)	(3)	(4)	(5)	(6)	(7)
	Under_INV	InvB	Risk	Under_INV	Under_INV	Under_INV	Under_INV
FTADID	−0.082* (0.044)	−0.330*** (0.009)	−0.001*** (0.000)	−0.752** (0.333)	−0.084*** (0.028)		
InvB				0.325** (0.134)			
Risk				0.457** (0.200)			
NFE×FTADID					−0.006*** (0.002)		
NFE×Degree						−0.002* (0.001)	
NFE×Broker							−0.011* (0.006)
NFE					−0.008* (0.005)	0.042** (0.019)	0.034** (0.014)
Degree						0.006* (0.003)	
Broker							0.046** (0.022)
控制变量	是	是	是	是	是	是	是
时间固定效应	是	是	是	是	是	是	是
国家固定效应	是	是	是	是	是	是	是
观测值	441	426	344	344	341	403	403
R^2	0.664	0.776	0.811	0.761	0.803	0.674	0.679

(1)列为基准回归结果,FTA 对 *Under_INV* 的估计系数显著为负,表明中国与"一带一路"国家签署 FTA,能够显著抑制中国企业在沿线国家的海外投资不足。第(2)和(3)列分别测度 FTA 对中介变量的影响。根据回归结果可知,中国与沿线国家签署 FTA,不仅能够显著降低沿线国家的海外投资壁垒,而且也能够显著减少中国企业的海外投资风险。第(4)列将 *FTADID* 和两个中介变量同时纳入模型,回归结果显示,*InvB* 的估计系数为正(0.325),且在 5% 的水平上显著,说明中国海外投资壁垒越低,越能有效缓解中国企业在"一带一路"国家的海外投资不足问题;与之相类似,*Risk* 的估计系数亦为正(0.457),且在 1% 的水平上高度显著。因此,中国与"一带一路"国家签署双边 FTA,既可以通过降低投资壁垒,也可以通过降低投资风险,发挥优化海外投资效率的作用。

前文已经证实,"一带一路"国家的金融生态越恶化,越会导致中国企业在沿线国家的海外投资不足,而签署 FTA 能够有效加以缓解。在此基础上,进一步引入 FTA 网络,考察其对基准回归结果的调节作用。本节以两种方式考察中国与沿线国家签署 FTA 在金融生态与中国海外投资效率二者关系中所扮演的调节角色。第一种方式,构建金融生态(*FE*)和双重差分项(*FTADID*)的交互项,将其纳入模型进行回归;第二种方式,引入 FTA 网络,考察签署 FTA 带来的调节效应。正如前文对 FTA 签署情况的事实描述所显示的,中国与"一带一路"国家签署的 FTA 已经构成了纵横交错的自贸协定网络,如果不考虑自贸协定网络带来的效应,可能会造成估计结果偏误。为此,继续采用 SNA 方法,以国家之间自贸协定网络邻接矩阵构建社会网络关系,以考察 FTA 网络关系在基准模型中发挥的调节作用。

本节选取两个指标刻画中国与"一带一路"国家的自贸协定网络:一是点中心度(*Degree*),用以描述某节点国家在网络中拥有的直接联系或间接联系的节点数量,就本节来说,高的中心性意味着一国在以

"一带一路"国家构建的自贸协定网络中拥有的节点数量越多,越可以连接更多的国家和行业,对整体网络的影响力也就越大;二是中间人指标($Broker$),用以反映一国连接各个国家群体的桥梁作用,一国若作为中间人的次数越多,则意味着其在自贸协定网络中的重要性越强,更有可能加固FTA的经济效应。

表13-18第(5)—(7)列汇报了调节效应的结果。根据第(5)列可知,$FE×FTADID$在1%的水平上显著为负(-0.006),表明中国与"一带一路"国家签署FTA,有助于加强金融生态对中国企业海外投资不足的抑制作用,进一步提高海外投资效率;同时,$FE×FTADID$的系数符号也与前文保持一致,肯定了FTA和良好金融生态对中国企业海外投资效率的促进作用。第(6)—(7)列的结果显示,自贸协定网络指标与金融生态的交互项$FE×Degree$和$FE×Broker$的系数均在10%的显著性水平上通过检验,表明中国与沿线国家签署的FTA越多,其作用越显著,从自贸协定网络的视角再次证实中国与沿线国家签署FTA,能够有效缓解沿线国家金融生态对中国海外投资效率的负向影响。

第十四章　"一带一路"国家金融生态影响
中国海外投资效率的应对：
短期措施的对策框架

根据前面章节分析得出的"一带一路"沿线国家金融生态多样性对中国海外投资效率的静态与动态影响、中介作用机制及其内外部调节机制，本书提出构建应对沿线国家金融生态对中国海外投资效率影响的五大类措施体系：预警性措施、应对性措施、应急性措施、保障性措施和改善性措施。其中，本章主要是从中国企业的角度出发，构建预警性和应对性两大类短期措施。同时，突如其来的新冠疫情也对中国在"一带一路"国家的海外投资产生了冲击，为此专门加入了短期的应急性措施。

第一节　预警性措施

无论是第六章的"一带一路"国家金融生态事实描述与指标测度，还是第七至十章从静态到动态的实证检验，均可以发现"一带一路"沿线国家的金融生态呈现出多样性和差异化的特征，大多数沿线国家的狭义金融生态与广义金融生态不佳，对中国企业的海外投资效率（特别是海外投资不足）带来了显著的影响。换言之，"一带一路"国家在经济发展、政治环境、金融生态、法律制度等方面的巨大差异是造成中国在沿线各国海外投资效率低下且不平衡的主要原因之一。在此情形下，如何未雨绸缪、提前做好预警尤为重要。

在过去较长的一段时间内，学者们多采用一些传统的预警方法。例如，有的学者偏重层次分析法，并分别结合模糊综合评价法、熵值法和粗糙集模型法等，构建了针对不同海外投资项目的综合评价模型（叶永刚等，2018；Ran and Liu，2018；Mi and Zhao，2020）；有的学者倚重专家分析法，制定海外投资预警评价标准，评估海外投资的风险程度（Zhang et al.，2017；Li et al.，2020）；有的学者运用因子分析法，对海外投资的风险指标进行验证（Xiong and Gao，2019；Gui and Yang，2020）。但是，从预测效果来看，预警准确率普遍偏低，预警有效性严重不足，亟须更科学、更准确的预警新方法为中国在"一带一路"国家的高质量投资保驾护航。

在人工智能不断兴起的今天，机器学习方法在预测方面表现出良好的运算效果和较强的场景适用性（Mullainathan and Spiess，2017；Zhang and Chen，2021）。因此，将机器学习方法运用于中国在"一带一路"国家的投资效率预警，帮助投资主体尽早识别效率损失场景，具有重要的现实意义。本节选取决策树、随机森林、支持向量回归、人工神经网络等多种主流机器学习算法，与传统线性模型预测效果进行对比，以期准确挖掘"一带一路"国家的关键预警变量及其异质性，并在此基础上探究各变量提升海外投资效率的理想数值区间。

一、预警体系构建

为了全面构建中国在"一带一路"国家海外投资效率的预警指标体系，本节从经济基础、金融状况、政府治理、法律规范4个目标层选取特征变量，其中，经济基础包括经济发展水平、产业结构、可持续发展与经济开放度，金融状况涵盖金融发展、金融结构、金融主体与金融稳定，政府治理包括政府干预和政府效能，法律规范包括司法环境和执法力度，共计12个准则层，37个指标层。具体指标层及来源详见图14-1。这些指标的统计性描述结果①表明,"一带一路"沿线国家的经济基础、金融状况、政府治理、法律规范可谓千差万别,不确定性风险较大。

(WDI)	GDP 增长率	经济发展水平	经济基础	金融状况	金融发展	私营部门的国内信贷占比	(WDI)
(WDI)	人均 GDP 增长					股票交易总额占比	(WDI)
(WDI)	人均 GDP				金融结构	金融机构深度	(IMF)
(WDI)	通货膨胀					金融机构准入	(IMF)
(WDI)	农业占比	产业结构				金融机构效率	(IMF)
(WDI)	工业占比					金融市场深度	(IMF)
(WDI)	制造业额占比					金融市场准入	(IMF)
(WDI)	服务贸易占比					金融市场效率	(IMF)
(WDI)	铁路总公里数	可持续发展			金融主体	商业银行分支机构	(WDI)
(WDI)	城镇人口占比					自动取款机	(WDI)
(WDI)	资源禀赋				金融稳定	银行不良贷款与贷款总额的比率	(WDI)
(WDI)	技术水平					银行资本对资产的比率	(WDI)
(WDI)	教育公共开支占比						
(WDI)	商品贸易占比	经济开放度					
(WDI)	外国直接投资净流入占比						
(WDI)	对外直接投资净流出占比						
(WDI)	一般政府最终消费支出	政府干预	政府治理	法律规范	司法环境	民众话语权	(WGI)
(EFW)	经济自由度					法治水平	(WGI)
(WGI)	政治稳定程度				执法力度	控制腐败能力	(WGI)
(WGI)	政府效率	政府效能				监管质量	(WGI)
(WDI)	税收						

图 14-1　中国在沿线国家海外投资效率的预警指标体系

二、预警体系的效果预测

以上文中的风险预警指标体系变量作为特征变量,以中国在"一带一路"沿线各国的海外投资效率作为响应变量。在此用海外投资效率的高低近似地表征海外投资风险的高低,海外投资效率越高,意味着投资风险越低;相反,海外投资效率越低,意味着投资风险越高。

这一部分的数据来源与第七至十章的微观数据保持一致,涉及 52 个沿线国家,获得完整有效的样本容量 728 个,时间跨度为 2006—2019 年。参考代表性文献(Zhang and Chen,2021;王达和周映雪,2020)的

---

① 囿于指标数量众多,篇幅有限,故不再单独呈现。

做法,并结合本节的数据特点,将数据分成70%的训练集与30%的测试集。用训练集样本训练各算法模型,用测试集样本测试各个模型对"一带一路"国家投资效率预警的准确率。针对不同的机器学习算法,对连续变量进行标准化或归一化处理,从而保证各类机器学习算法的效率和预测结果的准确性。本节所使用的全部机器学习算法均由Python的scikit-learn包实现。

从本质上来说,海外投资效率预警问题的核心在于"预测"而非"回归"。一方面,尽管传统计量回归模型具备预测功能,但其研究重心在于通过估计解释变量对被解释变量影响的大小和方向,达到因果识别的目的;另一方面,现有预警模型基本上为线性模型,对非线性问题的预测效果不佳,而问题预测是支持向量机、人工神经网络等机器学习模型的核心功能(涂艳和王翔宇,2018)。基于此,本节在使用传统计量方法的同时,依次建立K近邻、决策树、随机森林、AdaBoost、支持向量机、人工神经网络等主流机器学习方法,预测中国在"一带一路"沿线各国的海外投资效率,对比分析各个机器学习模型的预测准确率,进而为中国企业在"一带一路"沿线经济体的投资风险预警提供对策。

1. 线性回归

为突出机器学习模型的独特优势,首先采用普通最小二乘法(OLS)构建线性回归模型,考察预警指标体系对中国在沿线国家海外投资效率的拟合效果,回归模型设定如下:

$$IE_{jt} = \beta_0 + \beta_1 E_{jt} + \beta_2 F_{jt} + \beta_3 G_{jt} + \beta_4 L_{jt} + \varepsilon_{jt} \qquad (14\text{-}1)$$

其中,IE_{jt}代表t年中国在"一带一路"国家j的海外投资效率,E_{jt}、F_{jt}、G_{jt}、L_{jt}分别表示经济基础、金融状况、政府治理、法律规范4个目标层的特征变量,ε_{jt}代表随机扰动项。

图14-2汇报了基于模型(14-1)的估计结果。从预警准确率来看,线性回归的拟合优度为73.30%,即该模型预警中国在"一带一路"国家

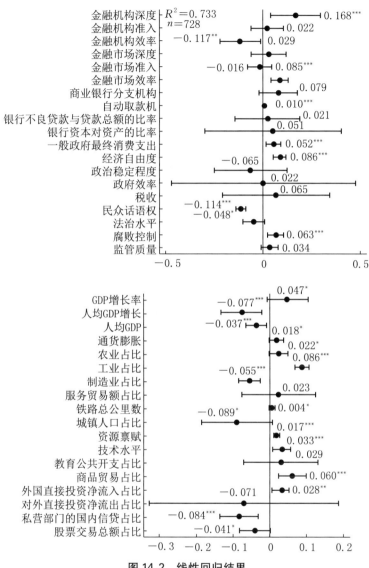

图 14-2 线性回归结果

注:***、** 、* 分别代表在 1%、5%、10%的显著性水平上显著,下同。

发生投资效率损失的准确率超过 70%。从显著性水平来看,经济基础中,工业占比、资源禀赋、技术水平、商品贸易占比的系数均在 1%的水平上显著为正,人均 GDP、人均 GDP 增长、制造业占比、私营部门的国内信贷占比的回归系数均在 1% 的水平上显著为负,说明这些经济因素对于预警中国在沿线国家的投资效率损失至关重要;金融状况中,金融机构深度、金融市场效率、自动取款机数量的系数均在 1% 的水平上显著为正,表明这些金融因素对于提升中国在沿线国家的海外投资效率更为重要;政府治理中,一般政府最终消费支出、经济自由度的系数在 1% 的水平上显著为正,说明"一带一路"沿线国家的政府财力、经济开放程度也是中国提升海外投资效率的关键影响因素;法律规范中,腐败控制的系数在 1% 的水平上显著为正,表明沿线国家清廉的社会环境有利于中国海外投资效率的提高。

2. K 近邻

K 近邻(K nearest neighbors,KNN)是最简单的非参数方法,即以最近的 K 个邻居进行预测。为避免某些变量对距离函数的影响太大,需将所有变量标准化。邻居数 K 在 KNN 算法中为最重要的参数。选择最佳邻居数的方法包括通过测试集选择最优超参数 K 和交叉验证法。将邻居数分别设置为 1—50,通过测试集选择能够实现最高预测准确率的 K 值(0.93)。不同邻居数的 KNN 算法的预测准确率如图 14-3

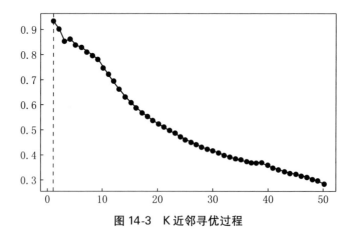

图 14-3　K 近邻寻优过程

所示,当邻居数设为 1 时,准确率最高;邻居数递增,准确率降低。然而,通过测试集选择最优超参数 K,严格来说提前"泄露"了测试集的信息,所得结果可能不准确。因此,本节进行十折交叉验证,选择最优超参数 K。十折交叉验证的结果显示,最优超参数 K=3,此时测试集的预测准确率为 0.85,低于前文根据测试集选择 K 的预测准确率 0.93。

3. 决策树

决策树本质上是一种近邻方法,能够在一定程度上模拟投资主体根据沿线国家的各项条件逐步作出投资决策的过程。决策树在节点分裂时考虑了响应变量的信息,不受噪声变量的影响,适用于高维数据。

一方面,考虑到深度过大的决策树观感效果较差且不便于解释,本节构建最大深度为 2 的决策树模拟投资主体的决策过程,以便于观察和解释。从图 14-4 可知,对中国在"一带一路"国家海外投资效率影响最大的预警变量为资源禀赋,其次是人均 GDP 和工业占比。具体而言,中国在沿线国家海外投资效率最先取决于东道国的资源禀赋情况。根节点(node ♯0)的分裂条件为资源禀赋≤48.26,如果满足此条件则发出"警报",向左划分至低投资效率组,向右则划分至高投资效率组。低效率组中,海外投资效率的划分进一步取决于东道国人均 GDP,高效率组中海外投资效率的划分进一步取决于东道国工业占比。沿着决策树进一步分裂,可以发现叶节点(node ♯1)的分裂条件为人均 GDP≤37 940.14,如果满足此条件则发出"二次警报",向左划分至超低投资效率组,反之则向右划分至较低投资效率组,超低投资效率组所在叶节点的预测投资效率为 0.36。同理,叶节点(node ♯4)的分裂条件为工业占比≤51.27,满足此条件则向左划分至较高投资效率组,反之则向右划分至超高投资效率组,超高投资效率组所在叶节点的预测投资效率为 0.82。由此可见,最大深度为 2 的决策树表明资源禀赋和人均 GDP 是最为重要的预警变量,一旦中国投资者未能把握沿线国家的资源禀赋和经济发展情况,很有可能陷入海外投资效率低下的"泥潭"。另一方面,虽然限制决策树最大深度为 2 的好处在于十分简明且易于解释,但是测试集的拟合优度较低,仅为 53.03%,结论的准确性有待商榷。为此,本节选用五折交叉验证,选择最优成本复杂性参数,使决策树具有最佳的泛化预测能力。预测结果显示,最优的成本复杂性参数为 0,此时决策树的深度为 22,叶节点数目为 509,测试集拟合优度上升为 80.95%,但是简洁性下降,不便于观察和解释;同时,考察决策树的变量重要性可知,排在前五位的依次是资源禀赋、人均 GDP、工业占比、民众话语权、城镇人口占比,进一步验证了最大深度为 2 的决策树所得出的结论。

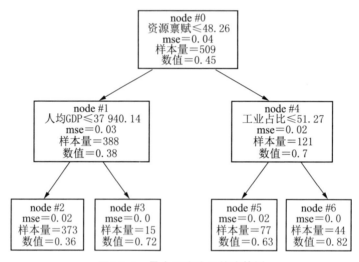

图 14-4 最大深度为 2 的决策树

4. 随机森林与梯度提升法

随机森林属于集成学习的方法,即将预测效果一般的弱学习器组合起来,构成一个预测效果优良的强学习器,其优点在于:一方面,随机森林模型不仅简单灵活,适用于分类和回归等一系列任务,而且对小样本容量和非平衡数据集的预测效果较好(Breiman,2001);另一方面,该方法使用自助样本,在决策树的每个节点进行分裂时,随机选取部分变量作为候选的分裂变量,对异常值和噪声具有良好的容忍度(Bonissone et al.，2010)。本节依然通过五折交叉验证的方式，确定最优的调节参数。结果发现，当候选分裂变量个数为16时，交叉验证误差最小，故随机森林模型中的调节参数设置为16，考察该方法对中国在沿线国家投资效率偏离最优水平的预警效果。测试集的拟合优度为90.13%，说明随机森林对中国在沿线国家投资效率损失的预警效果优于决策树。同时，资源禀赋、工业占比、民众话语权的重要性位居前列，与决策树结论保持一致。

提升法作为集成学习的方法之一，与随机森林的区别在于提升法中每棵决策树的作用并不相同，各决策树之间具有前后关系，相对位置不能随意变动。提升法基于原始样本，但是可以使用不同的观测值权重。根据本节的数据特点，采用梯度提升法对中国在"一带一路"国家的投资效率损失进行预警。五折交叉验证的结果显示，最优超参数组合为280棵最大深度为7的决策树，子抽样比重为0.8，学习率为0.1，此时测试集的拟合优度为89.52%。同时，资源禀赋、民众话语权、工业占比的重要性位居前三位，与决策树和随机森林算法的结论保持一致。

5. 支持向量回归

支持向量机(SVM)的基本思想是通过寻找最优的分离超平面，将两类数据分开，非常适合多变量数据。该方法目前已经从最初的分类问题推广至回归问题，从而将支持向量机的合页损失函数移植到回归问题，即支持向量回归(SVR)。为满足该方法的数据要求，首先将所有变量标准化，然后在回归中使用径向核作为核函数。五折交叉验证的结果显示，最优惩罚参数为10；最优模型的回归结果显示，支持向量数目为407，测试集的拟合优度为90.94%，预测准确度进一步得以提升。

6. 人工神经网络

作为人工智能的派系之一，仿生学派主张模仿人类的神经元，用神经网络的连接机制实现人工智能，奉行大数据和学习来获得知识，而机器学习中的人工神经网络(ANN)是仿生学派的代表作。在构建神经网络模型预警中国在沿线国家的投资效率时,一方面将数据归一化,另一方面采用单隐藏层的神经网络,考察神经元数目与测试集拟合优度的关系,从而确定最优的神经元数目。预测结果表明,当神经元数目为 32 时,测试集拟合优度达到最大值(91.60%),即人工神经网络在预警中国在沿线国家的投资效率损失时,其准确性高达 91.60%,是本节所有预测方法中最高的。在此基础上,分别通过神经网络权重矩阵热图、特征变量的转置重要性图和变量偏依赖图,揭示各变量重要性,以及关键特征变量与响应变量的关系。结果表明,人均 GDP 增长对第 2 个神经元的权重最大,达到 1.00;法治水平对第 1 个神经元的权重最大,达到 0.88;工业占比、资源禀赋、金融市场深度对中国在"一带一路"国家海外投资效率的影响均为正,再次证明了线性回归结果的稳健性。

7. 各种预测方法的对比

图 14-5 总结了线性回归和各类机器学习方法在测试集中的预警准确率。在机器学习方法中,人工神经网络的预警准确率最高,达到 91.60%;决策树的预警准确率最低,为 80.95%。同时,所有机器学习算法的准确率均高于线性回归(73.30%),这与已有研究得到的结论一致

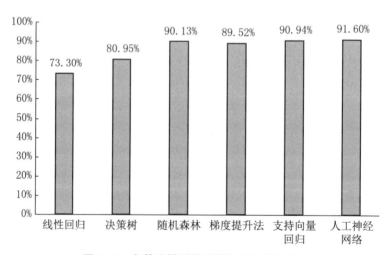

图 14-5   各算法模型的测试集拟合优度对比

（Mullainathan and Spiess，2017；涂艳和王翔宇，2018；Zhang and Chen，2021）。

从预测准确率或测试集拟合优度来看，机器学习算法的预测准确率均高于线性回归，表明机器学习算法在预测海外投资效率损失方面较之线性回归具有明显的优势。主要原因在于：首先，海外投资效率预测具有复杂性，本质上属于非线性问题，而机器学习模型处理该类问题的优势明显；其次，经典计量算法使用特定的分布，而机器学习算法不受此限制，适用性更广（涂艳和王翔宇，2018）；最后，影响海外投资风险的变量之间相关性较高，东道国的经济基础、金融状况、政府治理、法律规范因素相互影响，与机器学习算法相比，线性回归的弱点暴露无遗。

从算法分析机制来看，随机森林与梯度提升法较之决策树模型的预测准确率更高，主要原因在于：随机森林与梯度提升法算法均是基于决策树算法提出的改良性算法模型，该结果恰恰说明如上两种算法作为决策树模型的加强版，提升了决策树算法的预警准确率。具体来说，随机森林采用了"装袋"策略，从相同数据里"生长出"多棵树，使决策树的生成随机性降低，减少了预测方差；与决策树相比，随机森林除了满足样本的随机，还满足特征的随机，即并非所有变量都会进入每一棵决策树，避免了单个变量为整个模型带来巨大误差的情况；相比之下，梯度提升法能够为不同的样本提供了不同的权重，且训练之间有联系，有助于进一步提高预测准确率。

从结论解释性强度来看，尽管决策树算法的预测准确率相对较低，但是较之其他机器学习算法的解释性更强，究其原因，决策树算法可以近似"还原"投资者的实际投资决策过程，能够较好地刻画与描述多层次的判定环节，并产生投资决策规则，进而识别出对海外投资风险影响作用较大的关键因素。相比之下，其他机器学习算法如同一个"黑箱"，仅能得到最终的预测结论机器关键特征变量，因此各种机器学习方法有必要相互补充，共同提高对现实生活的解释力与预测力。

三、基于变量重要性的异质性检验

如前所述,"一带一路"国家在经济发展、政治环境、金融生态、法律制度等方面的巨大差异,是造成中国在沿线各国海外投资效率不高且不平衡的主要原因。在这种情形下,当把国家异质性和时间异质性纳入研究范围时,分样本的变量重要性是否会有所改变,值得进一步考察。考虑到人工神经网络是本节所选取的所有机器学习算法中预警准确率最高的,故依托人工神经网络的特征变量的转置重要性图进行异质性检验。

1. 基于沿线国家收入水平的异质性

"一带一路"沿线既不乏新加坡、以色列、阿联酋等高收入国家,也不乏也门、蒙古国等低收入国家。在不同收入水平国家中,关键预警变量很有可能存在差异,而厘清这一差异无疑对提高预警准确率大有裨益。表 14-1 中第(1)和第(2)列分别展示了高收入国家和低收入国家的异质性分组检验情况。就高收入国家而言,工业占比是预警中国在沿线国家投资效率最关键的特征变量,其次是金融市场深度和农业占比;就低收入国家而言,排名前三的关键特征变量依次是沿线国家的资源禀赋、商业银行分支机构数量和监管质量。由此可见,当中国企业赴沿线低收入国家投资时,应着重考虑当地的资源禀赋情况;而当沿线国家为高收入国家时,资源禀赋的重要性有所下降,沿线国家的第二产业发展情况是中国企业应重点关注的内容。

2. 基于沿线国家制度质量的异质性

制度质量影响中国海外投资的因素之一(刘青等,2017),有必要检验制度质量高低是否会改变中国在"一带一路"国家投资效率的关键预警变量及其顺序。如表 14-1 中第(3)和第(4)列所示,在高制度质量国家中,工业占比是最为重要的预警变量;反观低制度质量国家,资源禀赋位居首位,其次是人均 GDP。这表明,在高制度质量国家,中国的海外投资活动更为复杂,沿线国家工业发展水平对海外投资效率来说尤为重要;而在低制度质量国家,中国企业从事的投资活动较为初级,资源禀赋和经济增长更为重要。

表 14-1　基于变量重要性的异质性检验

变量重要性排名	高收入(1)	低收入(2)	高制度质量(3)	低制度质量(4)
1	工业占比	资源禀赋	工业占比	资源禀赋
2	金融市场深度	商业银行分支机构	民众话语权	人均 GDP
3	农业占比	监管质量	资源禀赋	监管质量
4	腐败控制	民众话语权	政府效率	金融市场深度
5	制造业占比	私营部门的国内信贷占比	金融机构准入	工业占比

变量重要性排名	"一带"(5)	"一路"(6)	2006—2012 年(7)	2013—2019 年(8)
1	工业占比	服务贸易占比	工业占比	资源禀赋
2	民众话语权	工业占比	民众话语权	人均 GDP
3	农业占比	金融机构深度	资源禀赋	监管质量
4	制造业占比	铁路	政府效率	金融市场深度
5	资源禀赋	自动取款机	金融机构准入	工业占比

注:限于篇幅,仅展示排名前五的变量。

3. 基于沿线国家地理位置的异质性

如前所述,"一带一路"是"丝绸之路经济带"("一带")和"21 世纪海上丝绸之路"("一路")的简称。与"一带"相比,"一路"沿线国家的经济、制度、地缘等条件更为优越(吕越等,2019),同样有可能影响到中国在沿线国家的投资效率预警问题。表 14-1 中第(5)和第(6)列的分组结果显示,对于"一路"国家来说,服务贸易额占比在预警变量中的重要性高居榜首;而对于"一带"国家来说,位居第一的是工业占比。这说明影响中国在"一带"和"一路"投资效率的关键因素在于产业结构,人多数"一路"国家国土面积较小,工农业发展受限,服务业发展却大放异彩,"一带"国家发展工农业的条件更为充足。因此,中国企业在"一路"国家投资时,应优先关注服务业发展情况,学习先进经验,提高投资效率;

而当中国企业在"一带"国家投资时,工农业发展对中国提高投资效率、避免效率损失尤为重要。

4. 基于时间区间的异质性

本节的样本区间为 2006—2019 年,时间跨度较大,"一带一路"沿线国家的环境状况在此期间会发生变化,特别是 2013 年"一带一路"倡议提出之后,中国在沿线国家投资的关键预警变量很有可能随之而变。对此,将时间区间划分为 2006—2012 年和 2013—2019 年,旨在考察"一带一路"倡议提出前后预警关键变量是否存在时间异质性。从表 14-1第(7)与第(8)列可以发现,2006—2012 年,工业占比是投资效率预警中最为关键的变量。然而,随着时间的推移,2013—2019 年工业占比的排名下降到第五位,资源禀赋、人均 GDP 等经济基础维度的特征变量代之而起,成为关键预警变量。这也说明近年来中国在"一带一路"国家的海外投资效率之所以不容乐观,在很大程度上要归因于中国企业热衷于资源获取型投资,而非效率导向型投资。

四、基于关键变量的理想区间判断

前文考察了中国在"一带一路"国家投资效率预警的关键变量及其与海外投资效率之间的关系,接踵而至的问题便在于海外投资效率究竟何以提升。对此,基于关键变量的预警准确率,并借助偏依赖图为中国在沿线国家海外投资效率的优化提供参考。

1. 关键变量的预警准确率验证

不论是全样本下的预警模型建立,还是分样本的异质性检验,均可通过变量重要性图获得关键预警变量。综合来看,人均 GDP、农业占比、工业占比、服务贸易额占比、城镇人口占比、资源禀赋、金融机构深度、金融市场准入、民众话语权等 9 个特征变量始终是排在前列的变量。将这 9 个特征变量纳入预警模型,再次运用决策树、随机森林、梯度提升法、支持向量回归和人工神经网络算法,测试中国在"一带一路"

国家投资效率预警的准确率，从而回答关键预警变量何以关键。测试结果显示，决策树、随机森林、梯度提升法、支持向量回归和人工神经网络算法的预警准确率分别是 71.34％、90.04％、89.92％、89.98％、86.27％。除了决策树和人工神经网络算法的预警准确率下降外，其余算法的预警准确率与全样本下基本保持一致，梯度提升法的预警准确率甚至略有提升，关键预警变量的重要性可见一斑。换言之，仅通过关键变量预测即可达到全变量场景下几乎相同的效果。

2. 基于偏依赖图的提效理想区间

尽管前文已经获知关键预警变量及其与中国海外投资效率的正负关系，但是，提效路径的选择并不仅仅取决于二者之间的促进或抑制关系，更重要的是取决于边际效应的大小，而这恰恰是偏依赖图的优势所在(Friedman，2001)。考虑到随机森林算法不论是在全样本中还是在关键预警变量的验证中均优势明显，故利用随机森林中的偏依赖图作为分析工具，进一步考察中国海外投资效率的提升途径。

图 14-6 展示了关键预警变量的偏依赖图。一方面，各个变量与中国在"一带一路"国家的投资效率之间呈现出明显的分段特征，能够很好地反映边际效应的大小；另一方面，对于资源禀赋、工业占比而言，沿线国家矿石、金属和燃料出口占全部商品出口的百分比在 50％左右时，对中国在沿线国家投资效率的促进作用最大，工业占比则是在 40％左右。对于民众话语权、金融机构深度、农业占比而言，这三个指标的数值过低会对中国在沿线国家的投资效率产生极大的抑制作用，随着这些指标数值的增大，抑制作用显著减弱。对于城镇人口占比而言，占比较低(25％左右)或占比较高(90％左右)对投资效率的促进作用大。原因可能在于：城镇人口较低的国家发展水平较低，处于"百废待兴"的状态，此时中国资金和技术的投入有利于投资效率提升；城镇人口集中的地区多为发达国家，中国对这部分国家的投资以技术获取型为主，依托强大的科技力量，同样有利于提升投资效率。

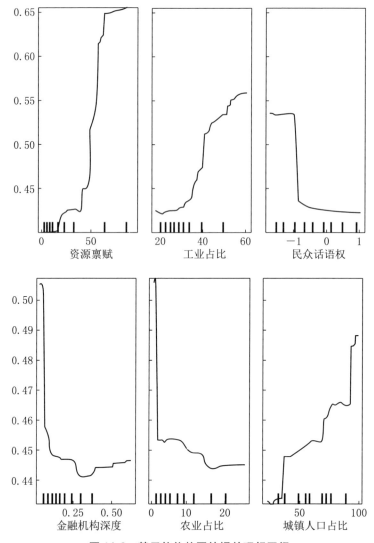

图 14-6　基于偏依赖图的提效理想区间

五、海外投资效率预警模型的政策启示

上述海外投资效率预警模型的主要启示在于,建立"一带一路"沿线国家金融生态风险监控系统和投资效率预警体系势在必行。无疑,

这一系统和体系的建立离不开政府的牵头主导，也离不开企业自身、金融机构、咨询公司、高校、科研院所和智库等机构的共同努力。

对于政府相关部门而言，第一，针对海外投资企业的金融生态风险尽职调查报告，政府有关部门可据此建立投资项目金融风险分级评定机制，联合银行、保险公司等金融机构，分析、确定"一带一路"重大投资项目优先级，建立投资项目金融风险评级体系，并根据项目优先级和金融风险等级决定融资支持力度，制定合理的金融风险防控预案，从而使拟投资于金融生态状况良好的东道国的投资决策尽快落地，使拟投资于金融生态状况欠佳东道国的企业审慎执行投资决策、延后落实投资决策或更改投资目的国。第二，政府有关部门应考虑聘用相关数据分析人才，利用机器学习算法建立海外投资风险预警模型，对"一带一路"沿线各国的投资风险进行评级，与根据企业提供的金融风险尽职调查报告所作出的评级形成双重印证，向"一带一路"投资企业发布评级信息，引导企业选择投资风险相对较低的投资区位。第三，政府要为企业、金融机构、咨询公司、高校、科研院所和智库等参与风险预警机制建立的官方机构和非官方机构提供一定的科研基金和政策支持，提高政府机构和民间机构对"一带一路"沿线国家金融生态风险信息收集、梳理、整合和分析的积极性和科学性，实现政府机构和民间机构的有机结合。

对于"一带一路"投资企业而言，应当发挥已有人才优势或雇用相关人才，运用机器学习算法评估投资风险，做好金融生态风险尽职调查并按上级监管机构的要求提交，与政府有关部门提供的东道国风险评级形成相互验证，为拟投资项目提供双重保障，从而规避海外投资风险，提高海外投资效率。

对于金融机构而言，在"一带一路"金融风险监控系统和预警机制建立的过程中，金融机构任重而道远。金融机构应发挥自身的跨境信息优势、咨询优势和服务优势，建立、完善对外直接投资信息咨询服务平台,设立专门业务部门,加强同东道国金融机构的沟通合作,对东道国的金融生态进行深度分析,为海外投资企业提供全方位、一体化、综合性信息咨询服务,保护企业"走出去",帮助企业防范和化解潜在金融风险,与企业联手开拓"一带一路"沿线市场。

除了国内相关政府部门、金融机构等的共同努力外,在保障信息安全、尊重双方意愿的前提下,中国应与投资东道国或国际上的数据收集分析机构、金融机构、保险机构、咨询机构、高校、科研院所和智库等开展合作,共建全面高效的"一带一路"金融风险监控系统和预警机制,提高金融生态风险信息传输的即时性和精准性。

第二节 应对性措施

这一部分重点关注在短期内,中国企业在面对"一带一路"国家既定金融生态的情况下,如何通过提高海外投资决策的科学性、向以往投资经验学习、金融类与非金融类企业相互扶持等措施,提升企业海外投资效率。

一、提高海外投资决策过程的科学性

中国企业海外投资决策的每一步,都蕴含着提升海外投资效率的可能性。

1. "是否投资"

就"是否投资"来说,企业要增强海外投资效率,就必须在进入"一带一路"国家前开展尽职调查,其重点是充分考虑"一带一路"沿线不同国家的金融生态特点,既做好投资产业选择,也做好投资区位选择。前者是指企业应准确把握国家"走出去"战略导向,充分考虑"一带一路"沿线国家的产业特点,避免盲目决策;后者是指企业应充分了解"一带一路"沿线国家的金融生态状况,充分考虑东道国的金融生态是否适合

本企业的生产、经营与销售。

为了尽可能地降低"一带一路"沿线国家金融生态对中国海外投资效率的抑制作用,海外投资企业应未雨绸缪,在海外投资决策时应注意将沿线国家的金融生态状况纳入考察范围,密切关注沿线国家金融生态多样性变化情况,力求精准预判。中国企业在"一带一路"沿线国家或地区进行投资前,一定要对东道国金融生态风险展开深入的尽职调查,以免投资项目在建设中或建成运营后遭受不良影响。具体来说,中国海外投资企业应成立专门识别、评估风险的部门或小组,加强与政府有关部门、银行、咨询公司、保险公司、科研院所和智库等的合作,对每个海外投资项目所面临的金融生态风险进行调查、评估,从而作出正确投资决策。金融风险尽职调查过程中,培训一支对海外投资金融风险防范经验丰富、本领过硬的专业金融人才队伍,加强对涉外业务员工的金融知识、技能培训,完善"一带一路"沿线国家金融生态环境资料库,降低遭受东道国金融风险沉重打击的可能性,提高抵御和应对金融风险的能力。

当然,中国海外投资企业的"一带一路"沿线国家金融生态风险尽职调查的顺利开展离不开政府、金融机构的倾力支持。政府相关部门、银行等应及时向海外投资企业提供"一带一路"沿线国家的汇率、税收等方面的金融生态信息,建立金融生态环境"红灯"机制,为海外投资企业的金融风险尽职调查提供必要的参考资料,帮助海外投资企业避开金融生态环境较差的国家,从而努力将东道国给海外投资企业带来的金融信息不对称风险降到最低,使企业在充分掌握东道国金融生态环境状况的情形下,理性作出海外投资决策。

2."如何投资"

(1)"如何投资"之投资什么?

鉴于当前中国海外投资效率偏低的问题,在今后应进行更有针对性的投资。海外投资产业选择的前提是精准预判产业在经济发展中所处的位置，与国内产业结构升级协调一致，并成为国家产业政策的重要构成部分(陈漓高和张燕，2007)。对"一带一路"沿线国家投资产业、项目选择的对策建议如下：

一方面，中国企业进入"一带一路"沿线国家必须考虑不同国家的产业比较优势，从自身实际出发，结合国家相关支持政策选择投资目的国，而非盲目跟风、热衷于产业链低端环节(任红和张长征，2020)。

中国在"一带一路"沿线国家投资产业较为单一，投资收益不高，投资风险较大且缺乏稳定可靠的获利模式。在选择投资产业的过程中，部分企业太过倾向于国家政策大力支持的国家或地区，导致海外投资在这些国家的一些行业过于密集，投资建设产能过剩，投资亏损风险加大。据世界银行分析，中国对"一带一路"沿线国家基础设施的总投资收益率集中在 0.47%～1.11%，项目资本净利率则集中在 2.1%～5%(卢伟等，2021)。

为了改变上述情况，更加具体化的对策建议包括以下四点：一是中国海外投资进入"一带一路"沿线国家第二产业的风险低于第一产业和第三产业，进入"陆上丝绸之路"沿线国家面临的风险比"海上丝绸之路"沿线国家面临的风险小(任红和张长征，2020)。因此，一般而言，中国企业对"一带一路"沿线国家海外投资的产业选择应遵照第二产业、第三产业和第一产业的次序以及"陆上丝绸之路"沿线国家优先的原则。二是中国企业不能一味地集中投资产业链低端环节，而应沿着国际产业链，提高企业在高端环节的国际竞争力。中国企业在"一带一路"沿线国家进行海外投资应避免自身落后产能的简单转移，应注重短期和长期目标的有机统一。三是不能一味地集中投资产业链低端环节并不意味着中国企业不能"抱团取暖"。对于投资空间尚未饱和的"一带一路"沿线国家，考虑到海外投资存在"循环累积效应"，后进入企业可以向已进入企业学习先进经验，投资已承接中国海外投资较多的东道国或地区，这有助于降低后进入企业熟悉当地情况的信息成本，同时利用产业集聚效应降低自身所面临的投资风险。四是在产业适配的基础上,进一步提高与"一带一路"东道国的产业关联程度,加快国内优势产业的国际布局。中国应顺应全球产业链分工向要素分工转变的趋势,积极融入国际生产体系,支持以产业内互补为主的产业中有条件的企业"走出去"(周国兰等,2017)。

另一方面,加速推进"一带一路"倡议向高质量区域合作平台发展,在产能合作和基础设施建设等方面充分发扬中国优势,确保中国具有优势的项目高质量和可持续发展(卢盛峰等,2021)。具体来说,充分发挥中国在先进装备制造业等领域的优势,深化与"一带一路"沿线国家的产能合作。推进铁路、航空和电力等基础设施建设项目合作,强化在东道国的资源开发、高技术产业投资,进而带动国内设备和技术出口。积极发挥政府的引领和推动作用,共建"一带一路"产能合作示范区,完善产能合作机制,有力推进中国与"一带一路"沿线国家的产能合作。值得一提的是,海外园区建设整体处于初级发展阶段,高质量、高标准的境外园区较少。目前,具有一定规模和影响力的经贸合作区多以农产品加工、资源开发为主,高端服务业、高科技产业经贸合作园区较少。部分境外经贸合作园区建设不够规范,距离国际标准有较大差距(杨晓琰和郭朝先,2019)。因此,投资新建经贸合作区,特别是推动现有园区朝着更高质量、符合国际标准方向发展不失为未来海外投资的可行方向。

(2)"如何投资"之投往哪里?

中国应以"一带一路"沿线国家的区位特征是否对本国海外投资具有吸引力,海外投资在该国是否存在较小的效率损失作为投资目的国的选择标准(胡冰和王晓芳,2019)。加强对投资国别、区位选择、投资规模、投资数量以及合作项目等的协调,避免海外投资企业之间恶性竞争,形成良性合作。推进"扎堆热"逐步降温,扭转中国企业对"一带一路"国家投资数量迅速增加但质量提升与之不相匹配的尴尬局面。中国企业海外投资应充分考虑国别及地区差异,制定与之对应的投资战略,提高对不同国家或地区金融生态状况的识别能力,进而提高投资效率。

从投资区位的经济发展水平出发,对于经济发展水平较低的"一带一路"国家,金融规模对经济发展而言更为重要,因而中国企业在投资的过程中应重点关注区域金融规模的发展现状,据此作出合理的投资区位安排和决策。对于经济发展水平相对较高的"一带一路"地区,则要综合考察这些地区的金融发展规模、深度及效率。

从地理区位的角度出发,投资决策的制定应与不同国家(地区)的特征相匹配。对于南亚和东南亚地区,可以通过基础设施建设,加强信息的互联互通。推动劳动密集型产业向人口稠密地区转移,与"海上丝绸之路"国家开展水产品加工、海洋生物医药及旅游等方面的合作。抓住"中巴经济走廊""中国—中南半岛经济走廊"建设机遇,发挥双方的区位优势和比较优势,发掘双方投资潜力,适度扩大投资规模。对于西亚和北非地区,应进一步优化投资结构,加强产能合作和基础设施投资,创新投资、合作方式,提高投资的技术水平。对于中东欧地区,中国企业可以把装备制造业作为突破口,扩大投资规模,加大在高端技术领域的投资,开展高科技领域合作,通过吸收先进技术、共建智慧平台来增强本国企业的竞争力,提高直接投资的技术溢出效应。对于中亚地区,应加强双方在能源开发、基础设施和产能合作领域的投资与合作。中国企业可发挥在加工、冶炼等产业的成本优势,全面深化产业链合作。进一步拓展区域的交通、通信等基础设施建设,调整投资结构和规模。促进投资便利化,尝试通过人民币计价结算从而降低汇率风险,不断提升对该地区的投资效率。

(3)"如何投资"之如何进入?

就"如何投资"来说,企业的海外投资效率与其进入模式(新建、并购、独资、合资等)的选择息息相关,而进入模式又关系到企业的资源分配、资本配置和技术升级等一系列战略问题。企业应根据自身风险的承受能力、经营能力和东道国的金融生态状况，对不同进入模式下的海外投资风险和效率作出评估与比较，选择合适的海外投资方式。

首先，对于投资环境良好、技术水平高的国家和地区采用跨国并购的进入方式，而对于劳动力成本低、市场潜力大的国家和地区则应选择绿地投资的进入模式。随着"一带一路"倡议的不断成熟，未来将会有越来越多的国家和地区参与其中，与中国进行合作，共享"一带一路"倡议红利。面对"一带一路"沿线国家复杂的投资环境，中国企业要充分利用多渠道信息判断东道国的金融生态状况与市场潜力，做好金融风险评估、市场调研以及提高自身竞争能力等功课，尽量选择多元化的投资方式，谨慎又不失柔性地选择合适的进入模式进行对外直接投资。比如，与当地企业建立合资企业，以此来淡化外资色彩、获取并提高东道国合法性，规避金融风险。因此，从金融生态环境角度出发，以跨国并购方式"走出去"更能适应金融生态环境较差的"一带一路"沿线东道国。跨国并购方式可能在短期内给海外投资企业带来高风险收益，进而缓解其内部融资约束。东道国较好的金融生态环境是采取绿地投资方式企业赖以生存发展的重要保障，有助于满足该类在国内面临融资约束相对更严重、前期沉没成本相对更高的企业对资金的需求。

其次，基于地理区位和经济发展水平的视角，对中亚、南亚、东南亚等发展中国家的直接投资，中国企业宜采取新建的形式，重心应放在开拓海外销售渠道，增强信息的采集与分析，依托对这些地区的基础设施投资，逐步化解中国的过剩产能；对于法国、德国、比利时等欧洲发达国家宜采取跨国并购的进入模式，将投资重点置于新产品研究与开发，先进技术获取、学习与利用之上，利用发达国家的先进技术，共建智慧协作平台，实现中国制造业转型升级。对于转型经济体，中国企业应以绿地投资为主，并对其中少数科技水平较高的经济体开展跨国并购。

最后，中国企业应根据自身生产率、规模、出口经验等选择对"一带一路"沿线国家的投资模式。一般而言,生产率较高、规模较大的中国企业可通过合资或跨国并购的方式进入"一带一路"沿线国家。具体来说,生产率较高的企业可选择跨国并购,其次选择合资,生产率较低的企业可选择绿地投资。出口较多的企业可凭借对东道国市场的熟悉,通过绿地投资的方式进入"一带一路"沿线国家。另外,是否具有"可转移优势"是中国企业进入"一带一路"沿线国家时选择跨国并购、绿地投资、合资、独资等不同进入模式的重要影响因素。中国企业应明确自身优势是"可转移"还是"不可转移",选定恰当的市场进入模式。"可转移优势"突出的中国企业应选择并购或合资的进入模式,"不可转移优势"明显的中国企业应选择绿地投资的进入模式,以防"不可转移优势"外溢。

3."资金融通"

金融是现代经济的血液,资金融通更是"一带一路"建设的重要支撑(张友棠和杨柳,2020)。然而,就"资金融通"来说,中国企业海外投资过程中普遍存在资金短缺问题。在这种情形下,如第十一章的研究结论所表明的,如何合理利用政府补贴机制、银企关系机制和境外金融机构,是中国企业短期内获得资金融通、缓解资金约束的应对性措施。

(1)在政府补贴机制方面

虽然第十一章的研究结论表明,政府补贴并未完全消除融资约束带来的负向效应,但其在提高企业海外投资效率方面仍然具有显著的积极作用,在一定程度上弥补了融资约束引致的效率损失,缓解了资金融通困难对海外投资效率的抑制作用。尤其是相较于投资非沿线国家,政府补贴的缓解效应在投资"一带一路"沿线国的企业中表现更好,相应企业的海外投资效率也相对更高。这表明投放于"一带一路"相关投资项目的政府补贴,其资金相对得到了有效利用,相关经验值得借鉴。

首先,尽管有四分之一的企业因政府补贴的缓解作用实现了正的净效应,但整体而言,中国企业的海外投资仍未达到最优水平。因此,政府应继续为"走出去"、到"一带一路"国家海外投资的企业提供融资帮助,同时也应建立完善的补贴机制,尽可能准确地识别不同企业融资能力及其融资约束程度,提供有针对性的补贴金额,从而实现有限补贴资金配置范围内海外投资效率的整体提升。

其次,政府补贴的配置应对非国有企业给予相应的关注。非国有企业是中国践行"一带一路"倡议的主要力量,2006—2018年间,非国有企业的海外投资存量在非金融类海外投资总量中的占比由19%逐年上升至52%,2018年投资流量占比更是高达62.3%。而第十一章的实证研究表明,非国有企业的政府补贴缓解效应明显低于整体平均水平,这说明政府补贴资源的配置在非国有企业层面并未达到最优水平,仍存在优化提升空间。因此,相关政府部门在制定补贴政策时应适度重视非国有企业,便于政府补贴的职能落到实处,进一步实现资金的有效利用。

最后,第十一章政府补贴数据的描述性统计表明,三大产业所获补贴数额均值呈依次递增的状态,第三产业所获补贴额最高,第二产业与之相差1亿元。而实证研究结论进一步表明,政府补贴对不同产业性质企业的缓解效应各不相同,第二产业中制造业企业的海外投资效率对融资约束的敏感性更大,政府补贴对第二产业(尤其是制造业)企业的缓解效应最弱。因此,政府补贴金额的设置还应充分考虑到行业性质对融资的要求,充分发挥政府补贴对海外投资效率的积极影响。

特别需要指出的是,中国经常账户顺差从2015年的3 000亿美元下降到2019年的1 413亿美元。如果经常账户的顺差进一步缩减,甚至转向逆差,可以推知支持"一带一路"建设的外汇资金来源将面临更紧的约束,降低中国政府补贴"一带一路"项目的可能性。对此,今后在"一带一路"建设中需重视资金的使用效率,区分战略性资金和市场化资金,保证战略性资金的投入贴合国家战略的转变。

（2）在银企关系机制方面

中国企业需要与国内金融机构保持良好关系，为此需要银行、企业和政府共同携手，加快新型银企关系的建立与完善。

在银行层面，总体而言，作为搭建新型银企关系的重要一方，银行应积极培植与海外投资企业建立良好合作关系的土壤，为其提供资金便利及信息咨询服务。企业在海外投资过程中对资金充足率的要求较高，而部分"一带一路"沿线东道国的金融生态欠佳，功能性金融机构、总部级金融机构、新型金融机构的集中度不足，会导致企业融资约束收窄，融资成本提高，对此，银行应强化金融传导机制与能力建设，拓展企业资金融通的多方渠道，为符合条件、有能力、有优势的海外投资企业提供更多贷款和融资便利。

具体而言，"一带一路"倡议下，能够为中国企业"走出去"提供资金融通支持的主体主要包括政策性金融机构、商业性金融机构、专项投资基金（张晓涛等，2019）。其中，政策性金融机构包括国家开发银行和中国进出口银行，它们向海外投资企业提供各种形式的大量长期优惠贷款和直接资金支持，贷款利率和贷款期限较为宽松，对于助力中国企业大规模海外投资发挥了至关重要的作用。国家开发银行和中国进出口银行不仅提供传统授信，而且建立了中外合作基金为海外投资企业提供低成本融资支持，例如中国进出口银行的"两优"贷款业务和国家开发银行支持"一带一路"建设的项目融资业务。商业性金融机构包括中国银行、中国工商银行、中国建设银行和中国农业银行等四大国有银行。专项投资基金指的是 2014 年 2 月 19 日设立的丝路基金，它是为"一带一路"建设而设立的具有国际标准的融资机构，其提供资金支持的形式以中长期开发股权投资为主。

对于政策性金融机构来说，为帮助中国海外投资企业应对"一带一路"沿线国家复杂多样的金融生态环境，提高中国企业的海外投资效率，国家开发银行和中国进出口银行应当发挥好模范带头作用，积极响应国家"一带一路"伟大倡议,为海外投资企业提供资金支持,如各种形式的优惠贷款和直接资金支持,设置尽可能宽松的贷款利率以及还款期限,在特殊情况下,可以根据企业资金流转与实际盈利状况进行相应调整。此外,为企业跨国投资提供金融服务的同时,政策性金融机构还可以通过其政策信息优势,为跨国投资企业提供项目调查论证、操作服务、市场动态等多方面的咨询服务,并对"一带一路"投资未来发展提供预测,引导企业投资流向。然而,政策性金融机构往往重点扶持国有大中型企业的海外投资,而对其他企业,特别是中小企业则扶持力度较小。为此,国家开发银行和中国进出口银行应增设中小企业资金融通业务模块,或国家设立专门服务中小企业的政策性金融机构,为投资于"一带一路"沿线国家的中小企业提供贷款和利息补贴,使国有大中型企业和非国有中小企业享受同等待遇。

对于商业性金融机构来说,四大国有银行应当向政策性金融机构看齐,学习其先进业务模式,为信用状况符合条件的"一带一路"沿线投资企业开通绿色融资通道、提供专项优惠贷款;加强与东道国银行的同业合作,为投资企业提供海内外多元融资渠道,提高企业融资能力,保障企业资金安全;利用在"一带一路"倡议中的优势地位,加快国际化步伐,创新产品服务与合作方式,完善海外网络布局,帮助企业制定资金融通配置方案来分担企业资金风险,为"一带一路"建设搭桥铺路;与政策性金融机构形成互补,政策性金融机构侧重于帮扶国有企业、大型企业的海外投资,对非国有企业以及中小企业的照顾力度可能不足,在此情况下,商业性金融机构应主动弥补这一不足,为在"一带一路"国家投资的非国有企业以及中小企业提供融资便利,从而使中国的金融机构支持能够覆盖到各种类型的海外投资企业。

对于丝路基金而言,丝路基金可以起到"一带一路"建设"宣传委员"的作用,向世界各国宣传"一带一路"建设取得的重大成就,尤其聚焦于经济效应及社会效益方面,从而吸纳来自更多国家的资金,扮演好资金"蓄水池"的角色,防止"一带一路"建设资金链断裂。丝路基金还可以设立专项基金,用于企业开展金融生态环境尽职调查、海外投资事业部员工培训、重大投资项目前期费用补助、贷款贴息和保险补贴等。探索以境外资产、股权、矿藏开采权、土地使用权等经贸合作区资产作为抵押的融资新模式,设立"外保外贷"和"外保内贷"试点,贯通中国与"一带一路"沿线国家内外,盘活海外资产。在丝路基金的基础上,推动设立更多的"一带一路"投资发展基金,引导、支持成立面向境外的私募股权投资基金、风险投资基金等。

在企业层面,良好的银企关系能够缓解中国企业的海外投资不足。为此,企业应当顺应银行业调整和改革的趋势,重视良好银企关系所发挥的积极作用,不仅主动抓住机会与银行建立长期稳固的关系,而且运用第三方金融机构的力量提高海外投资效率。具体来说,企业在海外投资和融资时应当充分利用银企关系的便利,提高自身信贷可得性,减少融资难题,缓解融资约束;利用银行的风险评估机制和监督机制,作出更有效率的海外投资决策。与此同时,企业还应当完善自身的治理机制,提高公司治理水平,为银企关系的功能发挥提供良好的治理环境与作用空间。

在政府层面,良好银企关系的搭建离不开政府的沟通协调作用,政府应当在新型银企关系搭建的过程中扮演好"协调员"的角色,在二者新型关系的建立、巩固、修复等不同阶段切实履行好自身的职责使命。一方面,政府应当根据银企之间的平等互利原则,塑造新型银企关系,加深二者的合作和互信,协调银企关系与市场化进程之间的关系,使之走上良性循环和健康发展的轨道,实现银企双方的互利共赢。另一方面,政府应当稳固新型银企关系,真正将银行与企业紧密联系起来。例如,政府可以鼓励银行对企业持股,在债务重组过程中鼓励银行尝试债权股权置换,或在企业发行股票时允许银行资本进入;强化银行对工商企业的监督作用,使得银行在持股较多或债权较多的企业董事会派驻代表,参与企业决策;配合产业政策和外资政策,改进银行对企业的授信机制和审批程序,完善主办银行制度及其具体的金融服务标准。此外,一旦银行与企业之间的关系出现问题,政府应当充分发挥"协调员"作用,全面考虑双方的利益需求,妥善处理二者之间的矛盾冲突,逐步修复、重塑良好的银企关系,努力营造二者关系向好发展的市场环境。

(3) 在境外金融机构方面

解决中国企业在"一带一路"沿线国家的融资约束难题,仅有国内金融部门的参与是不够的,"一带一路"是跨国合作平台,中国海外投资企业需要和"一带一路"目标国的金融机构处理好银企关系,这里面既包括跨国银行在"一带一路"国家的海外分支机构,也包括东道国的银行机构。

在研究过程中,课题组发现跨国银行在为中国企业"走出去"提供资金融通支持的过程中还存在一些问题。一方面,境外金融机构的地理布局问题。至 2019 年末,11 家中资银行在 32 个沿线国家开设了 94 家一级机构,但这些机构多位于俄罗斯、越南、韩国和阿联酋等经济相对发达国家,南亚、中亚、中东欧中的大部分国家未有中资银行的分支机构。然而,同年年底,中国企业在 46 个"一带一路"沿线国家在建且初具规模的境外经贸合作区有 138 个(卢伟等,2021)。从"一带一路"沿线国家的布局上看,中资银行已远远落后于中资企业,中资银行在"一带一路"沿线仍处在"网点布局不够、业务以项目筹资为主、新兴业务涉及尚浅"的起步阶段。由于金融支撑欠缺,资金短缺已成为制约"一带一路"建设和持续发展的主要因素。因此,中资银行应加快克服困难,落地于更多的"一带一路"沿线国家,从起步阶段稳步迈入成长阶段及成熟阶段。另 方面,境外金融机构的种类问题。中国海外经营的商业性金融机构以银行为主,非银行金融机构较少,仍处于国际化经营的低级阶段。因此,中国的非银行金融机构应该借鉴其他国家非银行金融机构海外经营的成功经验,制定并采取有效的海外扩张战略,加速开拓海外市场,加快开展海外业务的步伐,尽快进行海外分支机构布局,实现金融机构"走出去"的多样化,逐渐形成银行、证券、保险、基金等金融机构积极开拓海外业务的崭新格局。

一方面,中资银行海外分支机构的增长与布局应与一个国家的海外投资具有一致性,中资银行应稳步推进国际化经营战略,为符合条件的不同规模、不同所有制以及不同行业的中国海外投资企业提供本地化、多元化、全方位的资金融通服务。中资商业银行境外分支机构要积极开展业务创新,满足"走出去"企业的个性化融资需求。例如,根据"走出去"企业的类别为其供应全方位、一站式资金筹措方案;进一步开发过桥贷款、发行债券、票据交换技术、杠杆收购技术等金融产品(刘锡良和董青马,2013),为企业在"一带一路"投资提供更多的融资选择方案。与此同时,金融机构应将不同进入模式下的配套融资解决方案汇编成案例集,为企业选定进入模式提供具体的资金解决方案参考,从资金层面打消海外投资企业对进入模式选择的后顾之忧。

另一方面,中国政府要引导企业从沿线国家、国际性金融机构获得资金融通支持,敦促满足条件的跨国企业发行短期融资券、中期票据、集合票据等债务和股权融资工具(刘锡良,2012),鼓励"走出去"企业充分利用海外资本市场进行融资,打通国内外企业之间的资金流通渠道,如缩小境外投资规模限制、放宽股东贷款条件限制等,为企业提供多元资金融通解决方案,开拓非母国金融机构对投资"一带一路"沿线国家企业的助力。此外,鼓励支持海内外保险、证券、信托和基金等多元主体参与中国企业在"一带一路"国家中的投资项目,保障资金链安全,提高海外投资项目的稳定性。

4. "资金配置"

就"资金配置"来说,资金配置效率直接关乎企业海外投资整体效率。尤其是随着"一带一路"倡议的推进,越来越多的企业加快了海外投资的步伐,如何提高海外投资效率不仅关系到资源配置的整体布局,而且也关系到中国海外投资的未来走向(Armstrong，2011；Fan et al.，2016)。与国内经营企业相比,海外投资企业不仅面临融资约束、委托代理和信息不对称等内部不确定性因素,而且还要直面经济发展、政治制度和自然条件等不确定性和复杂程度更高的东道国因素,并承担更高的进入成本(Helpman et al.，2004；Desbordes and Wei，2017)。因此,相比国内经营企业,海外投资企业的实际海外投资水平更易偏离最优值:或者出现海外投资过度,或者出现海外投资不足。无论出现哪种情况,都会遭受投资效率损失。正如前文研究所发现的,"一带一路"沿线国家主要是新兴经济体和发展中国家,经济实力和金融生态整体较为薄弱,投资环境也更加复杂多变,这就对企业海外投资决策提出了更高的要求。只有作出合理的海外投资决策,才能提高资源配置效率,实现最优海外投资规模的迅猛增加。

（1）合理配置资金

"一带一路"投资企业要设计、实行合理的资金配置治理制度,加强资金配置管理体系建设,提高资金配置效率,实现企业内部资金的结构化最优调配。

首先,在利率市场化改革推动下,海外投资企业在充分利用商业性金融机构向其提供的新产品、新服务的同时,应当积极完善自身的信贷结构,主动减小与银行、其他金融机构的信息差距,从而尽可能地消除融资障碍,提高信贷水平和资金配置效率。换言之,海外投资企业在获批金融机构的资金前后,应当与债权人进行充分有效的沟通,自觉接受债权人的监督管理,健全本身的治理机制,进一步优化资金使用。

其次,加强资金配置管理体系建设离不开完善现金持有结构治理。为了完善现金持有结构治理,一方面,海外投资企业应主动拓展能够实现精准配置内部资金资源的新思路,寻找适应"一带一路"国家金融生态多样性以及国内宏观经济政策冲击下最优的现金持有水平和资金配置结构。另一方面,高等院校、科研院所、咨询机构等智库平台要加快研究有助于企业完善现金持有结构治理、解决内部资金资源配置错位问题的应对之策，帮助企业实现内部资金配置效率的优化，为企业提供现款持有管理的高质量参考模式，竭尽所能地协助企业规避"一带一路"沿线金融生态多样性及国内利率市场化改革带来的各种资金风险，从而实现企业现金持有结构的优化与精准配置，使企业获得由现金持有结构优化所带来的福利。

最后，在加强资金配置管理体系建设的过程中，"一带一路"投资企业应注重发挥其微观治理对于政府政策制定的反馈作用。海外投资企业与政府的良性互动有利于政府及时地调整施策行为，助力企业资金配置效率提高。国家宏观经济政策制定者可以通过分析微观企业的行为决策效应等微观层面的现实反馈，实现由洞察微观企业行为到调整政策的效果。

（2）谁来配置资金

海外投资科学决策的前提是洞察国际市场环境、敏锐发现市场需求、准确把握投资方向，这其实对海外投资企业高管团队的国际化知识储备、海外管理经验和全球社会资本网络提出了更高的要求。由于海外背景被认为是国际化教育经历和专业知识的标志，首席专家在重大课题的研究过程中，曾经在《中山大学学报》（社会科学版）发文，专门研究了海外背景董事对中国企业海外投资效率的影响研究，结果发现：与中国企业海外投资过度不同，海外背景董事在董事会中的比例对海外投资不足具有显著的负向影响，即海外背景董事比例越高，其对海外投资不足的抑制作用就越强。在采用工具变量处理内生性，并进行更换变量、安慰剂和分位数检验之后，基准回归结果依然稳健。基于企业异质性和董事异质性的分组检验结果表明，海外背景董事在抑制国有企业和绿地投资企业的海外投资效率方面更为有效；与有海外教育背景的董事相比，具有海外工作经历的董事在抑制投资不足方面的作用更胜一筹（綦建红，2020）。

为此,为了提高海外资金配置效率,中国海外投资企业可以考虑的应对性措施包括:

首先,应当积极延揽具备国际工作经验的人才,充分发挥海外背景人才——特别是海外背景董事的市场前瞻性及风险预判力。以海外背景董事为代表的国际化高管团队,能够增强企业决策的全球视野,助力企业把握国际市场动态、锁定国际市场定位、精准确定投资方向与规模,是海外投资企业建立长期竞争优势的重要条件之一。与此同时,海外背景董事的引入不仅标志着董事会更加多元、开放和包容,也意味着董事会在海外投资决策过程中能够拥有不同的声音和多元的视角,从而降低信息不对称风险,提高海外投资决策的质量。因此,海外人才引进和高管团队国际化是推动企业国际化进程的必由之路。

其次,中国海外投资企业应当积极营造有利于具备国际工作经验人才发展的组织文化氛围及选拔机制。在组织文化氛围方面,开放包容的理念和环境应成为企业组织文化的重要内涵。来自海外不同文化背景国家的人才拥有不同的观念和多元的视角,对提高投资效率的方式可能持不同意见,因此企业应强化员工间开放包容、求同存异的态度,以期有效降低文化差异与冲突带来的内耗,提高员工的"主人翁意识"及其与组织的契合度。在选拔机制方面,引进海外背景人才的同时,要增加内部决策机制的灵活性、跨部门合作的协调性,尽可能为该类员工创造施展才华的空间和平台,充分发挥海外背景人才对扩大投资规模和提高投资效率的人力资本优势。

最后,各级政府应当在战略层面持续推进海外优秀人才的引进计划,形成"人才磁铁"的集聚效应,建立国际化人才交流平台。海外高层次人才是世界先进科学技术、经营管理、文化知识和社会资本的载体,也是各国最为重要的、全力争夺的战略资源之一。在中国推进创新型国家战略和全面开放新格局的大背景下,从中央到地方政府,均应当结合经济社会发展、产业结构调整和企业国际化的需要,"择天下英才而用之",持续推进和落实海外高层次人才的引进计划,增强对全球人才的吸引力。值得注意的是,政府应切实考察当地企业人才需求类型,引才政策切不可"一刀切""一锅煮",要采取个性化施策方式,增加现代化管理型与高精尖技术型海外人才占比,实现投资规模与投资效率不断攀升,从而提高海外投资核心竞争力,为中国从投资大国向投资强国转变夯实基础。

二、提高海外投资决策的动态序贯性

"前事不忘,后事之师。"第八章的动态检验表明,对已经或者即将在"一带一路"国家投资的中国企业来说,借鉴那些在金融生态差异较大国家投资的企业经验,可以有效降低金融风险所付出的交易成本。相较于国内投资而言,"一带一路"沿线国家的金融生态环境更加复杂,海外投资企业面临着诸如利率、汇率、外债占比、国际流动性等一系列金融风险。例如,有相当数量的沿线国家的汇率波动颇为频繁,更有甚者曾发生过较大的汇率震荡,如俄罗斯、乌克兰、土耳其、伊朗等,这些国家在中国海外投资中占据了比较重要的地位,对我国海外投资企业的挑战显而易见。再如,相当数量的沿线国家存在外债负担严重,即外债占 GDP 百分比较高的问题,但它们又是缺乏国际融资能力的国家,很难得到发达国家或世界银行、国际货币基金组织等的资金融通支持,这对于中国"一带一路"投资企业而言是收益与风险共存。中国对"一带一路"沿线国家的投资存在明显的"逆向选择"问题,其所面临的金融风险需重点关注和防控,而加强事前、事中及事后投资监控不失为海外投资企业提升金融风险防控水平的可行路径,具体操作建议如下:

对于"一带一路"投资的事前阶段来说,投资企业应当优化对"一带一路"国家直接投资的区位选择,重点考虑对金融低风险国家的直接投资。在着重关注投资东道国金融生态环境的同时,还应仔细考察投资东道国的政治、经济、法律和社会等其他方面的情况,参考我国商务部等相关政府部门以及标准普尔、穆迪投资者服务公司和惠誉国际信用评级公司等世界三大评级机构发布的国别风险监测数据,谨慎选择投资目的国。在此基础上,投资企业应做好投资项目调研以及尽职调查,对投资标的进行多方面考察,特别是能源类、基础设施类等建设周期长、沉没成本大、受金融风险影响大的项目,通盘考虑,避免大规模的盲目投资和从众投资,有效降低"一带一路"投资的不确定性和盲目性风险。

对于"一带一路"投资的事中阶段来说,投资企业必须加强对投资项目的实时监测,提前制定好金融风险应急预案,及时关注东道国的宏观经济金融运行态势和法律法规政策调整情况,一旦在投资目的国遭受金融风险冲击,要及时启动先前制定的金融风险应急预案。企业还要善于寻求当地商会等合法机构或组织的帮助,尽可能地从金融风险中全身而退或将由卷入金融风险冲击而造成的损失降到最低。另外,在"一带一路"国家经营的过程中,中国企业可以通过建立适应投资目的国国情的本土化经营模式,与当地的社会文化融合,积极参与东道国公益事业、承担企业的社会责任,为"一带一路"沿线国家当地的经济增长、就业增加作贡献,树立良好的社会形象,减少当地居民对外来资本的抵触、反感情绪,进而达到降低遭受东道国金融风险冲击概率的目的。

对于"一带一路"投资的事后阶段来说,投资企业要继续做好金融风险监控工作,实时关注我国及东道国有关政府部门、国内外信息咨询公司等主体发布的投资风险预警信息。在决定是否进行序贯投资、追加投资时,投资企业应综合权衡收益和风险,不断加强企业"合法""合规"建设,进行国际金融风险防范培训,总结以往的经验得失,逐步提高自身的金融风险识别、预警与应对能力,理性推动对沿线国家的序贯投资、追加投资。

当然,在这个过程中,中国企业也有必要思考和反省海外投资战略目标是否具备长期性,其中的序贯进入模式是否能够真正做到"知往鉴今",而不是陷入"故步自封"的泥潭。其一,在国际化战略的实现过程中,企业应采用"序贯模式"逐步进行市场扩张,以充分利用投资经验对其进入成本和风险的降低作用。在首次投资中,企业应根据其他企业的投资经验审慎决定自身的首次投资市场;在此基础上,企业还要善于利用自身投资经验对其相似市场进入成本的降低作用,对其他市场进行逐步渗透和扩张。其二,第八章的实证结果表明,序贯进入模式并不必然带来企业绩效的提升,对此,中国企业在投资决策时应当注意甄别进入模式经验,避免盲目学习和经验误用,学会在挖掘性学习和探索性学习之间保持平衡,从而使经验学习效果最大化,提高企业的国际竞争力与经营绩效。其三,鉴于企业风险是序贯进入模式导致经营绩效不升反降的重要作用渠道,中国企业应结合国际投资经验和全球经济政策环境,选择适合企业的进入模式,降低企业的投资成本和风险,并通过提高海外背景董事等企业治理结构的优化措施,增强进入决策经验的学习效应,谨慎选择进入决策。

三、提高金融类与非金融类海外投资的互助性

非金融类与金融类海外投资企业要互相扶持,构建企业间合作网络。"一带一路"倡议催生了大量实体企业跨境投资的同时,也扩展了贸易结算、货币流通、融资贷款等跨境金融需求,刺激了金融类企业的海外投资。由此可见,非金融类和金融类企业不是独立的存在,在"一带一路"国家多样化的金融生态条件下更应该合作互助,构建企业间合作网络,唯此才能促进二者海外投资效率的同时提升。

为此,金融类海外投资企业应采取"客户跟随"的海外扩张策略,加强整体规划,以中国在沿线国家跨国投资的非金融类企业客户为基础,为"一带一路"重大建设项目提供信贷支持,为企业的境外投资和经营行为量身打造金融服务方案,助力中国企业走出去(张海波等,2018)。其中,银行业要加大对重点非金融类企业的融资支持力度,加大对国家

鼓励"走出去"的非金融类企业项目的推动力度;其他非银行金融机构则要加强与产业跨界合作,以填补银行业所达不到的空缺,使产业链条更为强健,以期在未来找到更深层次的合作契合点,提升整体投资效率。非金融类海外投资企业在金融类企业的支持下,应该更加积极而谨慎地拓展海外业务,在与金融类企业合作的过程中,加速金融类企业的资金循环,助力金融类企业海外投资效率的提升。

对于金融类海外投资企业来说,中国对东道国直接投资额、双边贸易额为影响中资商业银行在"一带一路"沿线国家空间布局的核心因素(魏丽莉和唐卓伟,2020)。中国企业海外投资蓬勃发展的同时,商业银行的国际化脚步也在明显加快,中资商业银行的海外业务(如贷款)及其对外直接投资均具有明显的"追随客户"特征,较好地顺应了中国企业海外投资的需要,为企业"走出去"战略及时提供了必要的金融服务(田素华等,2017)。因此,中资商业银行在沿线国家进行分行、子行、代表办事处等机构布局时,应把"客户追随理论"作为首要遵循原则,将具有较好贸易和投资合作基础的沿线国家作为优先考虑对象,高效承接中国非金融类海外企业跨境金融需求,为其提供及时的融资支持、支付结算、货币交易等金融服务,推动双边贸易、投资关系稳定发展(李娜和吴星,2020)。

中资商业银行可以从以下方面推进在"一带一路"沿线国家的布局:第一,中资商业银行应遵循"邻国优先、逐步扩张"的原则(李娜和吴星,2020),在"一带一路"国家布局应优先选择地理距离较近、空间信息不对称较小的国家,规避国际化经营风险,降低交易成本,保障获利。随后,渐进式地将积累的经营、管理、风险控制等经验复制、推广至更远的国家,实现海外投资布局更为广阔的覆盖。第二,围绕"一带一路"产业园、境外经贸合作区等集聚式平台进行中资商业银行的境外布局,依托其产业集中度高、带动面广和辐射效应强等优势,提供全面的金融服务,从而增加自身的业务收入。第三,在中国重要的投资、贸易伙伴国或地区,中资商业银行应加快完善分行、子行、代表办事处等机构的网络布局,为我国非金融类海外投资企业提供金融支持,降低其融资成本,促进其投资目标的实现。第四,中资商业银行应将东道国的市场潜力因素纳入考虑范围,充分关注新兴市场的机遇,通过跨国并购、绿地投资等方式建立机构网络,扩大市场占有率。第五,在当前的中资商业银行海外布局网络中,股份制商业银行在"一带一路"沿线国家的布局较为有限(魏丽莉和唐卓伟,2020),未来应重点扩大股份制商业银行在沿线国家的布局,尤其要优先在拥有国际金融中心城市的国家布局,以中心城市为切入点逐渐开拓境外业务。

在调研过程中,课题组还发现浦发银行的经验值得其他金融类海外投资企业所借鉴。简而言之,由境内机构、离岸部和海外分行三方构成的"三位一体"跨境服务体系是中资银行跨境服务理念的创新,该理念整合了浦发银行的离岸银行特点、跨境人民币先发优势以及中国香港分行实体服务优势,以此为根柢,联合产品创新,实施精细化客户管理,有效地提高了对企业跨境投资经营的综合服务能力。具体来说,其一,上下联动,机制先行。其他银行可以借鉴浦发银行"三位一体"的服务体系,重点完善内部联动机制,制订、出台相关管理制度,明确对口部门、操作流程等,发挥"三位一体"各方的协同效应,促进业务有序、持续发展。其二,整合资源,发展优先。银行类海外投资主体应贯彻落实"以客户为中心"的战略思路,完善跨境客户服务内容,提供给客户更优化的服务体验,促进境内机构、离岸部和海外分行三者的有机连通和互动,增强市场竞争力,实现资源的最大化效用。其三,产品创新,谋求共赢。以"三位一体"服务有效带动离岸、跨境人民币和海外分行业务发展,促进业务创新,实现客户得益、多方共赢。其四,内外协同,开拓市场。企业海外投资经营催生的需求量多、面广,既涉及储蓄、贷款、结算等传统业务,又关涉新兴业务。银行类海外投资主体应实行"客户追随"战略,为符合条件的"走出去"企业提供金融服务,在致力于服务实力突出的大型中资企业的同时，尽可能地照顾到小微企业，促进企业"一带一路"投资经营扩张，发挥良好的社会示范效应。

客户追随战略的实施还需要其他战略与之配合，方能淋漓尽致地发挥出客户追随战略的效果，各个战略也能够相互补充、相得益彰。在实施客户跟随战略的基础上，中资商业银行在"一带一路"沿线国家的布局还宜采取"三个优先"的战略，即文化制度相似优先、地理距离近优先、营商环境优良优先的战略。商业银行可在综合考虑东道国经济和银行业发展水平、金融业对外开放度、营商环境的基础上，优先选择地理距离近、文化与制度相似度高、经营风险小的国家或地区进行布局，然后逐步向其他国家或地区扩张。另外，由于不同中资商业银行自身规模实力、发展定位、发展阶段、国际化经营经验存在差异，因此，不同中资商业银行应制定并采取不同的海外布局策略。其中，中国银行、中国工商银行始终是商业银行国际化布局的引领者，已经在将近20个"一带一路"沿线国家成功布局，今后应加快布局于更多"一带一路"国家或地区，为"一带一路"倡议推进承担更多更艰巨的金融服务职责。建设银行、农业银行、交通银行等则处在国际化战略布局的第二梯队，以后可紧跟中国银行和工商银行的脚步，加快在"一带一路"布局的节奏。其他股份制银行基本处于国内经营发展阶段，国际化经营经验十分缺乏，海外扩张策略应根据自身实际发展需要，把握海外布局的恰当时机和节奏，尝试推进在"一带一路"沿线的布局(张海波等，2018)。

对于非金融类海外投资企业来说，应重视融资约束问题，增强融资能力，注重提升与金融类海外投资企业的互动性和互助性，进而提升海外投资效率。尤其是当企业为非国有企业或制造业企业，且在金融生态相对欠佳的"一带一路"沿线国家(地区)进行海外投资时，应更加重视与金融类海外投资企业的互动和互助。此外，当海外投资企业内源融资和盈利能力存在不足时，应格外重视外源融资的作用，控制现金存量比率，使其维持在合理范围内，增强企业信誉及长、短期偿债能力，提高盈利水平,注重企业发展前景,从而提升自身获得金融类海外投资企业融资的能力,并最终将资金融通优势转化为海外投资效率的提升优势。

值得一提的是,非金融类海外投资企业在与金融类海外投资企业互动互助的过程中,可以考虑利用"关系型贷款"来保证投资经营现金流的可持续性,进而降低资金链断裂风险(张庆君和张苏兰,2021)。特别是民营企业,由于不具有国有企业的隐性担保,主动发展关系贷款是一个值得采纳的发展建议。在与贷款方建立良好"关系"过程中,非金融类海外投资企业可以从以下方面进行:非金融类海外投资企业应当充分披露经营财务信息,降低金融类海外投资企业的信息成本;建立、完善并严格执行公司治理规则,降低金融机构的间接管理成本;对于上市公司而言,虽然"关系型贷款"能够在一定程度上降低上市公司的退市风险,但经营不善且无力扭转的企业应当承担上市公司主体责任,按照退市规范,严格执行退出市场程序。

第三节　应急性措施

2020 年暴发的新型冠状病毒感染(以下简称"新冠疫情"),是近百年全人类遭遇的冲击范围最广的全球性大流行病,无疑是全球面临的一次深重危机。对中国在"一带一路"国家的海外投资效率来说,也是遭遇到前所未有的困境,金融生态的约束作用更加突出。在这种情形下,必须采取应急性措施加以应对。

一、新冠疫情对中国在"一带一路"海外投资的冲击

新冠疫情暴发以来,"一带一路"国家经济蒙受巨大损失,人员与物资跨境流动阻碍重重,项目融资难度进一步增大。如前所述,"一带一路"沿线国家金融生态整体欠佳,风险大、融资难、融资贵等问题严重阻碍了中国企业在沿线国家的海外投资。经测算发现,"一带一路"沿线国

家金融生态指数不仅近半数为负,而且兼具多样性和复杂性,难以为企业提供稳定的融资条件,对中国企业海外投资的制约作用更加不容小觑。

1. 传统投资项目受阻,先导性行业降幅明显

自2013年中国实施"一带一路"倡议以来,基础设施项目始终是中国在沿线国家海外投资的重中之重。然而,基础设施投资项目因其投资额巨大、供应链复杂、生产过程缓慢的特点,极易遭受全球新冠疫情的冲击。同时,各个国家更多地关注医疗卫生行业,新的基础设施项目在2020年有所减少。根据《"一带一路"国家基础设施发展指数报告2020》,2020年"一带一路"国家基础设施发展指数降幅明显,由2019年的119跌至110,达到近10年来的最低水平。另据商务部统计,2020年中国在61个"一带一路"国家新签对外承包工程项目合同5 611份,新签合同额1 414.6亿美元,同比下降8.7%;完成营业额911.2亿美元,同比下降7%。同时,根据中国全球投资跟踪数据库(China Global Investment Tracker, CGIT)的统计数据,中国在"一带一路"沿线国家的大型传统基础设施项目投资额在2016年至2019年总体呈现上升趋势,至2019年达到539.2亿美元,但2020年投资额骤降至299.7亿美元,同比下降44.42%(图14-7)。

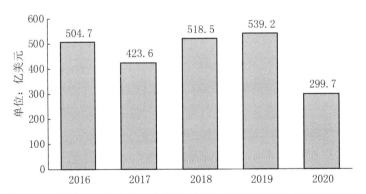

图14-7 2016—2020年中国在沿线国家大型传统基础设施项目投资额
数据来源:CGIT数据库。

中国在"一带一路"沿线国家的大型基础设施投资主要以能源、金属、交通和公共设施等传统行业为先导。其中,近年来能源行业涉及"一带一路"基础设施项目数量最多,投资额占比最大。例如,中国与中亚国家合作建设了"中哈石油管道""中国—中亚天然气管道"等能源管网项目,中国与缅甸合作建设了中缅油气管道项目等。然而,新冠疫情的暴发致使中国在"一带一路"沿线国家大型能源基础设施项目投资额由 2019 年的 273.5 亿美元下降至 2020 年的 156.7 亿美元,同比下降 42.7%,详见图 14-8。交通行业处于中国在沿线国家基础设施投资项目的第二位,东南亚最长的跨海大桥马来西亚槟城二桥、"中国西部—西欧"交通走廊等一系列代表性交通基础设施项目相继竣工。2020 年,中国在"一带一路"沿线国家交通行业大型基础设施项目投资额下降至 99.8 亿美元,同比下降 41.1%。与此同时,金属行业遭受到的冲击比其他行业更大,投资额相对于 2019 年下降了 61.24%;相比之下,公共设施行业大型基础设施投资项目受到的影响较小,但也出现了38.28%的下降。

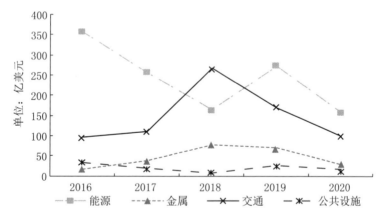

图 14-8　中国在沿线国家大型传统基础设施项目的分行业投资额

数据来源:CGIT 数据库。

2. 海外投资所需劳动力流动受限,项目进度缓慢

在新冠疫情期间,许多"一带一路"国家限制外国人员入境,致使中国籍劳工办理入境签证、工作许可难度增大,时间变长。入境后,仍需要 14 天或更长时间的隔离以及严格的医学检查,这可能会使参与"一带一路"投资项目的中国技术人员无法按时到岗。另一方面,保持社交距离、停工停产、居家隔离、"宵禁"等限制人员流动的防疫措施也会影响当地劳务人员的招募,可能增加海外投资项目的成本,既会影响在建项目进度,也会对新建投资项目产生延缓作用。

3. 海外投资项目的物资供应受阻,项目成本增加

在新冠疫情的影响下,货物运输封锁,全球供应链系统遭到破坏,原材料价格出现猛涨。很多原材料和设备厂家迟迟无法复工复产,造成供应期延长,甚至部分项目会面临供应链中断的情况。同时,许多"一带一路"沿线国家对于进口的设备、材料采取了更加严格的卫生检疫措施,不仅清关的时间相应延长,而且可能无法顺利入关。对中国在沿线国家的海外投资项目而言,一方面由于原料和设备货源不足而成本上涨;另一方面,仓储费用及运输成本的提高累加上人员窝工等损失同样无法避免。这些将导致中方企业在"一带一路"投资项目中的成本大幅度提高,可获利润大幅减少,甚至可能承担违约责任、项目中止的风险。

4. 沿线国家投资风险升级,中国投资者信心下降

"一带一路"国家的政治和社会秩序也遭到了新冠疫情的严重冲击,国际政治环境和安全形势不容乐观,中国在"一带一路"国家的海外投资可能会不断遭遇来自政治、融资、社会等方面的多重风险挑战。首先,"一带一路"各国封锁边境并且实施各类限制措施,加剧了国家间的摩擦和信任危机,全球动荡源和风险点增多。其次,许多"一带一路"国家是中低收入的发展中国家,其失业率飙升、社会矛盾激化、政局稳定性下降、极端民族主义和民粹主义泛滥,使中国在"一带一路"国家的海

外投资面临的风险和不确定性大幅上升。最后,各国启动扩张性财政政策,进一步推高财政赤字率和公债率,发展中国家的主权债务违约风险大幅增加,"一带一路"国家的债务和财政可持续性令人担忧。

5. 海外投资项目融资难度增加,金融生态趋于恶化

如前所述,融资约束是"一带一路"国家金融生态影响中国海外投资效率的重要作用机制,这一点在新冠疫情的冲击下更为突出。

突发的新冠疫情致使中国许多企业收入下降、成本增加,极大考验了企业现金流的稳定性,有些企业甚至因长时间停工濒临破产。这些情况对海外投资项目的现金流会产生较大冲击,可能直接影响到项目与企业的后续融资。在这种情形下,中国企业在"一带一路"国家的海外投资项目更需要沿线国家优惠的融资支持。然而,低收入和中低收入沿线国家为了快速恢复本国经济秩序,在短期内需要大量的财力来刺激国民经济,这会在一定程度上减少对中国在"一带一路"投资项目的金融资源投入。同时,沿线国家财政状况不稳定性增加,中国在"一带一路"国家的海外投资项目现金流得不到保障,难以保证在建项目的顺利履约,也阻碍了新建投资的进一步增加。

二、应对新冠疫情对中国海外投资效率冲击的金融举措

1. 健全多元化融资体系,拓宽中国海外投资企业融资渠道

解决中国海外投资企业融资难、融资贵问题是激发企业提高海外投资效率的关键所在。首先,依托亚投行、丝路基金总部所在地优势,充分发挥金融机构对中国在"一带一路"国家投资的支撑作用,为海外投资企业提供援助、信贷、担保、投资等多元化融资支持,激发企业海外投资活力。其次,以大数据为依托,各地商业银行可以借鉴杭州"政策性信保+银行授信+政府风险担保"的融资模式,推行互联网融资产品,满足中小微企业海外投资的融资诉求。最后,与"一带一路"核心城市建立友好关系,加强政府有关部门、民间商会团体的对话沟通,助推

东道国为海外投资企业提供市场信息、资金、优惠政策等务实支持,为海外投资企业营造适宜的营商环境。

2. 加强金融创新,发挥绿色金融和普惠金融对海外投资的促进作用

中国的"一带一路"建设原来以大宗基础设施项目投资为主,未来将更多地向绿色、可持续、惠及民生的项目转移。因此,加强"一带一路"金融创新,鼓励发展绿色金融和普惠金融的紧迫性不言自明。对于发展绿色金融来说,中国应在加快绿色金融立法的基础上,加大对绿色金融的政策支持力度,并加强绿色金融的机构及机制建设。在"一带一路"投资中必须自始至终地坚持绿色标准,并将资金优先配置到绿色产业,同时主动对接"一带一路"沿线国家的环境保护标准,引导投资资金流向沿线国家民众关切的绿色产业项目。对于发展普惠金融来说,大力发展普惠金融是"一带一路"建设的应有之义。一方面,其他中资金融机构应学习国家开发银行在"一带一路"沿线国家的成功转贷经验,打造更多可复制可推广的"一带一路"普惠金融运作模式;另一方面,中国移动支付与互联网金融行业在跨境电商、旅游和小额支付等方面积累了丰富的经验,供给了大批普惠金融产品,应当继续鼓励移动支付及互联网金融行业走出去,加快"一带一路"普惠金融创新,为中国企业在沿线国家的海外投资提供资金支持。

3. 以 RCEP 的金融服务条款促"一带一路"倡议,推动海外资金—项目对接

《区域全面经济伙伴关系协定》(以下简称 RCEP)的签署与实施,已成为"一带一路"上最大的制度化和机制化的合作平台,充分释放 RCEP 对于"一带一路"倡议的促进作用,已是大势所趋。中国应当考虑在这一大框架下,搭建"一带一路"投融资平台,促进信息的分享和交流,同时促进海内外资金和项目的对接。一方面,依托 RCEP 的平台作用,利用 RCEP 的制度性安排优势,吸收 RCEP 不断释放的红利,深化中国与

"一带一路"国家之间的合作,进而扩大"一带一路"的金融朋友圈,即中国国内的金融机构可以积极参与到第三方市场合作中去,与其他国家金融机构合作到第三国开展项目的投融资。另一方面,RCEP中金融服务附件给中国企业带来了更多的融资可能和海外发展机会,有助于进一步降低企业的投资成本、准入门槛和投资壁垒,提高政策透明度,因此从地方政府到中国企业,应深入吃透金融服务条款的内容,以充分利用制度红利缓解中国企业的融资约束问题。

第十五章 "一带一路"国家金融生态影响
中国海外投资效率的应对：
中长期措施的对策框架

与上一章中国企业应采取的预警性措施、应对性措施与应急性措施不同，本章旨在从政府层面出发，强调中国政府和沿线国家为了增强金融支撑力而采取的保障性措施和改善性措施。在此基础上，总结全书的主要研究结论，并对未来的研究进行展望。

第一节 保障性措施

该章重点关注增强"一带一路"区域金融支撑力的中长期保障性措施，以确保符合条件的中国海外投资企业可以持续稳定地获得资金融通。为此，重点探讨搭建区域金融服务平台、推动人民币国际化进程、建立完善的融资体系、建立强大的社会信用体系等四大措施，其中，区域金融服务平台的搭建是其他措施得以实施的基础，推动人民币国际化进程、建设共同货币市场是保障企业资金融通的核心，建立完善的融资体系和强大的社会信用体系是维系资金融通的外围举措。

一、牵头建立沿线金融服务平台

中国政府要牵头建立区域协调组织和机构，着力搭建"一带一路"区域金融服务平台。其中，亚投行、"丝路基金"、亚洲金融合作协会等区域协调组织和机构,应拓展运营的新模式,在未来要将重点放在可持续基础设施企业投资、跨境互联互通、动员更多私人资本参与的模式上,聚焦于整个亚洲的"五通"建设,促进亚洲经济发展、缩小"一带一路"国家间经济发展鸿沟和金融生态差异。

除了企业自身审慎选择海外投资进入模式外,政府应发挥护航职能。政府相关部门应建立投资信息共享机制,建立健全海外投资监测平台,对企业海外投资前、中、后期进行全流程管理,密切追踪企业的投资动机、区位选择和进入模式,并且在国外信息提供、海外投资保险、政企投资合作等方面提供更多的支持,帮助企业选择、实施最为合适的进入模式。具体来说:

其一,提供金融信息服务、沟通对话服务,降低金融风险分担的成本。一方面,在"一带一路"沿线国家(地区)建立"孵化器"机构,为"走出去"企业提供生产、研发、办公、品牌建设和市场推广等经营活动的场地,通讯、网络等信息方面的资源,外派员工签证服务,政策、法律、筹融资和市场开拓等方面的支撑。此外,提供全方位的金融生态信息服务,包括投资东道国金融生态环境调研分析、法律服务、财务服务、汇率服务和税务服务等内容。另一方面,加强海外民间公关力度,协调民众、政府等利益攸关方的利益,在政治风险和经济利益之间寻求平衡,规避因利益攸关方冲突而导致的金融风险。

其二,加强政策性金融体系建设,为"走出去"企业提供更为广泛的风险分担机制。加大政策性金融支持力度,转换扶持企业的思路,扩大对拥有自主品牌、自主知识产权或自主创新能力强的海外投资企业的扶持力度,对中小企业,尤其是科技型中小企业,给予适当的政策倾斜;加大对资源开发型海外投资项目的金融支持,这类海外投资资金需求大、投资风险大、投资周期长,为保证企业获得充足的资金补给,国家可以设立专项基金,由政策性金融机构提供长期低息贷款,包括前期费用、勘探资金、专利使用费以及其他取得资源开发权所需资金(刘锡良和董青马,2013);设立专门的海外投资促进机构,为海外投资企业向商业性金融机构贷款提供担保及贴息支持。

其三,进一步完善海外保险制度模式,分担海外投资企业可能面临的风险。全球海外保险制度有双边模式(以美国为代表)、单边模式(以日本为代表)和多边模式(以德国为代表)等三种模式。中国实行的是单边模式,该模式不以中国与资本输入国订立双边投资协定为法定前提条件,主要缺点在于保险机构实现代位求偿的依据只能是外交保护权,不利于投资母国保险机构代位求偿权的实际高效行使(刘锡良和董青马,2013)。并且,目前中国现有的保险服务对企业"走出去"过程中会面临的经营、政治与汇兑管制等潜在风险保护有限,不利于企业海外投资(张晓涛等,2019)。因此,从长期考虑,中国应进一步建立和完善海外投资保险制度和海外投资损失准备金制度,走向双边模式,以有效行使代位求偿权,降低各种风险发生的可能性。

从立法角度出发,由于中国的海外投资保险法存在一定空白,设立海外投资保险机构可能因缺乏法律依据而受阻。对此,中国应制定相关法律法规,完善海外投资保险制度,设立海外投资保险机构,为中国在"一带一路"沿线国家中进行投资的企业提供专业的投资保险服务。

从政策性机构作用发挥的角度出发,中国出口信用保险公司(简称"中信保")作为国内唯一一家由国家财政预算安排设立的政策性出口信用保险公司,应当在为"走出去"企业提供保险服务方面发挥关键作用,促进中国在"一带一路"沿线国家投资的健康持续发展,并逐步将中信保单边海外投资保险转变为双边投资保险。鼓励私人资本和民营保险机构进入海外投资保险领域,探索"国家资本+私人资本""官方保险机构+民营保险机构"的海外投资保险新模式,为海外投资者提供种类丰富、满足个性化需要的海外投资险种。

从国际经验借鉴的角度出发,由于中国企业投资"一带一路"对象国的形势各异,中国可以借鉴日本的经验,根据海外投资发展战略和重点投资产业的变化,结合海外投资企业的规模、经验和实力等,进一步完善各种海外投资保险制度模式,采取调整保险范围、费率和补偿率等灵活性、针对性的方式来处理不同的风险,为海外投资企业提供多样化选择,协同促进企业海外投资,减轻投资者的后顾之忧,增强海外投资企业的竞争力。中国还可以参考日本的海外投资损失准备金制度。日本于1964年出台了"海外投资损失准备金制度",对于企业的海外投资与工程承包,允许将投资额的一定比例纳入投资损失准备金,免缴企业所得税。当投资受损时,企业可获得准备金补偿;当投资顺利时,投资损失准备金将在接下来的一定年限均分并逐年纳入企业的应缴税款中(张晓涛等,2019)。

其四,构建"一带一路"投资风险补偿机制。一方面,加强税收协定的谈判和修订,为企业海外投资争取更多的税收优惠,从而发挥税收的激励作用。加强双边税收政策的完善,避免重复征税,消除海外投资企业的额外负担,给予海外投资活动有所选择、有所侧重的财税优惠激励措施,鼓励企业建立风险互助基金制度并给予相应税收优惠。另一方面,建立海外投资贴息制度,扩大优惠贷款、贷款贴息的规模与范畴,优先扶持有利于转移国内过剩产能的项目以及对国内产业结构调整升级有拉动作用的投资。

二、稳步推动人民币国际化进程

前面章节的实证结果表明,人民币国际化可以通过缓解融资约束和降低海外投资的汇率风险等渠道抑制企业海外投资不足,且人民币国际化水平的提高加强了金融生态改善对海外投资不足的抑制作用,有助于提高中国企业海外投资效率。因此,中国政府要稳步推动人民币国际化进程,建设共同货币市场。在这一进程中,加强人民币国际化基础设施建设是基础,防范人民币国际化过程中的风险是保障,完善跨境人民币业务、推动金融市场开放、推进离岸人民币市场发展和运用国家财政支持人民币国际化是具体路径。

1. 加强人民币国际化基础设施建设

政府有关部门应加大资金支持力度,积极推进人民币国际化基础设施建设,改善全国各个口岸的基础设施状况,为中国在"一带一路"国家的投资提供便利。从硬件基础设施的角度出发,应加快推进人民币国际化的综合配套设施建设,特别是完善边境口岸的通讯、卫生、能源、教育等配套设施,创立、健全边境口岸的银行、海关、公安和边检等组织管理机构。从软件基础设施的角度出发,应鼓励各银行根据"一带一路"贸易、投资的发展,提供更加多样化的金融产品,完善人民币跨境清算网络和支付系统(CIPS),为开拓人民币国际化业务提供基础设施条件,帮助"一带一路"投资企业发展壮大,同时提高自身效益。

2. 完善跨境人民币业务

跨境人民币业务的发展不仅需要中国人民银行、其他金融机构的努力,而且需要国家各个部门的协调配合。

(1) 中国人民银行做好"中间人"

中国人民银行应充当好跨境人民币业务发展的"中间人",加强中国与"一带一路"国家的金融监管合作,促成中国与其他"一带一路"沿线国家金融机构深度合作。第一,放松人民币流出流入管制,尤其是在海外投资项目银行结算渠道不畅的地区,出台适合"一带一路"投资发展的人民币出入境管理办法,减少人民币出境"限额管理"的适用情形,增加人民币出境"申报管理"的适用情形,疏通人民币流通渠道。第二,完善人民币与"一带一路"各国货币的汇率形成机制,畅通"一带一路"各国货币现钞库存清算渠道,实现小币种常态化兑付。鼓励中国与"一带一路"沿线国家银行互设办事处、分支机构,推进各个国家共同出资,疏通人民币跨境结算、清算渠道。第三,建立中国与"一带一路"各国"省级"行政区划层面的央行间工作协调机制,通过会晤、洽谈会及合作交流会等形式,交流金融管理法规、政策的调整情况,探讨有利于双边投资发展的政策措施,可以采用互派工作人员的方式,解决人民币跨境业务合作中存在的难题,不断促进跨境人民币结算业务成长。

（2）金融机构发挥主观能动作用

金融机构要积极运用各种金融产品为离岸人民币市场补充流动性,为离岸人民币资产配置需求提供综合金融服务方案,提供更加优质的金融服务,促进离岸人民币跨境环流,实现可持续发展。利用中国与"一带一路"沿线国家共建"一带一路"的契机,主动与"一带一路"沿线国家的金融机构沟通,经由入股和并购等形式在"一带一路"国家设立分支机构,或与沿线国家金融机构合作组建新金融机构,化解中国与沿线国家投资发展中存在的资金融通、结算等难题,开办更多与沿线国家货币相关的业务,不断加强金融产品创新,结合"一带一路"投资发展现状,推出更多切实可行的金融产品或服务,寻求新的利润增长点。积极与沿线国家金融机构商洽,开办信用证、保函等国际业务,采用合适的方式参与到沿线国家金融机构已经开办的金融业务中去,全力创造双方金融机构共赢的形势。

（3）有关部门沟通协调

中国人民银行、国家金融监督管理总局、外汇局、发改委、国资委、商务部、海关总署、外交部税务局等主体应建立沟通协调机制,进行信息共享,解决当前中国和其他"一带一路"沿线国家投资发展中面临的困境和堵点。建立商业银行开展业务的鼓励和补偿机制,减免银行开展跨境人民币业务的一些税收费用,弥补银行减损的汇兑收入。多部门联合加强中国与"一带一路"国家反洗钱合作,防止非法资金借助中国与其他沿线国家金融机构跨境合作之际乘虚而入,保证交易的真实性,为"一带一路"投资提供安全、通畅的结算服务。经由展会等平台加大对海外投资企业的结算业务培训和宣传,给予业务发展较好的"一带一路"投资企业融资等方面的优惠政策,促进跨境人民币业务成长。

3. 推动金融市场开放

人民币国际化的关键之一在于推动金融市场开放,尤其是人民币在岸市场的双向开放。近年来,沪港通、深港通和债券通等机制接踵创立,额度限定逐步取消,内地和香港股市、债市的互联互通正在增强。2018 年,MSCI 新兴市场指数纳入中国 A 股,彭博巴克莱全球综合指数纳入中国债市,这有益于吸引众多的境外投资者,体现了中国的在岸金融市场逐渐开放的趋势。今后金融市场双向开放应围绕逐渐放宽境外投资者限制、加强中国和境外资本市场的互联互通、丰富人民币计价金融资产品种以及提高中国金融市场在国际市场的认可度等方向有序推进(王喆和张明,2020)。

逐步放开在岸市场不仅有利于提高机构投资者的比例,转变国内投资者的投资观念,改善国内投资者的投资行为,而且会促进在岸人民币市场与离岸人民币市场的良性互动,形成畅通的人民币流动机制,使更多的"一带一路"国家使用人民币和其他离岸人民币回流,提高人民币充当金融计价货币的地位。因此,为了更好地发挥人民币国际化对"一带一路"投资效率的促进作用,金融市场的开放政策应进一步向"一带一路"沿线倾斜,提高沿线国家 RQFII(人民币合格境外机构投资者)的额度与范围,完善 QDLP(合格境内有限合伙人)和 QDIE(合格境内投资企业)制度,增强与迪拜、卡塔尔等全球金融中心的互联互通。

4. 推进离岸人民币市场发展

离岸人民币市场的发展可以借鉴美国国内离岸市场发展的经验(叶亚飞和石建勋,2017)。在人民币离岸市场发展过程中,对于人民币非自由兑换货币导致的人民币离岸、在岸汇差问题,中国可仿照国际银行业设施(IBF)体系,将现有的自由贸易账户发展为离岸金融账户,促成自贸区内、资本项下人民币可自由兑换。对于目前在岸市场与离岸市场人民币利差过大的问题,应逐步推动利率市场化改革,逐渐实现人民币离岸市场基准利率体系的市场化定价,可把上海一年内各金融资产的利率当作短期基准利率曲线,把国债收益率当作长期基准利率曲线,基准利率可以参考国际金融市场利率的变化适时地调整,离岸市场内的金融机构可以根据市场基准利率决定其不同期限的存贷款债权和其他金融产品的利率,进而从根本上改变行政决定利率的现状,实现利率市场化改革。对于当前在岸市场与离岸市场联动性缺乏的问题,离岸市场要积极拓展在岸中心的人民币市场,加快改变人民币资产少、供应链不完善的局面,打通人民币业务新途径,丰富人民币产品,满足投资主体对人民币不同层次的需求。

5.防范人民币国际化过程中的风险

不论是加强人民币国际化基础设施建设、完善跨境人民币业务,还是推动金融市场开放和离岸人民币市场发展,均应注重防范人民币国际化过程中的各类风险。中国人民银行应强化对相关业务数据的比对核查,高效整合数据资源;充分地利用中国人民银行创立的人民币跨境收付信息管理系统(RCPMIS)的监测和预警作用,增强对跨境人民币业务数据的实时监测与分析,必要时与相关部门联合开展现场检查,规范金融机构和"一带一路"投资企业涉及跨境人民币业务的相关操作,切实防范开展跨境人民币业务所带来的风险。

三、建立多元完善的投融资体系

建立完善的融资体系,为海外投资企业提供稳定可靠的资金供应。为保障"一带一路"资金融通,创立一个完备、稳定的货币市场仅仅是沿线经济体开展金融合作的基石,因为绝大多数基础设施建设项目和贸易开展,需要建立发达的融资体系,为其提供稳定可靠的资金供应。拟探讨的具体措施包括:发挥亚洲基础设施投资银行(简称亚投行)在"一带一路"建设中的金融支撑作用,拓宽"一带一路"投资主体的资金融通渠道,提高融资品质和效率;在上合组织银行联合体、中国—东盟银行联合体、中日韩—东盟银联体业务中,采取银团贷款、银行授信等方式开展多边金融合作,为"一带一路"投资项目提供融资服务;开展海外债券发行的有益尝试和深入探索,在未来条件成熟时,支持"一带一路"沿线国家政府和信用等级较高的企业以及金融机构在相关国家发行债券,拓展海外投资企业资金筹集渠道。

1. 发挥亚投行金融支撑作用

基础设施建设是"一带一路"倡议合作的重点领域(吕越等,2019),主要包括项目与工程,而亚投行的支持重点正是基础设施建设。因此,建立完善的"一带一路"融资体系,亚投行必须发挥好金融支撑作用,更加主动地拓宽融资渠道,提高融资的有效性。首先,建设"一带一路"需要大量资金投入,以亚投行为首的金融组织应大力扶持,通过债券发行、股票发行及打造多种融资工具等,积极发展公私合营(PPP)模式和建设—运营—移交(BOT)模式,引导私人部门资本参与"一带一路"建设项目融资,缓解项目建设中融资难、融资贵、融资慢、融资渠道少等问题。其次,高效运营融资项目并且保障融资项目效益是重点,应针对沿线国家和地区不同的情况制定不同的融资及资金使用模式,发挥资本要素在推动"一带一路"沿线基础设施建设与投资发展中的作用。最后,加倍主动地开展项目筹融资活动,特别是在与基础设施建设相对应的配套设施领域开展融资,依据情况妥善引导,提升融资有效性,拓宽亚投行的融资渠道,更好地服务"一带一路"建设。

2. 开展银联体多边金融合作

目前,中国参与的主要银联体包括:上合组织银行联合体、中国—东盟银行联合体、中日韩—东盟银联体。其中,上海合作组织银联体于2005年10月在莫斯科创立,中国—东盟银联体(10+1银联体)于2010年10月在第13次中国—东盟领导人会议期间正式成立,中日韩—东盟银联体(10+3银联体)于2019年10月在第22次东盟与中日韩领导人会议期间正式成立。自创立以来,各个银联体在项目投融资、机制建立与人员沟通培训等领域进行了切实合作,用市场化融资助推区域贸易投资发展。为建立完善的"一带一路"融资体系,更好发挥银联体的平台和纽带作用,进一步释放多边合作潜力,共同推动"一带一路"倡议迈向高质量阶段,银联体应在普惠包容、绿色转型、数字经济和开放融通等方面进行突破。

首先,要以普惠包容为重点,聚焦务实合作。大力发展普惠金融是"一带一路"建设的应有之义。一方面,各个银联体的成员行要继续聚焦联合国可持续发展目标,深化金融合作,开展外汇市场、外汇储备、货币政策等领域的深入合作,互相学习"一带一路"建设中取得的成功经验,打造更多可复制可推广的"一带一路"普惠金融运作模式,助推区域金融治理体系高质量发展。另一方面,加快"一带一路"普惠金融创新,提升区域金融治理水平,增加在跨境电商、旅游和小额支付等方面的普惠金融产品供给,大力发展移动支付及互联网金融,为"一带一路"相关投资项目提供精准有效的资金支持,在地区可持续发展和韧性复苏中发挥更大作用。

其次,要以绿色转型为驱动,加强金融创新。各个银联体应加快达成绿色金融方面的共识,形成相关书面协议,并以此为基础,加大对绿色金融的支持力度,加强绿色金融的机构及机制建设。与此同时,在"一带一路"融资中应主动对接"一带一路"沿线国家的环境保护标准,尽可能自始至终地坚持绿色标准,将贷款优先供给到绿色产业,尤其要引导投资资金流向沿线国家民众关切的绿色产业项目。此外,以财政、金融领域的务实合作释放电子商务、人工智能、智慧城市、绿色金融和可再生能源等新领域合作潜能,深化金融机构与政府间的合作,通过加强能力建设落实 ESG(环境、社会和治理)实践与倡议。

再次,要以数字经济为导向,增强发展动能。银联体各成员行要聚焦韧性和包容性发展,因势而变,做好数字化转型建设,创新风险管理和产品服务,以更加开放的合作积极迎接数字化转型的新机遇和新挑战。加快数字金融业务的宣传和推广,输出更多支付、安全认证等 API

接口服务及"金融＋行业"的 SaaS 行业云服务,运用光学字符识别(OCR)、自然语言处理(NLP)和机器学习(ML)等技术,使沿线国家人民享受数字金融便利,提高沿线国家金融科技水平。在数字化转型的过程中,应注重推进区域监管合作,织牢地区金融安全网,致力于打造一个数字化和可持续发展的"一带一路"金融生态。

最后,要以开放融通为基础,完善合作机制。银联体各成员行需建立成熟的日常管理和交流机制,并推动机制的网络建设。在信息、经验方面进行交流分享,从而对进一步深化合作形成共识,巩固在机制建设、业务合作与交流培训等重点领域合作和区域发展潜能方面取得的显著成效。在此基础上,推动银联体成员行进行实质性的融资合作,通过银行授信、项目融资、联合融资、担保、转贷和本币贷款等多种方式,支持"一带一路"建设的重点项目;依托国别开发性金融机构的债券融资,推动"一带一路"主权信用评级债券市场的发展,带动"一带一路"债券市场的发展与整合,推动债券市场的全面发展。

3. 海外债券融资

海外债券融资是建立完善的"一带一路"融资体系的重要内容,但从总体来看,"一带一路"建设中海外债券的发行主体较少,所以本书拟从企业、金融机构和政府三个角度对海外债券融资路径进行探讨。

对于企业来说,由于种种政策约束,中国企业海外发行公司债的数量比较少,海外债券发行以政府债及金融债为主,国际债券市场上中国公司债的主体为少数海外上市的中国企业,大量"一带一路"投资企业还未借助于国际债券市场进行融资活动、获得融资资金。

为扭转这一局面,第一,企业应全面分析市场中影响海外债券发行的各种因素。企业在发行海外债券时应综合考虑发行结构(发行主体、担保模式等)、发行形式(公募发行抑或私募发行)、债券期限、信用评级和时点选定等要素。选择不同的发行方式可以在价格和规模上获取操作空间,降低发行成本。期限愈长,对利率反应愈敏感,可根据利率波动情况确定发行期限。资信评级对企业债券的重要性也不言自明,信用评级愈高,债券发行收益率的议价空间就愈大,企业应该在国际资信评级中争取更多的力量,作出更多的努力。尽量避开政策、经济数据披露窗口期,合理分配债券资金在境内和境外的分配占比,降低海外债券的发行风险。

第二,企业应密切关注境外发债平台的偿债能力与债务期限。具体来说,企业应密切关注主要财务指标与现金流向,避免出现流动性风险;审慎监测使用债券资金的周期,防止由于资金周转期限错配而引发汇率风险。特别值得一提的是,企业应提前管理即将到期的外币债务。倘若有外币债务马上到期,要提前防范债务偿还期限、汇率和流动性等风险,理性规避偿还债务可能导致的损失。

第三,企业应注意监测海外发债资金回流与债务人资金回流的汇率危害,及时关注外汇市场的动向和形势,对资金流转和相应的外汇市场变化开展客观的预判。具体包括:提早预测企业资金跨境流动的汇率危害,创立化解汇率风险的条件;履行告知债务人资金回流风险的义务,规避汇率波动导致的资金回流损失,减少债务人的信用违约概率。另外,国际基准利率、汇率、期限结构是国际债券发行中利率确定的重要影响因素,企业应提高对海外债券发行之中的汇率与利率风险的关注,采用外汇掉期或外汇期权等锁定外汇价格的方式来规避风险,并使用利率互换方式规避利率波动导致的风险,避免由于未采取相关方法而在汇率、利率波动中蒙受巨大损失(蒋先玲和赵一林,2017)。

对于金融机构来说,银行可以充当全球协调人,协助企业进行海外债券融资。通过债券直接融资市场降低“一带一路”投资企业融资成本,如发挥全球化服务优势,担任企业海外债券业务的联席全球协调人及联席账簿管理人,和“一带一路”沿线各国分行进行联动,为投资企业详细分析近期债券市场形势和最优发行时间窗口,利用自身产品与服务优势,为“一带一路”投资企业获取低成本融资资金。与此同时,凭借海外集团资源优势、经由自身强大的营销网络,吸引"一带一路"沿线各国金融机构参与,为企业海外债券的发行提供强有力的保障。

对于政府来说,伴随着境内机构海外融资需求增加及中国逐渐融入国际资本市场,更大程度地放开约束海外债券发行的政策是必然选择。中国应从自身出发,加大主权债券的国际发行力度及连续性,为公司债券的海外发行奠定基础、提供借鉴。合理安排还款期限,抚平企业海外债券融资快速上升所引发的资本大量流动,发挥主权债在国际资本流动中的调节作用。另外,政府可以从宏观层面适当调节国际债券发行的币种结构、期限结构和利率结构,避免大量发行单一债券给人民币汇率带来过大的压力(易宪容和黄瑜琴,2005)。

在自身积累了充足的海外债券发行的实战经验之后,中国企业、金融机构和政府应"授人以渔",支持"一带一路"沿线相对欠发达的国家政府、信用等级较高的企业以及金融机构在相关国家发行债券,为海外投资企业提供更多的资金筹集渠道,实现"一带一路"更高水平的资金融通。

四、建立强大的沿线社会信用体系

随着"一带一路"建设的推进,信用信息非对称问题逐步凸显。跨国界的信用管理约束缺位、互信互认机制不够以及信任缺失导致交易成本巨幅上涨等,已成为约束"一带一路"相关经济体经贸投资往来与协作发展的重要障碍之一,亟待建立起强大的区域社会信用体系以突破上述瓶颈。强大的社会信用体系还是前述三项措施得以实现的社会基础,应加强"一带一路"社会信用体系的跨境交流合作,在资信调查、资产调查、市场调查、资信评级、信用担保、信用保险、风险抵押、商账追收、信用管理资信和票据电话咨询等领域,支持信用行业和产业的发展,以强大的社会信用体系支持"一带一路"重点项目建设。具体可以分为政务诚信、商务诚信和社会诚信三个方面。

就政务诚信建设而言,政务诚信是"一带一路"社会信用体系建设的关键之一,各个政务行为主体的诚信建设对其他行为主体的诚信建设发挥着十分重要的表率作用和导向作用。从中国政府自身出发,其一,应坚持依法行政,推进政务公开,加强对权力运行的约束和监督,提升在经济活动中信守承诺和履行约定的能力,提高政府的公信力,发挥政务诚信建设的示范作用,进而带动整个社会诚信意识的树立和诚信水准的提升。其二,各地和各政府部门要加快建设本地区和本部门的信用信息平台,并联网共享,尤其是工商、金融、税务、法院、环保和食品药品等管理部门,可以先行先试,带头开展信用信息数据的无缝对接与交换共享。其三,各政府部门要率先使用信用报告作出制度性安排,明确职能管理部门、行政机关等在行政许可、市场准入、政府采购、招投标、政府资金补助、公共资源交易、企业发债、评先评优、资质等级评定和拨付资金补贴等重点领域,带头运用信用报告,实现从行政管理和社会治理等方面正向强化守信激励机制。

从"一带一路"沿线国家和地区的政府部门出发,应在创立合作机制及合作联盟、信用法律制度探讨机制、信用信息共享机制、联合奖惩机制与加强信用服务机构的跨国合作等五个方面开展对话合作,推进"一带一路"信用体系建设。联合培养一批素质高、本领过硬的信用管理专业人才,应用现代科学技术手段,科学地采集、处理、加工与分析信用信息,制定科学高效的信用政策,防范信用风险,遏制、严惩失信行为,实现建设良好政务诚信的目标,为"一带一路"建设奠定政务诚信基础。

就商务诚信建设而言,在"一带一路"建设的推动下,越来越多的企业走向国际市场,成为"一带一路"建设的主力军,"一带一路"伟大倡议的纵深推进与企业等商务活动主体密不可分。商务诚信建设是社会信用系统建设的要点之一,也是"一带一路"倡议实施的坚实担保。商务诚信是商务联系有效维系、商务运营成本有效下降和营商氛围有效改善的基础条件,是各商务主体可永续成长的生存之根,也是各经济活动有效开展的基础保证(刘自敏等,2018)。企业的信用评价严重影响"一带一路"信用要素的有效流动和合理配置。

微观层面上,企业要以政府为主导,加快信用体系建设,提升自身信用水平,努力提高生产信用、经营信用和流通信用,抓牢"一带一路"伟大倡议带来的发展新机遇。

具体而言,一是要开展内部信用教育。良好的信用关系建立在讲信用的群体基础之上,任何企业均应在内部开展信用教育,树立如下意识:市场经济是信用经济,企业只有强化信用建设,才能形成有利于自身发展的良好市场经济秩序,不可仅看到目前的、暂时的利益,不可只顾短期的发展而毁坏信用。二是要建立独立专职的信用管理部门。目前,较多公司没有信用管理部门,没有详细的信用审核,未曾使用过第三方的调查信息,全面进行信用管理的企业较少。由此可见,随着市场竞争的越发激烈,不论是大企业还是小企业,要生存发展下去,必须进行完备的企业信用管理,创立独立的诚信管理部门。三是要建立企业的诚信文化。企业文化对于企业的发展具有战略意义,企业必须建立诚信文化,让包括管理者在内的员工在意识上认同信用文化,进而在现实经济交往中严格遵循诚信规范,发展和外界长期、良好的社会经济联系,促进自身的可持续发展,使信用文化植根于企业生命周期的全过程。四是要将信用建设贯穿于实现公司战略始末。企业的长远发展有赖于长远战略计划,战略定位与目标的不确切极有可能导致企业的成长偏离正轨,而信用是企业获得最大利益、实现长期战略目标的灵魂与源泉。因此,可行的战略规划必须包含信用管理规划,在实现公司战略的过程中,信用建设必须贯穿始末。

宏观层面上,为加强"一带一路"商务诚信建设,首先,应建立健全信用法律法规体系,构建守信奖励和失信惩罚机制,严打政企勾结现象,协同推动政务诚信和商务诚信建设,营造杰出的信用氛围;要培育和发展企业征信机构,规范征信机构的经营行为,加强对信用评级机构的监督管理,强化信息披露与统计监测管理,提高信用评级质量;推动信用评级报告在商务经营活动中的广泛运用,建立完善银行审贷过程之中使用信用评级报告的制度,在小额贷款公司与融资性担保公司监督管理工作中建立使用信用评级报告的制度;推进信用评级机构完善法人治理,增强信用评级行业自律,切实维护信用信息主体的合法权益。

其次,加快重点行业和企业的信用信息数据库建设速度,为信用信息共享平台建设创造前提条件,重点推进金融风险预警监测平台的建设,通过有效整合企业、行业和政府部门信用数据库的相关信息,对重点关注的经济主体开展系统性和持续性的实时监测分析,实现商务信用风险预警与提示,特别要将小微信用体系数据库纳入建设重点,拨付财政专项资金建立小微企业信用信息数据库,同时建立小微企业信息采集和更新常态化机制,实现小微企业信用信息的批量采集和更新。有序开展小微企业信用培植工作,定期向金融机构报送"诚信企业"名单,给予信用状况良好的小微企业融资便利与支持。

最后,建设商业区信用体系,打造"诚信商业圈"。通过对"诚信商区"信用信息的征集、评估、发布与共享,重点打造"一带一路"诚信商区项目,形成有益于企业发展的良好外部环境条件,发挥商业区信用体系建设的示范效应,从而促进"一带一路"投资的繁荣,促进实体经济和社会的发展。需要特别指出的是,经济因素是制约商务信用发展的基础性因素,提升商务诚信需要从经济方面创造条件,大力支持信用服务行业的发展,依托"一带一路"发展契机,鼓励有条件、有能力的企业扩大生产规模,给予适当的政策优惠,让更多的企业有参与"一带一路"建设的机会。

就社会诚信建设而言,"一带一路"倡议涉及的国家数量众多,以往在信用建设上交集较少,当务之急是建立涵盖更多"一带一路"节点城市、更高效的"一带一路"国际合作城市信用联盟,尽快在"一带一路"数据对接、信用征集记录、信用交换共享和信用评价等方面建立更全面的标准与规范,把不同国家和地区、不同行业的数据格式转化为统一标准和统一规范的数据格式,为信用信息交换共享和应用奠定基础,推进开展维度更广、层次更深的发展与协作。

以城市信用联盟为基础,一方面,健全各层次信用合作机制,形成政府、信用服务机构等多层次的信用体系,加强信用法律、制度交流,探索实现信用信息的跨国共享,防范风险,服务"一带一路"投资,同时加强信息咨询服务机构的跨国协作,促成资源共享、优势互补。另一方面,依托国际合作机构,积极发挥联盟作用,完善国际信用组织的机构建设,群策群力,充分利用信息化手段,加强社会诚信建设,构建信用体系和通用标准,共同防范风险,增加国家间的信任,形成推动"一带一路"社会信用建设的"合力",一起打造国际化的营商氛围,增强"一带一路"相关经济体城市的吸引力与竞争力,实现各国共赢。

值得一提的是,大数据纪元为社会信用系统建设带来了空前未有的成长机遇。"一带一路"国际合作城市信用联盟应持续加快信用信息电子化建设步伐,收录来自更多企业和自然人的信用信息,与相关部门实现信息共享,强化联动监管,提升监管效能,优化诚信环境,促进经济可持续发展。相应地,要加倍重视应用性、系统性、全球性、创新性,奋力构建新纪元城市信用建设新格局,奋力建造以优化城市营商环境为重心的诚信建设新高地,发展与数字经济相促进的城市信用新产业,形成与"一带一路"建设相顺应的信用合作新形势。

另外,应鼎力扶持信用服务机构,创立贴合"一带一路"实际情况的征信体系,消化、吸收海外的成功经验与做法,构建新的评估理论和评价方式,培植一批实力雄厚的信用市场主体。完善教育制度安排,逐步形成多级联动的全方位、多层次、横向到边、纵向到底的诚信教育宣传模式。

第二节　改善性措施

本节主要关注增强"一带一路"区域金融支撑力的中长期改善性措施,以期改善这一区域的金融生态状况。在前述保障性措施的基础上,中国政府应与"一带一路"地区其他国家从共同构建"一带一路"融资机制、构建货币合作机制、建立常态化协调机制、建立投资规则机制四个方面,在中长期改善区域金融生态状况,尽力缩小金融生态差异,增强"一带一路"区域金融支撑力。

一、沿线国家合力构建融资机制

包括中国政府在内的沿线各国要合力构建"一带一路"融资机制,助力区域金融结构体系的改革。对"一带一路"区域金融生态的改善是一项长期的工程,需要沿线各国无论是在融资还是互联互通建设上,就构建长期、稳定、可持续、风险可控的多元融资机制方面作出积极的举措。具体措施包括以下五点。

1. 各国应统筹国内与国际资源

要充分运用各国商业金融、政策性金融、开发性金融等资金来源,推进"一带一路"融资机制建立。与此同时,机构投资者、国外主权财富基金和多边开发机构等掌握着巨额资金与丰富的知识,应充分调动其积极性,一起打造利益共享、收益可观、风险可控的投资项目,促成国际、国内资源相互补充,共同出力。

具体而言,各国应统筹国内和国际资源,推动"一带一路"融资机制建设,可遵循如下路径。首先,每国金融机构可以通过加强与东道国金融机构的合作,建立"一带一路"金融机构间常态化合作机制,明确常态化合作的近期目标与远期目标,加强与东道国本地投资者的金融联系,吸纳更多成员加入合作机制,增强相互信任的程度。其次,与在目标国网络布局已较为完备的银行合作,建立起银行间委托和代理关系,乃至更紧密的合作安排,例如参股、控股等形式,以机制促业务,带动银行间双边本币融资、资产交易和清算结算等业务增长,深化成员间的务实合作,合理利用网络关系,优化"一带一路"金融服务的供给结构、整合沿线国家的金融资源,实现短期内对目标市场的全覆盖,促进共赢局面的形成。最后,发挥本国货币离岸市场的作用,在和"一带一路"其他国家的投资活动之中增加本国货币计价与结算的占比,增加对目标市场的本国货币直接投资。倘若目标市场有货币联盟,可在其中选择几个国家作为重点合作伙伴,引导有条件的国内金融机构在目标地区进行网点布局,并从事基于本国货币的挂牌兑换业务。

在统筹国内和国际资源,构建"一带一路"融资机制的过程中,金融机构和开发机构应重视业务模式创新。一方面,以"专业化产品+多种业务模式"为"一带一路"投资项目提供金融服务及融资支持,向有关建设项目提供更为多元、稳定和低成本的资金支持,比如,以各国金融机构和开发机构在"一带一路"周边的分支机构为发行主体,采用"多机构、多币种、多品种"的方式,发行覆盖多个币种及期限"一带一路"主题债券。另一方面,开创"一带一路"沿线国家主权机构合作的新模式,先进国家银行与落后国家银行联合发起"一带一路"贷款项目,突破国家主权评级限制,由先进国家银行作为主承销商与牵头簿记管理人,协助落后国家在债券市场发行债券,募集用于"一带一路"合作的资金,降低企业"一带一路"投资项目的融资成本,为投资主体提供融资服务。

另外,中资商业银行在非洲的布局为"一带一路"沿线国家统筹国内和国际资源提供了有益借鉴。可以借鉴中国银行在肯尼亚、中国工商银行在南非开展清算业务的路径,发挥本国银行境外机构的清算代理行作用,加快本国货币全球结算和清算网络的铺设;还可以借鉴中国工商银行收购南非标准银行的成功经验,与东道国本土银行合作,搭建本国货币跨境投资结算的平台。

2. 统筹区域内多边和双边合作

"一带一路"沿线各国金融生态差异明显,多方合作较弱,两两合作容易找到合作点,从而催生较多的双边合作。为统筹双边和多边合作,要以双边合作带动多边合作,在用好两种金融资源、两个金融市场,统筹建设好双边项目的前提之下,充分地发挥多边开发机构较强的号召力,既符合多边开发机构各自宗旨与发展战略,又符合"一带一路"建设的合作范围,通过联合融资、平行融资、三方合作、多方合作等不同形式,开展"一带一路"相关合作,在长期增强"一带一路"区域金融支撑力。

以国际银团贷款为例,该项业务是全球金融市场上最为重要的融资方式之一(徐奇渊,2017),也是统筹区域内多边和双边合作,构建"一带一路"融资机制的有益实践。虽然当前中资银行在"一带一路"资金融通中起主要作用,但是对于大型基础设施投资建设项目,应尽量以国际银团贷款的形式展开,吸收国际多边开发机构与外资银行共同参与。一方面,经由国际银团贷款提供融资便利,"一带一路"建设可以获得多样的银团投资者的支持,尤其是欧美或中国香港地区的优质合作者、"一带一路"沿线国家当地的金融机构、沿线国家金融业的同业机构等三类投资者。引入这几类机构不仅可以分散商业和政治等风险、分担资金压力,而且能使金融业同业机构在为"一带一路"投资项目提供融资的过程中形成利益共同体,缓解彼此之间恶性竞争的现象。另一方面,推动国际银团贷款资产的证券化,提高二级市场的流动性。在"一带一路"发展国际银团贷款业务,不能仅仅注重银团贷款的初始阶段,还需积极推动国际银团贷款的证券化,提高其在二级市场的流动性,进而减少资金占用、提高资金回报率。从国际经验来看,银团贷款证券化的形式主要有两种:以可转让贷款便利为主要载体的初级模式、设立特殊目的机构(SPV)的高级模式。

3. 对融资对象约法三章

"一带一路"沿线不乏诸如津巴布韦等财政金融状况堪忧的国家,

在构建"一带一路"融资机制的过程中,对于这类国家的融资需求,必须约法三章,在其作出一定承诺和改变的前提下,方可为其提供资金支持。财政金融状况堪忧的国家应整肃财政纪律,减少对扩张性财政政策的过度依赖,严格地控制财政赤字与外债规模,为实现国际收支平衡制订、实施具体的计划;尽快借鉴他国的成功经验,制定、采取改革措施,整治和改善营商环境,吸引外商直接投资,通过该渠道在短中期积累外汇,从而在中长期形成有效产能;制订中长期发展规划,充分利用自身的资源优势,形成优势明显、规模适度的产业链。

4. 充分发挥资本市场的融资功能

"一带一路"建设资金缺口较大,单一融资模式可能难以满足建设项目的融资需求。充分施展资本市场的筹融资功能可谓"一带一路"投资发展的必然抉择,资本市场的风险管理和价值发现等功能也会成为推动"一带一路"建设的重要支撑力(沈铭辉和张中元,2018)。

其一,鼓励债券融资,进一步开放并繁荣国内资本市场。流动性强且多元化的债券市场会有利于改善资本配置,拓宽社会资本的参与渠道,让"一带一路"融资不再严重依赖银行贷款。虽然部分金融机构已经尝试发行了"一带一路"债券,但是还应加大交易所及银行间债券交易场所对"一带一路"投资项目的支持力度,如开通绿色通道。

其二,加大股权融资力度。目前股权融资的规模、力度等皆远远小于银行信贷,"一带一路"投资企业应更多地利用股票市场筹措资金,从而完成投资项目融资需求。如积极发挥中欧国际交易所的平台优势,尝试发行诸如 D 股之类的融资产品。

其三,积极探索"一带一路"沿线国家资本市场的协作及对接,推动"一带一路"跨国金融服务,为企业跨国融资便利化与融资渠道多元化提供帮助。增强"一带一路"沿线各国在股票市场和债券市场的纵深互助,母国项目方可考虑利用成熟的国际市场与产品,发挥资金的杠杆作用,撬动东道国当地资金,助力沿线国家形成功能互补、层次合理的金融市场与全面的产品体系。

其四,对于中国来说,要鼓励更多"一带一路"沿线国家企业来境内IPO上市,抑或发行以人民币计价的面向"一带一路"沿线国家的"一带一路"债券,拓宽沿线投资项目的融资渠道。同时,支持外国政府与金融机构、中国境内投资者、项目联合投资主体或外资企业经由中国香港地区开展离岸人民币债券业务,或者根据沿线国家和地区的特点,开发大型基础设施建设合作项目特种债券、伊斯兰债券等债券新品种。

5. 充分调动私人资本的积极性

化解"一带一路"建设融资难、融资贵、融资慢、融资渠道少等问题,不仅要靠公有资本的作用,而且要充分发挥私有资本的积极性,将传统融资模式和新融资模式有机地结合在一起,探索更优的融资模式,尤其要加大探索国际公私合营业务(PPP)的力度。PPP是一种被国际投资主体普遍认可的项目安排形式,该模式既可以弥补资金缺口,又有利于提升公共产品管理与资本配置的效率。支持私有资本与社会资本联手参与收益可观的项目,有利于减轻东道国的外债压力,减少债权人的投资风险。

以沉没成本较高、投资周期较长的基础设施建设为例,首先,设计盈利性的项目与产品,供私人资本参与"一带一路"基础设施建设投资;其次,将基础设施建设项目与沿线商业项目相互捆绑,比如,以交通基础设施建设投资捆绑沿线资源开发投资,以提升投资方的收益,进而提升基础设施建设的融资竞争力;最后,在跨区域层面上,"一带一路"沿线各经济体需制定好基础设施投资要点项目列表,推出 PPP 项目库,为PPP 项目创造精良的环境。

二、构建"一带一路"区域货币合作机制

推进人民币国际化,是中国推进区域平衡发展战略、实现新常态阶段经济可持续增长的现实需要,也是支持"一带一路"沿线国家货币金

融稳定与可持续发展的有效途径(郭建伟,2016)。人民币国际化是以中国政府为主导的行为,扩展到沿线各国来说,可采取货币"2+X"合作模式。应采取先试点后推广的模式,例如,在"一带一路"的中亚地区,"2"是两个主要货币,即形成两个主要货币作为货币合作的支撑点,一个是人民币,另一个最优选择为哈萨克斯坦货币,X代表众多周边国家的小货币。这样的措施对于中国而言有利于人民币国际化的尽快实现,对于其他国家而言则有利于推动货币跨境合作"去美元化"。此外,货币"2+X"合作模式还有利于打造利益高度融合的命运共同体,有助于"一带一路"各国共同改善金融生态。

具体来说,推进货币"2+X"合作模式的过程中,一方面,要以哈萨克斯坦"去美元化"成效欠佳为切入点,促使人民币变为哈萨克斯坦的储备货币。经济对能源的过度依赖与美元过度化等问题,使部分"一带一路"国家采取了"去美元化"的措施,从而谋求本国经济与货币的稳定,但效果并不明显。伴随着美元进入阶段性的走强通道,以资源密集型产品出口为主的哈萨克斯坦出现美元流出、以美元为主的外汇储备大幅下滑的趋势,这为已经被纳入SDR篮子、成为国际储备货币的人民币成为哈萨克斯坦的储备货币提供了机遇。

另一方面,要将扩大塔吉克斯坦、吉尔吉斯斯坦跨境人民币结算规模作为抓手,增强人民币的使用黏性。塔吉克斯坦、吉尔吉斯斯坦为资金匮乏、基础设施落后的中亚小国,它们的国际经济、金融合作意愿较强。因此,塔吉克斯坦、吉尔吉斯斯坦两国是中国较易取得突破性进展的国家。可以考虑把中方大型企业投资作为突破口,在这两个国家积极尝试用人民币计价开展"一带一路"项目投融资,以点带面地推动中塔、中吉跨境人民币结算业务的发展,从而在"一带一路"沿线实现人民币结算的"池塘效应"。与此同时,加强与两国在货币互换、银联卡和人民币现钞调运等领域的合作,支持各国金融机构在结算方面加强合作,扩大人民币跨境结算规模,开展人民币账户融资、购售等业务,不断扩大人民币在塔吉克斯坦、吉尔吉斯斯坦的供给量与业务范围。

除了采取货币"2+X"合作模式,运用双边货币互换也是构建"一带一路"区域货币合作机制的重要内容。货币互换的重要作用在于推动双边贸易与投资的发展,两国运用各自货币作为贸易与投资的结算货币,可以降低货币汇兑成本及汇率风险,危急状态下还可以提供流动性支持(罗思平等,2020),对于构建"一带一路"区域货币合作机制,推进人民币国际化进程,缓解中国企业的海外投资不足,提高中国企业的海外投资效率具有重要意义。

其一,促进货币互换安排的制度化、长期化。中国央行目前签署的货币互换协议多为应急性与备用性的,期限一般是三年,到期后再决定是否续签。这样的做法虽然具有较强的灵活性,却缺乏稳定和明确的长期安排。中资金融机构海外投资一般是长期的战略性投资,与之对应,中资金融机构要求长期稳定的汇率风险管理工具。事实上,鉴于国际资本流动发展的规模和频率,纵使是金融危机时期紧急的金融合作安排,也已有较多学界和业界的人士呼吁,将危机期间签署的双边紧急性货币互换转变为货币互换联盟,从而更好地发挥缓解央行流动性风险、服务"一带一路"投资的作用。

其二,提高双边货币互换项下借贷操作的规范性和透明度,明确定价机制。目前签署的双边货币互换存在借贷资金用途、主体资格要求、借款周期及审核流程不够明确等问题。尤其是贷款定价方面,借款人申请贷款时不会被事先告知,只有当借款人提交贷款申请、获得批准并签订借贷合同时才能知悉,且贷款申请无法撤销。借款人不能提前知悉借贷成本、不能撤销申请,所以不会贸然申请贷款。然而两国央行之间基于国家信用签署的货币互换协议,有益于本国企业获得低于市场价格的资金。在签署双边货币互换协议时,若一国央行与对方明确承诺帮助对方央行选择优质借款人,同时明确制定对借款人的具体借贷要求,重点支持能够促进两国投资深化的优质金融机构与企业,促使双边货币互换发挥更大的实际价值。

其三,将货币互换安排的市场化与政策性相结合,加大对金融机构国际化发展的金融支持。双边货币互换安排具备很强的政策意义,应突出其政策性,利用国家间的金融合作安排促进"一带一路"投资效率的提高。金融机构,尤其是国有大型金融机构不论是在扩大对外开放、服务企业"走出去",还是在抓牢"一带一路"倡议契机、拓展国际化发展、推动人民币国际化等领域,均有重要作用。因此,在今后完善货币互换机制的过程中,央行应调研、了解金融机构的业务需求,特别支持国有大型金融机构使用货币互换资金,推动"一带一路"金融合作取得更大成效。

其四,货币互换不应仅局限于危机救援和备用功能,更应服务贸易投资以及货币国际化。不可否认的是,作为一国出现流动性不足时,缓解流动性压力、支撑有限外汇储备的重要手段,两国央行间的货币互换在全球金融危机爆发后被众多国家所应用,对于提供流动性支持、增强市场信心和化解金融危机具有重要意义。但是,双边货币互换更应该服务贸易投资以及本币国际化。对于"一带一路"倡议的发起者中国来说,伴随着中国在全球贸易投资中的地位不断上升,其他国家和地区之所以与中国签订货币互换协议,主要是因为看重的是人民币在维持全球金融体系稳定中的重要作用,中国应积极推进人民币作为"一带一路"结算货币,降低结算汇率风险,促进"一带一路"投资深化发展。

值得注意的是,汇率波动对货币合作"2+X"模式推进、货币互换协议签署以及"一带一路"区域货币合作机制构建有着非常显著的影响,可能会对"一带一路"投资的开展和收益实现产生不良影响。在海外投资过程中,与东道国协商增加汇率条款、转嫁汇率风险的做法往往会降低企业竞争能力,可行性较低,企业应该从自身出发,努力规避风险。

首先,中国企业应招募国际金融人才,密切关注东道国及相关市场的汇率影响因素变动情况,运用随机森林、梯度提升法等前沿的机器学习方法,有效预测目标市场汇率变动趋势。与政府有关部门、金融机构等沟通合作,建立汇率风险监测体系,提高事前风险防范能力。其次,在后续的投资过程中应研究判断投资地的政治、经济形势及货币市场波动情况,选定有利的投资币种。对于一些经济发展水平较低、地区形势紧张以及汇率波动频繁的国家,更需谨慎考虑投资货币的选择。例如,对于能够直接使用当地货币或者非当地货币支付对价的,企业可以利用两国货币互换借入外汇资金直接进行支付。最后,"一带一路"投资企业应合理采用金融避险工具,如:远期合同、套期保值、货币期货、货币期权、货币掉期等。时至今日,上述业务均已较为成熟,"一带一路"投资企业应着眼于长远利益,转变怕麻烦、省费用的旧思想,通过较小的前期费用投入来规避较大的后期投资风险。

对于中资金融机构来说,当中资银行需支付当地货币,增加对某国的直接投资时,若该国汇率波动频繁,则该笔新增投资将面临较高的汇率风险。然而,对于新兴市场货币来说,通常的防范和管理风险的外汇衍生工具一般相对有限、成本较高。但如果在人民银行帮助下,利用和该国央行签署的货币互换协议,通过直接借入他国货币的方式实现外币头寸的自然对冲,则规避汇率风险的成功率将大大提升。另外,相较一般市场融资,两国间的货币互换协议往往具有一定的价格优势,有利于中资金融机构规避汇率波动风险;借入外币资金之后,还可以在政策允许的范围内将该国货币兑换为其他国的货币用于支付,同样可以规避汇率波动风险。特别地,对于部分面临高通胀、国际支付压力大的国家,为避免货币互换资金借贷带来的 M2 增量加剧通货膨胀压力,中资银行可在借入外汇资金的同时,由中国央行向外国央行借出人民币后,再借给当地的中资银行,减少乃至全部对冲他国央行的 M2 增量。

三、沿线国家建立常态化协调机制

"一带一路"倡议正在受到越来越多国家和地区的响应与支持,作为多边合作的平台,建立常态化协调机制会更有益于其长远发展。应创设近似 OECD、APEC 等常设性国际组织,发挥上海合作组织(SCO)、中国—东盟"10+1"、亚洲合作对话(ACD)、亚信会议(CICA)、亚欧会议(ASEM)、中阿合作论坛、中国—海合会战略对话、中亚区域经济合作(CAREC)、大湄公河次区域经济合作(GMS)等现有多边合作机制的作用,从而密切成员国政治经济关系、实现共同目的。总体而言,应以中国主办的"一带一路"国际合作高峰论坛为机会,尽快开启"一带一路"框架下的国际组织筹备、建立工作。

在建立常态化协调机制之前,可以针对企业投资合作过程之中遇到的问题进行双边(多边)安排,如双边税务互惠与互免,当地工作证和居留许可办理,为"一带一路"投资企业提供法律、政策和税收等方面的支持,为"做实"常态化协调机制奠定一定的基础。在建立常态化协调机制初期,选择与中国政治经济关系较为紧密的巴基斯坦、俄罗斯、哈萨克斯坦等"一带一路"沿线国家共同推动形成由国家领导人非正式会议、部长级会议、理事会、秘书处等常设性机制构成的基本组织框架。此后,再针对基础设施互联互通、贸易投资便利化、结构性改革等充分反映组织目标的热点专项分别成立专门的委员会加以推进。例如,参考已有区域经济合作模式,建立跨区域的国际协调机制,为法规、税务、贸易、运输、投资、能源、教育和旅游等各细分领域合作事项提供指导及协助,推动"一带一路"建设走向机制化轨道。未来,可以邀请更多"一带一路"沿线国家及美国、德国、日本、英国等发达经济体参加该组织,逐渐将其打造成具有国际意义的团结协作大平台。

具体而言,"一带一路"常态化协调机制可细分到经济、法律、金融、安保、运输、文化、旅游、基建、能源等方方面面。

经济方面,构建"一带一路"投资平台,建设国家间经济走廊,竭尽所能地消除投资障碍,实现投资便利化。一方面,依赖建设项目,加强区域一体化建设,促成协同发展。"一带一路"倡议的逐步落实,需沿线各国政府的主动引领,实现国家间经济战略规划的衔接。利用沿线各国在产业发展上的比较优势,利用互联网和电子商务等商业模式,深化沿线国家间的投资协作,优化彼此的投资结构,提高合作水平。另一方面,加强沿线国家双边(多边)磋商谈判,签署投资方面的协定,致力于减少投资壁垒,让生产要素在更加便利的市场中自由配置,营造有序、公开、透明的市场竞争环境,充分利用区域内现有的经济合作交流平台,推动"一带一路"经济协调机制的构建,实现互利共赢。

法律方面,法律协调机制以国家认可对外条约为核心与基础,换言之,各个主权国家相互之间承认彼此特定的法律制度和运行规则。"一带一路"法律常态化协调机制建设可从产品合格等级与技术规范、职业资格认证两个角度切入。对于产品合格等级和技术规范来说,在传统的国际法律框架下,主权国家均有各自的产品许可规范与技术衡量等第,由于差异性的存在,投资者为进入不同市场需事先经过东道国的标准评定,既费时费力,又增加了投资者的成本,还可能错失投资机遇。在此情形下,主权国家相互认可条约,让他国承认本国法律评定文书的效力,能使在母国取得产品许可证书或达到技术评定等级的投资者,在其他缔约国内无需再次评估,即可开展投资。对于职业资格认证来说,"一带一路"沿线的高新技术企业需要专业人才的流入,促进技术进步与发展,然而"一带一路"国家法律协调机制的不完善给人才跨境流动造成了极大的困扰。因此,促进职业资格认定的法律协调机制运行,能够推动技术人员在"一带一路"国家自由流动,增加就业、创业机会,满足企业对于专业人才的需求,促进人才交流与合作,提高企业在"一带一路"国家的投资效率。

金融方面,"一带一路"国家银行间常态化合作机制(BRBR)应发挥良好的模范带头作用。同时,BRBR通过举办能力共建活动、召开圆桌会、推进投融资合作、深化研究领域交流等丰富多彩的形式,支持"一带一路"沿线经济体的金融稳定和经济可持续发展。"一带一路"银行间常态化合作机制的经验值得"一带一路"金融常态化协调机制借鉴。

安保方面,"一带一路"沿线有很多欠发达地区,前面章节的测算已显示这些地区的广义金融生态堪忧,客观上存在着某些潜在风险,故应扶持民间安保力量,发展国际化安保团队。借鉴发达国家私人安保机构的成功经验,大力发展国际化民营安保企业,建立安保企业协调机制,制定行为标准与行业规范。相比于西方国家完善的安保产业,目前大多数"一带一路"沿线国家的安保企业刚刚起步,虽然已有部分安保企业已经从事境外安全服务,但是由于缺乏统一的行业规范和标准,且安保企业之间缺乏协调机制,需建立合作协调平台。因此,有必要建立强有力的"一带一路"安保常态化合作协调机制,由相关政府部门汇集、协调各方力量,制定安保企业境外安全服务的行业标准和规范,有效整合民间安保力量,确保"一带一路"倡议的顺利实施。

运输方面,随着"一带一路"倡议的深入推进和中欧班列的常态化运行,应进一步推进海铁联运基础设施建设,加强各方团结合作,扩大海铁联运辐射区域,争取吸引更多来自日本、韩国、越南、新加坡、泰国和马来西亚等地的货物搭乘中欧班列。筹划、推进多式联运监管中心项目,推动建设上海、天津、厦门等多式联运监管中心,响应海关全国通关一体化的号召,打破传统的地块用地属性单一、封闭的操作模式,将不同物流服务的相关业务及功能在高效集约、遵守合理布局的原则下进行组合,加快构建"一带一路"运输常态化协调机制。

文化旅游方面,要健全合作协调机制,完善"一带一路"文化旅游交流平台。积极贯彻落实"一带一路"文化旅游合作协定、谅解备忘录、年度执行计划等政府间文件,加强"一带一路"沿线文化旅游交流合作机制建设。依托于国际友好"桥梁"城市,逐步与"一带一路"沿线重点国家和地区组织建立城际文化交流合作机制。依托中俄红色旅游合作交流系列活动、张家界国际乡村音乐节等国际文化旅游节等,加强宣传推介。鼓励支持地方政府、行业协会、高校、智库、文博单位和其他企事业单位开展多层次、多渠道、多形式的交流合作,共建友好单位,建立常态化的"一带一路"文化旅游合作机制,进而发挥各种机制相辅相成,特别是非正式机制促进正式机制的作用。

特别值得强调的是,针对不同国家的先发优势和资源禀赋特点等实际情况,中国应与不同的国家建立不同的协调机制。例如,参考中巴经济走廊联委会机制,推动与缅甸、尼泊尔等建立近似的政府间双边协作机制,一起推动中缅经济走廊、中尼经济走廊建设发展。再如,依托中吉乌铁路、中吉塔阿伊五国铁路、中尼跨境铁路、马新高铁和中印铁路等重大基础设施项目建设,推动中国与吉尔吉斯斯坦、尼泊尔、乌兹别克斯坦和印度等国家建立部门间常态化基建沟通协调机制,推动各国达成合作共识,加强技术标准对接。还如,围绕中国—中亚天然气管道 D 线建设、中俄东线天然气管道建设及中土天然气领域谈判工作,考虑与俄罗斯、土库曼斯坦等国建立常态化能源合作协调机制。

四、建立双边或多边投资规则机制

"一带一路"作为倡议,需运用现有的投资规则,建立新的体制性或者规则性的约束与保障机制,在双边、多边和区域等三个层面进行投资协调(李锋,2017)。

1. 充分利用并逐步升级现有双边投资协定

双边投资协定(BITs)能够促进母国企业到签约国投资,保护母国企业的合法权益。首先,BITs 对东道国制度环境具有替代作用,一定程度上抵消了制度环境的不良影响,而成熟的制度环境有助于降低企业融资成本,为企业海外投资的增长提供良好环境。其次,BITs 能降低东道国征用外国企业的概率,提高企业预期收益率,而收益率提高为企业海外经营的后续资金提供了坚实保障,减轻了融资约束,降低了融资成本。最后,在签订 BITs 后,不论是母国还是东道国往往会出台各种海外投资鼓励政策,例如,优先审批某些行业的海外投资、贷款优惠、税率减免等,直接为投资企业提供融资便利、减少融资成本。因此,在决定"是否投资"阶段,在充分考虑东道国金融生态情况的基础上,应优先考虑与中国订立 BITs 的"一带一路"国家。

然而,从中国与"一带一路"沿线国家签订 BITs 的现状来看,其一,在沿线国家中,中国已和 57 国签订双边投资协定,尚未签订或已经终止 BITs 效力的国家有 8 个,它们分别是阿富汗、伊拉克、黑山、尼泊尔、不丹、巴勒斯坦、马尔代夫、印度尼西亚。由于中国与上述 8 个国家间无 BITs,这对保护投资者的利益十分不利。其二,签署的已生效 BITs 版本较低、内容较旧,不能跟上新形势的需要。目前世界上较新的 BIT 是美国 2012 年范本,它实现了高标准投资保护与高水平投资开放。而中国与"一带一路"沿线国家签署的 BITs 保护标准普遍较低,投资自由化与便利化的内容涉及较少,多数 BITs 仍然采用的是"准入前国民待遇与投资准入模式",部分甚至未提供"准入前国民待遇",这和美式条款中"准入前国民待遇+负面清单"规定的投资自由化水平还有较大的距离。其三,适用范围窄。例如,BIT 仅适用于双边投资,而与所有"一带一路"沿线国家签署协定必然要耗费大量人力物力财力,况且现如今 BITs 面临重新签订、条款升级等问题,谈判成本会成为一种负担。再如,大部分 BITs 对仲裁范围有严格限制,对投资者诉诸"投资者—国家"争端解决(ISDS)的权利未加约束,且未对方便劳务人员入境作出有约束力的规定(卢伟等,2021)。其四,内容重叠甚至冲突,造成管理混乱。BITs 签约国数量众多、条款数目庞大、详细内容错综复杂,容易给投资监管与国际协调造成麻烦,难以向"一带一路"投资企业提供稳定的政策信号,不利于以标准化的方式解决投资纠纷。

因此,一方面,政府应加快推进与"一带一路"沿线国家的双边投资自由化和便利化进程,加强合作对话、提升政治互信,参与全球投资框架的建立与完善,与更多的"一带一路"沿线国家(地区)签署高标准的双边或多边投资协议,保护直接投资,促进直接投资便利化,加快投资行业的开放和自由化进程,充分发挥双边和多边投资协议的对金融生态的正向调节作用和替代作用,提高"一带一路"沿线国家政府对中国政府、中国企业的信赖感,化解潜在的金融生态风险,保障中国企业海外投资经营的安全和合法利益。

另一方面,BITs的升级应因地制宜,充分考虑"一带一路"国家的多样性,根据各国特性稳步推进。虽然"准入前国民待遇+负面清单"的管理模式是未来的趋势,但是因为"一带一路"沿线多数国家是发展中国家,且中国也尚处在试验阶段,所以可以考虑先跟其中较为发达的国家进行"准入前国民待遇+负面清单"的管理模式创新,不能操之过急。除此之外,结合"一带一路"投资的风险性,可以引入"投资者—东道国"争端解决机制,保证公正性、合理性,顾及企业和广大发展中国家的利益。

2. 倡导多边层面全球投资规则

在"一带一路"进行直接投资缺乏有效的多边约束和协调机制,当前世界上有约束力的多边投资协定包含:《多边投资担保机构公约》《关于解决各国和其他国家的国民之间的投资争端的公约》及WTO框架下的相关协定(主要指《与贸易有关的投资措施协议》)。其中,《多边投资担保机构公约》旨在降低在发展中国家投资的政治风险,《关于解决各国和其他国家的国民之间的投资争端的公约》通过调解、仲裁解决国家间的投资争端,WTO框架下的相关协定涵盖和货物贸易相关的、对贸易造成限制及扭曲作用的投资措施。

令人遗憾的是,上述多边协定作用非常有限,一方面,上述协定的出发点为保护国际投资,虽然涉及投资风险和投资壁垒,但是未涉及如何促进、鼓励直接投资,处于国际投资规则的低级阶段。另一方面,以上协定仅包括了部分投资议题,既不全面,也不系统,大量的基础性问题及敏感性问题,如国民待遇、最惠国待遇、国家安全审查、资金转移与监管,均未给出规范性的解决办法,且上述协定的约束力、权威性及有效性受到部分国家质疑。由此可见,"一带一路"投资需要一个综合性的多边规则机制,提供底层的、具有普遍约束力与最大公信度的规则性保证,类似于 WTO 的世界性投资协调机构,建立"一带一路"通行的规则机制。

因此,从短期来看,要充分运用现有的《多边投资担保机构公约》和《关于解决各国和其他国家的国民之间的投资争端的公约》。"一带一路"沿线国家的金融风险普遍较大,必须要用好国际组织或协定中已有的风险担保机制及争端解决机制来保障企业在"一带一路"国家的合法投资利益。从长远来看,应致力于"一带一路"投资规则设置,在原有 OECD 的多边投资协议、WTO 的多边投资框架的基础上建立一种满足沿线各国需求、综合性、权威性的投资规则,坚持用可持续发展的理念参与详细规则制定。

3. 推广区域层面投资新规则

区域层面的投资协定包括如下两类,一类为专门针对直接投资的区域性协定,如《亚太贸易协定之投资协议》《中国—东盟自由贸易区投资协议》等;另一类为内容涵盖直接投资的贸易协定,如《中国—新加坡自贸协定》《中国—巴基斯坦自贸协定》等。然而,"一带一路"沿线的区域投资协定少之又少,作用相当有限。具体表现为单独针对直接投资的区域协议较少,区域协定大多以贸易为核心展开,所涵盖的投资内容相对有限;区域协定在投资议题方面约束力不强,特别是在投资争端解决方面作用有限;从地理分布上来说,无法实现对"一带一路"沿线众多国家的全覆盖,适用性大打折扣;区域协议所包含的投资议题标准较低,与国际新规则相去甚远。因而,结合"一带一路"倡议的合作理念和实际需求,个性化设计和采用投资新规则是大势所趋。

不可否认的是,在区域投资规则理论和实践中,包括中国在内的大多数"一带一路"国家与发达国家相比还存在一定差距,需加快学习、赶超的脚步。应认真研究跨太平洋伙伴关系协定(TPP)之中的投资内容,在 FTA 中逐步创新投资议题,提出符合"一带一路"国家情况的投资条款,既不生搬硬套,盲目追求新规则与高标准,也不全盘否定、推倒重来,适当降低标准,符合互利共赢的原则,从而与沿线国家的多样性特征相匹配,满足投资合作的实际需求。例如,TPP 中的竞争中性、环保与劳工条款及"投资者—东道国"争端解决机制等均可批判性地为"一带一路"所用。此外,可以借用已有的区域性机制或者机构推动"一带一路"的投资合作,特别是 RCEP 与亚投行,进行大胆尝试,抢占规则制定的话语权和主动权。

4. 深化国内改革对接投资新规则

"一带一路"沿线国家要想参与投资规则的制定,在"一带一路"倡议推进过程中建立符合自身利益的投资规范,在国内就必须以身作则地推行高标准的投资规则,稳步推广"准入前国民待遇＋负面清单"的外商投资管理模式,不断缩短负面清单的长度,落实以"备案为主、核准为辅"的对外投资管理体制,完善事中、事后监管,减少不必要的行政干预。特别是"一带一路"倡议的发起者,只有当中国以自身实际行动实现了规则创新并严格遵照规则行事,才能树立良好形象,在"一带一路"投资规则机制建立中赢得话语权,实现用倡议指导合作、以规则携手共赢。

值得一提的是,上述各项措施的实现需要在一套行之有效的框架下进行。鉴于成立涵盖"一带一路"沿线大多数国家的高标准 FTA 存在较大困难,且已有机制标准存在较大差异,未来应依托正在积极推进的区域全面经济伙伴 RCEP、中国—海合会 FTA、中国—欧亚经济联盟 FTA 等自贸区战略,发挥 FTA 削减沿线国家的海外投资壁垒,降低沿线国家的海外投资风险,抑制海外投资不足、提高海外投资效率的作用,逐步形成"一带一路"沿线国家和地区的投资规则整体框架。具体而言,整体框架除包括商品贸易、投资、服务贸易等议题外,应加入体现金融生态理念的议题。在详细规则设计上应该全面考虑沿线各国的国情,体现灵活性与差异性。此外,应由中国、东盟等牵头,并对其他成员国乃至域外成员国持开放立场,采用渐进的方法促成"一带一路"经贸投资规则的高效整合。

第三节　结论与研究展望

一、主要研究结论

在"一带一路"倡议的实施过程中,以海外投资为代表的资本跨区域流动扮演了重要角色,但是同时也面临海外投资效率不容乐观的难题。从沿线国家金融支撑较弱这一最大的现实挑战出发,本书重点研究了"一带一路"沿线国家金融生态多样性对中国海外投资效率的影响与对策建议。

在"现实状况与客观评价"中,本书旨在提出重大现实问题,即通过测算中国在"一带一路"国家层面、产业层面和企业层面的海外投资效率,发现从国家层面看,中国对"一带一路"国家的海外投资效率总体呈上升趋势,但是仍然徘徊在低水平区间;从地区层面看,中国对东南亚、中亚、中东等板块的海外投资效率较高,但是对欧洲板块的海外投资效率普遍偏低;从产业层面看,第一产业最低,第三产业最高,三大产业的海外投资效率迥然不同。其中,能源业和制造业的海外投资效率近年来呈不断提高之势,而以银行业为代表的金融业在沿线国家的海外投资效率起伏较大,且其效率损失主要源于海外投资过度,与其他产业主要源于海外投资不足形成了鲜明对比;从企业层面看,中国企业的海外投资效率损失主要表现为海外投资不足,无论是海外投资不足的企业数量,还是海外投资不足的企业占比,均显著超过海外投资过度。但是,中国在沿线国家海外投资不足和海外投资过度的平均偏离度不断下降,表明海外投资效率不断提升。上述答案为后文提出了"现实导向型问题"。

在"指标构建与测度比较"中,通过不同口径和维度的金融生态指标,旨在对"一带一路"国家的金融生态多样性进行测算和比较。首先,从金融主体、金融发展、金融结构、金融开放、金融稳定和金融竞争等维度出发,构建狭义金融生态指标,测算发现一半国家的金融生态指数为正,另一半国家的金融生态指数为负,"一带一路"国家金融生态多样化程度可见一斑。其次,从广义金融生态的内涵出发,一方面采用Shannon-Wiener方法测度"一带一路"国家金融主体多样性程度,发现格鲁吉亚、摩尔多瓦和吉尔吉斯斯坦的金融主体多样性位居前三,而爱沙尼亚、泰国和越南的金融主体多样化程度居于末位;另一方面建立包含 4 个维度的目标层、14 个层面的准则层和 48 个变量的指标层,测算沿线国家广义金融生态多样性程度,测算结果表明,26 个国家得分为正,26 个国家得分为负,再次印证了"一带一路"国家金融生态多样化程度,其中,新加坡、印度、马来西亚和卡塔尔的金融生态状况显著优于其他沿线国家,而伊拉克、叙利亚等国的金融生态位于下游。最后,基于金融主体和金融环境两个层次之间的关系,进一步考察发现"一带一路"国家的金融主体多样性和金融环境多样性耦合协调度较高。同时模糊综合分析法测度结果还表明,"一带一路"国家金融生态多样化程度整体较高,但是测算结果分布复杂,以科威特、波兰、塞浦路斯为代表的国家和以柬埔寨、阿富汗和叙利亚为代表的国家之间的金融生态差异趋于极端化。对"一带一路"国家金融生态多样性与差异化程度作出的多维测度和比较,为后文的实证检验提供了核心指标。

在"从静态分析到动态演化"中,分别采用宏观国别数据和微观企业数据,从静态和动态视角考察"一带一路"金融生态多样性对中国海外投资效率的影响。

在静态分析中,无论采用狭义和广义金融生态,还是基于宏观和微观数据,实证结果均表明,"一带一路"国家的金融生态水平越差,越会显著抑制中国在沿线国家的海外投资规模,导致海外投资不足;相反,"一带一路"国家金融生态越完善,越能显著提升中国在沿线国家的海外投资效率。在此基础上,引入随机森林模型这一机器学习方法,对中国在沿线国家的海外投资效率是高还是低的可能性进行预测。与Logit模型、LDA模型和决策树模型相比,随机森林模型的预测精度更高,并发现在广义金融生态指标中,重要性排在前五位的因素分别是自然资源、制造业占比、言论自由度、城市化率和金融效率;在狭义金融生态指标中,重要性排在前五位的因素除了金融结构—金融效率外,还包括金融竞争—金融机构资产利润率、金融发展—私人信贷总额占GDP的比重、金融主体—银行资产占比和金融竞争—银行集中度,体现了沿线国家金融生态的重要性。

在动态分析中,分别从序贯投资、区位转移和银行追随的角度出发,重点考察"一带一路"金融生态多样性对中国企业海外投资效率的动态影响。首先,在序贯投资视角下,沿线国家金融生态越完善,越能通过缓解中国企业的融资约束水平,显著提高序贯投资概率和增加序贯投资次数,且地理区位序贯投资和进入模式序贯投资均能有效缓解中国企业的海外投资不足,减少效率损失;同时,与跨国并购相比,企业采取绿地投资的模式进入沿线国家时,两种类型的序贯投资均能有效提高海外投资效率。其次,在区位转移视角下,"一带一路"国家金融生态水平的改善提高了其对中国企业的吸引力,可以显著抑制中国企业海外投资转移至其他沿线国家。进一步划分"顺金融生态"转移和"逆金融生态"转移的结果表明,金融生态水平完善的国家拥有更强的外资吸引力,"顺金融生态"区位转移可以显著抑制中国企业的海外投资不足,减少效率损失;同时,"顺金融生态"转移对海外投资不足的影响具有异质性,当区位转移至中欧板块和海上丝绸之路国家时,"顺金融生态"区位转移对海外投资效率的抑制作用最为突出。最后,在银行追溯视角下,中资商业银行在沿线国家布点不仅对中国企业海外投资效率具有促进作用,而且随着布点数量的增加,其促进作用增大,但是各布点对中国企业海外投资效率水平的改善程度呈减弱趋势。

在"作用渠道与调节机制"中,重点考察了"一带一路"国家金融生态多样性影响中国海外投资效率的作用渠道,并在此基础上进一步考察了对内政策和对外政策所扮演的调节性角色。这些内容既是对为什么会产生上述静态和动态影响的进一步回答,也为后文出台对策举措提供了事实和量化依据。

在作用渠道中,中国企业在"一带一路"国家的海外投资面临资金需求与供给的双重压力,融资约束已成为制约中国企业海外投资效率的重要因素。从非效率视角看,融资约束是影响中国企业海外投资效率的最主要瓶颈和非效率因素。融资约束越严格,中国企业(特别是非国有企业和制造业企业)的海外投资效率越低;从中介渠道看,融资约束是"一带一路"国家影响中国企业海外投资效率的中介渠道,即沿线国家金融生态的改善,可以通过缓解企业融资约束,有效抑制海外投资不足,提高海外投资效率。同时,融资中介机制具有显著的"风险规避"特点,即低风险经济体金融生态水平的改善,更有利于通过缓解融资约束抑制企业海外投资不足,而高风险经济体样本中这一中介作用并不显著。

在对内调节机制中,首先,在政府补贴机制方面,基于双边 SFA 模型的估计结果发现,政府补贴可以部分缓解融资约束对中国企业海外投资效率的抑制作用,但是并未彻底消除该影响。其次,在银企关系机制方面,良好的银企关系显著缓解了中国企业的海外投资不足问题,究其作用渠道,主要是通过提高企业信贷可得性(特别是长期信贷可得性)这一中介作用渠道来发挥缓解作用;内部股权流通度的提高和外部政治联系的存在,均会增强银企关系对海外投资不足所发挥的抑制作用。因此,重塑新型银企关系,并引导企业完善公司治理水平,是提高中国海外投资效率的重要保障。最后,在绿色金融机制方面,以中国政府发起和推动的绿色"一带一路"倡议作为准自然实验,说明中国政府以绿色金融的方式,在助推环境友好型企业"走出去"的同时,也缓解了沿线国家金融生态对中国企业的融资约束。

在对外调节机制中,首先,人民币国际化机制对中国企业海外投资不足的抑制作用显著,这一结论对于国有企业、大规模企业、低风险企业和绿地投资企业更为有效;究其作用机制,缓解融资约束和降低汇率风险是人民币国际化抑制企业海外投资不足的有效机制。其次,货币互换协议的签署可以显著提高中国的海外投资效率,且在资源寻求型投资、资本账户开放和营商环境完善国家中愈发明显。究其原因,主要通过平抑中国海外投资面临的汇率风险来实现的,一方面,与实际汇率风险相比,预期汇率风险的中介效应更为明显;另一方面,大规模货币互换协议重在降低实际汇率风险,而小规模货币互换协议重在熨平预期汇率风险。最后,自由贸易协定的缔结同样可以显著抑制中国企业的海外投资不足,而自贸协定、金融生态和海外投资效率三者的关系,也为提高中国在"一带一路"国家的海外投资效率提供了量化依据。

在"五大模块的对策提出"中,重点强调课题研究的落地,提出解决现实重大问题的预警性措施、应对性措施、应急性措施、保障性措施和改善性措施。

从短期看,在"一带一路"国家金融生态多样性特征短期内难以根本改变的既定事实下,前三者重点考虑如何防范金融生态风险,提升海外投资效率。在预警性措施方面,为了提醒中国海外投资者在沿线国家面临的金融生态多样性风险,从经济基础、金融状况、政府治理、法律规范四个层次构建中国在沿线国家规避海外投资效率损失的风险预警体系,寻求提升投资效率的理想数值区间,形成国家、产业和企业层面的预警信号灯。在应对性措施方面,强调中国企业首先应提高海外投资决策过程的科学性,在"是否投资"—"如何投资"—"资金融通"—"资金配置"的每一个环节,均应当考量"一带一路"国家的金融生态,据此科学决策;同时,应提高海外投资决策的动态序贯性,即根据"一带一路"国家的金融生态变化及其既有项目的海外投资效率,在事前、事中、事后的不同阶段及时作出动态调整;金融类企业与非金融类企业应提高海外投资的互助性,构建企业间合作网络,促进二者海外投资效率的同步提升。在应急性措施方面,中国应当健全多元化融资体系,拓宽中国海外投资企业的融资渠道;在沿线国家的海外投资应更多地转向绿色、可持续、惠及民生的项目,加强金融创新,发挥绿色金融和普惠金融对海外投资的促进作用;充分利用 RCEP 这一"一带一路"沿线最大的制度化和机制化合作平台,深入理解和利用 RCEP 中的金融服务附件,促进海内外资金和项目的对接。

从中长期看,为了保持中国在"一带一路"国家海外投资的稳定性和高效性,后两者重点考虑政府如何出台保障性措施和改善性措施,优化中国海外投资者所依托的金融生态。在保障性措施方面,中国政府在中长期内应当牵头建立沿线金融服务平台,稳步推动人民币国际化进程,搭建多主体、多层次的融资通道,助力沿线国家的社会信用体系,确保符合条件的中国海外投资企业可以持续稳定地获得资金融通。在改善性措施方面,中国政府积极与沿线国家"共建、共商、共享",通过合力构建融资机制、区域货币合作机制、常态化协调机制、双边或多边投资规则机制等途径,增强沿线国家的金融生态支撑力。

二、未来研究展望

展望未来的研究,随着国内外金融环境的变化,中国在"一带一路"国家的海外投资效率研究还有更多崭新的领域去探索。尤其是"十四五"规划和 2035 年远景目标纲要已经明确提出,推动共建"一带一路"高质量发展;2021 年 11 月,习近平总书记在第三次"一带一路"建设座谈会上,提出以高标准、可持续、惠民生为目标,对继续推动共建"一带一路"高质量发展作出部署,强调"要稳妥开展健康、绿色、数字、创新等新领域合作,培育合作新增长点",为中国企业在沿线国家高质量投资和高质量共建"一带一路"的研究提出了方向。

首先,金融生态与数字基础设施投资。适逢"十四五"规划的开局之年,"加快数字发展,建设数字中国"已成为今后发展的重中之重。2021年12月12日,国务院还专门印发了《"十四五"数字经济发展规划的通知》。在高质量共建"一带一路"的过程中,数字基础设施是其中的优先建设领域。因此,中国企业如何抓住这一新机遇,加大数字基础设施投资,促进数字软硬"互联互通",是解决上述问题的可行之策。然而,在沿线国家建设数字基础设施,同样面临单价高、投资大、周期长、能耗大等问题,建设投入金额及其资金缺口巨大,"一带一路"国家的金融生态依然具有持续性的影响。

其次,绿色金融与中国海外投资效率。近年来中国政府愈加重视"一带一路"沿线的环境问题,并于2017年4月,由环境保护部、外交部、发展改革委、商务部四大部委联合发布《关于推进绿色"一带一路"建设的指导意见》,强调了推进绿色"一带一路"建设是分享生态文明理念、实现可持续发展的内在要求,是参与全球环境治理、推动绿色发展理念的重要实践,也是服务打造利益共同体、责任共同体和命运共同体的重要举措。中国在"一带一路"的海外投资将更多地转向绿色、可持续、惠及民生的项目,因此如何发挥绿色金融对中国海外投资效率的提升作用,是未来需要关注的重点话题,也是国际投资学和金融学学科不断融合的体现。

最后,数字金融与中国海外投资效率。中国已将数字金融列为重点发展的领域之一,并在推动金融与科技深度融合、提升金融服务质量和水平、助推新旧动能转换和高质量发展等方面成效显著。反观沿线国家,"一带一路"数字金融发展已有一定基础,但不充分、不平衡的特征突出。从城乡分布上看,"一带一路"国家金融机构大多分布于城镇,农村地区分配的金融资源非常有限。从国别分布上看,2021年《"一带一路"金融科技发展指数研究报告》显示,63个"一带一路"国家金融科技水平普遍较低且发展参差不齐,除5个国家得分超过60分外,多数国家得分集中在20~40分。以孟加拉国为例,超过95%的交易仍在使用现金,1.6亿人中只有不到40%的成年人拥有银行账号,用户注册电子钱包,要三天以上时间才能开通账户。孟加拉国政府迫切希望借助以移动支付为代表的金融科技技术,实现"数字孟加拉国"战略。这种强烈的对比,也意味着对中国金融类企业而言,可以考虑进一步加快在"一带一路"国家的布局,借助5G、物联网等技术,加速物理网点智能化转型,为数字金融业务的发展奠定基础;对非金融类实体企业而言,应抓住数字金融(特别是DCEP有望成为结算标配货币)的新机遇,进行多维度的联动和合作,进一步提升中国企业在"一带一路"国家的海外投资效率。

参考文献

［ 1 ］ ABEL A. Optimal investment under uncertainty[J]. American Economic Review，1983，73(1)：228－233.

［ 2 ］ ABEL A. Assessing dynamic efficiency：theory and evidence[J]. Review of Economic Studies，1989，56(1)：1－19.

［ 3 ］ ABDI M，AULAKH P. Internationalization and performance：degree，duration，and scale of operations[J]. Journal of International Business Studies，2018，49(7)：832－857.

［ 4 ］ AGGARWAL R，ZONG S. The cash flow-investment relationship：international evidence of limited access to external finance[J]. Journal of Multinational Financial Management，2006，16(1)：89－104.

［ 5 ］ AGHION P，BACCHETTA P，BANERJEE A. Financial development and the instability of open economies [J]. Journal of Monetary Economics，2004，51(6)：1077－1106.

［ 6 ］ AHN S，BRADA J，MENDEZ J. Effort，technology and the efficiency of agricultural cooperatives[J]. Journal of Development Studies，2012，48(11)：1601－1616.

［ 7 ］ ALBORNOZ F，CALVO P，HECTOR F，et al. Sequential exporting [J]. Journal of International Economics，2012，88(1)：17－31.

［ 8 ］ ALFARO L，KALEMLI-OZCAN S，SAYEK S. FDI，productivity and financial development[J]. World Economy，2009，32(1)：111－135.

［ 9 ］ ALLEN F，GALE D. Financial contagion[J]. Journal of Political Economy，2000，108：1－33.

［10］ ALLEN F，SANTOMEROA. What do financial intermediaries do？ [J]. Journal of Banking and Finance，2001，25(2)：271－294.

［11］ AMBURGEY T，MINER A. Strategic momentum：the effects of repetitive，positional，and contextual momentum on merger activities[J]. Strategic Management Journal，1992，13(5)：335－348.

[12] ANDERSON E, GATIGNON H. Modes of foreign entry: a transaction cost analysis and proposition [J]. Journal of International Business Studies, 1986, 17(3):1 - 16.

[13] ANDERSEN P, PETERSEN N. A procedure for ranking units in data envelopment analysis[J]. Management Science, 1993, 39 (10):1261 - 1264.

[14] ANG R, SHAO Z, LIU C, et al. The relationship between CSR and financial performance and the moderating effect of ownership structure: evidence from Chinese heavily polluting listed enterprises[J]. Sustainable Production and Consumption, 2021, 12:2352 - 5509.

[15] ANTIL S, KUMAR M, SWAIN N. Evaluating the efficiency of regional rural banks across the Indian states during different phases of structural development[J]. Applied Economics, 2020, 52(41):4457 - 4473.

[16] ANTON M, LIN L. The mutual friend: dual holder monitoring and firm investment efficiency[J]. Review of Corporate Finance Studies, 2020, 9(1):81 - 115.

[17] ANTRAS P, CABALLERO R. Trade and capital flows: a financial frictions perspective[J]. Journal of Political Economy, 2009, 117(4):701 - 744.

[18] ARGOTE L, MIRON-SPEKTOR E. Organizational learning: from experience to knowledge[J]. Organization Science, 2011, 22(5):1123 - 1137.

[19] ARAIZA C. Timing-pattern of U.S. bank entry overseas: a test of the "follow-thy-client" hypothesis[J]. Journal of International Finance and Economics, 2008, 8(3):1 - 11.

[20] ARMSTRONG S. Assessing the scale and potential of Chinese investment overseas: an econometric approach [J]. China and World Economy, 2011, 19(4):22 - 37.

[21] Asiedu E, Lien D. Capital controls and foreign direct investment[J]. World Development, 2004, 32(3):479 - 490.

[22] BABA B, SEVIL G. Predicting IPO initial returns using random forest [J]. Borsa Istanbul Review, 2020, 20(1):13 - 23.

[23] BALAT M. Natural gas potential in the Middle East[J]. Energy Sources, Part A: Recovery, Utilization, and Environmental Effects, 2007, 29(2): 45 - 58.

[24] BANDIERA L, TSIROPOULOS V. A framework to assess debt sustainability under the Belt and Road Initiative[J]. Journal of Development

Economics，2020，146：102495.

[25] BANO S，ZHAO Y，AHMAD A，et al. Why did FDI Inflows of Pakistan decline? From the perspective of terrorism，energy shortage，financial instability，and political instability[J]. Emerging Markets Finance and Trade，2019，55(1)：90 - 104.

[26] BATTESE G，COELLI T. A model for technical inefficiency effects in a stochastic frontier production function for panel data[J]. Empirical Economics，1995，20(2)：325 - 332.

[27] BELLONE F，MUSSO P，NESTA L. Financial constraints and firm export behaviour[J]. World Economy，2008，33(3)：347 - 373.

[28] BÉNASSY-QUÉRÉ A，FONTAGNÉ A，LAHRÈCHE-RÉVIL A. Exchange rate strategies in the competition for attracting foreign direct investment[J]. Journal of Japanese and International Economics，2001，15：178 - 198.

[29] BERGER A，UDELL G. Relationship lending and lines of credit in small firm finance[J]. Journal of Business，1995，68(3)：351 - 381.

[30] BERGER A，BUSSE M，NUNNENKAMP P. More stringent BITs，less ambiguous effects on FDI? Not a bit！[J]. Economic Letters，2011，112(3)：270 - 272.

[31] BHAUMIK S，DRIFFIELD N，PAL S. Does ownership structure of emerging-market firms affect their outward FDI? The case of the Indian automotive and Pharmaceutical sectors[J]. Journal of International Business Studies，2010，41(3)：437 - 450.

[32] BILIR L，CHOR D，MANOVA K. Host-country financial development and multinational activity[J]. European Economic Review，2019，115：192 - 220.

[33] BINICI M，HUTCHISON M，SCHINDLER M. Controlling capital? Legal restrictions and the asset composition of international financial flows [J]. Journal of International Money and Finance，2010，29(4)：666 - 684.

[34] BLONIGEN B. Firm-specific assets and the link between exchange rates and foreign direct investment[J]. American Economic Review，1997，87：447 - 465.

[35] BONFIM D，DAI Q，FRANCO F. The number of bank relationships and borrowing costs：the role of information asymmetries[J]. Journal of Empirical Finance，2018，46：191 - 209.

[36] BOOT A，THAKOR A. Moral hazard and secured lending in an infinitely

repeated credit market game[J]. International Economic Review, 1994, 35:899 - 920.

[37] BOYD J, PRESCOTT E. Financial intermediary-coalitions[J]. Journal of Economic Theory, 1986, 38(2):211 - 232.

[38] BREIMAN L. Random forests[J]. Machine Learning, 2001a, 45:5 - 32.

[39] BREIMAN L. Statistical modeling: the two cultures[J]. Statistical Science, 2001b, 3:199 - 215.

[40] BRENTON P, MAURO F. The potential magnitude and impact of FDI flows to CEECs[J]. Journal of Economic Integration, 1999, 14(1):59 - 74.

[41] BUCH C, KESTERNICHI, LIPPONER A, SCHNITZER M. Exports versus FDI revisited: Does finance matter? [M]. CEPR Discussion Paper No. DP7839, 2010.

[42] BUCH C, KESTERNICH I, LIPPONER A, et al. Financial constraints and foreign direct investment: firm-level evidence[J]. Review of World Economics, 2014, 150(2):393 - 420.

[43] BUCH C, KLEINERT J. Exchange rates and FDI: goods versus capital market frictions[J]. World Economy, 2008, 31:1185 - 1207.

[44] BUCKLEY P, CLEGG L, CROSS A, et al. The determinants of Chinese outward foreign direct investment[J]. Journal of International Business Studies, 2007, 38(4):499 - 518.

[45] BUCKLEY P, FORSANS N, MUNLAL S. Host-home country linkage and host-home country specific advantages as determinants of foreign acquisitions by Indian firms[J]. International Business Review, 2011, 893:1 - 13.

[46] BURT R. Structural holes: the social structural of competition[M]. Cambridge MA: Harvard University Press, 1992.

[47] Campa J. Entry by foreign firms in the United States under exchange rate uncertainty[J]. Review of Economics and Statistics, 1993, 75:614 - 622.

[48] CANTWELL J, DUNNING J, LUNDAN S. An evolutionary approach to understanding international business activity: the co-evolution of MNEs and the institutional environment[J]. Journal of International Business Studies, 2010, 41(4):567 - 586.

[49] CHAN C, MAKINO S, ISOBE T. Interdependent behavior in foreign direct investment: the multi-level effects of prior entry and prior exit on foreign market entry[J]. Journal of International Business Studies, 2006, 37(5):642 - 665.

[50] CHANEY T. Liquidity constrained exporters[J]. Journal of Economic Dynamics and Control, 2016, 72:141 - 154.

[51] CHANG S, ROSENZWEIG P. The choice of entry mode in sequential foreign direct Investment[J]. Strategic Management Journal, 2001, 22(8):747 - 776.

[52] CHARI A, HENRY P. Firm-specific information and the efficiency of investment[J]. Journal of Financial Economics, 2008, 87(3):636 - 655.

[53] CHARNES A, COOPER W, RHODES E. Measuring the efficiency of decision-making units[J]. European Journal of Operational Research, 1978, 6(2):29 - 44.

[54] CHEE Y, NAIR M. The impact of FDI and financial sector development on economic growth: empirical evidence from Asia and Oceania[J]. International Journal of Economics and Finance, 2010, 2(2):107 - 119.

[55] CHEN J, LIU Y, LIU W. Investment facilitation and China's outward foreign direct investment along the Belt and Road[J]. China Economic Review, 2020, 61:101458.

[56] CHEN R, EL GHOUL S, GUEDHAMI O, et al. Do state and foreign ownership affect investment efficiency? Evidence from privatizations[J]. Journal of Corporate Finance, 2017, 42:408 - 421.

[57] CHEN S, SUN Z, TANG S, et al. Government intervention and investment efficiency: evidence from China[J]. Journal of Corporate Finance, 2011, 17(2):259 - 271.

[58] CHENG C, LIANG L, HUANG C. Effect of internationalization on the cost efficiency of Taiwan's banks[J]. Emerging Markets Finance and Trade, 2014, 50: 204 - 228.

[59] CHEUNG Y, HAAN J, QIAN X, et al. China's outward direct investment in Africa[J]. Review of International Economics, 2012, 20(2):201 - 220.

[60] CHINN M, ITO H. What matters for financial development? Capital controls, institutions, and interactions[J]. Journal of Development Economics, 2006, 81(1):163 - 192.

[61] CHINN M, ITO H. A new measure of financial openness[J]. Journal of Comparative Policy Analysis: Research and Practice, 2008, 10(3):309 - 322.

[62] CHORTAREAS G, GIRARDONE C, VENTOURI A. Financial freedom and bank efficiency: evidence from the European Union[J]. Journal of Banking and Finance, 2013, 37(4):1223 - 1231.

[63] CHUNG W, SONG J. Sequential investment, firm motives and agglomeration of Japanese electronics firms in the United States[J]. Journal of Economic and Management Strategy, 2004, 13(3):539 - 560.

[64] CINER C. Do industry returns predict the stock market? A reprise using the random forest[J]. Quarterly Review of Economics and Finance, 2019, 72:152 - 158.

[65] CLAESSENS S, VAN HOREN N. Foreign banks: trends and impact [J]. Journal of Money, Credit and Banking, 2014, 46:295 - 326.

[66] CLAESSENS S, VAN HOREN N. The impact of the global financial crisis on banking globalization[J]. IMF Economic Review, 2015, 63(4): 868 - 918.

[67] CLEARY S. International corporate investment and the relationships between financial constraint measures[J]. Journal of Banking and Finance, 2006, 30(5):1559 - 1580.

[68] CLIFF D, NORTHROP L. The global financial markets: an ultra-large-scale systems perspective[J]. Lecture Notes in Computer Science, 2012, 7539:29 - 70.

[69] COLER. The importance of relationships to the availability of credit[J]. Journal of Banking and Finance, 1998, 22(6):959 - 977.

[70] CONCONI P, SAPIR A, ZANARDI M. The internationalization process of firms: from exports to FDI[J]. Journal of International Economics, 2013, 99(3):16 - 30.

[71] COOK W, ZHU J, BI G, et al. Network DEA: additive efficiency decomposition[J]. European Journal of Operational Research, 2010, 207(2):1122 - 1129.

[72] CULL R, XU L, YANG X, et al. Market facilitation by local government and firm efficiency: evidence from China [J]. Journal of Corporate Finance, 2017, 42:460 - 480.

[73] CUSHMAN D. Real exchange rate risk, expectations, and the level of direct investment[J]. Review of Economics and Statistics, 1985, 67:297 - 308.

[74] DAVIDSON W. The location of foreign direct investment activity: country characteristics and experience effect[J]. Journal of International Business Studies, 1980, 11:9 - 22.

[75] DENIS D, SIBILKOV V. Financial constraints, investment, and the value of cash holdings[J]. Review of Financial Studies, 2010, 23(1):247 - 269.

[76] DESBORDES R, WEI S. Foreign direct investment and external financing conditions: evidence from normal and crisis times[J]. Scandinavian Journal of Economics, 2017, 119(4):1129 – 1166.

[77] DIPPEL C, FERRARA A, HEBLICH S. Causal mediation analysis in instrumental-variables regressions[J]. Stata Journal, 2020, 20(3):613 – 626.

[78] DONALDSON D, HORNBECK R. Railroads and American economic growth: a market access' approach[J]. Quarterly Journal of Economics, 2016, 131(2):799 – 858.

[79] DONAUBAUER J, NEUMAYER E, NUNNENKAMP P. Financial market development in host and source countries and their effects on bilateral foreign direct investment[J]. World Economy, 2020, 43(3):534 – 556.

[80] DOU Y, WONG M, XIN B. The effect of financial reporting quality on corporate investment efficiency: evidence from the adoption of SFAS No.123R[J]. Management Science, 2019, 65(5):2249 – 2266.

[81] DREHER A, NUNNENKAMP P, VADLAMANNATI K. The Role of country-of-origin characteristics for foreign direct investment and technical cooperation in Post-reform India [J]. World Development, 2013, 44:88 – 109.

[82] DU J, ZHANG Y. Does One Belt One Road strategy promote Chinese overseas direct investment? [J]. China Economic Review, 2018, 47: 189—205.

[83] DUANMU J. Firm heterogeneity and location choice of Chinese multinational enterprises[J]. Journal of World Business, 2012, 47(1):64 – 72.

[84] DUANMU J. A race to lower standards? Labor standards and location choice of outward FDI from the BRIC countries [J]. International Business Review, 2014, 23(3):620 – 634.

[85] DUNNING J. Explaining the international direct investment position of countries towards a dynamic or development approach[J]. Review of World Economics, 1981, 177(1):30 – 64.

[86] DUTTA N, ROY S. Foreign direct investment, financial development and political risks[J]. Journal of Developing Areas, 2011, 44(2):303 – 327.

[87] DWENGER N, FOSSEN F, SIMMLER M. Firms' financial and real responses to credit supply shocks: evidence from firm-bank relationships in Germany[J]. Journal of Financial Intermediation, 2020, 41:100773.

[88] ENDERWICK P. The economic growth and development effects of

China's One Belt, One Road Initiative[J]. Strategic Change, 2018, 27: 447 - 454.

[89] EICHENGREEN B, TONG H. Is China's FDI coming at the expense of other countries? [J]. Journal of Japanese and International Economies, 2007, 21(2):153 - 172.

[90] EISENHARDE K, GRAEBNER E. Theory building from cases: opportunities and challenges[J]. Academy of Management Journal, 2007, 50(1):25 - 32.

[91] FAN H, PENG Y, WANG H, et al. Greening through finance? [J]. Journal of Development Economics, 2021, 152, 102683.

[92] FAN Z, ZHANG R, LIU X, et al. China's outward FDI efficiency along the Belt and Road[J]. China Agricultural Economic Review, 2016, 8(3):455 - 479.

[93] FANG H, PENG B, WANG X. The effect of intellectual property rights protection in host economies on the sustainable development of China's outward foreign direct investment: evidence from a cross-country sample [J]. Sustainability, 2019, 11(7):1 - 14.

[94] FAZZARI S, HUBBARD R, PETERSEN B. Finance constraints and corporate investment[J]. Brookings Papers on Economic Activity, 1988, 37(1):141 - 195.

[95] FERNÁNDEZ A, MICHAEL W, ALESSANDRO R, et al. Capital control measures: a new dataset[J]. IMF Economic Review, 2016, 64(3): 548 - 574.

[96] FERNÁNDEZ-MÉNDEZ C, GONZÁLEZ V. Bank ownership, lending relationships and capital structure: evidence from Spain[J]. Business Research Quarterly, 2019, 22(2):137 - 154.

[97] FERREIRA M, MATOS P. Universal banks and corporate control: evidence from the global syndicated loan market[J]. Review of Financial Studies, 2012, 25:2703 - 2744.

[98] FILATOTCHEV I, STRANGE R, PIESSE J, et al. FDI by firms from newly industrialised economies in emerging markets: corporate governance, entry mode and location[J]. Journal of International Business Studies, 2007, 38:556 - 572.

[99] FROOT K, STEIN J. Exchanges rates and foreign direct investment: an imperfect capital markets approach[J]. Quarterly Journal of Economics, 1991, 106:1191 - 1217.

[100] FRANCIS B, HASAN I, SONG L, et al. Corporate governance and investment-cash flow sensitivity: evidence from emerging markets[J]. Emerging Markets Review, 2013, 15:57 - 71.

[101] FRIEDMANN J. Regional development policy: a case study of Venezuela [M]. Cambridge: MIT Press, 1966.

[102] GAN H. Does CEO managerial ability matter? Evidence from corporate investment efficiency[J]. Review of Quantitative Finance and Accounting, 2019, 52(4):1085 - 1118.

[103] GEORGE R, KABIR R, QIAN J. Investment-cash flow sensitivity and financing constraints: new evidence from Indian business group firms [J]. Journal of Multinational Financial Management, 2011, 21(2):69 - 88.

[104] GLOBERMAN S, SHAPIRO D. Governance infrastructure and US foreign direct investment[J]. Journal of International Business Studies, 2003, 34(1):19 - 39.

[105] GOLDBERG L, GROSSE R. Location choice of foreign banks in the United States[J]. Journal of Economics and Business, 1994, 46(5):367 - 379.

[106] GOLDBERG L, KOLSTAD C. Foreign direct investment, exchange rate variability and demand uncertainty [J]. International Economic Review, 1995, 36:855 - 873.

[107] GOLDBERG L, KENNEDY C, MIU J. Central bank dollar swap lines and overseas dollar funding costs[J]. NBER Working Paper, 2010.

[108] GOODMAN T, NEAMTIU M, SHROFF N, et al. Management forecast quality and capital investment decisions [J]. The Accounting Review, 2013, 89(1):331 - 365.

[109] GRAFE F, MIEG H. Connecting financialization and urbanization: the changing financial ecology of urban infrastructure in the UK [J]. Regional Studies, 2019, 6(1):496 - 511.

[110] GUL F, KIM J, QIU A. Ownership concentration, foreign shareholding, audit quality, and stock price synchronicity: Evidence from China [J]. Journal of Financial Economics, 2010, 95(3):425 - 442.

[111] GUILLEN M. Structural inertia, imitation, and foreign expansion: South Korean firms and business groups in China, 1987 - 1995[J]. Academy of Management Journal, 2002, 45(3):509 - 525.

[112] GUNER A, MALMENDIER U, TATE G. Financial expertise of directors[J]. Journal of Financial Economics, 2008, 88(2):323 - 354.

[113] GUO J, WANG G, TUNG C. Do China's outward direct investors prefer countries with high political risk? An international and empirical comparison[J]. China and World Economy, 2014, 22(6):22 - 43.

[114] GUO S, JIANG Z, SHI H. The business cycle implications of bank discrimination in China[J]. Economic Modelling, 2018, 73:264 - 278.

[115] HALKOS G, TZEREMES N. Estimating the degree of operating efficiency gains from a potential bank merger and acquisition: a DEA Bootstrapped approach[J]. Journal of Banking and Finance, 2013, 37(5): 1658 - 1668.

[116] HABIB M, ZURAWICKI L. Corruption and foreign direct investment [J]. Journal of International Business Studies, 2002, 33(2):291 - 307.

[117] HALE G. Bank relationships, business cycles, and financial crises[J]. Journal of International Economics, 2012, 88(2):312 - 325.

[118] HAMMER P, KOGAN A, LEJEUNE M. Reverse-engineering country risk ratings: a combinatorial non-recursive model[J]. Annals of Operations Research, 2011, 188:185 - 213.

[119] HANLEY A, LIU W, VAONA A. Credit depth, government intervention and innovation in China: evidence from the provincial data[J]. Eurasian Business Review, 2015, 5(1):73 - 98.

[120] HANNON P. Foreign investment plummets during pandemic, except China[N]. Economic Data, 2020-10-27.

[121] HAO Y, YE B, GAO M, et al. How does ecology of finance affect financial constraints? Empirical evidence from Chinese listed energy- and pollution-intensive companies[J]. Journal of Cleaner Production, 2020, 246(10):119061.

[122] HARHOFF D, KORTING T. Lending relationships in Germany: empirical evidence from survey data[J]. Journal of Banking and Finance, 1998, 22(10):1317 - 1353.

[123] HAU H, HUANG Y, WANG G. Firm response to competitive shocks: evidence from China's minimum wage policy[J]. Review of Economic Studies, 2020, 87(6):2639 - 2671.

[124] HE W, LYLES M. China's outward foreign direct investment[J]. Science Direct, 2008, 51:485 - 491.

[125] HELPMAN E, MELITZ M, YEAPLE S. Export versus FDI with heterogeneous firms[J]. American Economic Review, 2004, 94(1):300 - 316.

[126] HERRERA A, MINETTI R. Informed finance and technological

change: evidence from credit relationships[J]. Journal of Financial Economics, 2007, 83(1):223 - 269.

[127] HU B, TU C. RMB exchange rate and China's outward FDI[J]. Contemporary Economics Study, 2012, 12:77 - 82.

[128] HUANG T, LIN C, WU R. Assessing the Marketing and Investment efficiency of Taiwan's life insurance firms under network structures[J]. Quarterly Review of Economics and Finance, 2019, 71:132 - 147.

[129] HUANG Y. Environmental risks and opportunities for countries along the Belt and Road: location choice of China's investment[J]. Journal of Cleaner Production, 2019, 211:14 - 26.

[130] HULTMAN C, MCGEE R. Factors affecting the foreign banking presence in the U.S[J]. Journal of Banking and Finance, 1989, 13(3):383 - 396.

[131] HOWER D. The role of bank relationships when firms are financially distressed[J]. Journal of Banking and Finance, 2016, 65:59 - 75.

[132] HSU P, TIAN X. Financial development and innovation: cross-country evidence[J]. Journal of Financial Economics, 2014, 112(1):116 - 135.

[133] ILHAN-NAS T, OKAN T, TATOGLU E, et al. Board composition, family ownership, institutional distance and the foreign equity ownership strategies of Turkish MNEs[J]. Journal of World Business, 2018, 53(6):862 - 879.

[134] IRINA S, KAMEL M, GLAISTER K. Once bitten, not necessarily shy? Determinants of foreign market re-entry commitment strategies [J]. Journal of International Business Studies, 2018, 13(7):392 - 422.

[135] ITO B, WAKASUGI R. What factors determine the mode of overseas R&D by multinationals? Empirical evidence[J]. Research Policy, 2007, 36(8):1275 - 1287.

[136] JAVORCIK B. The composition of foreign direct investment and protection of intellectual property rights: evidence from transition economies [J]. European Economic Review, 2004, 48(1):39 - 62.

[137] JAVORCIK B, SPATAREANU M. Do foreign investors care about labor market regulations? [J]. Review of World Economics, 2005, 141(3):375 - 403.

[138] JENSEN M. Agency costs of free cash flow, corporate finance and take overs[J]. American Economic Review, 1986, 76(2):323 - 329.

[139] JENSEN M. Takeovers: their causes and consequences[J]. Journal of Economic Perspectives, 1988, 2(1):21 - 48.

[140] JIANG M, QI J, ZHANG Z. Under the same roof? The green Belt and Road Initiative and firms' heterogeneous responses [J]. Journal of Applied Economics, 2022, 25(1):315 - 337.

[141] JIN S, HU X, LI Y, et al. Does the Belt and Road Initiative reshape China's outward foreign direct investment in ASEAN? Shifting motives of state-owned and private-owned enterprises[J]. Singapore Economic Review, 2020, 66(1):161 - 183.

[142] JOHANSON J, VAHLNE J. The internationalization process of the firm: a model of knowledge development and increasing foreign market commitment[J]. Journal of International Business Studies, 1977, 8: 23 - 32.

[143] JOHN K, YEUNG L. Corporate governance and risk-taking[J]. Journal of Finance, 2008, 63(4):1679 - 1728.

[144] JOHNSON N, LUX T. Financial systems: ecology and economics[J]. Nature, 2011, 7330(469):302 - 303.

[145] JOY M, RUSNÁK M, ŠMÍDKOVÁ K, et al. Banking and currency crises: differential diagnostics for developed countries[J]. International Journal of Finance and Economics, 2017, 22:44 - 67.

[146] JU J, WEI S. When is quality of financial system a source of comparative advantage? [J]. Journal of International Economics, 2011, 84(2):178 - 187.

[147] KANG L, PENG F, ZHU Y, et al. Harmony in diversity: Can the One Belt One Road Initiative promote China's outward foreign direct investment? [J]. Sustainability, 2018, 10(9):3264.

[148] KANO M, UCHIDA H, UDELL G, et al. Information verifiability, bank organization, bank competition and bank-borrower relationships [J]. Journal of Banking and Finance, 2010, 35(4):935 - 954.

[149] KHAN M, HEY, AKRAM U, et al. Financing and monitoring in an emerging economy: Can investment efficiency be increased? [J]. China Economic Review, 2017, 45:62 - 77.

[150] KHRAICHE M, GAUDETTE J. FDI, exchange rate volatility and financial development: regional differences in emerging economies[J]. Economics Bulletin, 2013, 33(4):3143 - 3156.

[151] KIM M, LIU A, LEBLANG D, et al. Lingua Mercatoria: language and foreign direct investment[J]. International Studies Quarterly, 2015, 59(2):330 - 343.

[152] KING R, LEVINE R. Finance and growth: Schumpeter might be right

[J]. Quarterly Journal of Economics, 1993, 108(3):717 - 737.

[153] KINKYO T. Bi-annual forecasting model of currency crises[J]. Applied Economics Letters, 2020, 4:255 - 261.

[154] KIYOTA K, SHUJIRO U.Exchange rate, exchange rate volatility and foreign direct investment[J]. World Economy, 2004, 27(10):1501 - 1536.

[155] KLEIN M, ROSENGREN E. The real exchange rate and foreign direct investment in the United States: relative wealth vs. relative wage effects [J]. Journal of International Economics, 1994, 36:373 - 389.

[156] KOHLHAGEN S. Exchange rate changes, profitability, and direct foreign investment[J]. Southern Economic Journal, 1977, 44:376 - 383.

[157] KOLSTAD I, WIIG A. What determines Chinese outward FDI? [J]. Journal of World Business, 2012, 47(1):26 - 34.

[158] KOGUT B, SINGH H. The effect of national culture on the choice of entry mode[J]. Journal of International Business Studies, 1988, 3:411 - 432.

[159] LAI. Financial advisors, financial ecologies and the variegated financialization of everyday investors[J]. Transactions of the Institute of British Geographers, 2016, 41(1):27 - 40.

[160] LAI J, CHEN L, SONG S. How outside directors' human and social capital create value for corporate international investments[J]. Journal of World Business, 2019, 54(2):93 - 106.

[161] LEE J AND MANSFIELD E. Intellectual property protection and US foreign direct investment[J]. Review of Economics and Statistics, 1996, 78(2):181 - 186.

[162] LEVINE R. Bank-based or market-based financial systems: Which is better? [J] Journal of Financial Intermediation, 2002, 11(4):398 - 428.

[163] LEVINSOHN J, PETRIN A. Estimating production functions using inputs to control for unobservables[J]. Review of Economic Studies, 2003, 70(2):317 - 341.

[164] LI Y, RENGIFO E. The impact of institutions and exchange rate volatility on China's outward FDI [J]. Emerging Markets Finance and Trade, 2018, 54(12):2778 - 2798.

[165] LIN S, YE H. The role of financial development in exchange rate regime choices[J]. Journal of International Money and Finance, 2011, 30(4):641 - 659.

[166] LIU H, DESEATNICOV I. Exchange rate and Chinese outward FDI [J]. Applied Economics, 2016, 48(1):4961 - 4976.

[167] LIU H, TANG Y, CHEN X. The determinants of Chinese outward FDI in countries along "One Belt One Road"[J]. Emerging Markets Finance and Trade, 2017, 53(6):1374 - 1387.

[168] LIU J, WANG Z, ZHU W. Does privatization reform alleviate ownership discrimination? Evidence from the split-share structure reform in China[J]. Journal of Corporate Finance, 2021, 66:101848.

[169] LIU Q, QIU L. Intermediate input imports and innovations: evidence from Chinese firms' patent filings[J]. Journal of International Economics, 2006, 103:166 - 183.

[170] LOHRMANN C, LUUKKA P. Classification of intraday S&P 500 returns with a random forest[J]. International Journal of Forecasting, 2019, 35(1):390 - 407.

[171] LORENZO C, RAFFAELE P, WALTER U. A classification of DEA models when the internal structure of the decision-making units is considered[J]. Annals of Operation Research, 2010, 173:207 - 235.

[172] LOVE I. Financial development and financing constraints: international evidence from the structural investment model[J]. Review of Financial Studies, 2003, 16(3):765 - 791.

[173] LU Z, ZHU J, ZHANG W. Bank discrimination, holding bank ownership, and economic consequences: Evidence from China[J]. Journal of Banking and Finance, 2012, 36:341 - 354.

[174] MACHOKOTO M, KASSIM L. Does financial remoteness affect foreign direct investment? [J]. Review of Economic Analysis, 2019, 11(2):219 - 232.

[175] MADALENO M, VARUM C, HORTA I. SMEs performance and internationalization: a traditional industry approach[J]. Annals of Economics and Finance, 2018, 19(2):605 - 624.

[176] MALLICK S, YANG Y. Sources of financing, profitability and productivity: first evidence from matched firms[J]. Financial Markets, Institutions and Instruments, 2011, 20(5):221 - 252.

[177] MANOVA K, WEI S, ZHANG Z. Firm exports and multinational activity under credit constraints[J]. Review of Economics and Statistics, 2015, 97(3):574 - 588.

[178] MALISZEWSKA M, MENSBRUGGHE VAN DER D. The Belt and Road Initiative: economic, poverty and environmental impacts [R].

World Bank Policy Research Working Paper, 2019.

[179] MARIO L, GULNUR Y, VASILEVA K. Home bias persistence in foreign direct investments[J]. European Journal of Finance, 2016, 22(8 - 9):782 - 802.

[180] MARSHALL R, UNGSON G, PAN Y. Organizational learning: a perspective from the choice and pattern of sequential modes of foreign market entry[J]. Performance Improvement Quarterly, 2000, 23(2):117 - 137.

[181] MAUCK N, PRICE S. Corporate governance and international investment: evidence from real estate holdings[J]. Journal of Real Estate Research, 2018, 40(4):475 - 521.

[182] MERCADIER M, LARDY J. Credit spread approximation and improvement using random forest regression[J]. European Journal of Operational Research, 2019, 277(1):351 - 365.

[183] MESCHI P, METAIS E. Do firms forget about their past acquisitions? Evidence from French acquisitions in the United States (1988 - 2006) [J]. Journal of Management, 2011, 39(2):469 - 495.

[184] MESSAOUD B, TEHENI Z. Business regulations and economic growth: What can be explained? [J]. International Strategic Management Review, 2014, 2(2):69 - 78.

[185] MEYSSAN T. 1997 - 2010: Financial Ecology[EB/OL]. Translated by Roger Lagassé, Odnako (Russia), Voltaire Network, December 7, 2015.

[186] MI J, ZHAO Y. The monitoring analysis of Chinese enterprise overseas investment in "One Belt and One Road" operational risk, in recent trends in decision science and management[M]. Singapore: Springer, 2020:209 - 216.

[187] MONTIELA P, REINHARTB C. Do capital controls and macroeconomic policies influence the volume and composition of capital flows? Evidence from the 1990s[J]. MPRA Paper, 1999, 18 (18):619 - 635.

[188] MORCK R, NAKAMURA M. Banks and corporate control in Japan [J]. Journal of Finance, 1999, 54(1):319 - 339.

[189] MOURAO P. What is China seeking from Africa? An analysis of the economic and political determinants of Chinese outward foreign direct investment based on Stochastic Frontier Models[J]. China Economic Review, 2018, 48:258 - 268.

[190] MULLAINATHAN S, SPIESS J. Machine learning: an applied econo-

metric approach[J]. Journal of Economic Perspectives, 2017, 31(2):87 - 106.

[191] NAGY P. Country risk: how to assess, quantify and monitor it[M]. London: Euromoney Publications, 1979.

[192] NAN L, WEN X. Penalties, manipulation, and investment efficiency [J]. Management Science, 2019, 65(10):4878 - 4900.

[193] NEUMAYER E, SPESS L. Do bilateral investment treaties increase foreign direct investment to developing countries? [J]. World Development, 2005, 33(10):1567 - 1585.

[194] NISSAN S, SPRATT S. The Ecology of Finance[R]. NEF White Paper, 2009.

[195] NOURANI M, TING I, LU W, et al. Capital structure and dynamic performance: evidence from ASEAN-5 Banks[J]. Singapore Economic Review, 2019, 64(3):495 - 516.

[196] OGASAVARA M, HOSHINO Y. Implications of firm experiential knowledge and sequential FDI on performance of Japanese subsidiaries in Brazil[J]. Review of Quantitative Finance and Accounting, 2009, 33(1):37 - 58.

[197] OLLEY G, PAKES A. The Dynamics of Productivity in the Telecommunications Equipment Industry[J]. Econometrica, 1996, 64:1263 - 1297.

[198] OXELHEIM L, GREGORIC A, RANDOY T, et al. On the internationalization of corporate boards[J]. Journal of International Business Studies, 2013, 44:173 - 194.

[199] OPIE W, TIAN G, ZHANG H. Corporate pyramids, geographical distance, and investment efficiency of Chinese state-owned enterprises[J]. Journal of Banking and Finance, 2019, 99:95 - 120.

[200] PADMANABHAN P, CHO K. Decision specific experience in foreign ownership and establishment strategies: evidence from Japanese firms [J]. Journal of International Business Studies, 1999, 30(1):25 - 43.

[201] PANDIT A, MINNÉ E, LI F. Infrastructure ecology: an evolving paradigm for sustainable urban development[J]. Journal of Cleaner Production, 2015, 1:43 - 56.

[202] PEHRSSON A. Sequential expansion in a foreign market: knowledge drivers and contingencies of establishments of additional subsidiaries[J]. European Business Review, 2016, 28(3):285 - 311.

[203] PEREIRA V, TEMOURI Y, BUDHWAR P. Cross-border acquisition

performance of emerging market multinational enterprises: the moderating role of state-ownership and acquisition experience[J]. Long Range Planning, 2021, 54(6):102107.

[204] PETERSEN M, RAJAN R. The benefits of lending relationships: evidence from small business data[J]. Journal of Finance, 1994, 49(1): 3 – 37.

[205] PIERDZIOCH C, RISSE M. Forecasting precious metal returns with multivariate random forests[J]. Empirical Economics, 2020, 58 (3): 1167 – 1184.

[206] POELHEKKE S. Do global banks facilitate foreign direct investment? [J]. European Economic Review, 2015, 76:25 – 46.

[207] POGHOSYAN T, POGHOSYAN A. Foreign bank entry, bank efficiency and market power in Central and Eastern European countries[J]. Economics of Transition, 2010, 18(3):571 – 598.

[208] POLHILL J, FILATOVA T, SCHLÜTER M. Modelling systemic change in coupled socio-environmental systems[J]. Environmental Modelling and Software, 2016, 75(C):318 – 332.

[209] PORTES R, REY H. The determinants of cross-border equity flows [J]. Journal of International Economics, 2005, 65(2):269 – 296.

[210] PRANGE C, VERDIER S. Dynamic capabilities, internationalization processes and performance[J]. Journal of World Business, 2011, 46 (1):126 – 133.

[211] RAFF H, RYAN M, STÄHLER F. Financial frictions and foreign direct investment: evidence from Japanese microdata[J]. Journal of International Economics, 2018, 3:328 – 339.

[212] RAJAN R, ZINGALES L. Financial dependence and growth[J]. American Economic Review, 1998, 88:559 – 586.

[213] RAJAN R, ZINGALES L. Financial systems, industrial structure, and growth[J]. Oxford Review of Economic Policy, 2001, 17(4):467 – 482.

[214] RAMASAMY B, YEUNG M, LAFORET S. China's outward foreign direct investment: location choice and firm ownership[J]. Journal of World Business, 2012, 47(1):17 – 25.

[215] RAN Z, LIU Z. Research on risk prevention and control mechanism of trade barrier evasion type OFDI[J]. International Business and Management, 2018, 16(2):7 – 16.

[216] RICHARDSON S. Over-investment of free cash flow[J]. Review of Accounting Studies, 2006, 11(2 – 3):159 – 189.

[217] Russel D, Berger B. Navigating the Belt and Road Initiative[R]. Report of the Asia Society Policy Institute, 2019.

[218] SADORSKY P. A random forests approach to predicting clean energy stock prices[J]. Journal of Risk and Financial Management, 2021, 14(2):1-20.

[219] SAMET M, JARBOUI A. How does corporate social responsibility contribute to investment efficiency? [J]. Journal of Multinational Financial Management, 2017, 40:33-46.

[220] SCHMIDT C, BROLL U. Real exchange-rate uncertainty and US foreign direct investment: an empirical analysis[J]. Review of World Economics, 2009, 145(3):513-530.

[221] SCHUMPETER J. The theory of economic development[M]. Cambridge, MA: Harvard University Press, 1911.

[222] SHAHRIAR S, KEA S, QIAN L. Determinants of China's outward foreign direct investment in the Belt & Road economies: a gravity model approach[J]. International Journal of Emerging Markets, 2019, 15(3):427-445.

[223] SHEARD N. Learning to export and the timing of entry to export markets[J]. Review of International Economics, 2014, 22(3):536-560.

[224] SHEN J, LI L. Host countries' growth opportunities and China's outward FDI[J]. Asian-Pacific Economic Literature, 2017, 31(2):78-95.

[225] SHI W, SUN S, YAN D. Institutional fragility and outward foreign direct investment from China[J]. Journal of International Business Studies, 2017, 48(4):452-476.

[226] SISLI-CIAMARRA E. Monitoring by affiliated banker on boards of directors: evidence from corporate financing outcomes[J]. Financial Management, 2012, 41(3):665-702.

[227] SLANGEN B, HENNART R. The influence of industry structure on the entry mode choice of overseas entrants in manufacturing industries [J]. Journal of International Management, 2004, 10(7):115-124.

[228] SONG J. Firm capabilities and technology ladders: sequential foreign direct investments of Japanese electronics firms in East Asia[J]. Strategic Management Journal, 2002, 23:191-210.

[229] SONG S, LEE S, MAKHIJA M. Operational hedging in foreign direct investments under volatile and divergent exchange rates across countries [J]. Journal of World Business, 2015, 50(3):548-557.

[230] STOUGHTON N, WONG K, YI L. Investment efficiency and product

market competition[J]. Journal of Financial and Quantitative Analysis, 2017, 52(6):2611 - 2642.

[231] SUNG H, LAPAN H. Strategic foreign direct investment and exchange rate uncertainty[J]. International Economic Review, 2000, 41(2):411 - 423.

[232] SWOBODA B, ELSNER S, OLEJNIK E. How do past mode choices influence subsequent entry? A study on the boundary conditions of preferred entry modes of retail firms[J]. International Business Review, 2015, 24(3):506 - 517.

[233] TAKAGI S, SHI Z. Exchange rate movements and foreign direct investment(FDI): Japanese investment in Asia, 1987 - 2008[J]. Japan and the World Economy, 2008, 23(4):265 - 272.

[234] TAN N, WANG W, YANG J, et al. Financial competitiveness, financial openness and bilateral foreign direct investment[J]. Emerging Markets Finance and Trade, 2020, 55(14):3349 - 3369.

[235] TANAKA K, KINKYO T, HAMORI S. Random forests-based early warning system for bank failures[J]. Economics Letters, 2016, 148: 118 - 121.

[236] TANSLEY A. The use and abuse of vegetational concept and terms[J]. Ecology, 1935, 16(3):284 - 307.

[237] TSAI L, ZHANG R, ZHAO C. Revisiting corporate political connections using social networks and prediction of post-IPO performance [J]. Emerging Markets Finance and Trade, 2021, 57(7):2120 - 2137.

[238] UDDIN M, ALAM A, YAZDIFAR H. Financing behaviour of R&D investment in the emerging markets: the role of alliance and financial system[J]. R&D Management, 2017, 49(1):21 - 32.

[239] VOGT S. The cash flow/investmentrelationship: evidence from US manufacturing firms[J]. Financial Management, 1994, 23(2):3 - 20.

[240] WAGNER R, ZAHLER A. New exports from emerging markets: Do followers benefit from pioneers? [J]. Journal of Development Economics, 2015, 114: 203 - 223.

[241] WANG H, LUO T, TIAN G, et al. How does bank ownership affect firm investment? Evidence from China [J]. Journal of Banking and Finance, 2020, 113: 105741.

[242] WELCH C, WELCH L. Re-internationalization: exploration and conceptualization[J]. International Business Review, 2009, 18(6):567 - 577.

[243] WHITED T. External finance constraints and the intertemporal pattern of intermittent investment[J]. Journal of Financial Economics, 2006, 81 (3):467 – 502.

[244] WHITTAKER R, WILLIS K, FIELD R. Scale and species richness: towards a general, hierarchical theory of species diversity[J]. Journal of Biogeography, 2001, 28: 453 – 470.

[245] WURGLER J. Financial markets and the allocation of capital[J]. Journal of Financial Economics, 2000, 58(1 – 2):187 – 214.

[246] XIONG F, GAO L. Risk assessment of Chinese enterprises' foreign direct investment in African agriculture[J]. Journal of Applied Science and Engineering Innovation, 2019, 6(1):43 – 47.

[247] XU G, GUO B, LI W, et al. Foreign sequential entry mode choice: a structural inertia perspective and evidence from Chinese firms[J]. Baltic Journal of Management, 2018, 13(4):544 – 563.

[248] XU L, KINKYO T, HAMORI S. Predicting currency crises: A novel approach combining random forests and wavelet transform[J]. Journal of Risk and Financial Management, 2018, 11(4):86.

[249] YANG H, POLLITT R. The necessity of distinguishing weak and strong disposability among undesirable outputs in DEA: environmental performance of Chinese coal-fired power plants [J]. Energy Policy, 2010, 38(8):4440 – 4444.

[250] YANG J, WANG W, WANG K, et al. Capital intensity, natural resources, and institutional risk preferences in Chinese outward foreign direct investment[J]. International Review of Economics and Finance, 2018, 55:259 – 272.

[251] YEAPLE S. Firm heterogeneity and the structure of US multinational activity[J]. Journal of International Economics, 2009, 78(2):206 – 215.

[252] YIM H, JUNG W. Sequential foreign direct investment under information asymmetry: lessons from Korean companies' outward FDIs to China[J]. Transformations in Business and Economics, 2016, 15(3): 141 – 155.

[253] YIN R. Case study research: design and methods[M]. 2nd ed. Beverly Hills, CA: Sage Publishing, 1994.

[254] YU S, QIAN X, LIU T. Belt and Road Initiative and Chinese firms' outward foreign direct investment [J]. Emerging Markets Review, 2019, 41, 100629.

[255] ZENG S，JIANG C，MA C，et al. Investment efficiency of the new energy industry in China[J]. Energy Economics，2018，70：536 - 544.

[256] ZHANG J. Investment，investment efficiency，and economic growth in China[J]. Journal of Asian Economics，2003，14(5)：713 - 734.

[257] ZHANG L，XU Z. How do cultural and institutional distance affect China's OFDI towards the OBOR countries？[J]. TalTech Journal of European Studies，2017，7(1)：24 - 42.

[258] ZHANG R，ANDAM F，SHI G. Environmental and social risk evaluation of overseas investment under the China-Pakistan Economic Corridor [J]. Environmental Monitoring and Assessment，2017，189(6)：253.

[259] ZHANG R，ZHANG X. Capital structure premium in multinational SOEs：evidence from China[J]. Review of Development Economics，2016，20(1)：283 - 293.

[260] ZHANG Z，CHEN Y. Tail risk early warning system for capital markets based on machine learning algorithms[J]. Computational Economics，2002，60：901 - 923.

[261] ZHAI F. China's Belt and Road Initiative：a preliminary quantitative assessment[J]. Journal of Asian Economics，2018，55 (4)：84 - 92.

[262] ZHAO L，LIU Z，WEI W，et al. FDI outflows，exports and financial development[J]. Journal of Economic Studies，2017，44(6)：987 - 1002.

[263] ZHU A. Essays on the discrete choice model：application and extension [M]. Mannheim：University of Mannheim，2014.

[264] 安蕾,蒋瑛.中资银行境外分支机构与对外直接投资[J].南开大学学报(哲学社会科学版),2020,3:57-66.

[265] 白钦先,崔晓峰.加入 WTO 对我国金融资源配置和金融可持续发展的影响:兼论政策性金融应发挥的作用[J].南方金融,2001,1:28-30.

[266] 白晓燕,邓明明.不同阶段货币国际化的影响因素研究[J].国际金融研究,2016,9:86-96.

[267] 步丹璐,黄杰.企业寻租与政府的利益输送——基于京东方的案例分析[J].中国工业经济,2013,6:135-147.

[268] 曹伟,冯颖姣.人民币在"一带一路"沿线国家货币圈中的影响力研究[J].数量经济技术经济研究,2020,9:24-41.

[269] 常玉春.我国企业对外投资绩效的动态特征——以国有大型企业为例的实证分析[J].财贸经济,2011,2:87-94＋137.

[270] 陈创练,庄泽海,林玉婷.金融发展对工业行业资本配置效率的影响[J].中国工业经济,2016,11:22-38.

[271] 陈逢文,付龙望,张露,等.创业者个体学习、组织学习如何交互影响企

业创新行为?——基于整合视角的纵向单案例研究[J].管理世界,2020,3:142-164.

[272] 陈健,徐康宁.跨国公司研发全球化:动因、地域分布及其影响因素分析[J].经济学(季刊),2009,3:871-890.

[273] 陈建勋,吴卫星,罗妍.跨国并购交易结构设计对银行效率的影响[J].统计研究,2017,4:72-88.

[274] 陈漓高,张燕.对外直接投资的产业选择:基于产业地位划分法的分析[J].世界经济,2007,10:28-38.

[275] 陈琳,袁志刚,朱一帆.人民币汇率波动如何影响中国企业的对外直接投资?[J].金融研究,2020,3:21-38.

[276] 陈万灵,何传添.海上丝绸之路的各方博弈及其经贸定位[J].改革,2014,3:74-83.

[277] 陈伟光,郭晴.中国对"一带一路"沿线国家投资的潜力估计与区位选择[J].宏观经济研究,2016,9:148-161.

[278] 陈岩,杨桓,张斌.中国对外投资动因、制度调节与地区差异[J].管理科学,2012,3:112-120.

[279] 程贵,李杰.新发展格局下人民币国际化的空间布局研究——以"一带一路"沿线国家为例[J].金融经济学研究,2021,2:52-66.

[280] 程贵,张小霞."一带一路"倡议是否促进了人民币国际化?——基于PSM-DID方法的实证检验[J].现代财经,2020,10:80-95.

[281] 程新生,武琼,刘孟晖,等.企业集团现金分布、管理层激励与资本配置效率[J].金融研究,2020,2:91-108.

[282] 程瑶,于津平.人民币汇率波动对外商直接投资影响的实证分析[J].世界经济研究,2009,3:75-81+89.

[283] 程中海,南楠."一带一路"框架下东道国制度环境与中国对外直接投资潜力[J].软科学,2018,1:36-40.

[284] 初海英.国有资本投资效率的增长效应分析[J].统计与决策,2019,6:143-145.

[285] 崔娜,柳春,胡春田.中国对外直接投资效率、投资风险与东道国制度——来自"一带一路"沿线投资的经验证据[J].山西财经大学学报,2017,4:27-38.

[286] 崔岩,于津平."一带一路"国家基础设施质量与中国对外直接投资——基于面板门槛模型的研究[J].世界经济与政治论坛,2017,5:135-152.

[287] 崔远淼,方霞,沈璐敏.出口经验能促进中国对"一带一路"国家的直接投资吗——基于微观企业面板数据的实证检验[J].国际贸易问题,2018,9:66-79.

[288] 戴金平,安蕾.汇率波动与对外直接投资:基于面板门限模型的分析[J].

世界经济研究,2018,5:14-24+135.

[289] 戴利研,李震.双边政治关系、制度质量与中国对外直接投资[J].经济理论与经济管理,2018,11:94-109.

[290] 代昀昊,孔东民.高管海外经历是否能提升企业投资效率[J].世界经济,2017,1:168-192.

[291] 董艳,张大永,蔡栋梁.走进非洲——中国对非洲投资决定因素的实证研究[J].经济学(季刊),2011,2:675-690.

[292] 董有德,宋芳玉.银企关系、政治联系与民营企业对外直接投资——基于我国民营上市企业的经验研究[J].国际贸易问题,2017,10:132-142.

[293] 董志强,魏下海,汤灿晴.制度软环境与经济发展——基于 30 个大城市营商环境的经验研究[J].管理世界,2012,4:9-20.

[294] 邓富华,杨甜婕,霍伟东.双边货币互换协议与跨境贸易人民币结算——基于资本账户约束视角的实证研究[J].国际贸易问题,2020,6:160-174.

[295] 邓建平,曾勇.金融生态环境、银行关联与债务融资——基于我国民营企业的实证研究[J].会计研究,2011,12:33-40+96-97.

[296] 邸玉娜,由林青.中国对"一带一路"国家的投资动因、距离因素与区位选择[J].中国软科学,2018,2:168-176.

[297] 杜群阳,邓丹青.中国对非洲直接投资的空间分布及其影响因素研究[J].地理科学,2015,4:396-401.

[298] 杜思正,冼国明,冷艳丽.中国金融发展、资本效率与对外投资水平[J].数量经济技术经济研究,2016,10:17-36.

[299] 樊纲,王小鲁,朱恒鹏.中国市场化指数——各地区市场化相对进程2009 年度报告[M].北京:经济科学出版社,2010.

[300] 樊潇彦,袁志刚.我国宏观投资效率的定义与衡量:一个文献综述[J].南开经济研究,2006,1:44-59.

[301] 范兆斌,潘琳.中国对 TPP 成员国的直接投资效率及影响因素——基于随机前沿引力模型的研究[J].国际经贸探索,2016,6:71-86.

[302] 方慧,赵甜.中国企业对"一带一路"国家国际化经营方式研究——基于国家距离视角的考察[J].管理世界,2017,7:17-23.

[303] 冯德连,施亚鑫.四维距离视角下中国对"一带一路"国家直接投资研究[J].江淮论坛,2018,5:5-13+2.

[304] 葛璐澜,程小庆.金融发展和中国对外直接投资——基于制造业行业面板数据的分析[J].科学决策,2020,2:66-86.

[305] 宫旭红,任颐.融资约束、信贷支持与民营企业对外直接投资[J].产业经济研究,2017,5:25-37.

[306] 古广东,李慧.基于 TVP-VAR 的人民币国际化与人民币 OFDI 互动效

应研究[J].亚太经济,2021,4:33-42.

[307] 谷媛媛,邱斌.来华留学教育与中国对外直接投资——基于"一带一路"沿线国家数据的实证研究[J].国际贸易问题,2017,4:83-94.

[308] 郭杰,黄保东.储蓄、公司治理、金融结构与对外直接投资:基于跨国比较的实证研究[J].金融研究,2010,2:76-90.

[309] 郭克莎,田潇潇.加快构建新发展格局与制造业转型升级路径[J].中国工业经济,2021,11:2-16.

[310] 郭卫军,黄繁华.东道国外商投资壁垒与中国对外直接投资[J].世界经济研究,2020,5:85-97+136-137.

[311] 郭烨,许陈生.双边高层会晤与中国在"一带一路"沿线国家的直接投资[J].国际贸易问题,2016,2:26-36.

[312] 郭周明,田云华,周燕萍.逆全球化下企业海外投资风险防控的中国方案——基于"一带一路"视角[J].南开学报(哲学社会科学版),2019,6:17-27.

[313] 韩立岩,顾雪松.中国对外直接投资是过度还是不足?——基于制度视角与跨国面板数据的实证研究[J].中国软科学,2013,10:21-34.

[314] 韩永辉,罗晓斐,邹建华.中国与西亚地区贸易合作的竞争性和互补性研究——以"一带一路"战略为背景[J].世界经济研究,2015,3:89-98+129.

[315] 何俊勇,万粲,张顺明.东道国金融开放度、制度质量与中国对外直接投资:"一带一路"沿线国家的证据[J].国际金融研究,2021,10:36-45.

[316] 何文彬.我国对"中国—中亚—西亚经济走廊"直接投资效率及其影响因素分析——基于随机前沿引力模型[J].投资研究,2019,12:94-113.

[317] 何晓斌,柳建坤.政治联系对民营企业经济绩效的影响研究[J].管理学报,2020,10:1443-1452.

[318] 胡必亮,张坤领."一带一路"倡议下的制度质量与中国对外直接投资关系[J].厦门大学学报(哲学社会科学版),2021,6:48-61.

[319] 胡兵,邓富华.腐败距离与中国对外直接投资——制度观和行为学的整合视角[J].财贸经济,2014,4:82-92.

[320] 胡兵,邓富华,张明.东道国腐败与中国对外直接投资——基于跨国面板数据的实证研究[J].国际贸易问题,2013,10:138-148.

[321] 胡冰,王晓芳(a).投资导向、东道国金融生态与中国对外投资效率——基于对"一带一路"沿线国家的研究[J].经济社会体制比较,2019,1:126-136.

[322] 胡冰,王晓芳(b).对"一带一路"国家对外投资支点选择:基于金融生态环境视角[J].世界经济研究,2019,7:61-77+135.

[323] 胡浩,金钊,谢杰.中国对外直接投资的效率估算及其影响因素分析[J].

世界经济研究,2017,10:45-54+136.

[324] 胡育蓉,齐结斌.中国投资效率问题研究[J].统计与决策,2014,22:126-128.

[325] 黄国平,刘煜辉.中国金融生态环境评价体系设计与分析[J].系统工程理论与实践,2007,6:7-14.

[326] 黄志勇,万祥龙,许承明.金融发展对我国对外直接投资的影响——基于省级面板数据的实证分析[J].世界经济与政治论坛,2015,1:122-135.

[327] 吉生保,林雄立,王晓珍.外资研发嵌入促进了对外直接投资吗——技术创新表现的作用[J].国际贸易问题,2020,2:75-92.

[328] 冀相豹.企业融资约束是否影响中国对外直接投资?[J].中国经济问题,2016,2:3-15.

[329] 蒋殿春,张庆昌.美国在华直接投资的引力模型分析[J].世界经济,2011,5:26-41.

[330] 蒋冠宏,蒋殿春.中国对外投资的区位选择:基于投资引力模型的面板数据检验[J].世界经济,2012,9:21-40.

[331] 蒋冠宏,张馨月.金融发展与对外直接投资——来自跨国的证据[J].国际贸易问题,2016,1:166-176.

[332] 蒋为,李行云,宋易珈.中国企业对外直接投资快速扩张的新解释——基于路径、社群与邻伴的视角[J].中国工业经济,2019,3:62-80.

[333] 姜建刚,张建红.政治换届、国际关系与中国对外直接投资:交易成本视角[J].世界经济研究,2020,7:33-45+135-136.

[334] 景红桥,王伟.金融体制、法律起源与我国对外直接投资的区位选择[J].国际贸易问题,2013,12:148-156.

[335] 黎绍凯,张广来,张杨勋.东道国投资风险、国家距离与我国OFDI布局选择——基于"一带一路"沿线国家的经验证据[J].商业研究,2018,12:39-48.

[336] 李恒,吴维库.战略群组、策略选择与并购效率影响研究:来自我国银行并购案例的经验证据[J].经济学家,2013,12:73-83.

[337] 李计广,李彦莉.中国对欧盟直接投资潜力及其影响因素——基于随机前沿模型的估计[J].国际商务(对外经济贸易大学学报),2015,5:72-83.

[338] 李计广,钊锐,张彩云.我国对"一带一路"国家投资潜力分析——基于随机前沿模型[J].亚太经济,2016,4:96-103.

[339] 李建军,孙慧.全球价值链分工、制度质量与中国ODI的区位选择偏好——基于"一带一路"沿线主要国家的研究[J].经济问题探索,2017,5:110-122.

[340] 李捷瑜,李杰,王兴棠.出口网络能促进对外直接投资吗——基于中国的理论与经验分析[J].国际贸易问题,2020,5:102-116.

[341] 李金叶,徐俊,郝雄磊.中国与"一带一路"沿线国家双向投资效率对比研究[J].新疆社会科学,2018,5:63-72.

[342] 李俊久,丘俭裕,何彬.文化距离、制度距离与对外直接投资——基于中国对"一带一路"沿线国家 OFDI 的实证研究[J].武汉大学学报(哲学社会科学版),2020,1:120-134.

[343] 李平,曾勇,朱晓林.中国银行业改革对中资银行效率变化的影响[J].管理科学学报,2013,8:47-53.

[344] 李平,初晓,于国才.中国 OFDI 汇率风险研究:基于预期风险与实际波动风险的视角[J].世界经济研究,2017,12:68-80.

[345] 李仁宇,钟腾龙,祝树金.区域合作、自由贸易协定与企业出口产品质量[J].世界经济研究,2020,12:48-64+133.

[346] 李万福,林斌,宋璐.内部控制在公司投资中的角色:效率促进还是抑制?[J].管理世界,2011,2:81-99+188.

[347] 李维安,马超."实业+金融"的产融结合模式与企业投资效率——基于中国上市公司控股金融机构的研究[J].金融研究,2014,11:109-126.

[348] 李晓敏,李春梅.东道国制度质量对中国对外直接投资的影响——基于"一带一路"沿线国家的实证研究[J].东南学术,2017,2:119-126.

[349] 李延凯,韩廷春.金融生态演进作用于实体经济增长的机制分析——透过资本配置效率的视角[J].中国工业经济,2011,2:26-35.

[350] 李扬.中国城市金融生态环境评价[M].北京:人民出版社,2005.

[351] 李扬,张涛.中国地区金融生态环境评价[M].北京:中国金融出版社,2009.

[352] 李治国,唐国兴.资本形成路径与资本存量调整模型——基于中国转型时期的分析[J].经济研究,2003,2:34-42+92.

[353] 梁慧贤,简俭敏,江淮安,等.中国大型商业银行跨国并购及其效率影响[J].金融论坛,2011,12:29-36.

[354] 林春.基于 DEA-Malmquist 指数的中国政策性银行效率评价[J].经济体制改革,2016,3:130-136.

[355] 林永军.金融生态建设:一个基于系统论的分析[J].金融研究,2005,8:44-52.

[356] 刘斌斌,黄吉焱.金融结构对地区信贷资金配置效率的影响——基于企业规模差异视角[J].金融经济学研究,2017,3:66-74.

[357] 刘春航,苗雨峰,朱元倩.银行业同质性的度量及其对金融稳定的影响[J].金融监管研究,2012,2:18-31.

[358] 刘海明,曹廷求.信贷供给周期对企业投资效率的影响研究——兼论宏

观经济不确定条件下的异质性[J].金融研究,2017,12:80-94.

[359] 刘慧,綦建红.FTA网络的企业创新效应:从被动嵌入到主动利用[J].世界经济,2021,3:3-31.

[360] 刘慧龙,王成方,吴联生.决策权配置、盈余管理与投资效率[J].经济研究,2014,8:93-106.

[361] 刘来会.中国对"一带一路"沿线国家直接投资:现状、动机与政策建议——基于Heckman两阶段的实证研究[J].国际商务(对外经济贸易大学学报),2017,5:42-52.

[362] 刘娟.东道国制度环境、投资导向与中国跨国企业OFDI研究——基于"一带一路"沿线国家数据的Heckman模型分析[J].外国经济与管理,2018,4:56-68.

[363] 刘莉亚,何彦林,王照飞,等.融资约束会影响中国企业对外直接投资吗?——基于微观视角的理论和实证分析[J].金融研究,2015,8:124-140.

[364] 刘孟飞,蒋维.金融科技促进还是阻碍了商业银行效率?——基于中国银行业的实证研究[J].当代经济科学,2020,3:56-68.

[365] 刘青,陶攀,洪俊杰.中国海外并购的动因研究——基于广延边际与集约边际的视角[J].经济研究,2017,1:28-43.

[366] 刘青峰,姜书竹.从贸易引力模型看中国双边贸易安排[J].浙江社会科学,2002,6:16-19.

[367] 刘锡良,董青马."走出去"战略中我国企业金融风险分担机制研究[J].国际贸易,2013,1:27-33.

[368] 刘锡良.金融要促进开放型经济发展、支持国家走出去战略[J].财经科学,2012,12:6-8.

[369] 刘晓丹,张兵."一带一路"倡议能否提升企业投资效率?[J].世界经济研究,2020,9:119-134+137.

[370] 刘永辉,赵晓晖.中东欧投资便利化及其对中国对外直接投资的影响[J].数量经济技术经济研究 2021,1:83-97.

[371] 刘永辉,赵晓晖,张娟.中国对中东欧直接投资效率和潜力的实证研究[J].上海大学学报(社会科学版),2020,4:46-57.

[372] 刘志东,高洪玮.东道国金融发展、空间溢出效应与我国对外直接投资——基于"一带一路"沿线国家金融生态的研究[J].国际金融研究,2019,8:45-55.

[373] 刘志远,靳光辉.投资者情绪与公司投资效率——基于股东持股比例及两权分离调节作用的实证研究[J].管理评论,2013,5:82-91.

[374] 柳建华,卢锐,孙亮.公司章程中董事会对外投资权限的设置与企业投资效率——基于公司章程自治的视角[J].管理世界,2015,7:130-157.

[375] 龙婷,衣长军,李雪王,等.股权集中度、机构投资者与企业对外直接投资决策——冗余资源的调节作用[J].国际贸易问题,2019,2:129-144.

[376] 逯进,朱顺杰.金融生态、经济增长与区域发展差异——基于中国省域数据的耦合实证分析[J].管理评论,2015,11:44-56.

[377] 卢盛峰,董如玉,叶初升."一带一路"倡议促进了中国高质量出口吗——来自微观企业的证据[J].中国工业经济,2021,3:80-98.

[378] 卢伟,申兵,李大伟,等.推进"一带一路"建设高质量发展的总体构想研究[J].中国软科学,2021,3:9-17.

[379] 鲁晓东,连玉君.中国工业企业全要素生产率估计:1999—2007[J].经济学季刊,2012,1:1475-1496.

[380] 吕越,邓利静.金融如何更好地服务实体企业对外直接投资?——基于中资银行"走出去"的影响与机制分析[J].国际金融研究,2019,10:53-63.

[381] 吕越,陆毅,吴嵩博,等."一带一路"倡议的对外投资促进效应——基于2005—2016年中国企业绿地投资的双重差分检验[J].经济研究,2019,9:187-202.

[382] 吕越,盛斌.融资约束是制造业企业出口和OFDI的原因吗?——来自中国微观层面的经验证据[J].世界经济研究,2015,9:13-21.

[383] 吕越,娄承蓉,吕云龙等.金融发展与"一带一路"沿线国家绿地投资——基于母国和目标市场特征的异质性分析[J].世界经济文汇,2019,2:37-55.

[384] 罗长远,毛成学,柴晴圆.美国对外直接投资:中国是一个特别的目的地吗[J].金融研究,2018,12:72-90.

[385] 罗党论,应千伟,常亮.银行授信、产权与企业过度投资:中国上市公司的经验证据[J].世界经济,2012,3:48-67.

[386] 罗伟,葛顺奇.中国对外直接投资区位分布及其决定因素——基于水平型投资的研究[J].经济学(季刊),2013,4:1443-1464.

[387] 罗忠洲.汇率波动与对外直接投资:1971—2002年的日本际金融[J].世界经济研究,2006,4:30-35.

[388] 马付拴,田宗星.汇率异常波动下国有企业海外投资效率分析[J].商业经济研究,2016,23:160-161.

[389] 毛洪涛,何熙琼,张福华.转型经济体制下我国商业银行改革对银行效率的影响——来自1999—2010年的经验证据[J].金融研究,2013,12:16-29.

[390] 马晓君,董碧滢,王常欣.一种基于PSO优化加权随机森林算法的上市公司信用评级模型设计[J].数量经济技术经济研究,2019,12:165-182.

[391] 马远,徐俐俐."一带一路"沿线国家天然气贸易网络结构及影响因素

　　[J].世界经济研究,2017,3:109-122.

[392] 南楠,程中海,周海燕.中国对 RCEP 成员国直接投资效率及影响因素研究[J].亚太经济,2021,4:93-101.

[393] 倪沙,王永兴,景维民.中国对"一带一路"沿线国家直接投资的引力分析[J].现代财经,2016,5:3-13.

[394] 潘素昆,杨雅琳."一带一路"国家基础设施和中国对外直接投资区位选择[J].统计与决策,2020,10:133-138.

[395] 潘镇,金中坤.双边政治关系、东道国制度风险与中国对外直接投资[J].财贸经济,2015,6:85-97.

[396] 彭冬冬,林红.不同投资动因下东道国制度质量与中国对外直接投资——基于"一带一路"沿线国家数据的实证研究[J].亚太经济,2018,2:95-102+151.

[397] 彭红枫.汇率对 FDI 的影响:基于实物期权的理论分析与中国的实证[J].中国管理科学,2011,4:60-67.

[398] 彭红枫,谭小玉.人民币国际化研究:程度测算与影响因素分析[J].经济研究,2017,2:125-139.

[399] 彭亮,刘国城."一带一路"下西北地区上市公司投资效率研究——基于DEA-Malmquist 指数法[J].投资研究,2018,12:45-57.

[400] 裴长洪,樊瑛.中国企业对外直接投资的国家特定优势[J].中国工业经济,2010,7:45-54.

[401] 綦建红.国际投资学教程(第四版)[M].北京:清华大学出版社,2016.

[402] 綦建红.国际投资学教程(第五版)[M].北京:清华大学出版社,2021.

[403] 綦建红.海外背景董事可以提高企业的海外投资效率吗?——来自中国的证据[J].中山大学学报(社会科学版),2020,4:195—207.

[404] 綦建红,马雯嘉.东道国金融结构与中国企业海外投资不足:缓解还是加剧?[J].南方经济,2020,7:39-57.

[405] 綦建红,刘慧.以往经验会影响 OFDI 企业序贯投资的区位选择吗?——来自中国工业企业的证据[J].经济研究与经济管理,2015,11:100-112.

[406] 綦建红,孟珊珊.要素禀赋、贸易成本与中国出口产品多元化的目标国差异——以"一带一路"沿线国家为例[J].南方经济,2016,8:42-59.

[407] 綦建红,赵雨婷.融资约束、政府补贴与中国企业海外投资效率——基于单边与双边随机前沿模型[J].统计与信息论坛,2021,5:45-58.

[408] 齐俊妍,任奕达.东道国数字经济发展水平与中国对外直接投资——基于"一带一路"沿线 43 国的考察[J].国际经贸探索,2020,9:55-71.

[409] 乔海曙.树立金融生态观[J].生态经济,1999,5:18-19.

[410] 乔晶,胡兵.中国对外直接投资:过度抑或不足[J].数量经济技术经济

研究,2014,7:38-51.

[411]乔敏健.投资便利化水平提升是否会促进中国对外直接投资?——基于"一带一路"沿线国家的面板数据分析[J].经济问题探索,2019,1:139-148.

[412]秦琳贵,储怡士.东道国金融生态对我国海外直接投资效率及风险的影响[J].金融与经济,2019,7:73-79.

[413]曲进,高升好.银行与企业关联提升抑或降低了企业投资效率?[J].数量经济技术经济研究,2015,1:36-51.

[414]潘俊,王亮亮,沈晓峰.金融生态环境与地方政府债务融资成本——基于省级城投债数据的实证检验[J].会计研究,2015,6:34-41+96.

[415]潘文安.进入模式、区域产业环境以及经营特性对中小企业跨区域经营绩效影响——基于浙商的实证研究[J].商业经济与管理,2015,5:50-58.

[416]邱立成,赵成真.制度环境差异、对外直接投资与风险防范:中国例证[J].国际贸易问题,2012,12:112-122.

[417]阙澄宇,黄志良.资本账户开放对货币国际化的影响:基于制度环境视角[J].世界经济研究,2019,6:17-27+134.

[418]冉启斌,陈伟宏,张平.高管过度自信、企业国际化经验与企业海外子公司生存率[J].科学学与科学技术管理,2020,8:131-147.

[419]任红,张长征."一带一路"沿线国家产业结构对中国对外直接投资的诱发作用研究——基于"陆上丝绸之路"与"海上丝绸之路"沿线国家的比较分析[J].国际商务(对外经济贸易大学学报),2020,2:48-61.

[420]汝毅,郭晨曦,吕萍.高管股权激励、约束机制与对外直接投资速率[J].财经研究,2016,3:4-15.

[421]申创,赵胜民.市场竞争度、非利息业务对商业银行效率的影响研究[J].数量经济技术经济研究,2017,9:145-161.

[422]申慧慧,于鹏,吴联生.国有股权、环境不确定性与投资效率[J].经济研究,2012,7:113-126.

[423]申韬,李卉卉."一带一路"沿线国家金融生态环境、经济增长耦合集聚效应分析[J].南洋问题研究,2018,2:46-61.

[424]沈红波,寇宏,张川.金融发展、融资约束与企业投资的实证研究[J].中国工业经济,2010,6:55-64.

[425]沈军,包小玲.中国对非洲直接投资的影响因素——基于金融发展与国家风险因素的实证研究[J].国际金融研究,2013,9:64-74.

[426]盛斌,景光正.金融结构、契约环境与全球价值链地位[J].世界经济,2019,4:29-52.

[427]舒家先,唐璟宜.金融异质性对中国对外直接投资效率影响研究——基

于随机前沿引力模型[J].财贸研究,2019,5:59-69.

[428] 宋利芳,武皖.东道国风险、自然资源与国有企业对外直接投资[J].国际贸易问题,2018,3:149-162.

[429] 宋林,谢伟,郑雯."一带一路"战略背景下我国对外直接投资的效率研究[J].西安交通大学学报(社会科学版),2017,4:45-54.

[430] 苏宁."金融生态环境"的基本内涵[J].金融信息参考,2005,10:6.

[431] 孙林,周科选.区域贸易政策不确定性对中国出口企业产品质量的影响——以中国—东盟自由贸易区为例[J].国际贸易问题,2020,1:127-143.

[432] 孙浦阳,陈璐瑶,刘伊黎.服务技术前沿化与对外直接投资:基于服务企业的研究[J].世界经济,2020,8:148-169.

[433] 孙焱林,覃飞."一带一路"倡议降低了企业对外直接投资风险吗[J].国际贸易问题,2018,8:66-79.

[434] 谭涛,吴江,王旻轲,等."21世纪海上丝绸之路"沿线国家商业银行效率研究[J].数量经济技术经济研究,2020,5:60-77.

[435] 唐毅,郭欢.非上市中小企业融资约束问题研究——基于修正的FHP模型的分析[J].经济问题,2012,2:61-65.

[436] 田晖,宋清,楚恬思.制度因素与我国对外直接投资区位关系研究——"一带一路"倡议的调节效应[J].经济地理,2018,12:32-39.

[437] 田素华,史晋星,窦菲菲.金融在中国双向直接投资中的作用与影响机制分析[J].复旦学报(社会科学版),2018,6:135-152.

[438] 田巍,余淼杰.汇率变化、贸易服务与中国企业对外直接投资[J].世界经济,2017,11:23-46.

[439] 田泽,许东梅.我国对"一带一路"重点国家OFDI效率综合评价——基于超效率DEA和Malmquist指数[J].经济问题探索,2016,6:7-14.

[440] 铁瑛,黄建忠,徐美娜.第三方效应、区域贸易协定深化与中国策略:基于协定条款异质性的量化研究[J].经济研究,2021,1:155-171.

[441] 佟家栋."一带一路"倡议的理论超越[J].经济研究,2017,12:22-25.

[442] 屠年松,王浩.中国对东盟直接投资效率及影响因素实证分析[J].国际商务(对外经济贸易大学学报),2019,1:84-96.

[443] 涂艳,王翔宇.基于机器学习的P2P网络借贷违约风险预警研究——来自"拍拍贷"的借贷交易证据[J].统计与信息论坛,2018,6:69-76.

[444] 欧阳康.全球治理变局中的"一带一路"[J].中国社会科学,2018,8:5-16.

[445] 王碧珺,谭语嫣,余淼杰,黄益平.融资约束是否抑制了中国民营企业对外直接投资[J].世界经济,2015,12:54-78.

[446] 王达,周映雪.随机森林模型在宏观审慎监管中的应用——基于18个国

家数据的实证研究[J].国际金融研究,2020,11:45-54.

[447] 王光,代睿,林长松,邵宇佳.双边投资协定与中国对外直接投资[J].国际经贸探索,2020,3:95-112.

[448] 王金波."一带一路"经济走廊贸易潜力研究——基于贸易互补性、竞争性和产业国际竞争力的实证分析[J].亚太经济,2017,4:93-100+175.

[449] 王靖宇,张宏亮.产品市场竞争与企业投资效率:一项准自然实验[J].财经研究,2019,10:125-137.

[450] 汪平,孙士霞.自由现金流量、股权结构与我国上市公司过度投资问题研究[J].当代财经,2009,4:123-129.

[451] 王恕立,向姣姣.制度质量、投资动机与中国对外直接投资的区位选择[J].财经研究,2015,5:134-144.

[452] 王伟,孙大超,杨娇辉.金融发展是否能够促进海外直接投资——基于面板分位数的经验分析[J].国际贸易问题,2013,9:120-131.

[453] 王伟,杨娇辉,邱婉萍.金融竞争力、金融开放与双边对外直接投资头寸[J].中山大学学报(社会科学版),2018,2:197-208.

[454] 王晓亮,田昆儒,蒋勇.金融生态环境与政府投融资平台企业投资效率研究[J].会计研究,2019,6:13-19.

[455] 王欣.FDI、知识溢出与生产率增长——基于DEA方法和状态空间模型的经验研究[J].世界经济研究,2010,7:64-70+91.

[456] 王艳萍,冯正强,潘攀.东道国制度对中国"一带一路"投资效率的影响研究[J].财经问题研究,2020,9:118-125.

[457] 王颖,吕婕,唐子仪.中国对"一带一路"沿线国家直接投资的影响因素研究——基于东道国制度环境因素[J].国际贸易问题,2018,1:83-91.

[458] 王永钦,杜巨澜,王凯.中国对外直接投资区位选择的决定因素:制度、税负和资源禀赋[J].经济研究,2014,12:126-142.

[459] 王昱,成力为.制度门槛、金融发展与对外直接投资[J].世界经济研究,2014,5:66-73+89.

[460] 王泽宇,刘刚,梁晗.中国企业对外投资选择的多样性及其绩效评价[J].中国工业经济,2019,3:11-29.

[461] 王治来.丝绸之路的历史文化交流与"一带一路"建设[J].西域研究,2017,2:98-106+142.

[462] 王忠诚,薛新红,张建民.东道国金融发展对中国企业对外直接投资的影响:二元边际与生产率门槛[J].南方经济,2019,3:24-41.

[463] 王忠诚,薛新红,张建民.融资约束、融资渠道与企业对外直接投资[J].金融经济学研究,2017,1:60-72.

[464] 韦军亮,陈漓高.政治风险对中国对外直接投资的影响——基于动态面板模型的实证研究[J].经济评论,2009,4:106-113.

[465] 文韬.我国工业实际投资分配效率及影响因素——基于省级数据的实证分析[J].调研世界,2016,7:37-41.

[466] 文雯,陈胤默,张晓亮,等.CEO股权激励能促进企业对外直接投资吗——基于企业异质性视角[J].国际商务(对外经济贸易大学学报),2020,5:125-140.

[467] 文雪婷、汪德华.中国宏观投资效率的变化趋势及地方政府性债务的影响——基于地级市融资平台数据的分析[J].投资研究,2017,1:4-22.

[468] 卫平东、孙瑾.中国对"一带一路"沿线国家直接投资的风险监管体系研究[J].国际贸易,2018,11:28-36.

[469] 魏志华,曾爱民,李博.金融生态环境与企业融资约束——基于中国上市公司的实证研究[J].会计研究,2014,5:73-80+95.

[470] 吴崇,蔡婷婷,孔蕊.中国企业海外市场进入模式及其对绩效的协调效应研究[J].亚太经济,2016,1:92-100.

[471] 吴福象,段巍.国际产能合作与重塑国家地理[J].中国社会科学,2017,02:44-64+206.

[472] 吴瀚然,胡庆江.中国对"一带一路"沿线国家的直接投资效率与潜力研究——兼论投资区位的选择[J].江西财经大学学报,2020,3:25-37.

[473] 吴先明,黄春桃.中国企业对外直接投资的动因:逆向投资与顺向投资的比较研究[J].中国工业经济,2016,1:99-113.

[474] 伍文中.基础设施投资效率及其经济效应分析——基于DEA分析[J].经济问题,2011,1:41-45.

[475] 夏后学,谭清美,白俊红.营商环境、企业寻租与市场创新——来自中国企业营商环境调查的经验证据[J].经济研究,2019,4:84-98.

[476] 项本武.东道国特征与中国对外直接投资的实证研究[J].数量经济技术经济研究,2009,7:33-46.

[477] 萧安富,徐彦斐.金融生态与资金配置效率的一个微观解释——自贡案例研究[J].金融研究,2005,6:154-163.

[478] 肖建忠,肖雨彤,施文雨."一带一路"倡议对沿线国家能源投资的促进效应:基于中国企业对外投资数据的三重差分检验[J].世界经济研究,2021,7:107-119+137.

[479] 肖珉.现金股利、内部现金流与投资效率[J].金融研究,2010,10:117-134.

[480] 熊彬,王梦娇.基于空间视角的中国对"一带一路"沿线国家直接投资的影响因素研究[J].国际贸易问题,2018,2:102-112.

[481] 熊景华,茹璟.基于随机森林算法和模糊信息粒化的汇率预测组合模型研究[J].数量经济技术经济研究,2021,1:135-156.

[482] 熊学萍,何劲,陶建平.农村金融生态环境评价与影响因素分析[J].统计

与决策,2013,2:100-103.

[483] 徐晨阳.存款利率市场化改革与企业资金配置效率——基于现金持有的视角[J].中国软科学,2020,8:184-192.

[484] 许年行,李哲.高管贫困经历与企业慈善捐赠[J].经济研究,2016,12:133-146.

[485] 徐诺金.论我国的金融生态问题[J].金融研究,2005,2:25-35.

[486] 徐诺金.如何理解金融生态[J].南方金融,2006,10:23-26.

[487] 徐清.金融发展、生产率与中国企业对外直接投资——基于大样本企业数据的 Logit 模型分析[J].投资研究,2015,11:53-63.

[488] 徐孝新,刘戒骄.劳工标准影响中国对外直接投资的实证研究——基于"一带一路"沿线国家样本[J].暨南学报(哲学社会科学版),2019,4:76-89.

[489] 严兵,张禹,李雪飞.中国企业对外直接投资的生产率效应——基于江苏省企业数据的检验[J].南开经济研究,2016,4:85-98.

[490] 严佳佳,刘永福,何怡.中国对"一带一路"国家直接投资效率研究——基于时变随机前沿引力模型的实证检验[J].数量经济技术经济研究,2019,10:3-20.

[491] 杨栋旭,张先锋.管理者异质性与企业对外直接投资——基于中国 A 股上市公司的实证研究[J].国际贸易问题,2018,10:162-174.

[492] 杨娇辉,王伟,谭娜.破解中国对外直接投资区位分布的"制度风险偏好"之谜[J].世界经济,2016,11:3-27.

[493] 杨龙,胡晓珍.金融发展规模、效率改善与经济增长[J].经济科学,2011,1:38-48.

[494] 杨权,杨秋菊.外汇储备、双边货币互换与流动性冲击[J].财贸经济,2018,11:67-82.

[495] 杨荣海.资本账户开放促进了人民币境外市场发展吗?[J].国际金融研究,2018,5:14-23.

[496] 杨望,徐慧琳,谭小芬,等.金融科技与商业银行效率——基于 DEA-Malmquist 模型的实证研究[J].国际金融研究,2020,7:56-65.

[497] 杨亚平,高玥."一带一路"沿线国家的投资选址——制度距离与海外华人网络的视角[J].经济学动态,2017,4:41-52.

[498] 杨子强.金融生态环境与经济健康发展[J].银行家,2005,5:24-28.

[499] 叶永刚,李林,舒莉.中非法郎区银行风险预警研究——基于层次法和熵值法的组合分析[J].国际金融研究,2018,4:66-75.

[500] 于国才,王晨宇.货币互换协议、金融市场与中国对外直接投资[J].南方经济,2021,3:19-35.

[501] 元惠萍.国际货币地位的影响因素分析[J].数量经济技术经济研究,

2011，2：3-19.

[502] 姚战琪.基于全球价值链视角的中国企业海外投资效率问题研究[J].国际贸易，2016，2：13-17.

[503] 姚战琪.中国对欧美国家直接投资效率的影响因素研究[J].中国社会科学院研究生院学报，2018，3：80-90.

[504] 余官胜.东道国金融发展和我国企业对外直接投资——基于动机异质性视角的实证研究[J].国际贸易问题，2015，3：138-145.

[505] 余官胜，都斌.企业融资约束与对外直接投资国别区位选择——基于微观数据排序模型的实证研究[J].国际经贸探索，2016，1：95-104.

[506] 喻坤，李治国，张晓蓉，徐剑刚.企业投资效率之谜：融资约束假说与货币政策冲击[J].经济研究，2014，5：106-120.

[507] 翟胜宝，易旱琴，郑洁，等.银企关系与企业投资效率——基于我国民营上市公司的经验证据[J].会计研究，2014，4：74-80＋96.

[508] 翟淑萍，廖筠，顾群，等.集团化运作的融资约束与投资效率研究——基于中国制造业上市公司的经验分析[J].经济与管理研究，2014，5：103-110.

[509] 张纯，吕伟.信息披露、信息中介与企业过度投资[J].会计研究，2009，1：60-65＋97.

[510] 张国林，任文晨.金融生态多样性与出口结构优化[J].技术经济，2015，9：68-74.

[511] 张功富，宋献中.我国上市公司投资：过度还是不足？——基于沪深工业类上市公司非效率投资的实证度量[J].会计研究，2009，5：69-77＋97.

[512] 张吉鹏，衣长军，黄健.多维距离与中国企业对"一带一路"沿线国家直接投资绩效关系研究[J].亚太经济，2020，3：95-104＋151.

[513] 张静，孙乾坤，武拉平.贸易成本能够抑制对外直接投资吗——以"一带一路"沿线国家数据为例[J].国际经贸探索，2018，6：93-108.

[514] 张礼卿.中国金融开放的形势研判与风险预警讨论——金融开放是对"双循环"的重要支撑[J].国际经济评论，2020，6：9-21.

[515] 张敏，刘颢，张雯.关联贷款与商业银行的薪酬契约[J].金融研究 2012，5：108-122.

[516] 张敏，谢露，马黎珺.金融生态环境与商业银行的盈余质量——基于我国商业银行的经验证据[J].金融研究，2015，5：117-131.

[517] 张明，刘瑶.经常账户恶化是否会加大国内资产价格波动？——基于G20数据的作用机制及时变效应研究[J].国际金融研究，2021，5：34-43.

[518] 张述存."一带一路"战略下优化中国对外直接投资布局的思路与对策

[J].管理世界,2017,4:1-9.

[519] 张夏,汪亚楠,施炳展.事实汇率制度选择、企业生产率与对外直接投资[J].金融研究,2019,10:1-20.

[520] 张先锋,杨栋旭,张杰.对外直接投资能缓解企业融资约束吗——基于中国工业企业的经验证据[J].国际贸易问题,2017,8:131-141.

[521] 张相伟,龙小宁.中国境外金融机构促进了对外直接投资吗?[J].国际贸易问题,2018,9:108-120.

[522] 张晓君,曹云松."一带一路"建设中双边投资协定的功能发掘与范式构建[J].国际经济评论,2021,4:115-137+7.

[523] 张晓涛,刘笑萍,刘亿.中国对外直接投资高质量发展的金融支持体系构建[J].国际贸易,2020,5:35-42.

[524] 张亚斌."一带一路"投资便利化与中国对外直接投资选择——基于跨国面板数据及投资引力模型的实证研究[J].国际贸易问题,2016,9:165-176.

[525] 张友棠,杨柳."一带一路"国家金融发展与中国对外直接投资效率——基于随机前沿模型的实证分析[J].数量经济技术经济研究,2020,2:109-124.

[526] 张宗益,郑志丹.融资约束与代理成本对上市公司非效率投资的影响——基于双边随机边界模型的实证度量[J].管理工程学报,2012,2:119-126.

[527] 赵峰,吕媛,程悦.外汇衍生品监管政策与海外企业的投资效率[J].财贸经济,2019,2:114-130.

[528] 赵奇伟.金融发展、外商直接投资与资本配置效率[J].财经问题研究,2010,9:47-51.

[529] 赵云辉,陶克涛,李亚慧,等.中国企业对外直接投资区位选择——基于QCA方法的联动效应研究[J].中国工业经济,2020,11:120-138.

[530] 郑蕾,刘志高.中国对"一带一路"沿线直接投资空间格局[J].地理科学进展,2015,5:563-570.

[531] 郑田丹,付文林,莫东序.财政政策与企业投资效率——基于不同金融化水平的比较分析[J].财政研究,2018,9:65-80.

[532] 钟文,钟昌标,郑明贵.区域金融生态环境的减贫效应与路径研究[J].统计与决策,2020,9:138-141.

[533] 周华.汇率波动对外商直接投资的影响——基于知识资本模型从产业角度的实证检验[J].数量经济技术经济研究,2007,4:53-64.

[534] 周杰琦,夏南新."一带一路"国家投资便利化对中国OFDI的影响[J].亚太经济,2021,5:82-94.

[535] 周先平,冀志斌.商业银行海外子银行经营效率及其影响因素分析[J].

投资研究,2009,11:30-34.

[536] 周小川.法治金融生态[J].中国经济周刊,2005,3:11.

[537] 周旋,綦建红.追随客户假说在我国银行业对外直接投资中的适用性检验——基于我国23家大型商业银行面板数据(2000—2011)的分析[J].上海金融,2014,4:40-46+117.

[538] 祝继高,王春飞.大股东能有效控制管理层吗? ——基于国美电器控制权争夺的案例研究[J].管理世界,2012,4:138-152+158.

[539] 庄起善,张广婷.国际资本流动与金融稳定性研究——基于中东欧和独联体国家的比较[J].复旦学报(社会科学版),2013,5:94-107.

[540] 宗芳宇,路江涌,武常岐.双边投资协定、制度环境和企业对外直接投资区位选择[J].经济研究,2012,5:71-82+146.

[541] 祖煜,李宗明."一带一路"背景下我国对沿线国家的直接投资效率及对东道国治理水平的影响[J].经济体制改革,2018,4:159-164.

"一带一路"国家的金融开放度:外资流入的政策规定(分国家)

蒙古国:

当地货币	外汇管理	中资银行证券	融资条件	最低投资额	可投资行业	投资模式	外资股权比例
可自由兑换	自由外汇管制体制,外商取得的出口收入和来自国外的外汇可在指定银行开立外汇账户,存取和使用不受限制	银行无经营性机构,有代表处: ■中国银行乌兰巴托代表处 ■中国工商银行蒙古国代表处	■外资企业在融资方面享受同等待遇 ■由于蒙古国金融市场处于初步阶段,尚未完全融入全球金融体系,外资企业多为带资经营,较少在当地进行融资	总股本为10万美元或以上(或同等金额的蒙古国图格里克)	■投资者可自由投资于生产和服务 ■另有禁止或限制的除外(麻醉品、药片、枪支武器生产)	■可单独或者联合其他投资者设立新的业务实体 ■可购买股票、债券和其他证券 ■可通过完全收购或合并公司的方式进行投资 ■可订立特许、产品共享、省销和管理等协议 ■可以融资租赁或者特许经营的形式进行投资	不少于25%

韩国：

当地货币	外汇管理	中资银行证券	融资条件	最低投资额	可投资行业	投资模式	外资股权比例
韩元与人民币可直接交易	外资企业可在韩国外汇业务银行开设外汇账户，按规定缴纳各种税、缴税款后，其利润兑换成外币自由汇出，不针对利润汇出设立特定税种	中国多家银行在韩设立分支机构： ■ 中国银行（首尔、大邱） ■ 中国工商银行（首尔、金山） ■ 中国建设银行（首尔） ■ 中国交通银行（首尔） ■ 中国农业银行（首尔） ■ 中国开发银行（首尔） ■ 中国光大银行（首尔）	■ 在韩中资企业目前融资是主要渠道主要是银行贷款 ■ 韩国商业银行对于风险管控严格，贷款利息较高 ■ 在韩中资银行对中资企业提供特色金融产品，如内保外贷、内存外贷等	1亿韩元以上	■ 允许投资于工业、农业、建筑、运输、电信、科技、旅游、商业和金融服务等各领域 ■ 特别鼓励对引进现代技术的部门进行投资，具有高科技、有国际竞争力的产品部门，自然资源开发和基础设施建设部门，科学研究和技术开发部门 ■ 对外资企业投资韩国国内公共事业、金融、渔业、海运、保险等行业有不同程度的限制	■ 可以是合作企业、合资企业、外商独资企业，以及在韩国境内设立的外国企业 ■ 可采取发行新股或收购旧股方式、并购方式，投资股份和股权方式，投资者为法人皆可然后人皆可 ■ 从投资类型来看，可分为获取股份和股权、提供长期贷款、提供帮助三类	具有决议权的股份总额或出资总额10%以上

注：韩国为后加入"一带一路"的国家，不在最初的65个沿线国家的行列。

新加坡:

当地货币	外汇管理	中资银行证券	融资条件	最低投资额	可投资行业	投资模式	外资股权比例
可自由兑换	无外汇管制,资金可自由流入流出,企业利润汇出也无特殊税费	已进入的: ■ 中国银行 ■ 中国工商银行 ■ 中国建设银行 ■ 中国农业银行 ■ 交通银行 ■ 招商银行 ■ 中信银行 ■ 浦东发展银行	■ 外资企业可向新加坡银行、外资银行或中资银行,各类金融机构申请融资业务,并由中银行核准批准金融机构申请的贷款和融资 ■ 可申请的贷款包括短期贷款、汇票融资、应收账款等	—	■ 对外资准入政策宽松,除国防相关行业与极个别特殊行业外,对外资运营基本无限制 ■ 一般对外国投资禁止或限制的行业包括:广播、印刷媒体、法律和住宅产业	■ 独资、合伙企业、外资并购 ■ 外国投资者可以通过以下形式在新加坡开展业务活动:公司、分公司、代表处、合伙、有限合伙、有限责任合伙、独资经营	无限制

马来西亚:

当地货币	外汇管理	中资银行证券	融资条件	最低投资额	可投资行业	投资模式	外资股权比例
可自由兑换	■ 政府管理下的浮动汇率制 ■ 外资企业可开设外汇账户,用于进出口结算、外汇进出口需要申报 ■ 外汇汇出不需要缴纳特别税金	已进入的: ■ 中国银行 ■ 中国工商银行 ■ 中国建设银行 ■ 中国银河证券	—	—	■ 限制行业:金融、保险、法律服务、电信、直销与分销等,外资持股比不得超过50%或30% ■ 鼓励行业:出口导向型的生产企业、高科技领域	■ 直接投资 ■ 跨国并购 ■ 股权收购	—

注:"—"代表未查到相关规定。下同。

印度尼西亚：

当地货币	外汇管理	中资银行证券	融资条件	最低投资额	可投资行业	投资模式	外资股权比例
可自由兑换	■ 实行相对自由的外汇管理制度，资本可以自由转移 ■ 实行自由浮动的汇率制度，印尼银行采取一揽子货币汇率定价法	已进入的： ■ 中国银行 ■ 中国工商银行	—	—	■ 可自由投资任何营业部门 ■ 法令限制和禁止的，包括生产武器、火药、爆炸工具与战争设备的部门等	■ 合资企业 ■ 独资企业 ■ 外资并购	—

缅甸：

当地货币	外汇管理	中资银行证券	融资条件	最低投资额	可投资行业	投资模式	外资股权比例
境内可合法兑换人民币	基于市场情况并加以调控的浮动汇率制	外资企业无法在缅甸上市 已进入的： ■ 中国工商银行	—	—	■ 只允许国营的行业、禁止外商经营的行业，外商只能和本地企业合资经营的行业，必须部门批准才能经营的行业	■ 独资 ■ 与缅甸国民或相关政府部门或组织进行合作 ■ 根据双方合同进行合作（任何外国个人、公司不得拥有土地，但可长期租赁用于投资活动）	—

老挝：

当地货币	外汇管理	中资银行证券	融资条件	最低投资额	可投资行业	投资模式	外资股权比例
境内银行可自由兑换人民币	■ 实行有管理的浮动汇率制 ■ 外资企业可在老挝银行开设外汇账户，用于进出口结算，外汇进出口需要申报	已进入的： ■ 中国工商银行 ■ 中国银行 ■ 富滇银行 ■ 国家开发银行 ■ 太平洋证券	■ 尚未建立个人信用体系，银行资金实力不强，贷款方式单一，经营条件及利息较高 ■ 中资企业不能使用人民币进行跨境贸易利投资合作	外商设立保险公司的最低投资本金约合200万美元，实缴资本不得低于注册资本	—	■ 协议联合经营 ■ 混合企业 ■ 外商独资企业	—

柬埔寨：

当地货币	外汇管理	中资银行证券	融资条件	最低投资额	可投资行业	投资模式	外资股权比例
■ 汇率由市场调节 ■ 美元是主要的交换媒介 ■ 人民币与当地货币端元不可直接兑换	■ 通过授权银行进行的外汇业务不受管制，但单笔转账金额在1万美元（含）以上的，授权银行应向国家银行报备	已进入的： ■ 中国工商银行 ■ 中国银行 ■ 富滇银行 ■ 国家开发银行 ■ 太平洋证券	■ 柬埔寨商业银行业务范围相对较窄，能提供海外资本划拨、信用证开立与外汇服务，但贷款需不动产抵押，服务仍待艰难，期限较短，利率较高 ■ 目前人民币流通，中资企业不能使用人民币在柬埔寨展开跨境贸易与投资合作	—	限制投资领域：神经及麻醉物质生产及加工；使用国际规则或世界卫生组织禁止使用、影响公众健康及环境的化学物质生产；有毒化学品、农药、杀虫剂及其他产品；使用外国进口废料加工发电；森林开发业务；法律禁止的其他活动	■ 合资企业 ■ 合格投资项目合并 ■ 收购合格投资项目 ■ 外国直接投资（个人、合伙、公司等商业组织形式）	—

越南：

当地货币	外汇管理	中资银行证券	融资条件	最低投资额	可投资行业	投资模式	外资股权比例
■ 法定货币越南盾不可由自由兑换 ■ 人民币与越南盾不可直接兑换	■ 以每日公布"中央参考汇率价格"取代长期实行的固定汇率机制，商业银行在中央参考汇率基准上下浮动3%，制定各自的汇率价格	已进入的： ■ 中国银行 ■ 中国工商银行 ■ 中国建设银行 ■ 中国农业银行 ■ 交通银行	—	—	禁止投资：危害公共利益和国防、国家安全的项目；危害越南道德风俗、文化历史遗迹的项目；破坏资源和环境、危害人民身体健康的项目；生产有毒化学品或使用国际条约禁用或处理从国外输入的有毒废弃物的项目	■ 直接投资 ■ 间接投资 ■ 外资并购	—

格鲁吉亚：

当地货币	外汇管理	中资银行证券	融资条件	最低投资额	可投资行业	投资模式	外资股权比例
可自由兑换货币	在格鲁吉亚注册的外国企业可以在格鲁吉亚商业银行开设外汇账户，用于办理与外币有关的结算，外汇进出无需申报，也不受限制	已进入的： ■ 新疆华凌集团收购格鲁吉亚Basis银行90%的股份	■ 融资条件方面，外资企业与当地企业享受同等待遇，但是融资成本较高 ■ 目前尚不能使用人民币在格鲁吉亚开展跨境贸易和投资合作	—	限制行业：生产、销售武器和爆炸物；配制、销售属特别控制的药物；使用和开采森林资源和矿藏；开设赌场和其他提供赌博和彩票的场所；银行公众通证券业务；发行公众流通证券业务；无线通信服务，创建电视与无线电频道等	—	—

阿塞拜疆：

当地货币	外汇管理	中资银行证券	融资条件	最低投资额	可投资行业	投资模式	外资股权比例
■ 境内任何一家银行机构均可将当地货币与美元、欧元或英镑进行自由兑换 ■ 人民币不能与阿塞拜疆特马纳特直接兑换	外资企业可在当地银行开立外汇账户，用于进出口结算。贸易出口结汇外汇金额超过规定限额（5万美元）时，需要申报并提供完税证明或资金来源证明，同时缴纳手续费（一般不超过汇出金额的1%）	无中资银行	■ 中资企业不能使用人民币在阿塞拜疆当地开展跨境贸易和投资合作	—	■ 虽未明确规定限制外国投资的行业，但实际上在外资进入其国内金融市场等行业的市场准入方面存在一定限制	■ 允许通过建立独资企业、合资企业、购买企业股份、债券，有价证券、土地和自然资源的使用、其他财产权等方式投资 ■ 可参与国有资产、地方自治机构资产的私有化 ■ 可从事阿塞拜疆法律未禁止的其他任何经营活动	—

亚美尼亚：

当地货币	外汇管理	中资银行证券	融资条件	最低投资额	可投资行业	投资模式	外资股权比例
可自由兑换	■ 不对外汇进行国家管制,外汇可自由兑换 ■ 在亚美尼亚注册的企业与法人机构可在亚美尼亚银行设立外汇账户,但需通过银行进行对外贸易对外结算付汇	无中资银行	■ 外资企业与当地企业一视同仁,融资条件相同 ■ 大型企业、有资信实力的企业可直接向政府和银行(包括外资银行)融资或发行公司债券	—	—	■ 建立独资的法人企业及其分支机构、分公司,代表处,拥有企业机构的全部所有权 ■ 与亚美尼亚公民合作成立合资法人机构,有法人地位的企业可在现有企业中获得股份 ■ 在亚美尼亚境内购买股票、债券以及该国法律规定的其他有价证券 ■ 获得亚美尼亚土地和自然资源的使用权 ■ 获得其他财产权 ■ 法律未加禁止的其他形式	—

伊朗：

当地货币	外汇管理	中资银行证券	融资条件	最低投资额	可投资行业	投资模式	外资股权比例
■ 未对当地货币里亚尔是否可自由兑换作出具体规定 ■ 一般居民可以到当地银行、钱庄开户，由中兑换 ■ 人民币和里亚尔不可直接兑换	■ 外国居民及投资者不允许在伊朗当地银行开设外汇账户，必须兑换成当地货币方可进行储蓄 ■ 受以美元为首的金融制裁影响，现阶段美元等外汇无法自由出入	无中资银行	■ 伊朗当地融资成本较高，外国企业一般很难得融资 ■ 到伊朗开展项目一般要求承包工程承包项目一般要求承包商提供筹融资方案	—	■ 在工矿业、农业和服务行业进行建设和生产行为的外国资本准入，必须符合伊朗同时到其他法律 ■ 不允许以外国投资者的名义拥有任何种类、数量的土地 ■ 2015年8月起，重返伊朗市场的外国石油企业必须通过与伊朗本国公司采取合资、合作的合资方式进行，合资企业不仅经营伊朗本国市场，而且应对周边国家具有辐射性	■ 外国直接投资 ■ 合同条款中明确的以"建设－经营－转让""国民参与""回购"等方式投资 ■ 允许外资在伊设立代表处、分公司、子公司和有限责任公司，外国投资者可以现汇、设备和技术等投资，可与伊朗公司采取合资，也可通过收购伊朗公司和独资的形式进行投资	—

伊拉克：

当地货币	外汇管理	中资银行证券	融资条件	最低投资额	可投资行业	投资模式	外资股权比例
人民币与伊拉克第纳尔不可直接结算	■只要持有有效文件或凭证，对现钞和资本交易没有任何限制 ■外国投资者可以通过银行将资本或资金转至伊拉克境内或境外兑换境外	无中资机构	—	对于生产性企业，外国投资者投资不少于25万美元	—	■投资方式可以是独资、合资、合作和股份公司等 ■目前尚未有中资企业在当地开展并购遭遇阻碍的案例	—

以色列：

当地货币	外汇管理	中资银行证券	融资条件	最低投资额	可投资行业	投资模式	外资股权比例
人民币与当地货币谢克尔不能直接兑换，结算时需以美元或欧元等国际货币作为中间货币进行兑换	外汇市场实力雄厚，本国经济与全球融合度高，有能力应对大规模外汇交易而不对金融市场造成冲击	无中资机构	在以色列注册的外国公司在大多数融资渠道与本土公司享受同等待遇	—	禁止的行业：博彩业 限制的行业：国防工业，通信，发电和铁路运输的某些领域	■合资企业 ■并购等	—

叙利亚：

当地货币	外汇管理	中资银行机构	证券	融资条件	最低投资额	可投资行业	投资模式	外资股权比例
■ 不能自由兑换 ■ 人民币与当地货币不可直接结算	■ 外资企业在当地开立外汇账户不受限制 ■ 投资者在按照投资法规定的纳税比率缴税后，有权将其所得项目归其可兑换货币汇出 ■ 根据世界银行报告，目前叙利亚政府不允许国内外资公司将利润汇回母国	无中资机构		■ 叙利亚银行可为在叙利亚投资项目提供融资便利，在叙利亚正式注册的外国公司均可在当地融资，申请贷款企业向银行提供申请贷款书原件、商业注册证明、公司成立合同、前三年度的决算账目、资产负债表、盈亏账目，经营账单及不动产清单及印件，财产单据复印件及商业活动简要及其客户名单	—	允许投资者投资除涉及军事与国家安全项目以外的其他任何领域	■ 投资者可通过并购、成立合资公司、参股或设备以资金、设备作为等方式开展投资 ■ 未对外国自然人投资进行特别限制	—

约旦：

当地货币	外汇管理	中资银行证券	融资条件	最低投资额	可投资行业	投资模式	外资股权比例
人民币不能与约旦第纳尔直接结算	■ 非居民（个人或实体）可以在约旦开立任何外币账户，开户金额不限，开户人可自由存取款项，也可将外汇自由汇出 ■ 非约旦投资者随时可以兑换货币形式，将投资资本、利润、收入、投资清算收益及项目部分或全部售出收益自由汇出	无中资机构	■ 不限制当地企业向外国银行贷款，但能否获得当地银行贷款取决于当地银行内部规定 ■ 中资企业尚不能用人民币开展跨境贸易和投资合作	■ 除投资于建筑业、贸易或矿产开采等法律规定的行业要求有约旦合伙人之外，允许非约旦投资人拥有项目的部分和全部产权 ■ 除参与公共股份公司、非约旦人投资不得少于5万约旦第纳尔（约7万美元）	工业、旅游业、农业、可再生能源和信息技术行业，以及建筑业、贸易或矿产开采等	■ 外商直接投资，对外借贷款和其他外商投资等方式 ■ 外商直接投资主要采用合资经营、独资经营等形式，还可采用BOT和BOO、合作开发、补偿贸易、加工发展、技术转让、国际贷款等包经营等方式	—

黎巴嫩：

当地货币	外汇管理	中资银行证券	融资条件	最低投资额	可投资行业	投资模式	外资股权比例
可自由兑换	■ 对资本收益、汇款、股份分红的国内流动及跨国流动无任何限制 ■ 贵重金属兑换与外币兑换完全自由 ■ 外币供应充足，从商业银行或货商处以市场汇率兑换。投资所获利润的汇出和携带出境不发生费用与延迟 ■ 外国人可在黎巴嫩营业的各家银行创建账户，并可依市场条款获得信贷	■ 当地商业银行均与中国国内银行有国际贸易结算等业务。来.萨兰丁萨银行成立了中国业务团队 ■ 尚无中资银行在黎巴嫩设立分支机构	■ 虽然金融体系比较稳健和规范.但就不同的项目确融资尚无明化无常.外国企业在黎巴嫩融资项目和目标需要项目银行适时的具体规定和信用要求办理 ■ 中资企业目前不能使用人民币在黎巴嫩开展跨境贸易和投资合作	—	■ 对外资准入行业一般无限制，但对控股和离岸公司、房地产、保险、媒体（电视、政治报纸）与银行业有特定的要求，外资须取得相应主管部门批准 ■ 监督和审批程序不需要投资者公布私有信息.但银行投资除外.银行投资必须获得行关于所嫩失行权转让的有权批准	■ 对投资方式没有特别具体的限制，外国投资者可购买、出售企业、并可从事各类经营性活动 ■ 可进行外资并购项目,投资有化项目,投资证券市场	—

沙特阿拉伯：

当地货币	外汇管理	中资银行证券	融资条件	最低投资额	可投资行业	投资模式	外资股权比例
2016 年起，人民币与里亚尔实现直接兑换结算	■ 外汇管理没有具体立法 ■ 会采取措施控制货币的流通、数量，货币署禁止银行在未征得货币署事先同意的情况下使用里亚尔开展国际金融交易	已进入的：■ 中国工商银行	可以向外国公司在沙特的分公司、子公司发放贷款	—	禁止领域：■ 产业领域：石油资源的勘探和生产、军用机械设备及服务生产、民用爆炸物生产 ■ 服务领域：军用物资供给、调查和安全领域、麦加和麦地那的不动产投资、与朝觐和小朝觐相关的导游服务和劳务经纪人服务、与印刷和传播法规相关的服务、有偿商业代理服务、陆路运输服务、声像服务（除城市内铁路客运外）等	■ 允许外资以合资或独资方式在沙特设立公司、工厂或开设办事处（无经营权限） ■ 对外国公司实施平等保护，外国公司与本国公司一样，受《公司法》约束	—

当地货币	外汇管理	中资银行证券机构	融资条件	最低投资额	可投资行业	投资模式	外资股权比例
■ 实行经常项目下完全自由兑换的自由货币，与人民币不能直接兑换	■ 外汇管制相对宽松 ■ 在企业提交也门投资总局或工贸部发放的投资许可证及经营许可证的情况下，商业银行可为外国人、外资企业和合资企业开设外币账户，外汇可自由汇入或汇出 ■ 通过私人钱庄汇款，手续费一般是1%左右；通过银行账户的外汇汇款，手续费一般最高不超过100美元	无中资机构	■ 各商业银行可向在也门注册的外资企业和合资企业提供贷款 ■ 申请贷款时，需提供在也门合法经营所需的各类证明与批准材料，包括投资许可证、经营许可证、税务登记卡等，还需提交由外资企业或合资企业在本国出具的银行资产或存款证明	—	■ 在不与伊斯兰法律条款相悖的情况下，也门鼓励阿拉伯国家和外国资本在除武器和炸药外的所有领域进行投资 ■ 下列领域要按照相应的法律规定执行：银行和钱庄；进出口贸易，批发和零售贸易；石油，天然气勘探和开采领域；矿产勘探和开采领域	对投资实行国民待遇原则，所有外国投资者享有与当地投资者的同等待遇，可以与也门企业或个人合资经营，也可以独资经营	—

阿联酋：

当地货币	外汇管理	中资银行证券	融资条件	最低投资额	可投资行业	投资模式	外资股权比例
■ 实施开放的货币政策，货币可自由兑换，迪拉姆与美元的汇率固定 ■ 尽管中阿两国已经签署货币互换协议，但实际交易中仍大多以美元为结算中介，驻阿国际银行和中资银行正大力推广人民币使用	■ 外汇不受限制，可自由进出，但需符合阿联酋政府的反洗钱规定 ■ 一般情况下，外商投资资本与利润回流不受限制 ■ 外资银行在将其利润汇出境外前，必须事先获得阿联酋中央银行的许可，并将其纯利润的 20% 作为税收缴纳给阿联酋政府	■ 中国工商银行、中国银行、中国农业银行和中国建设银行、中国国家开发银行和中国出口信用保险公司等政策性金融机构	—	—	禁止行业：商业代理、汽车租赁服务、房地产服务、农业、狩猎和林业服务（包括兽医服务）、渔业服务、人力资源服务、公路运输服务、调查和安保服务	■ 普通合伙公司 ■ 有限合伙公司 ■ 合资公司 ■ 公开合股公司 ■ 非公开合股公司 ■ 有限责任公司 ■ 合股经营公司	—

附录 589

科威特：

当地货币	外汇管理	中资银行证券	融资条件	最低投资额	可投资行业	投资模式	外资股权比例
■ 可自由兑换 ■ 人民币与第纳尔不可直接结算	■ 现金与资本账户可在科威特任意境内的"钱庄"自由兑换，无条件交易、股票、贷款、利息、利润及个人存款可以不受任何限制地转入与转出 ■ 投资者也可将其投资的全部或部分转让给外国或本地投资者	已进入的： ■ 中国工商银行	■ 外国公司贸易与项目融资的渠道很多，其中包括世界级的商业银行，投资公司和伊斯兰金融机构 ■ 在科威特中央银行监管下的商业银行，都符合国际银行的标准 ■ 还有3家专门的政府银行提供中长期融资	—	■ 明确规定10类不允许外资进入的领域，即石油天然气和原油开采，焦炭生产、肥料与氮化合物生产、煤气制造、通过主管道分配气体燃料、房地产（不包括私人运营的建设项目）、公共管理与国防、安全与调查活动、强制性社会保障、成员组织与劳动力雇用（包括家政员雇用）	■ 在科威特注册的外资占51%~100%股份的公司设立的公司分公司 ■ 外国在科威特设立的以市场研究为目的的代表处（不能从事经营活动）	—

巴林:

当地货币	外汇管理	中资银行证券	融资条件	最低投资额	可投资行业	投资模式	外资股权比例
■ 当地货币巴第纳尔为可自由兑换货币 ■ 人民币与巴第不能直接结算	不实行外汇管制,在此注册的外国企业可在巴林银行开设外汇账户,用于境内外结算	已进入的: ■ 中国银行	■ 融资条件方面,外资企业与巴林本地企业享同等待遇 ■ 目前中资企业不可以使用人民币在巴林开展跨境贸易和投资合作	—	■ 禁止博彩业、酿酒业、武器制造、毒品加工、烟草加工、放射性废物的加工、存储或倾倒等	■ 鼓励外国人在巴林投资,允许外资以合资或独资方式设立公司、工厂或开设办事处(无业务经营权) ■ 企业组织结构包括以下8种类型:公共股份公司、私人股份公司、有限责任公司、简单两合公司、股份两合公司、个人企业、外国公司分支机构	—

印度:

当地货币	外汇管理	中资银行证券	融资条件	最低投资额	可投资行业	投资模式	外资股权比例
■ 汇率结构为单一汇率 ■ 人民币与印度卢比不能直接结算,仅在部分市场非正式地接受人民币支付或兑换	■ 放开外汇管制,经常账户下的卢比可以自由兑换 ■ 外国投资者在印度直接投资,需要在30天内向储备银行报告股份转让,汇款金额等信息	已进入的: ■ 中国工商银行	■ 融资条件方面,外资企业与当地企业享有同等待遇 ■ 在印度的外资银行贷款利率一般高于印度本地银行,但服务质量较好,外资企业多选择外资银行作为合作伙伴	—	■ 禁止行业:核能、风险基金、赌博博彩业、雪茄和烟草业 ■ 限制行业:电信服务业、私人银行业、多品牌零售业、航空服务业、基础设施、广播电视转播等外商投资如超过政府规定的比例上限,需获得政府有关部门批准	可通过外资并购、收购上市公司等	—

巴基斯坦：

当地货币	外汇管理	中资银行证券	融资条件	最低投资额	可投资行业	投资模式	外资股权比例
■ 当地货币卢比不可自由兑换 ■ 人民币与卢比尚不能直接兑换	■ 不实施外汇管制 ■ 在巴基斯坦居住的外国人、在境内设立的含有外资成分的公司及在国外登记但在巴经营的外国公司，可在国外有外汇经营资格的银行创立、使用外汇账户	已进入的： ■ 中国国家开发银行 ■ 中国工商银行 ■ 中巴联合投资公司 ■ 中国太平保险集团有限责任公司	■ 融资条件方面，外资企业与当地企业享受同等待遇 ■ 外国公司在当地投资或承包工程，需创建美元账户，并需提供抵押或由银行承认的实体机构提供担保，然后需提供现金流文件、财务报表及其他证明公司资质、信用的相关文件 ■ 2003年起允许对中国的出口中使用人民币，但目前尚无法使用人民币在当地进行投资	■ 制造业无最低投资额限制 ■ 非制造业方面，根据行业不同有最低要求。服务业（含金融、通讯和IT）业最低为15万美元，农业和其他行业为30万美元	■ 限制投资领域：高强炸药、武器、放射性物质、证券印制与造币、酒类生产（工业酒精除外） ■ 由于巴基斯坦是伊斯兰国家，外国企业不得在当地从事夜总会、歌舞厅、电影院、按摩、洗浴等娱乐休闲业	■ 外商可以采取绿地投资或并购等方式投资	■ 允许外资拥有100%的股权

孟加拉国:

当地货币	外汇管理	中资银行证券	融资条件	最低投资额	可投资行业	投资模式	外资股权比例
■ 人民币与孟加拉国塔卡不能直接兑换 ■ 在孟加拉国的私人兑换点,人民币可兑换成当地货币	外国企业可以在孟加拉国银行开设外汇账户,用于进出口结算,利润汇回、外国人红利发放、技术转让费或专利费支付等	无中资机构	■ 贷款平均利率为14%~20%,其中大中型企业商业融资成本约为12.50%~17.50%,小型企业则为19% ■ 外国投资企业在孟加拉国融资与当地企业享受同等待遇 ■ 中国企业一般不选择在孟加拉国银行贷款,主要原因在于其贷款利息过高,贷款手续过于繁琐	—	外资政策非常开放,只有武器、军火、军用设施和机械、核能、造币、森林保护区内的森林种植及机械化开采等四个行业为保留领域,不允许外国企业投资	■ 允许外商投资独资企业、合资企业、私人有限公司及公众有限公司等 ■ 对于外国"自然人"在孟加拉国开展投资合作不设限制	可达到100%

马尔代夫：

当地货币	外汇管理	中资银行证券	融资条件	最低投资额	可投资行业	投资模式	外资股权比例
■ 法定货币卢菲亚可以兑换美元和其他主要货币 ■ 美元在当地可以直接使用 ■ 卢菲亚与人民币除在机场兑换柜台少量兑换外,尚不能直接兑换	■ 居民和非居民可以自由持有外汇。外国公司可以自由开设外汇账户,投资利润可自由汇出 ■ 因外汇短缺,除经政府授权的公司可在银行以卢菲亚兑换美元外,其他公司在金融系统兑换美元非常困难 ■ 尚不能使用人民币开展跨境贸易和投资合作	无中资机构	—	—	■ 未对外资不允许进入的行业作出规定 ■ 当地无法生产或无法利用外国先进技术与资源的投资项目,行业管理鼓励利用当地劳动力 ■ 允许投资行业:财务顾问业务、审计业务、保险业务、商业潜水(海上救助)、水上体育活动、国内航空运输、航空公司的餐饮服务、大鱼拖钓船、技术支持服务(影印机、电梯、ATM机)、服装制造、水生产、社论、广告与翻译服务、水泥包装线及配送、航空公司关系咨询、装瓶、配送、公共及水运航线的普通代理商、乘客代理商、货物代理商、温泉经营管理、水处理厂、造船、软件开发及相关支持服务、融资租赁服务、水产加工、传统医疗服务、水下摄影摄像产品及明信片、冰块制作、特色餐厅、专业企业评估、航空学校、IT系统综合实现服务	—	—

尼泊尔:

当地货币	外汇管理	中资银行证券机构	融资条件	最低投资额	可投资行业	投资模式	外资股权比例
人民币可在当地银行兑换卢比	■ 实行外汇管制政策,大额用汇额经央行审批 ■ 外国游客可在一些货币兑换处将货币兑换美元、欧元,人民币等进行小额兑换	无中资机构	■ 一般外国公司不能在尼泊尔申请商业贷款 ■ 在尼泊尔投资或实施工程项目的外国公司,在提供担保的前提下,可向尼泊尔国际银行/商业银行申请贷款 ■ 中资企业尚不能使用当地人民币在当地开展跨境贸易和投资合作	—	■ 除个别规定行业外,外国投资者可在任何行业投资和技术转让 ■ 外国投资须获批准 ■ 不对外开放的家庭手工业、军事工业、房地产(指的是买卖房产,不包括建筑开发商)、货币及涉密印刷业、放射性物质、家禽、渔业、蜂蜜等初级农产品生产,部分旅游业、徒步、高山向导、挑夫、投资低于50亿卢比的多品牌零售商店、大众传媒(广播、电视、报纸)	—	■ 外国投资者可在各种规模企业拥有100%股份

哈萨克斯坦：

当地货币	外汇管理	中资银行证券	融资条件	最低投资额	可投资行业	投资模式	外资股权比例
■ 实现本币坚戈与外币的自由兑换 ■ 大城市部分兑换点可以兑换人民币	■ 经常项目及资本项目均实行有条件的自由兑换 ■ 经常项目下的交易应在180天内完成,但如到期未完成,还可延期 ■ 资本项目下,只要双方有协议,在办理一定手续之后,资本即可自由进出	已进入的: ■ 中国银行 ■ 中国工商银行	■ 外国企业均可在当地银行融资,享受与当地企业没有区别的国民待遇 ■ 在履行银行所要求的必要手续后,企业一般都可以正常获得银行贷款	—	■ 对外资无特殊优惠,实施内外资一致的原则 ■ 大部分行业投资没有限制,但是对涉及哈萨克斯坦国家安全的行业,有权限制或禁止投资 ■ 尤其提倡外商向非资源领域投资 ■ 在部分经济领域中,对外资占比有一定限制,如银行业、保险业、矿产投资等 ■ 本国公民可以拥有农业用地、工业用地、商业用地和住宅用地,但是外国自然人和法人只能租用土地,并且有年限限制	■ 外国投资企业可采用合伙公司,股份公司以及其他不和哈萨克斯坦法律相违背的形式建立 ■ 外国投资者向企业法定资本进行投资,可以用货币形式出资,也可以用建筑物、厂房、设备和其他物质财产,水土和其他自然资源使用权及其他财产权(包括知识产权)等形式作价出资	■ 银行业:外资银行的资本份额不可超过国内所有银行总资本的25% ■ 保险业:所有合资人寿保险公司的总资本份额不超过本国非人寿保险市场总资本的25%;合资人寿保险公司的总资本份额不超过人寿保险市场的50%

乌兹别克斯坦:

当地货币	外汇管理	中资银行证券	融资条件	最低投资额	可投资行业	投资模式	外资股权比例
■ 苏姆与其他外币可自由兑换 ■ 人民币与苏姆不能直接结算	■ 外国人出境时,携带外汇数额不能超过其入境时申报的数额,否则一经查出,全部没收 ■ 外国人入境时,若携带美金数超过5 000美元,除填关夫单外,还需单独填人报关单工作人员提供的单据	■ 中国进出口银行、国家开发银行设有代表处	■ 商业银行资产规模小,贷款利率高(商业银行贷款年利率约17%~24%),外资企业一般不选择乌兹别克斯坦银行融资 ■ 中资企业不能使用人民币在当地开展跨境贸易与投资合作	—	■ 没有出台禁止、限制外国投资的法律法规 ■ 限制行业:国家垄断行业,如能源和重点矿产品(如铀)开发等范畴有股权限制,外资所占股份一般不得超过50%;航空、铁路等领域则完全由国家垄断	■ 外国直接投资的方式可以是物质及财富,及其物质权益,非物质财富,包括知识产权 ■ 可发行外资债券 ■ 可实施外资并购	■ 外国投资者可以设立合资企业,100%外资企业,获取企业部分或全部股份

土库曼斯坦:

当地货币	外汇管理	中资银行证券	融资条件	最低投资额	可投资行业	投资模式	外资股权比例
■ 实行外汇管制,各金融机构和货币已停止兑换点已停止兑换,销售外汇,外汇交易只允许使用银行卡的形式 ■ 人民币和马纳特不能直接兑换 ■ 人民币与马纳特结算需以美元搭桥	■ 外国公司可在本土银行开设外汇账户,但不允许提取大额现金,需用美元交费时只能经由银行转账 ■ 外汇可以自由汇进汇出,外汇汇出无需缴纳特别税金	■ 无中资银行 ■ 与中国国内银行合作较紧密的银行有储蓄银行、农业投资银行等	■ 外资企业很难融资,主要原因是贷款审查极其严苛且耗时长,贷款利率高,平均年利率约为10% ■ 中资企业不可使用人民币在当地开展跨境贸易与投资合作	—	■ 限制或禁止行业:卫生、制药、渔业、食品生产和销售、能源产品销售,有色金属、化工产品生产和销售,危险品储藏及运输,航空、海运及内河航运、公路运输、电力、通讯、建材生产、建筑、教育、出版及印刷、博彩、保险、银行、证券、资产评估、法律传媒、通关服务、涉外劳务、文化传媒等,且对上述业务(行业)实行许可证管理制度	■ 无外资并购的相关法律规定 ■ 中资企业在土库曼斯坦尚无并购案例	—

塔吉克斯坦：

当地货币	外汇管理	中资银行证券	融资条件	最低投资额	可投资行业	投资模式	外资股权比例
■ 当地货币索莫尼为可自由兑换货币 ■ 人民币与索莫尼跨境结算正式启动	■ 投资者有权开立本币及外币账户，完税后有权将本国货币自由兑换成其他货币，同样可认购其他外币用于支付境外业务	■ 无中资银行 ■ 目前新疆农业银行与塔吉克斯坦农业投资银行可进行人民币兑换索莫尼业务	—	—	禁止行业：博彩业	■ 外资并购 ■ 目前中国企业在塔吉克斯坦尚无开展并购的案例	—

吉尔吉斯斯坦：

当地货币	外汇管理	中资银行证券	融资条件	最低投资额	可投资行业	投资模式	外资股权比例
当地货币索姆可自由兑换	■ 实行浮动汇率制，索姆在全国内实行完全可兑换 ■ 商业银行能在境内与境外自由买卖进或卖出外汇，任何个人、机构、团体均可在商业银行、金融机构及兑换点将索姆与美元进行兑换，无需任何手续，不受额度限制 ■ 目前，中吉两国商业银行之间汇路通畅	无中资银行	■ 银行规模较小，且贷款利率高，因此尚不具备为中国企业提供融资服务的条件 ■ 由于人民币与当地货币不能直接结算，中国企业不具备中国企业在吉尔吉斯斯坦使用人民币开展跨境贸易与投资合作的条件	—	无行业限制	■ 外国投资的主要方式为直接投资和间接投资，包括实物、购买不动产、购买企业债券、股票、知识产权、企业盈利和利润 ■ 外国企业可通过全资收购和部分参股等形式对本土企业实行并购	—

俄罗斯：

当地货币	外汇管理	中资银行证券	融资条件	最低投资额	可投资行业	投资模式	外资股权比例
■ 当地货币卢布为自由兑换货币 ■ 人民币与卢布不可直接结算	■ 外国人可在指定银行开立外汇账户、存入、贷进、汇进资金，接收经营或收益等收投资利息， ■ 也可以使用账户内的资金支付商品与劳务费用，用于储蓄生息	已进入的： ■ 中国银行 ■ 中国工商银行 ■ 中国农业银行 ■ 中国建设银行 ■ 中国国家开发银行 ■ 中国进出口银行	■ 外资重点投资项目可享受优惠 ■ 在职权范围内，地方政府可利用地方财政收入或预算外资金向外资提供税收优惠、担保、融资及其他形式的支持	—	■ 禁止外资投资经营赌博业、人寿保险业 ■ 禁止外资银行设立分行 ■ 禁止外国保险公司参与其强制保险方案	■ 外国投资者可以是国外公司、企业、自然人以及外国政府机构和国际组织 ■ 外资可创办外资企业、合资企业、分公司或外国公司驻俄代表处或股权证券和资、外资并购 ■ 外资企业或合资企业是有外国投资的法人机构，分为有限责任公司，开放式股份公司，封闭式股份公司，其中中外国资本不少于10%，创立的外国自然人或法人可以为外国自然人或法人	—

乌克兰:

当地货币	外汇管理	中资银行证券	融资条件	最低投资额	可投资行业	投资模式	外资股权比例
不可自由兑换	■ 外国企业可以在指定银行自由经营自由创立外汇账户,用于经营、进出口活动与资本结算 ■ 属外汇管制国家,外汇汇出境外资金出境须经国家银行审核	乌克兰复兴开发银行为乌克兰境内首家中资银行	■ 自乌克兰危机爆发以来,格里夫纳汇率暴跌,居民挤兑存款严重 ■ 商业银行资向央行借资成本高,当地融资成本高,条件差多,外资不在当业享受地融资 ■ 在融资条件方面,外资企业与当地企业受同等待遇	—	针对外国投资确定的国民待遇原则,凡未被乌克兰法律直接禁止的行业,外资均可进行投资	■ 对现有企业部分参股或购买其股权 ■ 成立外商独资企业、分公司或购买乌克兰企业的全部股权 ■ 通过直接获取财产或股票、债券和其他有价证券的方式购买乌克兰的不动产与动产,包括公寓、房屋、处所、设备、交通工具和其他所有权具体;独立购买、或与乌克兰法人共同购买土地和自然资源使用权;购买其他财产权;购买产品分成协议规定的经营(生产)权等	—

白俄罗斯：

当地货币	外汇管理	中资银行证券	融资条件	最低投资额	可投资行业	投资模式	外资股权比例
不能自由兑换	■ 外汇法规将常驻机构与外国常驻机构之间的外汇业务分为两类：一是经常性类业务（对此类业务限制较少）；二是与资金流动有关的外汇业务（一般要求常驻机构出具白俄罗斯中央银行的专门许可） ■ 常驻机构与外国常驻机构之间的经常性外汇业务无限制，但根据捐赠与合同（包括捐赠形式）由常驻机构向外国常驻机构转款的外汇业务除外，这些外汇业务须经外国中央银行许可	已进入的： ■ 中国国家开发银行	获得贷款难，且利率较高，贷款利率达 30%～40%，对外国企业和中小企业贷款条件尤其严格	—	■ 没有总统特令，不允许外国人投资国防与国家安全领域 ■ 禁止外国投资者生产与销售国家上所列清单的麻醉型、剧毒型物质 ■ 除此之外，无其他限制	■ 成立法人，购置财产或资产权；具体是指法人法定基金中的份额，不动产，有价证券，知识产权，项目的所有权，租赁，设备、其他基础设施 ■ 成立外资企业：通过新注册或者购买非外资法人机构的股份，以及整体业作部分购买企业作为财产方式成立外资企业	—

摩尔多瓦:

当地货币	外汇管理	中资银行证券	融资条件	最低投资额	可投资行业	投资模式	外资股权比例
■ 人民币与当地货币列伊不能直接兑换,需要通过美元、欧元、英镑等搭桥	■ 对外币与摩尔多瓦货币的相互兑换无限制,允许出口商将其收入自由存入自己的外汇账户,注册投资基金超过25万美元的外资企业无需将外汇卖给国家 ■ 外国投资者有权将其投资所得利润汇回国内 ■ 向非本国居民提供贷款与担保及其他形式的资本需得到摩尔多瓦国家银行的许可	无中资银行	■ 外资企业的一切经营活动享有国民待遇,在融资方面也享有相同待遇 ■ 目前在摩尔多瓦境内还无法直接运用人民币开展跨境贸易合作	—	■ 外国投资者可向除军事领域外的任何领域投资 ■ 重点招商引资的经济部门和行业,特别是农业、农产品的收获、贮藏和加工行业、动力工程、电网建设、供水及污水处理系统建设、铁路、公路等交通基础设施的建设等	■ 从事企业活动的外国个人与法人实体,以及在所在国和永久居住地注册的各种团体均可在摩尔多瓦组建企业、开设股份公司、直接购买企业股份、股票和其他证券、知识产权等 ■ 外国投资人在获批后,可以购置国家债券 ■ 外国投资者可以投资私有化项目	—

波兰：

当地货币	外汇管理	中资银行证券	融资条件	最低投资额	可投资行业	投资模式	外资股权比例
人民币与当地货币兹罗提提不能直接兑换，可以美元或欧元等可兑换货币搭桥进行结算	■ 外国企业可以在波兰银行开设外汇账户，用于进出口和资本结算 ■ 外汇结算需要申报、汇出进出无需缴纳特别税金 ■ 外国人的合法收入完税后可全部转往国外	已进入的： ■ 中国银行 ■ 中国工商银行 ■ 中国建设银行 ■ 中国国家开发银行 ■ 中国进出口银行	■ 外资企业与当地企业享受同等待遇 ■ 中资企业不能使用人民币在当地开展跨境贸易和投资合作，但汇丰银行、BRE银行、中国银行、中国工商银行等可提供人民币结算服务	—	欧洲经济区内外的外国企业，都能够从事经营活动，并与波兰公民享有同样的权利，没有明确禁止外国人经营的行业和领域	■ 作为法人实体，外国企业在波兰境内可注册的形式有：代表处、分公司、有限公司、有限合伙企业、有限股份合伙企业、有限责任公司和股份公司 ■ 中国企业与个人在波兰注册的习惯做法一般是代表处、分公司和股份有限公司外商投资，可以现汇、设备、技术及知识产权等进行投资合作	—

立陶宛：

当地货币	外汇管理	中资银行证券	融资条件	最低投资额	可投资行业	投资模式	外资股权比例
■ 在Medicinos Bankas等银行可提供人民币兑换服务	■ 外国公民和法人有权在许可的境内商业银行开设外汇账户及进行外汇交易 ■ 企业有权依法汇入资本、汇出投资本金、利润及股息等 ■ 企业依法缴纳应缴税款后，可将合法收入和利润汇出，企业所得税税率为0%~15%，汇出具体手续费因各商业银行差异、税费率也不同	无中资机构	■ 对非金融企业及居民新增本币贷款平均利率为2.78%，本币存款平均利率为0.25% ■ 中资企业不能使用人民币在当地开展跨境贸易和投资合作	—	■ 外国投资者和本国投资者享有同样的权利，平等对待 ■ 除涉及国家安全及国防领域之外，外国投资者可以进入各个经济领域，不受限制	■ 设立经营主体，收购在立陶宛共和国注册的经营主体的股份或部分股份 ■ 收购各种形式的有价证券 ■ 新建、收购长期资产或使其增值 ■ 投资者向已拥有部分股份的经营主体提供股借贷款，试图取得经营或向其施加明显的影响力 ■ 履行许可经营合同、租赁购买合同及政府主体和私营主体合营合同	—

爱沙尼亚

当地货币	外汇管理	中资银行证券	融资条件	最低投资额	可投资行业	投资模式	外资股权比例
法定流通货币是欧元,可自由兑换包括人民币在内的世界主要货币	■ 对外汇没有管制,对国际支付无限制,任何货币,无论数量多少都可自由兑换,汇出汇入 ■ 对大数额的汇入汇出,需根据欧盟的规定填写反洗钱申报单	无中资银行	■ 外资企业与当地企业享受同等待遇 ■ 外资企业可向当地银行申贷,无特别限制 ■ 银行贷款部会根据企业的经营状况、纳税情况、往来账户的资金流动、以往的贷款记录、项目的还款期来进行评估,金额最多可以贷到投资额的 60%～70%	—	—	■ 外国企业可以以现金、实物、无形资产等直接投资形式 ■ 也可以以购买当地企业股票、债券等有价证券的间接投资方式投资	—

拉脱维亚：

当地货币	外汇管理	中资银行证券	融资条件	最低投资额	可投资行业	投资模式	外资股权比例
法定货币欧元	■ 外国投资者可在境内任意一家银行开立账户 ■ 外国投资者缴纳各种税费后，可将其投资利润自由汇出 ■ 外国投资者在履行了对债权人的一切义务后，也可将其投资资本自由汇出	无中资机构	■ 在融资条件方面，外资企业与当地企业享受同等条件 ■ 部分当地银行可为外国企业开具保函	—	除涉及国家安全的敏感项目外，外国投资进入的行业没有限制，实行国民待遇	■ 外国投资者可以通过成立有限责任公司或股份公司从事经营活动 ■ 外国银行拉脱维亚得到脱维亚中央银行许可后，可以在拉脱维亚境内开设分行和机构 ■ 尚未有中资企业在拉脱维亚开展并购遭遇阻碍的案例	—

捷克：

当地货币	外汇管理	中资银行证券	融资条件	最低投资额	可投资行业	投资模式	外资股权比例
当地货币克朗可与美元、欧元、英镑等货币进行自由兑换	■ 外汇管理政策相对宽松，注册企业及拥有长期居留许可的个人均可创立外汇账户，来源合法的外汇资金可自由进出 ■ 只要外资企业在捷克投资收益来源合法，其汇出不受限制	已进入的： ■ 中国银行 ■ 中国工商银行 ■ 中国进出口银行	■ 在融资服务方面，外资企业与本地企业享受同等待遇，融资形式取决于该企业资信状况 ■ 捷克银行对企业信用要求较高，对中国在捷克投资的外资企业一般以抵押贷款为主	—	■ 禁止行业：涉及化学武器和危险化学物质的行业 ■ 限制行业：军用产品工业、核燃料(铀)开采工业、对环境危害严重的焦炼和化工生产项目。资源开采行业。对这些行业投资需经过有关政府职能部门严格审批，同时接受政府严格监管 ■ 重点支持行业：制造业、技术中心和商业支持服务中心，具体包括信息与通信技术、工程机械、高技术制造业(电子、微电子、航空航天、高端设备制造、高技术汽车制造、生命科学、生物技术和医疗设备等)、制药、商业支持服务(软件开发中心、专家解决方案中心、地区总部、客户联系中心、高技术维修中心和共享服务中心等)、技术(设计)中心(创新活动、应用研发等)	■ 对外国投资方式没有明确的限制，但外国投资不得触犯捷克法律，如反垄断、公平竞争、环保等法律，且不得危害捷克的国家利益 ■ 外资并购除传统投资形式外，捷克境内外投资者(包括自然人)可以通过股份收购或资本市场并购或收购上市公司	—

斯洛伐克：

当地货币	外汇管理	中资银行证券机构	融资条件	最低投资额	可投资行业	投资模式	外资股权比例
法定货币欧元，人民币与欧元可直接兑换	■ 外国企业可开设外汇账户，用于进出口结算 ■ 外汇进出需要申报，外汇汇出无需缴纳特别税金	无中资机构	■ 在融资方面，外资企业与当地企业享受同等待遇 ■ 融资成本受其主权信用评级、企业信用评级、资金流动性和项目评估等多种因素影响，总体上不低于当月发行的政府债券利率	—	限制行业：军品生产、博彩业、广播电视，部分矿产资源开采与影响环保的行业，投资者需满足相关行业要求并得到政府部门的许可后方能注册	外国投资者可新设企业，也可通过购斯洛伐克现有企业股权或资产的方式进行投资	—

匈牙利：

当地货币	外汇管理	中资银行证券机构	融资条件	最低投资额	可投资行业	投资模式	外资股权比例
■ 法定货币与福林可自由兑换 ■ 人民币与福林不能直接兑换	■ 政府公布法令废除所有外汇管制，和欧盟法规一致，允许资本自由流动，公司及个人可自由拥有外汇 ■ 在当地注册的外资企业创立外汇账户无特别限制	已进入的： ■ 中国银行	—	建立有限责任公司的最低资本要求是300万福林（约1万欧元）	限制外国投资的行业： ■ 需获得政府批准的行业：赌博业、电信和邮政、自来水供给、公路、水运和民航 ■ 不允许外国企业或个人购买匈牙利耕地和自然保护区，对购买地的不动产有严格限制 ■ 对外国银行投资及其金融性服务范围固有限制性规定	外国投资者可通过并购匈牙利公司的方式进行投资，或采有限责任公司、私人股份公司以及其他商业活动	—

斯洛文尼亚:

当地货币	外汇管理	中资银行证券	融资条件	最低投资额	可投资行业	投资模式	外资股权比例
法定货币为欧元,可自由兑换	外国投资经营企业在缴纳应负担的各种税费后,斯洛文尼亚对企业的资金、利润的汇出没有限制	无中资银行	■ 外资企业,均享有银行融资的机会,但企业经营和财务状况符合有关银行的规定 ■ 在利率方面,斯洛文尼亚的银行贷款利率高于欧元区 1%~2%,由于利率偏高,许多企业寻求外国贷款	股份公司最低创设资本为2.5万欧元	禁止外商在下列领域设立独资企业: ■ 武器和军事设备的生产与销售 ■ 国家财政预算内指定的养老保险与医疗保险业 ■ 铁路和航空运输 ■ 交通通信 ■ 保险业	■ 有限责任公司 ■ 股份公司 ■ 有限合伙公司 ■ 普通合伙公司 ■ 契约性合资公司 ■ 并购	—

克罗地亚:

当地货币	外汇管理	中资银行证券	融资条件	最低投资额	可投资行业	投资模式	外资股权比例
当地货币库纳可与美元、欧元随时自由兑换	外汇管制相对宽松	已进入的: ■ 中国国家开发银行	■ 在金融资方面,外资企业与当地企业享受同等待遇 ■ 企业可以通过增股方式进行融资 ■ 基础利率为2.5%,商业融资成本一般介于4%~8%	■ 成立一家股份公司的最少股本为20万库纳(约2.8万欧元),单股票面价值最少是10库纳 ■ 成立一家有限责任公司的最少股本为2万库纳,约2800欧元,个人持股额最少为200库纳	需要特许的领域包括:矿山开采、港口扩建、公路建设、固有农业用地的使用、符猎权、海港的使用、电信服务、占用无线广播电视频率、国有自然保护公园的开发和利用、水资源和水道的使用、铁路建设。以上各类项目的投资建设,均需通过国际公开招标获取	■ 一般公共企业 ■ 股份制公共企业 ■ 股份公司 ■ 有限责任公司 ■ 经济利益联合体 ■ 隐名合伙企业	25%

波黑：

当地货币	外汇管理	中资银行证券机构	融资条件	最低投资额	可投资行业	投资模式	外资股权比例
当地货币波黑可兑马克与人民币不可直接兑换	■ 外国企业可以在波黑境内的银行开设外汇账户，用于进出口结算、企业经营与投资 ■ 企业经营及其收益所得外汇、个人合法税后收入所得外汇经由银行账户汇出境外没有限制，但银行要按比例收取汇款手续费	无中资机构	■ 外资企业与当地企业在融资方面享受同等待遇 ■ 企业向银行申请的基本要求包括：在当地依法注册的公司证明、企业资质证明和信誉证明，近5年来的经营情况、财务状况、不动产及投资性质和规模等	—	除了限制或禁止外资进入生产和销售军用武器、弹药、军用设备和公共媒体信息外，外国投资可以自由进入	■ 收购企业私有化财产权 ■ 通过招标获取特许经营权，以BOT模式开发和建设项目（自然资源开发、基础设施建设等） ■ 收购破产企业 ■ 开发性投资 ■ 跨国兼并 ■ 合资经营 ■ 投资股票债券等	—

塞尔维亚：

当地货币	外汇管理	中资银行证券	融资条件	最低投资额	可投资行业	投资模式	外资股权比例
当地货币第纳尔不能与人民币直接结算	外国企业可以在塞的外汇银行和内资银行开设外汇账户,用于进出口结算。企业经营及其收益所得外汇、个人合法税后收入所得外汇经由银行设有限制,不纳税,但需提供相应证件,交易证明(如发票等),证明交易得合理合法,并按比例交纳手续费等	已进入的: ■ 中国银行(塞尔维亚)	■ 在融资条件方面,外资企业与当地企业享受同等待遇 ■ 金融市场以外资银行占主导地位,但融资成本较高。商业银行贷款利率普遍在14%以上 ■ 中资企业尚不能使用人民币在塞尔维亚开展跨境贸易和投资合作	—	限制行业:博彩业,军工行业	■ 资本账户开放,外资可自由进入 ■ 对外资参与国有企业私有化项目或参股,并购民营企业均支持,欢迎与支持态度 ■ 涉及国有企业的项目,普遍要求投资方承诺保证一定和新增的工作数值的岗位	—

阿尔巴尼亚:

当地货币	外汇管理	中资银行证券	融资条件	最低投资额	可投资行业	投资模式	外资股权比例
■ 法定货币为列克,在境内与各主要货币均可自由兑换,兑换市场根据市场供求关系决定 ■ 实行浮动汇率制	■ 公司或个人均可自由买卖外汇 ■ 外国投资者或法人可以在阿尔巴尼亚开立银行外汇账户,开立账户时需提供公司注册文件及公司法人身份证或被授权人的身份证件 ■ 个人出入境时可携带1万美元以内等值外汇,无需申报。出境时若所携外汇超过此限,需出示相应的进境外汇申报单或境外银行出具的有关证明	无中资机构	■ 商业银行均为私人银行,任何外国投资者和法人均可从银行获得贷款 ■ 借贷条件由各银行自行规定,商业贷款利率在 4%~7%不等	—	鼓励投资者在各个领域进行投资,重点是农业、加工业、矿业、旅游业、能源以及道路、交通、电讯等基础设施等领域	■ 可以用现金、有形资产(包括机械设备、动产)、无形资产(包括知识产权、特许权)或许可转让权)形式进行投资 ■ 外商在当地可以建立各种经济实体,包括独资公司、无限责任公司、有限合伙公司、有限责任公司和股份公司 ■ 外国公司也可设立分公司或者公司代表处	—

罗马尼亚:

当地货币	外汇管理	中资银行证券	融资条件	最低投资额	可投资行业	投资模式	外资股权比例
可自由兑换货币	■ 2003年底开始放开资本账户的外汇长期流通业务 ■ 除国家银行有特殊规定外,居民和非居民之间经常项目和资本项目的外汇业务可自由进行 ■ 在罗马尼亚工作的外国人,其合法税后收入可全部汇往住在国外 ■ 携带超过1万欧元或等值外币出入境需向海关进行申报	■ 无中资商业银行 ■ 中国国家开发银行设有工作组	■ 在融资方面,外资企业与当地企业享受同等待遇 ■ 银行贷款一般分为短期贷款,中短期贷款和长期贷款。短期贷款期限不超过1年,主要满足企业营运资本需求;商业银行提供的中短期融资工具包括信用证,托收,银行担保和贷款,中短期贷款一般用于具体项目,贷款额度不超过项目投资总额的75%。贷款可以本币和外币形式发放;长期贷款主要用于支持企业购买设备等固定资产,或者开发房地产等长期项目,贷款额度一般不超过项目投资额的75%	一	■ 外国投资需满足以下3个条件:不违背环境保护法律规范,不触犯国防和国家安全利益,不危害公共秩序,健康与道德 ■ 外资可投向工业,农业,自然资源勘探与开发,基础设施与工通信,民用与工业建筑,科学研究与技术开发,贸易,运输,旅游,银行与保险服务等各领域 ■ 目前需政府审批的外商投资领域包括国防,国家垄断行业和涉及国家安全的产业	■ 外商可单独或与自然人,法人合作在罗马尼亚投资设立子公司,分公司,股份公司,有限责任公司,合伙公司或代表处 ■ 外资企业可支不动产,但不允许欧盟和欧洲经济区外国家外商以个人名义购买不动产,但双边协定另有规定的除外 ■ 除非公众利益特别需要,一般实行国有化,没收,征用等措施	■ 对外国企业在合资公司中的持股比例没有规定,允许100%持有

保加利亚：

当地货币	外汇管理	中资银行证券	融资条件	最低投资额	可投资行业	投资模式	外资股权比例
■ 法定货币名列弗与欧元采用固定汇率 ■ 人民币在少数外币兑换点可与当地货币直接兑换	■ 实行经常项目和资本项目可自由兑换的外汇管理政策 ■ 外资企业在当地注册后可自由设立外汇账户，自由汇进外汇	已进入的： ■ 中国国家开发银行	■ 外国企业可以获得融资，但受世界金融危机的影响，各商业银行普遍提高了对申请贷款企业的要求 ■ 目前国际贸易以欧元和美元为主，暂不接受人民币跨境贸易和投资	—	■ 在制造业、可再生能源、信息产业、研发、教育以及医疗6个行业投资的外国公司将得到的外商投资优惠政策的支持 ■ 取消了对船舶、钢铁、化纤制造行业的外商投资优惠政策	外资并购	—

马其顿：

当地货币	外汇管理	中资银行机构	融资条件	最低投资额	可投资行业	投资模式	外资股权比例
法定货币代纳尔在国内可自由兑换，但在外汇交易市场中尚无法自由兑换	■ 投资资本和利润的转移的自由回收自由 ■ 只要国外投资者缴纳相关税费用、社会保险费用、就有权转移其利润和收入	无中资机构	■ 资本市场尚未分发展、市场资本化水平较低、银行业成为筹集资金的主要来源 ■ 目前尚未明确针对外国公司融资的规定，对其国内的中小企业融资存在诸多限制 ■ 中资企业和个人在当地均不允许使用人民币开展跨境贸易和投资合作	—	■ 除武器交易、麻醉品交易、受保护的文物交易、军事工业等领域外，其他投资领域均对外开放	■ 外国企业可设立有限责任公司和股份公司 ■ 可设立分支机构或代表处开展非利性活动 ■ 可开展并购	—

埃及:

当地货币	外汇管理	中资银行证券	融资条件	最低投资额	可投资行业	投资模式	外资股权比例
■ 法定货币为埃镑,可自由兑换 ■ 2016年12月,中国人民银行与埃及中央银行签署180亿人民币(470亿埃镑)互换协议,有效期三年	实行浮动汇率,各商业银行的汇率不同 2017年5月,埃及商业国际银行(CIB)已在中国开设人民币账户,开始尝试开展人民币业务	已进入的: ■ 中国银行 ■ 国家开发银行	■ 对外国投资企业贷款的条件与当地企业相同,当地企业需提供抵押,财报对公司未来业绩和现金流量作出预测 ■ 埃及正在实施银行业改革,大力降低风险,同时经营大多数银行处于起步阶段,因此中国公司在埃及开展业务的融资渠道主要依靠当地金融机构,向当地金融机构融资存在一定程度的困难	—	■ 建筑业 ■ 金融业 ■ 采矿业 ■ 进出口贸易	■ 外国投资者可以通过合资、合作、有限责任公司和外资并购的方式进行投资、内陆投资	—

后　记

　　自 2017 年 11 月国家社科基金重大项目"'一带一路'国家金融生态多样性对中国海外投资效率的影响研究"立项,到今天本书付梓出版,迄今已经跨越五个年头,需要感恩和感谢许多单位和专家的帮助。

　　感谢重大课题组全体成员的鼎力支持。从选定题目,到申请论证,到反复讨论,再到撰写报告和发表阶段性成果,全体成员团结协作,攻坚克难,是重大课题能够顺利开展的坚实基础。特别要感谢子课题负责人——南开大学葛顺奇教授,中国人民大学王晋斌教授,山东大学李长英教授、张宏教授、宫晓琳教授,山东财经大学刘慧副教授,特别的感谢给特别的你们!

　　感谢许多专家学者给予的指导与支持。2018 年 4 月召开开题论证会,南开大学盛斌教授、《世界经济》编辑部宋志刚研究员、中山大学黄新飞教授、北京师范大学魏浩教授、澳大利亚埃迪斯科文大学张照勇教授提出了很多宝贵的建议与指导。在正式研究开启之后,五位专家始终如一地给予方方面面的帮助与交流,感激之情,无以言表,一切尽在不言中!

　　感谢国家留学基金委的资助和美国乔治华盛顿大学陈晓阳教授的支持。课题研究开始之初,面临的最大难题在于数据匮乏。除了中国在"一带一路"国家的宏观数据外,中国企业在沿线国家海外直接投资的微观数据少之又少,研究工作起步艰难。在国家留学基金委和陈晓阳教授的帮助下,我有幸在美国访学一年,不仅仅从 AEI、宾夕法尼亚大学、康奈尔大学、乔治华盛顿大学获得了 Zephyr 全球跨境并购数据库、fDi Markets 全球绿地投资数据库、CGIT 中国全球投资追踪数据库、ICRG 国家风险国际指南数据库等,顺利解决了课题所需的微观数据问题;更重要的是,在陈晓阳教授的帮助下,有幸聆听了国际货币基金组织、世界银行等组织的多场高水平学术会议,开阔了课题的研究视野,挖掘了新的研究切入点。

感谢山东大学和经济学院一直以来的鼓励与支持。2017 年山东大学人文社科院开启了校级重大课题项目,旨在为国家重大课题的申请进行培育。可以说,国家社科基金重大项目的申请乃至成功,离不开学校的重大项目孵化;而本书能够顺利出版,离不开学院的政策支持和资助,也离不开学院许多同事的帮助和参与。

感谢许多海外投资企业提供的参观和学习机会。在研究期间,有幸在各级政府的帮助下,实地参观、调查和访谈了多家在"一带一路"投资的企业,许多内容写作的灵感也来自于此。例如,在蓝帆集团调研的过程中,当地商务局的刘大力副局长和蓝帆集团刘文静董事长,将"内保外贷"和政府补助的作用讲解得非常到位,是本书第十一章和十二章核心观点的重要思想来源;在调研即墨集团后,对公司治理(特别是海外背景董事)与海外投资效率之间的关系有了新的认识;在森麒麟轮胎的调研,有利于思考数字化转型如何提升中国企业在"一带一路"沿线国家的海外投资效率。通过实地调研所形成的智库报告,也获得了省领导的相关批示。

感谢为本书写作努力付出的博士生和硕士生,包括崔镇关、樊蕾、付晶晶、郭颖、刘昕琪、刘至柔、卢秀华、马雯嘉、宁密密、乔景、宋雨、吴建瓴、尹达、张志彤、赵雨婷、周洺竹、朱子豪等。无论是你们在山东大学读书期间,还是毕业后奔赴新的学校和岗位,你们的参与始终是学术研究勃勃生机的重要来源。

"路漫漫其修远兮,吾将上下而求索。"国家社科基金重大项目的研究虽然告一段落,但这也是一个全新的开始,学术研究未完待续……

慕建红

2023 年 10 月 22 日

图书在版编目(CIP)数据

"一带一路"国家金融生态与中国海外投资效率研究/
綦建红等著.—上海:上海三联书店,2024.1
ISBN 978 - 7 - 5426 - 8210 - 9

Ⅰ.①一⋯ Ⅱ.①綦⋯ Ⅲ.①金融-研究-世界 ②海
外投资-研究-中国 Ⅳ.①F831 ②F832.6

中国国家版本馆 CIP 数据核字(2023)第 161781 号

"一带一路"国家金融生态与中国海外投资效率研究

著　　者 / 綦建红　等

特约编辑 / 许照人
责任编辑 / 李　英
装帧设计 / 0214_Studio
监　　制 / 姚　军
责任校对 / 王凌霄　章爱娜

出版发行 / 上海三联书店
　　　　　(200030)中国上海市漕溪北路 331 号 A 座 6 楼
邮　　箱 / sdxsanlian@sina.com
邮购电话 / 021 - 22895540
印　　刷 / 上海颛辉印刷厂有限公司

版　　次 / 2024 年 1 月第 1 版
印　　次 / 2024 年 1 月第 1 次印刷
开　　本 / 640 mm×960 mm　1/16
字　　数 / 520 千字
印　　张 / 40.25
书　　号 / ISBN 978 - 7 - 5426 - 8210 - 9/F·899
定　　价 / 168.00 元

敬启读者,如发现本书有印装质量问题,请与印刷厂联系 021 - 56152633